YANZHAO XUESHU SIXIANGSHI

燕赵学术思想史

康振海　主编

先秦卷

魏建震　温玉春　著

河北出版传媒集团
河北人民出版社

图书在版编目（CIP）数据

燕赵学术思想史. 先秦卷 / 康振海主编 ; 魏建震,
温玉春著. -- 石家庄 : 河北人民出版社, 2020.12
ISBN 978-7-202-15002-3

Ⅰ. ①燕… Ⅱ. ①康… ②魏… ③温… Ⅲ. ①学术思想—思想史—中国—先秦时代 Ⅳ. ①B21

中国版本图书馆CIP数据核字(2020)第251013号

书　　名	燕赵学术思想史·先秦卷
著　　者	魏建震　温玉春
策划编辑	路殿国
责任编辑	欧阳红
美术编辑	李　欣
责任校对	付敬华
出版发行	河北出版传媒集团　河北人民出版社 （石家庄市友谊北大街330号）
印　　刷	石家庄名伦印刷有限公司
开　　本	787毫米×1092毫米　1/16
印　　张	25.75
字　　数	431 000
版　　次	2020年12月第1版　2020年12月第1次印刷
书　　号	ISBN 978-7-202-15002-3
定　　价	78.00元

《燕赵学术思想史》
编委会

目　录

绪　论

康振海　魏建震

一、燕赵文化与燕赵学术思想研究简要回顾

燕赵地域是中华文明最早的发祥地之一，是中华文化发生与发展的核心区域，早在春秋战国时期就形成了成熟的地域文化形态。[1] 自春秋战国时期以降，在这块波澜壮阔的土地上产生了许多英雄人物、思想先驱，他们是中华民族五千年文明史和中华文化的重要组成部分。对历史人物产生的思想源流、社会背景、文化习俗的研究，是河北省文化建设和文化研究的重要组成部分。这些研究就是我们称之为燕赵文化、燕赵文化精神、人文精神及学术传统、学术思想、学术精神等的研究，这些研究对于弘扬中华优秀文化传统，建设河北省文化强省都将起到重要的促进作用。

燕赵作为一个地域文化概念，形成于先秦时期，其地域范围以先秦燕国和赵国国力兴盛时期的政治与文化影响所及最大地域为标准。[2] 战国时期强盛一时的中山国地处燕赵之间，被当然地包括在燕赵地域之内。战国以前，燕赵两国文化存在一定的差异。赵文化属于三晋文化的一部分，燕国的文化面貌更接近齐国文化。但由于燕赵两国共同处于华北大平原这样一个相对独立的地理空间，与北方草原民族交错分布，寒冷甘冽的北风使其民风具有慷慨悲壮的色彩。秦统一六国的过程中，遭到赵国、燕国的激烈抵抗，尤其是发生在易水河畔的燕太子丹送别义士荆轲前往秦国刺杀秦王事件，使燕民的慷慨悲壮之气得到了前所未有的抒发。中山被赵灭亡，中山人的抵抗同样充满了慷慨悲壮之气。这种勇往直前、永不回头的精神与燕赵的民俗民风融为一体，成为他们共同的文化符号。司马迁在

[1] 尽管燕赵文化在先秦时期已经形成，但燕赵文化是否属于全国范围内的一种典型地域文化，在当今学术界有一个认知过程。早在20世纪末，中华炎黄文化研究会筹划出版《中华文化通志》十典一百志，通过《光明日报》进行项目招标，《地域文化典》中没有将《燕赵文化志》列入其中。后经河北学者与相关专家沟通，将《燕赵文化志》列入《地域文化典》。《燕赵文化志》出版后，得到学术界的认可。随着燕赵文化研究相关著作不断问世，燕赵文化的价值越来越受到学术界的重视。

[2] 杨泽江在胡克夫、杜荣泉主编的丛书《燕赵文化丛书》的总序中，将燕赵的地域范围界定为“北起阴山南麓，南达黄河，西至太行山，东临大海，包含今河北省、北京市、天津市、辽宁省、内蒙古自治区的中南部以及山西省北部、山东省、河南省的部分地区”。这一界定是以春秋战国时期燕赵两国最大疆域范围以及燕赵文化重要辐射区为标准划定的。这一界定基本涵盖了燕赵文化核心区及重要辐射区，可以作为燕赵文化研究地域空间的重要参照。

《史记·货殖列传》中说燕国民风民俗“大与赵、代俗相类，而民雕捍少虑”。从先秦秦汉时期开始，共同处于华北大平原、有着相同地理风貌的燕赵区域，形成一个文化风格相近的地域文化圈。两汉以后，燕赵开始作为一个地域文化概念使用。韩愈所说“燕赵古称多慷慨悲歌之士”，可以充分说明燕赵作为一个地域文化概念在唐代便已得到士人的认同。

燕赵学人在燕赵传统文化研究方面，业已取得辉煌的成就。《河北通史》《北京通史》《燕赵思想家研究》《河北文学通史》《河北宗教史》《河北经济史》等有着广泛影响的多部多卷本学术巨著均已出版，多卷本《燕赵文化史》已经出版多种。《赵国史稿》《燕史纪事编年会按》《燕国八百年》《中山国史》《中山国社会生活史》等一批有着研究深度的专史著作也已出版多部。关于燕赵一些著名学术思想家，如荀子、董仲舒等，也都有多种研究专著问世。《燕赵文化志》《燕赵文化》《燕赵历史文献研究》等对燕赵文化进行整体性宏观研究的著作也有出版。尽管如此，燕赵文化研究中的一些基本理论问题，仍有进一步探讨的必要，比如燕赵文化的概念界定问题、燕赵学术精神的抽象与概括问题等等。

“燕赵”之名，取战国时期燕国与赵国之名合并而称。“燕赵”地域文化圈有着共同或相似的文化面貌，这一点似乎已经成为学界的共识。如果将“燕赵”作为一个地域文化概念来研究，则首先需要对其概念进行准确的界定。燕赵文化研究的空间地理范围应该如何界定？燕赵文化研究究竟是以燕赵两国边境范围内的文化为研究对象，还是以两国地域内的共同的文化面貌、文化精神、代表人物为研究对象，这一点学术界还没有做出明确的回答。燕赵两国文化的相异之点是否应该包含在研究对象之内？这更是一个至今困扰学者们的重要问题。

司马迁在《史记·货殖列传》中概括了燕赵两国文化的相似点，后人以此作为燕赵文化形成的依据。战国时期的燕赵两国的文化面貌，除了文化的相同点之外，还有重要的不同之处。这便是赵国是一个内陆诸侯国，而燕国则是一个滨海诸侯国，不同的地理环境造成了两国文化面貌的差异。从滨海文化面貌看，燕齐两国属于同一文化圈，阴阳五行思想、神仙思想在这一文化圈有着广泛影响。[1]

[1] 燕国与齐国在学术史上也曾被许多学者认定属于一个文化圈。正是燕赵文化之间所存在的差异，使当今学术界有部分学者怀疑燕赵文化作为一种地域文化是否可以成立。燕赵文化间共性突出，特点鲜明，其作为一种地域文化是历史形成的，并非今天人为的界定。燕文化与齐文化的相似之处，可以视为燕赵文化圈与相邻的齐鲁文化圈之间相互影响而产生的结果。现代地域文化圈的划分，常以今日的地理范围作为参照，如山东的齐鲁文化，齐文化与鲁文化原本也有明显的差异，但学者仍旧将其归入一个文化圈来进行研究。从这个角度考虑，燕赵地域文化的命名就更具有合理性。

如此，我们在研究燕赵文化时，便遇到了一个难以解决的难题，如果以燕赵共同的文化面貌作为研究对象，则燕文化中的阴阳五行思想就没有办法纳入研究范畴之内；如果以燕赵两国地域内的文化面貌为研究对象，则阴阳五行思想就势必要纳入燕赵文化的研究范围内。考虑到地域文化研究除了研究历史上的地域文化精神外，还承担着在一定行政区内弘扬传统文化，建设当代新文化的任务，因此我们倾向于将燕赵文化的研究定义为以燕赵地域的文化为对象的研究，这种研究在充分重视燕赵两地文化的共同特征的同时，也对其不同面貌的文化进行关注与研究。当然，燕赵共同的文化精神，在燕赵文化研究中占据着核心地位。

燕赵文化作为一种地域文化，其文化特征是非常鲜明的。杨泽江在胡克夫、杜荣泉主编的《燕赵文化丛书》的总序中，将燕赵文化的特征概括为："其一是平原农耕文化与草原畜牧文化相互会合；其二是汉族文化与北方少数民族文化相互融合；其三是元、明、清以来，处于全国中心地位的京都文化与传统的地域文化相互结合，也是中华文化走向世界和'西学东渐'中西文化的交流中心；其四是近代以来，在中西文化的激烈撞击中，燕赵文化成为中国现代文化的策源地，成为五四新文化运动的发祥地，成为马克思主义在中国传播的中心。"[1]此概括是从历史与地理的角度进行客观性描述，没有对文化精神方面的特征进行概括，可以作为一家之说，为大家的研究提供参考。

目前学术界所使用的文化概念属于一个内涵丰富、外延宽广的概念，燕赵文化几乎可以包含与燕赵地域内一切文化现象相关的所有内容。以往的燕赵文化研究，取得成绩最为突出的属于历史学研究、考古学研究、经济史研究、文学研究、思想家研究等；关于燕赵文化精神、人文精神、学术思想的特质等方面的研究，所出成果相对比较薄弱。

关于燕赵文化的精神特质，张立文先生曾概括为以下几点：革新精神、和乐精神、包容精神、求是精神、忧患精神、创新精神。[2]张先生对燕赵文化的精神特质的概括，是燕赵文化研究向深度发展所取得的重要成果。

2014年出版的多卷本《燕赵思想家研究》一书，其主编将燕赵精神概括为六个方面："宇宙观上的'天人合一'精神、人'最为天下贵'的人本精神、'铁肩担道义'的重道义精神、自强不息的'刚健有为'精神、有容乃大的'贵和尚中'精神和注重实用的'经世致用'精神。这六个方面的燕赵精神与我国其他地

[1] 杨泽江：《燕赵文化丛书·总序》，载《燕赵文化史》，河北教育出版社2013年版，第1页。
[2] 张立文：《燕赵文化的精神特质》，《光明日报》2015年4月6日（8）。

域的思想及文化，共同构成了统一的中华民族精神的基础，并最终积淀和凝结成了我中华民族优秀而伟大的以爱国主义为中心的民族精神。”[1]

燕赵，在学者的研究中常被用为河北的代称。张立文在《燕赵文化的精神特质》一文中说：“燕山万状，参差代雄。燕赵往贤，群星璀璨。河北文脉，世代绵延。文化特质，尽显民族风骚。”在张先生的文章中，燕赵与河北几乎成为一个可以互换的概念。

学者们曾热烈讨论的河北人文精神，其实就是燕赵文化精神。原河北省委书记白克明先生在2005年建设文化大省工作会议中指出：“在当前，我们应该锻造新的河北人文精神，这是建设文化大省的灵魂所在。”河北省社会科学院组织学者对河北人文精神进行了系列探讨，其成果辑于戴长江、周振国二先生主编的《文化自觉——河北人文精神研究》一书，由河北人民出版社于2006年11月出版。

在对河北人文精神的研究中，方伟在《河北当代人文精神的置换与构建》一文中，将河北人文精神概括为：悲情情结、英雄意识、兼纳包容、变异情势、保守朴实。[2] 魏建震曾将河北人文精神概括为：兼容并蓄、海纳百川的人文气度；大气坦诚、重信守义的人文精神；耐苦受重、勤劳朴实的人文性格；注重实践、求实创新的人文理念；以人为本、重视生命的人文价值观。[3] 经过众多学者的集体讨论，学术界对河北人文精神的经典表述为：以坚韧质朴、重信尚义、宽厚包容、求实创新为主要内容的新时期河北人文精神。白克明在中国共产党河北省第七次代表大会所作报告中即采用了这一表述。他指出：“在新的历史条件下，要以民族精神为根，时代精神为魂，着力弘扬以坚韧质朴、重信尚义、宽厚包容、求实创新为主要内容的新时期河北人文精神，使其成为构建和谐河北的重要支撑。要广泛宣传、大力弘扬新时期河北人文精神，让热爱河北、关心河北、建设河北成为全省人民群众的自觉行动。”或许是由于学者们对燕赵人文精神的表述存在一些缺陷（有人认为此表述不够通俗化，不利于在大众中普及宣传），

[1] 周振国、王永祥：《燕赵思想家研究·总主编序》，河北人民出版社2014年版。本书《绪论》中描述的燕赵精神为：“宇宙观上的‘天人合一’精神、高扬人本的人‘最为天下贵’的精神、重诚守信的‘铁肩担道义’的精神、倡导自强的‘刚健有为’的精神、有容乃大的‘贵和尚中’的精神和注重实用的‘经世致用’的精神”。两处表述基本内容相同，文字稍有不同。

[2] 方伟：《河北当代人文精神的置换与构建》，载戴长江、周振国：《文化自觉——河北人文精神研究》，河北人民出版社2006年版，第1—17页。

[3] 魏建震：《河北人文精神的内涵及其形成》，载戴长江、周振国：《文化自觉——河北人文精神研究》，河北人民出版社2006年版，第79—86页。

这一表述后来受到许多人的不公开批评。还有人提出以“三冀文化”来代替燕赵文化，但这并没有得到学术界的多少回应。加上其他一些非学术的原因，学者们概括的“新时期河北人文精神”并没有在河北文化大省建设中发挥其应该发挥的作用。河北人文精神仍有继续研究的必要。

燕赵人文精神与燕赵学术传统及学术精神紧密相关。燕赵地域儒学，在清代又曾被称为“北学”，孙奇峰弟子魏一鳌编《北学编》，尹会一又作续编，对燕赵儒学的传承进行了比较系统的梳理。值得我们注意的是，带有一些门派特征的《北学编》及其《续编》，由于时代与思想的局限，并不能真正反映燕赵学术传统。燕赵儒学也不能涵盖燕赵学术思想的全部内容。

根据先秦两汉燕赵思想家们所做出的学术贡献，以及燕赵学术思想的发展状况，结合燕赵学术思想的完整发展史，我们曾认为燕赵学术精神及北学学术传统，可以概括为以下六个方面：（1）崇尚天人关系的整体研究，注重通古今之变的终极思考，注重学术思想的整体性建构；（2）崇尚正义与真理，学术思想充满理性色彩；（3）注重理论的实践与应用，注重学术的社会应用；（4）海纳百川，兼容并蓄，构建新的宏观理论体系；（5）注重传统的坚守，在复兴传统中求得时代创新；（6）以经学为纲，重视训诂之学，学风醇厚朴实。[1]

学者们对燕赵文化精神（或简称燕赵精神）、人文精神以及学术精神的概括，或从燕赵历史文化的视角进行，或从燕赵思想文化的视角进行，从燕赵学术思想的角度进行概括的却少有其人。学术思想是学术精神、文化精神凝练的思想文化背景。因此，欲将燕赵文化研究引向更深层次，将燕赵学术精神、文化精神凝练得更有深度、更为准确，对燕赵学术思想的系统研究成为其学理上的必由之路。

二、燕赵学术思想史研究对象辨析与考察

学术思想，是民族传统文化的智慧结晶。许多当代学术大师对学术以及学术思想的重要性都有过精彩论述。梁启超在《中国学术思想变迁史》一书中开宗明义地阐述说：“学术思想之在一国，犹人之有精神也；而政事、法律、风俗及历史上种种之现象，则其形质也。故欲觇其国文野强弱之程度如何，必于学术思想焉求之。”[2] 关于学术的重要性，梁氏在《论学术之势力左右世界》

[1] 魏建震：《先秦两汉燕赵学术精神与北学学术传统》，《中国社会科学报》2020年8月25日（5）。
[2] 梁启超：《中国学术思想变迁史》，山西人民出版社2014年版，第1页。

一文中说："然则天地间独一无二之大势力，何在乎？曰智慧而已矣，学术而已矣。"[1] 王国维说："国家与学术为存亡，天而未厌中国也，必不亡其学术。天不欲亡中国之学术，则于学术所寄之人，必因而笃之。"[2] 钱穆说：学术明而后文化明，学术复兴而后文化可复兴。[3]"故欲复兴国家，复兴文化，首当复兴学术。而新学术则仍当从旧学术中翻新复兴。"[4] 当代学术思想研究的代表性人物刘梦溪先生认为："学术思想是人类理性认知的系统化，是民族精神的理性之光；学术思想发达与否是一个民族文化是否发达的标志；既顺世而生又异世而立是学术思想的特点。"[5] 诸位前贤阐述的重点集中在学术、学术思想之于民族文化及国家存亡的重要性，而对于学术思想的清晰定义并没有进行界定。

燕赵学术思想史作为燕赵文化研究有待突破的重要研究领域，其研究开展之前首先必须对研究对象进行清晰的界定。什么是学术思想？学术史、思想史、学术思想史三个概念之间的联系与区别究竟是什么？燕赵学术思想史的研究对象究竟是什么？研究应该包括哪些内容？这些都是我们必须首先进行深入讨论的基本理论问题。

（一）学术、学术史与学术思想史

何谓学术？梁启超云："则学也者，观察事物而发明其真理者也；术也者，取所发明之真理而致诸用者也。"[6] 梁氏所言的学的内容，应该属于思想属性的学术。

中国传统学术应该包括哪些内容，学者间目前还存在不同的看法。王国维《宋代之金石学》一文云："宋代学术方面最多，进步亦最著。其在哲学，始则有刘敞、欧阳修等脱汉唐旧注之桎梏，以新意说经；后乃有周敦颐、程颢、程颐、张载、邵雍、朱熹诸大家，蔚为有宋一代之哲学。其在科学，则有沈括、李诫等，于历数、物理、工艺均有发明。在史学，则有司马光、洪迈、袁枢等，各有庞大之著述。绘画则董源以降，始变唐人画工之画，而为士大夫之画。在诗歌，则兼尚技术之美，与唐人尚自然之美者蹊径迥殊。考证之学，亦至宋而

---

[1] 梁启超：《饮冰室合集·文集三·论学术之势力左右世界》，中华书局2015年版，第110页。

[2] 王国维：《观堂集林》下，河北教育出版社2001年版，第721页。

[3] 钱穆：《中国学术通义》（新校本），九州出版社2012年版，"序"第6—7页。

[4] 钱穆：《中国学术通义》（新校本），九州出版社2012年版，"序"第3页。

[5] 刘梦溪：《中国现代学术要略》，生活·读书·新知三联书店2018年版，第1页。

[6] 梁启超：《饮冰室合集·文集十·学与术》，中华书局2015年版，第12页。

大盛。”[1] 王国维在这里所界定的中国传统学术，包括人文科学与自然科学。李泽厚先生在《中国现代学术要略》学术恳谈会上也说：“学术史，自然科学不说，文史哲，还有小学史、经学史、史学史、文学史，但什么是学术史，概念不清楚。自然科学不包括，理由何在？社会科学也没有包括，理由何在？”[2] 李泽厚认为，学术史研究的内容应该包括自然科学的学术思想，也应包括社会科学、人文科学的学术思想。

中国传统学术是中国传统文化的重要组成部分，因此考察中国学术与学术史的研究对象、学术传统等，必须与中国学术与中国文化的独特性联系在一起考察。钱穆先生曾指出：“文化不能与学术相分离，欲了解中国文化传统，即不能不了解中国之学术传统。欲研治中国学术，该从中国文化着眼，庶可把握要点。而研究学术，亦即为了解文化之基础。”[3] “中国学术之必有独特性，亦如中国传统文化之有其独特性，两者相关，不可分割。非了解中国学术之独特性，即亦将无以了解中国文化之独特性。惟从另一面言之，亦可谓不明中国文化之独特性，即无以明中国学术之独特性。”[4]

关于中国文化的特点，学者们曾有多种不同的表述。梁漱溟先生在《中国文化要义》中，将中国文化的特殊个性概括为十四个方面，由于他的概括从学理上讲缺乏确实根据，因此他的说法并没有在学术界产生太大的影响。[5] 在20世纪80年代的文化热中，张岱年先生将“刚健有为”“和与中”“崇德利用”“天人协调”四个方面概括为中国传统文化的基本精神[6]；此后，楼宇烈先生将重视人文精神、天人合一、重视礼仪道德、观念上的“和而不同”和实践中的整体会通等概括为中国文化精神[7]；李宗桂先生则将“坚韧不拔的从道精神”“人文化成的精神”“文化中国的包容意识”“崇德重义的价值追求”“守成创新的发展观念”概括为中国传统哲学的人文精神。[8] 各家说法虽有不同，但天人合一、人文精神、极强包容性、和而不同、重视道德礼仪等中华文化的特点，却得到了大多数学者的认同。

[1] 王国维：《宋代之金石学》，《王国维全集》第14卷，浙江教育出版社2009年版，第315页。

[2] 刘梦溪：《中国现代学术要略》附录一《〈中国现代学术要略〉学术恳谈会纪要》，生活·读书·新知三联书店2018年版，第233—234页。

[3] 钱穆：《中国学术通义》（新校本），九州出版社2012年版，第1页。

[4] 钱穆：《中国学术通义》（新校本），九州出版社2012年版，“序”第4页。

[5] 梁漱溟：《中国文化要义》，上海人民出版社2011年版，第12—26页。

[6] 张岱年：《论中国文化的基本精神》，载李存山：《张岱年选集》，吉林人民出版社2010年版，第445页。

[7] 楼宇烈：《中国文化的根本精神》，中华书局2016年版，第220—246页。

[8] 李宗桂：《中国传统哲学的人文精神》，载《杰出人物与中国思想史》，江苏教育出版社2000年版，第177页。

中国传统文化的独特特征，使中国传统学术呈现出如下特点：一方面特别重视形而上的天、道、太极等学术问题的探究，同时又不忘关注形而下的生活日用之术。中国学术重视实践的特征，便是出于对术价值的重视。术某种程度上可以看作是学在世间的具体运用。

王国维曾将学术分为形上之学与形下之学。元朝时，罗马教皇曾把西方希腊以来所谓“七术”（文法、修辞、名学、音乐、算数、几何、天文）介绍到中国，介绍之书后来不传。王国维认为：“此等学术，皆形下之学，与我国思想上无丝毫之关系也。”[1]王国维所说西方学术中的“七术”为形下之学，与思想无关，这一说法本身没有问题。只是西方学术中的天文学、算术、医学等，与中国传统学术中的天文学、数学、医学等存在很大的差异，这些在西方学术中比较偏重技术的学术，在中国传统文化中与中国传统思想体系的构建紧密相关，因此我们不能将它们完全视为与思想无关的形下之学。

中国传统天文学与思想史关系密切。在中国传统观念中，天的运行与道密切相关。《尚书·尧典》首言钦天授时，学者认为这是“以历数为传道之表”。[2]中国思想史上的天命观和天人合一观念，以及德运的观念，也都与天的观念有关。天命观是政治思想中王权观念的形上根据。冯时先生认为，中国思想文化的核心观念皆源于天文，《周易·贲》彖辞：“刚柔交错，天文也；文明以止，人文也。观乎天文，以察时变；关乎人文，以化成天下。”人文的化成天下，是以天文为根据的。文明以止即是不变的人文传统。中国的中庸观念，与天文观测中的测天地之中有关，中国文化信的观念，也与天文有关。[3]

中国古代的数学，与中国古代的宇宙观念密切相关。《周易》象数理论奠定了中国传统思维模式的基础。

中国传统中医学，以阴阳五行理论为基础，将天地人时融合为一个整体，构建了自己的辩证治疗体系。中医哲学是中国传统哲学的重要组成部分。中医学术与传统思想密切相关。

中国古代的天文学、数学、医学等与古代思想史有着十分密切的关系，没有元气说和阴阳五行学说，就没有中国古代所谓的科学。中国古代思想与学术之关系，由此可见一斑。王渝生先生指出：“算法化、程序化和机械化的数学，精密

[1] 王国维：《论近年之学术界》，《王国维遗书》第五册之《静安文集》，上海古籍书店1983年版，第94页。
[2] 方孔炤、方以智合编，郑万耕点校：《周易时论合编》上，中华书局2019年版，“凡例”第21页。
[3] 冯时：《中国古代的天文与人文》，中国社会科学出版社2006年版，第244—272页。

的天文仪器、丰富的天象记录和观象授时的历法，自然地理、历史地理和疆域地理相结合的地方志和地图学，农牧并举和精耕细作的农业技术，辩证施治、针灸推拿和使用中草药的中医药学，不仅具有经验性和实用性的鲜明特色，而且闪烁着系统思维、整体观念、人与自然协调发展的科学精神与道理理想相结合的理性光辉。"[1]

在中国传统学术思想的道术关系中，思想被视为道，而以道为基础建立起来的中医、数学、天文学等术的意味较浓的学术，有时会被偏向于形上追求的学者所轻视。钱穆先生作为传统学术的继承者，他说："中国自古亦即有所谓专家畴人之学，如天文、历法、算数、医药之类，此皆近代所谓属于自然学科方面者，此等诸学，每易使人隐于学，而不能以学显人。故中国古人传统，每若对此等诸学较近忽视。实非忽视，乃求矫人之专一于此等诸学，各不相通，而易起其他之流弊。"[2] 对道术中术的轻视或忽略，会使思想之道变得残缺不全。

中国传统学术史研究，应该包括自然科学与社会科学、人文科学在内。张立文先生曾对中国学术史的研究对象作出界定，他认为："各个时期具有学术创新性的学问家、经学家、思想家、哲学家、科学家、宗教家、文学家、史学家等的学术宗旨，治学思路、方法、范围、成就、学术源流、派别，以及各个时期有代表性专门学术、学术事件、活动的记录，汇聚成的各个时期的学术思潮及其演变的总和，构成了学术史研究的对象。"[3] 遗憾的是，张先生对学术史研究对象的概括，并没有被很好地贯彻到他主编的《中国学术通史》中。《中国学术通史》的许多卷，并没有很好地反映自然科学所取得的成就，有些卷甚至缺失了这一领域。

关于学术史与学术思想史之关系，以及学术史与思想史之关系，学术界也存在不同的认识。

李泽厚先生主张，学术史即学术思想史。他说："学术史者，是学术思想史也。思想史，如康有为、鲁迅、毛泽东，应占很大的地位。另外一种写法，通过学术本身来表现一种带有普遍性的学术思想。"[4] 刘梦溪先生认为，学术史即学术思想史，其含义与思想史没有太大区别。他在《中国现代学术要略》中说：

---

[1] 王渝生：《中国传统科学文化的现代价值》，载《杰出人物与中国思想史》，江苏教育出版社2000年版，第116页。

[2] 钱穆：《中国学术通义》（新校本），九州出版社2012年版，"序"第4页。

[3] 张立文：《中国学术通史》，人民出版社2004年版，"总序"第14页。

[4] 刘梦溪：《中国现代学术要略》附录一《〈中国现代学术要略〉学术恳谈会纪要》，生活·读书·新知三联书店2018年版，第233—234页。

“诸子百家之学，与其说是哲学，莫若称为思想学说更加恰当。所以中国历史学科中有思想史一门，而中国学术史实即为学术思想史也。”[1] 在刘先生的思想观念中，不仅学术史即学术思想史，思想史也是学术思想史，学术史与思想史应该没有太大的差别。马一浮先生曾说：“国家生命所系，实系于文化，而文化根本则在思想。从闻见得来的是知识，由自己体究，能将各种知识融会贯通，成立一个体系，名为思想。”[2] 刘梦溪先生认为马一浮所说的思想即指学术思想，他说：“可以视马先生之论是给学术思想下的一个极为精要的定义。主要是建构系统的思想，同时还需要有创辟胜解，具备独创性的品格。既系统又独到，属于思维的精华，并具有形上之学的特点，这才是学术思想。”[3]

将学术史、思想史、学术思想史等同使用，恐怕还是存在一些问题的。在目前出版的学术史、思想史与学术思想史著作中，研究的侧重点还是有很大区别的。

目前以“学术史”命名而出版的学术著作，他们所包含的内容有着较大差别，有关于文明起源研究的，有关于历史文献和出土文献研究的，有的则将所有学术研究的内容都包含在内，也有以思想史为主的学术史，如张立文先生主编的《中国学术通史》。而学界出版的思想史著作，则包括各类专门的思想史，如哲学思想史、政治思想史、经济思想史等。从分类的角度观察，学者们似乎更倾向于将学术思想史作为思想史中的一个门类来看待。

（二）思想史与学术思想史

与传统学术相同，传统思想也是中国传统文化的重要组成部分，思想史则属于中古历史的组成部分。[4] 科林伍德认为：“一切历史都是思想史”，“思想史是最深层次的历史”，“思想史研究是历史研究的最后归宿”。[5]

思想史的研究，是文化史研究的延展。汪荣祖先生指出：“直至十九世纪末，史家对人文及文化之兴趣乃增，研究文化史，而逐渐开拓史学之视野，亦因启近代思想史研究之先河。”“文化史研究为近代思想史研究之先驱。”[6]“思

[1] 刘梦溪：《中国现代学术要略》，生活·读书·新知三联书店2018年版，第312页。
[2] 马一浮：《对毕业诸生讲词》，《马一浮集》第1册，浙江古籍出版社2012年版，第41—42页。
[3] 刘梦溪：《中国现代学术要略》，生活·读书·新知三联书店2018年版，第6页。
[4] 张岂之：《〈中国思想家评传丛书〉的特色与20世纪中国思想史研究回顾》，《杰出人物与中国思想史》，江苏教育出版社2000年版，第5页。
[5] 转引自林德宏：《思想史与思想家》，载《杰出人物与中国思想史》，江苏教育出版社2000年版，51页。
[6] 汪荣祖：《思想与时代——思想史研究之范畴与方法》，载《杰出人物与中国思想史》，江苏教育出版社2000年版，第381页。

想史（Intellectual History）虽不尽同于文化史（Cultural History），然后者有为前者铺路之功。”[1] 思想史研究，以文化史为背景。汪荣祖进一步指出，思想史以“整个文化作背景，注重‘历史架构’（historical frame work）上之思想与行动之关系，以及思想与思想之关系”。[2] 思想史与文化史之密切关系，由诸位前贤的论述可见一斑。

关于思想史的概念，张立文先生定义为：“中国思想史是指人对宇宙、社会、人生的事件、生活、行为的所思所想，以描述和解释的方式形式，历史地呈现出来的历程。”[3] 关于思想史的研究对象，侯外庐先生主编的《中国思想通史》界定为“综合了哲学思想、逻辑思想和社会思想”[4]，葛兆光先生将思想史的研究范围界定为“一般知识、思想与信仰世界的历史”。[5]

从思想史研究角度切入学术思想史研究的许多学者，将思想史即视为学术思想史。除了前文提到的刘梦溪先生外，匡亚明先生在主持《中国思想家研究》丛书时，将思想史等同于学术思想史使用。匡亚明的弟子蒋广学先生说：“人学、天人合一只是中国学术思想之‘体’，它在各学科发挥作用时，都有特殊的内容。研究此‘体’贯穿于经史子集中所形成的思想体系的演变过程，就是匡亚明所倡导的思想史，我们今天将之称为中国学术思想史。”[6] 匡亚明先生所言的思想史即学术思想史，其研究思想注重学术层面的探讨，其学术思想史的研究对象包括哲学、历史等人文社会科学，也包括天文学、医学、数学等自然科学。

由于学术思想史研究的对象主要是思想家的学术和思想，学者所定义的“一般知识、思想与信仰世界的历史”可以被排除在学术思想史的研究范围之外。

（三）学术史、思想史与学术思想史

从以上的论述可以很清晰地看出，尽管从学理上来看学术史、思想史与学术思想史三个概念存在着明显的差别，但学术界目前还存在着三个概念混用的情况。究其原因，应该是由于学术与思想内容的密不可分。匡亚明先生在《求索集》中指出：“凡是在各个不同时代不同领域和学科中取得成就者，大多是那些

[1] 汪荣祖：《思想与时代——思想史研究之范畴与方法》，载《杰出人物与中国思想史》，江苏教育出版社2000年版，第382页。

[2] 汪荣祖：《思想与时代——思想史研究之范畴与方法》，载《杰出人物与中国思想史》，江苏教育出版社2000年版，第388页。

[3] 张立文：《中国学术通史》，人民出版社2004年版，“总序”第4页。

[4] 侯外庐等：《中国思想通史》第一卷，人民出版社1957年版，第1页。

[5] 葛兆光：《中国思想史·导论·思想史的写法》，复旦大学出版社2013年版，第8页。

[6] 蒋广学：《中国学术思想史·中国学术思想史纲要》，南京大学出版社2014年版，第17页。

在当时历史条件下自觉或不自觉地认识和掌握了该领域事物发展规律的具有敏锐思想的人。他们取得成就的大小，取决于思想上认识和反映这些规律的程度如何。”[1] 学者学术成就的取得，关键在于具有独特的学术思想。匡亚明先生注意到了具体的学术研究者所取得的学术成就与研究者思想之间的关系，因此他的思想家研究的范围包括了人文、社会与科学技术各个门类。其思想史研究，即学术思想史研究。

学术与思想的关系可以说是密不可分的。朱维铮先生指出：“按照逻辑，学问是思想的根底，思想是学问的花果，因而没有相当学问作功底的思想，与没有思想定取向的学问，都似乎是不可思议的。”[2] 蒋广学先生指出：“‘思想’是在一定的学术结构中存在的；离开了特定的学术结构，也就不会有清晰和系统的思想。中国传统思想有特殊的学术结构：就人们所说的三教关系来说，儒为本而佛道为末，这一结构在魏晋南北朝隋唐道或佛大发展、大进取时期虽有过‘三教论衡’的态势，但到了修《四库全书》时，居然把佛、道排到了子学部的末位；而就经学与儒之外的子学各家如艺术、小说家、农学、医家、天文算法、术数等家的关系而言，均不离易经为体、其他五经为用的格局。”[3] 学者将学术与思想的关系定义为：“没有学术的思想，是空洞的思想；没有思想的学术，是无灵魂的学术。”[4] 可谓确当。

中国传统文化注重直接体悟，这种认识世界的途径更使得学术与思想不可分割。《汉书·艺文志》云：“《乐》以和神，仁之表也；《诗》以正言，义之用也；《礼》以明体，明者著见，故无训也；《书》以广听，知之术也；《春秋》以断事，信之符也。五者，盖五常之道，相须而备，而《易》为之原。故曰‘《易》不可见，则乾坤或几乎息矣’，言与天地为终始也。至于五学，世有变改，犹五行之更用事焉。”[5]《乐》《诗》《礼》《书》《春秋》《易》等经典，无疑属于学术的范畴，而其中包含的“仁”“义”等内容，则属于思想。在中国古代，学术离不开思想，思想离不开学术，二者水乳交融地混合在一起。学术史即思想史、即学术思想史。从中国古代学术思想发展的实际来看，将三个概

---

[1] 转引自蒋广学：《中国学术思想史·中国学术思想史纲要》，南京大学出版社2014年版，第12—13页。

[2] 朱维铮：《清学史：学者与思想家》，载《杰出人物与中国思想史》，江苏教育出版社2000年版，第33页。

[3] 蒋广学：《〈中国思想家评传丛书〉与中国思想史研究》，载《杰出人物与中国思想史》，江苏教育出版社2000年版，第18页。

[4] 赵培杰、莫斌、邵贤曼、崔晋：《2020年哲学研究发展报告》，《中国社会科学报》2021年1月18日（3）。

[5] 班固：《汉书·艺文志》，中华书局1962年版，第1723页。

念混同使用也未尝不可。三个概念的区别，主要存在于现代学术话语体系中。

目前学术界出版的以“学术思想史”命名的学术著作，所使用的学术思想史的概念存在较大差异。邝士元先生所著《中国学术思想史》，其使用概念“学术思想”与“学说思想”通用，在进行思想演变研究的同时，对传统学术中的经学、史学、文献学等有比较深入的研究，但对传统学术中的天文学、中医学和地理学、数学等，都没有涉及。张岂之先生主编《中国思想学说史》，鉴于学术界将不同内容的学术内容都归为学术史，直接采用了《中国思想学说史》为题，以避免学术史概念的泛化。王伯祥、周振甫合著的《中国学术思想演进史》，则将学术思想定义为“文化的精神”，认为学术思想“总离不了环境的影响，同时又总是归结到人类生活的改进”，这一定义强调了学术思想与文化的密切关系，但没能将二者有效区分开来。钱穆先生的《中国学术思想史论丛》，将有关学术史研究的内容与有关思想史研究的内容一并收入，学术思想史被定义为学术史与思想史的综合。

中国社会科学出版社出版的三十五卷《当代中国学术思想史》，对20多个一级学科以及部分二级学科的学术思想进行了论述。其学术思想史的定义应该是“学术的思想史”，学科划分采用的是当代学科划分方法。南京大学出版社正在陆续出版“中国学术思想史”系列丛书，从已经出版的《中国哲学思想史》《中国数学思想史》看，采用的也是现代学术的学科分类方法。而其中的《中国学术思想史纲要》，则采用的是中国传统的学术话语体系。该著作也没有将传统的天文学、中医学等纳入讨论范围。

通过以上对以往相关研究成果的学术史梳理，可以清晰地看出，在进行学术思想史相关专题研究之前，研究者首先应该对学术思想史的定义和研究对象进行比较清晰的界定。

抛开学术史、思想史与学术思想史在研究中的不加分别地使用的现状，仅就“学术思想史”概念本身的诠释而言，似乎既可以解释为“学术史与思想史”的并合，也可以解读为“学术的思想史”。在综合前人学术研究成果的基础上，我们试图对学术思想史的概念进行新的界定：学术思想史应该是学术史与思想史紧密结合、互为一体的学术思想史。在如此界定的学术思想史的研究中，既注重学术发展对思想发展的影响，同时也注重思想史中的学术史论述。

如此界定的学术思想史，既没有简单采用学术史加思想史的概念，也没有采用狭义的“学术的思想史”的概念。我们之所以如此界定，是因为我们认为，在现代学术话语体系中，学术与思想两个概念虽然内涵与外延上有一定的区别，但在中国传统学术体系中，作为共同以文化为背景而形成的学术史与思想史概念，二者之间关系密不可分。在学术史研究中加强思想的关照，可以将学术史的研究提升到一个更高的层面；同时，注重思想史中的学术史研究，也可以为思想史的演变研究奠定坚实的学术史研究的基础。[1] 这样的学术思想史，可以在现代学术研究中将学术思想史的研究与一般意义上的学术史、思想史研究区分开来，也可以将学术思想史与一般意义的哲学思想史、政治思想史、社会思想史等很好地区分开来。我们的学术研究，是用现代学术思想话语体系来诠释古代学术思想。这样可以实现两种学术话语体系有效接合。

如此界定的学术思想史，其研究对象既包括学术史的内容，也包括思想史的内容。关于传统文化中学术思想史的研究对象，梁启超在《中国历史研究法（补编）》第四章《文化专史及其做法》中有一个概括。他界定的文化史包括有语言史、文字史、神话史、宗教史和学术思想史几部分。在学术思想史部分，他说："中国学术不能靠一部书包办，至少要分四部。子，道术史——即哲学史。丑，史学史。寅，自然科学史。卯，社会科学史。四部合起来，未尝不可。然性质既各不同，发展途径又异，盛衰时代又相参差，所以与其合并，不如分开。"[2] 我们对学术思想史的界定，与梁启超在文化史的分类中对学术思想史的界定有些不相同之处，这便是梁氏的界定中宗教史被排除在学术史之外。从中国传统学术思想的发展来看，道教、佛教等宗教文化也属于学术思想的一个组成部分。钱穆先生曾说："佛教虽为一宗教，而其内涵之学术意义亦特丰。佛教之中国化，则胥由中国学术传统中所赋有之独特之功。南北朝、隋、唐高僧，多兼通内外学，遂使中国学术逐渐渗透入于佛教信仰中，而佛教之在中国，乃亦随之而变。"[3] 钱穆先生的说法，是符合中国学术史的实际的。

被梁启超排除于学术思想史研究之外的文学，在我们的定义中，与学术或与思想有关的文学家的文学作品也应被纳入研究范围之内。至于与学术思想距离比较疏远的文学创作或文学艺术作品欣赏等，就应该排除在外。

[1] 方光华先生在《中国思想史研究的三个向度》一文中，阐述了思想史研究的三种主要方法：哲学诠释的方法、社会史的方法与学术史的方法。他说："任何思想都离不开一定的学术土壤。许多思想命题都是从当时的学术研究中酝酿出来的。例如，要了解孔子的思想，就需要研究西周鼎盛时期的'六艺'教育传统，……又如，董仲舒的'天人合一'的哲学思想就是在诠释《公羊春秋》过程中，为了使《公羊春秋》得到更完整、更合理的解释才提出的。""学术史的眼光能使我们看到思想背后深沉浑厚的学术土壤，帮助我们纠正许多习以为常的误解。"《学术月刊》2007年第4期。

[2] 梁启超：《饮冰室合集·专辑》第23册，中华书局2015年版，第10737页。

[3] 钱穆：《中国学术通义》（新校本），九州出版社2012年版，"序"第1—2页。

学术思想史与文化思想史也是两个相近易混的概念。强调思想中的学术内容，可以将学术思想与几近被泛化的文化思想区分开来。没有学术内涵的一般社会存在意义上的社会文化思想，不被我们列入研究范围。比如晚清天主教在燕赵地域发展很快，但是我们考虑到它本身更多的是一种思想文化的传播，在天主教中国化等学术领域，燕赵学术界并没有在这一时期做出什么突出贡献，也没有相关学术著作问世。因此没有将这一重要文化现象纳入研究范围。

梁启超主张将学术思想史分为四部分分别研究，是因为他看到了他自己界定的传统学术思想史四部分之间的差异。如果按照我们对学术思想史概念的新的界定，学术思想史便可以作为一个对象来进行整体性研究，如此便有了将四部分内容融合在一起进行研究的可能性。在相关内容的取舍上，没有学术的思想与没有思想的学术，基本上都将被排除在研究范围之外。如此一来，也许可以减少拼盘式的拼装组合色彩。

关于学术与风俗、文化之间的关系，钱穆先生说："欲考较一国家一民族之文化，上层首当注意其'学术'，下层则当注意其'风俗'。学术为文化导先路，苟非有学术领导，则文化将无向往。非停滞不前，则迷惑失途。风俗为文化奠深基。苟非能形成为风俗，则文化理想，仅如空中楼阁，终将烟销而云散。"[1] 我们以为，文化底色为学术发展提供文化背景，文化精神的向上提升，便为学术精神。

三、研究的路径与方法

社会科学研究的创新，除了发掘运用新材料外，主要立足于科研路径与科研方法的创新。只有具备了好的路径与方法，才有可能产生创新性的研究结论。社会科学研究的道路是充满荆棘与陷阱的，如果研究者掉入了无法解脱的陷阱，视野便会被蒙蔽，甚至产生自害害人的自蔽现象。因此，我们在研究方法上时刻需要注意解蔽。

（一）整体研究法

整体研究法，是运用整体的方法对研究对象进行整体性研究。进行整体性研究，需要运用整体性思维方式。我们之所以强调整体研究法，一是中国文化本身具有整体性，中国传统的思维方式是整体性思维，对它的研究，必然要运用整体性思维；二是只有运用整体性思维，才能真正解释地域文化中的特色内容；三是

[1] 钱穆：《中国学术通义》（新校本），九州出版社2012年版，"序"第1页。

只有使用整体研究法，才能彰显中华文化中和而不同的文化品格，才能真正继承燕赵学术思想综合创新的优良传统，真正实现学术研究中的综合创新；四是燕赵学术思想史作为广义历史学的一部分，其研究目标具有整体性。

中国传统学术思想体系中，最高的范畴可以说是道。道的显著特征之一，便是整体性。《庄子·天下》篇称“道术将为天下裂”，《荀子·解蔽》所说“天下无二道，圣人无两心”，都是强调道的整体性。在中国传统观念中，天地人为一个整体，人与物也是一体。整体观念，是中国传统文化的鲜明特色。张岱年先生指出：“中国传统哲学，无论儒家或道家，都强调整体观点。整体是一个现代的名词，在古代称之为‘一体’或‘统体’。所谓整体观点，就是认为世界（天体）是一个整体，人和物也都是一个整体；整体包含许多部分，各部分之间有密切的联系，因而构成一个整体；想了解各部分，必须了解整体。”[1] 对中国传统文化的研究，必须运用整体性研究法。楼宇烈先生指出：“对于中国传统文化的研究，不管是研究哪一家，哪一科，哪一学，我认为，首先是要把握住中国传统文化的整体精神之所在，否则将难入其堂奥，难得其精义。”[2] 对燕赵学术思想史的研究也是如此。

中国传统文化的整体性特征，突出表现在中国传统思维方式上。中国文化属于整体关联思维方式，楼宇烈先生称之为“整体关联，动态平衡”。[3] 整体关联，强调了关联的普遍性。对普遍关联的整体文化进行研究，需要整体性研究法。

中国思维方式的另外一个特征，便是中国的逻辑是语境逻辑。[4] 这种逻辑思维方式，使语言本义与思想之间发生疏离，语言离开语境，表达思想的功能将大打折扣，如此一来，从语言诠释思想便产生了障碍与困难。从文本记载本身去解读思想，便不能解释作者的言外之意，这样或许会偏离作品作者的本意。有鉴于此，研究中国古代思想家的学术思想，只有从文本记载的整体中去尽可能恢复当时作者写作的语境，用直观体悟的方法去理解文字作者整体的学术背景和思想框架，唯有如此，才能避免只依靠文字训诂解释学术思想产生的各种弊端。用直观体悟的方法把握文本的整体思想，古人又称之为“得意忘象”“得理忘言”。竺道生说：“夫象以尽意，得意则象忘。言以诠理，入理则言息。自经典东流，

[1] 张岱年：《试论中国传统哲学的思维方式》，载李存山：《张岱年选集》，吉林人民出版社2010年版，第382页。
[2] 楼宇烈：《中国文化的根本精神》，中华书局2016年版，第221页。
[3] 楼宇烈：《中国的品格》，四川人民出版社2015年版，第3页。
[4] 楼宇烈：《中国文化的根本精神》，中华书局2016年版，第35页。

译人重阻，多守滞文，鲜见圆义。若忘荃取鱼，始可与言道矣！”（《高僧传》卷七）佛教文本的汉译，需要得意忘象，今人理解古典文献，也有一个文本转换问题，也同样需要“得理忘言”。得理忘言，应该是文本诠释的最终目的。而这种诠释文本的方法，即是一种整体性思维法。

和而不同是中华文化的重要品格，它揭示了事物发生发展过程中多种因素共同发挥作用，而不是单一因素发挥作用或相同因子的简单叠加。中华文化多元一体格局的形成，以及儒释道文化的共存互融，便是这种文化品格的彰显。在学术研究中，将中华文化和而不同的文化品格落在实处，才有可能继承中外思想家一切可以继承的优秀文化遗产，运用一切可以运用的科研方法与路径，吸收一切可以吸收的各家各派的有价值的学说，构建具有创新性的学术体系，将燕赵学术思想史上综合创新的优良传统发扬光大。[1]

燕赵学术思想史作为一种广义的历史，其本身也具有整体性的目标。雅斯贝尔斯从历史的整体性出发，提出“把握历史的统一，也就是说将普世史作为整体来思考，是寻求历史最终意义的对历史知识的一种渴望”。[2]“普世史观对我们来说意味着什么？我们愿意将历史作为一个整体来理解，是为了理解我们自身。对于我们来讲历史是记忆，我们不仅要懂得记忆，并且要借助记忆而生活。如果我们不想化为虚无，而想获得‘人之存在’的话，历史是奠定了的基础，我们与这一基础紧密相连。”[3]“如果我们认识到整体，那么每个人的存在在整体之中都有其位置。”[4]只有在对整个中华文化的整体关照下，燕赵文化作为一种地域文化，才能深刻透视其地域性特征，才能在历史中找到其存在的对的位置。

离开了中华文化的整体去研究地域文化，所得结论必然是对道的割裂。从各种地域文化与中华文化的根本关系来讲，尽管各地域文化都有其特色，但都属于中国文化的有机组成部分，都符合中华文化之道。钱钟书在《谈艺录·序》中说：“东海西海，心理悠同；南学北学，道术未裂。”[5]道术未裂，中华文化的整体性也未能割裂。

总而言之，只有运用整体性研究方法，才能有效避免研究中的偏见，才能

---

[1] 综合创新的概念是张岱年先生提出的一种创新方法。在燕赵学术思想史上，一些标志性人物如荀子、董仲舒、孔颖达、孙奇峰、张之洞等，其研究方法均运用综合创新法。综合创新可以说是燕赵学术思想的重要特征。参见梁世和：《北学与燕赵文化》，《河北学刊》2004年第4期。

[2] [德]雅斯贝尔斯著、李雪涛译：《论历史的起源与目标》，华东师范大学出版社2018年版，第300页。

[3] [德]雅斯贝尔斯著、李雪涛译：《论历史的起源与目标》，华东师范大学出版社2018年版，第267页。

[4] [德]雅斯贝尔斯著、李雪涛译：《论历史的起源与目标》，华东师范大学出版社2018年版，第301页。

[5] 钱钟书：《谈艺录》，中华书局1984年版，第1页。

使研究所得出的结论更具有普遍性；只有在中华文化的整体中认识燕赵学术思想史，才能突出燕赵学术思想史的鲜明特征。

（二）分析的方法

对文本的理解、分析与诠释，是学术研究的基础性工作。中国传统学术的发展，在文本阐释上曾有汉学宋学之争、训诂与义理之争等。“义理之学为宋儒所提倡，清儒的强项则是考据之学。当然就中国历代学术所追寻的方向而言，其运行的大势是把两者合起来，而不是要它们分离。”[1] 现代学术研究对文本的解读与诠释，应该在继承训诂与义理阐释文本的基础上，采用分析的方法。

分析的方法与整体研究法是相对而言的，分析方法从根本上来说来源于分析思维，在西方世界曾一度盛行的分析哲学，其研究方法便是分析的方法。当代著名分析哲学家冯·赖特指出：“分析在哲学中所设定的任务就是阐明语句（陈述）的意义。”[2] 分析是将整体分解后，通过认识分解的部分而认识整体，冯·赖特说：“‘分析’意味着分解，把一个总体或整体拆分为互相孤立的部分。有一种观点经常被称为部分论（meristic），……根据这种观点，整体的特性不得不根据它的部分的特性来解释。”[3] 分析哲学家魏斯曼说：“分析意味着分解和拆卸。‘逻辑分析’由此看来意味着：把一个思想拆分成它的终极逻辑构成要素。……人们大致也可以这样去设想哲学家的事情，他的任务就是揭示思想的结构，显示它的逻辑构造。”[4] 研究过程中的分析包括概念分析、语言分析、逻辑分析、“关联的”分析等等。

概念是文本表达的基础，概念游移或模糊，便无法进行有效的论证。张岱年先生说中国传统分析方法具有模糊性，其表现之一便是“用辞多歧义，没有明确的界说”。[5] 有鉴于此，我们在研究先贤作品时，特别注意对他们所使用概念的分析，以避免受概念不明或概念歧义的误导。

世界的逻辑形式，便是由语言和事物构成。分析哲学家冯·赖特说：“事物是这个世界的实体。事物在事态中的可能关系和名称在有意义语句中的可能关

[1] 刘梦溪：《中国现代学术要略》，生活·读书·新知三联书店2018年版，第49页。

[2] [芬]冯·赖特：《分析哲学：一个批判的历史概述》，载陈波、江怡：《分析哲学——回顾与反省》（第二版）上卷，中国人民大学出版社2018年版，第8页。

[3] [芬]冯·赖特：《分析哲学：一个批判的历史概述》，载陈波、江怡：《分析哲学——回顾与反省》（第二版）上卷，中国人民大学出版社2018年版，第21页。

[4] [德]魏斯曼：《什么是逻辑分析》，转引自冯·赖特：《分析哲学：一个批判的历史概述》，载陈波、江怡：《分析哲学——回顾与反省》（第二版）上卷，中国人民大学出版社2018年版，第8—9页。

[5] 张岱年：《试论中国传统哲学的思维方式》，载李存山：《张岱年选集》，吉林人民出版社2010年版，第385页。

系构成世界的逻辑形式，即本质。于是语言的本质和世界的本质是同样的。”[1]认识世界的本质，就是认识语言的本质。对语言进行逻辑的分析，是认识语言本质的根本方法。英国当代分析哲学家达米特认为，分析思想的唯一专门办法就在于分析语言。[2]传统训诂学中的词语与义理的训释也具有语言分析的内容。在现代学术研究中进行语言分析时，还应该与概念分析、逻辑分析、“关联”分析等综合运用。

中国古代思维方式比较缺乏形式逻辑思维，但这并不妨碍我们对古人学术与思想用现代形式逻辑分析的方法来加以审视。

事物的普遍联系是事物存在的根本状态，中国传统文化中的“天人合一”“民胞物与”等，都是对关联普遍性的表达。对事物相关关联的分析，是认识事物存在状态、变化规律的重要途径。对相关关联的分析，无论是研究学术史还是思想史，都是非常重要的方法。

在中国古代传统学术思想中，分析方法很少使用。张岱年先生指出：“在中国传统哲学中，分析方法不甚发达，但亦非完全没有。”“由于中国传统哲学中分析方法不发达，于是表现了一定程度的模糊性。”[3]分析思维与分析方法是中国传统学术的短板，我们在这里强调使用这一行之有效的方法，一方面意在补足我们文化中的短板，另一方面也想使我们的研究工作与现代学术研究接轨，从而使我们的研究从方法上具有现代学术气息。

分析方法的运用需要研究者创造性地诠释文本。傅伟勋提出“创造的诠释学”，对诠释的步骤、环节、要旨等进行了说明：“作为一般方法论的创造的诠释学共分五个辩证的层次，不得随意越等跳级。这五个层次是：（1）‘实谓’层次——‘原思想家（或原典）实际上说了什么？’；（2）‘意谓’层次——‘原思想家要表达什么’或‘他所说的意思到底是什么？；（3）‘蕴谓’层次——‘原思想家可能要说什么’或‘原思想家所说的可能蕴涵是什么？’；（4）‘当谓’层次——‘原思想家（未来）应当说什么’或‘创造的诠释学者应当为原思想家说出什么？’（5）‘必谓’层次——‘原思想家现在必须说出什么？’或‘为了解决原思想家未能完成的思想课题，创造的诠释学者现在必

[1][芬]冯·赖特：《分析哲学：一个批判的历史概述》，载陈波、江怡：《分析哲学——回顾与反省》（第二版）上卷，中国人民大学出版社2018年版，第10页。

[2]转引自[英]P. M. S.哈克：《分析哲学：内容、历史与走向》，载陈波、江怡：《分析哲学——回顾与反省》（第二版）上卷，中国人民大学出版社2018年版，第35页。

[3]张岱年：《试论中国传统哲学的思维方式》，载李存山：《张岱年选集》，吉林人民出版社2010年版，第385页。

须践行什么'。"[1] 我们的研究中对文本的创造性诠释，也将按照傅伟勋先生"创造的诠释学"的步骤与方法进行。

（三）比较研究法

燕赵学术思想史研究作为广义的燕赵地域文化研究的重要组成部分，其研究除了要揭示燕赵学术思想史在中华学术思想史研究上的重要学术价值外，无疑还需要特别地突出燕赵地域的学术思想特色。为此，我们在研究中一方面要将燕赵学术思想史放在中华学术思想史的大框架下进行研究，同时也要进行燕赵学术思想史与其他地域文化的学术思想史的对比研究，如与齐鲁学术思想史、岭南学术思想史、闽学、关学以及中原学术思想史等的对比研究，在对比研究中彰显燕赵地域特色。当然，这种比较研究并非为比较而比较，也不是每一历史时段都要与其他地域的学术思想史进行比较，而是在不同的历史时期，与当时最具特点的其他地域文化的学术思想史发展状况进行比较，这样的比较，更容易从整体上把握燕赵地域的学术思想史的地域特色。

（四）研究方法的解蔽

中国传统学术在其发展的历史长河中，因研究者视域或研究方法问题而产生一些弊病。《荀子 · 解蔽》篇说："私其所积，唯恐闻其恶也；倚其所私，以观异术，唯恐闻其美也。"以私心私见观察事物，便会产生遮蔽。《汉书 · 艺文志》云："后世经传既已乖离，博学者又不思多闻阙疑之义，而务碎义逃难，便辞巧说，破坏形体；说五字之文，至于二三万言。后进弥以驰逐，故幼童而守一艺，白首而后能言；安其所习，毁所不见，终以自蔽。此学者之大患也。"[2] 不思多闻阙疑，安其所习，是学术研究之蔽产生的重要原因。《荀子 · 解蔽》篇提出，从认识道的整体性出发以解学者认识之弊。现代学术史的研究中，学者也在试图克服研究中所生之蔽。刘梦溪先生曾提出破除现代学术研究中的四种蔽障："但中国现代学术的发展仍然困难重重。就学者的主要认知而言，有四重障蔽应予以破除。第一，学术是手段还是目的；第二，'有用之学'与'无用之学'；第三，中学和西学之争；第四，新旧古今之争。"[3] 除了刘先生所列举的四种蔽障，我们在研究中还试图避免以下蔽障：

---

[1] 傅伟勋：《创造的诠释学及其应用》，《时代与思潮》1990年第二辑，转引自陈波等：《分析哲学——批评与建构》下卷，中国人民大学出版社2018年版，第752页。

[2] 班固：《汉书 · 艺文志》，中华书局1962年版，第1723页。

[3] 刘梦溪：《中国现代学术要略》附录二《文化托命和中国现代学术传统》，生活 · 读书 · 新知三联书店2018年版，第243页。

1.所知障。所知障意即是所认知的事物与理论成为新的认识的障碍，从已知推未知中产生错误的结论。博学如章太炎者，蔽于自己对文献的熟知，而认出土的甲骨文为伪物，是为所知障之一例。《荀子·解蔽》篇曾提出“不以所已臧害所将受”“不以夫一害此一”，是为解所知障之良方。《荀子》所言的方法虽然很好，但在人的认识过程中却存在着实际上的困难。人的认知，包括研究工作，是运用自己所储存的知识去判断解析新的问题，雅斯贝尔斯说：“‘个人看到的是他内心中具有的东西。’理解的根源是我们的当下性，亦即此时此地我们唯一的现实。”[1] 可以说，所知是认知的基础。研究者所储备的知识越丰富，其解决新问题的能力越强，其认知所得结论越接近真理。但是，如果研究者不能正确运用所知，将所知固化机械地运用，就会形成所知障。杜维明先生曾指出：“人文学与一般所谓社会科学（被具体量化了的）、自然科学等，在方法和所处理的问题上有很多不同，可以说更困难。比如旁观者与参与者的复杂互动。我们读文本，不管是中国的诗词、小说还是哲学经典，都有一个我们与文本之间进行互动的问题。我们总是要把自己的一些偏见调动起来，进入文本阅读和研究中，没有办法避免，但我们又尽量想减少自己的偏见，尽量使我们的私我（ego）的坏的影响力减少，使我们的自我及其所展现的视野得以扩展。这就是私我和自我之间的复杂互动。”[2] 我们在研究中一方面要运用我们的所知，发挥我们的能动性，另一方面又要按照孔子所言，“勿意、勿必、勿固、勿我”，尽可能减少研究中因所知障而造成的结论错误。

2.情感之蔽。作为中华文化的研究者与传承弘扬者，作为燕赵儿女研究燕赵学术思想史，必会将我们热爱祖国传统文化、热爱家乡文化的深厚情感融入研究过程之中，以期自己的研究能够继承先人的文化精神，并传至后代，留存后世；希望自己的研究成果能够对美丽家乡的现代化建设贡献力量。唯其如此，我们的研究工作才会产生无比强大的内在动力，促使我们不计名利，不计得失，全身心投入研究工作中。研究者在研究中强烈情感的投入，固可以使研究的深度得到深化，但同时也会带来《荀子·解蔽》篇所说“私其所积”“倚其所私”的情感之蔽。情感会遮蔽我们理性的双眼，使研究结论失去客观性、公正性，或沦为迎合时世的“政论作品”。如此的作品能否达到作者们预期的效果，实在是不可预知的。

[1] [德]雅斯贝尔斯著、李雪涛译：《论历史的起源与目标》，华东师范大学出版社2018年版，第17页。
[2] 杜维明：《关于儒家人文精神的再认识》，载《杰出人物与中国思想史》，江苏教育出版社2000年版，第66页。

在进行燕赵学术思想史的研究中，我们将对弘扬优秀传统文化的情感与学术理性进行适度调适，力争从文化自觉的角度，对研究对象进行深入的研究，继承燕赵学术精神中实事求是的品格，不虚美，不掩恶，在深入研究的基础上弘扬优秀传统文化。通过理性而深入的研究，对传统燕赵文化精神作出关照与反思，以便实现优秀传统文化在当代社会的创造性转化。

忧患意识是中国传统文化的优秀精神品质，有了忧患意识，才能进行文化反思与自觉。张世英先生曾说："我们不要老是片面地自满于中华传统文化的优点，而应该多一点忧患意识，多想想自己的缺点。"[1] 燕赵地域现实社会与文化的发展状况，正是我们对传统学术开展反思的基础。只有认识了传统燕赵学术思想中存在的不足，才能为当今文化发展提供更好的方向和助力；只有以宽广的学术视野，面对当代世界各种思想观念对燕赵传统学术思想的冲击，才能使燕赵学术精神走出区域性臼窠，才能使燕赵未来的学术走向全国、走向世界!

四、需要说明的几个具体问题

（一）燕赵学术思想史的研究对象是燕赵传统学术思想，因此其话语体系构建采用的是传统学术话语体系的构建方法，其论述话语也基本上采用传统学术话语论述方法。至于现代学术话语，只有在进行传统学术思想的现代解读时才会按需使用。

（二）燕赵学术思想史课题研究，为了能够在前贤研究的基础上有所创新，我们设计的研究重点不拟对著名思想家的思想本身进行独立静态考察，而是主要将每一时代学术思想演变的社会背景、学术思想演变历程及内在逻辑、学术流派的发展源流、思想家们思想的来源、学术思想创新和重要贡献、以及其对后世学术思想的影响等，作为重点考察对象。我们认为，这些处理可以突出学术思想史之"史"的特征，可以避免一些较为静态的描述，将学术思想史写得更全面，也更灵动一些。

（三）在燕赵学术思想史研究中，我们克服重重困难，将天文历算、中医学、数学等与中国古代宇宙观、人生观密切相关的科学技术类的学术思想纳入我们的论述范围。对这些专门之学进行研究，实现突破非常困难。在我们的研究设计中，不拟将这些学科本身的研究作为突破方向，而是想在充分吸收前人研究成果的基础上，将这些学科的研究发展对燕赵学术思想发展的整体影响作为考察的

[1] 张世英：《觉醒的历程——中华精神现象学大纲》自序，中华书局2013年版，第2页。

目标。把天文历算、中医学、数学等纳入学术思想史研究的范畴，既可以更好地从整体上对燕赵学术思想史的发展进行研究，又可以完整地展现燕赵地域的学术思想史发展的全貌。为了避免我们的燕赵学术思想史研究出现支离破碎、残缺不全之憾，我们将对与思想有关的学术研究领域进行较为全面的论述。

（四）元明清时期，北京成为京都所在地，燕赵作为京畿重地，其学术思想的发展也因此具有了京畿文化特色。全国士人任职京城，这些士人若与燕赵本籍士人交际密切，或对燕赵学术思想发展产生影响，或有与燕赵学术思想相关著作流传，那么他的相关学术思想便纳入我们的研究范围。若仅为京城官员学者，则不纳入燕赵学术思想史的研究范围。

在燕赵学术思想家的选取对象上，我们基本上遵循了如下原则：

第一，生于燕赵地域之内的学术思想家，列入研究范围。

第二，生于其他地域文化圈，但其主要学术活动在燕赵地域开展的学术思想家，列入研究范围；其主要学术活动虽不在燕赵地域，但曾活动于燕赵地域，而且在此期间有相关作品流传的，其与燕赵学术思想有关的活动、作品等列入研究范围，此类作者的其他学术活动、作品与学术思想等则不在研究范围之内。

第三，祖籍燕赵的思想家，其作品与思想具有燕赵文化传统，且其外迁在三世之内的，列入研究范围；其外迁超过三世的，则不列入研究范围。

（五）本研究的创新之处。燕赵学术思想史的研究，是对燕赵地域文化研究的进一步深入，在学术史研究的意义上说具有初创性。与以往燕赵思想家研究的成果相较，该研究具有以下创新之处：（1）填补系统研究燕赵学术思想史的学术空白。（2）对一些学术界较少关注的燕赵思想家的学术思想进行了比较深入的发掘研究。（3）对燕赵学术思想史的发展脉络进行梳理，对燕赵学术传统与思想特点进行总结与概括。（4）在充分总结、吸收、继承前人研究成果的基础上，提出了一些新的观点，以期实现相关研究领域的突破。

梁启超在其所著《清代学术概论》结尾处，写了一段足以自勉的文字。他说："将现在学风与前辈学风相比照，令吾曹可以发现自己种种缺点。知现代学问上笼统、影响、凌乱、肤浅等等恶现象，实吾辈所造成。此等现象，非彻底改造，则学问永无独立之望，且生心害政，其流且及于学问社会以外。吾辈欲为将来之学术界造福耶？抑造罪耶？不可不取鉴前代得失以自策励。"[1] 我们的《燕赵学术思想史》的著述，对将来之学术界，也不知是福是祸。聊借梁氏语以

[1] 梁启超：《清代学术概论》，载刘梦溪：《中国现代学术经典·梁启超卷》，河北教育出版社1996年版，第212页。

为吾辈自勉。

在课题申请与研究过程中，中国社会科学院历史所的王震中先生、张海晏先生，中国人民大学曹峰先生，大连大学葛志毅先生，南开大学张荣明先生，河北师范大学沈长云先生、秦进才先生，河北大学李振纲先生、程志华先生，燕山大学惠吉星先生等，都给予了很大的帮助与支持，我们对他们的无私帮助表示衷心的感谢！

第一章　上古燕赵区域历史及学术思想的发生

燕赵地域，历史悠久。早在中国历史的传说时代，传说黄帝、炎帝、蚩尤、尧等都曾活动于燕赵地域。先民在燕赵地域筚路蓝缕的生产与生活，既是燕赵文明发生的源头，也是燕赵学术发生的源头。传统中医学、天文历法学等，在传说时代的燕赵地域均有发生。夏商时期，占卜术在燕赵地域盛行，神灵思想在社会上存在比较普遍。西周时期，西周文化传入燕赵地域，孝、义、仁等中华学术思想的核心观念开始在燕赵地域形成。

第一节　上古燕赵区域历史

一、燕赵地域的传说历史

燕赵区域作为中华文明的重要发祥地之一，其文献记载的历史起自传说时代的炎黄时期。《史记·五帝本纪》载，司马迁经过“北过涿鹿”的实地考察，根据实地采访材料和相关文献记载，进行综合研究之后，记述黄帝与炎帝战于阪泉之野，与蚩尤战于涿鹿之野，擒杀蚩尤，邑于涿鹿之阿。阪泉、涿鹿等地名，经学者王北辰先生研究，均在今河北省张家口涿鹿境内。[1] 涿鹿之战与阪泉之战后，炎黄部落逐步开始结盟，中华远古民族间开始交流与融合。

燕赵大地上的张家口地区，考古学者认为是“中原与北方古文化接触的‘三岔口’，又是北方与中原文化交流的双向通道”[2]。这里在新石器时代存在着仰韶文化、红山文化和后岗一期文化，这三支考古学文化各自有着不同的发源地和分布范围。红山文化发源于辽西地区，仰韶文化庙底沟类型发源于陕西关中地区，后岗一期文化发源于豫北冀南地区。三种文化在这里同时并存，反映了这里

[1] 王北辰：《涿鹿、阪泉、釜山考》，《先秦史研究动态》（内刊），1996年第1期。阪泉今为何地仍存争议，有山西阳曲说、燕赵涿鹿说、山西运城说、北京延庆说、河南扶沟说等。大多数学者认可涿鹿的说法。

[2] 苏秉琦：《中国文明起源新探》，生活·读书·新知三联书店1997年版，第47—48页。

远古先民的文化交流状况。今张家口境内的新石器时代文化，有可能存在着传说时代黄帝等部族创造的文化。

先秦两汉文献记载尧舜活动的中心地区为古冀州。唐朝成书的《元和郡县志》卷二十二叙述河北唐县为古唐侯国，“尧初封于此，今定州北有故唐城，是尧所封也”。唐县就是因唐尧封此地得名。今望都县之得名，传说也与唐尧有关，《水经注》卷十一《滱水注》云：“尧山在北，尧母庆都山在南，登尧山见都山，故以为名。”邢台尧山，古称唐山。在今行唐县、隆尧县、宁晋县、涿鹿、怀来等地，都有关于尧舜活动的传说。

燕赵地区传说时代的历史，内容丰富，与新石器时代的考古发现可以进行一定程度的对证，在中国传说时代历史和中华文明发生史上占据着重要地位。

二、夏商时期燕赵地域的古国古部族

夏代是文献记载的中华民族传说时代之后的第一个历史朝代。

禹是中国历史由传说时代到文明时代的过渡性人物，有关大禹治水的事迹，带有诸多神话色彩。随着二里头及其相关文化考古发掘和研究的深入，以及夏史研究的深入进行，特别是记载大禹传说的西周时期青铜器豳公盨发现后[1]，学者们越来越坚信：大禹治水的历史虽然掺杂着诸多的神话，但此事却是确确实实曾经发生过的事情，大禹在中国历史上曾是一位真实存在的英雄人王。

文献记载大禹治水时曾在燕赵大地留下足迹。《史记·夏本纪》记载：“禹行自冀州始。”冀州所包括的范围，《尚书·禹贡》载：“禹敷土，随山刊木，奠高山大川。冀州，既载壶口，治梁及岐。既修太原，至于岳阳。覃怀底绩，至于衡漳……恒、卫既从，大陆既作。岛夷皮服，夹右碣石，入于河。”《禹贡》此段文字所涉及的多个地名，如衡漳（在今燕赵南部）、大陆、恒水、卫水、碣石[2]，均在今燕赵地域之内。又，《尚书·禹贡》记载大禹导河“北过降水，至于大陆”。《孟子·滕文公上》记载大禹之事说：“禹疏九河，瀹济、漯而注诸海；决汝、汉，排淮、泗而注之江。”《尔雅·释水》载：“徒骇、太史、马颊、覆鬴、胡苏、简、洁、钩盘、鬲津：九河。”关于降水、大陆、九河的所

[1] 该铜器铭文曰：“天令（命）禹尃土，堕山浚川。乃畴方，设征，降民。”此铭文内容，与《禹贡》之“禹敷土，随山刊木，任土作贡”相合，由此可知至迟在西周时期已有大禹治水的传说。

[2] 碣石山之所在，学者间互有分歧。《史记·苏秦列传》说燕“南有碣石、雁门之饶”。《索隐》曰：“《战国策》碣石山在常山九门县。《地理志》大碣石山在右北平骊城县西南是也。”无论从《战国策》之说还是《地理志》之说，碣石山在燕赵之域则无问题。

在，学者多认为皆在燕赵南部区域，这说明大禹治水的地域，确实包括燕赵地域。

大禹治水，燕赵先民深得其利。正如《墨子·兼爱》篇所说："古者禹治天下，西为西河渔窦，以泄渠孙皇之水。北为防原泒[1]、注后之邸，嘑池之窦，洒为底柱。凿为龙门，以利燕代胡貉与西河之民。"大禹治水后，燕赵先民开始安居，燕赵地域的文明时代开始到来。

从传说时代到夏代，今燕赵石家庄地区成为先商民族的发祥地和商民族活动的重要区域。据历史文献记载和史学家的研究，传说中先商的祖先契及其儿子昭明就活动在太行山东麓的滹沱河和石济水流域。与夏代历史大致相当的先商考古遗迹，在今燕赵中南部地区有多处发现。

商之传说历史，从商之祖先契开始。《史记·殷本纪》记载："殷契，母曰简狄，有娀氏之女，为帝喾次妃。三人行浴，见玄鸟堕其卵，简狄取吞之，因孕生契。"契的母亲简狄为有娀氏之女，因吞食玄鸟卵孕而生契。《世本·居》篇记载："契居蕃，封于商，子姓。"蕃的地望，一说在今山东曹县附近；一说在今山西南部；一说在今河北省平山县东黄壁庄水库之中，汉代名番吾。丁山先生认为契所居住的"蕃"应该就是汉常山郡薄吾县。[2]汉常山郡薄吾县即今平山县，其故址今已被黄壁庄水库所淹。邹衡先生也赞成丁山的说法，认为："河北平山县北临滹沱河，正是先商文化漳河型分布区域内，仅就契居蕃的地望来看，丁氏之说基本上是可信的。"[3]

契的后代昭明居砥石。《荀子·成相》篇记载："契玄王，生昭明，居于砥石迁于商。"砥石所在，今人说法不一。有砥石即今内蒙古自治区昭乌达盟克什克腾旗白岔山说[4]，有今燕赵中部泜水流域说[5]。考虑到昭明居砥石，所迁之商为相土西都，后相土迁商邱为东都，即今河南濮阳一带，契所居之蕃在今平山县境，商先世活动均在燕赵中南部及河南北部一带，昭明所居之砥石不会远在内蒙古的塞外。燕赵石家庄地区是先商民族的发祥地，这从现代考古学上也可以得到佐证。在今石家庄一带，从新石器时代晚期文化到3500多年前商朝贵族遗址，商

[1] 朱骏声《说文通训定声》释"泒"字："字亦作'滹'，即虖池水之上源也，出今山西代州繁峙县泰戏山，即武夫山，古亦作成夫山。"武汉市古籍书店影印1983年版，第452页。

[2] 丁山：《由三代都邑论其民族文化》，《中央研究院历史语言研究所集刊》第5本第一分，1935年版。

[3] 邹衡：《夏商周考古论文集》，文物出版社1980年版，第212页。

[4] 金景芳：《商文化起源于我国北方说》，载《中华文史论丛》第7辑，上海古籍出版社1978年版。

[5] 丁山：《商周史料考证》，中华书局1988年版，第17—18页。

民族文化基本上源流衔接、一脉相承，石家庄就是先商文化发祥之区。

从商先公冥开始，商族祖先的活动范围可能南迁到今燕赵南部一带。商之先公冥，以勤于治水而死，在历史上享有盛名。冥子王亥、王恒与亥子上甲微的活动，史籍记载相对较多。王亥、上甲微应活动于燕赵南部一带。今燕赵南部漳河流域正是先商文化遗存漳河型分布中心，这些遗存正是商先王长期活动于此地区的强有力的证明。

与商先公共同活动于燕赵南部地区的著名古族为有易氏与河伯族。有易活动在古易水一带。古易水有南北之分，北易水即《汉书·地理志》所载出阎乡，东至范阳入濡之易水。南易水即古漳水，有易氏即活动在古南易水一带。河伯因其部族活动于黄河流域而得名。关于其传说，《史记·滑稽列传》所载俗巫为河伯娶妇，邺县令西门豹智除此恶俗的故事最著名。据说西门豹当年投巫之处就在邺城西南约十里今河北临漳县大夫村[1]。河伯信仰出现在燕赵南部，远古时期的河伯族也应活动在这一地区。[2]

商王祖乙时期，商曾定都于燕赵的邢台地区。《世本》《史记·殷本纪》等文献记载，商王祖乙将都城迁到邢地。关于祖乙迁邢的地望，原本有山东定陶、河东耿乡、河内邢丘、河北邢台四说。自邢台曹演庄遗址发掘后，学者们开始把祖乙迁邢之地的研究目光更多地投向今邢台境内。邢台东先贤商代遗址的发掘，为祖乙迁邢在今邢台境内提供了更有力的证据。该遗址发现了丰富的商代文化遗存，可以分为五个时期，其中第二期至五期分别与殷墟文化一至四期相当，第一期遗存早于殷墟文化而晚于郑州白家庄商代遗存，其年代正与祖乙迁邢的年代相合，学者由此认为商王祖乙迁邢的地望最有可能就在今天的邢台[3]。

商王盘庚迁都于殷，武丁时定都殷墟（今河南安阳市）。商纣王之时，大力扩大商都城的范围，《竹书纪年》载："纣时稍大其邑，南距朝歌，北据邯郸及沙丘，皆为离宫别馆。"[4]邯郸、邢台都成为京畿之地。《史记·殷本纪》又载纣王淫乱，"厚赋税以实鹿台之钱，而盈钜桥之粟。益收狗马奇物，充仞宫室。益广沙丘苑台，多取野兽飞鸟置其中。慢于鬼神，大冣乐戏于沙丘，以酒为池，悬肉为林，使男女倮相逐其间，为长夜之饮。"鹿台之地望，《史记正义》引《括地志》云："鹿台在卫州卫县西南三十二里。"钜桥之地望，《史记集

[1] 本社编：《西门豹资料辑注》，上海人民出版社1975年版，第12页。

[2] 魏建震：《王亥被杀于有易事件反映出的父权与母权之争》，《河北学刊》1997年第2期。

[3] 邢台东先贤考古队：《古代文明》第1卷，文物出版社2002年版，第439页。

[4] 司马迁：《史记·殷本纪》《正义》引《括地志》云，中华书局2014年版，第136页。

解》引服虔曰："钜桥，仓名。许慎曰钜鹿水之大桥也，有漕粟也。"关于沙丘之地，《史记正义》引《括地志》云："沙丘台在邢州平乡东北二十里。"商王畿范围扩大到今燕赵南部地区，对这一地区的历史文化产生了深远的影响。

商代中晚期，商人统治区分为直接统治区和间接统治区。直接统治区域是以几个大都城为中心的"畿内之地"，畿内有贵族和王室诸子领地以及与商关系亲密的方国。间接统治区为时服时叛的方国。石家庄藁城台西商代遗址处于商王朝间接统治区，它应是文献失载的一重要方国或部落联盟中心遗址。[1]

台西遗址的主要文化遗迹有房基、灰坑、窖穴和墓葬，这些文化遗迹既有北方夏家店下层文化特色，又有中原文化特色。台西遗址出土的文化遗物有青铜器、陶器、石器、漆器、丝织品等。这些出土物各有特色，漆器、丝织品的工艺水平甚至高于殷墟商王都出土物，这都可说明中商时期台西存在着重要方国或方国联盟。

在台西遗址中，最值得注意的是发现了五件形制不同的铜钺，其中一件为铁刃青铜钺。钺在古代主要用作王权的象征。

在台西出土的陶片中，有79片上有文字与刻划符号，共81字。这些陶文依其性质，可分两类，一类为数字，一类是工匠或器主的族氏名或私人名，这类陶文有臣、止、巳、己、丰、乙、刀、中、矢、戈、肉、屮、贯雀等，其中止、屮、巳等均可根据甲骨文、金文和考古资料判断其属于族氏名，这些族氏可能活动在今台西附近。此外，在藁城台西商代遗址周围地区，还发现了带有族氏铭文幸、执、正、囗与夆的商代青铜器，这些商代古族也应当生活在台西周围地区。《路史后纪》记载商武丁封季父于曼，曰曼侯，有曼氏，曼作为地名古族名也见于甲骨文，其活动地域当在今鹿泉北[2]。活跃在台西周围的商代古国古部族，或属于中原商文化集团，或属于北方夏家店下层文化氏族或部落，藁城台西遗址便是这些方国氏族的活动中心。众多方国部族的融合与交流，促进了燕赵中部地区商代文化的繁荣与发展。

商代武丁迁都安阳至商纣王将其城邑扩大到燕赵南部以前，燕赵的南部也活跃着时服时叛的许多方国部族。见于甲骨文、金文的商代燕赵之域古方国部族，主要有方方、井方、我氏、土方、戉族、莫、竹、燕等。方方当活动在今河

[1] 魏建震：《藁城台西商代遗址性质初探》，《河北师范学院学报》1991年第3期。
[2] 丁山：《甲骨文所见氏族及其制度》，中华书局1988年新版，第145页；孟世凯：《商代"北土"方国与氏族初探》，《河北学刊》1991年第6期。

北邢台地区，《穆天子传》记载，“（穆）王东至于房”，房从方得声，二字音同相通，方方或即周穆王曾到之房。井方活动在今邢台一带[1]，井在古文献中称邢，《帝王世纪》记载：“邢侯为纣三公，以忠谏被诛。”（引自《史记·项羽本纪》正义）邢侯在商王室担任三公，卜辞中还有大量“妇姘”（或作妇井）刻辞，妇姘为井方之女嫁于商王室者，卜辞记载妇姘参与征战，祭祀，商王常常贞问妇姘是否有疾病，对妇姘分娩进行占卜。妇姘与卜辞所记载的其他诸妇最明显的区别之处在于妇姘在商王畿内封有领土，卜辞中有许多记载“妇姘黍”、贞问妇姘是否受年的卜辞，妇姘与商王关系非同一般。邢侯担任商三公，妇姘在诸妇中地位突出，这些都是商井关系极为密切的反映。

我氏。“我”字在卜辞中除用作第一人称外，也常常用作方国之名与地名，《合集》9200记载“我来三十”，《合集》116反面刻辞记载“我氏千”，我氏卜辞还见于《合集》9008、9009、9010、10935反等。这些都是有关我氏向商王进贡的记载。《合集》6920“呼取我”，《合集》6914“今秋勿伐我”是有关商与我战事的卜辞记载。关于我氏之地望，《小屯南地甲骨》2260记载：“己卯卜，贞，井方其寇我戉。”意为：“己卯日卜问，井方于我地是否与戉以兵戈相害。”[2] 我当与戉、井相去不远。《合集》6680片载“方不我征”，我与方亦相去不远。我氏当活动在燕赵南部一带。我孳乳为儀[3]，《春秋》僖公元年：“齐师次于聂北，救邢。夏六月，邢迁于夷儀。”此夷儀殆为商代我氏所居。土方应活动在燕赵中南部与山西交界的太行山一带。土方的活动地域，与夏代的有易（有狄）活动地域相合，土、狄均为舌音，古音相近，土方与有狄可能是同一部族在不同历史时期的不同称呼。戉族与我氏活动地望相近。莫当距商王都不远。莫之所在，甲骨文中没有更多的信息。金文中有“莫”戈，出任丘。[4]《史记·扁鹊仓公列传》载扁鹊为鄚人，《集解》：“鄚，县名，今属河间。”《史记·赵世家》载赵惠文王五年：“与燕鄚、易。”《集解》徐广曰：“皆属涿郡。鄚音莫。”商代莫之所在，当即战国鄚地，在任丘北30里。任丘喇叭庄发现大片龙山——商文化遗存，或为商代莫人之遗存。[5]

[1] 孟世凯：《甲骨文中井方新考》；又李民、朱桢：《商代祖乙迁邢考辨》。二文均载《邢台历史文化论丛》，河北人民出版社1990年版。

[2] 孟世凯：《甲骨文中井方新考》，载《邢台历史文化论丛》，河北人民出版社1990年版，第73页。

[3] 丁山：《殷商氏族方国志》，中华书局1988年版，第103页。

[4] 李学勤、郑绍宗：《论河北近年出土的战国有铭青铜器》，《古文字研究》第7辑。

[5] 郑绍宗：《北方考古研究》，中州古籍出版社1994年版，第220页。

商代竹与燕活动在燕赵北部地区。甲骨文中的竹，即文献记载的孤竹。《史记·秦本纪》：“齐桓公伐山戎，次于孤竹”。张守节《正义》：“殷时诸侯竹国也。”孤竹国君伯夷，《孟子·万章下》说他“居北海之滨”。《孟子·离娄上》亦有“伯夷辟纣，居北海之滨”的记载。关于孤竹国的地望，《汉书·地理志下》记载辽西郡令支县有孤竹城，《水经注》引《大魏诸州记》记令支县在海阳城北六十里，北魏时海阳在今唐山滦南县东北部。《史记·周本纪》正义引《括地志》：“孤竹故城在平州卢龙县南十二里，殷时诸侯国也，姓墨胎氏。”在辽宁喀左、凌源发现大批商器，其中喀左北洞二号坑出土一件铭有“父丁，[illegible]竹，亚吴”的涡纹铜罍，李学勤将[illegible]字隶定为[illegible]，释为孤，[illegible]竹即文献记载的孤竹[1]。根据孤竹有铭铜器的出土情况推测，燕山以北，从河北卢龙到青龙、喀左一线，可能是商朝孤竹国的范围。[2]

商时的燕族，是燕赵北方地区一重要族氏，甲骨文作妟。《合集》6177载：“妇妟示五屯。”《合集》9178载：“妟来牛。”以上二辞说明，妟与商王朝有通婚、进贡牛牲之类的往来。商代妟的活动地，一直是学者们非常关心的问题。根据河北涿州高管庄、容城瞭马台、易县燕下都、满城要庄、涞水西水北和张家洼、霸州中学、大厂小坨头、三河西小旺及北京房山丁家洼、刘李店、董家林等地商末周初和西周遗迹看，今北京至河北满城、容城一带是商末周初妟人活动的重点区域，从房山董家林古城遗址的城墙被西周墓打破看，董家林古城应是商代妟国国都所在[3]。周灭商后，土著妟人逐渐与姬姓燕人融为一体。

三、西周时期燕赵古封国与古族

公元前11世纪，周武王率军征讨商纣王，其战火烟云尚未散尽，武王便对商王畿进行了分区统治，将原商王畿划分为邶、鄘、卫三部分进行统治。其中邶由商纣王之子武庚统治，统辖今河南北部和河北南部地区。武王去世后，武庚联合管、蔡发动叛乱，周公出兵平定叛乱，王子录父北奔，率邶人北迁今易水流域。

邶国始封之地，郑玄《诗谱·邶鄘卫谱》云：“自纣城而北谓之邶。”《说文·邑部》：“邶，故商邑，自河内朝歌以北是也。”《后汉书·郡国志一》：朝歌，“北有邶国。”《汉书·地理志》载邶、卫二国在今河南省境黄河以北

[1] 晏琬：《北京、辽宁出土铜器与周初的燕》，《考古》1975年5期。
[2] 郑绍宗：《夏商时期燕赵古代文化的关系问题》，载《三代文明研究（一）》，科学出版社1999年版，第427页。
[3] 石永士：《姬燕国号的由来及其都城的变迁》，《河北省考古文集》，东方出版社1998年版，第410页。

地区。光绪庚寅（1890年），直隶涞水县张家洼出土邶伯器数种，王国维据此提出邶在今河北涞水县一带，并认为周初之邶即燕[1]，当代学者多有信从者。王氏的说法缺乏根据。西周初年，武庚叛乱失败被杀后，王子录父率领邶国之众北奔，迁徙到今涞水一带。涞水出土的多件邶伯之器，便是其曾迁徙涞水一带的强有力的证据。西周成王时，为消灭殷之残余势力，继续对邶进行征伐。成王时期，《太保簋》铭："王伐录子聑。"此录子当为武庚的后代。武庚之后邶国存在一位国君名㲃，现已出土几件邶伯㲃器。聑的时代早于㲃，㲃即邶伯位当在聑之后。《诗经·韩奕》载韩："奄有北国。"许多学者释北为邶，可以信从。[2]韩在固安县一带，与邶所迁之涞水地望相近。

武庚之乱平定后，成王封周公之子于邢，建立西周邢国，加强对燕赵地区的统治。

邢国的分封，《左传》僖公二十四年载："昔周公吊二叔之不咸，故封建亲戚以藩屏周。……凡、蒋、邢、茅、胙、祭，周公之胤也。"孔颖达《疏》曰："凡、蒋、邢、茅、胙、祭，周公之胤也，岂周公自封哉？固自当成王即位之后或至康王之时封之耳。"《汉书·古今人表》载："邢侯，周公子。"《元和郡县志》卷十九："封周公旦子为邢侯。"邢国始封者为周公之子。

1978年，河北元氏县西张村西周墓葬出土铜器34件，其中礼器8种10件。出土铜器中有《臣谏簋》，其铭文载"隹戎出于軧，邢侯搏戎，诞令臣谏以□□亚旅处于軧，从王□□……"从《臣谏簋》铭文字体看，其时代应属成康之际。《臣谏簋》的出土，解决了邢国历史中多年争论不休的问题，确认了邢初封的时间在西周初年，地点在今邢台市。邢国分封不久，便与其临近的戎人发生战争。

邢国的封君是周公之子，邢国的地位在周初的封国中相当显赫。传世铜器《麦尊》载，王封邢侯于邢后，邢侯朝见周王，正值王在莽京举行祭祀，邢侯参加了典礼。到第二天，王对邢侯进行了隆重的接待，为大礼。事后周王又给予邢侯丰厚的赏赐。《麦尊》铭文中还称邢侯为"元侯"，元侯应是诸侯之长，是直接禀承天子而维系四方的支柱。[3]《臣谏簋》记载的邢侯搏戎于軧，便是其专征伐的一个实例。

昭王时期，西周王室开始与燕赵境内古国建立姻亲关系。《国语·周语》

[1] 王国维：《北伯鼎跋》，载《观堂集林》下，河北教育出版社2001年版，第548页。
[2] 魏建震：《邶国考》，《河北学刊》1992年第4期。
[3] 沈长云：《元氏铜器补说》，载《邢台历史文化论丛》，河北人民出版社1990年版，第113页。

记载，“昔昭王娶于房，曰房后”[1]。西周房国，当承商代方方而来。房国的族姓，《通志·氏族略》《新唐书·宰相世系表》《广韵》等均认为房出自尧子丹朱，为祁姓，且曰舜封尧子丹朱于房。房国的来源，还可能与方雷氏有关。文献记载方雷氏生己姓之青阳，上古时代子从母姓，故房国也有可能为己姓。

周昭王之子穆王，相传曾到过今石家庄地区。欧阳修《集古录》周穆王吉日癸巳文跋引《穆天子传》：“登赞皇山以望临城。”“而又别有四望山者，云是穆王所登者”（《太平寰宇记》卷六十也曾引用此文，今本无）。《穆天子传》卷五载：“东至于房。”郭璞注认为房即房子，战国时期属赵国地。穆王所到之房在今高邑、临城一带。

作为周王室的同姓诸侯，燕分封在燕赵北部地区。燕赵所称之燕，便源于此。燕国始封，因记载西周初年分封最重要的文献《左传》定公四年中没有关于燕的记载，因此以往学者对燕国分封于西周初年多有异词。经近年考古发掘证明，燕国确为西周初年一重要封国，其始封地就在今北京西南琉璃河附近的董家林、黄土坡一带。这一地区曾出土不少铭有匽氏族徽记的商末周初铜器，学者考证，匽即燕的古字，这一带自商末以来就是商北土方国燕氏族世居地。燕国号的由来，学者认为或是沿用了商代妟国国号之旧称。[2] 周初分封，包括燕氏族在内的许多商代旧族便成了新封建的姬姓燕国的属民。西周铜器铭文中的燕多写作匽。为了区别于南方姞姓的燕国（在今河南延津东北），或称之为北燕。

燕国分封的时间，《史记》记载在周武王时，当今学者多疑而不信，因武王时周人的足迹尚未超过殷王畿的北界，故日后武庚叛乱失败后，能逃往北土避难。也有学者说燕分封在成王时期，也没有确证。业师沈长云先生经过仔细研究，认为燕很可能封建在周康王之世，燕国始封之君克初封燕国时所作的铜器《克罍》《克盉》（见下引）作于康王时期，便是证明。[3]

旧时文献说燕国第一代封君是任周王朝太保之职的召公奭。实际上，燕召公也和周公旦一样，是其长子就封，召公本人并没有直接被分封为燕国之侯。近年琉璃河遗址1193号大墓出土一罍一盉，其铭文称：

---

[1] 古文献中房国有二，其一为《左传》昭公十三年“灵王迁许、胡、沈、道、房、申于荆焉”之房，此房在《汉书·地理志》中为汝南郡吴房县，在今河南遂平县西北。其二为前节所引穆王所至之房。唐兰认为昭王娶于房之房为河南遂平县西北之房（《西周青铜器铭文史征》，中华书局1986年版，第197页）。遂平县之房与周王室的关系史籍别无记载，而高邑之房子国，穆王征犬戎时曾居于此，联系到穆王为房后所生，昭王娶于房为高邑之房的可能性更大。

[2] 石永士：《姬燕国号的由来及其都城的变迁》，载河北省文物研究所编：《河北省考古文集》，东方出版社1998年版，第409页。

[3] 沈长云：《说燕国的分封在康王之世——兼说铭有“匽侯”的周初青铜器》，《中国历史博物馆馆刊》1999年第2期。

> 王曰："太保，惟乃明乃鬯，享于乃辟。余大对乃享，命克侯于燕，事羌、龟、叡、雩、驭、微。"克宔燕，入土暨厥有司，用作宝尊彝。

由是知亲莅燕国接受封土及臣民的第一代燕侯为太保的儿子克，铭文中提到的羌、龟、叡、雩、驭、微，则是周室分封给他的几支氏族。

燕受封的几个氏族，都是商代较有名的氏族。羌即甲骨卜辞中的羌方，位于商王畿的西面，分布在晋、陕、豫交界地区，是所谓"西戎牧羊人"入居内地之一部分。商人对羌经常进行征伐，将所获羌人等同牛羊，用作祭祀祖先时的牺牲。甲骨卜辞充满了对羌人用兵的记录，其用兵规模也与对土方、𢀛方的征伐相近。商人与羌人长期为敌，周武王起兵伐商，羌人作为同盟军参与其事。燕所受羌，当是羌人之一支。叡，即商代叡方，与羌方、羞方、繐方合称四邦方，其地与羌方相邻。[1] 微，学者或认为即《墙盘》中的微氏家族，颇有道理。微氏最早活动在今山西境内的长治东北，后投奔周人移居周原。琉璃河黄土坡墓地出土的《复尊》，其铭文曰"用作父乙宝尊彝"，与微氏家族中作册旂称其父为"父乙"相同；其铭文末属"[illegible]"字族徽，也与微氏家族中的商所作器铭的族徽相同；复称自己受赐于燕侯，克器中又出现微国族的族名，可见这种说法是有根据的[2]。龟、驭、雩也都是活动在今山西中部地区的古代方国。燕地土著居民、西周姬人与分封给燕的各个氏族，在燕国土地上共同生存，他们各具特色的文化也逐渐融为一体，形成燕赵文化的重要来源之一——燕文化。

燕的分封，以上铭文记载是因为召公既明且鬯，享于其辟，周王大对其享，命其子克侯于燕。铭文所载分封原因，文字学家解释多有异词。西周分封，实在含有划分胜利果实的意味。召公分封，其最根本的原因是召公在文王时期"日辟国百里"（《诗经·大雅》），在武王时期辅佐武王灭商，周公摄政时期和周公一起内抚兄弟，外服诸侯，平定三监之乱。因召公功绩卓著，其子受封于燕。[3]

关于召公与周室的亲缘关系，《史记·燕召公世家》记载"召公奭与周同姓，姓姬氏"，前人多据此称燕召公是"周之分族"，或"周之分子"。也有人认为召公是文王的庶子、周公的庶兄弟，总之不失为周同姓贵族。召公高寿，在

---

[1] 陈梦家：《殷虚卜辞综述》，中华书局1988年版，第298页。
[2] 沈长云：《说燕国的分封在康王之世——兼说铭有"匽侯"的周初青铜器》，《中国历史博物馆馆刊》1999年第2期。
[3] 魏建震：《周族内部矛盾斗争与西周分封制的产生》，载《中国古史论丛》，河北教育出版社1995年版，第266页。

周武、成、康三世都曾发挥过重要作用。

自召公以下九世燕国君主的名谥，文献全无记载，只是从铜器铭文中，人们知道第二代燕侯的名字叫旨。学者分析，这或是燕国地处北蛮，与周交通不便，因而少有往来的缘故。据琉璃河附近的燕国遗址分析，燕在此立国的时间一直持续到西周后期，到春秋初，才有燕桓侯徙都临易（今河北容城）。至其并有今北京市城区西南部的古蓟国而居之，可能已是战国之事了。

北京琉璃河出土的大批有铭青铜器，证明了燕的活动中心可能在今琉璃河一带。1955年，在喀左马厂沟出土的以燕侯盂为主的西周早期窖藏铜器，在马厂沟附近大凌河两岸的北洞、山湾子、小波汰沟，朝阳木头城子、大庙，赤峰西牛波罗以及西喇木伦河南岸的克什克腾旗天宝也出土同一时期的铜器。山湾子出土的“伯矩”甗和小波汰沟出土的“圉”簋分别同北京琉璃河所出的“伯矩”和“圉”器为一族组器。此外，北京琉璃河燕国墓地出土部分铜器铸有商族族徽，喀左铜器也有此族徽。[1] 从辽宁凌源海岛营子出土的西周匽侯铜器、河北满城要庄、蔚县庄窠等地的商周遗址，大体可以看出周初燕的活动情况。[2]

西周时期，燕赵地域内还有一些自然生成的古族，大多分布在西周重要封国周围，或与西周王朝发生婚姻联系，或随西周封国势力的扩张而被纳入西周封国版图，成为西周封国的有机组成部分。这些古国古族主要有北戎、軧国、方雷氏、涉、貉等几种。北戎或即《臣谏簋》铭文所言戎大出于軧之戎，《后汉书·西羌传》载，周室东迁，秦襄公攻戎救周，“后二年，邢侯大破北戎”。軧国，古文献失载。1978年3月《臣谏簋》与《叔趯父卣》出土后，古軧国才重现于历史记载。軧国因活动于軧地而得名，应是一个古老的土著国家。《大戴礼记·帝系》言：“黄帝居轩辕之丘，娶于西陵之子，谓之嫘祖氏，产青阳及昌意。青阳降居泜水。”《国语·晋语四》：“黄帝之子二十五人……唯青阳与夷鼓皆为己姓。”泜、軧古音相同，軧国或为青阳之后，为己姓。经学者考证，今元氏县西张村为古軧国之地。[3] 方雷氏在西周时期活动在今河北石家庄一带。西周时期铜器《师旂鼎》铭文载：“唯三月丁卯，师旂众仆不从王征于方雷。”[4] 意思是“三月丁卯日，师旂众仆不跟随王征伐方雷”。方雷氏是一个十分古老的

[1]《文物考古工作三十年》，文物出版社1979年版，第88—89页。

[2]《文物考古工作三十年》，文物出版社1979年版，第39页。

[3]李学勤、唐云明：《元氏铜器与西周的邢国》，《考古》1979年第1期。

[4]有学者将此铭文断句为“师旂众仆不从王征于方，雷使……”，不确。西周昭王时代铭文少见称国为方者，另外释雷为人名，使师旂鼎的人物关系显得混乱，所释铭文内容也与铭文的记功颂祖原则不合。

氏族，其远族与黄帝族有着姻亲关系。《国语·晋语四》载："黄帝之子二十五人，唯青阳与夷鼓皆为己姓，青阳，方雷氏之甥也。"《汉书·古今人表》也记载方雷氏为黄帝妃，生玄嚣，是为青阳。关于青阳氏的出生地，《大戴礼记·帝系》记载青阳出生在泜水。泜水所在，《汉书·地理志上》载："房子，赞皇山，石济水所出，东至廮陶入泜。"常山郡元氏县，"泜（原误作沮）水首受中丘西山穷谷泉，东至堂阳，入黄河。"《汉书补注》引《说文》："泜水在常（恒）山"，"济水东至廮陶入泜。"[1] 从这些文献记载看，青阳氏活动在古泜水流域，即今高邑、临城一带。方雷氏的活动也应在今高邑、临城一带，此与房国地望正相吻合。房从方得声，唐兰所言房即方雷氏之说可以信从。

濊貉族，貉族的一支称濊貉，濊为水名。貉族活动的地方很广阔，古文献记载其地或在北方，或在东方[2]，其实貉族为游牧民族（以其豸种），农业不发达，他们居无定处，随时迁移。且貉族甚众，部落也多，主要散居在北方各地。《诗经·韩奕》："以先祖受命，因时百蛮，王赐韩侯，其追其貊，奄受北国。"由于貉族生产力水平很低，其阶级对立和国家机器还未产生，其社会形态仍为原始社会。《周礼·职方氏》："四夷、八蛮、七闽、九貉、五戎、六狄之人民。"九貉之称表明貉部族当由许多分族构成，活动于燕赵中部固安一带的濊貉族仅为其一分支而已。

西周时期，燕赵北部燕山南北地区分布着众多的少数民族，燕北之戎和无终、代戎、东胡，在北方都强盛一时。这些少数民族遗留下的考古学文化，有学者提出夏家店上层文化即山戎文化。山戎文化分布在东西横跨燕山、军都山南北，其分部在老哈河、滦河、潮白河流域、洋河下游广大地域，以直刃式青铜短剑和小件动物纹饰牌为代表的文化为山戎文化。分布在各地的山戎文化，各自呈现一定的地域性，如墓葬中的石板墓分布在滦平以东，土坑墓多分布在滦河以西。这表明山戎本身是一个强大的部落联盟，各部落间存在一定的文化差异。[3]

[1] 王先谦：《汉书补注》（5），上海古籍出版社2008年版，第2400—2402页。

[2] 林占鳌：《貉》，《禹贡》半月刊第7卷第5期。

[3] 郑绍宗：《北方考古研究》，中州古籍出版社1998年版，第3页。

第二节　燕赵学术思想的发生

一、传说时代燕赵学术思想的起源

中华文明的发生史，开始于传说时代。医药、文字、弓箭、冶金、房屋建筑、服装等，都是传说中的圣王发明的。燕赵传说时代的英雄黄帝、炎帝、蚩尤、尧、舜等，是中华民族的共同祖先。这些英雄人物的事迹，带有神话或传说色彩，然而也有一些史前时代的历史的真实包含在传说或神话中。传说时代，是中国学术思想的萌发期，燕赵地域也不例外。

黄帝是中华民族缔造者之一，后人出于对黄帝的崇拜，将许多伟大的发明创造归于黄帝，或归于黄帝之臣。《管子·轻重戊》篇载："黄帝作，钻燧生火，以熟荤臊，民食之，无兹胃之病，而天下化之；黄帝之王，童山竭泽。"《世本》记载黄帝作井、咸池、火食、旃冕。关于黄帝作咸池，《庄子》《吕氏春秋》也有相同的记载。《史记·历书》索隐引《世本》及《律历志》曰："黄帝使羲和占日，常仪占月，臾区占星气，伶伦造律吕，大桡作甲子，隶首作算数，容成综此六术而著《调历》也。"《吕氏春秋·勿躬》篇："大桡作甲子""容成作历""羲和作占日""尚仪作占月""后益作占岁"。《淮南子·修务训》："昔者仓颉作书，容成造历……"班固《东都赋》云："分州土，立市朝，作舟舆，造器械，斯乃轩辕氏之所以开帝功也。"《易·系辞传》："黄帝、尧、舜，垂衣裳而天下治。"《风俗通义》："黄帝始制冠冕，垂衣裳，上栋下宇，以避风雨，兴事创业。"[1] 据齐思和先生研究，诸书征引，《世本》记黄帝之作五事，黄帝臣之发明有九事，《世本》未言，旧注以为发明者乃黄帝臣的，有十四事。[2]

文献记载的黄帝及其臣属的发明对后世学术思想影响最大的，除了仓颉造字以外，当属于天文历法方面的发明。《史记·历书》："太史公曰：神农以前尚矣，盖黄帝考订星历，建立五行，起消息。"学者指出："中国的原始文明是基于先民对天人关系的思考而形成的文明形式，这意味着天文学实际上已成为中国传统文化之源。"[3]"对于天象的凝视、观测和体验，形成了古代中国人关于宇

[1] 王利器：《风俗通义校注》上，中华书局2010年版，第10页。
[2] 齐思和：《黄帝的制器故事》，载《中国史探研》，中华书局1981年版，第205—206页。
[3] 冯时：《文明以止——上古的天文、思想与制度》，中国社会科学出版社2018年版，第534页。

宙空间的知识，这些知识给中国思想世界提供的是一种经验与技术上的合理性支持。……一方面，古代中国的天文学知识，通过象征、暗示与种种相关的仪式，把一种据说是正确的、完美的、符合自然规则的空间格局传达给人们，使他们建立合理的思想的基础。并使人们的各种各样观念与思想在这个基础上保持着统一连续与和谐。”[1]“早期中国最重要的知识就是星占历算、祭祀仪轨、医疗方技之学，星占历算之学是把握宇宙的知识，祭祀仪轨之学是整顿人间秩序的知识，医疗方技之学是洞察人类自身的知识，而正是在这些知识中，发生了数术、礼乐、方技类的学问，产生了后来影响至深的阴阳、黄老、儒法等等思想。”[2]中国古代学术思想史上关于宇宙模式的构建、关于天人关系的思考、关于阴阳五行学说的提出，无一不与天文学的发展紧密相关。

旃冕的发明，除了生活中的实际功用外，还有代表中国礼仪文化的含义。黄帝时代，在中国文化史上颇具特色的礼仪服饰已经发生。这一发明，在思想史上具有重要意义。

医药的发明是传说时代的一项重要学术成就。神农尝百草，标志着中国医药学的诞生。神农的时代大致与黄帝相当，《史记·五帝本纪》记载神农氏衰，黄帝战胜炎帝，开始黄帝时代。

黄帝在中国学术思想史的另外一个重要意义，便是黄帝是战国时期学者所共同认同的中国历史的人文始祖。《史记·孟子荀卿列传》载：“先序今以上至黄帝，学者所共术”。成书于战国时期赵人之手的《世本》，其历史记载起自黄帝。刘向《别录》云：“《世本》，古史官明于古事者之所记也。录黄帝以来帝王诸侯及卿大夫系谥名号，凡十五篇也。”（《史记集解序》《索隐》引）。《汉书·艺文志》著录《世本》十五篇，班固自注：“古史官记黄帝以迄春秋时诸大夫。”《汉书·司马迁传·赞》：“又有《世本》，录黄帝以来至春秋时，帝王公侯卿相大夫祖世所出。”司马迁撰写《史记》，第一篇为《五帝本纪》，第一位便是黄帝。尽管司马迁以“疑以传疑”的态度撰写《五帝本纪》，但黄帝为中华民族的人文始祖，这一观念在战国时期便已深入人心。黄帝生活的时代，中国学术思想开始萌生。

尧是燕赵地域传说时代的另外一位重要人物。尧时代的学术思想，可以《尚书·尧典》的记载为代表。《尧典》云：“乃命羲、和，钦若昊天，历象日月星

[1] 葛兆光：《中国思想史·导论·思想史的写法》，复旦大学出版社2013年版，第22页。
[2] 葛兆光：《中国思想史·导论·思想史的写法》，复旦大学出版社2013年版，第23页。

辰，敬授人时；分命羲仲，宅嵎夷，曰旸谷，寅宾出日，平秩东作；日中，星鸟，以殷仲春。厥民析，鸟兽孳尾。申命羲叔，宅南交，平秩南作，日永，星火，以正仲夏。厥民因，鸟兽希革。分命和仲，宅西，曰昧谷，寅饯纳日，宵中，星虚，以殷仲秋。厥民夷，鸟兽毛毨。申命和叔，宅朔方，曰幽都，平在朔易，日短，星昴，以正仲冬。厥民隩，鸟兽氄毛。帝曰：咨，汝羲暨和，朞三百有六旬有六日，以闰月定四时成岁。”“日中”“日永”“宵中”“日短”，是指二十四节气中的“二分”“二至”。“二分”“二至”的确定，是根据黄昏时分星鸟、星火、星虚、星昴出现在正南方天空而确定。有学者认为《尧典》的历法材料，正是尧时的历法记录[1]，这一说法是有一定道理的。“二分”“二至”的测定，闰月的设置，都显示了传说时代的尧时代我国天文学的发展水平。考古发现的陶寺遗址是否可以确定为尧都目前学术界还存在不同的意见，陶寺遗址的时代大致与尧时代相当，应该是没有问题的。陶寺遗址ⅡM22发现的漆木长杆，其性质应为用于测量日影的工具槷表，同墓出土的两件玉圭为测影用的土圭，出土的箭镞有垂绳正表的作用。[2]这一说法是比较可信的。用圭表测影的方法以测定“二分”“二至”的天文学观测，在陶寺遗址时代，也就是传说中的尧时代已经发生。

二、夏商时期燕赵学术思想的发生

夏商时期燕赵地域学术思想的发展状况，可以从占卜、神灵信仰和医药学的发展得到一些说明。

（一）夏商时期燕赵地域的占卜

占卜是古代社会世界范围内的一种普遍存在的文化现象，与古代先民的宗教与思想均有密切的关系。夏商时期的燕赵大地，占卜活动与先民的日常生活紧密地融为一体，成为燕赵文化中颇具特色的内容。占卜是先民用于沟通神人的手段，是解释天意之途径，“就阴阳观念的发展而言，占卜符号构成了其中十分重要的阶段和形式。”[3]

在邢台葛家庄先商文化遗址中，发现有灼无钻的卜骨。在河北省永年县（今

[1] 郑慧生：《星学宝典——天官历书与中国文化》，河南大学出版社1998年版，第24页。
[2] 冯时：《文明以止——上古的天文、思想与制度》，中国社会科学出版社2018年版，第95—123页。
[3] 吾淳：《中国哲学的起源——前诸子时期观念、概念、思想的发生发展与成型的历史》，上海人民出版社2015年版，第20页。

邯郸市永年区）何庄先商文化灰坑中，出土卜骨2件，为猪肩胛骨。[1] 在邯郸市峰峰矿区北羊台先商文化遗址中，出土7块卜骨。在属二里头文化期的下七垣第四层出土卜骨3块，全为兽肩胛骨。

在早商遗址，占卜用的骨甲在燕赵地区也有发现。在内丘小驿头早商遗址，发现一些卜骨碎片，经考古工作者的拼合，发现这些卜骨全用牛或其他动物的肩胛骨，经过削、刮、磨等整治法，然后施钻和灼。钻坑均为圆形圜底，灼都在钻坑内施灼，没有凿，这代表了早商阶段的卜骨特点。[2]

在下七垣第二层，也就是商代中期层，发现卜甲28片，全是腹甲，钻、凿、灼痕迹均有的13块，只有凿灼的12块，只有钻灼的3块。发现卜骨39块，骨料全部都经过整治，钻凿灼都有的4块，仅凿灼痕的30块，仅钻灼的2块。1998年，在邢台葛家庄遗址出土中商时期卜骨，以牛的肩胛骨加工而成，多数只钻不凿[3]。

1973年至1974年，台西商代遗址共发现卜骨418件，卜龟91件。这些甲骨都有使用的痕迹。值得注意的是，M14、56、103中，各发现了三枚牛肩胛骨，置放位置都在二层台上，而且骨臼朝一个方向。郭沫若根据《尚书·金縢》"乃卜三龟，一习吉"和《论衡》的《死伪》"乃卜三龟，三龟皆吉"，提出古人以三龟为一习，每卜用三龟，一卜不吉则再用三龟，用骨占卜也是如此。[4] 郭说不误，则台西出土的这些卜骨证明了燕赵地区曾存在古文献记载的"卜用三骨"的占卜习俗。

除以上遗址外，在邢台尹郭村、贾村、南大郭等地也都有占卜用的龟骨出土。大量卜用甲骨的发现，说明了商代燕赵地区占卜文化的发达。

（二）夏商时期燕赵地域的神灵思想

商代燕赵地区的居民，有着非常浓重的神灵思想。据传世文献和考古材料证明，当时人们观念中的神灵主要有两种，一种是自然神灵，另一种则是人死后的神灵。《礼记·表记》："殷人尊神，率民以事神，先鬼而后礼。"燕赵地区居民的神灵思想，在考古遗迹中可以得到充分的反映。

---

[1] 任亚珊、郭瑞海、贾金标：《1993—1997年邢台葛家庄先商遗址、两周贵族墓地考古工作的主要收获》，载《三代文明研究（一）》，科学出版社1999年版，第7页；邯郸地区文物保管所、永年县文物保管所：《河北省永年县何庄遗址发掘报告》，《华夏考古》1992年第4期。

[2] 河北省文物研究所：《内邱〔丘〕小驿头发掘报告》，载河北省文物研究所：《河北省考古文集》，东方出版社1998年版。

[3] 河北省文物管理处：《磁县下七垣遗址发掘报告》，《考古学报》1979年第2期；河北省考古研究所：《河北邢台市葛家庄遗址北区1998年发掘简报》，《考古》2000年第11期。

[4] 郭沫若：《安阳新出土的牛胛骨及其刻辞》，《考古》1972年第2期。

石家庄市藁城台西商代遗址中所反映的对自然神灵的祭祀与崇拜，主要表现在与房屋建筑有关的祭祀遗迹。藁城台西商代遗址的一座房址的房基内埋有一陶罐，陶罐内有用于祭祀的幼童尸骨一具。在台西遗址发现的房子的四周、门旁、地基内、柱础下，有的埋有牲畜骨架，甚至还有被砍下的人头骨和幼儿遗骸。这些头骨，有的是未成年的少女，有的是三十岁左右的男子。这些遗迹当属于建造宫殿房屋之前的“奠基”祭祀和建成之后的“庆典”祭祀。台西居民在这些仪式中献祭的神灵，主要是土地神或四方神，通过这种祭祀仪式，他们祈求神灵保佑他们居住平安。

与自然神崇拜一样，鬼神崇拜在商代燕赵居民中也颇为盛行。商代居民的神灵观念，在墓葬习俗中可以得到很好的体现。台西一些墓，死者身上撒有“朱砂”，当尸体腐朽后，人骨仍呈红色，有的学者论断这是象征吉祥的意思。也有学者认为这种习俗与当时人们的神灵崇拜观念有关，这一说法似乎更有道理。撒有“朱砂”的墓葬不但有较多的遗物，而且还有殉人[1]。其墓主人的身份非同一般。

台西商代墓葬中的殉人习俗和放置随葬品的习俗，以及行葬礼过程中的祭祀习俗等，都是当时人们神灵崇拜观念的反映。

在台西发掘的墓葬中，有17座墓内放有祭食，祭食大多放在人架头前的陶器内，也有少数放在陶器一侧二层台上的。祭食种类以狗居多，大多只有头部、肢骨和下颚骨；其次是猪，有的为猪头，有的为猪腿；再次是羊，有的只用羊头，有的用羊肩胛骨和腿骨，有一座墓中有一些鸡骨。在台西发现的112座墓中，有殉人的11座，约占10%。各墓殉人大多在棺外二层台上，或与墓主人同在一棺。殉人头向均与墓主人头向一致。在墓葬中放入祭食和使用殉人，反映了当时居民事死如生的鬼神崇拜和祖先崇拜观念。

甲骨文和《周礼》中都有用狗作为祭祀的记载，这大概是用狗作为守卫墓主人之意。在台西发现的墓葬中，有38座墓用狗殉葬，约占三分之一。总共殉狗66只，其中22座墓各殉一只，都在腰坑内。其他殉狗2到6只的，除一只放在腰坑内外，其余或全部放在填土中，或分置于人架头前、足下、身侧二层台上。无论放在什么位置，其头向均与墓主人一致。墓葬中狗的使用，也是古人神灵观念的反映。

[1] 唐云明：《唐云明考古学论文集》，河北教育出版社1990年版，第199—200页。

（三）夏商时期燕赵地域的医药学成就

活动在燕赵地域的商人，在医药学方面已经有了丰富的知识。胡厚宣根据殷墟出土的甲骨卜辞，考证出殷人所患疾病有“头、眼、耳、口、牙、舌、喉、鼻、腹、足、趾、尿、产、妇、小儿，传染等十六种，具备今日之内、外、脑、眼、耳、鼻、喉、牙、泌尿、产、妇、小儿，传染诸科”[1]。至于用什么药物或医疗器械进行治疗，甲骨文中却没有记载。值得庆幸的是，燕赵地区的考古发现补充了这一方面的不足。在台西M14西侧二层台漆盒内的石镰，有学者认为它是当时的医疗器械——砭石的一种，即所谓砭镰。关于砭石，《山海经·东山经》记载：“高氏之山，其上多玉，有石可以为箴石。”郭璞注：“堪以破痈肿者也。”《素问·异法方宜论》也说：“东方之域……其病皆为痈疡，其治宜砭石。”[2] 作为一种治病工具，砭石包括石针、石砮、石镰等。砭镰这种医疗工具，开始可能是生产工具中的石镰借用于医疗手术，利用锋利的刀口切割肿疡和泻血等。[3] 这种砭镰，和现代医学外科所用手术刀功能相同。在出土砭镰的14号墓内，同时还出土许多铜器和卜骨。用砭镰和卜骨殉葬，说明墓主生前既从事占卜，并行医术。此时的燕赵大地，卜和医连在一起，墓主的身份即为“巫医”。

在藁城台西遗址发现的一些植物种仁，经鉴定，其中一部分是桃仁、毛樱桃种子，一部分是郁李仁，此外还有大麻子等，共三十余种。桃在我国已有三千多年栽培史，其后传入波斯和印度，再传入希腊罗马等地。早在磁山文化遗址中，就发现桃的残核。桃仁作为药物，有破血行瘀、润燥滑肠的功能。明朝周王朱橚撰《普济方》卷257记载桃仁“主淤血、血闭、症瘕、邪气，杀小虫”，“上欬逆上气，消心下坚硬……”张仲景《伤寒杂病论》中，有“桃仁承气汤”“下淤血汤”“大黄牡丹汤”等方，其中均有桃仁，有的以桃仁为主，并以桃仁为方名。

郁李仁，果实味酸而甘，可生食。种仁专供药用，可泻腹水、治浮肿，能破血、润燥。《本草纲目》卷36说郁李仁“酸平无毒”，“治大腹水肿，面目四肢浮肿，利小便水道”。桃仁和郁李仁，其医疗功能大致相同，均能润燥通便和活血。元代名医危亦林《世医得效方》中有“五仁丸”，是由桃仁、郁李仁、杏

[1] 胡厚宣：《殷人疾病考》，载《甲骨学商史论丛初集》上，河北教育出版社2002年版，第324页。

[2] 张志聪：《黄帝内经集注》，中医古籍出版社2015年版，第65—66页。

[3] 马继兴：《台西村商墓中出土的医疗器具砭镰》，《文物》1979年第6期。

仁、松子仁、柏子仁五味组成。其主要功能是润肠通便，治便秘。台西发现的桃仁与郁李仁，正是此方中的两味主要成分。[1] 这不是偶然的巧合，而是燕赵先民在实践中逐步积累起药物治疗经验，得到了后世学者的传承。这些具有药物性能的植物种子的出土，对研究我国医药史很有意义。[2]

三、西周时期周人学术思想的传入

西周灭商，通过分封诸侯，燕赵地域成为周人统治区。在分封过程中，西周统治者将其学术思想传入燕赵地区，其中最重要的为西周礼制思想的传入和召公思想的传入。

西周历史上，周公制礼作乐，周公之子分封于邢，邢侯将西周礼制带入分封之地。《麦尊》铭文记载，周王封邢侯于邢后，邢侯到周都城行朝见之礼，朝见周王，周王在莽京举行祭祀典礼，邢侯参加了盛大典礼。到第二天，王对邢侯进行了隆重的接待，“在璧雍，王乘于舟，为大礼”。大礼即是飨宴之事。飨宴后举行了射礼，“王射，大龚禽。侯乘于赤旂舟，从，死。”事后周王又赐邢侯琱戈，傍晚，周王又赐给邢侯𧻚臣二百家，侪（跻）王用乘车马、金□、冂（冕）衣、市舄。[3] 邢侯按照周的礼仪参加周王举行的盛大祭祀典礼，西周礼仪在邢国也应为通用礼仪。

燕国是西周重要封国，燕国受封人为召公，召公未就封，由其长子就封于燕。召公为西周建国前即有贤名的大臣，《淮南子·泰族训》云：“文王举太公望召公奭而王”，召公在西周建国过程中应该发挥了重要作用。召公在周王室担任大保之职。召公作为燕国的始封君，其思想对燕赵的学术思想应有重要影响。召公思想，可由《尚书·周书》见其一斑。《尚书·周书·顾命》：“大保暨芮伯咸进，相揖，皆再拜稽首，曰：‘敢敬告天子，皇天改大邦殷之命，惟周文武诞受羑若，克恤西土。’马融曰：‘羑，道也。’”召公的天子受天命思想，对燕国的后代统治者有着重要影响，燕王哙时期的禅让事件，燕昭王接受邹衍阴阳五行思想欲称北帝，都是受这种天命思想影响而发生的历史事件。

西周分封邢燕于燕赵之地，西周的占卜技术与思想也随之传入燕赵地域。在全国发现数量并不太多的西周甲骨文，在燕赵的昌平、琉璃河、邢台等地都有发

[1] 唐云明：《唐云明考古学论文集》，河北教育出版社1990年版，第265页。
[2] 耿鉴庭、刘亮：《藁城商代遗址中出土的桃仁和郁李仁》，《文物》1974年第8期。
[3] 李学勤：《麦尊与邢国初封》，载《邢台历史文化论丛》，河北人民出版社1990年版，第103页。

现。

1975年，考古工作者在昌平县（今北京昌平区）白浮村发现的三座西周木椁墓中，2、3号墓发现100多片卜甲残片，有腹甲，也有背甲，在一些卜甲的背面，有方形平底的凿，排列整齐，并有灼痕，契刻文字字体很小，可以辨认的有“贞”“不止”“其祀”“其尚上下韦驭”等。[1] 其钻凿形态，属于西周时期周人的钻凿形态。

1996年，考古工作者在琉璃河H108内获得三片刻字甲骨，其一为腹甲残片，正面刻四字，背面有双联方形凿，其一为尾甲残片，正面刻“用贞”二字，背面有双联方形凿，其一为腹甲甲首，正面刻有“成周”二字，背面甲首经过掏挖，正中凿一小坑，边棱以内有数组双联方形凿。此三片甲骨，是典型的西周式卜甲。[2] H108是遗址中时代最早的西周遗存之一。此卜甲的发现，不仅可以反映燕国早期占卜文化的状况，同时“为琉璃河遗址的分期与断代提供了新的依据。”[3]

1991年，在邢台南小汪西周遗址H27出土一版刻辞卜骨残片[4]，卜骨系用牛肩胛骨制成，正面现存两组卜辞，一组完整有十个字，另一组已残缺，仅存一个“其”字。完整的一组卜辞行款自左至右，行文与骨宽同向，推测这组卜辞是骨臼向左刻制而成。这组卜辞字体纤细，与周原出土西周甲骨风格完全相同。这版卜辞的内容属于祭祀，它的发现，对研究燕赵地区西周占卜文化有非常重要的意义。1992年，在南小汪西周遗址发现卜骨两版，均经过修整，有圆形钻孔，孔底有凿痕，烧灼明显。[5] 此卜骨，时代也当属于西周早期。

几批西周占卜甲骨在燕赵地区的发现，使我们大致可以了解燕赵西周占卜的概貌。

四、《史记·伯夷列传》与中国思想核心观念

商周时期，中国学术思想史上的一些核心观念如孝、仁、义等观念已经在燕赵大地发生，这一说法可以从《史记·伯夷列传》中得到很好的证明。

[1] 北京市文物管理处：《北京地区的又一重要考古收获》，《考古》1976年第4期。

[2] 曹定云：《北京琉璃河出土的西周卜甲与召公卜“成周”》，《考古》2008年第6期。

[3] 中国社会科学院考古研究所：《中国考古学·两周卷》，中国社会科学出版社2004年版，第79页。

[4] 河北省文物研究所、邢台市文物管理处：《邢台南小汪周代遗址西周遗存的发掘》，《文物春秋》1992年增刊。

[5] 李军、石从枝、李恩玮：《邢台南小汪西周遗址考古新收获》，载《三代文明研究（一）》，科学出版社1999年版，第30页。

《伯夷列传》云："伯夷、叔齐，孤竹君之二子也。父欲立叔齐，及父卒，叔齐让伯夷。伯夷曰：'父命也。'遂逃去。叔齐亦不肯立而逃之。国人立其中子。于是伯夷、叔齐闻西伯昌善养老，盍往归焉。及至，西伯卒。武王载木主，号为文王，东伐纣。伯夷叔齐扣马而谏曰：'父死不葬，爰及干戈，可谓孝乎？以臣弑君，可谓仁乎？'左右欲兵之。太公曰：'此义人也。'扶而去之。武王已平殷乱，天下宗周，而伯夷、叔齐耻之，义不食周粟，隐于首阳山，采薇而食之。及饿且死，作歌。其辞曰：'登彼西山兮，采其薇矣。以暴易暴兮，不知其非矣。神农、虞、夏忽焉没兮，我安适归矣？于嗟徂兮，命之衰矣！'遂饿死于首阳山。"

关于伯夷、叔齐饿死首阳山之所在，根据《史记集解》和《史记正义》的说法，大约有五种，一是马融所说在"河东蒲阪华山之北，河曲之中。"一是曹大家注《幽通赋》所说首阳山在"陇西首"，一是戴延之《西征记》所说首阳山在洛阳东，今河南偃师县西北，《孟子》说伯夷叔齐避纣在北海之滨，《说文》说首阳山在辽西。考虑到《孟子》《说文》时代较早，且二说可以相关联，《史记》伯夷叔齐饿死之首阳山在今燕赵地域的可能性最大。

《伯夷列传》所记载的伯夷、叔齐故事，主要叙述了两个方面的内容，一是伯夷、叔齐让王位的故事，一个是伯夷、叔齐对周武王伐纣的评价问题，因其无法接受武王灭纣对其价值观的冲击，最后不食周粟而死。伯夷、叔齐劝谏武王伐纣，使用了孝、仁两个中国传统观念。伯夷叔齐的行为，被太公称为义。孝、仁、义三个学术思想史的核心观念，当时已经成为人们心中的基本价值观。

孔子对伯夷、叔齐有着很高评价。《伯夷列传》记载："孔子序列古之仁圣贤人，如吴太伯、伯夷之伦详矣。"《论语》中，孔子几次评价伯夷、叔齐，《论语·微子》："逸民：伯夷、叔齐、虞仲、夷逸、朱张、柳下惠、少连。子曰：'不降其志，不辱其身，伯夷、叔齐与？'谓'柳下惠、少连，降志辱身矣。'"《论语·季氏》："伯夷、叔齐饿死于首阳，民到于今称之。"《论语·公冶长》："子曰：伯夷、叔齐，不念旧恶，怨是用希。"《论语·述而》："冉有曰：夫子为卫君乎？子贡曰：诺，吾将问之。入，曰：伯夷、叔齐何人也？曰：古之贤人也。曰怨乎？曰：求仁而得仁，又何怨？出，曰：夫子不为也。"

孟子也多次给予伯夷、叔齐很高的评价。《孟子·万章下》称"伯夷，圣之清者”，《孟子·尽心下》称：“圣人，百世之师也，伯夷、柳下惠是也。故闻伯夷之风者，顽夫廉，懦夫有立志”。《孟子·公孙丑上》曰：“伯夷、伊尹何如？曰：不同道。非其君不事，非其民不使；治则进，乱则退，伯夷也。”

关于伯夷、叔齐让国故事，朱熹《四书章句集注》云：“盖伯夷以父命为尊，叔齐以天伦为重，其逊国也，皆求所以合乎天理之正，而即乎人心之安。既而各得其志焉，则视弃国犹敝屣耳，何怨之有？”[1]

伯夷、叔齐所属之孤竹国，据《史记索隐》，乃商汤时所封，应劭云其君墨胎氏。伯夷、叔齐原本属于殷商逸民。关于伯夷、叔齐不食周粟，饿死首阳山之事，后世学者或认为不食周粟即不臣于周，不食其俸禄，粟指俸禄而言，伯夷、叔齐当时已经年老，在深山中，不食周粟而死。[2]伯夷、叔齐不食周粟，缘起于其对武王伐纣的正义性的评价。他们认为武王伐纣乃是以暴易暴，因此采用不食周粟的方法以表明自己的节义观念。无论他们对武王伐纣的评价是否合乎历史的真实，他们不臣暴君的节义思想，在中国思想史上产生了重要的影响。

[1] 朱熹：《四书章句集注》，中华书局1983年版，第97页。
[2] 刘家钰：《伯夷叔齐不食周粟辨》，《人文杂志》1984年第1期。

第二章　春秋战国燕赵社会变革及其学术思想概说

春秋战国时期，中国社会发生剧烈变革。在剧烈社会变革的背景下，赵国得以建立，燕国历史发生剧烈动荡，燕赵文化特征在剧烈的社会变革中开始形成。战国时期，儒家、名家、阴阳家、纵横家、黄老、道家等在全国学术界有着重大影响的各派学者活跃于燕赵历史舞台，荀子、公孙龙、慎到、苏秦、邹衍成为这一时期著名的代表人物。他们的学术思想，在中国学术思想发展史上占据着重要地位。

第一节　春秋战国时期燕赵社会变革

一、春秋时期燕赵地域社会变革与赵国的诞生

（一）赵氏的族源与商周时期的发展

赵氏族源，与秦共祖。《史记·赵世家》对此有着明确记载。秦赵共同祖先的渊源，《史记·秦本纪》记载："帝颛顼之苗裔孙曰女修。女修织，玄鸟陨卵，女修吞之，生子大业。"大业的子孙大费，至舜时，调驯鸟兽，鸟兽多驯服，"赐姓嬴氏"。据此，司马迁认为赵、秦二氏的女性祖先女修出于颛顼氏。至于赵氏的男性祖先，从女修吞玄鸟卵生大业的神话考察，他应是来自东方鸟图腾的氏族，也就是东方少昊氏族。唐人司马贞《史记索隐》说"按《左传》郯国，少昊之后，而嬴姓盖其族也，则秦、赵宜祖少昊氏"（《史记·秦本纪》）。从少昊氏与秦、赵有着共同的族姓嬴来看，秦、赵以少昊为祖的说法应该可信。从《山海经·大荒东经》所载"东海之外大壑，少昊之国，少昊孺颛顼于此"和马骕《绎史》卷7引《帝王世纪》"颛顼生十年而佐少昊"看，少昊族与颛顼族在很早以前便有着融合与交往。正是这两个古老氏族的融合与交往，秦、赵两个古族才得以诞生。

少昊氏以鸟为图腾，秦、赵二族的祖先也保存了以鸟为图腾的崇拜习俗，如

大业的孙子大廉称鸟俗氏，大廉的玄孙孟戏、中衍“鸟身人言”，秦赵二族的族姓，也应与其图腾崇拜有关。

据《史记·秦本纪》和《史记·赵世家》所述，大费以下与赵氏有关的系谱是：大费有子二人，分别是大廉、若木。大廉玄孙有孟戏、中衍；若木有玄孙费昌。中衍的后世有蜚康和季胜。季胜生孟增（又名宅皋狼），皋狼生衡父，衡父生造父。至造父时，周穆王“乃赐造父以赵城，由此为赵氏”。

赵造得赐赵城，并以赵为氏，实得益于赵氏善于驾驭的传统职掌。自大费为舜调鸟兽，赵氏便与畜牧结缘。商代，费昌担任商汤车御，亲自驾车在鸣条打败夏桀。商王大戊时，通过占卜，任命孟戏、中衍为御者，并将女儿嫁给他。“自大戊以下，中衍之后，遂有世功。以佐殷国，故嬴姓多显，遂为诸侯。”（《史记·秦本纪》）商朝末年，中衍之后蜚廉与恶来一起辅佐商纣王，因蜚廉未与纣王之乱，赵氏得以保全。西周初年，蜚廉后代受到周成王宠信。周穆王时，赵氏祖先造父为穆王车御，因驾车平定徐偃王之乱有功，封于赵城，得为赵氏。

造父受赐之赵城，其得名实自造父而来，属于以邑命氏。赵、造二字音义相同，从二字的构形结构看，赵所从之“走”与造所从之“辶”原本可以相通。“肖”和“告”相同，赵、造二字均有善走之义。造字出现在先，赵字出现在后，二者实为一字。[1] 赵氏的得名来源于造父。

造父下传六世而至奄父，时当周宣王之世，千亩（今山西介休市南）之战，他曾经帮助周宣王脱险。奄父之后，其子叔带初事周幽王，后鉴于幽王昏庸无道，遂“去周如晋，事晋文侯，始建赵氏于晋”。[2] 从此赵氏势力进入晋国，登上了春秋时期晋国的政治舞台。

（二）春秋时期赵氏在晋国母体内的孕育成长

春秋时期，礼崩乐坏，周天子权威受到严重挑战，诸侯争霸。春秋五霸之中，晋国称霸时间最长，对整个春秋历史影响最大。随着各诸侯国政权持续下移至卿大夫，在晋国母体内，赵氏逐步成为影响晋国历史的六卿之一。

叔带入晋，《史记·赵世家》说“自叔带以下，赵宗益兴，五世而至赵夙”。赵夙是赵氏发展史上的重要人物，主要生活在晋献公时期。晋献公十六年（公元前661年）为将，从征霍（今山西霍州西南）、魏（今山西芮城北）、耿（今山西河津东南）三个姬姓小国，因战功受封为大夫，获得赐邑耿。这是赵氏

[1] 沈长云等：《赵国史稿》，中华书局2000年版，第44页。

[2] 本节以下引文凡不出注者，均引自《史记·赵世家》。

在晋国首次获得赐邑和爵位。

赵衰是继赵夙之后赵氏历史上又一位有着广泛影响力的人物。[1] 晋献公在世时，先后育有八子，其中申生、重耳和夷吾三子才能出众，最负人望。赵夙为选择投身服事的对象，曾求助于占卜："卜事晋献公及诸公子，莫吉；卜事公子重耳，吉，即事重耳"。后来晋国发生"骊姬之乱"。骊姬是晋献公的宠姬，骊姬为了达到让自己儿子继承晋君之位的目的，诬告太子申生图谋弑父，并说重耳、夷吾也参与其事。晋献公听信骊姬的谗言，欲杀三子，申生自杀身亡，夷吾交还封地，重耳被迫亡命他乡。

重耳流亡在外凡19年，赵衰始终跟随左右，不曾丝毫懈怠。其间，赵衰还为重耳出谋划策，积极活动，最后使重耳获得秦穆公的支持。公元前636年，在秦军的护送下，重耳返回晋国执政，是为晋文公。为了表彰赵衰的业绩，晋文公"（以）赵衰为原大夫，居原，任国政"。后来，赵衰统率新上军参加城濮之战，帮助晋文公击败楚国军队。赵衰为晋文公的返国执政和建立霸业立下了汗马功劳，史称"文公所以反（返）国及霸，多赵衰计策"。经过赵衰的努力，赵氏从此跻身晋国最高统治集团，成为晋国政坛的一支主要政治力量。

赵衰去世后，嫡子赵盾代父执掌国政。赵盾初事晋襄公，襄公卒，太子夷皋年少，他鉴于晋国多难，起初欲立襄公之弟姬雍为君，可是在太子生母的苦苦哀求下，又改变了主意，仍立太子即位，是为晋灵公。灵公在位14年，赵盾"益专国政"。但灵公晚年荒淫残暴，赵盾屡次进谏，灵公对此非常不满，接连设计谋杀赵盾，赵盾被迫出逃。这时，赵盾的族弟赵穿挺身而出，杀死灵公，立襄公之弟黑臀为君，是为晋成公。赵盾重新执掌了晋国国政。直至晋景公初年。自赵夙至赵盾，赵氏由寒微而跻身贵族，由大夫而跻身正卿，并进入晋国的权力中枢，这是赵氏势力在晋国发展和勃兴时期。

晋景公时期，赵氏一度严重受挫，主要政治代表人物遭到诛杀，史称"下宫之难"。关于这一事件，《史记·赵世家》所记大意是：晋景公三年（公元前597年），司寇屠岸贾借口追究晋灵公被杀案，将矛头指向赵盾之子赵朔，擅自纠集诸将攻杀赵氏于下宫，"杀赵朔、赵同、赵括、赵婴齐，皆灭其族"。这时赵朔之妻产下遗腹子，屠岸贾一心要斩草除根，赵朔的食客公孙杵臼和程婴为了

[1] 关于赵夙和赵衰的关系，《赵世家》称赵夙生共孟，共孟生赵衰，认为赵衰是赵夙之孙。然《史记索隐》称"《世本》云公明生共孟及赵夙，夙生成季衰，衰生宣孟盾。《左传》云衰，赵夙弟。而此系家云共孟生衰，谯周亦以此为误耳"。《世本》认为是父子关系，《左传》认为是兄弟关系。

保存赵朔仅存的骨血，设计合谋保护遗腹子。公孙杵臼不惜杀身成仁，以自己的生命和假婴儿骗过了屠岸贾，程婴则把遗腹子藏入深山，抚养成人。最后在韩厥的帮助下，晋景公召回了遗腹子赵武，恢复了赵氏田邑爵位。

这个故事在宋元之际被改编成剧本《赵氏孤儿》，曾经广为流传，几乎妇孺皆知。但《赵世家》对此事记述的可信度极低，清代以来就不断有学者提出疑问，今人杨秋梅《“赵氏孤儿”本事考》和孙继民《“赵氏孤儿”考辨》曾对此事进行过详细考证。[1] 文献所谓赵氏族诛发生在晋景公十七年（公元前583年），当时赵朔已死，赵盾之弟赵婴齐与赵朔寡妻赵庄姬通奸，引起赵盾另外两个弟弟赵括、赵同的不满，赵婴齐因此被放逐致死。赵庄姬对此怀恨在心，向景公诬告赵同、赵括阴谋作乱，晋国内部的另外两支势力栾氏、郤氏也借机排挤赵氏，晋景公诛杀赵括、赵同，赵氏受到重大打击。

赵武以赵朔庶子身份继为赵宗后，他和赵景叔相继执掌国政，赵氏势力不仅得到了完全的恢复，而且有了新的发展。晋平公十三年（公元前545年），吴国的使者延陵季子出使晋国，他就预言：“晋国之政卒归于赵武子、韩宣子、魏献子之后。”十九年（公元前539年），晋国的大臣叔向也感叹：“晋国之政将归六卿”。这里的六卿就包括赵、韩、魏三家。至此，赵氏在晋国建立的基业已经完成，赵氏走上独立建国的道路，赵国的建立已为期不远。

（三）赵国的建立

赵景叔之前，赵氏先人们努力解决的核心问题围绕赵氏生存与在晋国母体内发展而展开。从赵简子开始，赵氏开始快步进入建国之路。在赵氏建国的道路上，简、襄二代的业绩最为突出。

赵简子名鞅，字志父，赵景叔之子。赵简子即位后，率兵参加周王室平定王子朝叛乱事件。通过参加此次在春秋末年历史上有着重大影响的事件，赵简子在晋国众卿中的地位和影响力大大加强。

赵简子以晋卿身份活跃在晋国历史舞台上，期间采取了许多适应社会需要，促进赵国发展的积极措施，这些措施包括：

第一，铸刑鼎。《左传》昭公二十九年载，晋顷公十三年（公元前517年）：“冬，晋赵鞅、荀寅帅师城汝滨，遂赋晋国一鼓铁，以铸刑鼎，铸范宣子所为刑书焉。”范宣子所为刑书，是范宣子在执晋政期间制定的一部法律文书。《左传》昭公二十九年引仲尼之语曰：“且夫宣子之刑，夷之蒐也”，杜预注为

[1] 杨文见《山西师大学报》1987年第2期，孙文见《中国史研究》1991年第2期。

“范宣子所用刑，乃夷蒐之法，夷蒐在文六年。”范宣子所作刑书的详细内容目前已无从知晓，但根据范宣子为刑书时晋国的社会状况，其内容应是为了整治晋国的无序状态，使晋国能有一个共同遵守的制度。赵鞅以刑鼎的方式重申范宣子之刑，使之成为我国最早的成文法，在中国古代史上占有重要地位。

第二，扩大亩制，减轻赋税，刺激小农的生产积极性。据1972年银雀山出土的汉简《孙子兵法·吴问》，在各家卿大夫之中，中行氏以160步为亩，韩氏以200步为亩，赵简子的亩制最大，是240步为一亩。按周制百步为亩，赵简子将亩扩大了1.4倍，亩扩大后，税赋减轻，有利于鼓励百姓开垦荒地，有利于生产的发展。《韩非子·外储说右下》记载赵简子的税收思想：“赵简子主出税者，吏请轻重，简子曰：‘勿轻勿重，重则利入于上，若轻则利归于民，吏无私利而止矣’。”这种思想也有利于保障农业生产的发展。

第三，举贤任能，善于纳谏。史籍记载了不少赵简子善于用贤和纳谏的故事。例如他有大臣名周舍，以敢于犯颜直谏闻名当时，周舍死后，“简子每临朝，常不悦，大夫请罪。简子曰：‘大夫无罪。吾闻千羊之皮，不如一狐之腋。诸大夫朝，徒闻唯唯，不如周舍之鄂鄂，是以忧也’。”[1] 他也由此得到时人的拥护和史家的称赞，史称“简子由此能附赵邑而怀晋人”。

第四，奖励军功，推行县郡制。公元前493年，简子在与范、中行氏的斗争中，为了鼓励将士英勇杀敌，于前线宣布：“克敌者，上大夫受县，下大夫受郡，士田十万，庶人工商遂，人臣隶圉免”（《左传》哀公二年）。通过杀敌立功，上、下大夫可以获赏县、郡，士可以获赏田地十万亩，平民和工商者可以上升为士，奴隶可以获得平民的身份。这种按军功赐田宅的制度有利于封建制的形成和发展。同时，它也表明县郡制开始成为赵氏统治区内主要的地方政区制度。

第五，经营晋阳。作为赵氏的宗主，为了赵氏的发展，赵简子将晋阳（今山西太原西南）作为发展重心。晋阳位于晋中盆地北端，西临汾水河，土地肥沃，交通便利，战略位置非常重要。赵简子主政期间曾先后两次营建晋阳。《战国策·赵策一·智伯帅赵韩魏而伐范中行》说：“董阏安于，简主之才臣也，世治晋阳，而尹泽循之。”[2] 董安于和尹铎都是赵简子的亲信大臣，董安于是第一

[1] 司马迁：《史记·赵世家》，中华书局2014年版，第2160页。

[2] 董阏安于，文献或作董阏于，或作董安于。王念孙《读书杂志》：“‘阏’与‘安’一字也，今作‘董阏安于’者，一本作‘阏’，一本作‘安’，而后人误合之耳。”缪文远：《战国策新校注》下，巴蜀书社1987年版，第590页；尹泽，《战国策》作“尹泽”，《国语·晋语九》《韩非子·十过》作“尹铎”。黄丕烈按：“泽”“铎”同字耳。见《战国策》卷十八，上海古籍出版社1985年版，第589页。

次营建晋阳的主持者，尹铎是第二次营建的主持者。董安于营建的时间大约在公元前517年至公元前497年之间。尹铎营建的时间大约在公元前497年至公元前493年之间。晋阳城的具体情况不详，布局结构大体包括城郭、府库、仓廪。后来的赵襄子曾"行城郭，案府库，视仓廪"，并说："城郭之完，府库足用，仓廪实矣。"可见晋阳建有完备的城郭防御体系，城郭内建有一定面积的仓储区，仓储区分别建有府库和仓廪，用以储备粮食和各种物资。

营建后的晋阳成为赵简子坚固的军事据点和设防城市，为赵氏的生存和发展发挥了重大作用。公元前497年，当赵简子与范氏、中行氏发生冲突，受到二氏联合进攻而情况危急时，他就是退保晋阳，凭借晋阳才取得最后胜利的。后来的赵襄子受到智伯纠集韩、魏两家的进攻，也是凭借晋阳击败智氏的。

晋阳城的营建，标志着赵氏政治中心由晋北或晋东南的原（今河南济源市）转移到了今太原一带。赵简子时期已经相当于赵国的开国初期，因此晋阳实际上已经成为赵国的第一个都城。

赵简子在赵氏建国之路上的最大贡献，是消灭了邯郸午与晋卿范氏、中行氏。邯郸午本也属赵氏宗族，是赵夙之子共孟的嫡传后嗣。共孟生赵穿，赵穿生赵旃，赵旃生赵胜，赵胜封邯郸，称邯郸胜。赵胜生赵午，称邯郸午。晋阳赵氏与邯郸赵氏虽属同祖同宗，但二者地位不同。就宗法关系而言，晋阳赵氏是正宗，邯郸赵氏是支族；赵简子是宗主，赵午是小宗。起初，晋阳赵氏和邯郸赵氏各居南北，分途发展，并行不悖。但晋阳赵简子时期，由于采取了向北和向南发展的战略，于是导致了晋阳赵氏同邯郸赵氏的直接冲突。

公元前497年，赵简子、赵午围绕邯郸展开了一场激烈争夺。这场冲突的直接导火线是卫国进贡的500家。公元前500年，赵简子、赵午出兵伐卫，最后以卫贡500家而结束战争。当时这500家安置于邯郸。公元前497年，"晋赵鞅谓邯郸午曰：'归我卫贡五百家，吾舍诸晋阳。'午许诺。父兄皆曰：'不可。卫是以为邯郸，而置诸晋阳，绝卫之道也。不如侵齐师而谋之。'乃如之，而归之于晋阳。"（《左传》定公十三年）赵简子对邯郸赵氏没有按照自己的意见送来卫贡500家非常恼怒，捕杀赵午于晋阳，派人通知邯郸赵氏另立大夫。赵午之子赵稷和赵午家臣涉宾遂举兵反叛，简子又命上军司马籍秦率军包围邯郸。

赵简子的举动遭到另两个晋国新贵族范氏和中行氏的联合反对。邯郸午是中行氏荀寅之甥，范氏、中行氏又是姻亲。当年七月，"范氏、中行氏伐赵氏之宫，赵鞅奔晋阳，晋人围之。"（《左传》定公十三年）同年十一月，晋国另外三个卿大夫韩简子、魏襄子和智文子又联合范氏内部的反对派，簇拥着晋君突然向范氏和中行氏发动进攻。范氏和中行氏一败涂地，逃到卫地朝歌。十二月，赵简子重新返回晋都绛，韩、赵、魏、智四家共同结成了反对范氏和中行氏的联盟。

正当赵简子化险为夷之际，联盟内部却发生变故。智氏不愿意看到赵氏势力过于强大，遂向赵简子施加压力，要他杀掉贤臣董安于。董安于为了保全赵氏，稳定四家联盟，自杀而死。

公元前496年，以四家联盟为基础组成的晋军开始向范氏和中行氏盘踞的朝歌进攻，卫、齐、宋、鲁、郑等国为了援助范氏、中行氏也纷纷出兵，原来只限于晋国内部卿大夫之间的斗争进一步演变成了晋国同东邻诸国之间的战争。公元前494年，赵鞅移兵再围守备薄弱的邯郸，晋军与增援邯郸的齐、卫联军在五鹿发生激战。此后不久，齐、卫、鲁、鲜虞联军再次攻晋，占领了棘蒲（今河北赵县）。双方战争进入相持阶段。晋定公十九年（公元前493年）八月，齐人输粟于朝歌，郑国发兵护送，范氏在朝歌接应。双方决战于戚（今河南濮阳）。赵鞅率军数量很少，郑军、范氏军力强盛，形势非常危急，赵鞅临战誓师，大大鼓舞了将士们的斗志，终于以少胜多，击败了范、中行氏，获齐粟千车。

戚之战后，范氏、中行氏军队被困朝歌，得不到给养。公元前492年十月，赵鞅率重兵包围朝歌，中行寅突围，出逃邯郸。第二年九月，赵鞅第三次率兵包围邯郸。十一月，邯郸守军举城投降。“荀寅奔鲜虞，赵稷奔临。”（《左传》哀公四年）中行寅投奔鲜虞，赵稷奔临城。十二月，齐国夏为救援范、中行氏率兵伐晋，取邢（今邢台市）、任（今任县东南）、栾（今石家庄市栾城区）、鄗（今柏乡县固城店镇固城店鄗城遗址）、逆畤（今顺平县）、阴人（今山西省灵石县南关）、盂（今山西省黎城县东北吾儿峪）、壶口（今山西省长治市东南），并联合鲜虞将荀寅送至柏人（今隆尧县西尧城镇）。公元前490年，赵鞅率兵攻陷柏人，范吉射、中行寅逃往齐国，齐国所占上述之地旋为晋赵鞅所有。历时八年之久的晋国内战至此结束。

夺取邯郸、柏人等地，是赵简子东进战略的重大胜利。它有三个方面的意义：第一，赵氏同韩、魏、智氏联合，消灭了范氏和中行氏两股势力，结束了晋国内部六卿专政、六卿并列的局面。第二，在邯郸争夺中，赵氏连取朝歌、邯郸、中牟、柏人，迫使范氏和中行氏逃亡齐国，彻底根绝了后患，赵氏势力迅速膨胀，成为所剩四卿贵族中较强的一支，虽无诸侯之名，已有诸侯之实。第三，赵氏夺取邯郸、柏人等地，实现了对今冀南一带直接而稳定的统治，也建立了向华北平原进一步发展的前进阵地和桥头堡。

公元前475年，赵简子去世，赵襄子立。赵襄子的继立，成为赵国建立的标志。[1]

赵简子去世后，赵襄子刚处理完丧事，丧服尚未解除，便北登雁门的夏屋山，请姐丈代王前来赴宴。他精心布置了一场政治谋杀，密令宰人于席间用铜勺“击杀代王及其从官，遂兴兵平代地”。赵氏的北部疆域从此又扩大到治水（今桑干河）和雁门水（今洋河）一线。

赵襄子灭代，对赵国此后历史发展产生了重要影响。赵国时期的代地大致以代城（今蔚县代王城）为中心，包括定襄、云中、雁门、五原等地，在自然地理上属于黄土高原和内蒙古高原，经济地理上属于畜牧或农牧兼作的经济区，民族地理上属于以狄族为主的少数民族区，这与赵国太行山以东平原地区的农耕经济和以华夏民为主的民族构成形成了鲜明的对照。襄子灭代，大大丰富了赵文化的深厚内涵，后来赵武灵王首先在代地推行胡服骑射并在全国获得成功，就与这种文化内涵密切相关。襄子灭代还扩大了赵氏的北部疆域，奠定了以后进一步拓展赵国版图的物质基础，后来赵武灵王向西北进军林胡、楼烦，灭亡中山等，都是以代地作为前进基地的。

赵襄子能够立国，奠定赵国的基本版图，是其联合韩、魏消灭晋卿智氏的结果。韩、赵、魏与知伯四卿灭掉范氏和中行氏之后，智伯（即智瑶）通过拥立晋哀公，开始把持晋国朝政，成为晋卿中势力最强的一家。智伯骄横跋扈，刚愎自用，恃强欺弱，先后向韩、魏两家索要土地，韩、魏两家被迫各送一个万户之邑给他。但智伯贪心不足，又派人向赵襄子逼索蔺（今山西省离石区西）、皋狼（今山西省离石区西北）之地。遭到赵襄子的断然拒绝。当智伯得到赵襄子拒绝的消息后，便率韩、魏之兵向赵襄子发起进攻，襄子被迫退保晋阳，晋阳之战爆发。

晋阳保卫战打得很艰苦，智伯率三国联军围攻晋阳长达一年之久，“引汾水灌其城，城不浸者三版，城中悬釜而炊，易子而食”，形势异常危急。赵氏内部也呈现不稳，“群臣皆有外心，礼益慢”。襄子看到城中粮食告罄，财力殆尽，士卒病弱，也一度丧失信心，打算出城投降。大臣张孟谈向襄子分析形势，指出三国联军内部潜伏着危机，建议襄子分化敌军，派人向韩、魏两家晓以利害，争

[1] 沈长云等：《赵国史稿》，中华书局2000年版，第109页。

取他们反戈一击。襄子接受了这一建议，派张孟谈出城游说韩、魏二氏。韩、魏二氏本来就对智伯逼索土地不满，他们进攻晋阳也是被智伯裹胁而来，当晋阳面临陷落之际，他们也意识到智伯的下一个目标可能就是自己。因此，经过张孟谈说以唇亡齿寒道理，韩、赵、魏三家一致同意联合起来，共同对付智氏，接着，“赵氏杀其守堤之吏而决其水灌智伯军。智伯军救水而乱，韩、魏翼而击之，襄子将卒犯其前，大败智伯之军而擒智伯”。[1] 结果是“三国反灭智氏，共分其地。”

晋阳之战的胜利，结束了晋国内部四卿专政的局面，晋国只剩下了韩、赵、魏三家，为以后三家分晋奠定了基础。同时，“赵北有代，南并智氏，强于韩、魏”[2]，在三家之中取得了优势地位，以后赵国的疆域也在此时基本形成。

赵襄子建立赵国，在位33年，公元前425年去世。襄子死后，赵浣继位，是为献侯。公元前408年，赵献侯之子赵烈侯少年即位。赵烈侯四年，齐国发生内乱，齐公孙会以廪丘（今山东鄄城东北）反叛齐国，归入赵国。齐国田布出兵攻打廪丘，赵烈侯派大将孔青率领赵国敢死之士[3]，联合曾经同在晋国为卿并共同分晋的韩、魏二国出兵救援廪丘。三国联军在龙泽与齐田布所率齐军展开大战，联军大败齐国军队，齐将战死，“得车二千，得尸三万”（《吕氏春秋·不广篇》）。第二年，联军受当时只存天子空名、地域小于诸侯的周天子之命，继续伐齐，侵入齐国长城之内（《水经·汶水注》引《竹书纪年》）。这次胜仗，使赵、韩、魏三国声势大震。公元前403年，名为天下共主的周威烈王宣布承认韩、赵、魏三家为诸侯[4]。赵襄子时期建立的赵国，至此终于抹去了晋卿晋臣的痕迹，取得诸侯的名号。

二、战国时期赵国的社会变革与学术思想的活跃

赵烈侯被封为诸侯，是赵国历史上的一件大事，它为赵国进一步发展开辟了更为广阔的空间。从此之后，赵国国君们名正言顺地从事起了过去只有诸侯们才有资格从事的事业。取得诸侯名分的赵国，像一个充满朝气的青年，登上了战国历史舞台。

[1] 陈奇猷：《韩非子新校注》上，上海古籍出版社2000年版，第215页。
[2] 司马迁：《史记·赵世家》，中华书局2014年版，第2164页。
[3]《水经注·瓠水》引《竹书纪年》对此事也有记载，《纪年》载赵将名为孔屑。
[4] 赵、韩、魏三国被列为诸侯的时间，《史记》本身记载有矛盾。卷四十《楚世家》称楚简王八年（公元前424年）“魏文侯、韩武子、赵桓子始列为诸侯”。《六国年表》称在威烈王二十三年，即公元前403年。雷学淇在《竹书纪年义证》卷三十四、陈梦家在《六国纪年》中都有考订，当以公元前403年为是。

赵烈侯即位之初，采取了一些改革措施。据《史记·赵世家》记载，烈侯喜欢音乐，准备赐给郑人歌手枪和石每人土地万亩，公仲连口头答应，实际上借故推托，并不执行。赵烈侯再三催问，公仲连托病不去上朝。这时赵国贵族番吾君从代地来到京城，向公仲连推荐牛畜、荀欣、徐越，公仲连将三人推荐给烈侯，“牛畜侍烈侯以仁义，约以王道，烈侯逌然。明日，荀欣侍，以选练举贤，任官使能。明日，徐越侍，以节财俭用，察度功德，所与无不充，君说。”烈侯终于取消了赏赐歌者之田的计划，任命牛畜为师，荀欣为中尉，徐越为内史，这便是战国初年小有影响的赵烈侯改革。赵烈侯改革的内容涉及政治、经济等方面，“选练举贤”属于选举制度改革的范围；“任官使能”属于任官制度改革的范围；“节财俭用”属于财政制度改革的范围；“察度功德”可能属于考核和监察考核制度改革的范围。其选贤任能的任官制度与度察功德的监察与考核制度的改革，是对春秋以前贵族政治的冲击，也是战国时期官僚政治产生的开始。牛畜、荀欣、徐越所担任的师、中尉、内史，都是官僚体制中的重要职官，中尉、内史在秦统一中国后被秦所沿用，成为中国历史上沿用时间很长、有很大影响的职官。赵烈侯同时任命三位重要官吏，对刚刚建立不久的赵国的官僚体制的建立也有着重大意义。

赵烈侯在位9年去世，其弟武公即位。[1] 公元前386年，赵敬侯即位，公子朝叛乱，失败后逃亡魏国。在动乱中即位的赵敬侯，《韩非子·说疑》称其是一个不修德行的人物，但他明于任臣，统治赵国数年，“兵不顿于敌国，地不亏于四邻，内无君臣百官之乱，外无诸侯临国之患。”赵国在敬侯时期出现了一个稳定发展的局面。敬侯统治时期，赵国迁都邯郸，使邯郸成为赵国政治、经济、文化中心，结束了赵国都城屡迁的局面。

赵敬侯去世后，其子赵成侯即位。赵成侯元年（公元前374年），公子胜与成侯争立，发动叛乱。叛乱平定后，成侯三年，任命大成午为相[2]，继续向中原地区扩张。

赵成侯二十一年，因赵国出兵进攻卫国，攻取漆（今河南长垣西北）、富丘（未详所在），魏国出兵救助卫国，先在三梁打败赵国十万大军（《战国策·魏

[1] 关于赵烈侯去世之年，文献记载不同，当今学者也有不同意见，我们认为《史记·赵世家》的记载较可信。参见沈长云等著《赵国史稿》，中华书局2000年版，第137—139页。

[2]《赵世家》作太戊午，此从《战国策·韩策一》《韩非子》《汉书·古今人表》。古太、大通用，戊或是由成的残刻而形成的误字。

策三》《史记·穰侯列传》）[1]，接着很快包围了赵国首都邯郸，邯郸顿时处于危急之中。面对这种形势，赵国在拼力抵抗的同时，急忙派使者向楚、齐两国求援（《战国策》之《齐策》《楚策》）。楚国为了使赵、魏相弊，只派出少量军队援救赵国。赵成侯对楚国救兵抱有很大幻想，没有接受靡皮提出的与魏议和的建议，赵国求援楚国的计划也最终落空。[2] 魏军进攻邯郸的战斗非常激烈，据《开元占经》101引《竹书纪年》记载，“邯郸四曀，室多坏死”，邯郸四周天色阴沉，房屋残破，有许多人战死。[3]

赵、魏激战正酣时，齐国出兵进攻魏国。赵初向齐国求救时，齐王命田忌为统帅，以孙膑为军师，统率大军参加赵魏之战。田忌采纳孙膑建议，围魏救赵，在邯郸被魏军攻克的同时，齐军对魏国大梁展开了猛烈攻势，魏军不得不回师驰援，田忌乘机设伏于桂陵（在今河南长垣。一说在山东菏泽），一战而大败魏军。在大败魏军于桂陵的同时，齐国又联合宋、卫进攻襄陵（《水经注·淮水注》引《竹书纪年》），这时楚军也加紧进攻，占领了“睢、濊之间”（《战国策·楚策一·邯郸之难》）。

自赵成侯二十一年到赵成侯二十三年，赵、魏在邯郸相持达三年之久，魏国国力因此受到极大消耗，陷入了内政与外交的交困之中。为了摆脱不利的困境，魏惠王听取赵国义士唐尚的游说（《吕氏春秋·务大》），同赵国议和，答应归还邯郸。公元前351年，魏、赵双方在漳河之上订立盟约，正式归还邯郸。这场长达数年的赵魏战争最后以“赵氏不割而邯郸复归”的戏剧性结果宣告结束。

公元前348年，赵成侯去世，赵公子緤与太子肃侯争夺侯位继承权，公子緤失败，逃亡韩国，赵肃侯语即位赵侯。赵肃侯十五年，赵在南部边疆筑起长城，赵国开始谋求向北方发展。

赵国历史发展到赵武灵王时期，赵国进行了胡服骑射改革，出兵灭掉中山，向北方扩地千里，赵国历史进入最辉煌时期。在赵武灵王功烈余荫下，赵惠文王东伐强齐，西败强秦，赵国成为东方军事实力最强的国家。

赵武灵王名雍，是赵肃侯之子。公元前325年即位。赵武灵王即位之初，因年纪尚小，未能听政。阳文君为赵相，另设博闻师三人，左右司过三人，共同管理赵国国政。

---

[1] 三梁之战另见《战国纵横家书·须贾说穰侯章》，文物出版社1976年版。关于三梁之地望，张琦《战国策释地》据《左传》宣公十五年注认为：三梁可能为曲梁之讹。曲梁在今河北邯郸市永年区，三梁也可能是别名。

[2] 马王堆汉墓帛书整理小组编：《战国纵横家书·靡皮对邯郸君章》，文物出版社1976年版，第120页。

[3]《开元星占》记载此事是作为天文异象记录的，根据其所记年代背景，此记载就是描写“邯郸之难”的。

秦自商鞅变法后，多次出兵打败赵国。中山自魏文侯时期复国后，便雄踞河北中部一带，几乎将赵国一分为二。早在赵武灵王之前，中山就依仗齐国的支持，侵略赵地，曾经包围赵国的重地鄗，引水灌城，鄗城几乎不保。赵武灵王即位之后，“中山恃齐、魏而轻赵”，多次与赵发生战争。赵武灵王十二年（公元前314年），燕国发生燕王哙让国子之的内乱，中山乘机出兵攻燕，赵武灵王出兵援救燕国，中山“南战于长子，败赵氏。北战于中山，克燕军，杀其将”（《战国策·齐策五·苏秦说齐闵王》）。中山成为赵国安全的最大的威胁。赵武灵王即位后整个赵国的形势是：“今中山在我腹心，北有燕，东有胡，西有林胡、楼烦、秦韩之边，而无强兵之救。”正是基于这种严峻的形势，赵武灵王提出了胡服骑射的改革方案。

赵武灵王表述自己的改革目的，是为了继“先王之意”，“计胡狄之利，启胡狄之乡”，弘扬“简襄之烈”。他将自己的变法措施与“昔者舜舞有苗，禹袒裸国”相比照，舜舞有苗而有苗服，禹袒裸国而裸国化，是儒家学者宣扬以教化征服落后民族的美好传说。武灵王以此类比自己的胡服改革，表明了他利用胡服教化胡人，吸引胡人加入赵国文化圈，以达北王诸胡、称雄诸强的改革目的。

赵武灵王为发动胡服骑射改革，进行了精心的准备。为了彻底了解赵国边境的详细情况，赵武灵王对赵国边境进行了一番实地考察。赵武灵王十七年，他出九门（今河北藁城西北），修筑野台，观察齐与中山的边境情况。十九年，他又亲率军队向北攻略中山之地，到达房子（今河北高邑县西）后，转向代地，向北到达无穷，向西饮马黄河边，登上黄华之台，考察赵国北部边境的情况。赵武灵王对赵国边境的详细巡视，为其进行胡服骑射改革提供了珍贵的第一手资料。

为了给改革创造一个良好的外部环境，赵武灵王推行了广结与国的邦交政策。赵武灵王十年，燕国发生内乱，齐乘机出兵破燕。第二年，赵武灵王从韩国招回燕公子职，扶立其为燕王，并派乐池将他送回国内，是为战国有名的贤王燕昭王。十八年，秦武王与勇士孟说较量臂力，比赛举龙纹赤鼎，折断髌骨而死。赵武灵王派代相赵固从燕国迎回秦公子稷，送回秦国，立为秦王，是为战国名王秦昭王。在胡服骑射开始推行的时候，二十年，他又派楼缓之秦，仇液之韩，王贲之楚，富丁之魏，赵爵之齐，进一步密切了赵国与这些国家之间的关系。这些邦交政策，取得很大成效，燕昭王、秦昭王与赵武灵王在位时期，秦、燕二国与赵从未兵戎相见。公元前300年，赵人楼缓还被秦任命为丞相（《史记·穰侯列传》）。赵武灵王实行胡服骑射改革，多次用兵中山与胡地，赵之与国或出兵助赵，或不加干涉，为胡服骑射改革的进行提供了良好的环境。

任何推动社会向前进步的改革，都会遇到保守势力的激烈反对。胡服骑射改革，同样也受到崇尚中原礼仪文化、蔑视周边少数民族文化的赵国贵族们的强烈反对。春秋末年战国初年，中原文化与周边少数民族文化沿着不同的道路发展。中原民族与周边少数民族在生活习惯、文化心理等方面差异鲜明，而服饰差异则是此种差异最突出的表现。对胡服的蔑视，也成为中原贵族蔑视周边少数民族文化最集中的焦点。武灵王胡服骑射改革前，充分估计了改革中的重大阻力，因此他首先争取到先王重臣肥义、楼缓等人的支持，然后才下决心进行胡服改革。

胡服改革诏令一出台，便遇到了极大的阻力，“群臣皆不欲”，习于传统服饰与车战的赵国群臣发表各种奇谈怪论，对变法进行诋毁与抵制。对此，赵武灵王开始进行深入细致的思想工作，他耐心说服了自己的叔叔公子成，赵国宗室赵文、赵造、赵燕和大臣周袑等人，消除了改革阻力，开始推行胡服骑射改革。

武灵王十九年（公元前307年），下令“遂胡服，招骑射”，轰轰烈烈的胡服骑射改革拉开了序幕。二十年，命“代相赵固主胡”，招募胡人军队。同年出兵攻打原阳，在原阳建立骑兵训练基地。但武灵王在原阳改步为骑的做法也遭到习惯于率车兵与步兵作战的牛赞将军的反对。赵武灵王说服牛赞，在原阳建立了一个骑兵训练基地。后来，原阳骑兵在赵国的对外扩张战争中建立了奇功。

胡服改革的推行过程并非一帆风顺，改革推行两三年后，赵国内之人仍未通于王之胡服。二十四年，为将胡服改革引向深入，“使吏大夫奴迁于九原，又命将军、大夫、適（嫡）子、戍吏皆貉服”（《水经注》卷3引《竹书纪年》），再次掀起大规模的胡服改革。二十五年，“使周袑胡服傅王子何”。惠文王二年（公元前297年），武灵王巡行新获取的土地，“遂出代，西遇楼烦王于西河而致其兵”。至此，胡服骑射改革措施的实施过程基本完成。

武灵王胡服骑射改革，使赵国很快成为东方最强国，在中国历史上产生了深远影响。

西周末年，民族矛盾激化，华夷之辨渐兴。至战国之世，东方各国已经形成一种崇尚中原文化、贬斥戎狄之俗的华夷观，这使经济文化本不十分发达的周边少数民族在心理上更加自卑。在此形势下，武灵王继先祖之业，实行胡服骑射改革，并身穿胡服进行教化，这对胡人是最友好的表示，很快缩小了赵人、胡人心理上的胡汉差别，改变了他们思想中的华优胡劣思想，胡人开始从感情上亲近赵人。胡服令下达后，林胡王献马，楼烦王致其兵，二族归顺赵国，武灵王设置楼烦县。此二族为游牧民族，其马精良善驰，其兵凶悍善战[1]，二族的归顺，一方面使赵国骑兵力量大大增强，同时也使赵国的疆域北达阴山南麓，西北到河套以北，对强秦形成了严重威胁。当时秦地处关中，“左崤函右陇蜀，沃野千里。南有巴蜀之饶，北有胡苑之利。阻三面之守，独以一面东制诸侯，……此所谓金城千里，天府之国也。”（《史记·留侯世家》）胡服骑射改革成功后，赵夺取了秦人的胡苑之利，撕开了其一面之阻。赵武灵王令赵惠文王治国，自己身穿胡服率领士大夫，“而欲从云中、九原直南袭秦，于是诈自为使者入秦。秦昭王不知，已而怪其状甚伟，非人臣之度，使人逐之，而主父驰已脱关矣。审问之，乃主父也。秦人大惊。”赵国强盛，雄视秦国，引起秦人的极大震动。

赵武灵王依靠胡服骑射改革后所招募与建立的强大骑兵，在经营胡地的同时，出兵灭掉中山。史称其时山东之国，强莫如赵。（《战国策·赵策三》）

胡服骑射改革所获取的巨大成就，在当时产生了巨大影响。齐、楚等国纷纷效仿胡服，冲淡了当时盛行的华优夷劣观，推动了民族融合的进程，为秦汉时期全国各民族的大一统局面的出现作了思想上的准备。

赵武灵王改革使赵国军力大增，其后的赵惠文王即位后不久，出兵灭掉千乘之国中山。山东之国强莫如赵。儒家、名家、纵横家、兵家、阴阳家都有著名学者活跃于赵国，荀子、公孙龙、虞卿、赵奢、邹衍等都曾在学术界名动一时，赵国邯郸曾一度成为继稷下学宫之后的文化中心。赵惠文王晚年，随着秦国的不断强大，赵国接连被打败。赵王迁时期，作为战国七雄之一的赵国被秦国所灭。

三、战国时期燕国的社会变革与学术思想的发生

文献记载的春秋时期燕国历史较为简略，其中对后代燕史有较大影响的大事，主要有桓侯徙临易、燕庄公年间山戎病燕、燕惠公奔齐之事等。

战国初年，燕国大事史籍无载。《史记·燕召公世家》《苏秦列传》和《战国策》等文献记载，苏秦曾游说燕文侯，从事合纵抗秦之事。燕易王初立时，苏秦为燕说齐宣王归燕十城。易王末年，苏秦因与燕文公夫人私通，为避祸又去燕之齐，后在齐被刺客刺杀。根据出土文献《战国纵横家书》记载和当代学者的研究，苏秦活动年代主要在燕昭王时期，其主要事迹是为燕作间谍，《史记·燕召

[1] 直到秦汉之交，楼烦善战之名仍驰名全国。项羽军中，骑兵最骁勇、最为勇武的号称“楼烦将”。裴骃《史记集解》引李奇说：“其人善骑射，故以名射士为楼烦，取其美称，未必楼烦人也。”司马迁：《史记·樊郦滕灌列传》裴骃《集解》，中华书局2014年版，第3235页。

公世家》《苏秦列传》和《战国策》记载苏秦在燕文公、燕易王时期的纵横活动都是不可靠的。有关苏秦为燕反间齐国一事，我们将在纵横家学术思想一章进行详述。

据《水经注·易水》记载，燕文公时期，徙都易，其地在今河北容城与雄县之间。燕国历史上有两个文公，一个是春秋晚期燕武公之子、燕懿公之父燕文公，一个是燕易王之父燕文公。陈平认为燕易王谥号，乃是因迁都于易水之旁（今河北雄县西北，容城东南南阳、古贤村一带）而称易王。因此迁都易的文公为战国文公[1]。易王十年（公元前323年），燕君与齐、赵、魏、中山等国一并开始互尊称王，史称“五国相王”。

战国时期燕国历史上发生影响较大的第一件事，可以说是子之之乱。此事发生于燕王哙时期。燕王哙三年（公元前318年），子之相燕，“贵重主断”。子之得到燕王的重用，得益于齐国使者的帮助。燕王曾问齐使齐王如何，齐使回答说“必不霸”。燕王问其中原因，齐使回答“不信其臣”。齐使的目的就是为了激燕王信任子之，燕王果然上当，大信子之。[2]

战国初年，各国纷纷通过变法走向强盛，燕王哙也怀有使燕国走向强盛的志愿。《淮南子·人间训》说燕王哙是一位仁行之君。《韩非子·说疑》描述王哙：“燕君子哙，召公奭之后也，地方数千里，持戟数十万，不安子女之乐，不听钟石之声，内不堙污池台榭，外不罼弋田猎，又亲操耒耨以修畎亩。子哙之苦身以忧其民如此其甚也，虽古之所谓圣王明君者，其勤身而忧世不甚于此……”子哙为了使燕国走向强盛，在游说之士的劝说下，他将燕王之位禅让给了子之。

《史记·燕召公世家》记载燕王哙之禅让事件：“鹿毛寿谓燕王曰：‘不如以国让相子之。人之谓尧贤者，以其让天下于许由，许由不受，有让天下之名而实不失天下。今王以天下让于子之，子之必不敢受，是王与尧同行也。’”燕王听了鹿毛寿的劝说，将燕王之位禅让给子之。与鹿毛寿劝说燕王哙时所说子之必不敢受不同，子之接受了燕王哙的禅让，当上了燕王。而燕王哙应该是崇尚尧禅让的君王，《韩非子·二柄》说他是一位好贤的君王，可能是出于他对子之的器重，认为子之是贤人，便将燕国大权以禅让的形式传给了子之。此后，《燕

[1] 陈平：《燕史纪事编年会按》上，北京大学出版社1995年版，第327—328页。

[2]《史记》《战国策》《韩非子》等文献记载担任齐国使者的为苏代。苏秦之弟苏代的生活年代应和苏秦一样，主要在燕昭王时期，不应早到燕王哙时期。因此陈平先生认为《史记》等文献所载或有其事，但其使者不应是苏代。见《燕史纪事编年会按》上，北京大学出版社1995年版，第345—346页。文献一说苏代为苏秦之兄，其生活年代则可能在燕王哙时期。

召公世家》记载又有人劝说王哙："'禹荐益，已而以启人为吏。及老，而以启人为不足任乎天下，传之于益。已而启与交党攻益，夺之。天下谓禹名传天下于益，已而实令启自取之。今王言属国于子之，而吏无非太子人者，是名属子之而实太子用事也。'王因收印自三百石吏已上而效之子之。子之南面而行王事，而哙老不听政，顾为臣，国事皆决于子之。"至此，燕王哙的禅让正式完成，子之成为燕国的实际统治者。王哙的禅让并没有让燕国走向强盛，而由于子之的"主断"，三年之后，燕国开始出现大乱。"国大乱，百姓恫恐。"

正当燕国发生内乱之时，齐宣王派人劝说太子平："寡人闻太子之义，将废私而立公，饬君臣之义，明父子之位。寡人之国小，不足以为先后。虽然，则唯太子所以令之。"得到齐宣王许诺的支持，太子平和将军市被起兵进攻子之。他们"围公宫，攻子之"，燕国大规模内战开始爆发。太子平与市被的军队进攻数月并没有取胜，他们军队内部发生变乱，市被和百姓反攻太子平，子之趁机反攻，太子平与市被死于乱军之中。这场内乱给燕国带来的灾难，"构难数月，死者数万，众人恫恐，百姓离志。"（《史记·燕召公世家》）

禅让事件给燕国带来的灾难并没有随着内乱的结束而结束，齐国与中山国趁机出兵进攻燕国。燕王哙六年（公元前315年）[1]，齐宣王出兵伐燕。齐宣王伐燕之举曾得到孟子的支持，孟子因内乱给燕国人民造成了极大的苦难，劝齐宣王伐燕，称"今伐燕，此文武之时也"。于是齐宣王令章子（即田璋，《陈璋壶》作陈璋）率五都之兵，"以因北地之众以伐燕。士卒不战，城门不闭，燕君哙死，齐大胜。"（《史记·燕召公世家》）齐人掠夺了燕国大量财宝，子之也被齐国军队杀死。

中山国也趁燕国内乱之际，出兵进攻燕国。中山王譻命令司马赒"亲率三军之众，以征不义之邦"。中山得燕地"方数百里，列城数十"。（《王譻铜鼎铭文》）

齐国和中山军队的入侵受到燕国百姓的奋力抵抗，各诸侯国也对齐的入侵行为表示反对，楚、魏、赵等国出兵救燕伐齐。《孟子·梁惠王下》载"齐人伐燕，取之。诸侯将谋救燕。宣王曰：'诸侯将谋伐寡人者，何以待之？'"齐国在各种势力的反对声中，最终从燕国撤兵。公元前312年，赵武灵王从韩国迎回

[1] 关于齐宣王出兵伐燕的时间，多数学者认为是在燕王哙七年，即公元前314年。根据《陈璋壶》铭文记载，该年应在燕王哙六年，齐宣王五年。参见陈平《燕史纪事编年会按》上，北京大学出版社1995年版，第352页。

燕公子职，送其回国，立为燕王，这便是大名鼎鼎的燕昭王。[1]

在燕国动荡中即位的燕昭王，即位之初便立下雪先王之耻，复齐国之仇，建设强盛燕国的宏愿。在某种程度上可以说是子之之乱与齐国的进攻，激发了燕昭王复兴燕国的斗志与梦想。因此《申鉴·杂言上》说“子之之乱，强燕之征也”。为了使燕国迅速走向强盛，燕昭王卑身厚币以招贤者。关于燕昭王招纳贤士一事，《史记·燕召公世家》记载了这样一件事：燕昭王谓郭隗曰：“齐因孤之国乱而袭破燕，孤极知燕小力少，不足以报。然诚得贤士以共国，以雪先王之耻，孤之愿也。先生视可者，得身事之。”郭隗曰：“王必欲致士，先从隗始，况贤于隗者，岂远千里哉！”于是昭王为隗改筑宫而师事之。乐毅自魏往，邹衍自齐往，剧辛自赵往，士争趋燕。燕王吊死问孤，与百姓同甘苦。《战国策·燕策一》《说苑·君道》对此事也有大致相同的记载。《太平御览》一七七还记载有如下传说：《史记》“又曰：‘燕昭王置千金台上，以延天下士，谓之黄金台。’”从各种文献对燕昭王纳贤之事的记载中，可以看出这一事件在中国历史上影响之深远。

燕昭王所招纳的贤士，《史记·燕召公世家》《战国策·燕策一》《新序·杂事三》记载有剧辛、乐毅和邹衍，《说苑·君道》和《尊贤》记载有苏秦、邹衍、乐毅和楚国来投的屈景。屈景在燕国事迹不详。《史记·燕召公世家》《战国策》由于记载苏秦活动年代错误，因此误以为燕昭王所招纳的贤士不包括苏秦。二书记载的贤士奔燕，钱穆先生认为:“时仅有一乐毅耳，邹衍、剧辛皆在后。《史》《策》为盛言士争趋燕，遂误攀后来者为说，非情实也。”[2]邹衍长寿，其活动完全有可能在昭王时期，钱先生认为邹衍晚至燕的说法未必确当。其剧辛至燕较晚的论断，可以信从。

邹衍入燕，将阴阳五行思想传入燕国。为了迎合燕昭王称北帝之心，邹衍在燕国大力弘扬其五德终始学说，阴阳五行思想在燕国得到进一步的发展（详见本书第七章）。

文献记载燕昭王使燕国走向强盛所倚重的人物主要有两个，一个是战国著名军事家乐毅，一个是被后世尊为纵横家的苏秦。乐毅，战国名将乐羊之后，魏文侯封乐羊于灵寿。赵灭中山，乐氏属赵。赵沙丘宫变时，乐毅从赵至魏。燕昭王

[1]《史记·燕召公世家》记载公子平为燕昭王。从出土燕国铜兵器和《史记·赵世家》记载看，燕昭王应名职。《燕召公世家》记载误。

[2] 钱穆：《先秦诸子系年》，河北教育出版社2002年版，第472页。

招纳贤士，乐毅自魏来到燕国。乐毅得到燕昭王的重用，封为亚卿。乐毅的贡献主要表现在燕伐齐的军事行动中。而苏秦的活动，则是燕国击败齐国走向强盛的关键中之关键。

苏秦，东周人，曾从学于鬼谷子。《史记》《战国策》记载苏秦活动的年限为燕文公二十八年前后至燕易王十二年间。当代史学家徐中舒、唐兰、马雍、陈平等人结合考古出土的《战国纵横家书》，经过深入研究，认为《史记》与《战国策》记载苏秦的活动年代是错误的。苏秦活动年代，应从燕昭王初立（公元前312年）开始，至燕昭王二十八年（公元前284年）被齐闵王杀死为止。苏秦一生的活动，几乎都围绕着同一个中心目标而进行，这个目标就是联合赵、秦、韩、魏、楚五国共伐齐，为燕昭王报杀父之仇，雪亡国之耻。燕昭王初立后招纳贤士时，苏秦自周至燕。大约在燕昭王二年（公元前310年），苏秦用合纵亡齐之策游说燕昭王，得昭王信用。苏秦与燕昭王约定，自己亲自去齐国作间谍，最后达到与燕昭王配合灭齐的目的。苏秦的纵横活动情况，详见本书第六章。

公元前284年，乐毅率五国之军攻齐，齐国调集全部兵力在济水之上抵抗联军。由于苏秦长期在齐国作内应，齐国一直将燕国作为最可靠的盟友，因此对燕国毫无戒心，北部边境全不设防。五国联军的一支部队从燕国境内出其不意攻齐北地，齐军大乱，济西部队被五国联军打得大败。至此，苏秦的计谋也彻底败露，齐闵王杀死了苏秦。济西之战后，“乐毅还秦、韩之师，分魏师以略宋地，部赵师以收河间”（《资治通鉴》卷四周赧王三十一年），乐毅自己亲率燕兵独自深入齐国境内，攻破齐国国都临淄，尽取其宝，烧其宫室宗庙，攻下齐国七十余城。齐闵王逃到莒地，为楚将淖齿所杀。燕军占领了齐国大片土地，只有聊、莒、即墨等少数城邑，还在齐国军队的控制之下。《史记·乐毅列传》描述燕国攻齐的收获：“珠玉财宝车甲珍器尽收入于燕。齐器设于宁台，大吕陈于元英，故鼎反乎磨室，蓟丘之植植于汶篁。”至此，燕昭王复仇齐国的梦想得以实现，燕国也因此而达到其强盛的顶峰。《韩非子·有度》描述燕国的强盛：“燕襄王以河为境，以蓟为国，袭涿、方城，残齐，平中山，有燕者重，无燕者轻。”[1]

大约是在燕昭王时期，燕国在北部边境与胡人的征战中也获得了巨大的成功。《史记·匈奴列传》载：“其后燕有贤将秦开，为质于胡，胡甚信之。归而袭破走东胡，东胡却千余里。”《盐铁论·伐功》：“燕袭走东胡，辟地千里，

[1] 此襄王即燕昭王，燕昭王为双谥号，一为襄，一为昭。参见陈平《燕史纪事编年会按》下，北京大学出版社1995年版，第214页。

度辽东而攻朝鲜。”袭走东胡后，燕在东北地区设置了上谷、渔阳、右北平、辽西、辽东五郡，并在北部地区建起长城，以防止东胡的骚扰。秦开的活动时间历史上没有记载，文献记载秦舞阳为秦开之孙，秦开的活动时间，大约在燕昭王时期（吕祖谦《大事记》卷四）。

第二节　百家争鸣与燕赵学术思想

春秋战国时期，社会发生剧烈变革，春秋战国时期的思想家们为了阐述自己对社会变革的看法，以便使自己的学术主张变成治理国家的施政方针，开始了激烈的学术争鸣，史称“百家争鸣”。张舜徽先生在《周秦道论发微·前言》中评论战国诸子的学术宗旨说：“夫周秦诸子之言，起于救时之急，百家异趣，皆务为治。虽各自成一家，不相为谋，然亦有所见大合、殊途而同归者。”[1] 先秦诸子虽然所使用的学术话语系统不同，所建立的学术体系也各自相异，但在学以治世的宗旨方面，各家却有着惊人一致性。

一、百家争鸣——春秋战国时期燕赵学术思想发展的学术背景

齐国的稷下学宫是战国时期百家争鸣的中心。齐威王时期，为了适应社会变革的需要，齐国统治者在国都城临淄的稷门（西门）外，立稷下学宫，学宫规模宏大，“为开第康庄之衢，高门大屋”（《史记·孟子荀卿列传》）。齐王以此招徕天下饱学之士，著书立说，进行学术讨论。至齐宣王之时，“自如邹衍、淳于髡、田骈、接予、慎到、环渊之徒七十六人，皆赐列第，为上大夫，不治而议论。是以齐稷下学士复盛，且数百千人”（《史记·田敬仲完世家》），据《盐铁论·论儒》记载，学宫兴盛时稷下先生达“千有余人”。

诸子百家的出现，《汉书·艺文志》认为诸子出于王官，如儒家出于司徒之官，道家出于史官，墨家出于清庙之守等等。《淮南子·要略》提出诸子皆起于“救时之弊”。吕思勉先生认为，《艺文志》与《要略》之说，“一言其因，一言其缘也。”“先秦诸子之学，当以前此之宗教及哲学思想为其因，东周以后之社会情势为其缘。”[2] 诸子思想的兴起，既有学术思想史自身的发展脉络，也

[1] 张舜徽：《周秦道论发微》，中华书局1982年版，第1页。
[2] 吕思勉：《先秦学术概论》，译林出版社2016年版，第11、4页。

有战国时期的社会发展为其社会背景。

稷下学宫是战国学术思想繁荣的标志。一个社会时段学术思想的繁荣，重要的前提条件便是思想理论的多元、自由和平等。白奚先生研究稷下学宫时曾得出一个重要的结论："百家争鸣的真精神——思想自由和学术独立，此亦稷下学研究的主要现实启悟价值之所在。思想自由是百家学说产生和繁荣的前提，在中国历史上，只有春秋战国可以算得上是思想自由的时代，诸子百家聚集学宫，讲学辩难，自由发挥，互相激荡，才有了百家争鸣的繁荣景象。"[1] 稷下学宫学术的繁荣与思想的自由，以及战国时期学术思想界所发生的百家争鸣，成为燕赵战国时期学术思想发展的背景。

齐国的稷下学宫位于齐鲁文化圈，齐鲁文化圈与燕赵文化圈毗邻，加上战国时期士人的大规模流动，齐国稷下学宫内的学术活动对燕赵学术思想产生重要影响。活动于稷下学宫的许多著名学者或出自燕赵、或在燕赵有着广泛影响，如出生于齐国的邹衍，其学术思想在燕国有着广泛的影响；赵国大思想家荀子，长期在稷下学宫从事学术活动，曾在齐国稷下学宫三为祭酒。赵国的慎到，也曾在稷下学宫被赐列第，为上大夫，不治而议论。《史记·孟子荀卿列传》所罗列的稷下学宫六个代表性人物，其中有三个属于燕赵出身或在燕赵有重大影响的人物。齐稷下学宫对战国时期的燕赵学术思想的重要影响，由此可见一斑。

二、战国中后期赵国学术中心的形成

战国是中国学术思想空前活跃的时期，被历代学人屡次称赞的百家争鸣，反映了诸子之间学术的碰撞与交流。百家争鸣局面的出现，固然有着当时社会所特有的政治、经济、文化等等方面的背景，然而战国时期各国之间不同的政治文化政策，又为诸子的学术交流提供了不同的舞台。当今学者普遍认为，齐国的稷下学宫是战国时期文化与学术中心，战国百家争鸣与齐国的稷下学宫关系密切，稷下学宫是诸子学说孕育的摇篮，也可以说是百家争鸣的发源地。[2] 其实除了齐国的稷下学宫，在战国后期，诸子在赵国的都城邯郸也曾进行过范围广泛、程度激烈的学术争论，邯郸也因此而成为当时的一个文化学术中心。

[1] 白奚：《稷下学研究》，生活·读书·新知三联书店1998年版，第296页。

[2] 王德敏、周立升：《稷下学宫与百家争鸣》，《东岳论丛》1981年第1期；孙开泰：《稷下学宫的百家争鸣与相互影响》，《管子学刊》1987年创刊号；于孔宝：《稷下学风与百家争鸣》，《齐鲁学刊》2002年第4期；颜世安：《从"稷下学宫"看战国时期的百家争鸣》，《历史教学》1985年第7期；白奚：《稷下百家争鸣的学术成就》，《光明日报》2003年6月17日。

（一）战国中后期稷下学宫的衰微与邯郸作为学术中心的崛起

稷下学宫的兴盛，是在齐威王、齐宣王时期。宣王时期，稷下学宫的先生们已经不再满足于“不治而议论”的礼遇，《孟子·梁惠王下》所载孟子与宣王的对话，清晰地揭示出这种状况。“孟子谓齐宣王曰：‘为巨室，则必使工师求大木。工师得大木，则王喜，以为能胜其任也。匠人斫而小之，则王怒，以为不胜其任矣。夫人幼而学之，壮而欲行之，王曰，“姑舍女所学而从我”，则何如？今有璞玉于此，虽万镒，必使玉人彫琢之。至于治国家，则曰，“姑舍女所学而从我”，则何以异于教玉人彫琢玉哉？’”孟子的不满，应该不是稷下先生中的特例，而是一种普遍现象。因为虽然战国诸子学派林立，但各家各派的学术都有一个共同点，这就是其学术主张都是围绕如何治理天下这一极具现实意义的政治问题而立论。齐国对稷下学宫的治理原则是让学者们只管著书立说，“不治而议论”，这虽然给学者们提供了一个相对自由的学术环境，但并没有给他们的学术成果提供一个社会实践的舞台，这与学者们学以治世的追求目标有着很大差距。齐宣王去世，齐闵王即位，随着齐闵王政治的进一步黑暗和齐国国力的衰微，稷下学宫走向解体也就成为必然。诸子纷纷离开稷下，奔赴全国各地，以期实现自己的政治理想。

离开稷下学宫的诸子，有一些都曾到过赵国的政治、经济、文化中心邯郸。《史记·孟子荀卿列传》载：“是以驺子重于齐，适梁，惠王郊迎，执宾主之礼。适赵，平原君侧行襒席。”《平原君列传》载：“平原君以赵孝成王十五年卒，子孙代，后竟与赵俱亡。平原君厚待公孙龙，公孙龙善为坚白之辩，及邹衍过赵，言至道，乃绌公孙龙。”《史记集解》引刘向《别录》云：“齐使邹衍过赵，平原君见公孙龙及其徒綦毋子之属论白马非马之辩，以问邹子。邹子曰：‘不可……’”邹衍出使赵国当在信陵君破秦存赵（公元前257年）之后。[1]

稷下学宫的著名学者除了邹衍之外，文献记载到过邯郸的还有荀子，《荀子·议兵》篇记载荀子曾与临武君在赵孝成王面前论兵之要。出身于赵国的稷下先生慎到，其生卒年月不详，推测其著书之后应该回到过邯郸。其他稷下学者是

[1] 卫挺生先生认为，驺衍游赵在赵惠文王二十一年，而非信陵破秦存赵之后，刘向《别录》所载：“齐使驺衍过赵，平原君见公孙龙与其徒论‘白马非马’之辩，以问驺子”，认为此乃公孙龙初到平原君家不久之事，平原君绌公孙龙乃是给公孙龙降级，仍留用。此与公孙龙后来劝谏平原君不受封并不矛盾。卫氏说见其所著《驺衍子今考》，华冈出版部印行1974年版，第14页。我们认为，从公孙龙长期寄居平原君家和平原君对其信任程度看，平原君绌公孙龙之前对其学术主张应该有一定的认可度。否定学者的根本主张而用其人，非但平原君不会如此行事，公孙龙也不会如此苟且偷生。由此可见，平原君绌公孙龙，应该是在信陵君破秦存赵之后，驺衍使赵也应当在这个时期。

否到过邯郸，文献失载，不可明断。

除了稷下学宫的学者外，其他一些诸侯国的学者也在战国中后期来到邯郸，参加学术讨论活动。曾与公孙龙展开激烈辩论的儒家学者孔穿，《资治通鉴》卷三记载其“自鲁适赵”；齐国军事家田单，曾任职赵国，与赵国兵家著名人物赵奢讨论军事问题；齐国辩士鲁仲连，在赵孝成王时游于赵，劝说魏将义不帝秦（《史记·鲁仲连邹阳列传》）。此外，“天下之士合纵相聚于赵”（《战国策》卷五《天下之士合纵相聚于赵》），众多合纵学者聚集在邯郸，展开了激烈的学术争鸣与政治角逐。

从稷下学宫来到赵国的诸子和从其他诸侯国来到赵国的士人，与原本生长于赵国的本地学者一起，在赵国首都邯郸进行了激烈的学术争鸣。邯郸成了融汇百家学术之地，成了继稷下学宫之后的第二个诸子争鸣之所。

（二）战国中后期诸子在邯郸争鸣的主要问题

聚集于邯郸的战国诸子分属于不同的学派，有着各自不同的学术主张，他们在邯郸进行的学术讨论与争鸣，所涉及的领域主要包括军事、外交和学术思想等方面。

诸子在军事思想方面的争鸣：赵国为战国时期的四战之地，频繁的战争使赵国产生了廉颇、赵奢、李牧等一批杰出的军事家，这些军事家有许多应该是有著书的，可惜文献已经失载。赵奢当时曾著有兵法，《史记·廉颇蔺相如列传》记载，蔺相如进言赵王：“王以名使括，若胶柱而鼓瑟耳。括徒能读其父书传，不知合变也。”赵括的母亲也曾评论赵括“自少时学兵法，言兵事，以天下莫能敌，尝与其父奢言兵事，奢不能难，然不谓善”。赵括所学兵法，自然包括赵奢所著的著作。《汉书·艺文志》未记载赵奢兵法，可能是当时这种兵法已经失传。

《战国策·赵策三》记载赵奢与田单讨论军事进攻中的“用众”之法，是赵国军事家关于“用众”作战理论的一次争鸣。在这次争论中，赵奢根据战国形势，提出古今形势不同，“用众”作战乃是七国争雄在新形势下的必然选择，赵奢的论说，使田单深感折服，“喟然大息曰：‘单不至也’”。

发生在赵都邯郸的有关军事理论的另外一次争鸣，是《荀子·议兵》篇所记载的荀况与临武君在赵孝成王面前讨论兵要之事。根据《战国策》的相关记载，临武君应为楚将，荀况与楚将在赵孝成王面前讨论兵要，其学术探讨的性质至为明显。这次讨论之所以发生，应该与赵国战争需要相关。在这次讨论中，临武君提出兵要在于“上得天时，下得地利，观敌之变动，后之发，先之至，此用兵之要术也”。得天时地利，相敌机而动，这是战国时期非常重要的一种军事理论。而荀况从政治的高度来审视兵要，提出“凡用兵攻战之本在乎一民……，士民不亲附则汤武不能以必胜也。故善附民者是乃善用兵者也，故兵要在乎善附民而已”。临武君与荀况从不同的视角对兵要问题进行争鸣，从他们各自针锋相对的阐述中，我们既可了解荀况的政治主张，也可以了解其政治与军事关系的基本观点。

诸子学术思想争鸣：赵国思想家与战国诸子学术思想的争鸣，基本采用两种形式来完成，一种形式是通过面对面的直接争论来完成，一是通过著书立说进行学术批评的方式来完成。面对面直接争论的形式，是公孙龙与其他诸子讨论学术的主要方式。

公孙龙是刑名学派的著名人物。早在公孙龙前，宋人兒说也为刑名学者，与公孙龙学术主张相近。《韩非子·外储说左上》载：“兒说，宋人，善辩者也，持白马非马也，服齐稷下之辩者。乘白马而过关，则顾白马之赋。”公孙龙的学术或与兒说有渊源关系。《战国策·赵策二》云：“夫刑名之学，皆曰白马非马也。”白马非马，是刑名学者共同主张的论题，这一论题在当时的学术界有着极大的影响，若根据公孙龙自己的说法，“白马非马，乃仲尼之所取”（见《公孙龙子·迹府》篇），孔子也曾接受过这一学说。

《公孙龙子·迹府》篇所记载的公孙龙与孔穿的争论，是生活在邯郸的诸子学术争论的一个典型事例。公孙龙与儒家学者孔穿，就名实关系问题进行了讨论，在这场讨论中，公孙龙阐述了自己名实关系的基本思想。

发生在邯郸的另一场著名的学术争论，是邹衍与公孙龙之间的争论。邹衍是阴阳家的代表人物，据《汉书·艺文志》记载，邹衍曾著《邹子》四十九篇，《邹子终始》五十六篇。邹衍曾居稷下，号谈天衍，曾为燕昭王师，在当时历史舞台上有着极大的影响。如果说公孙龙在与孔穿的争论中取得一定的优势，他在与邹衍的争论中，则以彻底失败而告终。《史记·平原君虞卿列传》载：“公孙龙善为坚白之辩，及邹衍过赵，言至道，乃绌公孙龙。”《集解》：“刘向《别录》曰：齐使邹衍过赵平原君，见公孙龙及其徒綦毋子之属论白马非马之辩，以问邹子。邹子曰：不可。彼天下之辩有五胜三至，而辞正为下。辩者别殊类使不相害，序异端使不相乱，抒意通指，明其所谓，使人与知焉，不务相迷也。故胜者不失其所守，不胜者得其所求，若是故辩可为也。及至烦文以相假，饰辞以相悖，巧譬以相移，引人声使不得及其意，如此害大道。夫缴纷争言而竞后息，不能无害君子。坐皆称善。”阴阳五行学者邹衍从公孙龙辩论的技巧方面对公孙龙进行了严厉的批评，使公孙龙的刑名学说在赵国学术界受到重创。

公孙龙刑名学说探讨的是形式逻辑问题，形式逻辑的论证方法和技巧在战国时期还没有被学者所真正接受。《庄子·天下》篇评价公孙龙的学说：“饰人之心，易人之意，能胜人之口，不能服人之心。”邹衍在对公孙龙的论辩方法进行批评时，得到时人的响应，刑名学派的发展也因此而受到沉重打击。

荀况也曾对公孙龙的学说提出学术批评，《荀子·修身》篇云：“夫坚白同异、有厚无厚之察，非不察也，然而君子不辩，止之也。”杨倞注：“此言公孙龙、惠施之曲说异理不可为法也。”荀子对公孙龙学术的轻视，反映了当时学者对形式逻辑还没有给予充分的理解。有学者提出荀子在书中曾批评公孙龙，可能是他在邯郸接触过名家学说。[1] 这种推测也可以说有一定的道理。

赵文化中儒家学者对法家学说的批评，在《荀子·非十二子》中曾有记载：“尚法而无法，下修而好作，上则取听于上，下则取从于俗，终日言成文典，反紃察之，则倜然无所归宿，不可以经国定分，然而其持之有故，其言之成理，足以欺惑愚众，是慎到田骈也。”荀况接触田骈的思想，应是在齐国的稷下学宫，而其接触慎到思想，除了在稷下学宫外，也有可能是在游历邯郸期间。慎到学说的渊源之一，是三晋法家学派。集先秦思想之大成的燕赵思想家荀子对慎到的批评，反映了各种学术思想在赵国都城邯郸的融合。

纵横家学者在邯郸也曾展开激烈的争鸣。纵横家是战国时期一个集学术、政治、外交于一体的士人集团，他们活跃在战国政坛和学坛，从事合纵连横运动。所谓合纵连横，学者大多认为以三晋为中心，北面联络燕，南面联络楚，称为合纵；东面联络齐或西面联络秦，称为连横。三晋由于地处七国中心，成为纵横家活动的重要舞台。《史记·张仪列传》：“三晋多权变之士，夫言纵横强秦者大抵皆三晋之人也。”合纵与连横，是战国外交史上的主旋律。地处四战之地的赵国，在合纵活动中发挥着重要作用。“天下之士合纵相聚于赵”，战国时期的著名纵横家苏秦，为了实现其连众国以攻齐的目的，曾到赵国进行游说活动。《汉书·艺文志》中著录有纵横家《庞煖》二篇，本注：为燕将。钱穆先生已指出，燕当为赵字之误。[2] 庞煖是赵国著名的军事家与纵横家。

[1] 孙继民、杨倩描、郝良真：《邯郸简史》，中国城市经济社会出版社1990年版，第85页。

[2] 钱穆：《先秦诸子系年》，河北教育出版社2002年版，第514页。

赵国历史上显赫人物虞卿，是一位颇可注意的士人，因为《汉书·艺文志》将虞卿所著《虞氏春秋》列为儒家类，学者研究纵横家时常将其忽略。从《史记·平原君虞卿列传》“虞卿者，游说之士也”看，其实他也是一位纵横家。《史记》记载秦赵长平之战，赵不胜，亡一都尉，赵王召楼昌与虞卿商议对策，虞卿坚决反对楼昌与秦媾和的主张，提出“发使出重宝以附楚魏，楚魏欲得王之重宝，必内吾使，赵使入楚魏，秦必疑天下之合纵，且必恐，如此则媾乃可为也”的合纵政策，可惜赵王没有听从他的主张。长平之战后，虞卿坚决反对赵郝等人割地予秦，主张连齐抗秦，他的策略得到赵王的同意，赵在外交上取得胜利。在与魏合纵问题上，虞卿说：“臣闻小国之与大国从事也，有利则大国受其福，有败则小国受其祸……，窃以为纵便。”王曰：“善，乃合魏为纵。”虞卿不仅有着丰富的纵横理论，也有众多的合纵活动，他与楼昌、赵郝等人的争论，根本上说是合纵与连横之争。他们的争论，对赵国政局产生了重大影响。我们从《虞卿列传》所描述的《虞氏春秋》内容“上采《春秋》，下观近世，曰《节义》《称号》《揣摩》《政谋》，凡八篇，以刺讥国家得失”可以看出，其著作中除了儒家的思想外，也有纵横家的思想。在研究纵横家在邯郸的争鸣时，我们不应忽略虞卿这一人物。

虞卿归入纵横家还是儒家，都有其不太尽如人意之处。其实，先秦诸子的学术，往往有其相通之处，这一点钱穆先生早已指出。今人在对钱穆的学术做出评价时说：“钱穆主张，考证这一时期的诸子师授和渊源以及诸子所称引，虽然多有出入与不同，但他们应该是相通的。因此不能够拘泥于九家十流之列。他极力反对把诸子之间的关系绝对化，认为他们的学术、师承或多或少都是相互联系的。如墨子学儒者之业，受孔子之术……”[1] 虞卿的学术思想，应该是融合了儒家与纵横家之说，它反映了战国中后期各学派之间学术的交流与影响。

（三）战国中后期邯郸文化中心的形成

战国时期赵都邯郸为文化中心，这一观点孙继民先生在《邯郸简史》中已有简单论述。下面我们将就邯郸何以在战国中后期成为诸子学术交流的中心进行一些讨论。

邯郸成为战国中后期诸子学术争鸣与交流的中心，是当时历史境遇下的一种选择。战国时期，为了适应七国争雄的需要，各国都推出了吸引人才的政策，齐国吸引人才的策略便是建立了稷下学宫。除齐国外，魏国曾因大败于齐，魏惠

[1] 郭齐勇：《先秦诸子系年》，河北教育出版社2002年版，“前言”第9页。

王开始招纳贤士。《史记·魏世家》载，惠王“三十五年，与齐宣王会平阿南。惠王数被于军旅，卑礼厚币以招贤者。邹衍、淳于髡、孟轲皆至梁。”稷下学宫的三位著名学者都曾到过魏国，三人在魏国的学术活动，除了孟子的活动文献有些记载外，其他二人文献都没有记载。可能是由于三人没有能够得到魏惠王的重用，三人的政治理想没有能够在魏国实现，他们不久先后离开魏国。魏惠王去世后，虽然齐国的稷下学宫开始衰落，魏国也因国势衰微，其国都没有能够成为当时的文化与学术中心。

战国中后期，燕昭王为报齐破国之仇，招纳贤士。《战国策·燕策一》载，“燕昭王收破燕后即位，卑身厚币以招贤者，……昭王为隗筑宫而师之，乐毅自魏往，邹衍自齐往，剧辛自赵往，士争凑燕。”《史记·燕召公世家》记载与此大体相同。由于燕昭王招徕士人的目的就是为了复仇齐国，而非为了繁荣学术，听取士人的治国之策，虽然燕昭王招徕了大批贤人，但诸子在燕国并没有进行大规模的学术交流，诸子争鸣的局面在燕国都也没有出现。随着昭王的去世，聚集燕国的学者作鸟兽散。

秦国名相吕不韦在战国晚年也曾聚集了大批学者，由于吕不韦聚集学者的目的在于著述以传世，各学派的学者共同努力，完成传世巨著《吕氏春秋》，但他们彼此之间并没有进行很好的学术争鸣。荀子在晚年也曾到过秦国，但没有能在秦国开展学术争鸣活动。由于缺少学术交流的氛围，秦国国都没有能成为当时的文化中心。楚国有战国四君子之一的春申君，在楚国也曾聚集了大批士人，稷下最为老师的荀子曾居住于楚，并在楚最终完成了其学术著作。但由于缺少各学派之间的争鸣，楚国国都也没有成为当时学术争鸣的中心。

邯郸之所以成为战国中后期的文化中心，更重要者还有以下两个原因：

第一，作为三晋之一的赵国有着优秀的学术文化传统。孙开泰先生曾指出，“三晋不仅是法家的摇篮，而且也是名家和纵横家产生的地方。”[1] 法家学者慎到、名家学者公孙龙等都为赵国学者，不同的学派产生在赵国，使邯郸本身就具有了学术争鸣的必要条件。赵武灵王推行胡服骑射改革之时，曾与公子成、赵文、赵造、赵燕、周袑等进行过激烈的辩论，[2] 这场辩论的核心，为是否应该改变祖宗成法，进行改革。从学术理论争鸣范畴讲，属于儒家与法家的一场辩论。这场辩论，可以说是战国时期邯郸诸子争鸣的先声。

[1] 孙开泰：《论三晋文化对春秋战国诸子百家争鸣的影响》，《河北学刊》2000年第2期。

[2] 这场辩论的内容，见《史记·赵世家》《战国策·赵策二》。

第二，平原君特殊的养士风格，为诸子争鸣搭建了平台。在战国四公子所养士人中，魏信陵君所养有鸡鸣狗盗之徒，也有隐于市井如朱亥之类的隐士；齐孟尝君所养有许多杀人不眨眼的豪士，而平原君所养多为有一定学识的学者。《史记·魏公子列传》记载，魏公子在赵国结交藏于博徒的处士毛公和藏于卖浆家的处士薛公，平原君为此事评价魏公子曰："始吾闻夫人弟公子天下无双，今吾闻之，乃妄从博徒卖浆者游，公子妄人耳。"虽然平原君对魏公子为"妄人"的判断是错误的，但从其判断我们可以看出，平原君交接的士人中没有身份低微者。除了结交士人外，平原君还主动促成学者之间的学术交流与争鸣，公孙龙与儒者孔穿的争鸣，地点便是在平原君家，平原君还承担了判断二者是非的角色（《吕氏春秋·淫辞》）。公孙龙与邹衍的辩论，组织者便是平原君，《资治通鉴》卷三载："邹衍过赵，平原君使与公孙龙论白马非马之说。"平原君特殊的养士风格和热心组织学术活动，是邯郸诸子争鸣局面形成的重要原因之一。

战国诸子在邯郸的学术活动，使邯郸成为当时的一个学术中心。它的学术氛围，对学者产生了极大的吸引力。《列子·说符》记载"牛缺者，上地之大儒也。下之邯郸，遇盗于耦沙之中"。牛缺后来被杀，未能到达邯郸，邯郸对学者的吸引力却由此可见一斑。荀况与楚国军事家在邯郸议兵，也是邯郸作为学术中心吸引外地学者在邯郸进行学术交流的很好例证。从某种意义上我们似乎可以说，诸子在邯郸的争鸣，成就了当时邯郸文化中心的地位。

通过上面的论述可以看出，诸子的学术争鸣在学术方面促进了邯郸文化中心的逐步形成，而邯郸文化中心的逐步形成，使邯郸具有了更加优良的学术氛围，这种氛围吸引更多的战国诸子来到邯郸，他们的学术争鸣与学术活动，提高了邯郸作为文化中心的地位。

由于诸子在邯郸的学术交流与争鸣，使邯郸成为战国中后期学术思想的大熔炉，在战国时期邯郸思想史上，我们也几乎可以找到后世各种思想观点的前驱与影像。[1] 从这个角度出发，我们将邯郸断定为战国中后期学术文化中心，其结论是完全可以成立的。

三、燕赵学术思想概说——诸子学派及地域性

春秋战国时期燕赵中山的学术与思想，与同时期的其他地域相比，有着非

[1] 虽然在邯郸活动的学者中我们还没有发现墨者的踪影，但公孙龙的偃兵活动，显然是其受了墨家学者的学术影响而为；至于黄老道教的思想，在《慎子》一书中多有呈现，这也可以作为邯郸学术接受外来影响的一个例证。

常明显的地域特色。儒家思想、法家思想、纵横家思想、阴阳家思想、墨家思想、兵家思想与名家思想等等，在燕赵大地竞相发展，各种思想相互影响，相互吸收，对春秋战国的社会发展，产生了极其深远的影响。学术与思想的多元化发展，一方面使燕赵中山的社会发展充满了活力，另一方面也使春秋战国时期的燕赵文化充满了勃勃生机。

作为中国传统文化最为核心的儒家文化，在春秋战国的燕赵地域有着非常广泛的影响。在赵国地域，产生了大儒荀子，影响中国儒学几千年的发展史；赵国国君和贵族们遵行的礼制，属于儒家学说的重要内容；中山王崇尚儒学，中山国铜器铭文上，大量引用儒家经典《诗》《书》《礼》《左传》《国语》等，提倡仁、义、礼，宣传敬顺天德、举贤任能、赋税适中等，均可见中山文化浸润儒家文化之深。《太平寰宇记》卷二十六引《战国策》称“（中山王）专行仁义，贵儒学，贱壮士”。《韩非子·外储说左上》描述中山王尚贤好士，“好显岩穴之士而朝之”，“上尊学者，下士居朝”。中山王墓在埋葬过程中遵循的各种礼制，是中山王崇尚儒家礼制的最好证明。李学勤先生指出：“中山的统治者不仅通习作为正宗思想的儒术，而且把儒家的政治观点在行动上付诸实现了。”[1]儒家文化，在中山国的政治生活和思想领域都取得了绝对的统治地位。儒学在燕国的影响也非常深远，燕国曾经发生的王哙禅让子之事件，也是在儒家学说影响下发生的。儒家经典记载的尧舜禹禅让的传说，是儒家宣传其统治思想的经典性事件。燕王哙为了谋求燕国的强盛，不顾个人利益，大胆地将王位禅让给子之。虽然他的这一看似非常高尚的举动最终导致了燕国的内乱，但其试图利用儒家禅让学说追求燕国强盛的精神，还是令人感佩的。

燕赵文化的源头之一为晋文化，晋文化中发达的法家思想被燕赵学者所继承，处子、慎到的法家思想，直接影响到战国各国的改革浪潮。战国时期思想领域的百家争鸣，慎到的法家思想也参与其中。在慎到思想体系中占重要地位的法家思想，成为三晋法家思想的代表，它对战国黄老学说和秦国以韩非为代表的法家，都产生了深远的影响。

纵横家是战国时期一个集学术、政治与外交于一体的士人集团，三晋由于地处七国地理中心，成为纵横家活动的重要舞台。《史记·张仪列传》：“三晋多权变之士，夫言纵横强秦者，大抵皆三晋之人也。”《战国策·秦策三》也说

[1] 李学勤：《中山墓葬群与中山国的文化》，《文物》1979年第1期。

“天下之士合纵相聚于赵”。地处四战之地的赵国，在合纵活动中发挥着重要作用。燕国在战国七雄之中实力微弱，经常受到齐、赵等国的进攻。尤其是子之之乱，燕国几乎亡国。在燕国危难中登上王位的燕昭王，一心图强，招揽贤才，战国著名纵横家苏秦来到燕国，与燕昭王共同谋划灭齐强燕。苏秦在齐，为燕做内应，利用外交与军事相结合的方式，最终攻破齐国，使燕国走向强盛。苏秦虽然最后因事情败露被齐所杀，而他成其事而忘其身的英雄气概，使燕赵纵横家的智慧在中国历史上产生了深远的影响。

墨子及其学派的思想，在战国初年盛极一时。孟子曾称天下学者无所逃于杨、墨之间，非归杨朱，即归墨子。《吕氏春秋·当染》说孔墨弟子“充满天下”。墨者弟子的足迹，也曾出现在中山国的土地上。《吕氏春秋·审应览·应言》记载：“公孙龙说燕王以偃兵，昭王曰：‘甚善’……司马喜难墨者师于中山王前以非攻，曰：‘先生之所术非攻夫？’墨者师曰：‘然。’曰：‘今王兴兵而攻燕，先生将非王乎？’墨者师对曰：‘然则相国是攻之乎？’司马喜曰：‘然。’墨者师曰：‘今赵兴兵而攻中山，相国将是之乎？’司马喜无以应。”墨子的非攻思想，对赵国学者公孙龙也产生过重要影响。公孙龙劝说燕王以偃兵，有学者据此称公孙龙属于墨家学派。

春秋战国时期，随着社会的急剧变革，社会上一些事物的概念与其本质已经发生了分离。在这种状况下，学术界开始出现探讨名实关系的学说。孔子曾提出为政自正名始，认为名不正则言不顺，言不顺则百姓无所措手足。战国时期，学术界讨论名实问题，进一步深入到逻辑的层次。主要以讨论名实关系而闻名于世的学者形成了学派——名家学派。齐国稷下学宫成为战国名家学派思想的策源地，许多稷下先生的论述都曾涉及名家理论的核心问题名实关系问题。战国名家学派的代表人物，主要有惠施、公孙龙等。公孙龙的名辩思想，在燕赵学术史和中国逻辑思想史上占有突出位置，被学者尊称为中国逻辑学的始祖。《荀子》关于名实关系的讨论，虽然从其体系上说更多地属于政治名学，但对逻辑问题的讨论也有一些贡献。

战国时期，出生于齐国、活跃于燕国的著名思想家邹衍，将传统的阴阳五行学说与历史上的朝代更替结合起来，迎合战国时期各国君主称王称帝的潮流，形成了有着广泛影响的理论。邹衍长期生活在燕国，燕昭王以师事之。燕昭王好神仙之术，燕国神仙思想的产生，与邹衍的带有神秘色彩的阴阳五行理论密不可分。

第三章　先秦时期燕赵地域的原始宗教思想

原始宗教，相对于现代宗教学中的制度宗教而言，是在制度宗教发生之前人们在生产生活中所形成的对自然神、祖先神等神灵的崇拜与思想信仰。先秦时期燕赵地域的原始宗教，主要包括天神崇拜、祖先崇拜和自然神崇拜等。其宗教思想的内涵，主要通过宗教祭祀活动表现出来。宗教祭祀在大多数的宗教活动中是不可或缺的一个重要环节。宗教崇拜主要属于思想观念的范畴，与其相关的宗教活动则是在这种观念的支配下来完成的，宗教活动本身成为宗教观念的体现形式。

春秋战国时期燕赵中山的宗教崇拜，现存材料残缺不全，目前仅能窥其一斑。对至上神的祭祀与崇拜，赵国、中山国有零星文献记载。燕赵中山境内，普遍存在着祖先崇拜与祖先祭祀。中山与赵国境内存在着高山崇拜与祭祀。中山国存在河神崇拜与祭祀。从西门豹治邺的故事看，魏国境内也应存在河神崇拜与祭祀。燕国社祭祀，可以从相关文献中观其大概。

第一节　夏商周燕赵地域的宗教崇拜

在燕赵大地，远古人对于日月星辰、名山大川的自然神崇拜，在夏商周时期，仍为燕赵先民所信从。原始信仰发展到一定阶段，形成至上神崇拜——“上帝”的崇拜。

夏商周时期的燕赵，与自然神灵崇拜并存的另一种宗教崇拜是人类灵魂崇拜。人类灵魂崇拜的理论依据是人身死亡而“灵魂不死”说。由于远古时代的先民不能解释做梦、生死等现象，经过一定的思考，他们认为有一种独立于身体之外或不随形体的死亡而消失的精神实体——灵魂。由于这种灵魂不会死亡，不受时间和空间的限制，具有超人的能力，先民们既怕受到它的危害，同时又希望得到它的恩赐，这样，灵魂便成为人们普遍崇拜的对象。出于对自己祖先的敬仰、尊崇和对自己亲人的情感，人们认为自己的祖先或亲人的鬼魂能够保佑自己。如此，对鬼神的一般性崇拜又演化出对自己祖先鬼魂或部落首领鬼魂的崇拜，并由此逐渐演化成祖先崇拜。祖先崇拜在燕赵宗教中占有十分重要的地位，由此产生的祭祀祖先的活动，成为非常常见的一种宗教活动。

一、上帝崇拜

商代燕赵地域的上帝崇拜，在燕赵南部地域的殷墟出土的甲骨文中可见一斑。甲骨文中，上帝或称帝，或称上帝。甲骨文中的天不是至上神，而是表示“大”的意思。甲骨文中上帝的权能，主要有以下几个方面：

（一）主宰天气

甲骨文中有“帝令雨”“帝不其令雨”（《甲骨文合集》，以下简称《合集》，14295）、“帝令多雨”（《合集》14136）“帝不令雨”（《合集》14134）等，意思是占问上帝是否命令雨神下雨，是否命令雨神下大雨；甲骨文中的“帝其令雷”（《合集》14130正）、“帝其弘令雷”（《合集》14128正），是卜问上帝是否命令雷神打雷，是否命令雷神打大雷。甲骨文中的“帝其令风”“帝不令风”，是占卜上帝是否命令风神刮风。自然界中的许多自然现象，上帝似乎都有支配与控制权。

（二）决定年成好坏

在商人心目中，上帝有决定年成好坏的权力。上帝通过控制雨量来左右收成，甲骨中“帝令雨弗其足年”“帝令雨足年”（《合集》10139）即是这种性质的卜辞。足是丰足之意，年的意思，按照《说文》的解释，就是谷熟。此外，帝还通过降下大旱灾（《合集》10166），以影响粮食收成。

（三）左右城邑建设与安危

城邑是古人生活的重要凭借。在商人心目中，上帝可以随时来到人间，或帮助人们建设城邑，或反对人们建设城邑。《合集》14201“王作邑，帝若”“王勿作邑，在吝，帝若”，是卜问上帝是否保佑王作邑顺利进行。若，按照《尔雅》的解释，是顺利之意。《合集》14209正记载的“帝隹其终兹邑”“帝弗终兹邑”，终的意思即“毕”，“终兹邑”应该是“终绝兹邑”之意，“终绝兹邑”即灭绝兹邑。[1]《合集》14208记载的“帝孩唐邑”“帝弗孩唐邑”，是卜问上帝是否降灾于唐邑。

---

[1] 常玉芝：《商代宗教祭祀》，中国社会科学出版社2010年版，第48页。

（四）决定战争胜负

在商人心目中，上帝有决定战阵胜负的权能。因此在商人出征前，往往通过占卜询问上帝是否保佑此次出征，此次出征是否能够取得胜利。有关战争的卜辞在卜辞中所占比例很大，我们这里不再征引。

（五）左右商王祸福

在甲骨文中，我们还可以看到上帝左右商王祸福的卜辞。能够左右商王祸福，这应该说是商王崇拜上帝最根本的原因所在。在商王看来，上帝的权能是无所不在的，尤其是其能左右自己的祸福，使商王对上帝不得不毕恭毕敬、顶礼膜拜了。[1]

商人对上帝的崇拜，还反映在他们为上帝设计了一套帝廷组织。在甲骨文中，我们可以看到上帝有使臣供其指挥，以传达上帝的命令。卜辞反映出上帝的下属有臣、工、使等官员。在商人看来，上帝与人间帝王没有什么根本差别，只是上帝的权威不仅行使于神灵界，同时也时刻左右着人间帝王和百姓的幸福。而人间帝王的权威，则只能行使于人间，而且还深深受着上帝权威的制约。人间帝王崇拜上帝，也就成为势所必然了。

二、祖先崇拜

祖先崇拜，是夏商周时期燕赵先民的重要崇拜内容。夏代燕赵地区由于资料缺乏，我们无法知道其详情。商代与西周时期的祖先崇拜观念，可以从考古发掘、甲骨文和铜器铭文记载中见其一斑。

商周祖先崇拜，在商周二代墓葬中，能够反映出燕赵先民祖先崇拜的考古现象主要包括以下几个方面：

第一，使用大量随葬品，以表达生人对祖先亡灵的尊崇之情，表达燕赵先人事死如生的祖先崇拜观念。在台西商代遗址，有权力象征的青铜钺，用于殉葬墓中。台西商代墓葬出土许多制造精美的青铜器，其中不乏饮酒重器和饮食重器，此外还有大量用于装饰的生活用具等。殷墟遗址大墓中出土的精美青铜器更是无与伦比。作为商王妃子的妇好，其墓中出土的青铜器多达210件，种类有数十种，妇好墓出土的青铜器可以说是美轮美奂，精美无比。燕国西周墓地，虽然盗扰严重，也发现精美青铜器，如克罍、克壶、伯矩鬲等。商代墓葬

[1] 关于甲骨文中上帝的权能，前辈学者多有论述，本书主要参考了常玉芝先生在《商代宗教祭祀》中的论述，特此说明。

大量精美玉器的出土，也是反映商人尊崇祖先神灵的观念。殷墟许多商墓、邢国葛家庄墓地、燕国琉璃河墓地，都发现陪葬车马坑，内埋有马匹和车辆。车马坑用于陪葬，反映了先民对已故祖先事死如生的观念。

第二，商代先民大量使用殉人和殉牲，以供祖先在另外一个世界过上有人可供差役、可供享乐的美好生活。在台西一百一十二座墓中，有十一座发现了殉人，多者两人，少者一人，总共十三人。在殷墟发掘的大型墓和中型墓，都发现大量殉人和殉牲。殷墟发现的一百多座中小型墓，一般也有1至8个殉人，1—5条殉狗。只有殷墟西区的小型墓没有殉人，只有殉狗。

在台西发掘的墓葬中，有17座墓内放有祭食，祭食大多放在人架头前的陶器内，也有少数放在陶器一侧二层台上的。M58、73二层台上没有发现陶器，但M58祭食放在人架头前，M73放在人架的一侧。祭食种类以狗居多，大多只有头部、肢骨和下颚骨；其次是猪，有的为猪头，有的为猪腿；再次是羊，有的只用羊头，有的用羊肩胛骨和腿骨，有一座墓中有一些鸡骨。[1]

第三，商代先民还对祖先进行大规模祭祀，以慰藉祖先神灵。商王对祖先的祭祀，主要包括墓葬区祭祀和宗庙祭祀。

商王在墓葬区对祖先的祭祀，主要集中在殷墟王陵区侯家庄西北岗，该区共发现1483座小墓，除了分布在大墓附近者外，都集中而有规律地排列，根据其排列规律，可以分为若干组。这些小墓，除了少数为陪葬墓外，多数是祭祀坑。西区在大墓附近，东区集中在M1400大墓以西地区。墓坑大多是长方竖穴形的，小部分是方形的。方形坑都成组成片地分布在方形坑中间。长方形竖穴坑大部分是南北向的，少数呈东西向。这些密集排列在一起的坑，可根据其坑口的大小、方向、深度、坑内埋藏的内容、骨架的姿势、骨架的数量及坑间的距离等分成不同的组。祭祀坑分为人坑、动物坑和器物坑三类。动物坑中，有的单埋动物，有的与人埋在一起。

埋人的坑，有长方形竖穴坑和方形坑两类。有全躯单人或多人、头躯分离、无头躯体和人头坑几类，埋无头躯体的坑最多。无头躯体的骨架的头部都是用刀锯砍下的，颈椎上有明显的锯痕，有的颈椎旁还带有下颚骨。有的骨架是被砍断肢解后扔入坑内的，或上下肢骨被砍、或在胸部处截断、或腰斩、或手足的掌部被砍去。有的是捆缚住手脚被砍后埋入的。大部分为俯身葬，只有少数是仰身或侧身的。骨架都颈足交错的叠压着，颈向一半南，一半北，较有

[1] 河北省文物研究所：《藁城台西商代遗址》，文物出版社1985年版，第111页。

规则。也有少数是随意扔入坑内的，无一定姿势。全躯多人的坑，少者2人，多者11人，有死后埋入的，也有活埋的，作挣扎之状。有的墓葬有青铜器及陶器。头躯分离的坑每坑埋1—10个人头和无头躯体。人头被砍下，坑中的人头和躯体数并不全同。少数坑中有祭祀用品。方形坑只埋人头骨。每坑埋3—39人，大部分埋10个头，多是无头躯体坑的死者。

经人骨鉴定，所有被砍头的躯体都是男性，女性和儿童均未砍头。女性人骨年龄在20—35岁之间，同一坑中年龄接近。幼童在6—10岁之间，同一坑的年龄接近。男性均壮年，无中老年，在15—35岁之间，同一坑的躯体年龄也是相近的。

坑的方向分南北向坑和东西向坑，南北向坑数量多，且年代早于东西向坑。1976年发掘的18组南北向坑，埋人总数近千人，埋人最多的一组坑一次埋人达339人，一般的为几十人到近百人。[1]

这些祭祀坑中的人头骨，体质上并不相同，可能是商人与四方方国征战中所获俘虏。

动物坑所埋的动物有象、犬、猪、羊、猴、鸟等，以马居多。有的坑只埋动物，有的坑动物与人合埋，这些人可能是管理或饲养这些动物的人。埋动物的坑，除了马坑是成片的集中在一起外，其他动物的坑都是零星的分散在埋人坑中间。

据甲骨刻辞记载，商王的祭祀活动是极频繁的，被祭的对象，有时是一个王，有时是几个甚至十几个王。所祭祀的祖先，有的是盘庚迁殷以后的王，有的是迁殷以前的王。[2] 每次祭祀所用的牺牲，有的是牲畜，有的是人，“伐人”“用人”之数从几个到几百个不等。因此，学者认为，商王祭祖时，不一定要在某个商王埋葬的大墓前进行，有些商王并没有埋葬在安阳，他们可以在一个特定的专门场所进行祭祀。从西北冈大量的祭祀坑的分布、排列和分组看，祭祀是在不同时期进行的，祭祀坑也并不分属于某些大墓。因此，学者认为，西北冈东区应是商王室用于祭祀其祖先的一个公共祭祀场所。[3]

殷墟宫殿建筑区的乙组建筑基址，据学者研究，是专门祭祀祖先的宗庙。商王在宗庙对祖先进行了多次祭祀。在乙七、乙八基址之南，乙十二基址之

[1] 中国社会科学院考古研究所：《殷墟的发现与研究》，科学出版社1994年版，第113—117页。

[2] 杨锡璋、杨宝成：《从商代祭祀坑看商代奴隶社会的人牲》，《考古》1977年第1期。

[3] 杨锡璋、杨宝成：《从商代祭祀坑看商代奴隶社会的人牲》，《考古》1977年第1期。

北和西，发现有密集的、排列成行的葬坑，分为北、南两组，在报告中称之为“北组墓葬”“中组墓葬”。[1]

北组有车马坑5座，另有各种各样的葬坑。葬坑中大部分是砍头而死后埋的，即所谓的“馘墓”。每坑大多埋3—5人，也有埋6—7人的。坑内大部分无器物。少数坑内埋全躯，少者1具，多者5具或7具人骨架，能看出葬法的以俯身居多数，仰身的较少，头颅多放在坑内，但往往少于躯干。从少数坑的骨架叠压情况看，埋葬时先扔入躯体，再扔入头颅。有的坑伴出青铜礼器、兵器、玉器，也有伴出陶器的。各葬坑之间存在打破关系，说明他们之间有早晚之别。这些小葬坑有可能都是祭祀性质的坑，坑内的砍头人架，当系人牲。从各坑的排列情况与打破关系看，其祭祀用牲至少在两次或两次以上。至于5座车马坑，它们之间无打破关系，而且排列有序，可能是同时埋入的，也可能是一次祭祖献车的遗留。南组葬坑发掘80座，分12行，墓穴较小，无二层台与腰坑，大部分为南北向。在这组葬坑内，有的为人、马、犬同埋，有的为羊、犬合埋，大部分坑则埋砍人头骨架，每坑埋人骨架2—13具，多互相叠压，多数坑埋的躯体与人头相等，和侯家庄西北岗王陵区大部分祭祀坑内人架多数无头颅的情况有别，反映出商王对不同对象在祭祀时用牲方式上的区别。此组葬坑中最西一坑的死者，不仅全躯，而且有犬、马和其他的随葬品，有可能是这批人牲的“首领”[2]。关于这两组葬坑，学者们一般都认为是祭祀坑，“大概是从武丁以来几次大规模的杀人祭祀埋下的”。[3]当为商代国王进行庙祭时留下的遗迹。

第四，使用一些特殊的葬俗，以表达对祖先神灵的敬畏。在殷墟和西周燕国琉璃河墓地，在墓主的尸骨上或尸骨下，常有朱砂。朱砂的使用，是用一种特殊的方法表达人们对已故祖先神灵的敬畏。

在甲骨文和金文中，对祖先崇拜的记载非常丰富。在甲骨文中，商王对高祖神、先公、先王和先妣等都进行祭祀。祭祀时所献祭品有人牲、动物牺牲等。《殷历谱》第二部分收集并分类的各种在特定日期给祖先和其他神灵供奉牺牲的记录，不仅给读者一个对根深蒂固的迷信的鸟瞰图，而且揭露了这些祭

[1] 石璋如先生曾将M232划为祭祀墓，从而将这批祭祀坑分为北、中、南三组。M232葬坑规模比一般葬坑为大，且墓有棺椁，有殉人，并随葬有青铜礼器、玉石器，墓主有较高的身份地位，与用于祭祀的墓坑有较大区别，因此我们这里将此墓排除祭祀坑统计之外，而将这里的祭祀坑分为两组。

[2] 陈旭：《夏商考古》，文物出版社2001年版，第193—195页；中国社会科学院考古研究所：《殷墟的发现与研究》，科学出版社1994年版，第60—63页。

[3] 北京大学历史系考古教研室商周组：《商周考古》，文物出版社1979年版，第68页。

祀仪式与行为的实质。[1]

记载燕国历史文化的西周青铜器，有一些就是为了祭祀祖先而专门铸造的，如《燕侯旨鼎》记载“燕侯旨做父辛尊”，是燕侯旨为祭祀父亲作了此鼎。《宪鼎》记载燕侯赐给宪贝，宪“用作召伯父辛宝尊彝”，宪用燕侯赏赐的金，做了祭祀父亲召伯父辛的宝尊彝。《伯宪盉》是伯宪所作祭祀父亲召伯父辛的铜器，《伯和鼎》“伯和作召伯父辛宝尊彝”，与伯宪盉内容相同。《召角》《召爵》记载：“召作父丁尊彝。”是召为祭祀父亲丁而作了两件铜器。西周邢国葛家庄遗址出土铜器，其铭文为“并作父宝尊彝”，也是并为祭祀父亲所作。从这些青铜器铭文中，我们可以很清楚地看到商周人用重器以祭祖先的情形。

三、自然神崇拜

夏商周时期燕赵地域的自然神崇拜，应该主要包括崇拜土地神、山神、河神、风神、雨神、雷神、日月之神等。由于考古材料和文献材料的缺乏，夏代与周代燕赵之域自然神崇拜的情况我们无法论证，只能根据中国古代历史发展的一般情形来判断存在以上自然崇拜。商代燕赵先民自然崇拜，由于甲骨文的发现，我们可以了解得比较清楚。

燕赵先民对自然神的崇拜，其根源在于人们在威力强大的自然灾害面前束手无策。在甲骨文中，人们认为许多自然灾害的发生，都是上帝通过差使或命令自然神来进行的。为了免于灾难，为了自己的生产和生活，为了生存，商人经常祭祀这些自然神灵，以“求雨”“宁风”“宁雨”“求年”。商人祭祀这些自然神灵使用的祭品，主要有牛羊等动物牺牲、玉器、人牲等，而祭祀的方式，则有燎祭、帝祭、酒祭、伐祭、宾祭（主要用于日祭祀）等。其用牲方法，则有卯（对剖）、烄等。

大量的对自然神祭祀的卜辞的发现，说明商代自然神崇拜与祭祀现象普遍存在于先民观念与日常生活之中。对自然神的祭祀与祈求，成为先民日常生活的重要内容。

四、动物神灵崇拜

由于受上古万物有灵观念的普遍存在的影响，夏商周时期的燕赵先民还存

---

[1] 李济：《安阳》，河北教育出版社2000年版，第143页。

在着动物神灵崇拜现象。根据文献材料和考古发现，先民崇拜的动物神灵重要者有鸟、犬、猪等。

商代先民对鸟的崇拜非常普遍，其中最著名的便是“天命玄鸟，降而生商”的神话传说。曾经活动于南漳河流域，后来被有易氏杀死的商代高祖王亥，其甲骨文中亥字上面刻画一鸟的形状。商人对鸟的崇拜，许多学者认为属于图腾崇拜。

在远古时期，燕赵先民有着犬神灵崇拜的观念，这可能与犬颇具灵性，与人们的日常生活密切相关有关系。家犬早在磁山文化中就被发现，可能是犬作为人们的“守护神”而存在。藁城台西遗址发掘的112座墓，有38座墓用狗殉葬，约占三分之一。其中22座墓各一条，其他墓有2至6条。无论狗放置在墓葬中什么位置，其头向与主人保持一致。在甲骨文中，狗被普遍应用于各种祭祀，在商代房基中也常见以狗祭祀或殉葬。《周礼》中有用狗祭祀的记载，这“大概是用狗作为守卫墓主人之意”[1]。

对猪神灵的崇拜，主要遗迹发现于夏家店下层文化中。考古工作者在内蒙古敖汉旗夏家店下层文化祭祀遗址发现一个自然石块雕出的猪首像。在天然的巨石上，人工雕琢的猪首神态灵动，正对南部的鸭鸡山。猪嘴张开，头顶正中弧起，总长约8米，宽约5米，与主区祭坛和远方的鸭鸡山处在一条直线上。根据学者研究，辽西地区崇拜祭祀猪有悠久的历史，兴隆洼二期聚落“首领”式人物的旁边埋有一雌一雄两头整猪；赵宝沟文化中将野猪的形象刻划在祭祀用的陶器尊形器上；红山文化中雕出玉猪龙的形象，具有更深远的意义。在夏家店下层文化大甸子墓地中用整猪随葬更是随处可见。猪是打猎、饲养的主要动物，是最主要的肉食对象，围绕猪而进行的各种祭祀祈求是当时人类宗教典礼中的大事[2]。

第二节　夏商周燕赵地域的宗教祭祀遗迹

由于宗教观念深入人心，宗教活动成为人们日常生活中的重要内容。与

[1] 河北省文物研究所：《藁城台西商代遗址》，文物出版社1985年版，第112页。

[2] 刘泷等：《敖汉旗城子山夏家店下层文化考古新发现4000年前的中心性祭祀遗址》，《内蒙古日报》2000年11月1日（5）。

此相应，夏商周时期燕赵之地的祭祀活动非常普遍。在夏商周燕赵地区的考古发掘中，祭祀遗迹随处可见。对广泛存在于先民生活中的一些祭祀活动进行研究，有助于深入了解先民的精神生活，了解先民的宗教文化。

燕赵地区发现的夏商周祭祀遗迹，最为常见的是祭祀用建筑和祭祀坑。祭祀用建筑包括祭祀祖先的宗庙遗迹和祭祀天地的祭坛。祭祀坑除了用于祭祀祖先和天地外，还有一些我们无法判断他的祭祀对象。古人建筑宫殿与房屋时，常常举行一些祭祀仪式。

夏家店文化作为燕赵文化的重要组成部分，其祭祀文化除了祖先祭祀和房屋奠基祭祀外，还有一些中原地区没有发现的祭祀现象。夏家店上层文化祭祀遗迹，在考古发掘中也有发现。由于祖先祭祀前文已有论述，此不赘言。下面，我们将对夏商周时期的祭祀用建筑、建筑祭祀遗迹以及夏家店下层文化的祭祀遗迹和夏家店上层文化的祭祀遗迹进行一些论述，以期通过夏商周燕赵地域祭祀文化的概貌，了解其宗教思想发展状况。

一、祭祀用建筑

二十世纪三十年代，在小屯发现商代宗庙宫殿建筑遗存，发现宫殿宗庙基址53座，分为甲、乙、丙三组。根据石璋如先生的研究，丙组基址为“祭坛”[1]。乙组建筑基址，是用于祭祀祖先的宗庙遗址。

除了乙组基址外，1989—1991年间，考古工作者在距离乙组基址约80米处发掘出3排大型建筑基址。其中的F1为一座东西较长的大型排房式建筑，初建时全长61—62米，房内无隔墙，没有居住痕迹。在F1基址之外南面垫土下发现祭祀坑10座，大概是在修建过程中埋入的，从祭祀坑的层位、位置分析，可能是在主体建筑完成之后挖的。祭祀坑内发现殉人不少于29人。从以上现象分析，F1大概是用于祭祀祖先的宗庙式建筑。[2]

二、为建筑而进行祭祀的遗迹

由于相信灵魂观念的普遍存在，先民们在建造居住房屋时常常举行祭祀，以祈求神灵保佑其居住平安。燕赵地域房屋建筑之前的“奠基”祭祀和建成之后的“庆典”祭祀遗迹在考古发掘中经常出现，一些房基中常常发现的“殉

[1] 石璋如：《小屯第一本·乙编·殷墟建筑遗存》，历史语言研究所，1959年版。

[2] 中国社会科学院考古研究所安阳工作队：《河南安阳殷墟大型建筑基址的发掘》，《考古》2001年第5期。

人”（人头骨），就是奠基祭祀的真实反映。

在辽宁朝阳热电厂夏家店下层文化中，有用孩童奠基的祭祀习俗。在夏家店下层文化遗址中，发现11座面积均在10余平方米上下的半地穴式或地面式建筑，其中一座的房基下，有用于奠基的幼童尸骨一堆，头盖骨、下颌骨不在一处[1]。

在藁城台西房屋建筑中，发现房屋祭祀遗迹多处。藁城台西商代遗址二号房南北两室的西墙内，各发现水牛角一只。在南室西墙基槽内埋有一个陶罐，陶罐内有一具不满三岁的幼童尸骨。在北室的东侧发现灰坑4个，三个坑分别埋入牛、羊、猪三牲，一坑埋人骨架3具。此外，在南室东、西、南三墙外不远处，分别发现4个人头骨。从出土情况判断，可能原来都是悬挂在屋檐下或室内柱子上，当房子坍塌时散落在地面上的。在六号房屋北房西室内的东北角和门道内外，以及西房北起第二室门外和第三室西南拐角处，共发现5具人头骨，大部分可能是悬挂在屋檐下或屋内墙壁、柱子上的，房屋被烧毁后落在了地面。埋在西房三室西南拐角处的人头骨，应是奠基用的人牲。[2]

在殷墟的宫殿和房屋建筑的发掘中，建筑祭祀遗迹屡见不鲜。在殷墟乙组建筑基址内，发现大量用于建筑祭祀的祭祀坑。二十世纪三十年代发掘时，就在乙七基址内发现较多的长方形葬坑，它们分别发现于建筑基址的下层和上层以及基址附近，在建筑基址下层和上层发现的祭祀坑分别称为“基下墓”和“基上墓”。每座基址上下压着的葬坑，多者19座，少者两座。坑内埋人或犬，埋人多者9人，少者1人；埋犬多者20只，少者1只，一般为3—5只。也有埋牛或羊的坑，有的则牛羊合埋。这些葬坑，都埋在大型基址上下，小型基址上下没有发现。石璋如先生根据层位和性质，分为奠基、置础、安门、落成四部分，并认为这些墓葬很可能是为建筑宗庙宫殿而祭祀的牺牲。[3]有人则认为，位于基下的小葬坑可能是奠基的，基上的小葬坑大部分可能属祭祀性质[4]。

20世纪30年代，丙一基址附近发现多座羊坑，其中的M338坑内埋7只羊，3只犬，M339内埋羊3只，这些无疑都是祭祀的遗迹。

除了宫殿建筑，殷墟其他建筑也有用人牲奠基者。1976年，小屯妇好墓侧发现一座南北向长方形房址，可能属于寝室庙堂一类建筑，用了至少3具孩童

[1]《朝阳热电厂夏家店下层文化遗址》，《中国考古学年鉴（1988年）》，文物出版社，第138页。
[2]河北省文物研究所：《藁城台西商代遗址》，文物出版社1985年版，第19—20页。
[3]石璋如：《殷代建筑遗存》，历史语言研究所1959年版。
[4]陈志达：《小屯东北地的殷代宫殿宗庙遗址》，《殷墟的发现与研究》，科学出版社1994年版，第51—69页。

奠基。[1] 殷墟苗圃北地发现一座房址的奠基坑内，有两个孩童的头骨，东西并列，头顶朝南。[2] 1979年安阳后冈发掘一座房址，室内柱洞下有一幼童，站置于柱洞中。[3] 苗圃北地的一座房子基槽中，埋有牛头数个，可能与祭祀或奠基有关。[4]

三、其他祭祀坑遗迹

无法确知祭祀对象的祭祀坑在夏商周燕赵考古中多有发现。1998年，在邢台葛家庄遗址发掘中，发现一个中商时期祭祀坑。坑壁及坑底加工十分规整，坑底东北侧埋有一具儿童骨架，侧身，肢体微曲，为男性，年龄在12—15岁之间。坑内填土中包含物有烧土块、骨器、石器和各种陶器。[5]

在台西遗址发掘的第131号灰坑，形状不规则，坑内底部有一无头的狗，上面覆盖着一件残破的大陶瓮，这可能是专门用来祭祀的。安阳殷墟发现的牛胛骨刻辞中，豕、豚、牛、羊、犬等字的字首，都削去一或两笔，可与此互证。呈圆筒形状的第50号灰坑，坑内东壁下发现一具完整的圣水牛骨架，头北尾西。坑内还有一件能复原的陶瓮。此坑周壁和底部都经过修整，填土为黄绿色斑土，此坑也是一座祭祀坑。[6]

殷墟后冈发现的祭祀坑非常特殊。它是一个圆形袋状坑，口径1.9米，底径2.15米、深3.78米，坑内共发现人骨架73具，分上中下三层。其中上层埋有25个个体的人骨和人头，骨骼上染有一层红色，没有固定的葬式；中层埋有29个个体的人头，绝大多数骨架上也染有红色，此层发现两具跪仆的人架南北相对，头都向东，两臂下垂，像是经过捆缚的。有的骨架旁有骨笄和玉器等；下层埋有19个个体的人骨和人头，骨架旁有骨笄和贝等。在上层出土有成嗣子鼎、爵、卣、戈、刀等青铜器和陶器32件，以及成堆的贝、谷物和烧焦的丝麻制品。

此坑中发现的人骨架，有的头部插有骨笄，有的有贝饰和随贝，有的有玉饰，有两具还有贝玉。这些人骨架中不分主次，也就是没有墓主，可见不是正常的埋葬。骨架上染红，在小屯祭祀坑和西北冈、后冈大型墓中常有发现，可见这些尸体是经过一番处理的。特别是两具对跪人的发现，更足以说明这些埋

[1] 郑振兴：《1976年安阳小屯西北地发掘简报》，《考古》1987年第4期。
[2] 中国社会科学院考古研究所：《殷墟发掘报告（1958—1961）》，文物出版社1987年版，第19页。
[3] 中国社会科学院考古研究所安阳工作队：《1979年安阳后冈遗址发掘报告》，《考古学报》1985年第1期。
[4] 中国社会科学院考古研究所：《殷墟的发现与研究》，科学出版社1994年版，第416页。
[5] 河北省考古研究所：《河北邢台市葛家庄遗址北区1998年发掘简报》，《考古》2000年第11期。
[6] 河北省文物研究所：《藁城台西商代遗址》，文物出版社1985年版，第38页。

葬应与祭祀有关。[1]

1971年秋，安阳大司空村发掘一座祭祀坑，坑口呈椭圆形，坑内有人躯体骨26具和头颅骨31个，没有固定的葬式，大都是砍头后扔入的。此坑骨架全属男性，有青壮年，也有幼童。[2]

殷墟发现的祭祀坑，有专门埋牛的祭祀坑，在安阳苗圃北地的一个圆坑内，埋蜷曲伏卧、四肢捆缚的牛架一具。白家坟北发现一堆牛角，有40多支，随意放置，像是一次祭祀的遗迹。[3]

在磁县下七垣一层，也就是商代晚期遗存，发现牛坑、猪坑各一个。牛坑内有一头完整的牛骨架，猪坑内有一具缺前腿下段的猪骨架。牛和猪可能是祭祀用的牺牲。[4]

四、夏家店下层文化中的祭祀遗迹

毁器祭祀现象，在夏家店下层文化遗址中比较常见。夏家店下层文化常见被有意打破的陶器，有些是将口沿打掉，有些则去掉器底，有的鼎、鬲、甗等三足器还特意地敲掉某足或三足的足根。学者认为，这种现象与辽西赵宝沟新石器时代文化中有意打破陶器的祭祀习俗有渊源关系。[5] 在辽宁北票康家屯城址的石筑穴中，发现有陶罐、甗、鬲、尊、壶、鼎等，均为毁器。此石筑穴或为祭祀性质，夏家店下层文化存在毁器为祭的现象。[6]

在大山前夏家店下层文化灰坑中，留有层层燃烧的堆积，并出土烧过的树枝等物[7]，学者认为，“这似乎类似于《礼记》中提到的‘燔柴于泰坛，祭天’那样的一种燔祭遗存”，这种现象与兴隆洼有意烧毁房屋的祭祀现象也不无联系。[8]

在辽宁省凌源县小城子乡萧杖子遗址，发现夏家店下层文化石砌遗迹。该遗迹位于萧杖子村南山坡，周围低山连绵起伏，遗迹北高南低，高差25米，东

[1] 北京大学历史系考古研究室商周组：《商周考古》，文物出版社1979年版，第113—114页。
[2] 安阳市博物馆：《安阳大司空村殷代杀殉坑》，《考古》1978年第1期。
[3] 中国社会科学院考古研究所：《殷墟发掘报告》，文物出版社1987年版，第27、115页。
[4] 河北省文物管理处：《磁县下七垣遗址发掘报告》，《考古学报》1979年第2期。
[5] 朱延平：《辽西区古文化中的祭祀遗存》，载张忠培、许倬云主编《中国考古学跨世纪的回顾与前瞻》，科学出版社2000年版，第215页。
[6] 辽宁文物考古工作队：《辽宁北票市康家屯城址发掘简报》，《考古》2001年第8期。
[7] 《大前山发掘半支箭河调查有重要发现》，《中国文物报》1999年12月7日（1）。
[8] 朱延平：《辽西区古文化中的祭祀遗存》，载张忠培、许倬云：《中国考古学跨世纪的回顾与前瞻》，科学出版社2000年版，第216页。

西宽132米，南北进深92米。北端有一平土台，其下有东西向石墙8条，南北向石墙4条，石墙长短不同，高低不等。整个遗迹敞口向西向南，附近采集到的陶器和石器均为夏家店下层文化遗物。此遗迹附近的一个山头上，也发现另一处敞口向西的石围墙构成的遗迹。其东北方还有一处由沙砾堆积而成的圆形遗迹，直径7米，高0.3米，推测为祭坛。[1]

在夏家店下层文化大山前遗址、赤峰市松山区西道遗址、兴隆洼的第三区遗址、辽宁省建平市水泉遗址和朝阳市胜利乡的平顶山遗址，都发现被围壕环绕着的带有浓厚宗教色彩的房屋，根据发掘情况可以断定，其性质主要以祭祀为主。这些祭祀遗址，距离当时夏家店下层文化先民居住区一般不远，学者一般将它们认定为这些居民的公共祭祀场所。

夏家店下层文化的公共祭祀场所或建于河旁坡岗，或立于山丘之上，与夏家店下层文化聚落区相隔一段距离。目前发现的这类祭祀遗址的数量远远多于夏家店下层文化的聚落址，敖汉旗境内发现的2000多处夏家店下层文化遗址点，当有大半属于这类祭祀址[2]。

建于山上的夏家店下层文化公共祭祀遗址，根据赤峰、朝阳一带的考古资料，它们有的比较孤立，占据某个山头，附近再没有其他同类遗址；有的三两相聚，成双成组，甚至还有十几个或几十个集结成群的。如辽宁省凌源市萧杖子村附近的南圈子等3个遗址点，彼此邻近，各有圆形祭坛、石围墙等建筑[3]，当是自成一组的祭祀址。地处半支箭河中游的小烧锅、小牛群、阳坡和羊圈之间26处建于山丘之上的夏家店下层文化遗址点[4]，均属此类祭祀址。这些祭祀址的面积多在2000平方米以内。架子山（KJ7）祭祀遗址面积超过3000平方米，所居地势最高，恰好坐落于这群祭祀址的中心处，由架子山可望见此群遗址中几乎所有的遗址点。这26处祭祀址遗存以架子山为中心，按各自的结构、所处地势以及它们在空间上的联系，大体上可分为9组。由此可见，这是一个以架子山为中心的规模庞大而有着严密组织系统的山丘型祭祀区。不仅如此，由于架

[1] 凌源县博物馆、朝阳市文物普查队：《凌源萧杖子村夏家店下层文化祭祀遗址》，《中国考古学年鉴（1992）》，文物出版社1994年版，第178页；中国社会科学院考古研究所：《中国考古学·夏商卷》，中国社会科学出版社2003年版，第602页。

[2] 邵国田：《我旗五十年来考古综述》，《敖汉文博》1997年第15期，此处转引自朱延平：《辽西区古文化中的祭祀遗存》，载张忠培、许倬云：《中国考古学跨世纪的回顾与前瞻》，科学出版社2000年版，第217页。

[3] 凌源县博物馆、朝阳市文物普查队：《凌源萧杖子村夏家店下层文化祭祀遗址》，《中国考古学年鉴（1992）》，文物出版社1994年版，第178页。

[4] 赤峰考古队：《内蒙古赤峰市半支箭河中游1996年调查报告》，《考古》1998年第9期。

子山位置最高，祭祀区的规模之大，在架子山视野范围内的那些次一级规模的山丘型祭祀区很有可能与架子山祭祀区构成了某种从属关系。架子山祭祀区辐射的域内面积当不少于200平方公里。[1]

近年，考古工作者在内蒙古敖汉旗城子山发现了夏家店下层文化中心性祭祀遗迹。该遗址遗迹以祭坛和积石冢为主，祭坛数量众多，遗址规模宏大，总面积达13多万平方米，主体建筑在主峰顶部，平面呈不规则形状。周围有石块围筑的石墙，石墙周长1310米，中心城址周长318米，中心区有城门5个，区域总面积8000平方米，顶部有3个较大的围石祭坛。其余各区均有诸多形状不同、大小不一的祭坛，总数200余个。南区主墙外围有附墙，中间有门道，与主墙南门相对应。北区和西区的祭坛多成行排列，井然有序；东区和南区祭坛的外围有方形或长方形的石墙，相互之间有门道相接，祭坛多分布在院内北端正中或一角。祭坛的形制有四种：第一种为石圈并全部由石块堆砌而成，个别祭坛中部还有立置的石块；第二种为外围砌筑石圈，内为隆起的土丘；第三种外围有零星的石块，中部有隆起的土丘；第四种为自然立石，有的立石上还钻有圆窝。石墙多为叠砌，主墙外侧多围有石弧圈。[2]

夏家店下层文化的彩绘陶器上，都绘有十分复杂的图案。根据大甸子墓葬出土的彩绘陶器分析，其纹饰的母题可以分为有目和无目两种，前者似乎与中原地区铜器上流行的饕餮纹相似。此类彩绘的流行，可能与当时人们的宗教信仰有关，或为部族图腾的孑遗。[3]

五、夏家店上层文化中的祭祀文化

在属于夏家店上层文化早期类型的克什克腾旗龙头山遗址墓区东部的居住区内，尚存一处直径10米的圆石碓遗迹，距离整个遗址西部的石围墙基址320米，石围墙基址和圆石碓遗迹都处在整个遗址的中轴线上，而且石墙基地居高临下，显然在整个遗址中占有非常重要的位置。遗址发掘者根据遗址布局、形制及发掘情况，认为这里为一处大型祭祀遗址。[4]

---

[1] 朱延平：《辽西区古文化中的祭祀遗存》，载张忠培、许倬云：《中国考古学跨世纪的回顾与前瞻》，科学出版社2000年版，第217页。

[2] 刘泷等：《敖汉旗城子山夏家店下层文化考古新发现4000年前的中心性祭祀遗址》，《内蒙古日报》，2000年11月1日（5）。

[3] 中国社会科学院考古研究所：《中国考古学·夏商卷》，中国社会科学出版社2003年版，第602页。

[4] 内蒙古自治区文物考古研究所、克什克腾旗博物馆：《内蒙古克什克腾旗龙头山遗址第一、二次发掘简报》，《考古》1991年8期。

第三节　春秋战国时期赵国（赵氏）的宗教

春秋战国的赵国（赵氏）宗教，呈现出多神崇拜的特点。天神、祖先神、山神等，均成为赵人崇拜与祭祀的对象。

一、赵氏多神的产生与解释神意之手段

扬雄在《法言》中所称赵氏多神，是指赵国历史上赵人有众多的神话传说。有关赵氏起源的神话可以上溯到传说时代，据《史记·秦本纪》记载，在赵氏始祖女修时，便有了女修吞玄鸟卵而生大业的神话。自此而后，有关赵氏的怪异神话几乎贯穿了整个赵国历史。以往学者曾据《赵世家》，对赵国历史上的怪异故事做了如下总结：屠岸贾诛赵氏一，宣孟梦叔带二，简子游钧天三，有人当道四，天神遗无恤竹书五，武灵王梦处女六，孝成王梦乘龙七。[1]除前人所举之外，《赵世家》还载有赵夙复霍泰山之祭而赵国复穰的故事；《史记·秦本纪》载有赵氏男性祖先大业之玄孙孟戏、中衍鸟身人言的神话；《水经注》载有赵武灵王见群鹄游于云中而筑云中城的传说；《左传》成公五年载有赵婴祭天而速亡的故事。赵国历史上的重大事件，几乎都笼罩有神话传说的光环。

赵国历史记载中所夹杂的众多神话，其形成的途径主要是靠梦与巫占。在前面列举的赵人神话中，宣孟梦叔带、赵武灵王梦处女、孝成王梦乘龙都是由梦而引出的神话。屠岸贾诛赵氏事件，未发生前有赵孟梦叔带，赵盾卜、史援占揭示其先兆，发生后又有晋景公疾，通过占卜知道大业之后不遂者为祟，从而使赵氏复兴。赵孝成王梦乘龙上天，不至而坠，见金玉之积如山，第二天，筮史敢占之。这两个神话，除由梦引出外，还将占卜这一揭示神意的方法掺入其中。

梦与筮占，是古代神人沟通的主要途径。梦这一自然现象，在古人眼里充满了神秘色彩，他们经常将梦看作是神给人的暗示。为了揭开这些暗示，人们经常通过占梦的方式来预测未来吉凶，并使自己的行动与神的意志相合。甲骨卜辞，是商人占卜之记录，这些卜辞中就有一些占梦的记载，梦与占卜在商代已经成为神人沟通的手段。西周时期，占梦成为一种制度。《周礼·春官》记

[1] 梁玉绳：《史记志疑》下，中华书局1981年版，第1051—1052页。

载，掌卜筮的太卜官“掌三梦之法，一曰致梦，二曰解梦，三曰咸陟”。太卜之下尚有属官卜师、卜人等。占梦在周代已经发展成为手段复杂并直接介入政治运作的行为。在记载春秋时期历史的《左传》一书中，许多重要历史事件均有梦为其先兆，而这些梦大多也都通过占卜手段进行过预测与解释。自身为颛顼苗裔，在商周历史上即已成为著名氏族的赵氏，其历史上充满通过梦与筮占而形成的神话，这没有什么值得奇怪的。

春秋时期，赵人中流行的解释神意的手段主要就是占卜与筮法。作为解释神意的手段，占卜占据着主导地位。在赵人的日常生活中，经常通过占卜来解释日、月食一类奇异的自然现象，或通过占卜来解梦，以预测未来事情的吉凶。《左传》昭公三十一年记载，“十二月辛亥朔，日有食之。是夜也，赵简子梦童子羸而转以歌。旦占诸史墨，曰：‘吾梦如是，今而日食，何也？’对曰：‘六年及此月也，吴其入郢乎！’”《赵世家》中记载的赵盾梦叔带持要而哭，甚悲，已而笑，拊手且歌。这些日常生活中的梦，都是通过占卜来进行解释的。

春秋时期赵氏统治集团的重大政治决策，往往要通过占卜来进行。在晋国内乱之时，赵衰就是通过占卜来决定自己政治前途的。“赵衰卜事晋献公及诸公子，莫吉；卜事公子重耳，吉，即事重耳。”（《史记·赵世家》，《左传》哀公九年）正是赵衰的这个抉择，为赵氏在晋国的迅猛发展奠定了基础。

随着春秋时期诸侯争霸战争愈演愈烈，占卜在战争中的应用也越来越广泛。赵人在战争中的重大决策，往往都要进行占卜。《左传》哀公二年，赵鞅与范、中行氏、齐、郑联军在戚交战，赵盾卜战，龟焦。《左传》哀公九年：宋公伐郑，晋赵鞅卜救郑，遇水适火，占之史赵、史墨、史龟。史龟曰：“是谓沈阳，可以兴兵。利以伐姜，不利子商。伐齐则可，敌宋不吉。”《左传》哀公十年：“夏，赵鞅帅师伐齐，大夫请卜之。赵孟曰：‘吾卜于此起兵，事不再令，卜不袭吉，行也。’”《左传》哀公十七年：“夏六月，赵鞅围卫。齐国观、陈瓘救卫，得晋人之致师者。……简子曰：‘我卜伐卫，未卜与齐战。’乃还。”占卜，成为赵人军事决策必不可少的手段。

由于占卜活动在赵人生活中占有重要地位，赵国设有专门主管占卜事宜的太卜和史。太卜之职主要执掌是掌三兆之法、三易之法、三梦之法，以邦事作龟之八命，以八命赞三兆三易三梦之占，以观国家之吉凶，以诏救政（《周礼·春官·太卜》）。一言以蔽之，太卜是掌管占卜的最高官员，他通过占卜来参与最高政治决策。赵国的太卜一职，见于《战国策·东周策》记载，赵国攻取了周的祭地，郑朝将三十金“献之赵太卜，因告以祭地事。及王病，使卜之，太卜谴之曰：‘周之祭地为祟。’赵乃还之”。太卜借助占卜王病谴责赵王，正是太卜通过占卜以参加政治决策的例证。赵国的史职，就是《周礼·春官》所记载的占人之史，由他具体负责占卜事宜。《周礼·春官》记载，凡卜筮，君占体，大夫占色，史占墨，占墨也就是占看灼龟骨所显的裂痕的大枝，以此解释占卜的结果。见于文献记载的赵氏史官，有史赵、史墨、史龟、史援、筮史敢等。

赵氏最高统治集团的占卜活动，分卜和占两步进行，卜者一般为赵氏之主，而占者则多由史官进行。赵盾梦叔带持要而哭时，赵盾卜，兆绝而后好，史援占梦，对梦进行了解释。哀公九年宋伐郑，赵盾卜是否救郑，然后请史赵、史墨、史龟三位史官同时进行占释，赵氏同时有三位史官占释，应该就是从商朝开始延续下来的三占从二之法。除占卜外，筮法也是一种解释神意的手段，战国时期的赵国还存在有筮史之官，以掌管筮占，《侯马盟书》有卜筮类玉书，303：1文字为“癸二五。卜以吉，筮□□”，整理者认为“盟书上的这条记载是我国古代卜法和筮法并用的一条较原始的记录”[1]。据《史记·赵世家》记载，赵孝成王四年，赵孝成王梦乘龙飞上天，不至而坠，“王召筮史敢占之”。如果遇到占卜无法解决的疑难问题，赵人也时常借助筮法来进行决策。鲁哀公九年，在是否派兵救郑这个问题上，三位史占辞各不相同，阳虎以周易筮之，才决定不派兵救郑（《左传》哀公九年）。占卜与筮法并用的现象，从商朝以来已经出现，赵人占卜与筮法并用，应当就是古代卜筮并用之法的延续。

频繁的占筮活动，是赵人神秘思想颇为盛行的表现。对充满神秘思想的赵人历史的描述，其中有一些神话传说故事，这本来没有什么值得奇怪的。

二、赵氏崇拜的诸神

文献所载赵氏神话传说所反映的赵氏多神崇拜，主要有图腾崇拜、山川崇拜与祖先崇拜。

图腾崇拜：图腾崇拜是原始氏族中普遍存在的现象，它随着氏族的产生而产生，并随着社会组织的不断发展而增加新的内涵。赵氏的图腾崇拜，即起源

[1] 山西省文物工作委员会：《侯马盟书》，文物出版社1976年版，第47页。

于赵氏氏族产生之时。据《史记·赵世家》记载，秦、赵共祖。《史记·秦本纪》记载："秦之先，帝颛顼之苗裔孙，曰女修。女修织，玄鸟陨卵，女修吞之，生子大业。大业取少典之子，曰女华。女华生大费，……大费生子二人：一曰大廉，实鸟俗氏，……大廉玄孙曰孟戏、中衍，中衍鸟身人言。"玄鸟生秦赵之祖，孟戏、中衍鸟身人言，均反映出赵之先祖以玄鸟为其图腾。

关于赵氏以玄鸟为其图腾，前辈学者已多有论述，[1]现做一些补充讨论。

玄鸟，乃古人所称凤鸟之一种。《左传》昭公十七年："郯子来朝，公与之宴。昭子问焉，曰：'少皞氏鸟名官，何故也？'郯子曰：'吾祖也，我知之……我高祖少皞挚之立也，凤鸟适至，故纪于鸟，为鸟师而鸟名：凤鸟氏，历正也；玄鸟氏，司分者也；伯赵氏，司至者也。'"凤，古人所说吉祥鸟之总名，后逐渐神话，成为后世之凤凰。本为凤鸟之一种的玄鸟，战国时期即被称为凤凰。《楚辞·天问》："简狄在台，喾何宜？玄鸟致诒，女何嘉？"《楚辞·离骚》："望瑶台之偃蹇兮，见有娀之佚女，……凤皇既受诒兮，恐高辛之先我。"《天问》篇之玄鸟即指《离骚》篇之凤凰。

玄鸟称为凤凰，玄鸟究竟为何物，凤凰由何鸟神化而来，后世学者多有争论。在古人心目中，凤凰往往指鹄、孔雀等体魄雄壮而美丽的鸟。《论衡·讲瑞》："物随气变，不可谓无，……或时太平气和，獐为麒麟，鹄为凤皇。"《水经注·渭水》："又有凤台、凤女祠。秦穆公时有箫史者善吹箫，能致白鹄、孔雀，穆公女弄玉好之，公为作凤台以居之。积数十年，一旦随凤去，云雍宫世有箫管之声焉。"

赵氏所崇拜之神鸟为鸿鹄，从《水经注》中可以得到最好的证明。《水经注·河水三》引《虞氏记》曰："赵侯自五原河曲筑长城，东至阴山，又于河西造大城一箱，崩不就，乃改卜阴山河曲而祷焉，昼见群鹄游于云中，徘徊经日，见大（一作火）光在其下，武侯曰：'此为我乎？'乃即于其处筑城，今云中城是也。……"这个神话传说中的鸿鹄，即为赵氏崇拜之神鸟凤凰。

赵氏先祖飞廉，以善走著称，以才事周，飞廉被后世尊为风神，《风俗通义·祀典》："《楚辞》说'后飞廉，使奔属。'飞廉，风伯也。"风、凤古通用，故飞廉之得名风伯，或与赵氏先祖以凤为图腾有关。

在有关赵氏族的考古材料中，也可以使我们找到赵氏图腾崇拜的影子。在

[1] 孟世凯：《赵、秦、商族源初探》，《赵国历史文化论丛》，河北人民出版社1989年版，第63—73页；林剑鸣：《秦赵同源新证》，《河北学刊》1988年第3期。

太原金胜村赵氏墓中，出土器盖为鸟形的鸟尊一件，形状似雄健之鸟的铜匏壶一件。[1] 在邯郸百家村战国墓，出土了六件鸟柱盘，盘的中间有一支柱，上托一鸟形。[2] 邯郸故城插箭岭遗址，曲折延伸，大致呈头朝东的鸟形。[3] 插箭岭遗址的形状，是赵氏图腾崇拜在建筑上的反映。

山川崇拜：山川崇拜也是原始先民中存在较普遍的崇拜。赵氏所崇拜的山神为霍泰山。据《史记·赵世家》记载："原过从，后，至于王泽，见三人，自带以上可见，自带以下不可见。与原过竹二节，莫通。曰：'为我以是遗赵毋恤。'原过既至，以告襄子。襄子斋三日，亲自剖竹，有朱书曰：'赵毋恤，余霍泰山山阳侯天使也。三月丙戌，余将使汝反灭智氏。汝亦立我百邑，余将赐汝林胡之地。……'襄子再拜，受三神之令。……遂祠三神于百邑，使原过主霍泰山祠祀。"此段有关赵氏祭祀霍泰山的记载，文字有不可解之处。原过所见乃三人，而作为天使的霍泰山山阳侯在给襄子的竹书中，都自称我、余，为单数。此段神话的创始人当为赵人，在赵人自己创造的神话中出现如此明显的矛盾，实不可解。在上古文献中也未见三人（神）为一神或一神三体之说。我们认为，原过所见三人之"三"，可能是"气"字之误。甲骨文气字作"三"自东周以来，为了易于辨别，故一变为三、三，再变作气[4]。"气"在东周文字中与三相近，三与"三"形近难辨，故太史公误气为三。从原过所见"三"人，"自带以上可见，自带以下不可见"看，此"三"人也当为气人。王充在《论衡·纪妖》篇中对此段神话故事作了解释，"盖妖祥之气，象人之形，称霍大山之神，犹夏庭之妖象龙，称褒之二君。"王充此论，颇可信人。对山林、川谷、丘陵以气成神，古人早有认识，《礼记·祭法》载："山林川谷丘陵，能出云，为风雨，见怪物，皆曰神。"由此可见，原过所遇之"三人"，当为"气人"之误。

赵氏对霍泰山的崇拜，起源很早。在商周之交，赵氏先祖飞廉为坛霍泰山而报纣王，得石棺，铭曰："帝令处父不与殷乱，赐尔石棺以华氏。"（《史记·秦本纪》）飞廉去世后，葬于霍泰山。此神话虽屡遭后世治史者批判，但

---

[1] 山西省考古研究所、太原市文物管理委员会：《太原金胜村51号春秋大墓及车马坑发掘简报》，《文物》1989年第9期；侯毅：《试论太原金胜村51号墓墓主身份》，《文物》1989年第9期。

[2] 河北省文化局文化工作队：《河北邯郸百家村战国墓》，《考古》1962年第12期。

[3] 河北省文物管理处、邯郸市文物保管所：《赵都邯郸故城调查报告》，载《考古学集刊》第4集，中国社会科学出版社1984年版，第178页。

[4] 于省吾：《甲骨文字释林》，中华书局1979年版，第79—80页。

它真实地反映了赵氏先祖对霍泰山的崇拜之情。赵先祖造父因功被周穆王封在赵城，赵氏由此而得称。《史记·秦本纪》《集解》徐广说："赵城在河东永安县"，其地望即在今洪洞县北古霍泰山脚下。造父封于赵城，也当与赵氏崇拜霍泰山有关。另据《史记·赵世家》记载："晋大旱，卜之，曰：'霍泰山为祟。'使赵夙召霍君于齐，复之，以奉霍泰山之祀。晋复穰。"赵夙因复霍泰山之祀而被赐耿，反映了赵氏与霍泰山之祀的密切关系。霍泰山之神，成为赵氏的重要保护神。在赵族早期历史上，霍泰山成为具有神奇力量的神山。

战国时期，赵国境内有滹沱河、漳河等著名大河，这些流经华北平原的大河经常泛滥，为害甚剧。没有规律的河水泛滥使人们对大河产生了一种神秘与敬畏，因此先秦赵民中普遍存在着大河崇拜。赵氏的河神崇拜，从赵民对河神的祭祀中可见一斑（详下文）。

祖先、神灵崇拜：祖先之神是赵氏崇拜的重要神灵。赵人相信祖先的神灵能保佑他们渡过难关，因此产生对祖先之神的敬畏与崇拜。在有关赵氏的历史神话传说中，保存有反映赵氏祖先崇拜的内容。《史记·赵世家》记载："晋景公之三年，大夫屠岸贾欲诛赵氏。初，赵盾在时，梦见叔带持要而哭，甚悲；已而笑，拊手且歌。"经赵盾卜，史援占，占出此梦甚恶，赵盾之子将受其咎。赵盾去世后，果然发生下宫之难。"居十五年，晋景公疾，卜之，大业之后不遂者为祟。景公问韩厥，厥知赵孤在，乃曰：'大业之后在晋绝祀者，其赵氏乎？夫自中衍者皆嬴姓也。中衍人面鸟噣，降佐殷帝大戊，及周天子，皆有明德。下及幽厉无道，而叔带去周适晋，事先君文侯，至于成公，世有立功，未尝绝祀。今吾君独灭赵宗，国人哀之，故见龟策。唯君图之。'"在下宫之难发生前，先祖叔带托梦赵盾，预示了赵氏的灾难。灾难发生后，赵氏又在先祖神灵与众祖先阴功的庇护下，得复田邑如故。韩厥所述表明，在下宫之难发生前，赵氏对祖先的祭祀一直未曾中断。在复赵武田邑后，赵氏又重新恢复了对祖先的祭祀。祖先崇拜在赵氏政治生活中发挥着重要作用。

与祖先崇拜有关，灵魂崇拜在赵族之民中存在也较为普遍。人们相信人去世后仍有灵魂存在，因此产生灵魂崇拜。生人为求得死者灵魂的保佑，除对死者进行隆重祭祀外，在安葬死者时往往要杀人殉葬。在邯郸百家村所发掘的49座战国时期赵墓中，有5座发现殉人，少者1人，多者3人。在中原地区已发掘的七八百座战国墓中，人殉墓约有12座，而百家村赵国人殉墓几乎占中原地区已发掘人殉墓的一半。春秋末期，人殉已受到社会舆论的谴责，赵国人殉墓的多次出现，反映了赵氏灵魂崇拜风气之盛。

三、赵氏对多神的祭祀

与赵氏多神崇拜相对应，赵人的祭祀范围也比较广，见于文献记载与考古发掘的赵国祭祀，主要有祖先祭祀与山川祭祀。

祖先祭祀是赵国境内存在最为普遍的祭神活动，其祭祀对象就是赵人祖先。对祖先的祭祀源起于祖先崇拜，赵人相信已故祖先神灵能够保佑他们渡过灾难，因而便大规模地对祖先进行祭祀，以乞求他们的保佑。另外赵人还认为祖先是家族的根本，没有祖先就没有家族，因此祖先成为赵人隆重祭祀的对象。在《荀子·礼论》篇中，荀卿对赵人祭祀祖先的情况[1]，比较详细地进行了记载，其内容大致包括：

（一）赵人对祖先的祭祀等级，按两个标准划分，一个是政治地位，一个是经济地位，而经济地位的衡量标准，则主要是占有土地的多少。按政治地位划分，王以太祖配天地，诸侯不祧其祖庙，大夫士有常宗；按占有土地多少划分，“有天下者事十世，有一国之地者事五世，有五乘之地者事三世，有三乘之地者事二世，持手而食者，不得立宗庙。”按照这两个标准，政治地位越高，拥有的土地越多，则祭祀的祖先越多，祭祀的规模越大。

（二）祖先祭祀的举行，有大享、享和祭。所谓大享，包括祫祭、禘祭。祫祭就是合先君之主于太宗庙而祭之，三年丧毕举行一次。禘祭是在祫祭的第二年举行，以后则三年一祫祭，五年举行一次禘祭（《礼记·王制》郑注）。大享祭祀供奉玄尊，案上放上生鱼，先进献生肉粥，也就是所谓大羹，以表示贵饮食之本。享就是四时对宗庙举行的祭祀，四时之祭又分“春祠、夏禴、秋尝、冬烝”（《春秋公羊传》桓公八年），这种祭祀崇尚玄尊玄酒，酌献以酒醴，案上供放生鱼，先陈黍稷然后献以稻粱。祭就是每月对祖先宗庙举行的祭祀，举行这种祭祀时，象征祖先灵位的尸只将大羹放到嘴边，不吃大羹，只有献上普通庶馐时才可以用餐。这样做的含义，是为了“贵本而亲用”。

（三）举行祭祀时，有音乐伴奏，这种音乐称为清庙之歌。这种曲子的演奏比较质朴，一人唱而三人叹，和的人很少。

战国时期的赵人对祖先的祭祀，除了表达对祖先的崇拜之意外，还有通过祭祀，“志思慕之情”的含义（《荀子·礼论》），借以发挥祭祀祖先所蕴含

[1]《荀子》是赵人荀卿的遗作，因此我们在这里借用《荀子》记载的材料来描述赵国祖先祭祀的情况。

的团结家族的含义。

赵人在对自己的祖先进行祭祀的同时，还将一些对赵氏有特殊贡献的赵氏功臣放在宗庙中进行配祭。在与六卿的斗争中，为了保护赵氏势力，曾为赵氏立有大功的属臣董安于自杀，暂时避免了赵氏与强大智氏的冲突，“而后赵氏定，祀安于于庙”（《左传》定公十四年）。用有功大臣配祀祖庙，从商朝就已经开始。这种配祀，意在使大臣的神灵与祖先同享祭祀。

按照《荀子·礼论》所说“郊止乎天子，而社止于诸侯”，赵国也应该有社祭。社祭就是对土地之主的祭祀，这是先秦时期存在非常普遍的一种祭祀，但由于文献的不足，赵国祭祀社神的详细情况已经不太清楚了。

在赵人的祭祀生活中，对山川之神的祭祀也比较普遍。对山神的祭祀主要是祭祀霍泰山之神，对河神的祭祀，见于文献与考古记载的主要是祭祀漳河河神和滹沱河河神。对漳河河神的祭祀，有西门豹惩治邺地淫祀的故事（《水经注·浊漳水》），这个故事虽发生在战国时期的魏国，但邺地曾属赵国领地，且邺地风俗就是漳河中游风俗的代表，故赵国境内的漳河流域也应存在着对漳河之神的祭祀。对滹沱河的祭祀虽不见于文献记载，但滹沱河也是战国时期的一条多害之河，在今平山县境内滹沱河北岸，发现了大量祭祀坑，每个坑内都放置着一些动物的骨头，有的还在坑壁掘龛放置上玉龙或玉璧。祭祀坑的数量众多，范围达数百上千米，估计这些祭祀坑应该是赵人祭祀滹沱河时埋牺牲所用。[1]

第四节　中山国的宗教崇拜与祭祀

战国时期中山国的宗教崇拜，主要有山河等自然神崇拜、上帝崇拜、祖先崇拜等，其祭祀活动也主要与这几种神灵崇拜相关。

一、山神崇拜与祭祀

中山国崇山观念的形成，有其深刻的社会历史背景。中山国的建立者鲜虞族，是长期生活在太行山区的游牧民族，这个长期生活在山中的民族其思想意识上也深深打上了太行山的烙印，山成为这个民族崇拜的对象。中山之得名，

[1] 沈长云等：《赵国史稿》，中华书局2000年版，第536页。

据后世文献记载是因其国都内有一座孤山圈于城内，这一记载也许与中山国内的山神崇拜有关。

中山国的崇山观念在灵寿城考古发掘中多有表现。在灵寿古都城初建之时，将都城北部一座独立的小山包含在都城范围之内，以实现山在邑中之观念。一些大型建筑的瓦脊上和瓦檐部位上使用的瓦钉，其形状为山峰形。就连一些小型建筑的瓦顶上，在小筒瓦上也使用座山形瓦钉饰。

在中山灵寿古城“成公”墓东西库内，出土6件山字形器，每件器通高143厘米、宽80厘米、厚0.5厘米，重44.6公斤，因器体上半部呈山字形，故称“山”字形器。此器上部出三支尖峰体，左右两侧向下内回成透空雷纹状，下部中间有圆筒状銎。此形器为中山国独有器形。此器应是插于木杆之上而立于宫前或王账之前以示王仪。中山王以如此巨大的山字形器来显示国之象征和王权的象征，正是中山国崇山观念的物化表征。[1]

在中山灵寿古城6号遗址内的一座冶铜炉门前的作业坑边缘上坎，发现了一组埋入土内完整的“陶人佣拜山”组合器。其组合的位置是有两组山形器，三个排列一行，排列成“”形，中间有一个山形器稍高于左右，而且用朱红色画成梯形格。两组山形器摆放成“八”字形，其南20厘米处发现已横倒的陶人俑一个，人俑双臂拱于腹部，作拜山状。按照这组器物出土时的位置分析，当时是人俑立于南，面北拱手向两组山形器作拜山状。这组“人俑拜山”遗物的出土，应与此铜炉有关，可能是此炉建成后，首次升火开炉造物前，向山的神灵祈祷保佑铸造成功。人俑向北拜山，可能是因为北面有两座并排矗立的东陵山和西陵山，两组山形器表示两座山。这种现象如实反映了中山国人的“崇山”意识。[2]

二、至上神崇拜与祭祀

中山国的至上神崇拜，从中山王铜器来看，有天和帝两个系统。如中山方壶铭中记载中山王“择燕吉金”，“以飨上帝，以祀先王”。中山人将上帝祭祀放在祖先祭祀之前，体现了上帝的至上神地位。中山人对上帝的祭祀非常恭谨，“穆穆济济，严敬不敢怠荒。”中山人观念中的天，常常与人相对而言，方壶铭中记载中山王认为燕国子之受禅为王是“上逆于天，下不顺于人也”。

[1] 河北省文物研究所：《战国中山国灵寿城——1975～1993年考古发掘报告》，文物出版社2005年版，第134页。
[2] 河北省文物研究所：《战国中山国灵寿城——1975～1993年考古发掘报告》，文物出版社2005年版，第37—38页。

在中山王鼎铭中有称赞中山之臣“敬顺天德，以左右寡人”之语。中山王认为有忠臣辅佐自己是“天其有刑于兹厥邦”。上帝与祖先神对称，天与现实中的人对称。与上帝相比，天这个至上神更具有维护现实统治秩序的功能，这可能是中山人观念中上帝与天这两个至上神神性的区别所在。

三、祖先神灵崇拜与祭祀

中山国的祖先神灵崇拜，通过中山王墓的建筑形制可见其一斑。灵寿古城王[⿰其巾]墓，南墓道分上下两层，下层用于建筑椁室和下葬，下葬之后在上部又修建通墓室的平阔墓道，整个墓室都经过了修整粉饰。这种修建方法意在用墓室象征生前的王宫。将墓室修建得如同生前的宫殿。6号成公墓的修建则更加形象逼真，6号墓壁上有柱洞，洞内用土坯垒砌，外表抹有草泥做成的假柱，象征地下宫殿；南北墓道有上下两层壁柱，象征前后楼阁。室内“东西两壁（包括两端）各有六个壁柱，南北两壁各有四个壁柱，构成面阔进深为五间的大殿”[1]，这种墓葬的修建，反映了中山国人事死如生的观念，也反映了他们认为人死之后的灵魂世界与现实世界大致相似的思想。

中山人对祖先的祭祀，非常隆重。中山方壶铭中记载中山王“择燕吉金”，“以飨上帝，以祀先王”，祭祀时态度非常恭谨，“穆穆济济，严敬不敢怠荒。”中山圆壶铭中称：“惟送先王，苗蒐田猎，于彼新土。”“以取鲜槁，飨祀先王”，“敬命新地，永祠先王”，“子子孙孙，毋有不敬，寅祗承祀”。中山国进行祖先祭祀前要进行大规模的狩猎活动，以取得祭祀用品中的鲜槁。中山王墓M1出土礼器中尚存各种动物狗、马等制作的大羹和稻粱的残迹，还出土了真正的酒。这些出土物应是祭祀时的牺牲、粢盛和酒醴的残余。中山王墓出土的大量玉器、青铜器等，也应有许多应用于对祖先的祭祀。

四、河神祭祀

战国时期，滹沱河流经中山境内，中山人的生活既得益于滹沱河，又常被其水患之害，中山人对滹沱河神常常进行祭祀，以祈得到它的护佑。在中山城址西南部的滹沱河北部台地上，包括今郭村在内的周围地区发现了大面积的祭祀坑遗迹。这里是滹沱河两水交汇处，水流湍急，中山人在北坡高地上进行祭

[1] 河北省文物管理处：《河北省平山县战国时期中山国墓葬发掘简报》，《文物》1979年第1期。又见河北省文物研究所：《[⿰其巾]墓——战国中山国王之墓》，文物出版社1996年版，第502页。

祀活动长达百年之久。发掘者刘连强先生经过调查认为数量应超过千座。目前仅发掘了位于郭村西约50米处的祭祀区中部地区。此处祭祀坑分布密集，在1万多平方米的地区内，已经发掘了祭祀坑142座。祭祀坑排列有序，每排东西并列，数量约在3—7座之间，坑与坑之间的间距也较有规律，大致在6—7米左右，祭祀坑方向基本一致，为北偏东10度，成排的祭祀坑从滹沱河边一直向北延伸。[1] 祭祀坑口长、宽均不超过1米，坑深在5—9米之间，在坑底置一小羊或小猪，另放置一件玉环、小玉璧或小玉夔龙。[2] 根据祭祀坑的位置正处于滹沱河边，距离城址和王墓都较远，可以断定这应该是中山国人祭祀滹沱河的场地。如此大面积的祭祀活动场地，必然是历经相当长的时间才逐渐形成的。陈应祺先生指出，祭祀坑内出土的小玉器造型与鲜虞族墓内随葬的小玉器相同，因此祭祀坑的年代应是春秋战国。中山国灵寿城址附近发现的大面积祭祀滹沱河的场地，真实反映了春秋战国中山之地存在崇拜河神的宗教习俗。[3]

在今河北平山县境内滹沱河北岸，发现了数量众多的战国时期祭祀河神的祭祀坑，坑均为土坑，一般长1.5米，宽0.7米，深2—12米不等。东西两壁均有上下用的脚窝，每坑内均葬有四肢捆绑的牛、羊、猪等动物一头，同时随葬玉器一件，玉器有龙形玉佩、虎形玉佩、玉璧、玉剑首等。分析上述祭祀坑遗迹，可知中山之人在祭祀时是先挖坑，并留下脚窝以供上下。祭祀牺牲是牛、羊、猪等较大的家畜，从捆绑四肢和这些动物在坑内的残骨式样，推测应该是用绳将家畜吊下坑底。祭祀用玉有的安放在坑底，有的祭祀坑内掘有壁龛，龛内放置玉龙或玉璧。[4]

此外，战国时期的中山国，还应存有社稷祭祀。中山人将社稷作为国家的象征与代称，中山鼎铭中屡次将社稷比做国家，“使知社稷之任，臣宗之义”，“社稷其庶乎”。中山王指出自己的“先祖桓王，昭考成王，身勤社稷，行四方以忧劳邦家”。中山王将自己损失重要大臣比做“损社稷之光”。社稷是战国时期国家的保护神，中山对社稷应有祭祀活动，现存文献失载。

[1] 刘连强等：《河北平山考古新收获》，《中国文物报》，1999年2月14日。
[2] 河北省文物研究所：《战国中山国灵寿城——1975—1993年考古发掘报告》，文物出版社2005年版，第342页。
[3] 何艳杰等：《鲜虞中山国史》，科学出版社2011年版，第285—297页。
[4] 沈长云等：《赵国史稿》，中华书局2000年版，第536页。

第五节　燕国的宗教与祭祀

春秋战国时期燕国的宗教与祭祀，也应该有着自己完整的系统。天神上帝崇拜、祖先崇拜与祭祀、山川河神祭祀等，在战国时期的燕国应该都有存在。由于文献失载，这些宗教文化的内容我们现在大多已经无法知晓。从燕国墓葬情况，我们大致可以看出燕人对祖先神灵的崇拜。由于春秋战国时期的燕国墓葬至今没有发现，燕国对祖先神崇拜的整体状况，我们也无法知晓。从现存文献材料看，社祭祀应该说是现存燕国宗教文化中最具特色的内容。

一、燕国的社祭祀[1]

研究春秋战国时期燕国社祭祀，唯一的传世文献记载见于《墨子·明鬼》，其文曰："昔者，燕简公杀其臣庄子仪而不辜。庄子仪曰：'吾君王杀我而不辜，死人无知亦已。死人有知，不出三年，必使吾君知之。期年，燕将驰祖。燕之有祖，当齐之社稷，宋之有桑林，楚之有云梦也。此男女之所属而观也。日中，燕简公方将驰于祖涂，庄子仪荷朱杖而击之，殪之车上。"此段文献记载中的"燕之有祖"究竟应该如何理解呢？

许多学者在研究先秦社祭祀时，都引用《墨子·明鬼》的记载，以说明祖先祭祀与社祭祀同源。其实，此条文献中"燕之有祖"之祖，不能理解为祖庙祭祀。如果将"燕之有祖，当齐之社稷"理解为"燕之祖庙祭祀与齐国社稷相当"，那么齐国的祖庙祭祀应该与什么祭祀相当呢？燕国除了祖庙祭祀之外，难道没有社祭祀吗？"燕之有祖"的文献学训诂，前辈文献学家多有讨论，《墨子间诂》云："毕云：祖，道。王云：毕说非也。《法苑珠林·君臣》篇作燕之有祖泽，犹宋之有桑林，国之大祀也。据此，则祖是泽名，故又以云梦比之，下文燕简公方将驰于祖涂亦谓祖泽之涂也，然则此祖非祖道之谓。案王说近是。颜之推《还冤记》又作燕之沮泽当国之大祀。祖与沮、菹字通，《王制》云山川沮泽，孔疏引何胤隐义云：沮泽，下湿地也。《孟子·滕文公》篇赵注云：菹泽，生草者也。今青州谓泽有草者为菹也。"郭沫若认为前人的这些讨论都是错误的，于是另辟新说，提出祖社同源说。其实即使祖字不能如

[1] 魏建震：《先秦燕国社祭祀研究》，载陈祖武：《从考古学到实学之路——尹达先生百年诞辰纪念文集》，云南人民出版社2007年版，第336—347页。

学者所言解释为沮泽之误，我们也可以肯定地说，此处的祖与祖先祭祀没有关系，因为先秦时期对于祖先的祭祀，从来就没有男女所属而观的，驰祖先之祭祀的说法更是不合常情。相对于“燕之有祖”为祖庙而言，前人关于“燕之有祖”当为“燕之有祖泽”和“祖泽”为“沮泽”之误的说法，更有道理。

“燕之有祖，当齐之社稷，宋之有桑林，楚之有云梦也。”意思是燕之祖，与齐之社稷、宋之桑林、楚之云梦相当。从先秦文献记载的齐之社稷、宋之桑林和楚之云梦中，可以更好地理解“燕之有祖”的确切含义。

齐之社稷，见于《左传》和《国语》。《左传》庄公二十三年：“夏，公如齐观社，非礼也。”《国语·鲁语》：“庄公如齐观社。”宋之桑林，为宋之社祀。此社祀是继承商社祀而来。《帝王世纪》卷四载：大旱七年，史卜曰：“当以人为祷。”汤乃剪发断爪，自以为牲而祷于桑林之社，而雨大至，方数千里。商汤求雨于桑林，与甲骨文记载的商王多次向土（社）求雨可以相合。求雨以人为牲，也与社祭祀中以人为牲相应。《尚书大传》说成汤祷雨的桑林为桑林之社，是比较可信的。宋为商人后裔，在商灭后继承了商之社祀。《吕氏春秋·慎大览》“立成汤之后于宋，以奉桑林。”高诱注：“桑山之林，汤所祷也，故使奉之。”《毛传》记载与《慎大览》相同。《吕氏春秋·诚廉》：“世为长侯，守殷常祀，相奉桑林。”此桑林在这里被称为殷之常祀。

桑林在《诗经·鄘风·桑中》中又被称为桑中，“期我乎桑中，要我乎上宫。”孙作云先生在《诗经恋歌发微》解释《墉风·桑中》时指出，“这桑中我以为即卫地的桑林之社，卫国为殷故地，而且是殷的王畿，殷社为桑林，相传汤祷雨桑林之社，宋为殷后，宋之社亦曰桑林，其乐曰‘桑林之乐’。殷人的社为什么叫桑林，我想他们把桑树当作神树，在社的前后左右广植之，因此，他们的社叫桑林。”[1] 桑林之社得名之由是否如孙先生所言，还有待研究。从前文所引高诱注“桑山之林，汤所祷也”看，桑林得名也许与桑山有关。

春秋时期的桑林社祀，也见于传世文献记载。《左传》襄公十年载：“宋公享晋侯于楚丘，请以桑林。荀罃辞。荀偃、士匄曰：‘诸侯，宋鲁于是观礼。鲁有禘乐，宾祭用之。宋以桑林享君，不亦可乎？’舞师题以旌夏，晋侯惧而退入于房。去旌，卒享而还。及著雍，疾，卜，桑林见。荀偃、士匄欲奔请祷焉。荀罃不可，曰：‘我辞礼矣，彼则以之，犹有鬼神于彼加之。’晋

[1] 孙作云：《诗经与周代社会研究》，中华书局1966年版，第305页。

侯有间，以偪阳子归，献于武宫，谓之夷俘。偪阳，妘姓也。使周内史选其族嗣，纳诸霍人，礼也。”杜预注：桑林，殷天子之乐名。《春秋毛氏传》：“宋公享晋侯于楚丘，奏桑林之乐。”[1] 杜预、毛奇龄将上揭文中的桑林解释成桑林之乐，并不十分恰当。此桑林也应当为桑林社祀，在桑林社祀仪式中奏的音乐为桑林之乐。将“请以桑林”解释为在桑林之社祭祀，还可以和下文的“诸侯，宋鲁于是观礼”相呼应。“于是观礼”即为先秦时期曾经流行的观祀社之礼，杜预将其解释为“宋王者后，鲁以周公故，皆用天子礼乐，故可观”，意思是说宋、鲁之乐均为天子之乐，故而可观，这种解释显得非常迂曲难解。《左传》记载的鲁公如齐观社，就属于这种观社礼。在晋公因畏惧宋国社祀之礼而获病时，“卜，桑林现”，这里的桑林现显然不是桑林之乐为祟，而应该是桑林之社神为祟，因而“荀偃士匄欲奔请祷焉”，焉为复合代词，其含义为“于之”，曾劝说晋公接受社享的荀偃士匄想返回宋国楚丘之桑林社，为晋公进行祷祝。若将桑林理解为音乐，则此句无解。荀罃反对“荀偃士匄欲奔请祷焉”的理由，更可表明桑林之享为社祀之享，他所说的话的含义是：我们已经辞过社祀献享礼，宋人也已经使用了献享的牺牲，还说有鬼神在社祀礼上附着晋侯身上？杜预将桑林解释为音乐，是对荀偃士匄所说“诸侯宋鲁于是观礼，鲁有禘乐，宾祭用之；宋以桑林享君，不亦可乎？”之语的误解而产生的。杜预将荀偃士匄之语理解为“诸侯宋鲁从天子之乐观礼，鲁有禘乐是用来享宾客的，宋用桑林之乐不也是可以的吗？”假说杜预的理解不误，禘乐、桑林之乐都是天子之乐，可以用来享宾，那么荀罃根本就不用推辞。荀罃推辞享晋侯以桑林的原因，是因为桑林在春秋时期已经被视为淫社之一种，桑林之社中的祭祀音乐也就是“郑、卫之淫声”。荀偃士匄劝说晋公接受桑林之享，其理由应是“诸侯宋鲁都在社中观礼。鲁国社祀的禘乐，就是享宾之时使用的。宋用桑林之社祀享晋侯，不也是可以的吗？”禘乐本是一种中原高雅音乐，这种音乐除了在庙堂之上祭祀周公使用外，在鲁国禘郊之礼中，也使用这种音乐，这一史实是春秋时人所熟知的，因此荀偃士匄用此做类比，劝说晋公接受桑林之享，还是符合逻辑的。

宋侯享晋公以桑林，晋公因惧怕舞师所题的旌夏而染病。晋公何以惧怕舞师所题之旌夏，杜预注：“旌夏，大旌也；题，识也；以大旌表识其行列。旌夏非常，卒见之，人心偶有所畏。”至于旌夏如何非常，杜预无解。唐孔颖达

[1] 毛奇龄：《春秋毛氏传》卷二十五，《景印文渊阁四库全书》本。

《正义》解释曰："舞师，乐人之师，主陈设乐事者也。谓舞初入之时，舞师建旌夏以引舞人而入，以题识其舞人之首，故晋侯卒见惧而退入于房也。谓之旌夏，盖形制大而别为之名也。"杜预与孔颖达，都将旌夏释为大旌，夏固然有大之意，但将"旌夏"训释为"大旌"，在古汉语语法中却找不到确实的根据。舞师所题之旌夏，其含义到底是怎样的呢？我们先研究一下题、旌、夏几个字的训释问题。题，《说文》："頟也。从页是声。"可能是在舞师之额头刺以引人注目的人形之义。旌为古代旗杆上端饰有牦牛尾或兼饰有五色鸟羽的旗子，因其非常引人注目，引申为标示、注目之意，《广雅·释诂》："旌，表也。"《左传》定公四年："生不能事，死又离之，以自旌也。"杜预注："旌，章也。"关于夏字，《说文》："夏，中国之人也。从夊，从页，从臼。臼，两手；夊，两足也。"夏字为象形字，为人体之形。题旌夏可能就是在人额头部位刺上引人注目的人体之形，因形状怪异恐怖，人们平时很少见到，晋侯见到后才心感害怕。桑林之祀用旌夏之人为舞者，是宋国社祀不同于中原其他诸侯国社祀的独特之处。

楚之云梦，应是修在云梦泽中之社。《列女传》卷五："楚昭越姬者，越王勾践之女，楚昭王之姬也。昭王燕游，蔡姬在左，越姬参右，王亲乘驷以驰逐，遂登附社之台，以望云梦之囿，观士大夫逐者，既驩，乃顾谓二姬曰：乐乎。"附社之台，当是云梦社祭祀的附属建筑，云梦泽中树木丛丛，楚国在其中还建有苑囿，以供社祀之时欢娱之用。

齐之社稷、宋之桑林和楚之云梦既为春秋时期各国社祀，燕之祖也当为春秋时期燕国社祀无疑。

二、先秦燕国的观社风俗

《墨子·明鬼》记载的燕之祖"男女之所属而观"，与《左传》《国语》等文献记载的观礼祀社之义相同。《左传》庄公二十三年："夏，公如齐观社，非礼也。曹刿谏曰：'不可，夫礼，所以整民也，故会以训上下之则，制财用之节，朝以正班爵之义，帅长幼之序，征伐以讨其不然。诸侯有王，王有巡狩，以大习之。非是，君不举矣。君举必书，书而不法，后嗣何观？'"《国语·鲁语上》："庄公如齐观社。曹刿谏曰：'不可。夫礼，所以正民也。是故先王制诸侯，使五年四王、一相朝。终则讲于会，以正班爵之义，帅长幼之序，训上下之则，制财用之节，其间无由荒怠。夫齐弃大公之法而观民于社，君为是举，而往观之，非故业也，何以训民？土发而社，助时也。收攟而烝，纳要也。今齐社而旅往观，非先王之训也。天子祀上帝，诸侯会之受命焉。诸侯祀先王先公，卿大夫佐之受事焉。臣不闻诸侯相会祀也，祀又不法，君举必书，书而不法，后嗣何观？’公不听，遂如齐。”《鲁语上》所载与《左传》内容基本相同，《鲁语上》记载得更详细、更明白。庄公如齐观社之事，《春秋穀梁传》《春秋公羊传》均有记载，且均以讥讽庄公为说。《春秋穀梁传》卷三记载：“夏，公如齐观社。常事曰视，非常曰观。观，无事之辞也。以是为尸女也。无事不出竟。”范宁注：“尸，主也。”其意思是鲁公为了迎娶齐女，亲往齐国，以观社为借口。《春秋公羊传解诂》卷三：“夏，公如齐观社，何以书？讥。何讥尔？诸侯越竟观社，非礼也。”何休解诂：“观社者，观祭社，讳淫，言观社者，与亲纳币同义。”《公羊传》之“诸侯越竟观社，非礼也”与《左传》《穀梁传》意思相同。从三传所载文字看，鲁公是因为没有诸侯相会之事而出境，因而受到讥讽。如果鲁公是在本国内观社，可能就不会受到讥讽。燕简公曾参加本国社祀活动，遂因杀无辜之臣而被杀，但并未因参加祭祀活动而受到讥讽。鲁公出竟观社之事，何休解诂与范宁注有相似之处，认为与鲁公迎娶齐女有关。因为其迎娶行为不合乎礼仪，被何休解释为“讳淫”。从《鲁语上》记载的曹刿谏言看，春秋时期齐国的观社，与征军赋密切相关。《左传》襄公二十四年载：“齐侯既伐晋而惧，将欲见楚子。楚子使薳启强如齐聘，且请期。齐社，搜军实，使客观之。”杜预注：“祭社，因阅数军器，以示薳启强。”因社祀而搜军实，齐之社祀与军赋征收联系在一起。

社祀与军赋之关系，《礼记·郊特牲》亦有记载：“季春出火，为焚也。然后简其车赋，而历其卒伍，而君亲誓社，以习军旅，左之右之，坐之起之，以观其习变也。”注：“简历谓算具陈列之也。”《郊特牲》记载的祀社之礼与《左传》记载的齐之观社有许多相似之处。

燕国男女相属而观的祖是否也与搜军实相关，我们目前还没有证据。属字含义，《墨子间诂》云：“《周礼》州长郑注：属犹合也，聚也。”《说文》：“属，连也。从尾蜀声。”许灏注笺：“属之言续也。《系传》曰：属，相连续，若尾之在体，故从尾是也。引申为会合之意。”《墨子》所描绘的男女所属而观如同后代的赶庙会，男男女女络绎不绝前去观看，这种描述，与《诗经》中的《出其东门》《溱洧》记述的社祀情形正相吻合。

从清朝开始，有学者将观社与男女淫乱之事联系在一起，这种说法在现代学术界颇为盛行。这种说法的根据，是《春秋穀梁传》卷三记载的“夏，公如齐观社，常事曰视，非常曰观。观，无事之辞也。以是为尸女也。无事不出竟。”清人惠士奇撰《惠氏春秋说》卷八云：“庄二十三年，公如齐观社。《穀梁》谓尸女。尸女者，主为女而往，以社为名。《公羊》谓公一陈佗也。陈佗淫乎蔡，庄公淫乎齐，读《春秋》者疑之而未得其说。及观《墨子》而后知其说焉。《墨子》曰：燕有祖，齐有社，宋有桑林，楚有云梦，此男女之所属而观也。盖燕祖、齐社，国之男女皆聚族而往观，与楚、宋之云梦、桑林同为一时之盛，犹郑之三月上巳，士与女合会于溱洧之濒，观社者志不在社也，志在女而已。《公羊》以为公一陈佗，殆其然乎。《穀梁》以为尸女，信哉！”

当今学者中主观社为通淫之义影响最大者，为郭沫若先生。他解释观社之事说：“齐之观社《春秋》以为非礼。《春秋》昭（作者按：当为庄）二十三年，‘夏公如齐观社’，三传均谓非礼，而《公》《左》未言非礼之由，《穀梁》谓‘以是为尸女也’。范《传》训尸为主，谓‘主为女往尔，以观社为辞。’案范说殆未知社之真相而曲为之解耳。《说文》云‘尸，陈也，像卧之形’，是尸之本义，故尸女当即通淫之意，如《郑风》之《溱洧》、《鄘风》之《桑中》，所咏者皆此事。《溱洧》之诗咏溱洧之间游春士女既殷且盈，而两相欢乐。‘女曰观乎？士曰既且’，观者欢也，委言之也；且者祖也，言已与他女欢御也。（《出其东门》之‘匪我思且’，与‘匪我思存’对言，且亦是祖。）而求欢之女与既且之士终复谑浪相将，誓无相忘。观此可知士之所祖者非只一女，而女之所欢者非只一士，所谓尸女，所谓观社，其实际有如是者。”[1]

郭沫若先生对“尸女”的训释，赵林先生在《商代的社祭》一文中专列一节进行批判，他说，“郭沫若将庄公赴齐观社这一事件，变成齐之观社，将作主词的庄公换成齐国，将作动词的观，及作受词的社，变成一个动名词——观社，又未见庄公二十二年纳币，及二十四年逆女之事，武断地将尸女曲解为齐国的男女在社祭时无拘束的通淫。”赵先生同时提出：“鲁庄公二十三年往齐观社，乃庄公亲自迎娶夫人哀姜过程中的一件事。”[2] 赵先生把三传批评鲁公

[1] 郭沫若：《释祖妣》，载《甲骨文字研究》，《郭沫若全集·考古编1》，科学出版社1982年版，第58—59页。
[2] 赵林：《商代的社祭》，《大陆杂志》第57卷第6期。

观社的原因，归为鲁公行为本身，而与齐国之观社礼无关。从前文对观社之事的分析看，这种说法有一定道理，它对廓清社为生殖崇拜说之误，有所助益。

赵先生对郭说的批判，主要是根据古人对文献的注疏，从鲁公观社之史实考证上进行的，而其对《穀梁》中的“尸女”，并未进行解释。对“尸女”的训释，却是郭说立论的重要依据。

郭老根据《说文》对尸字的训释，认为尸女为通淫之意。他显然是将陈女、卧女与男女性交联系在了一起。《说文》训尸为陈，段注：“陈当作敶，支部曰：‘敶，列也。’《小雅·祈父》传曰：‘尸，陈也。’按：凡祭祀之尸训主。《郊特牲》曰：‘尸，陈也’，注曰：‘此尸神像，当从主训之，言陈非也。’玉裁谓祭祀之尸本像神而陈之，而祭者因主之。二意实相因而生也。故许但言陈。”[1] 从段注来看，社祀中的尸女当谓陈祭祀之女主，此与男女之性事显然无关。尸之字形像卧人之形，此卧字与我们现在理解的卧字含义有所区别。《说文》：“卧，伏也，从人臣，取其伏也。凡卧之属皆从卧。”段注此字形为首伏而曲背之形。[2] 其与寝字的区别，为寝于床而卧于几。[3] 从卧字之本意看，卧女也与男女性事无涉。《说文》：“尸，陈也……凡尸之属皆从尸。”《说文》所举从尸之字，其含义也几无与男女性事相关者。由此观之，将“尸女”解为通淫之义，是缺乏文字学证据的。

为证成其说，郭老引用《溱洧》《出其东门》二诗为证。郭老将《溱洧》《出其东门》二诗与社联系起来，发前人所未发，对摆脱《诗序》误说，理解二诗旨趣，大有帮助。然郭老将《溱洧》中的“女曰观乎”之观训释为欢，“士曰既且”、《出其东门》中的“匪我思且”两句中的且字，训释为性器，并将此三句诗理解为性欢之事，则是有问题的。观与欢上古韵属元部，声一为见母，一为晓母，喉牙无别，二字声韵皆可通，然二字相通，缺少字例。且训观为欢，也存在赵林先生所批评的“将动词的观，及作受词的社，变成一个动名词——观社”的错误。观不能训为欢，则“士曰既且”之且训为性欢之祖，就与前句诗意不合。此且字，当如《毛诗音义》所说，读为徂，《说文》：“退，往也，……退或从彳。”这样，“女曰观乎，士曰既且”，可释读为“女子说观社去吧，士说已经去过了。”这也正与下文“且往观乎，洧之外洵

[1] 段玉裁：《说文解字注》，上海古籍出版社1981年版，第399页。
[2] 段玉裁：《说文解字注》，上海古籍出版社1981年版，第399页。
[3] 段玉裁：《说文解字注》，上海古籍出版社1981年版，第389页。

讦且乐”相对应，女子对男子重新发出邀请，请他到洧之外观社，并说那里的规模宏大而且很有乐趣。如上释读全诗，文意通畅。

郭老读《出其东门》中“匪我思且”之且为祖，是非常正确的。只有读且为祖，且才能与此章诗文中的阇、荼押韵。郭老将祖训释为性器，按照这种释读，此句诗文当译为“不是我想进行欢娱的”，这样的训释与前章诗文中的“匪我思存”不能相应。存字训释，无论如何与性欢娱也无法相连。祖，《尔雅》“初、哉、首、基、肇、祖、元、胎、俶、落、权舆，始也。”“匪我思且”之且，当训为始。“匪我思存”“匪我思且”均应为否定句中宾语前置句，将前置宾语归位，它们当读为“匪我存思”“匪我且思”，两句今译为“不是我心存思念的人”“不是我开始所思念的人”，此两句诗的如是读法，正与后文“缟衣綦巾，聊乐我员”“缟衣茹藘，聊可与娱”相呼应。吟读全诗，浑然一气。

闻一多先生认为，“尸女”的含义是社祭以女为尸，尸即主，社祀以女为主，与社祀为性崇拜或生殖崇拜之间，还存在着逻辑论证上的缺环。论证社祀与男女性事有关的学者，他们所举《墨子 · 明鬼》之言，将男女所属而观理解为男女之间相互委身，也有曲解文意之嫌。我们从男女所属而观中看不出男女通淫之意。当然，因为社祀这一群众性活动是男女一起参加的，这无形之中给青年男女提供了感情交流的机会，他们将社作为寻找情人伴侣的场所，这是很自然之事，我们不能据此断定社祀的起源或本质与性崇拜或生殖崇拜相关。[1]

[1] 魏建震：《先秦社祀研究》，人民出版社2011年版，第132—136页。

第四章　慎到学术思想研究

慎到，战国中期赵国著名思想家，曾到齐国稷下学宫游学，融通诸子思想的代表性人物。曾著《慎子》一书。《庄子·天下》篇、《荀子》、《吕氏春秋》、《韩非子》等曾对慎子思想进行过论述，由此可见慎子思想在当时影响之大。由于《慎子》一书已经散佚，今仅存内容残缺严重的辑本，这给今人研究慎子学术思想造成了很大的困难。

第一节　慎到生平

关于慎到的生平，《史记·孟子荀卿列传》载："慎到，赵人。田骈、接子，齐人。环渊，楚人。皆学黄老道德之术，因发明序其指意。故慎到著十二论。"《集解》："徐广曰：'今《慎子》，刘向所定，有四十一篇'。"《史记·田敬仲完世家》载："宣王喜文学游说之士，自如邹衍、淳于髡、田骈、接予、慎到、环渊之徒七十六人，皆赐列第，为上大夫，不治而议论。是以齐稷下学士复盛，且数百千人。"由此记载可知，慎到生活的时代大致与田骈等人相同。他曾在齐国稷下学宫从事学术活动，被赐列第，为上大夫，不治而议论。其学术思想《史记》将其归为黄老学派，曾著《十二论》，刘向编订为四十一篇。《汉书·艺文志》记载"《慎子》四十二篇"班固自注"先申、韩，申、韩称之"。

关于班固所说慎到时代先申、韩的说法，胡适在《中国哲学史大纲》中认为此说可信。钱穆《先秦诸子系年》考辨说："夫到与孟子同时，而按《盐铁论》，慎子以湣王末年亡去，则慎子辈行当较孟子稍后，岂得先申子？"[1] 邵蓓先生考证说："荀子称'申子蔽于执而不知知'（《解蔽》，执同势）。势治说正是慎到最具代表性的学说，那么荀子所见的《申子》可能已有申子后学吸取慎到学说而作的篇章了。郭沫若先生说《吕氏春秋·慎势》'整个是申子

[1] 钱穆：《先秦诸子系年》，河北教育出版社2002年版，第459页。

的文章，篇中引及慎子……《汉书·艺文志》“《慎子》四十二篇”下班固自注云“先申、韩，申、韩称之”，大约就是指的这类文字了’。其实，《慎势》可能正是申子后学吸取慎到理论而作的。只是《申子》已逸，我们无从探知更多的情况了。”[1]邵氏的说法比较可信。

关于慎到事迹，《战国策·楚策二》载：楚襄王为太子之时，质于齐，怀王薨，太子辞于齐王而归。齐王隘之：“予我东地五百里，乃归子。子不予我，不得归。”太子曰：“臣有傅，请追而问傅。”傅慎子曰：“献之地，所以为身也。爱地不送死父，不义。臣故曰，献之便。”太子入，致命齐王曰：“敬献地五百里。”齐王归楚太子。太子归，即位为王。齐使车五十乘，来取东地于楚。楚王告慎子曰：“齐使来求东地，为之奈何？”慎子曰：“王明日朝群臣，皆令献其计。”上柱国子良入见。王曰：“寡人之得来反主坟墓，复群臣，归社稷也，以东地五百里许齐。齐今使来求地，为之奈何？”子良曰：“王不可不与也。王身出玉声，许万乘之强齐，而不与，则不信，后不可以约结诸侯；请与而复攻之。与之，信；攻之，武。臣故曰‘与之’。”子良出，昭常入见。王曰：“齐使来求东地五百里，为之奈何？”昭常曰：“不可与也！万乘者，以地大为万乘。今去东地五百里，是去战国之半也，有万乘之号，而无千乘之用也！不可！臣故曰‘勿与’。常请守之。”昭常出，景鲤入见。王曰：“齐使来求东地五百里，为之奈何？”景鲤曰：“不可与也！虽然，楚不能独守。王身出玉声，许万乘之强齐也而不与，负不义于天下。楚亦不能独守。臣请西索救于秦。”景鲤出，慎子入。王以三大夫计告慎子曰：“子良见寡人曰：‘不可不与也，与而复攻之。’常见寡人曰：‘不可与也，常请守之。’鲤见寡人曰：‘不可与也，虽然，楚不能独守也，臣请索救于秦。’寡人谁用于三子之计？”慎子对曰：“皆用之。”王怫然作色，曰：“何谓也？”慎子曰：“臣请效其说，而王且见其诚然也：王发上柱国子良车五十乘，而北献地五百里于齐；发子良之明日，遣昭常为大司马，令往守东地；遣昭常之明日，遣景鲤车五十乘，西索救于秦。”王曰：“善。”乃遣子良北献地于齐；遣子良之明日，立昭常为大司马，使守东地；又遣景鲤西索救于秦。子良至齐，齐使人以甲受东地。昭常应齐使曰：“我典主东地，且与死生，悉五尺至六十，三十余万，弊甲钝兵，愿承下尘。”齐王谓子良曰：“大夫来献地，今常守之何如？”子良曰：“臣身受命弊邑之王，是常矫也！王攻

[1] 邵蓓：《关于慎到“先申、韩，申、韩称之”》，《中国史研究》2001年第3期。

之！”齐王大兴兵攻东地，伐昭常。未涉疆，秦以五十万临齐右壤，曰：“夫隘楚太子弗出，不仁；又欲夺之东地五百里，不义。其缩甲则可；不然，则愿待战！”齐王恐焉，乃请子良南道楚，西使秦，解齐患。士卒不用，东地复全。[1]

从《楚策》记载的慎子的言行来看，他依从子良、昭常、景鲤三人不同之对策以应对危机，可谓颇重因循之术，而且都出于不得已。《庄子·天下》篇说：“慎到弃知去己而缘不得已”。从重因循和缘不得已来看，《战国策·楚策二》所记慎子，很可能就是赵人慎到。[2]

先秦文献记载慎子事迹的，还有《孟子·告子下》。《告子下》载：“鲁欲使慎子为将军。孟子曰：‘不教民而用之，一战胜齐，遂有南阳，然且不可。’慎子曰：‘此则滑釐。’”赵注：慎子名滑釐。焦循《孟子正义》认为“釐”与“来”通训，“来”与“到”义同，据此判定慎子名滑釐，字到。《告子下》记载的慎子是否就是《慎子》的作者，学界也有不同的认识。学者认为此慎子与《慎子》作者不是一人，主要是因为《告子》记载的慎子属于兵家，而《慎子》的作者，学者多认为属于黄老或法家，没有认为属兵家者。其实黄老学派综合百家，兵家当然也在其中。法家也与兵家有着密切联系。属于黄老学派的帛书《黄帝书》，其中就有兵家思想。马王堆帛书《经法·十大经·本伐》云：“世兵道三：有为利者，有为义者，有行忿者。……所谓行忿者，心唯（虽）忿，不能徒怒，怒必有为也。”安国定邦之兵，不由忿起，此兵道也。此与《慎子》逸文“藏甲之国，必有兵遁，市人可驱而战。安国之兵，不由忿起”[3]思想相近。近年新发现的上博简《曹沫之陈》，文字与《慎子逸文》相近，学者或将其归为兵家佚著。而且黄老思想上承老子，老子与兵家也有密切关系。综合以上各点，用《告子》中的慎子属于兵家来否认他与

[1] 何建章：《战国策注释》中，中华书局1990年版，第544—545页。

[2] 李锐：《上博简〈慎子曰恭俭〉管窥》，《中国哲学史》2008年第4期。关于《楚策二》所记傅慎子与《史记》所记慎子是否一人的问题，学术界存在不同的看法。钱熙祚《慎子佚文》未收《楚策二》一段文字，说明钱氏认为二慎子非一人。今人陈伟也认同此说（张光裕、黄德宽《古文字学论稿》）。李学勤倾向于二者为一人说（李学勤：《谈楚简慎子》，《中国文化》二十五、二十六期），潘志峰也赞同此说，并认为“从慎到巧妙地为太子献计的言辞中，也可以看出其中蕴含着与《慎子》中《民杂》篇提出的‘大君者，太上也，兼畜下者也。下之所能不同，而皆上之用也。是以大君因民之能为资，尽包而畜之’的思想相一致”。见王永祥、潘志峰、惠吉星：《燕赵思想家公孙龙、慎到、荀况研究》，河北人民出版社2002年版，第83页。我们认为，《楚策二》慎子言既有道家重身的思想，也有儒家重义的思想（慎子思想中所包含的儒家思想后文再详述），与文献记载的慎子的思想比较一致，因此李氏、潘氏的说法较有道理。

[3] 许富宏：《慎子集校集注》，中华书局2013年版，第89—90页；李廷勇：《慎子校笺札记》，《古籍研究》1997年第3期。

《慎子》的作者为一人，是没有多少根据的。《孟子》记载的只是说鲁欲任慎子为将军，至于是否任命，则不得而知。

据《盐铁论·论儒》记载：齐闵王“矜功不休，百姓不堪，诸儒谏，不从，各分散，慎到、接子亡去，田骈如薛，而孙卿适楚”。慎到在齐闵王时期离开稷下学宫。慎到终年文献不可详考。其具体的生卒年月，有学者考证约在公元前350—公元前283年之间，有一定的道理。[1]《太平寰宇记》卷十二说“慎子墓在济阴县西南四里”。慎子离开稷下学宫，或终老于齐。《史记·田敬仲完世家》《史记正义》《庄子·天下》篇成疏均称慎到为战国时齐国处士，大概是因为其长期活动于齐国，而未曾仕于齐的缘故。

应劭《风俗通义》说：“慎子为韩大夫，著《慎子》三十篇。”（《通志》引《风俗通义》，今本《风俗通义》无此文）此文献来源不明，学者多不信从。金德建先生认为慎子晚年任韩大夫，且其思想发生了由黄老道家向法家的转变。“慎到做韩大夫这段时间所感受到的一切，应该是促使他晚年思想能够转变的决定性因素。”[2]从前引《盐铁论》和《太平寰宇记》看，慎到很可能从稷下学宫引退后，终老于齐。慎到思想晚年发生改变之说也缺乏必要的依据。金先生的说法只能算是一种可能性不大的推测。

第二节　慎到学术思想研究的路径问题

由于《慎子》一书已经散佚，这给今人研究慎子学术思想造成了极大的困难。当代学者研究慎子的学术思想，主要通过三种路径，一是研究传世《慎子》辑本，二是研究先秦秦汉思想家对慎子思想的评论，三是研究近年出土的战国竹简。

一、传世《慎子》辑本

司马迁在《史记·孟子荀卿列传》中说慎到著“十二论”。《集解》：“徐广曰：‘今《慎子》，刘向所定，有四十一篇’。”关于《史记》与《汉书·艺文志》记载的不同，黄一洲先生指出：“篇的区分没有涉及文体的问

[1] 王永祥、潘志峰、惠吉星等：《燕赵思想家公孙龙、慎到、荀况研究》，河北人民出版社2002年版，第79—81页。
[2] 金德建：《先秦诸子杂考》，中州书画社1982年版，第97页。

题，而论则说明有一个自觉的行文采用的体裁。”[1] 此说可信。关于十二论与四十二篇是否是一回事，黄一洲先生认为：“观先秦文献之篇幅，实在很难想象可以把‘十二论’《慎子》再拆分成四十一篇（不包括一篇刘向叙录）。”[2] 黄先生的这一说法恐难成立。《吕氏春秋》六论，每一论都包括六篇文章，如果按此计算，《慎子》十二论包括四十一篇，丝毫没有奇怪。黄一洲先生根据自己认定的十二论与四十二篇之间的不同，进一步推测说：“《慎子》经过刘向收集整理，把其后学，甚至认为与其相关的文字篇章进行再统合整理，加《叙录》一篇形成《汉志》所谓的‘慎子四十二篇’是很有可能的。若如此看来，那么司马迁所见‘十二论’则并不是《汉志》所定四十二篇，也许只是其中的一部分。而司马迁所见‘十二论’或许是最能代表慎到本人深刻思想的部分，与慎到最为密切相关。……问题的关键在于，观今本《慎子》，究其论之性质不甚明显，多为治国思想之阐发，然而我们毕竟没有见到《天下》篇中所言‘齐万物以为首’‘弃知去己’‘泠汰于物以为道理’等具有深刻思想哲理的评论的直接反映。”[3] 黄氏判断今本《慎子》与《庄子·天下》篇评论的慎子不同，这一点非常正确。而他所说的《汉志》著录的《慎子》四十二篇是否包含大量后学内容，目前还只是一种推测，并没有确实的根据。《汉志》著录的《慎子》四十二篇的成书是经过刘向的编辑整理，这一点没有问题。但据今辑本《慎子》判断十二论与四十二篇之间的关系，却有很大的问题，因为今本辑本是一个残本，并不能完全反映慎子思想的全貌。蔡汝堃先生认为：“《慎子》之最后厘定或整理，出自刘向手也。《史记》前于刘氏，自无从龟本，遂以己意析为十二论，而《汉志》后于刘氏，自可准袭其说，乃析为四十二篇，此其所以不同，实辞异而量同也。”[4] 也就是说司马迁见到的《慎子》原著为十二论，而刘向经过编辑整理，将十二论析为四十二篇，二者其实是一回事。这一说法很可能更接近事实。刘向编辑《慎子》四十二篇对《慎子》十二论所作的改变，我们目前并没有任何可靠的材料来说明。因此我们只能设定十二论与四十二篇慎子基本上是相同的文本。

《吕氏春秋·慎势》篇高诱注：“慎子，名到，作法书四十一篇，在申不害、韩非前，申、韩称之。”高诱注与《汉书·艺文志》著录《慎子》四十二

[1] 黄一洲：《慎子研究——从学术史进入思想史》，北京大学硕士学位论文，2015年5月，第10页。
[2] 黄一洲：《慎子研究——从学术史进入思想史》，北京大学硕士学位论文，2015年5月，第10页。
[3] 黄一洲：《慎子研究——从学术史进入思想史》，北京大学硕士学位论文，2015年5月，第10—11页。
[4] 蔡汝堃：《慎子集说》，商务印书馆1940年版，第3页。

篇的不同，学者认为这是由于高诱注本《慎子》没有包括刘向整理《慎子》时所作的《慎子序录》，刘向整理文献，一般都作一篇序录。这一说法比较可信。因为刘向整理《慎子》时将其归入法家类，因此高诱直接称慎到所作书为法书。法书应该是标明《慎子》一书的法家属性，而非慎到所作书之书名。

《隋书·经籍志》和《旧唐书·经籍志》均著录《慎子》十卷。郑樵《通志·艺文略》说："《慎子》一卷，……旧有十卷，汉有四十二篇，隋唐分为十卷，今亡九卷，三十七篇。"除《通志》外，《宋史·艺文志》也著录《慎子》一卷，这应该是到宋代，《慎子》已大部分佚失，只余一卷。宋王应麟《汉书艺文志考证》云："《汉志》四十二篇，今三十七篇亡，惟有《威德》《因循》《民杂》《德立》《君人》五篇。"周广业《意林》卷二："姜思睿《诸子鸿藻》有《威德》《因情》《隆治》《观化》四篇。"其篇目与王应麟所载有所不同。归有光《诸子汇函》有《因情》篇，实包括《因循》《民杂》二篇，想姜氏本也应如此。[1]

明人辑录《慎子》，最好的版本是子汇本，辑录《慎子》五卷。明王懋赏辑本《慎子》，学者一般认为属于伪书，史料价值相对较低。清严可均据《群书治要》，新辑出《知忠》和《君臣》两篇，并对《慎子》进行了校勘。今本七篇《慎子》是钱熙祚所校的《守山阁丛书》本。我们特别需要指出的是，《群书治要》对《慎子》一书进行过辑录。[2]魏徵《群书治要·序》："以政术为主，序其大略""著为君之难""显为臣之不易"。《群书治要》辑录《慎子》，应该主要是以政术为主的思想进行的。

《慎子》一书散佚后，学者对其进行了辑逸。钱熙祚《慎子跋》云："旧本后有逸文，不知何人所辑，内有数条，云出《文献通考》。今检之不可得，且郑渔仲所见，已止五篇，安得《通考》中尚有逸文？寻其文句，盖杂取《鬻子》《墨子》《韩非子》《战国策》诸书。以流传既久，姑过而存之。"阮廷焯《慎子考证》云："此所称旧本，即墨海金壶本，所载逸文，凡十八事，其中'行海者'一事，'有虞氏之诛'一事，凡二事者，《北堂书钞》（卷四十四）、《白孔六帖》（卷十一）、《太平御览》（卷六百四十五、七百六十八）、《路史》（后纪十、十一）、《绎史》（卷一百十九）所因，皆作《慎子》之文，钱氏已据辑为逸文。则旧本所载，未必不可信。此

[1] 罗根泽：《慎懋赏本慎子辨伪》，参见许富宏：《慎子集校集注》，中华书局2013年版，第191—192页。
[2] 黄一洲：《慎子研究——从学术史进入思想史》，北京大学硕士学位论文，2015年5月，第8页。

外有‘有勇不以怨’一事，‘治小人食于力’一事，‘水茨防决塞’一事，凡三事者，《列子注》（《汤问》篇）、《太平御览》（卷四百三十三、八百四十九）、《升庵外集》（卷六）、《绎史》（卷一百十九）所引，亦作《慎子》之文，既有确证，故据辑为逸文。至如……‘子读《易》至《损》《益》’……‘齐有黄公’……‘人生一世’……凡此三事，当非本书之文。此外旧本所载，无以取证者，并附诸存疑之列。兹篇所辑，都四十九事。”[1]

在今人《慎子》辑本中，1979年英国牛津大学出版社出版的谭普森所作辑本颇具特色，可以作为今人研究慎子思想的重要参考资料。该辑本对前人辑佚的成果进行了更深入的研究，提出了判断辑佚材料的标准，对每条材料考证了渊源，对其价值进行认真的分析与判断，并在第七章，作者收录《慎子》佚文121条（原为123条，除去《长短经》的两条，故为121条），加上取自《庄子·天下》篇的两条、《韩非子·难势》篇的两条、《淮南子·道应》篇的一条，共126条，每条下附出处、注解。这121条的来源是：1—67条《群书治要》中的七篇、68条《列子注》、69条《经典释文》、70条《北堂书钞》、71—79条取自《艺文类聚》、80—81条《尚书正义》、82条《〈后汉书〉注》、83—92条《〈文选〉注》、93—94条《长短经》中的误文（故删去）、95条《初学记》、96—105条《意林》、106—109条《荀子注》、110条《白氏六帖》、111—122条《太平御览》、123条《云笈七签》。[2]

我们研究慎子思想所根据的《慎子》及其逸文，只是十二论或四十二篇《慎子》留下的一小部分，我们以此为基础并不能准确地把握慎子的整体思想。有学者根据今本《慎子》中有关法家思想的材料最为丰富，而道家材料较少，因此断定慎到当属于法家学派，这个结论是不太可靠的。

二、出土文献与慎子思想研究

（一）上博简《慎子曰》研究

近年发现的战国楚竹书，有《慎子曰恭俭》一篇。学者们根据竹简文字，认定此篇文字为慎子后学所作。

《慎子曰恭俭》简文云：

[1] 阮廷焯：《先秦诸子考佚》，鼎文书局1980年版，转引自许富宏：《慎子集校集注》，中华书局2013年版，第261页。

[2] 索介然：《〈慎子佚文〉简介》，《管子学刊》1995年第4期。

慎子曰：恭俭以立身，坚强以立志，忠陟以反淳，逆友以载道，精法以顺势。

干恭以为丰俭，莫偏；干信以为言，莫偏；干强以庚志厚，不缰其志，故曰强。首沓[1]茅芙[2]楁[3]筱[4]，执樝[5]遵畎备亩，必于[下缺]勿以坏身，中仉[6]而不皮，任德以竢，故曰静。断室[下缺]

襄得用于世，均分而广施，时德而方义，民之[下缺]践今，为民之故仁之至。是以君子向方，知道不可以疑。临[下缺][7]

简文的最初厘写者李朝远先生认为该篇文字儒家色彩较重，此慎子可能是《战国策·楚策》所载慎子，而与《史记·老子韩非列传》和《汉书·艺文志》所载慎子并非一人。李学勤、李锐等先生则认为此篇文字为慎子或其后学所作。[8]此篇佚文与慎子思想的关系，后文再进行讨论。

（二）战国楚竹书《曹沫之陈》

《上海博物馆藏战国楚竹书》第四册著录《曹沫之陈》，内容记录鲁庄公、曹沫问对，开始时论政，后面论兵。李零先生认为此文为一篇古兵书。《曹沫之陈》简文载："鲁庄公将为大钟，型既成矣，曹刿（与沫字通）入见曰：'昔周室之邦鲁，东西七百，南北五百，非山非泽，亡又（有）不民。今邦弥少（小）而钟愈大，君其图之。昔尧之飨舜也，饭于土塯，歠于土铏，而抚有天下，此不贫于美而富于德与？……'庄公曰：'晚哉，吾闻此言。'乃命毁钟型而听邦政。不昼寝，不饮酒，不听乐。居不袭文，食不二菜，☒☒兼爱万民，而亡有私也。"[9]此竹简文字，可以与《慎子逸文》中"鲁庄公铸大钟，曹刿入见，曰：'今国偏小而钟大，君何不图之？'"（见于《初学记》《太平御览》）相近，且庄公听曹刿之谏言，痛改前非，"兼爱万民，而亡有私也"，与慎到所主张的"去私"思想相近。因此，有学者主张《曹沫之陈》

[1] 沓：疑读为"置"，或读为"戴"。

[2] 茅芙：茅草和芙蓉花，又有读作"茅蒲"。

[3] 楁：一说当释为"樸"，读为"撰"，握持的意思；一说为植物名。

[4] 筱：小竹。

[5] 樝：一说当读作"钼（chú）"，锄草翻地的农具；一说当为一种类似山楂的植物。

[6] 仉：当释为"处"。

[7] 许富宏：《慎子集校集注》，中华书局2013年版，第119—133页。

[8] 李锐：《上博简〈慎子曰恭俭〉管窥》，《中国哲学史》2008年第4期；李学勤：《谈楚简慎子》，《中国文化》2007年第25、26期。

[9] 俞绍宏：《上海博物馆藏楚简校注》，中国社会科学出版社2016年版，第313—317页。

属于慎子学派，是有一定道理的。由《曹沫之陈》结合《慎到逸文》，可以断定慎到思想中有兵家学说存在。

（三）马王堆出土的《黄帝书》

1973年，马王堆汉墓三号墓出土大量汉代帛书，其中有四种古佚书《经法》《经》《称》《道原》被学术界称为《黄帝书》[1]。四篇《黄帝书》属于黄老学派的作品，其中对道法关系等有着系统的论述，思想内容与残本《慎子》非常相近。四书中的《称》，文字与残本《慎子》及其逸文有许多相同处。[2]《黄帝书》与慎到思想有着非常密切的关系，可以作为慎到思想研究的重要参考材料。

三、先秦秦汉文献对慎到思想的论述

慎到是战国时期有着重大影响的思想家，《庄子·天下》《荀子》《韩非子》《吕氏春秋》《史记》《汉书》等文献都曾对慎到思想进行过研究或评论，或直接引用《慎子》文本。对先秦秦汉文献中有关慎到思想的研究，是全面把握慎到思想的重要途径之一。为了给下文系统阐述慎到思想提供背景材料，我们先看看先秦秦汉思想家是如何评论慎到思想的。

（一）《庄子·天下》篇关于慎到思想的评论

评论慎到思想在学术思想史上影响最大的，首推《庄子·天下》篇。《天下》篇将慎到、田骈、彭蒙归为一类，进行了长篇评论，对慎到思想论述尤其详细。《天下》篇说：

> 公而不党，易而无私，决然无主，趣物而不两，不顾于虑，不谋于知，于物无择，与之俱往。古之道术有在于是者，彭蒙、田骈、慎到闻其风而悦之。齐万物以为首，（这里以“齐万物以为首”作为慎到思想的首要特征。意思应为“言对一切事物无贵贱、高下、长短、大小等之分别也。”对于人世间的一切万物给予平等地看待）曰：“天能覆之而不能载之，地能载之而不能覆之，大道能包之而不能辩之。”知万物皆有所可，有所不可。故曰：“选则不遍，教则不至，道则无遗者矣。”

[1] 唐兰、陈鼓应等许多学者称其为《黄帝四书》，我们采用《黄帝书》的说法，是采用魏启鹏等先生的说法。参见魏启鹏：《马王堆汉墓帛书〈黄帝书〉笺证》，中华书局2004年版。

[2] 江荣海：《慎到应是黄老思想家》，《北京大学学报》1989年第1期。

是故慎到弃知去己，而缘不得已。泠汰于物，以为道理。曰："知不知，将薄知而后邻伤之者也。"謑髁无任，而笑天下之尚贤也；纵脱无行，而非天下之大圣；椎拍輐断，与物宛转；舍是与非，苟可以免。不师知虑，不知前后，魏然而已矣。推而后行，曳而后往。若飘风之还，若羽之旋，若磨石之隧，全而无非，动静无过，未尝有罪。是何故？夫无知之物，无建己之患，无用知之累，动静不离于理，是以终身无誉。故曰："至于若无知之物而已，无用贤圣。夫块不失道。"豪杰相与笑之曰："慎到之道，非生人之行，而至死人之理。"适得怪焉。

田骈亦然，学于彭蒙，得不教焉。彭蒙之师曰："古之道人，至于莫之是、莫之非而已矣。其风窢然，恶可而言。"常反人，不见观，而不免于魭断。其所谓道非道，而所言之韪不免于非。彭蒙、田骈、慎到不知道。虽然，概乎皆尝有闻者也。[1]

关于《天下》篇对慎子的评论，王叔岷先生说："'齐万物以为首'，首借为道（道从首，首亦声，故得相通）。以道观之，则万物皆一。天地有能有不能，万物有可有不可，皆包于道，所谓'道则无遗'。此并与庄子齐物之义相符。《齐物论》谓'天地与我并生，万物与我为一'，又'物故有所然，物故有所可。无物不然，无物不可。可于可，而不可于不可。不可于不可，而可于可……道通为一'可证。惟慎子以为'大道能包之，而不能辩之'，是道亦有能有不能，与天地同，则失老、庄之旨。老子言'道可道，非常道'。《庄子·齐物论》言'大道不称，大辩不言'。辩则有限，大道无垠，尚何须辩邪？此《庄子》所以谓慎到'所谓道非道'也。《天下》篇又引慎到之言及豪杰相与笑之说云：'至于若无知之物而已，无用贤圣，夫块不失道。'豪杰相与笑之曰：'慎到之道，非生人之行，而至死人之理，适得怪焉。'块即无知之物，即死寂之物。道通为一，'块不失道'，似亦齐物之理。《庄子》亦谓'道在瓦甓'（《知北游》篇）。然此乃庄子喻道之一端，固非道之本也。明道之本，故无不在，空灵不著，慎到之道，归于死寂，则流于执著。故庄子谓'慎到不知道'也。"[2]

《庄子·天下》篇所概括和评论的慎到思想基本上属于道家学说。《天

[1] 郭庆藩：《庄子集释》，中华书局2004年版，第1086—1091页。
[2] 许富宏：《慎子集校集注》，中华书局2013年版，第241—242页。

下》篇将慎到与彭蒙、田骈归为一派，阐述他们共同的学术思想：公正而不结党，平易而无私，排除一己之见，不以机诈为谋，对万物无选择地随顺，与万物一同变化。以齐同万物为道，认为天、地与道各有所短，也各有所长。万物都有所可，有所不可。慎到主张抛弃智慧、去除己见而随任于不得已，听任于万物作为道理。要像无知之物那样无建己之患，无用智之累，而动静不离于理，终身没有过错。《天下》篇对慎到的评论，是站在道家的立场进行的，他借用豪杰语所评论的“慎到之道，非生人之行，而至死人之理”和所下断语“慎到不知道”，只是显示了慎到关于道的学说与庄子学派的差异，并不能作为研究慎到思想的结论。

《天下》篇对慎到的论述，可以认定慎到思想直接继承了老子思想，因此有学者提出“《庄子·天下》篇对慎到的论述皆可以在《老子》中找到源头。”[1]

（二）荀子对慎到学术思想的批评

作为战国后期有着重大影响的思想家，荀子从儒家立场对慎到思想进行了无情的批判。

《荀子·非十二子》中评论田骈、慎到：“尚法而无法，下修而好作，上则取听于上，下则取从于俗，终日言成文典，反紃察之，则倜然无所归宿（按语：荀子准确地揭示了慎到学术的不足之处，因兼容并蓄，而中心思想不突出，没有归宿），不可以经国定分（按语：听取于上，取从于俗，消减了法律的权威，无法实现定分之目的）；然而其持之有故，其言之成理，足以欺惑愚众，是慎到、田骈也。”

“尚法而无法，下修而好作”，王念孙曰：“下修而好作，义不可通。‘下修’当作‘不循’，谓不循旧法也。”王念孙训修为循，当是。然其改“下”为“不”，则误。此句意思是下循俗，却好作为，因此互相矛盾。杨倞注：“尚，上也。言所著书，虽以法为上而自无法。以修立为下，而好作为。言自相矛盾也。”杨倞注除了解释下修不太妥当外，基本上符合荀子对慎到批评的思想。

“上则取听于上，下则取从于俗”，杨倞注：“言苟上下之意也。”王先谦注：“取听于上，取从于俗，故法度不立也。”正因为慎到苟上下之意，因此才造成虽终日言成文典，而最终无所归宿，削弱了法律的权威性，造成法

[1] 杨栋：《论慎子学派对百家之学的整合》，《中国社会科学院研究生院学报》2015年第5期。

律从其诞生之日，便缺乏严格的规定性，无法实现以法定分的目的。因此荀子批评其“尚法而无法”。荀子的批评，可以说准确地抓住了慎到思想的缺陷之处。慎到思想兼容并蓄，但苟合上下，没有归宿，因此不能“经国定分”。

《荀子·解蔽》“慎子蔽于法而不知贤，……由法谓之道，尽数矣。”杨倞注：“其术本黄老，归刑名。先申韩，其意相似。多明不尚贤不使能之道，著书四十一篇。”贤能政治，是儒家思想的重要主张。而慎到主张治国以法不以贤，因此荀子批评慎到蔽于法而不知贤。慎到主张治国以法不以贤，是治理国家的标准，而并非慎到不知道贤的作用。

《荀子·天论》：“慎子有见于后，无见于先……有后而无先，则群众无门。”杨倞注：“慎到本黄老之术，明不尚贤、不使能之道。以其无争先之意，故曰见后而不见先也。”荀子的这一批评，是批评慎到思想中道家思想的不争先。因为取后而无争先，因此群众会失去前行之门。这一批评属于儒道之争，只是儒道学术思想的取向不同，很难定其是非。

（三）《韩非子》《吕氏春秋》对《慎子》的引用

《韩非子》与《吕氏春秋》对《慎子》的引用，主要是引用《慎子》有关法家之势的论述。《韩非子·难势》篇云：

> 飞龙乘云，腾蛇游雾，云罢雾霁，而龙蛇与螾蚁同矣，则失其所乘也。贤人而诎于不肖者，则权轻而位卑也；不肖而能服于贤者，则权重位尊也。尧为匹夫不能治三人，而桀为天子能乱天下。吾以此知势位之足恃，而贤智不足慕也。夫弩弱而矢高者，激于风也；身不肖而令行者，得助于众也。尧教于隶属而民不听，至于南面而王天下，令则行，禁则止。由此观之，贤智未足以服众，而势位足以诎贤者也。[1]

后代学者将慎到归为法家重势派，《韩非子·难势》篇是其重要根据之一。

《吕氏春秋·慎势》载：“慎子曰：今一兔走，百人逐之，非一兔足为百人分也，由未定。由未定，尧且屈力，而况众人乎？积兔满市，行者不顾，非不欲兔也，分已定矣。分已定，人虽鄙不争。故治天下及国，在乎定分而已

[1] 梁启雄：《韩子浅解》，中华书局2009年版，第390—391页。

矣。”[1] 此段《慎子》佚文，又见于《后汉书·袁绍传》注，《意林》及《御览》九百七节引。此段文字阐述了慎到思想中定名分与势之关系。《吕氏春秋·慎势篇》高诱注：“慎子，名到，作法书四十一篇，在申不害、韩非前，申、韩称之。”《慎势》篇学者或认为属于申子后学作品，引用《慎子》之文，申子与慎到都有重势思想。

（四）其他可能与慎到思想相关的文献

在先秦秦汉文献中，有些文献学者认为它们可能与慎到学术思想相关，但这些文献还在讨论之中，并没有得到大多数学者的认可。这些文献主要有以下几种：

1.《管子》中四篇《白心》《心术上》《心术下》《内业》

20世纪40年代，蒙文通先生发表《杨朱学派考》，提出《管子》中的《白心》《内业》《心术》四篇为慎到田骈学派作品。[2] 朱伯崑先生发表《管子四篇考》，也主张《管子》四篇属于慎到或其学派作品。[3] 1983年，裘锡圭先生发表《马王堆帛书〈老子〉甲乙本卷前后佚书为“道法家”》一文，认为《管子》中的《白心》与《心术上》为田骈、慎到学派作品[4]，李学勤等先生从其说。此说目前在学术界还有很大影响。蒙文通先生晚年，修正了《白心》等作品为慎到学派的学说，提出“说这几篇是黄老派的学说就可以了，似不必确认其为何人的书”。[5] 1992年，裘锡圭先生发表《稷下道家精气说的研究》，认为“无论把《心术》等四篇定位宋钘、尹文学派著作，还是定为慎到、田骈学派著作，证据都嫌不足”。[6]《心术》等四篇著作，内容属于黄老道家，与马王堆帛书相近，是慎到学术思想研究的重要参考资料。至于其书是否属于慎到学派，还需要进行进一步的研究。

2.《庄子·齐物论》

由于慎到的“齐万物以为首”“弃知去己”“舍是与非”“块不失道”等与庄子《齐物论》思想近似，今人傅斯年、顾颉刚、容肇祖等人都认为《齐物论》篇为慎到作品。慎到的思想与《齐物论》看似相似，其内在是有一定区

[1] 吕不韦：《吕氏春秋·审分览·慎势》，《诸子集成》，上海书店1986年版，第212页。
[2]《蒙文通文集》第一卷《古学甄微》，巴蜀书社1987年版，第252—254页。
[3]《中国哲学史论文集》第一集，山东人民出版社1979年版。
[4] 裘锡圭：《文史丛稿——上古思想、民俗与古文字学史》，上海远东出版社2012年，第69—75页。
[5]《蒙文通文集》第一卷《古学甄微》，巴蜀书社1987年版，第281页。
[6] 裘锡圭：《文史丛稿——上古思想、民俗与古文字学史》，上海远东出版社2012年版，第17页。

别的。与《齐物论》所追求的通过“无已”“丧我”“去知”而达到的我与物齐，进而“乘物以游心”“不与物迁”的心灵超越不同，慎到的“弃知去己”则重在阐发“万物皆有所可，有所不可”，完全顺应万物自然之理，“块不失道”重在论述块亦有道，但他并不追求超越万物的“与道为一”的精神境界。慎到的道被豪杰笑为“至死人之理”，庄子后学也认为“慎到不知道”，根本就在于慎到之道与庄子之道有着重大差异。

3.《管子·任法》篇

郭沫若在《十批判书·后记》中说：“《管子》书中多法家言，但不限于一家。如《法法》《任法》《明法》诸篇，其理论确渊源于慎到，而为韩非所本。”金德建先生进一步发挥其说，认为《任法》篇“应该认为就是慎到所亲著”。[1] 由于金德建先生主张慎到晚年在韩国执政，因此其思想由道家转向法家。他的说法与文献记载的慎到晚年历史不太符合，因此《任术》为慎到作品的说法，没有得到学术界的响应。

第三节　关于慎到学术思想学派归属的讨论

关于慎到的学派归属，先秦秦汉时期的学者便有不同的认识。《庄子·天下》《荀子·天论》《韩非子》等均称慎子为道家。《荀子·非十二子》《解蔽》《吕氏春秋·慎势》《汉书·艺文志》将其归入法家。《史记·孟子荀卿列传》说其在稷下学宫学“黄老道德之术”，将其归入黄老学派。《荀子》杨倞注：“齐宣王时处士，其术本黄老。”“其术本黄老，归刑名，多明不尚贤不使能之道。”唐代马总《意林》摘录《慎子》要语十二条并附有简注，其云“《慎子》十二卷”，并注云“名到，学本黄老，滕辅注”。当代学者江荣海等，仍极力主张慎到属于黄老学派。[2]

关于《史记》将慎到归入黄老之学，今人赵逵夫先生认为：“这恐怕是因为汉代重黄老之学，有《黄帝四书》与《老子》并行，故以黄附老言之。慎到受《老子》影响，《老子》为其思想来源之一，是没有问题的；……就汉人所说的‘黄老之术’言之，我以为它不但不是慎到思想的上源，恐怕是由

[1] 金德建：《先秦诸子杂考》，中州书画社1982年版，第88页。
[2] 江荣海：《慎到应是黄老思想家》，《北京大学学报》1989年第1期。

慎到思想而来，因为先秦之时并无‘黄老’这个名称，也没有所谓‘黄老之学’”。[1] 随着马王堆帛书《黄帝帛书》和上海所收藏的战国楚竹书中黄老作品的不断发现，赵先生的这一说法开始被证明是不可靠的。

历代著录《慎子》，多列法家类。《隋书·经籍志》著录法家《慎子》十卷，新旧《唐书》均著录法家《慎子》十卷，慎到撰，滕辅注，盖法家云。郑樵《通志·艺文略·法家》：“汉有四十二篇，隋唐分为十卷，今亡九卷三十七篇。”刘昼曰：“法者，慎到、李悝、韩非、商鞅之类也。其术在于明赏罚，讨阵整法，诱善惩恶，俾顺轨度，以为治本。”[2]《宋史·艺文志》《崇文总目》《中兴馆阁书目》《郡斋读书志附志》《直斋书录解题》《通志·艺文略》《文献通考·经籍考》著录法家类并作一卷，未著篇数。明《国史经籍志》著录为法家类。明焦竑纂注，明陈懿典评阅的《慎子折衷汇锦》将慎子列为名法家。[3] 明陈继儒选《慎子粹言》：“诸理斋曰：‘慎到与邓韩之流并称刑名家，但其言非若彼之深刻也’。”[4] 明李廷机《慎子玄言评苑》将慎到列为法家。[5] 明陈仁锡评选《慎子奇赏》，将慎到列为法家。[6]《诸子汇函》本明归有光辑评文震孟参评本：“慎子，名到，周末之法家也。其为书本道而附于情，主法而责于上。”明冯梦祯校《十八子全书》本也将其归入法家。当代许多学者主张慎到属于法家学派。

王锡爵在《慎子序》中说：“本朝希古方先生评品百家，独于慎子称之不置，谓其言与孔孟契合，其所得于此书之旨深矣。”[7]

《遂初堂书目》《四库全书总目》均将《慎子》收在杂家。《四库全书总目》对慎到学术思想的研究，颇为深入。云：慎子之学，观庄周《天下》篇所称，“近乎释氏。然《汉志》列之于法家。今考其书大旨，欲因物理之当然，各定一法而守之。不求于法之外，亦不宽于法之中。则上下相安，可以清净而治。然法所不行，势必刑以齐之。道德之为刑名，此其转关。所以申、韩多称之也。”慎到思想中有浓厚的道家（含黄老道家）色彩，也有丰富的法家内容，《四库全书总目》抓住了慎到学术思想的这一特征。“近于释氏”的说

[1] 赵逵夫：《慎子集校集注》，中华书局2013年版，“序”第7—8页。
[2] 许富宏：《慎子集校集注》，中华书局2013年版，第184页。
[3] 方勇：《子藏·慎到卷1·慎子折衷汇锦》，国家图书馆出版社2015年版，第447页。
[4] 方勇：《子藏·慎到卷1·慎子粹言》，国家图书馆出版社2015年版，第451页。
[5] 方勇：《子藏·慎到卷1·慎子玄言评苑》，国家图书馆出版社2015年版，第453页。
[6] 方勇：《子藏·慎到卷1·慎子奇赏》，国家图书馆出版社2015年版，第463页。
[7] 许富宏：《慎子集校集注》，中华书局2013年版，第151页。

法，是说慎到思想近似佛道之家，这里的释氏并非专指佛家。“大旨欲因物理之当然，各定一法而守之。不求于法之外，亦不宽于法之中。”比较准确地阐述了慎到学术思想中的法家特色。“道德之为刑名，此其转关”，将慎到学术定义为由道德到刑名的转关。这一说法至今在学界仍有很大的影响。

主张慎到属于由黄老道家转入法家的著名学者，除了纪昀外，还有梁启超、郭沫若、冯友兰等。郭沫若在《十批判书》中说：“据这辑本《慎子》来看，差不多全部都是法理论，黄老的气息比较稀薄，但这一部分的法理论毫无疑问也是道家思想的发展。”慎到的法家理论属于道家思想的发展，得到许多学者的认同。然而，将慎到学说定义为由道转法的过渡阶段的说法是有问题的，黄老学说中的“道生法”，并非由道家学说生出法家学说，或由道家学派生出法家学派，“道生法”，其含义为自然之道生出社会之法，道法为一，并不具有历时性的生成关系。慎到思想中的法家思想，是由道家的哲学衍伸出的社会治理方法。在慎到思想里，道法不二。《经法·道法》：“道生法。法者，引得失以绳而明曲直者也。[故]执道者生法而弗敢犯也，法立而不敢废［也］。”[1] 将其说成由道到法的过渡阶段，则需要逆推出法家由道家而生的逻辑，这样的逻辑是不符合先秦思想史发展实际的。关于慎到思想中的法家思想并非由道家思想发展而来，潘志峰先生曾进行过专门论证：“慎到的思想中的确既有道家思想，也有法家思想。那么，这两种思想究竟是先后转变关系呢？还是同时被慎到所吸收而重新构建组合呢？我认为，答案应是后者。”“在这样一个百家争鸣、道法并重的学术环境中，慎到只能同时吸收这两种思想，而不可能先纯粹地接受一种观点，而后又彻底地转向另一种观点。”[2] 潘氏的说法，有一定道理。

慎到思想中的道法关系究竟应该如何定义，学者们还给出了不同于道法过渡说的各种描述。

有主张慎到思想以黄老学说为主的。商晓辉先生指出：“笔者在这里认为其属于道家黄老学派的代表，但是其思想也带有明显的法家色彩，属于由道转法的过渡阶段。也就是通过道家哲理来论证法家政治，即所谓‘因道全法’。”[3] 有主张慎到最终应归于法家的，如蔡汝堃先生认为慎子是“出道

[1] 魏启鹏：《马王堆汉墓帛书〈黄帝书〉笺证》，中华书局2004年版，第1页。
[2] 潘志峰：《慎到学派归属问题再辨》，《河北学刊》2007年第1期。
[3] 商晓辉：《不齐之齐——慎到与庄子齐物思想之比较》，《华夏文化论坛》第十八辑。

入法之法家”。[1] 崔志博先生说：“诚如郭沫若之言，慎到思想中确有道家成分，但能够确立慎到思想家地位的不是道教思想，而是其由道家思想衍生创立出的法家理论。”[2]

刘泽华先生认为：“从哲学上看，慎子属于道家。从政治思想上则为法家的重要代表人物。”[3] 政治思想与哲学思想能否截然分开，显然是一个需要讨论的问题。侯外庐在《中国思想通史》里，一方面将慎到列入“前期法家”，但他又说：“慎子的确是《天下篇》所描写的那样的道家的慎子。”“他的思想具有道法两方面，但其法家思想却是由道家的天道观导出的。”[4] 李振纲先生也有相似的说法，他认为：“在慎到思想体系中，道法儒三家思想并不是斤两并重的，道家思想是其哲学基础，法家思想是其核心内容，儒家思想居于辅助地位。”“如果我们仔细品味《慎子》一书，便会发现慎子思想除去同后期法家相同点之外，还有明显的优点，这就是贵势而不独断，尚法而不苛残，任术而不阴谋。”[5] 慎到究竟属于道家还是法家，似乎很难判断。

在解决慎到学术思想中道法关系问题上，还有学者提出了“援道入法”说。何慧先生认为：“慎到作为法家代表人物中率先‘援道入法’的关键人物，其法学说的理论基础即源自于‘道’。慎到的法哲学思想以老子的自然天道观为基础，对老子之‘道’进行了相应的吸收和改造，引入道家‘因’的方法论，并结合对现实人性的洞察，在理论上系统论证了‘法’存在的客观必然性和普遍合理性，为其法思想建立起了世界观和认识论的理论基础，并构建了丰富而独特的法哲学思想体系。”[6] 援道入法，立足于慎到思想中以法家为主体，借用道家思想为法家理论提供服务与支撑。从慎到现存作品中，我们实在看不到慎到道家思想为法家思想服务的材料。如果说道为法提供思想基础，则道在慎到整个思想体系中占据了主导地位，很难说是道为法服务了。

道、法联姻说。《慎子》一书经常“道法”连言，正如有的学者所指出的，“黄老学对老子之道更重要的转化是：它使道家的‘道’与法家的‘法’实现了联姻，它将‘道’和‘法’相提并论，提出了‘道生法’的论断，使

[1] 蔡汝堃：《慎子集说》，商务印书馆1940年版，第11页。
[2] 崔志博：《子藏·慎子卷1》，国家图书馆出版社2015年版，“前言”第4页。
[3] 刘泽华：《论慎到的势、法、术思想》，《文史哲》1983年第1期。
[4] 侯外庐：《中国思想通史》第一卷，人民出版社1957年版，第601页。
[5] 李振纲：《慎到评传》，《河北大学学报》1985年第3期。
[6] 何慧：《论慎子的法哲学思想》，《法大研究生》2016年第1期。

道直观上就有了自然法的外观，使‘道’成为人间法和成文法的根源和基础。”[1] 道、法联姻说，比较切合慎到思想的实际。与道法联姻说相近，白奚先生认为：“这就透露出慎到学说中道与法的内在联系，道是法的哲学基础和根据，法是道的归宿和目的。”“在慎到那里，尚法与因任自然是一致的，同尚贤则是对立的。”“《慎子》的法治主张是以道家思想为哲学基础的，符合因任自然的道家精神。”“‘因’即是因任自然的道家基本原则，运用于社会政治便是‘因人之情’，即因任人的自然本性。而人的自然本性被慎到一语道破，那就是‘自为’，即自私自利、替自己打算。”[2] 我们从白先生的论述中，很难得出慎到思想中道法为二的结论。遗憾的是白奚先生最终将慎到归入法家，认为慎到思想的法之用为其思想的主体，这一归类恐怕未必恰当。

除了将慎到归入道家（含黄老）、法家、儒家、杂家外，钱基博《慎子后序》还将慎到归入形名家。钱先生云：“术者，因任而授官，循名而责实，藏之于胸中，以偶万端而潜御群臣者也。法者，宪令著于官府，刑罚必于民心，赏存乎慎法而罚加乎奸令者也。故法莫如显，而术不欲见。申不害言术，公孙鞅为法（《韩非子·难三》《定法》），而以吾观于慎子，则法而兼术者焉。《史记·孟子荀卿列传》曰‘慎到学黄老道德之术’，而《荀子·非十二子》篇则称慎到尚法而无法。以其法家故尚法，以其法家而学黄老道德之术，故尚法而无法。法者，一成而不可易，有成势，有常形。术者，因循乃见妙用，无成势，无常形。……《汉书·艺文志》著录《慎子》书以入法家，诚窃以为知其一而未知其二。何者？《慎子》法而兼术，法者可正名，术者莫能名，《慎子》则以莫能名之术而神明乎可。正名之法，因任而资能，循名而责实，藏之胸中，以偶万端而潜御群臣，岂非邓析所谓无形有形之本，无声有声之母？循名责实，按实定名，参以相平，转而相成，故得之形名者与？《志》录《邓析》以弁名家之首，故《慎子》亦以改隶名家焉。”[3] 虽然钱先生的说法在学术界没有引起太大的反响，但钱先生精细的论证，还是具有一定说服力的。

讨论慎到学术思想的学派归属问题，首先需要解决的问题是学者归入学派的定义问题，其次是研究慎到思想的材料选择问题。我们既要重视与道与法有关的材料，也要重视一些看似与道法无关的《慎子》逸文。然后在分析各家学

[1] 王中江：《早期道家“统治术”的转变（上）》，《哲学动态》2016年第2期。
[2] 白奚：《稷下学研究——中国古代的思想自由与百家争鸣》，生活·读书·新知三联书店1998年版，第144—145页。
[3] 许富宏：《慎子集校集注》，中华书局2013年版，第155—157页。

说分歧意见的基础上，将慎到学术思想归入一个比较合理的学派。

对先秦诸子进行学派划分，战国末年的荀子、《庄子·天下》篇和《韩非子·显学》篇已经尝试进行，但各家说法既不全面，也不系统。对先秦诸子学术进行比较系统讨论的，首推太史公司马谈。《史记·太史公自序》将诸子学说划分为道家、儒家、法家、墨家、阴阳家与名家六类。东汉班固作《汉书·艺文志》，将诸子学说分为九流十家，在太史公司马谈六家的基础上，增加了农家、纵横家、杂家与小说家。

司马谈的道家概念主要是指黄老道家，这是因为黄老思想在西汉初年非常流行的缘故。太史公给黄老道家下的定义是："夫阴阳、儒、墨、名、法、道德，此务为治者也，直所从言之异路，有省不省耳。尝窃观阴阳之术，大祥而重忌讳，使人拘而多畏；然其序四时之大顺，不可失也。……道家使人精神专一，动合无形，赡足万物。其为术也，因阴阳之大顺，采儒墨之善，撮名法之要，与时迁移，应物变化，立俗施事，无所不宜，指约而易操，事少而功多。……夫阴阳四时、八位、十二度、二十四节各有教令，顺之者昌，逆之者不死则亡，未必然也。故曰使人'拘而多畏'。夫春生夏长，秋收冬藏，此天道之大经也。弗顺则无以为天下纲纪。故曰'四时之大顺，不可失也'。"[1]《汉书·艺文志》描述道家："道家者流，盖出于史官，历记成败存亡祸福古今之道，然后知秉要执本，清虚以自守，卑弱以自持，此君人南面之术也。……及放者为之，则欲绝去礼学、兼弃仁义，曰独任清虚可以为治。"《汉书·艺文志》将道家分为君人南面之术的道家和放之为之的道家。君人南面之术的道家大概与黄老道家接近。裘锡圭先生言："按照这种观点，庄子无疑是道家中的'放者'，甚至老子也不能看作道家正宗。他虽然讲了很多'君人南面之术'，但也是'欲绝去礼学，兼弃仁义'的。"[2]

黄老道家是战国末年西汉初年重要的道家流派。但对黄老道家如何定义，当今学者却有不同的意见。主张慎到为黄老道家的学者江荣海，定义黄老道家为："在改造老子道家思想的基础上，兼收并蓄百家之学，尤其是法家思想，从而形成的一个比老子道家积极、比韩非法家平稳的独具特色的思想体系。"并强调："慎到思想就具有这种特色。"[3] 其实黄老思想除了继承与改造老

[1] 司马迁：《史记》，中华书局2014年版，第3993—3995页。

[2] 裘锡圭：《马王堆〈老子〉甲乙本卷前后佚书与"道法家"》，载《文史丛稿——上古思想、民俗与古文字学史》，上海远东出版社2012年版，第61页。

[3] 江荣海：《慎到应是黄老思想家》，《北京大学学报》1989年第1期。

子思想外，对道家的庄子思想也多有吸收。其兼收并蓄百家，名、法、儒、墨、兵等皆有，其法家思想相对较为突出，是因为道家的南面之术需要道与法进一步结合。黄老思想的特色，以道为主，为了准确地把握与理解道，以便于治世，黄老采百家之长。融合百家以彰显道德，应是黄老学派最突出的特点。司马迁所说的黄老道德之术，应该说是抓住了黄老学派最突出的特点。有学者将“道法结合，以道论法”作为黄老学派的特点，杨栋先生指出：“论者多将‘道法结合，以道论法’归为黄老学派的学术特征，实际上这一特征是战国中后期学术思想趋同现象的必然结果，不专属于某一学派。”[1] 此一说法，很有见地。

融合百家的黄老道家，与《汉书·艺文志》所描述的杂家有些相似。《艺文志》云：“杂家者流，盖出于议官，兼儒、墨，合名、法，知国体之有此见，王治之无不贯，此其所长也。及荡者为之，则漫羡而无所归心。”杂家兼儒、墨，合名、法，与黄老道家一样同样具有融合性特点。胡适曾说：“故司马谈所谓道家，正是《汉书》所谓‘兼儒、墨，合名法’的杂家。这是道家名词的一个广义。”“杂家是道家的前身，道家是杂家的新名。汉以前的道家可以叫做杂家，秦以后的杂家应叫做道家。”[2] 由于胡适主张道家起源于汉以后，因此才有了杂家是道家前身的说法。他说司马谈所说的道家，正是《艺文志》所说的杂家，看到了杂家与道家的密切关系。这样我们就不难理解为什么《遂初堂书目》《四库全书总目》等会将《慎子》列为杂家。按照《艺文志》的说法，荡者为之的杂家，是无所归心的。从《慎子》一书比较系统的思想体系，我们认为还是将慎到归为黄老更为合适。

我们将慎到学术思想归为黄老学派，主要是因为慎到学术思想呈现出融合百家的特点。慎到学术思想中除了道家、法家外，还融合了儒家、墨家、兵家、名家等。

慎到学术思想与儒家思想密切相关，因此有学者将慎到归为儒家。在《慎子逸文》中有些与孔子或儒家观念相关的内容。《慎子逸文》：“孔子曰：邱少而好学，晚而闻道，以此博矣。”（《御览》六百七）[3]《慎子逸文》：“孔子云：有虞氏不赏不罚，夏侯氏赏而不罚，殷人罚而不赏，周人

[1] 杨栋：《论慎子之学对百家之学的整合》，《中国社会科学院研究生院学报》2015年第5期。

[2] 胡适：《中国中古思想史长编》，陈来主编、欧阳哲生编：《胡适选集》，吉林人民出版社2005年版，第277—278页。

[3] 许富宏：《慎子集校集注》，中华书局2013年版，第75页。

赏且罚。罚，禁也；赏，使也。”（《御览》六百三十三）[1]《慎子逸文》：“《诗》，往志也；《书》，往诰也；《春秋》，往事也。”（《意林》，又《经义考》）[2] 王叔岷先生认为：“志，谓情志。诰，谓诰示。事，谓历史。非深切了解儒家经典，决不能有此精辟简要之说明。慎到固素习儒书者。因习儒书而重德、礼。”[3] 王叔岷先生在《韩非与慎到》中指出：“慎到《威德》篇重德惠，颇符儒家之旨。”[4]《慎子逸文》：“与天下于人，大事也，煦煦者以为惠，而尧舜无德色。取天下于人，大嫌也，洁洁者以为污，而汤武无愧容。惟其义也。”[5]“善为国者，移谋身之心而谋国，移富国之术而富民，移保子孙之志而保志，移求爵禄之意而求义，则不劳而化理成矣。”[6] 这两条逸文论述的德、义、志、富民等观念，均为儒家学说核心概念。《慎子逸文》：“始吾未生之时，焉知生之为乐也。今吾未死，又焉知死之为不乐也。故生不足以使之利，何足以动之？死不足以禁之害，何足以恐之，明于死生之分，达于利害之变，是以目观玉辂琬象之状，耳听白雪清角之声，不能以乱其神。登千仞之谿，临蝯眩之岸，不足以淆其知。夫如是，身可以杀，生可以无，仁可以成。”[7] 仁是儒家的核心观念，杀身成仁的说法，属于儒家主张。

慎到对儒家的核心观念礼，也有比较深刻的论述。《慎子逸文》：“礼从俗，政从上，使从君。国有贵贱之礼，无贤不肖之礼；有长幼之礼，无勇怯之礼；有亲疏之礼，无爱憎之礼也。”（《类聚》三十八、《御览》五百二十三）[8] 礼从俗，明确了礼的标准。贵贱、贤不肖、长幼、亲疏，都被慎到用来构建社会秩序与社会伦理，这与儒家之礼如出一辙。

儒家的恭俭思想，也被慎子所继承。《庄子·刻意》称：“语仁义忠信、恭俭推让为修而已矣，此平世之士，教诲之人，游居学者之所好也。”据成玄英疏，平世之士、教诲之人、游居学者实际上指的就是孔子、子夏之徒，谈说仁义忠信、恭俭推让是他们的喜好。儒家经典中也常见恭俭。……《慎子曰恭俭》中的“恭俭以立身”“俭莫偏焉”正是对儒家这一思想的继承。[9]

---

[1] 许富宏：《慎子集校集注》，中华书局2013年版，第76页。
[2] 许富宏：《慎子集校集注》，中华书局2013年版，第87页。
[3] 许富宏：《慎子集校集注》，中华书局2013年版，第246页。
[4] 许富宏：《慎子集校集注》，中华书局2013年版，第250页。
[5] 钱熙祚：《诸子集成·慎子逸文》，上海书店1986年版，第11页。
[6] 钱熙祚：《诸子集成·慎子逸文》，上海书店1986年版，第13页。
[7] 钱熙祚：《诸子集成·慎子逸文》，上海书店1986年版，第13页。
[8] 许富宏：《慎子集校集注》，中华书局2013年版，第63页。
[9] 杨栋：《论慎子学派对百家之学的整合》，《中国社会科学院研究生院学报》2019年第5期。

《慎子》及其《逸文》《慎子曰恭俭》等文本中儒家色彩较为浓厚，正与慎子所属的黄老学派采儒墨之善有关。

在《慎子逸文》中，有一条原载于《墨子》的："先王之训也，故常欲耕而食天下之人矣。然一身之耕，分诸天下，不能人得一升粟，其不能饱可知也。欲织而衣天下之人矣，然一身之织，分诸天下，不能人得尺布。其不能煖可知也。故以为不若诵先王之道而求其说，通圣人之言而究其旨，上说王公大人，次匹夫徒步之士，王公大人用吾言，行必修。虽不耕而食饥，不织而衣寒，功贤于耕而食之，织而衣之者。（按墨子有此文）"[1] 以往学者研究《慎子》逸文，因此条见于《墨子》，多对此条为《慎子逸文》持否定态度。如果我们了解了慎到黄老思想兼儒、墨的特点，《慎子》引用《墨子》之文，就是非常合情合理的。在《慎子逸文》中，还有与墨家思想相关的文献。江荣海先生曾指出："慎到说，'小人无兼年之食，遇天饥，臣妾舆马非其有也。戒之哉！'（《逸周书 · 文傅解》）'圣王在上，则使人有时而用之有节。'（《逸文》）他的这种思想显然是墨家'强本节用'主张，也就是司马谈认为'不可废'的墨家之善。"[2]

慎到思想中，也能见到名家思辨正名的内容。《慎子逸文》："不肖者不自谓不肖也，而不肖见于行，虽自谓贤，人犹谓之不肖也；愚者不自谓愚也，而愚见于言，虽自谓智，人犹谓之愚。"（《逸文》）此条材料正是刑名家讨论的名实问题。[3] "桀纣之有天下也，四海之内皆乱，关龙逄、王子比干不与焉。而谓之皆乱，其乱者众也。尧舜之有天下也，四海之内皆治，而丹朱、商均不与焉，而谓之皆治，其治者众也。"（《长短经 · 势运篇》注）[4] "鹰，善击也，然日击之，则疲而无全翼矣。骥，善驰也，然日驰之，则蹶而无全蹄矣。"[5] 这两条材料也是讨论名实关系问题。王叔岷先生指出："慎子重定名分，与名家之正统派合，与儒家亦有关。孔子亦极重正名。"《慎子》逸文中有重名思想，与黄老学派的撮名、法之正要相符合。

融合百家，可以说是慎到学术思想最突出的特点。有学者不能很好理解这一点，于是认为《慎子》逸文中有相互矛盾的说法，并主张将一些文献排除

[1] 钱熙祚：《诸子集成 · 慎子逸文》，上海书店1986年版，第11—12页。
[2] 江荣海：《慎到应是黄老思想家》，《北京大学学报》1989年第1期。
[3] 江荣海：《慎到应是黄老思想家》，《北京大学学报》1989年第1期。
[4] 钱熙祚：《诸子集成 · 慎子逸文》，上海书店1986年版，第10—11页。
[5] 钱熙祚：《诸子集成 · 慎子逸文》，上海书店1986年版，第13页。

在《慎子》逸文之外。慎到长期生活在稷下学宫，无疑会受稷下学宫其他各派学者的影响。侯外庐先生曾指出，在稷下学宫讲学的“各派学士既济济一堂，‘讲集议论’，久而久之，自然会经过互相影响，冲淡其本身之学派性，而受他派的感染，甚至形成调和色彩的折衷派。”[1] 杨栋先生指出：“我们可以看出慎子学派已经尝试对诸子百家思想进行整合，将法家、道家、儒家、黄老学派的主要基本理念融会贯通，优化为一个整体。其兼采百家的学术倾向，成为战国中后期学术思想发展的一个缩影。”[2] 慎到融汇百家的学术思想，对战国末年诸子思想之集大成的荀子学术思想产生了最直接的影响。

第四节　慎到学术思想中的道家学说

黄老学说源自道家，慎到作为黄老学说的代表性人物，其思想是对老子思想的继承与发展。慎到思想中的道家学说，《庄子·天下》从道家立场对其进行了概括性的论述。从现存《慎子》及其逸文中，可以勾勒出其道家思想的基本框架。

一、道论

慎到继承老子思想，首先是对老子道的继承与发展。慎到所学“黄老之术”，有时又被称为“道论”（《史记·自序》“习道论于黄子”）。[3]《庄子·天下》对慎到之道有比较详细的论述，其述慎到道论重要观点是“舍知去己”“块不失道”。慎到的这一道论受到嘲笑，人们对慎到的嘲笑其实是有误解的。学者指出：“慎到弃知去己所展现的放弃主观思虑，完全听任万物的主张，虽然给人以没有思维的土块之嫌，但这却不是慎到的真正目的所在。慎到之所以弃知去己的原因是为了引入‘法’的概念，以此达到‘齐物’之最终目的，这却是许多人没有看到的。而这恰恰与慎到对‘因循’思想的论述有关。现存残篇的《慎子》一书便有《因循》篇传世。因循思想大体认为自然界本身存在客观法则，不以人的意志为转移，主观智虑的施用只会徒增烦恼。因此要

[1] 侯外庐：《中国思想通史》第一卷，人民出版社1957年版，第352页。
[2] 杨栋：《论慎子学派对百家之学的整合》，《中国社会科学院研究生院学报》2019年第5期。
[3] 裘锡圭：《马王堆〈老子〉甲乙本卷前后佚书与“道法家”》，载《文史丛稿——上古思想、民俗与古文字学史》，上海远东出版社2012年版，第60页。

做的就是随顺客观法则而行事，这也类同于《天下》篇对慎到弃知去己思想的描述，或许这就是人们嘲笑慎到的直接原因所在。”[1]慎到论述的道与物之关系，黄帝帛书也有相似论述：“物有不合于道者谓之失理。失理之所在，谓之逆。”（《黄帝书·经法·论》）“参之于天地之恒道，乃定祸福生死存亡兴坏之所在。是故万物举不失理，论天下而无遗策。”（《经法·论约》）在《慎子逸文》中，也有慎到关于道的论述：“夫道，所以使贤无奈不肖何也，所以使智无奈愚何也，若此，则谓之道胜矣。”（《文选》张景阳《杂诗》注）[2]“道胜则名不彰。”（《文选》张景阳《杂诗》注）[3]道胜则名不彰，阐述了道与名的关系。

二、不争先与因循思想

不争先为道家学说的重要思想，《老子》曾说“不敢为天下先”，慎到思想中的不争先被《荀子》概括为“有见于后，无见于先”。《荀子·天论》批评慎子：“慎子有见于后，无见于先……有后而无先，则群众无门。”《荀子注》云：“慎到本黄老之术，明不尚贤、不使能之道。以其无争先之意，故曰见后而不见先也。”关于圣人无事，《威德》篇云：“天有明，不忧人之暗也；地有财，不忧人之贫也；圣人有德，不忧人之危也。天虽不忧人之暗，辟户牖必取己明焉，则天无事也；地虽不忧人之贫，伐木刈草必取己富焉，则地无事也；圣人虽不忧人之危，百姓准上而比于下，其必取己安焉，则圣人无事也。故圣人处上，能无害人，不能使人无己害也，则百姓除其害矣。圣人之有天下也，受之也，非取之也。百姓之于圣人也，养之也，非使圣人养己也，则圣人无事矣。”慎懋赏注：“德在圣人，准其法而治，比于下则风俗醇和，四境无虞，而百姓自安其生矣。圣人何事之有？”[4]

《慎子·因循》着重从因人情的角度阐述了其因循思想。“天道因则大，化则细。因也者，因人之情也。人莫不自为也，化而使之为我，则莫可得而用矣。是故先王见不受禄者不臣，禄不厚者，不与入难。人不得其所以自为也，则上不取用焉。故用人之自为，不用人之为我，则莫不可得而用矣。此之谓

[1] 商晓辉：《不齐之齐——慎到与庄子齐物思想比较研究》，《华夏文化论坛》第18辑。
[2] 许富宏：《慎子集校集注》，中华书局2013年版，第84页。
[3] 许富宏：《慎子集校集注》，中华书局2013年版，第85页。
[4] 许富宏：《慎子集校集注》，中华书局2013年版，第2—7页。

因。”[1]“天道因则大，化则细”，滕辅注：“因百姓情，遂自然性，则其功至高，其道至大矣。化使从我，非物所乐，其理祸狭，其德细小也。”蔡汝堃“祸疑为褊字之误”。[2] 慎子从“天道因则大，化则细”出发，提出“因也者，因人之情也”，反对“化而使之为我”的主张。所因百姓之情，即“人莫不自为”。

“人莫不自为”，可以说是一种人性恶。在慎到看来，人性趋利是其本性。《慎子逸文》：“匠人成棺，不憎人死，利之所在，忘其丑也。”（《意林》，又《御览》五百五十一）[3]《慎子逸文》：“家富则疏族聚，家贫则兄弟离，非不相爱，利不足相容也。”（《意林》）[4]《慎子逸文存疑》：“能辞万钟之禄于朝陛，不能不拾一金于无人之地；能谨百节之礼于庙宇，不能不弛一容于独居之余。盖人情每狎于所私故也。”[5] 因人有趋利之性，因此人性，慎到提出“先王见不受禄者不臣，禄不厚者，不与入难”的用臣之术。

因人之情，可以作为君主任用臣下的一条至上法宝。《民杂》云：“民杂处而各有所能，所能者不同，此民之情也。大君者，太上也，兼畜下者也。下之所能不同，而皆上之用也。是以大君因民之能为资，尽包而畜之，无能去取焉。是故不设一方以求于人，故所求者无不足也。大君不择其下，故足。不择其下，则易为下矣。易为下则莫不容，莫不容故多下，多下之谓太上。”[6] 君因民之情，则兼容天下。黄老思想中的包容思想，其道论根本在于因循思想。

在慎子因循思想中，除了因人情之外，还有因势位之含义。“故《韩非·难势》引《慎子》曰：‘尧为匹夫，不能治三人；而桀为天子，能乱天下。贤知未足以服众而势位足以任贤。’”[7] 慎子贵势的法家思想，是从道家因循思想中引申产生的。

从因任自然出发，慎到提出“弃知去己”“不尚贤，不使能”。马叙伦指出：“司马迁谓申、韩原于黄老，盖谓法家不尚贤而一断于法，即道家绝圣弃智而任自然之遗意。”[8] 马先生的论述，用于慎到，最为切合。

[1] 许富宏：《慎子集校集注》，中华书局2013年版，第24—25页。

[2] 蔡汝堃：《慎子集说》，商务印书馆1940年版，第29页。

[3] 许富宏：《慎子集校集注》，中华书局2013年版，第83页。《御览》五百五十一引作：匠人成棺，而无憎于人，利在人死也。

[4] 许富宏：《慎子集校集注》，中华书局2013年版，第88页。

[5] 许富宏：《慎子集校集注》，中华书局2013年版，第106页。

[6] 许富宏：《慎子集校集注》，中华书局2013年版，第30—36页。

[7] 方勇：《子藏·慎子卷1·守山阁丛书本》，国家图书馆出版社2015年版，第14页。

[8] 马叙伦：《庄子天下篇述义》，龙门联合书局1958年版，第46页。

在慎到因循思想中，人们多忽略了其因任自然与因任万物的思想。《慎子逸文》："鸟飞于空，鱼游于渊，非术也。故为鸟、为鱼者，亦不自知其能飞、能游。苟知之，立心以为之，则必堕、必溺，犹人之足驰手捉，耳听目视，当其驰捉、听视之际，应机自至，又不待思而施之也。苟须思之而后可施之，则疲矣。是以任自然者久，得其常者济。"[1] 关于因任万物，《慎子逸文》："公输子巧用材也，不能以檀为瑟。"（《御览》五百七十六）[2]，其中缘故，是未能有所因。《慎子逸文》："行海者，坐而至越，有舟也；行陆者，立而至秦，有车也。秦、越远途也，安坐而至者，械也。"[3] 人因物而成事，慎到的这种思想被《荀子》《吕氏春秋》和《韩非子》所继承，《吕氏春秋·贵因》云："如秦者立而至，有车也；适越者坐而至，有舟也。秦越远途也，竫立安坐而至者，因其械也。"《韩非子·奸劫弑臣》云："治国者之有法术赏罚，犹若陆行之有犀车良马也，水行之有轻舟便械也，乘之者遂得其成。"因循思想在社会治理领域很自然地转化为法治思想。

三、道家养生论

道家养生，一为养身，一为养德与养心。在《慎子逸文》中均有论述。"饮过度者生水，食过度者生贪"（《御览》八百四十九）[4]，此为饮食养身。《慎子逸文》："夫德精微而不见，聪明而不发，是故外物不累其内。"（《文选》沈约《游沈道士馆》诗注、嵇康《养生论》注、《周易述》卷二十二）[5]"外物不累其内"，是道家养生的根本原则。《慎子逸文》："昼无事者，夜不梦"（《云笈七签》三十二）[6]，《庄子·大宗师》："古之真人，其寝不梦"。真人不梦的说法，还见于《淮南子·俶真》。真人不梦，也属于道家养生理论之一。

[1] 钱熙祚：《诸子集成·慎子逸文》，上海书店1986年版，第14页。
[2] 方勇：《子藏·慎子卷1·严可均抄本》，国家图书馆出版社2015年版，第110页。
[3] 许富宏：《慎子集校集注》，中华书局2013年版，第60页。
[4] 钱熙祚：《诸子集成·慎子逸文》，上海书店1986年版，第9页。
[5] 许富宏：《慎子集校集注》，中华书局2013年版，第84页。
[6] 许富宏：《慎子集校集注》，中华书局2013年版，第91页。

第五节　慎到法家思想研究

学者将慎到归属为法家学派，我们认为主要有三个原因，一是《汉书·艺文志》将《慎子》列入法家；二是荀子批评慎到“尚法而不知法”，《吕氏春秋》《韩非子》等有论述慎到法家贵势思想；三是因为现存《慎子》及《逸文》中多为法家思想的文献。无论学者将慎到归属法家是否合适，慎到学术思想中法家思想占据着重要地位，这一点是没有任何问题的。

慎到法思想，直接来源于其学术思想中的道家思想，尤其是道家思想中的因循思想。以往学者多将慎到归入法家贵势派，这种说法是不恰当的。在慎到学术思想中，法、术、势均占有一定地位，蔡汝堃先生称慎到思想为“亦世势、法、术三派法家之滥觞也”[1]。潘志峰先生也曾指出：“实际上，从《慎子》一书的内容来看，慎到不仅重‘势’，也尊‘法’重‘术’。”[2]刘泽华先生对慎到思想中的法、术、势进行了系统而深入的研究，认为：“《慎子》一书不仅讲势，而且尚法，书中虽没有明确提出‘术’的概念，但有一部分内容是论‘术’的。这样在《慎子》一书中，势、法、术思想都具备了，这对考察后来法家思想渊源有重要的意义。”“慎子的势、法、术是相互补充、相互制约、相互联系的理论整体，势是法、术的前提，但又不能独立行使，势要通过法来实现，通过术驾驭臣子并处理好君主与臣下的关系。”“如果把《慎子》与《申子》《商君书》《管子》书中法家派的著作以及《韩非子》加以比较，《慎子》一书有明显的特点，这就是贵势而不尚独断，尚法而不崇尊严，任术而不贵阴谋。整个思想显得庄重、深沉。慎到又是法家中最先把道法结合起来的人物，所以在法家学派中占有特别重要的地位。”[3]

一、慎到尚法思想

文献记载慎到之“法”，有广义和狭义之分。广义之法与道相应，舍己而以物为法，属于由道产生之法，具有自然法的特性，它包括法家中所言法、术、势三个方面；狭义的法，则指与术、势对应的法。《荀子》批评慎到“尚

[1] 蔡汝堃：《慎子集说》，商务印书馆1940年版，第19—23页。

[2] 王永祥、潘志锋、惠吉兴等：《慎到、公孙龙、荀况研究》，河北大学出版社2002年版，第91页。

[3] 刘泽华：《论慎到的法、术、势思想》，《文史哲》1983年第1期。

法而不知法”，可谓抓住了慎到学术思想中“尚法”的特点。慎到“尚法”思想，主要包括以下几个方面：

（一）因人心与自然而立法。《慎子逸文》：“法非从天下，非从地出，发于人间，合乎人心而已。”[1]《艺文类聚》卷五十四引作《文子》曰，《文子·上义》云：“文子问曰：‘法安所生？’老子曰：‘法生于义，适合乎人心，此治之要也。法，非从天下也，非从地出也，发乎人间，反己自正。’”此句或当出自《文子》，或为《文子》引《慎子》言。法“发于人间，合乎人心而已”，与慎到的因人情思想正相吻合。

慎到因循思想，首先是因天道自然，其法的产生，也是因自然而来。慎到云：“古之全大体者，望天地，观江海，因山谷，日月所照，四时所行，云布风动，不以智累心，不以私累己，寄治乱于法术，托是非于赏罚，属轻重于权衡。不逆天理，不伤情性，不吹毛而求小疵，不洗垢而察难知，不引绳之外，不推绳之内，不急法之外，不缓法之内，守成理，因自然，祸福生乎道法，而不出乎爱恶，荣辱之责在乎己，而不在乎人。故至安之世，法如朝露，纯朴不欺，心无结怨，口无烦言。”[2]因人心与自然而立法，是慎到法理思想的基础。

（二）以法治国。慎到主张治理国家，应该以法为准则。“法者，所以齐天下之动，至公大定之制也。故智者不得越法而肆谋，辩者不得越法而肆议，士不得背法而有名，臣不得背法而有功。我喜可抑，我忿可窒，我法不可离也；骨肉可刑，亲戚可灭，至法不可阙也。”[3]《慎子逸文》：“有权衡者，不可欺以轻重；有尺寸者，不可差以长短；有法度者，不可巧以诈伪。”（《意林》《御览》四百二十九）[4] 因为法像权衡一样有作为统一人心标准的作用，即使不善之法，也胜于无法。慎到说：“法虽不善，犹愈于无法，所以一人心也。夫投钩以分财，投策以分马，非钩策为均也。使得美者，不知所以德（蔡汝堃校注作美，并说治要本作赐，《慎子集说》28页）；使得恶者，不知所以怨（蔡汝堃校本作恶），此所以塞愿望也。故蓍龟，所以立公识也；权

[1] 许富宏：《慎子集校集注》，中华书局2013年版，第102页。

[2] 许富宏：《慎子集校集注》，中华书局2013年版，第103页。许富宏先生认为此条不属于《慎子》逸文，我们以为《四库全书总目提要》评价慎到，或以此文为根据，而且此文与慎到思想亦相合。此文见于《韩非子》，或为《韩非子》引慎到文。

[3] 许富宏：《慎子集校集注》，中华书局2013年版，第108页。

[4] 许富宏：《慎子集校集注》，中华书局2013年版，第67页。

衡，所以立公正也；书契，所以立公信也；度量，所以立公审也；法制礼籍，所以立公义也。凡立公，所以弃私也。”[1] 立公弃私，可以使私不行。《慎子逸文》：“法之功，莫大使私不行；君之功，莫大使民不争。今立法而行私，是私与法争，其乱甚于无法；立君而尊贤，是贤与君争，其乱甚于无君。故有道之国，法立则私议不行，君立则贤者不尊。民一于君，事断于法，是国之大道也。”（《类聚》五十四、《御览》六百三十八、《北堂书钞》四十三）[2] 慎到的依法治国思想，是与其尊君思想结合在一起的。

虽然慎到主张尊君，但他尊君并没有将君主置于无上地位，认为立天子以为天下，非利一人。《威德》篇云：“古者，立天子而贵之者，非以利一人也。曰：天下无一贵，则理无由通，通理以为天下也。故立天子以为天下，非立天下以为天子也；立国君以为国，非立国以为君也；立官长以为官，非立官以为官长也。”[3] 慎到反对君主一人超越法律之上，以君主意志治国。《慎子·君人》云：“君人者，舍法而以身治，则诛赏予夺，从君心出矣。然则受赏者虽当，望多无穷；受罚者虽当，望轻无已。君舍法，而以心裁轻重，则同功殊赏，同罪殊罚矣，怨之所由生也。是以分马者之用策，分田者之用钩，非以钩策为过于人智也，所以去私塞怨也。故曰：大君任法而弗躬，则事断于法矣。法之所加，各以其分，蒙其赏罚而无望于君也。是以怨不生而上下和矣。”[4]“弃道术，舍度量，以求一人之识识天下，谁子之识能足焉？”（《荀子·王霸》篇注、《升庵外辑》四十八）[5] 慎到认为，君主凭自己的才智以身心治国，必然引起国家的混乱。慎到的尊君与法治融为一体的思想，与晚期法家的君主集权、以法治民思想有着根本性的区别。

慎到认为，法在国家治理中，还有定赏分财的功能。《威德》篇云：“明君动事分功必由慧，定赏分财必由法[6]，行德制中必由礼。故欲不得干时，爱不得犯法，贵不得逾亲，禄不得逾位，士不得兼官，工不得兼事。以能受事，以事受利。若是者，上无羡赏，下（蔡汝堃本作民）无羡财。”[7] 慎到君主以

[1] 许富宏：《慎子集校集注》，中华书局2013年版，第18页。
[2] 许富宏：《慎子集校集注》，中华书局2013年版，第103页。
[3] 许富宏：《慎子集校集注》，中华书局2013年版，第16页。
[4] 许富宏：《慎子集校集注》，中华书局2013年版，第52—54页。
[5] 许富宏：《慎子集校集注》，中华书局2013年版，第82页。
[6] 蔡汝堃《慎子集说》第28页校注云：《治要》此两句作“明君动事必由惠，定罪分财必由法”。我们认为，从滕辅注“法者所以爱民，礼者所以便事”看，罪字应作赏字。
[7] 许富宏：《慎子集校集注》，中华书局2013年版，第21页。

法定赏罚的思想，被后期法家所继承。

（三）以道而变法。慎到认为，法产生后，不能“守法而不变”，而法的改变，是需要君主来完成。君主变法，以道为标准。《慎子》云：“故治国无其法则乱，守法而不变则衰。有法而行私谓之不法。以力役法者，百姓也；以死守法者，有司也；以道变法者，君长也。”（《北堂书钞》四十三，《艺文类聚》五十四）[1] 以道变法，使法的改变也有了形上根据。

二、慎到学术思想中的术

法家之术，是指君主的统治术。《韩非子·定法》：“今申不害言术而公孙鞅为法。术者，因任而授官，循名而责实。”黄老学派又被称为“黄老道德之术”，本身即是一种非常重视统治术的学派。慎到的国君御臣之术，主要有两方面内容，一是“臣事事而君无事”，一是“士不兼官”。

《慎子·民杂》云：“君臣之道，臣事事而君无事，君逸乐而臣任劳。臣尽智力以善其事，而君无与焉，仰成而已。故事无不治，治之正道然也。人君自任，而务为善以先下，则是代下负任蒙劳也，臣反逸矣。故曰：君人者，好为善以先下，则下不敢与君争为善以先君矣，皆私其所知以自覆掩，有过，则臣反责君，逆乱之道也。君之智，未必最贤于众也，以未最贤而欲以善尽被下，则不赡矣。若使君之智最贤，以一君而尽赡下则劳，劳则有倦，倦则衰，衰则复反于不赡之道也。是以人君自任而躬事，则臣不事事，是君臣易位也，谓之倒逆，倒逆则乱矣。人君苟任臣而勿自躬，则臣皆事事矣。是君臣之顺，治乱之分，不可不察也。”[2]“臣事事而君无事”的御臣术，与申子术的思想相近，后被韩非所继承。

《慎子·威德》云：“古者，工不兼事，士不兼官。工不兼事则事省，事省则易胜；士不兼官则职寡，职寡则易守。故士位可世，工事可常。百工之子，不学而能者，非生巧也，言有常事也。今也国无常道，官无常法，是以国家日缪。教虽成，官不足。官不足则道理匮，道理匮则慕贤智，慕贤智则国家之政要在一人之心矣。”[3] 慎子设官分职的“士不兼官则职寡，职寡则易守”，从道家思想衍生而来。易守之官有常法，可以避免官不足而道理匮之患。

[1] 严可均抄本《慎子》，载方勇：《子藏·慎子卷1》，国家图书馆出版社2015年版，第107页。
[2] 许富宏：《慎子集校集注》，中华书局2013年版，第36页。
[3] 许富宏：《慎子集校集注》，中华书局2013年版，第13页。

三、慎到学术思想中的势

慎到思想中的贵势，也是由其因循思想衍生而来。慎到主张因循自然，以自然之势为准则。《慎子逸文》云："今之重锱铢，役千仞之水，穷泥于后止，势然也。吴舟之重，错之千钧，入水则浮，轻于锱铢，则势浮之也。"（《北堂书钞》一百三十七。）[1]《慎子逸文》："燕鼎之重乎千钧，乘于吴舟，则可以济。所托者，浮道也。"（《御览》七百六十八）[2]"离朱之明，察秋毫之末于百步之外，下于水尺，而不能见浅深。非目不明也，其势难睹也。"（《文选》《演连珠》注、《杨荆州诔》注、《类聚》十七、《御览》三百六十六）[3]

慎到除了主张因循天地自然之势，还力主因循社会自然之势。《威德》篇云："故腾蛇游雾，飞龙乘云，云罢雾霁，与蚯蚓同，则失其所乘也。故贤而屈于不肖者，权轻也；不肖而服于贤者，位尊也。尧为匹夫，不能使其邻家。至南面而王，则令行禁止。由此观之，贤不足以服不肖，而势位足以屈贤矣。故无名而断者，权重也；弩弱而矰高者，乘于风也；身不肖而令行者，得助于众也。故举重越高者，不慢于药；爱赤子者，不慢于保；绝险历远者，不慢于御。此得助则成，释助则废矣。夫三王五伯之德，参于天地，通于鬼神，周于生物者，其得助博也。"[4]《韩非子·难势》篇称引慎到之言："贤人而诎于不肖者，则权轻位卑也；不肖而能服于贤者，则权重位尊也。尧为匹夫，不能治三人；而桀为天子，能乱天下：吾以此知势位之足恃，而贤智之不足慕也。夫弩弱而矢高者，激于风也；身不肖而令行者，得助于众也。尧教于隶属而民不听；至于南面而王天下，令则行，禁则止。由此观之，贤智未足以服众，而势位足以诎贤者也。"[5]

慎到所贵之势，曾受到韩非的批评。韩非在《难势》篇指出，慎到所说的势仅仅是那种"自然之势"，他只是从生来就拥有权势处上位的人那里看到了势的重要，而没有看到还有人为之势。[6]

---

[1] 许富宏：《慎子集校集注》，中华书局2013年版，第76页。

[2] 许富宏：《慎子集校集注》，中华书局2013年版，第77页。

[3] 许富宏：《慎子集校集注》，中华书局2013年版，第71页。

[4] 许富宏：《慎子集校集注》，中华书局2013年版，第9—10页。

[5] 梁启雄：《韩子浅解》，中华书局2009年版，第391页。

[6] 苗润田：《从先秦文献中看慎到的思想特点》，《齐鲁学刊》1983年第2期。

与慎到贵势说密切相关的，还有他的定分之说。慎子云："今一兔走，百人逐之，非一兔足为百人分也，由未定。由未定，尧且屈力，而况众人乎？积兔满市，行者不顾，非不欲兔也，分已定矣。分已定，人虽鄙不争。故治天下及国，在乎分定而已矣。"（《吕氏春秋·慎势》《后汉书·袁绍传》注、《意林》及《御览》九百七并节引）[1] 慎到认为，分定则势成，因此治国及天下，在乎分定。慎到的分定思想，与申子贵势思想相近。[2]

慎到贵势，被韩非子所继承；而韩非子的贵势思想，与慎到的贵势思想是有一定区别的。赵逵夫先生指出："慎到所讲的势的理论是同他的整个法治理论体系联系在一起的，对'势'的理解同韩非并不完全相同，将他的思想作简单化理解，会忽略他在秦汉社会发展史上的意义，不能看到他在学术史上的重要地位。"[3]

第六节　慎到治国思想中的非忠与不尚贤思想

慎到主张以法治国，反对君主以忠臣治国。《慎子·知忠》云："乱世之中，亡国之臣，非独无忠臣也；治国之中，显君之臣，非独能尽忠也。治国之人，忠不偏于其君；乱世之人，道不偏于其臣。然而治乱之世，同世有忠道之人。臣之欲忠者，不绝世，而君未得宁其上。无遇比干、子胥之忠，而毁瘁主君于闇墨之中，遂染溺灭名而死。由是观之，忠未足以救乱世，而适足以重非。何以识其然也？曰：父有良子，而舜放瞽叟；桀有忠臣，而过盈天下。然则孝子不生慈父之家，而忠臣不生圣君之下。故明主之使其臣也，忠不得过职，而职不得过官。是以过修于身，而下不敢以善骄矜。守职之吏，人务其治，而莫敢淫偷其事。官正以敬其业，和顺以事其上，如此则至治已。亡国之君，非一人之罪也；治国之君，非一人之力也。将治乱，在乎贤使任职，而不在于忠也。故智盈天下，泽及其君；忠盈天下，害及其国。故桀之所以亡，尧不能以

[1] 许富宏：《慎子集校集注》，中华书局2013年版，第68页。

[2] 以往学者多将贵术归为申不害思想，而将贵势归为慎到思想。《荀子·解蔽》有"申子蔽于势而不知知"的说法，许多学者认为此处的文本是错误的。裘锡圭先生认为，申、慎二人有不少相似的思想。例如：申不害喜欢讲"因"（《群书治要》卷36引《申子·大体》："凡因之道，身与公无事，无事而天下自极也"），慎到也喜欢讲"因"（《慎子》有《因循》篇）。申不害喜欢讲"势"（《荀子·解蔽》："申子蔽于势而不知知"），慎到也喜欢讲"势"（见《韩非子·难势》，《慎子·威德》也谈到势）等等。裘说可从。

[3] 赵逵夫：《慎子集校集注·序》，中华书局2013年版，第1页。

为存。然而尧有不胜之善，而桀有运非之名，则得人与失人也。故廊庙之材，盖非一木之枝也；粹白之裘，盖非一狐之皮也；治乱安危存亡荣辱之施，非一人之力也。”[1]“忠未足以救乱，而适足以重非”，是慎到反对以忠臣治国的重要原因。“君明臣直，国之福也。父慈子孝，夫信妻贞，家之福也。故比干忠而不能存殷，申生孝而不能安晋，是皆有忠臣孝子而国家灭乱者。何也？无明君贤父以听之。故孝子不生慈父之家，忠臣不生圣君之下。”[2]慎到反对以忠臣治国，根本上是反对人治，他所强调的“治乱安危，存亡荣辱之施，非一人之力也”，透露出反对忠臣治国的根本原因。

慎到治国中的不尚贤思想，包括两个方面，一是任势而非贤，一是尊君而非贤。任势而非贤，是因为“势位足以诎贤者”。尊君而非贤，是因为“立君而尊贤，是贤与君争，其乱甚于无君”。慎到治国不尚贤，是指不尚贤人之治，即不将贤人与君主并列，不放弃法势而任贤。慎到并不是否定贤的作用，学者将慎到思想中关于贤的两种功用混而为一，产生错误。《知忠》篇云：“亡国之君，非一人之罪也；治国之君，非一人之力也。将治乱，在乎贤使任职而不在于忠也。”慎到将“贤使任职”作为治理国家的重要原则，可见慎到并非如荀子所批评的“蔽于贤”。

[1] 许富宏：《慎子集校集注》，中华书局2013年版，第40—45页。
[2] 许富宏：《慎子集校集注》，中华书局2013年版，第97页。

第五章　名家代表人物公孙龙的学术思想

伴随着春秋战国百家争鸣的学术繁荣和论辩激烈的，就是逻辑学、名学的兴起和发展。其代表性的人物，在墨家之后，当属战国中期燕赵地域的公孙龙了。其“白马非马”“离坚白”论可谓闻名遐迩。我们虽未见其在燕赵地域以外活动的记录，但其学术影响却遍及全国，在后世也始终不绝如缕。今传《公孙龙子》中的5篇，很可能就是公孙龙的作品，为我们研究、分析公孙龙的逻辑学、语言学观点提供了宝贵的直接资料。

第一节　公孙龙的生平

首先介绍一下公孙龙的基本情况，包括其国籍时代、主要经历和作品。

一、公孙龙的国籍、时代

中国古籍中，涉及“公孙龙”的史料较多，栾星[1]、徐复观[2]、董英哲[3]等都做了相当完备的辑录。就像古籍整理选择底本一样，我们选择今本《史记》[4]卷74《孟子荀卿列传》“而赵亦有公孙龙，为坚白、同异之辩”作为讨论的基准。选择的理由，一是它与本书主题有关，二是《史记》可靠性高，三是它与大多数材料不冲突。在《史记》中，还有两篇提到“公孙龙”，即卷67《仲尼弟子列传》和卷76《平原君虞卿列传》。《仲尼弟子列传》曰：

> 公孙龙，字子石。（《集解》：郑玄曰楚人。《索隐》：《家语》或作“宠”，又云“砻”，《七十子图》非“砻”也。按：字子石，则

[1] 栾星：《公孙龙子长笺》附录一《公孙龙及〈公孙龙子〉史料汇编》，中州书画社1982年版，第116—152页。
[2] 徐复观：《公孙龙子讲疏》附录二《有关公孙龙之若干资料》，台湾学生书局1966年版，第53—72页。
[3] 董英哲：《先秦名家四子研究》第四编《公孙龙与〈公孙龙子〉》附录一《古籍中有关公孙龙与〈公孙龙子〉的记载》，上海古籍出版社2014年版，第682—710页。
[4] 此处所谓“今本《史记》”，即指中华书局2014年8月修订第1版《史记》。下面提到的《史记》，多数默认指今本《史记》。

“砻”或非谬。郑玄云楚人，《家语》卫人。然《庄子》所云“坚白之谈”，则其人也。《正义》：《家语》云卫人，《孟子》云赵人，《庄子》云“坚白之谈”也。）少孔子五十三岁。

《平原君虞卿列传》曰：

虞卿欲以信陵君之存邯郸为平原君请封。公孙龙闻之，夜驾见平原君曰：“龙闻虞卿欲以信陵君之存邯郸为君请封，有之乎？”平原君曰：“然。”龙曰：“此甚不可。且王举君而相赵者，非以君之智能为赵国无有也。割东武城而封君者，非以君为有功也，而以国人无勋，乃以君为亲戚故也。君受相印不辞无能，割地不言无功者，亦自以为亲戚故也。今信陵君存邯郸而请封，是亲戚受城而国人计功也。此甚不可。且虞卿操其两权，事成，操右券以责；事不成，以虚名德君。君必勿听也。”平原君遂不听虞卿。

……

平原君厚待公孙龙。公孙龙善为坚白之辩，及邹衍过赵，言至道，乃绌公孙龙。（《集解》：刘向《别录》曰：“齐使邹衍过赵，平原君见公孙龙及其徒綦毋子之属，论‘白马非马’之辩，以问邹子。邹子曰：‘不可。彼天下之辩有五胜三至，而辞正为下。辩者，别殊类使不相害，序异端使不相乱，杼意通指，明其所谓，使人与知焉，不务相迷也。故胜者不失其所守，不胜者得其所求。若是，故辩可为也。及至烦文以相假，饰辞以相惇，巧譬以相移，引人声使不得及其意。如此，害大道。夫缴纷争言而兢后息，不能无害君子。’坐皆称善。”）

《平原君虞卿列传》所述，与《孟子荀卿列传》所述是符合、不冲突的，而《仲尼弟子列传》所述则不然。

如《史记索隐》所言，《仲尼弟子列传》所言“公孙龙”有可能是“公孙宠”“公孙砻”之字误。我们假定没有字误。孔子生于公元前551年，《仲尼弟子列传》所述公孙龙既是孔子弟子，又“少孔子五十三岁”，则当生于公元前498年。而赵列为诸侯，是在公元前403年。《史记》卷43《赵世家》：“（赵烈侯）六年，魏、韩、赵皆相立为诸侯，追尊献子为献侯。”在此年，此公孙龙当有96岁（虚岁）。96岁，是否健在尚有可疑；即使健在，且身在赵国境内、被视为赵人的可能也微乎其微。所以，此公孙龙是《孟子荀卿列传》所述公孙龙的可能微乎其微。

信陵君窃符救赵，据《史记》卷15《六国年表》、卷43《赵世家》、卷44《魏世家》、卷77《魏公子列传》等所载，事在赵孝成王八年或九年、魏安釐王二十年，即公元前258或前257年。如果此公孙龙仍然健在，此时当有241或242岁，这是不可能的。而《平原君虞卿列传》述公孙龙阻拦平原君在信陵君窃符救赵之后受封。所以，《平原君虞卿列传》所述公孙龙必非《仲尼弟子列传》所述公孙龙。

《仲尼弟子列传》并未言及其公孙龙为坚白、同异之辩；身为仲尼弟子而以为坚白、同异之辩著称也很不可思议；不同的人，都名叫"公孙龙"者有可能很多（按照当时的命氏规则，被称为"公子""公孙"的人都是诸侯的子孙），但既都名叫"公孙龙"，又都以为坚白、同异之辩著称的可能性则极小。而《平原君虞卿列传》却明确说"平原君厚待公孙龙。公孙龙善为坚白之辩，及邹衍过赵，言至道，乃绌公孙龙"。所以，《孟子荀卿列传》所述的为坚白、同异之辩的赵人公孙龙极可能是《平原君虞卿列传》所述公孙龙，也极可能是《庄子·秋水》所述持"坚白之谈"的公孙龙，而极可能非《仲尼弟子列传》所述公孙龙。《史记索隐》《史记正义》言《仲尼弟子列传》所述公孙龙为《庄子·秋水》所述持"坚白之谈"的公孙龙的可能微乎其微。

另外，有《庄子》佚文[1]述及某位梁君有御者名叫公孙龙，谏阻他因雁而杀人。此与《史记》诸文所述，除了同名"公孙龙"外，没有吻合，甚至还有冲突（《史记》诸文所述的公孙龙担任梁君御者的可能极小）。甚至，此"公孙龙"，还可能是"公孙袭"之字误。[2]

综上所述，可以说，在笔者所掌握史料范围内，先秦有三个极可能不同的人，一个的名字被记为"公孙龙"而无异说，两个的名字被记为"公孙龙"而有异说（一个可能为"公孙砻"，一个可能为"公孙袭"）；或者说，先秦至少有三个有据可查的、可能名叫"公孙龙"的不同的人。[3]而我们要讨论的是《史

[1]《艺文类聚》卷66、卷100，《困学纪闻》10，《太平御览》卷457、卷832俱有引。《太平御览》卷390引《说苑》佚文亦有此事。

[2]刘向：《新序·杂事》有此事，但"公孙龙"作"公孙袭"。

[3]胡道静说："《仲尼弟子列传》之公孙龙，与《孟子荀卿列传》之公孙龙，实系二人，年代相去亦甚远。"（《公孙龙子考》，商务印书馆1934年版，第7页）除了"实"略有夸大之外，还算可以。而杨慎说："周有两公孙龙：一春秋孔子门人，一战国平原辩士。"（《升庵外集》卷48《子说·公孙龙子》自注）"有两"就不够严谨了。

记·孟子荀卿列传》所述的这个公孙龙。

至于《史记·孟子荀卿列传》所述公孙龙的国籍，它说“赵亦有公孙龙”；其他史料，凡是提到国籍的，除《吕氏春秋·审应览·应言》“公孙龙说燕昭王以偃兵”（东汉）高诱注“龙，魏人”、（清）陆心源《皕宋楼藏书志》卷55《子部·杂家类》著录“《公孙龙子》一卷，明嘉靖刊本，题周齐人公孙龙著”以外，也都说“赵”，如《淮南子·齐俗训》（东汉）许慎注：“公孙龙，赵人，好分析诡异之言，以白、马不得合为一物，离而为二也。”《庄子·秋水》“公孙龙问魏牟”（西晋）司马彪注：“龙，赵人；牟，魏之公子。”[（唐）陆德明《经典释文·庄子音义》引]《庄子·秋水》成玄英疏：“姓公孙，名龙，赵人也。”《庄子·天下》成玄英疏：“姓桓，名团；姓公孙，名龙，并赵人，皆辩士也，客游平原君之家。”高诱、陆心源的说法，不但产生晚，而且孤立（独此一家），又未经论证，还与众多史料所述不合（虽然也不算冲突），所以可信度极低。而“赵”说，不但产生早，而且众多，还与众多史料所述相合，例如《史记·平原君虞卿列传》：“平原君厚待公孙龙。”今本《公孙龙子·迹府》：“公孙龙，赵平原君之客也。”所以可信度极高。

《孟子荀卿列传》所述公孙龙的生活年代，可用的史料有：

1.《孟子荀卿列传》言“赵亦有公孙龙”，则此公孙龙至少主要的生活年代应在赵立国期间。而赵立国期间，乃公元前403年至公元前222年。所以，此公孙龙至少主要的生活年代应在公元前403年至公元前222年间。

2.《吕氏春秋·审应览·淫辞》：“平原君……谓公孙龙曰：‘公无与孔穿辩。’”《孔丛子·公孙龙》：“平原君……谓公孙龙曰：‘公无复与孔子高辩事也。……’”既然平原君尊称公孙龙为“公”，则公孙龙应当年长于平原君，且不止三年五载，也许七八岁，也许十来岁，也许二十来岁，但更多的可能不大。

平原君的生年，史无明文。《史记·魏公子列传》：“公子姊为赵惠文王弟平原君夫人”。可见平原君是赵惠文王的弟弟。《史记·六国年表》：“（赵武灵王）十六年（公元前310年），吴广入女，（女）生子何，立为惠王后。”“（赵武灵王）二十五年（公元前301年），惠后卒。”“赵惠文王元年（公元前298年），以公子胜为相，封平原君。”《史记·赵世家》：“（赵武灵王十六年）吴广闻之，因夫人而内其女娃嬴。孟姚也。孟姚甚有宠于王，是为惠后。”“主父初以长子章为太子，后得吴娃，爱之，为不出者数岁，生子何，乃废太子章而立何为王。”公元前310年纳惠后，则赵何（惠文王）与赵胜（平原君）出生必定不早于公元前310、309年；惠后卒于公元前301年，则赵何与赵胜出生必定不晚于公元前302、301年。“为不出者数岁”，未必赵何与赵胜生于数岁之后。考虑到公元前298年为赵何为王之元年、赵胜为相之始年[1]，二人总不至于都是三五岁的娃娃，七八岁以上比较合适（但不会大于十二三虚岁）。这样，赵胜出生最早不宜早于公元前309年，最迟不宜晚于公元前304年。

公孙龙年长于平原君，且不止三年五载，也许七八岁、十来岁、二十来岁，但更多的可能不大。那么，其出生很可能不晚于公元前310年、不早于公元前330年。取中、取整的话，我们可以说，公孙龙大约生于公元前320年前后。

史载公孙龙的事迹，有明确时间的，其中最晚的就是《平原君虞卿列传》所述公孙龙于公元前258或257年阻拦平原君在信陵君窃符救赵之后受封一事（又见于《战国策·赵策三·秦攻赵平原君使人请救于魏》）。按照前面推算，此时公孙龙的年岁大概是六十出头，仍在普通寿命范围之内。公孙龙此时必定在世。亦即：公孙龙之卒，必定不早于此事，不早于此年。《平原君虞卿列传》在此后又述齐人邹衍过赵言绌公孙龙一事。《史记集解》引刘向《别录》曰此时平原君尚健在。平原君的卒年，《史记·六国年表》：“（赵孝成王）十五年（公元前251年），平原君卒。”《史记·赵世家》：“十四年，平原君赵胜死。（《索隐》：按《年表》在十五年也。）”《史记·平原君虞卿列传》说：“平原君以赵孝成王十五年卒。（《索隐》：按《六国年表》及《世家》并云十四年卒，与此不同。）”则此事必定在公元前251或252年前。公孙龙之卒，必定不早于此事，不早于此年。但这对判断公孙龙的卒年并无参考意义。公孙龙之卒，我们既不可说必定早于平原君的卒年（公元前251年），也不可说必定等于平原君的卒年，也不可说必定晚于平原君的卒年，甚至不能以平原君的卒年为标杆说“约在公元前251年前后”。而应该考虑到古人年龄的特点以估计，从六十岁以后，死亡的概率越来越高，存活的概率越来越低，超过九十岁的可能很小。所以我们由公元前257年开始、取整，把公孙龙的卒年权且定为古稀之年的七十岁，约在公元前250年前后，这个前后，可以再早七八年，可以再晚几年、十几年甚至二十年（不能排除公孙龙活到九十岁的可能）。它跟平原君的卒年无关，根据平原君的卒年来推断它是不恰当的。

---

[1]《资治通鉴》把赵胜为相之年置于赵孝成王元年（公元前265年），亦有可能。钱穆亦主张此说，见其《先秦诸子系年·先秦诸子系年考辨·平原君为相考》（《钱宾四先生全集》第5卷，台湾联经出版公司1998年版，第473页）。

综上所述，公孙龙大约生于公元前320年前后，大约卒于公元前250年前后或更晚。据此，赵国的另外一位大学者荀况，时代与之大概同时而略晚。

二、公孙龙的主要经历

民国十四年（1925），王琯（字献唐）曾作《公孙龙子事辑》。[1] 民国十七年（1928），谭戒甫曾作公孙龙传，曰：

> 公孙龙者，姓公孙氏，名龙，或字子石，赵人。其生卒年寿，皆不可考；然卒岁约与赵平原君相上下。好形名，为辩者。所持“坚白”“同异”诸说，辄与名家相反。尝在平原君所，与孔穿论“白马非马”“臧三耳”甚析；平原君厚遇之。赵孝成王九年，秦攻赵，平原君使人请救于魏；信陵君发兵至邯郸。十年，秦兵罢。虞卿为平原君请益地于赵王；龙闻之，夜驾见平原君，为计勿受，卒劝阻之。空雒之会，秦赵相约为助。未几，秦攻魏，赵欲救之；秦王因让赵王背约。赵王以告平原君，平原君以告公孙龙，亦谓可发使让秦王背约。其机变而持大体如此。又尝说赵惠文王及燕昭王以偃兵。其谓惠文王曰：“偃兵之意，兼爱天下之心也；兼爱天下，不可以虚名为也，必有其实。”亦墨家“兼爱”“非攻”之旨。在赵时，徒属当不少。后邹衍过赵，言“五胜三至”之道，乃绌之。所著书，汉刘向校录之为十四篇。[2]

董英哲又根据《庄子》《吕氏春秋》《战国策》《淮南子》《史记》《列子》等书的记载，对公孙龙的主要经历进行了梳理。[3] 王、谭、董诸人对现有资料中与《史记·孟子荀卿列传》所述公孙龙的经历有关的部分予以了较为全面的吸收，但是仍有不够详尽、不够精确之处。

首先，公孙龙曾经充当赵平原君赵胜的门客。《史记·平原君虞卿列传》：“平原君厚待公孙龙。”今本《公孙龙子·迹府》：“公孙龙，赵平原君之客也。”平原君是赵武灵王之子、赵惠文王之弟、赵孝成王之叔，并长期担任赵国的相，是战国四公子之一。公孙龙既被称为“赵人”，即使不是原籍赵国，也是

[1] 收入王琯：《公孙龙子悬解》，中华书局1992年版，第2—8页。
[2] 谭戒甫：《公孙龙子形名发微·传略第一》，中华书局1963年版，第1—6页。
[3] 董英哲：《先秦名家四子研究》，上海古籍出版社2014年版，第578—584页。

长期、主要居留于赵国。因而他充当平原君的门客，不但合情合理，而且恐怕时间会很久，最早从平原君十五岁左右即可开始，可能一直维持到二人之死，也就是说最长大概能到40年之久，少于20年的可能不大。公孙龙充当门客，并不影响他期间暂时周游列国，所以董英哲估计到赵惠文王二十年（公元前279年），公孙龙大约40岁时才开始在平原君家充当门客[1]，根据很不充分。

其次，公孙龙曾经劝说燕昭王偃兵。见于《吕氏春秋·审应览·应言》，其中有言："其卒果破齐以为功。"燕昭王在位于公元前312—公元前279年，燕之破齐时在公元前284年。则此事当发生于公元前284年至公元前279年之间。《淮南子·道应训》说公孙龙往说燕王之前"在赵"，并有弟子若干人。他此时约有35岁，可以有弟子。与各处史料没有冲突。

再次，公孙龙曾经劝说赵惠文王偃兵。见于《吕氏春秋·审应览·审应》，其中赵惠文王说"寡人事偃兵十余年矣"、公孙龙说"今蔺、离石入秦，……攻齐得城"。赵惠文王在位于公元前299—公元前266年。他说"寡人事偃兵十余年矣"，则至此时其在位至少已有十余年了。蔺、离石入秦，据《史记·赵世家》，当即秦攻占赵蔺、离石、祁，时在赵惠文王十七、十八年（公元前282、前281年）。东攻齐得城，据《史记·赵世家》，当即"（赵惠文王）十六年，秦复与赵数击齐，齐人患之。……王与燕王遇。廉颇将，攻齐昔阳，取之。……十九年，……赵奢将，攻齐麦丘，取之。二十年，廉颇将，攻齐"中的一部分。这些事件早晚相差无几。既曰"今"，则也符合赵惠文王已经在位十余年之说。所以此事可定在赵惠文王二十年（公元前279年）左右不久，公孙龙此时约有40岁。

再次，公孙龙曾经为平原君建议让秦背约。见于《吕氏春秋·审应览·淫辞》：

> 空雄之遇，秦、赵相与约，约曰："自今以来，秦之所欲为，赵助之；赵之所欲为，秦助之。"居无几何，秦兴兵攻魏，赵欲救之。秦王不说，使人让赵王曰："约曰：'秦之所欲为，赵助之；赵之所欲为，秦助之。'今秦欲攻魏，而赵因欲救之，此非约也。"赵王以告平原君，平原君以告公孙龙，公孙龙曰："亦可以发使而让秦王曰：'赵欲救之，今秦王独不助赵，此非约也。'"

[1] 董英哲：《先秦名家四子研究》，上海古籍出版社2014年版，第582页。

《吕氏春秋·有始览·听言》：“解在乎白圭之非惠子也，公孙龙之说燕昭王以偃兵及应空洛之遇也，孔穿之议公孙龙，翟翦之难惠子之法。”“雄”与“雒”形近，“雒”与“洛”为异体字，所以“空雄”或为“空雒”之讹。秦、赵空雄（空雒）之遇无考，未必就是渑池之会[1]。在公孙龙为平原君门客且秦、赵关系大概融洽的时间内，秦攻魏有多次，秦欲攻魏的次数就更不得而知了。所以此事的具体时间难考，只当在公元前3世纪早期吧。

再次，公孙龙曾经劝阻平原君在信陵君窃符救赵之后受封，见于《战国策·赵策三·秦攻赵平原君使人请救于魏》及《史记·平原君虞卿列传》，时在公元前257年。

再次，史料中述有公孙龙曾经有3次与他人的学术辩论。一次是与魏公子牟（一说中山公子牟）的，见于《庄子·秋水》《列子·仲尼》；一次是与鲁人孔穿（字子高）的，见于《公孙龙子·迹府》《吕氏春秋·审应览·淫辞》《孔丛子·公孙龙》；一次是与齐人邹衍的，见于《史记·平原君虞卿列传》及《史记集解》引刘向《别录》。《庄》《列》好为大言，可信度很低，魏牟事难保确有。孔穿、邹衍事，可信度较高，且其中都有平原君出场。对邹衍事的叙述，《史记》置于对劝阻平原君在信陵君窃符救赵之后受封一事的叙述之后，但未必表明《史记》必定认为二事之中邹衍事在后。所以严格说来，只可说孔穿事、邹衍事发生于公孙龙给平原君充当门客期间，具体时间难考。至于（宋）谢希深认为“平原君悟而绌之”[2]，董英哲认为公孙龙因为绌于邹衍而从此被平原君贬退了[3]，此说更是难以立足。

至于“公孙龙持白马之论以度关”之说[4]，恐怕源自反对者的辩驳，进而以讹传讹而致，不足信为实事。《韩非子·外储说左上》：“兒（ní）说，宋人，善辩者也，持‘白马非马也’服齐稷下之辩者。乘白马而过关，则顾白马之赋。故籍之虚辞则能胜一国，考实按形不能谩于一人。”难道宋人兒说并有此事？

三、公孙龙的作品

我们今天可以见到一部古籍《公孙龙子》6篇。《公孙龙子》6篇，我们可

[1] 钱穆怀疑“空雄”为“空洛”“渑池”之讹，根据很不充分。见其《先秦诸子系年·先秦诸子系年考辨·公孙龙说赵惠文王偃兵考》。

[2]《公孙龙子·谢希深序》，《四部备要》第53册，中华书局1989年版，《公孙龙子》（据守山阁本校刊）第1页。

[3] 董英哲：《先秦名家四子研究》，上海古籍出版社2014年版，第584页。

[4]《初学记》卷7引刘向《别录》、《白孔六帖》卷9引桓谭《新论》、罗振玉《古籍丛残》所收唐写本《古类书》第一种《文笔部》白马注。

以选择明正统刻《道藏》本[1]作为讨论的基准，并把它与雷同者称之为“今本《公孙龙子》”。

今本《公孙龙子》6篇，是否与《史记·孟子荀卿列传》有关？我认为是有关的。理由是：第一，今本《公孙龙子》，作者题为“公孙龙”；第二，第一篇《迹府》所述公孙龙符合《史记·孟子荀卿列传》所述公孙龙；第三，其余的《白马论》《指物论》《通变论》《坚白论》《名实论》诸篇形式为思想作品，其内容符合“坚白、同异之辩”的特征（详见后说。杜国庠、庞朴等都有论说[2]）；第四，并无明确证据可以证明其余5篇非公孙龙所作或对公孙龙辩论的记录；第五，《史记·孟子荀卿列传》：“自如孟子至于吁子（按：包括公孙龙），世多有其书，故不论其传云。”历代目录多有对《公孙龙子》或《守白论》的著录，有些史料也提及存在《公孙龙子》一书，也就是说今天能见到《公孙龙子》并不突兀。

所以，我们可以把今本《公孙龙子》《迹府》外5篇所显示的文字与内容作为公孙龙的作品对待，主要据之来研究公孙龙的学术思想。

关于《公孙龙子》，我们再澄清若干问题。

首先，《公孙龙子》是否包括公孙龙全部作品。《公孙龙子》6篇，总字数3220字，扣除《迹府》篇1112字，其余5篇总字数仅约2100字。公孙龙享年七十甚至更多，博学好辩，人称“辩士”，其言辞可述以及亲笔所写必定不计其数，远非2100字所能涵盖。所以《公孙龙子》5篇绝对不会是公孙龙所说、所写的全部作品。

其次，《公孙龙子》是否完本。《公孙龙子》并非包括公孙龙全部作品，并不影响该书是完本。是否完本，还需要看其他证据。（西汉）刘向《别录》：“《公孙龙子》十四篇。公孙龙持白马之论以度关。”（《初学记》卷7引）（东汉）班固《汉书》卷30《艺文志》诸子之名家类：“《公孙龙子》十四篇。（班固自注：赵人。）”这两条近似，大概符合上述《公孙龙子》的特征，所不合者惟篇数为“十四”，不是“六”。刘向领校秘书，有机会亲见诸书，所以“十四”为“六”字之讹的可能不大。（西汉）扬雄《法言》：“或问：‘公孙龙诡辞数万以为法，法与？’曰：‘断木为棊，梡草为鞠，亦皆有法焉。不合

[1]《道藏》，文物出版社、上海书店、天津古籍出版社1988年版。该本有谢注，无谢序。

[2]见杜国庠：《先秦诸子的若干研究》，生活·读书·新知三联书店1955年版，第5页；庞朴：《公孙龙子研究》，中华书局1979年版，第69页。

乎先王之法者，君子不法也。’”这个“数万”是否《公孙龙子》的字数呢？未必。如果不是，则在当时《公孙龙子》之外，应还有其他作品传世。如果是，那《公孙龙子》的篇数就极可能比今天多（也有可能今天各篇正文有残缺，或包含了当时各篇注解）。（唐）法琳《破邪论》卷上：“昔公孙龙著《坚白论》，罪三王，非五帝。至今读之，人犹切齿。”我们看今本《公孙龙子》，并未见《坚白论》中有罪非三王五帝的言论，即使全书中也未见有，或许法琳看到了内容更多、包含直接罪非三王五帝言论的《公孙龙子》（当然也可能是他夸大其辞）。不管怎样，曾经存在内容、字数、篇数比今本《公孙龙子》6篇更多的完本《公孙龙子》，这是很可能的。另外，唐高宗咸亨二年辛未（671年），王某曾作《拟公孙龙子论》，说公孙龙其书“凡六篇，勒成一卷”（收入《文苑英华》卷758《杂论上》），可知唐初已有6篇本《公孙龙子》了。这个《公孙龙子》6篇，很可能同于今本《公孙龙子》6篇。《四库全书总目提要》直说“至宋时八篇已亡”，恐怕并无确证。当然，有无可能汉代的《公孙龙子》已经基本失传，今本《公孙龙子》完全出自魏晋南北朝时期的人的拼凑和杜撰呢？这种可能是不能被绝对排除的，只是亦无确证而已。按照规则，我们默认汉代《公孙龙子》并未完全失传，今本《公孙龙子》非由魏晋南北朝人拼凑和杜撰。

再次，《公孙龙子》创作于何时，及作者为谁。今本《公孙龙子·迹府》，其中有言：“公孙龙，六国时辩士也。”“公孙龙”，不会是公孙龙自述；“六国时”，不会是六国时人之称。所以《迹府》必定产生于秦统一之后，此篇作者必非公孙龙本人。并且，其中两述孔穿事，大体近似，又多有不同，更像是浅人简单抄撮而成《迹府》。如果我们把《迹府》视为《公孙龙子》的天然组成部分（也就是我们只讨论包含《迹府》的《公孙龙子》）的话，那么，《公孙龙子》一书的作者或曰编者必非公孙龙，创作或曰编纂时代必在秦统一以后，考虑到刘向《别录》，《公孙龙子》最可能是成书于西汉时期。当然，我说作者或编者必非公孙龙，并非指其余5篇的作者必非公孙龙。尤其是标准思想作品《名实论》，作者是公孙龙的可能更大。但其余4篇，都是问答体（《指物论》如果被视为问答体，会更容易被理解[1]）。问答体，出自旁人（特别是门徒）记录的可能就比较大了。如此，则虽然它们都反映了公孙龙的学术思想，但是此4篇的作者是不可被视为公孙龙的，而应是记录者（记录者或其门徒）。

今本《公孙龙子》的传世版本，栾星曾经统计了主要的23种，即《说郛》

[1] 见庞朴：《公孙龙子研究》，中华书局1997年版，第19—20页。

本、明《道藏》本、明《十二子》本、明《五子书》本、明《二十家子书》本、明《先秦诸子合编》本、明《子汇》本、明《且且庵初笺十六子》本、明《合刻五家言》本、明《合诸名家批点诸子全书》本、明《杨升庵先生评注先秦五子全书》本、明《诸子汇函》本、明《诸子奇赏》本、明傅山本、清马骕《绎史》本、清《四库全书》本、清严可均校本、清《墨海金壶》本、清《守山阁丛书》本、清《廿二子全书》本、清《子书百家》本、清《佞汉斋丛书》本、《四部备要》本。今本《公孙龙子》的校释著作，主要有宋谢希深《公孙龙子注》、明傅山《白马指物通变坚白四论注》、清陈澧《公孙龙子注》、清俞樾《读公孙龙子》、清辛从益《公孙龙子注》、王启湘《公孙龙子校诠》、王琯《公孙龙子悬解》、金受申《公孙龙子释》、钱穆《公孙龙子新解》、伍非百《公孙龙子发微》、谭戒甫《公孙龙子形名发微》、陈柱《公孙龙子集解》、栾星《公孙龙子长笺》等。

第二节　公孙龙的学术思想

根据今本《公孙龙子》（笔者选用明《道藏》本作为底本）及其他史料来看，作为赵国一位具有重大影响的学者，公孙龙有着较为丰富的思想。我们可以把他的思想分为政治思想、逻辑和语言思想2大类，予以总结分析。

一、公孙龙的政治思想

由于史料过于有限，史料所展现的公孙龙的政治思想并不丰富，但的确也存在若干耀眼的亮色。另外，讨论公孙龙的政治思想，还需要把它放在政治史特别是政治思想史的长河中来把握。

从孔子时代开始到汉末，中国文化（包括政治文化、政治思想）的主流，是强调秩序、弘扬礼法的（可谓之“收”）。但这个主流并非贯彻始终，而是一波一波、逐次推进的。如果把公元前6世纪中后期5世纪前期孔子时代的算第一波的话，公元前4世纪前中期的就可算第二波，以商鞅、慎到等人为代表；公元前3世纪中后期的就可算第三波，以荀况、韩非等人为代表。在这3波中间，夹着两波反弹，强调自由、弘扬人性（可谓之“放”）。公元前5世纪中后期的算第一波反弹，以老聃、墨翟等人为代表；4世纪后期3世纪前中期的算第二波反弹，以晚年孟轲、庄周等人为代表。根据前面的推算，公孙龙则正好处于第二波反弹的中后部。这个背景是理解公孙龙思想包括政治思想特征的金钥匙。

《孟子》一书，反映的都是孟子晚年的思想。孟子出身于儒家，但是他面临的却已经不再是“天子失威”“礼坏乐崩”，而是“乱自上作”、民不堪命的局面。《史记·孟子荀卿列传》：“当是之时，秦用商君，富国彊兵；楚、魏用吴起，战胜弱敌；齐威王、宣王用孙子、田忌之徒，而诸侯东面朝齐。天下方务于合从连横，以攻伐为贤，而孟轲乃述唐、虞、三代之德，是以所如者不合。退而与万章之徒序《诗》《书》，述仲尼之意，作《孟子》七篇。”公元前330年左右，孟子的家乡邹国与鲁国发生冲突，邹穆公问孟子：“吾有司死者三十三人，而民莫之死也。诛之，则不可胜诛；不诛，则疾视其长上之死而不救。如之何则可也？”孟子回答说：“凶年饥岁，君之民老弱转乎沟壑，壮者散而之四方者，几千人矣；而君之仓廪实，府库充，有司莫以告，是上慢而残下也。曾子曰：‘戒之戒之！出乎尔（那）者，反乎尔者也。’夫民今而后得反之也。君无尤焉。君行仁政，斯民亲其上、死其长矣。”（《孟子·梁惠王下》）这段对话典型地反映了孟子反对战争、反对强权、倡导仁政的思想，符合主张放的文化特征。景春赞美说：“公孙衍、张仪岂不诚大丈夫哉？一怒而诸侯惧，安居而天下熄。”结果孟子反驳说：“是焉得为大丈夫乎？……以顺为正者，妾妇之道也。居天下之广居，立天下之正位，行天下之大道。得志与民由之，不得志独行其道。富贵不能淫，贫贱不能移，威武不能屈。此之谓大丈夫。”（《孟子·滕文公下》）辱骂他们只知顺从诸侯兼并的贪欲，是妾妇之道，也是如此。孟子虽然对无父无君的杨、墨思想进行了痛斥，说：“圣王不作，诸侯放恣，处士横议，杨朱、墨翟之言盈天下，天下之言不归杨则归墨。杨氏为我，是无君也；墨氏兼爱，是无父也。无父无君，是禽兽也。公明仪曰：‘庖有肥肉，厩有肥马，民有饥色，野有饿莩，此率禽兽而食人也。’杨、墨之道不息，孔子之道不著，是邪说诬民，充塞仁义也。仁义充塞，则率兽食人，人将相食，吾为此惧。闲先圣之道，距杨、墨，放淫辞，邪说者不得作。作于其心，害于其事；作于其事，害于其政，圣人复起，不易吾言矣。”（《孟子·滕文公下》）只不过因为孟子尚残存较强的儒家色彩，而与更为放荡的杨、墨乃至庄周思想不合罢了，但他们共同反对被称为“独夫民贼”的暴君污吏、反拨第二波主流的性质则是一致的，异曲同工，殊途同归。正是在这种反弹声浪之中，在内政上，齐、赵、魏、楚国出现了“战国四公子”（孟尝君、平原君、信陵君、春申君）门客数千、叱咤风云、抗衡君王的现象，秦国出现了宣太后及四贵专权的场景，燕国甚至发生了燕王哙禅让子之的亡国闹剧；在外交和军事上，则出现了公孙衍、苏秦通过“合纵”的策略，以对抗张仪的连横、维持割据局面的身影。所有这些，都成了后面荀、韩强力反扑、鼓吹君王集权的反面教材。

基于同样的对君暴吏污、战乱频仍、生灵涂炭的厌恶，公孙龙在政治思想上远绍墨子，旗帜鲜明地鼓吹“非攻”[1]（偃兵）、“兼爱”[2]观点。大概在公元前284年至公元前279年之间，公孙龙曾经劝说燕昭王偃兵。《吕氏春秋·审应览·应言》：

> 公孙龙说燕昭王以偃兵，昭王曰：“甚善。寡人愿与客计之。”公孙龙曰：“窃意大王之弗为也。”王曰：“何故？”公孙龙曰：“日者大王欲破齐，诸天下之士其欲破齐者，大王尽养之；知齐之险阻要塞、君臣之际者，大王尽养之；虽知而弗欲破者，大王犹若〈弗〉养［之］[3]。其卒果破齐以为功。今大王曰：‘我甚取偃兵。’诸侯之士在大王之本朝者，尽善用兵者也。臣是以知大王之弗为也。”王无以应。

燕昭王口头上赞成“偃兵”，公孙龙用他事实上只豢养善战之士，“诸侯之士在大王之本朝者，尽善用兵者”，撕下了他的虚伪面纱。在赵惠文王二十年（公元前279年）左右，公孙龙又曾经劝说赵惠文王偃兵。《吕氏春秋·审应览·审应》：

> 赵惠王谓公孙龙曰：“寡人事偃兵十余年矣，而不成，兵不可偃乎？”公孙龙对曰：“偃兵之意，兼爱天下之心也。兼爱天下，不可以虚名为也，必有其实。今蔺、离石入秦，而王缟素布总；东攻齐得城，而王加膳置酒。秦得地而王布总，齐亡地而王加膳，所非兼爱之心也。

[1]《墨子·非攻下》：“今王公大人、天下之诸侯则不然。将必皆差论其爪牙之士，皆列其舟车之卒伍，于此为坚甲利兵，以往攻伐无罪之国。入其国家边境，芟刈其禾稼，斩其树木，堕其城郭，以湮其沟池，攘杀其牲口，燔溃其祖庙，劲杀其万民，覆其老弱，迁其重器，卒进而柱乎斗。……是故子墨子曰：‘今且天下之王公大人士君子，中情将欲求兴天下之利，除天下之害，当若繁为攻伐，此实天下之巨害也。今欲为仁义，求为上士，尚欲中圣王之道，下欲中国家百姓之利，故当若“非攻”之为说，而将不可不察者，此也！’”

[2]《墨子·兼爱上》：“当察乱何自起？起不相爱。……若使天下兼相爱，国与国不相攻，家与家不相乱，盗贼无有，君臣父子皆能孝慈，若此，则天下治。……天下兼相爱则治，交相恶则乱。”

[3] 陈奇猷说：“陶鸿庆曰：‘弗养’当作‘养之’。……盖后人不审文义而妄改之。……奇猷案：陶说是。”（陈奇猷：《吕氏春秋新校释》，上海古籍出版社2002年版，第1226页）

此偃兵之所以不成也。”

赵惠王即赵惠文王。经过赵武灵王的改革，其子赵惠文王在位期间，赵国出现了鼎盛局面，与秦、齐三强并立，非常热衷于对外战争。但赵惠文王口头上却声称自己“事偃兵十余年矣”。公孙龙同样用事实戳穿了他的谎言，明确弘扬了“兼爱天下”的主张。这无疑是非常符合反弹的时代特色的。

在公孙龙的政治思想中，有明显的尚能、尚功、不尚亲的倾向。《淮南子·道应训》：

昔者，公孙龙在赵之时，谓弟子曰：“人而无能者，龙不能与游。”有客衣褐带索而见曰：“臣能呼。”公孙龙顾谓弟子曰：“门下故有能呼者乎？”对曰：“无有。”公孙龙曰：“与之弟子之籍。”后数日，往说燕王。至于河上，而航在一汜，使善呼者呼之。一呼而航来。故〈曰〉[1]圣人之处世，不逆有伎能之士。故老子曰：“人无弃人，物无弃物，是谓‘袭明’。”

这个故事，颇有“鸡鸣狗盗”（《史记》卷75《孟尝君列传》）的神韵。在此，公孙龙唯能是举，没有什么尚亲、尚贵的嫌疑。《战国策·赵策三·秦攻赵平原君使人请救于魏》：

秦攻赵，平原君使人请救于魏。信陵君发兵至邯郸城下，秦兵罢。虞卿为平原君请益地，谓赵王曰：“夫不斗一卒，不顿一戟，而解二国患者，平原君之力也。用人之力，而忘人之功，不可。”赵王曰：“善。”将益之地。公孙龙闻之，见平原君曰：“君无覆军杀将之功，而封以东武城。赵国豪杰之士，多在君之右，而君为相国者以亲故。夫君封以东武城不让无功，佩赵国相印不辞无能，一解国患，欲求益地，是亲戚受封，而国人计功也。为君计者，不如勿受便。”平原君曰：“谨受命。”乃不受封。

[1] 刘文典说：“王念孙云：‘故’下‘曰’字，因下文‘故老子曰’而衍。”（刘文典撰，冯逸、乔华点校《淮南鸿烈集解》，中华书局1989年版，第399页）

亲亲，同尊尊一样，在孔子那里，是建立秩序的一条重要的原则。《论语·子路》：

> 叶公语孔子曰："吾党有直躬者，其父攘羊，而子证之。"孔子曰："吾党之直者异于是。父为子隐，子为父隐，直在其中矣。"

他虽然讲仁爱，但这个仁爱，并非无差别的爱，而是讲究以血缘纽带为标准的亲疏远近的。甚至亲人特别是长辈犯了法，都不能大义灭亲，而应该隐瞒包庇。在政治上，自然不仅要论功行赏，还要论亲行赏。《孟子·尽心上》："亲亲，仁也。"人类社会的血缘纽带是逐渐松散的，且应该逐渐松散，并非最好立刻清除，并非松散得越快越好，所以孔子的观点并非没有合理性。但在血缘纽带逐渐松散这个历史趋势中，过分强调亲亲，肯定不是激进，而是守旧；过分否定亲亲，才是激进。并且，如果在血缘纽带需要进一步松散而受到保守势力阻碍的时候，激进就会表现出它强大的合理性。这就是当时主流派中的激进派——法家赏罚唯论功罪[1] 的进步之处，虽然我们也要看到激进的弊端所在。平原君虽然不是没有优点，但他身居高位，明显跟他是赵武灵王之子、赵惠文王之弟、赵孝成王之叔这个"亲戚"身份有密切关系。公孙龙的态度，由上来看，可能并非绝对排斥亲亲原则，否则他如此依赖平原君就得不到合情合理的解释。但他显然头脑很清醒，对尚功、尚能的自觉程度要大大高于虞卿和平原君。这个倾向可以让我们把他向当时的主流派（主张收）进一步划近一些。从前面的倡导"兼爱"来看，公孙龙应该属于反弹派，但从这个贬斥"亲亲"来看，他又似乎应该属于主流派甚至激进派。我觉得一个合理解释是：此时第二波反弹已近尾声，或许公孙龙在目睹了许多反弹的弊端之后，态度已经发生了变化，转而向主流派甚至激进派倾斜了。

在公孙龙的思想中，并没有发现多少明确拥护君主专制的痕迹，《公孙龙子·通变论》中的这句话，或许算是一点蛛丝马迹："其犹君臣之于国焉，故强寿矣！""君臣争而两明也。两明者，骊色章焉，故曰'两明'也。两明而道丧，其无有以正焉。"笔者疑之为窜入正文的夹注（说见后）。不过，这两段所包含的意思，还是很明确的，即：如果君臣各当其所，则国家强大而长寿。如果

---

[1]《韩非子·主道》："诚有功，则虽疏贱必赏；诚有过，则虽近爱必诛。疏贱必赏，近爱必诛，则疏贱者不怠，而近爱者不骄也。"

君臣互相争辩，就会两现；如果两现，就会导致大道沦丧，还怎么端正社会的视听？这会让我们想起《韩非子·亡征》的话：“群臣为学，门子好辩……者，可亡也。”“辞辩而不法，心智而无术，主多能而不以法度从事者，可亡也。”谢希深注：“白，君道也；青，臣道也。青骊于白，谓权臣擅命，杂君道也。君道杂，则君不胜矣，故曰‘而白不胜也’。君之制臣，犹金之胜木，其来久矣。而白不胜，为青所骊，是木贼金，而臣掩君之谓也。青染于白，其色碧也。臣而掩君，其道乱也。君道之所以乱，由君不正举也。”“政之所以暴乱者，君臣争明也。君臣争明，则上下昏乱，政令不明，不能正其所举也。”“骊色之章，则君臣争明，内离外叛。正道衰者，名实不当也。名实之不当，则无以反正道之丧也。”[1] 笔者认为，他的解释基本对。可以说，这两段话所反映的政治思想，君君臣臣，还是很正统的儒法风格。只是，恐怕不属于公孙龙而已。

在对公孙龙政治思想的研究中，过去有一种简单贴标签（包括阶级标签）的做法，把割据视为落后，把统一视为进步，把和平主义视为落后，把斗争主义视为进步；或把战争视为统一战争，把反对战争视为赞成割据，把赞成割据视为赞成奴隶主阶级；或把赞成亲亲视为赞成奴隶主阶级，把反对亲亲视为赞成地主阶级。如许抗生说：“偃兵的政治主张，宣扬的是矛盾调和论，提倡的是和平主义。在七国称雄，非用暴力战争不能统一中国的情况下，这一主张只能起到阻碍社会进步的作用。”[2] 割据与统一、和平与战争，哪个阶级都会有，其进步与否也要因时因地而定，不可一概而论。不是在分裂时代，所有战争都是谋求统一的兼并战争，兼并战争都是正义的、进步的，兼并战争越多越好。即使在可以肯定的统一战争中，也不是对被统一者仗打得越大、杀人越多、损害越重越好。简单地画等号、贴标签，这种评判公孙龙政治思想的态度洵不可取。

二、公孙龙的逻辑和语言思想

《汉书》卷30《艺文志·诸子略》：“凡诸子百八十九家，四千三百二十四篇。……皆起于王道既微，诸侯力政，时君世主，好恶殊方，是以九家之术蜂出并作，各引一端，崇其所善，以此驰说，取合诸侯。”中国的春秋战国时代，是个“百家争鸣”的时代。这种“百家争鸣”，会大大刺激逻辑学、语言学的发

[1]《公孙龙子》，《道藏》第27册，文物出版社、上海书店、天津古籍出版社1988年版，第172—173页。又见于《吕氏春秋·先识览·正名》。

[2]许抗生：《公孙龙哲学思想研究》，《中国哲学史研究集刊》第1辑，上海人民出版社1980年版，第80页。

展。春秋战国时代，正是中国的逻辑学得到巨大发展的一个时代。公孙龙，就是在这方面做出突出贡献的代表人物之一。在以《公孙龙子》为主的有关史料中，包含了公孙龙较为丰富的逻辑与语言思想。但以往的研究不尽如人意，原因至少有三：文本讹脱衍倒情况严重，令人费解；公孙龙对有关问题并没有理解清楚、解说明白，甚至有时还有错误；今之研究者的逻辑学、语言学水平不够，严重制约了对公孙龙的得失的筛选和评价。

根据有关史料来看，公孙龙的逻辑思想包括：

（一）主张在认识中，严格区分子类和父类，明白它们之间不同不等（但含属）的关系。

概念及念指是命题及题指的基石。缺乏概念及念指，或不能合理、清晰地界定概念及念指，或不能合理、清晰地区分不同概念及念指（尤其是子类和父类）等，都会严重干扰认识。公孙龙何以提起区分子类和父类这个问题呢？我猜测，较大可能是受到“楚弓楚得”故事的启发。这个故事见于《公孙龙子·迹府》：

> （公孙）龙曰：“……白马非马，乃仲尼之所取。龙闻楚王张繁弱之弓，载忘归之矢，以射蛟兕于云梦之圃，而丧其弓。左右请求之。王曰：‘止。楚人遗弓，楚人得之，又何求乎！’仲尼闻之，曰：‘楚王仁义，而未遂也。亦曰“人亡弓，人得之”而已，何必楚？’若此，仲尼异‘楚人’于所谓‘人’。夫是（肯定）仲尼异‘楚人’于所谓‘人’，而非（否定）龙异‘白马’于所谓‘马’，悖。先生（孔穿）修儒术而非仲尼之所取，欲学而使龙去所教，则虽百龙，固不能当前矣。”孔穿无以应焉。[1]

在“楚弓楚得”故事中，所谓“孔子”的本意是应该博爱，应该把仁义施于人，而不仅限于楚人（“何必楚”）。谢希深注：“楚王所谓人者，楚国也；仲尼所谓人者，天下也。故离白以求马，众马皆至矣；忘楚以利人，天下〈感〉［咸］应矣。”[2] 然而，公孙龙对此故事的解读，并未关注此点，而是关注了

[1]《公孙龙子》，《道藏》第27册，文物出版社、上海书店、天津古籍出版社1988年版，第169页。《吕氏春秋·孟春纪·贵公》亦叙此故事而略不同。

[2]《公孙龙子》，《道藏》第27册，文物出版社、上海书店、天津古籍出版社1988年版，第169页。

楚人非人——区分不同不等概念及念指这一点。[1] 并且，估计为了更易于被人接受，他把作为案例的“楚人非人”这个命题进一步化为了作为案例的“白马非马”这个命题（异“楚人”与“人”→异“白马”与“马”）。自然，如果“楚人”“人”之间为同于关系（楚人≡人）或等于关系（楚人=人），孔子说什么“未遂”“何必”，也就没了着落，所以“楚人非人”。同理，“白马非马”。

但是命题“白马非马”之所以难以被人理解，关键的阻碍不在于“白马”与“马”，而在于“非”。在日常汉语中，作为系词的“是”“非”，其含义是非常模糊的。具体而言，“是”至少分别有3种含义：（1）指同于（≡）。（2）指等于（=）。（3）指属于（⊂）。例如：“三角形是三角形。”这个“是”仅指同于。“三角形是三边形。”这个“是”仅指等于。“三角形是图形。”这个“是”仅指属于。而且，“是”仅指属于的场合还很多（如“楚人是人”“桃花是花”“鲲鹏是鸟”“的卢是马”等）。3个含义，都用一个语词“是”来表达，这就是“是”的多义性。所以，既可说“马是马”，也可说“白马是马”。概括起来，“是”乃指同于或等于或属于，有一即可。相应地，“非”乃指既不同于又不等于又不属于了，缺一不可。按照人们的这个用词习惯，“白马非马”就是指“白马既不同于又不等于又不属于马”。人们虽然常在这两个意义上使用“是”“非”两词，但对此并未清晰地意识到。这就是词义的模糊性。这种模糊性，有时便利，有时不便。

公孙龙的论题的核心目的，是想告诉读者“楚人不同于不等于人”这个道理。但他如果能够充分认识到“是”“非”的是非，并且坚定地抛弃“是”“非”这种模糊语词，而改用“同于”“等于”“属于”“不同于”“不等于”“不属于”，使“白马非马”这个命题变成“白马属于马，但白马不同于马、白马不等于马”，简直明白如话，还会有谁不能理解、不能接受吗？然而，由于对“是”“非”的认识水平不够，公孙龙偏偏没有这么做；不但没有这么做，而且事实上一反人们的用词习惯，暗中修改了“是”“非”的词义，删除了属于、不属于，把“是”定义为同于等于，把“非”定义为不同于不等于，还未加声明（“通意”）。“白马非马”，难道白马既不同于又不等于又不属于马吗？当然不是。纠纷由此产生。白马非马，根本上是因为白马和马的本质不同，但是如果能把“非”说清，即使人们没理解到白马和马本质不同这一层，也能大

[1] 徐复观说：“按：谢注甚得孔子之意；然公孙龙白马非马之辩，用意并不在此。彼盖以孔子为主张‘楚人非人’，以与其主张‘白马非马’之论点相傅会；其精神与孔子全不相应。”（《公孙龙子讲疏》，第3页）

概接受“白马非马”论，可惜未能说清。

下面我们在明确“是”“非”含义的前提下，梳理一下《公孙龙子·白马论》的基本内容。

《白马论》是展示“白马非马”论题的最主要的篇章。并且，它明显是通过主张者与反对者辩论的方式来展示的。根据以上认识，我们可以假定赞同者为公孙龙、反对者为“客”。从行文特征看，公孙龙与客的辩论共有4轮。

第1轮：

> [客曰：曰]“白马非（不属于）马”，可乎?
>
> [龙]曰：可。[1]
>
> [客]曰：何哉?
>
> [龙]曰：“马”者，所以命形也；“白”者，所以命色也。命色者非（不同于不等于）命形[者]也。故曰“白马非（不同于不等于）马”。

在这一轮中，客人仅在质疑，并未反驳，而公孙龙则从语词上做了论证。“白马”是一个普通的偏正结构的语词[2]。语词“马”指一种形（体），语词“白”指一种色（性）。语词“马”前加上语词“白”必定不同于不等于语词“马”。甚至，仅从语词层面上说，不但语词“白马”不属于语词“马”，反而语词“马”属于语词“白马”。无论如何，只要语词“白马”是一个普通的偏正结构的语词，它所表达的概念（及念指）必定不同于不等于语词“马”所表达的概念（及念指）。公孙龙从这个角度上进行论证，不可谓不巧妙，但是因为既未触及“是”“非”，又未触及白马、马本身，所以想说服客人很难。

第2轮：

> [客]曰：有白马，不可谓“无马”也。不可谓“无马”者，[此白马岂]非（不属于）马也?有白马为有马。白之，非（不属于）马，何也?
>
> [龙]曰：求马，黄、黑马皆可致；求白马，黄、黑马不可致。使白马乃（同于或等于）马也，是所求一也。所求一者，白〈者〉[马]

[1] 但他所认可的“白马非马”指白马不同于不等于马，与客言同而义殊。

[2] 但“海马”“鲸鱼”“银河”就不是普通的偏正结构的语词，所以不可说“海马是马”“鲸鱼是鱼”“银河是河”。

不异马也。所求不异，如（而）黄、黑马有可有不可，何也？可与不可，其相非（不同不等），明。故黄、黑马一也，而可以［之］应“有马”，而不可以［之］应“有白马”，是白马之非（不同于不等于）马，审矣！

在这一轮中，客人秉持“白马是（属于）马”的基本观念，做了一个小小的反驳（不可因为白马有了白色就认为它不属于马），但因完全没听懂公孙龙的意思，所以毫无效果。而公孙龙则从概念（及念指）的外延角度再次论证“白马非马”：假设白马同于或等于马（即二者的外延相同或相等），那么要求白马和要求马时，黄马、黑马就都可以应付。但事实上，要求马时，黄马、黑马可以应付[1]；要求白马时，黄马、黑马却不可以应付。这充分证明：白马不同于不等于马。这个论证的方法属于归谬法。但因为公孙龙仍未点破“是”“非”的是非，所以客人还是没有听懂。

第3轮：

［客］曰：以马之有色为非（不属于）马，天下非有[2]无色之马也，［曰］“天下无马”，可乎？

［龙］曰：马固有色，故有白马。使马无色，有马如已耳[3]，安（哪）取白马？故白者（白色）非（不同于不等于）马也。白马者，马与白也。马与白，［岂］马也？故曰“白马非（不同于不等于）马”也。

在这一轮中，客人又做了一个反驳，他说：因为马有色就说它非（不属于）马，天下没有无色的马，岂不成了天下无马了？公孙龙所谓的“马”，是离色之马，而非无色之马。客人这个反驳显然歪曲了公孙龙的意思，自然就无效了。公孙龙这次从体（形）、性（色）入手，亦即考察白马与马的不同内涵，从而对“白马非马”进行了论证。马是一种体（形），白是一种性（色）。体（形）加上性（色）当然就不再同于或等于体（形）了。在内涵上，白马有体（形）、有性（色），马有体（形）、无性（色），二者不同不等。所以说“白马非（不同于

[1] 虽可以应付，但仍旧黄马非马、黑马非马，否则就自抵了。
[2] 非有即无。
[3] 如已耳即而已、罢了。

不等于）马”。

第4轮：

［客］曰：［你以为］“马未与（结合）白为马，白未与（结合）马为白。合（结合）马与白，复名‘白马’”。是相与（结合）以（用）不相与（结合）为名，未可。故曰“白马非（不属于）马”未可。

［龙］曰：［你］以有白马为有马，［然则］谓有〈白〉马为“有黄马”，可乎？

［客］曰：未可。

［龙］曰：［你］以有马为异有黄马，是异黄马于马也；异黄马于马，是以黄马为非（不同于不等于）马。以黄马为非（不同于不等于）马，而以白马为有马，此飞者入池而棺、椁异处，此天下之悖言乱辞也。

［我］〈曰〉［以］有白马不可谓“〈无〉［有］马”者，［“有马”为白马］离白之谓也；［若白马］不离〈者〉［白］，［则］有白马不可谓“有马”也。故所以为有马者，独以［有］马为有马耳，非（不同于不等于）［以］有白马为有马。故其为有马也，不可以谓“［有］白马”也。

〈曰〉［以］‘白’者不定所白，忘之而可也。‘白马’者，言白定所白也；定所白者，非（不同于不等于）白也。

马者，无去取于色，故黄、黑［马］皆所以应；白马者，有去取于色，黄、黑马皆所以色去，故唯白马独可以应耳。无去［取］者非（不同于不等于）有去［取］也。故曰“白马非（不同于不等于）马”。

客人至此似乎听出了一点端倪，但仍似懂非懂。他企图由此来反驳：在现实中作为体（形）的马与作为性（色）的白是不分开的，而你一方面认为作为体（形）的马与作为性（色）的白是分开的，一方面又认为二者可以合起来命名不分开的白马，这就是用分开的东西合起来命名不分开的东西，这是不行的。这次，客人的反驳虽然有了点深度，但他所说的不可用分开的东西合起来命名不分开的东西，这个推导前提是错误的，所以客人的反驳完全无效。在这一轮中，公孙龙的对“白马非马”的论证共有4波。

第1波：实质是从“是”“非”入手的。“是”既可以指同于或等于，又可以指属于，但却不可以指含于。同于或等于的主项、客项换位，仍是同于或等于，仍可用“是”（如“三角形是三边形”→“三边形是三角形”），但属于、含于的主项、客项换位，却属于变含于、含于变属于，“是”变“不是”“不是”变“是”[如“白马属于（是）马”→“马含于（不是）白马”]。“白马非马”不易理解，“马非白马”总好些吧？公孙龙就借助这个来论证。但直接说“马非白马”不便清理，所以他从“马非黄马”入手。如果不可说“马是黄马”，那么就证明马跟黄马不同不等（“马非黄马”）。认为马与黄马不同不等（“马非黄马”），却不认为马与白马不同不等（“马非白马”），岂不悖谬？若“马非（不同于不等于）白马”，则“白马非（不同于不等于）马”。[1]

第2波：明确借助了“离”（离坚白之离）的思想。对白马，若离白，它就只是马，而不是白马；若不离白，则它就只是白马，而不是马。

第3波：仍然借助了体、性关系，但这次表明了性对体的依赖（被定）。白是白，白马是定所白者，定所白者非（不同于不等于）白，所以白马非（不同于不等于）马。

第4波：再次借助与黄马、黑马的关系来证明。马无去取于色（即无色的限制），白马有去取于色（即有色的限制）。所以要求马，黄马、黑马可以应付；要求白马，黄马、黑马不可以应付。所以有去取于色不同于不等于无去取于色。所以“白马非（不同于不等于）马”。

《迹府》中有一段对“白马非马”的描述和评论：“白马为非马者，言‘白’所以名色，言‘马’所以名形也；色非形，形非色也。夫言色则形不当与，言形则色不宜从，今合以为物，非也。如求白马于厩中，无有，而有骊色之马，然不可以应有白马也。不可以应有白马，则所求之马亡矣；亡则白马竟非马。欲推是辩，以正名实而化天下焉。”[2]其中的描述基本脱胎于《白马论》的第1、2轮，最后的评论“欲推是辩，以正名实而化天下焉”（反对天下之“悖言乱辞”）颇有见地，点明了公孙龙坚持“白马非马”论的根本目的。

总之，公孙龙从多个角度，通过极力论证他的案例“白马非马”，来宣扬他应严格区分子类和父类，明白其间不同不等（但含属）关系的主张，不可谓不

[1] 这个推导只可在“非”指不同于不等于时才有效。

[2]《公孙龙子》，《道藏》第27册，文物出版社、上海书店、天津古籍出版社1988年版，第168页。

是苦口婆心，也不可谓没有远见卓识。但是，他由于在最关键的“是”“非”问题上认识始终影影绰绰，未能彻底点破，以己之昏昏而欲人之察察，最终无功而返，造成千古遗恨。

（二）强调在认识中认识者的能动作用，认为物莫非指。

在认识中，认识者并非仅被动发挥作用，而是具有强大的主动性。其表现之一，就是概念的所指——简称之为“念指”——会随着认识者的差异而不同。这话什么意思呢？请看下面这个图形：

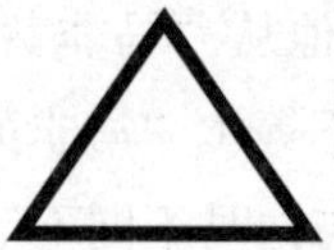

这是一个什么图形呢？有人也许会脱口而出：“三角形！”但我说“三边形”难道不可以吗？到底是哪个？关键就在于所关注、所指向的是角还是边了：关注、指向角，它就是三角形，不是三边形；关注、指向边，它就是三边形，不是三角形。或者进一步，我说“等角三角形”或“等边三边形”可不可以？当然可以！就看是否关注、指向等角或等边了。虽然我不可以说“正圆形”“正方形”，但至少说法不是仅可有一种。而且虽然等角三角形属于（⊂）三角形、等边三边形属于（⊂）三边形、三边形等于（＝）三角形，但它们毕竟不相同（≡）。同样道理，面对公孙瓒的白马[1]，我说“公孙瓒的白马”“白马”“马”，哪个不可以呢？虽然我不可以说“老子的青牛”[2]“庞德的白马”[3]“赤兔马”“乌骓马”“黄骠马”，但至少说法不是仅可有一种。而且公孙瓒的白马属于（⊂）白马属于（⊂）马，三者既不相等，更不相同。同一事物，由于认识者的关注、指向的不同，会“呈现”为不同念指。借用吴毓江（1898—1977）的话说：“盖物以指显，舍指以求物，物终不可得也。”[4]其实质，是面对同一事物，认识者可设定出不同的念指以供自己或他人使用。它们的不同，就是本质（内涵）的不同。所谓的“指”（vt.），其实就是对念指的设定（同时也在大脑中形成概念）。这是一条极其重要的知识！

千百年来，极少有人能够领悟这条知识。而公孙龙受到所谓“孔子”“楚弓

[1] 范晔：《后汉书》卷73《公孙瓒传》：“（公孙）瓒常与善射之士数十人，皆乘白马，以为左右翼，自号‘白马义从’。”
[2] 刘向：《列仙传·老子》：“后周德衰，（老子）乃乘青牛车去，入大秦。”
[3] 陈寿：《三国志》卷18《魏志·庞德传》：“时（庞）德常乘白马，（关）羽军谓之‘白马将军’，皆惮之。”
[4] 吴毓江校释、吴兴宇标点：《公孙龙子校释》，上海古籍出版社2001年版，第18页。不过他理解的“指”乃属性，与笔者不同。

楚得”故事的启发，掌握了“白马非（不同于不等于）马”的秘密。很有可能，他就顺理成章地明白了认识者的指向会影响认识对象，会让同一事物“呈现”为不同念指这个道理（也是给“白马非马”论找到了一个理论依据），从而实现了一个巨大跨越。他在《指物论》中所提出的“物莫非指”这个命题，很有可能就是这个意思。下面，笔者就在此猜测基础上，来解读《公孙龙子·指物论》。[1]

《指物论》，寥寥200余字，向来号为难读。[2] 难读的原因，笔者认为有多种，既怪思想本身艰深，又怪流传讹误太多，甚至二者“相辅相成”。[3] 为了解决疑难，笔者认为有必要对今天所见的文本进行大幅修正，然后对该文本的文意进行大胆发挥。当然，笔者所做的修正和发挥仅是提供了一种可能，原本与原意可能如此，也可能不如此，只是笔者认为最大可能如此而已。

公孙龙首先展开自己的基本观点：

> ［龙曰：］物莫非指，而指［非］[4] 非指（空指向）。┃天下无指，物无可以谓“物”。○“非指”（空指向）者，天下〈而〉［无］[5] 物，［指］可谓“指”乎？

“物莫非指，而指非非指。”意即任一事物是该事物而不是它事物，无不由于

[1] 关于《指物论》中的“指”，众说纷纭。例如俞樾说：“指，谓指目之也。见牛而指目之曰牛，见马而指目之曰马，此所谓物莫非指也。”（《春在堂全书》第3册《俞楼杂纂·读公孙龙子》，凤凰出版社2010年版，第540页）谭戒甫说：“指字，自来未有定诂。……盖指义有二：即‘名’、‘谓’之别。其指目牛马之指，谓也；因而所指目牛马之形色性亦曰指，名也。”（《公孙龙子形名发微》，中华书局1963年版，第18页）吴毓江说：“本篇为探究心物关系之作。物之引起吾人感觉者为其种种属性，即所谓指也。如马之为物，其引起吾人感觉者，曲、直、广、修、白、黑、骊、黄之形形色色而已。故曰物莫非指。”（《公孙龙子校释·指物论》，上海古籍出版社2001年版，第16页）徐复观说：“指物，系言指与物之关系及其区别。”“指系认识能力及由认识能力指向于物时所得之映像。认识能力因指向于物而见，故可称之为指。指向于物而得到物之映像，此映像系由指而来，故亦可称之为指。”（《公孙龙子讲疏·指物论》，上海古籍出版社2001年版，第13页）庞朴说：“《指物论》……它是公孙龙思想的理论基础，回答的是物质和意识的关系问题。所谓‘物’，就是物质或存在；所谓‘指’，就是意识和思维。”（《公孙龙子研究》，中华书局1979年版，第20页）《说文解字》卷12上手部：“指：手指也。从手旨声。”笔者认为，“指”字于此，不应脱离本义太远。把“指”理解为属性、映像、意识、名称，都脱离本义太远了。况且，来客难道会认为属性、映像、意识、名这些东西，是“天下之所无”吗？

[2] 庞朴说：“《公孙龙子》是诸子书中最难读的一本，而《指物论》又是《公孙龙子》中最难读的一篇。”“它的论辩过程一波三折，层出不穷，在这个意义上肯定了的东西，到另一意义上又把它否定，为的是最后再把它肯定，愈转愈深，如走龙蛇，偶一疏忽，便觉不知所云。”（《公孙龙子研究》，中华书局1979年版，第19—20页）。

[3] 当然也跟庞朴说的另一条难点有关：“它也是对辩体，却未用‘曰’字标明双方的界限；文中客难主答，一气呵成，稍不留心，难免张冠李戴。”（《公孙龙子研究》，中华书局1979年版，第19—20页）。

[4] “指非指”，虽然后人多方曲为解释，但都很勉强，且与“物莫非指”这个主题无关，徒增迷惑而已。据后文“指非非指”补一“非”字，当“不可以是”讲，则全通矣。

[5] 俞樾说：“此承‘指非指’而言。‘天下而物’当作‘天下无物’，字之误也。”（《春在堂全书》第3册《俞楼杂纂·读公孙龙子》，凤凰出版社2010年版，第540页）。

被指向，而指向本身则不可是非指（空指向）。谭戒甫认为它是本篇的“总纲”[1]，甚是。天下没有指，则物不可被称为“物”。“非指”的意思是，如果天下没有物，则指也不可被称为“指”。亦即：物和指是不可分离的。

而后客人和公孙龙展开了两轮攻守[2]。

第1轮：

> ［客曰：］指也者，天下之所无也；物也者，天下之所有也。以天下之所有为天下之所无，未可。
>
> ［龙曰：使］天下无指，而物不可谓“指”也。不可谓“指”者，非［有］[3]指也。非［有］指者，物莫非指也。○天下无指，而物不可谓“［无］指”［也。不可谓“无指”］[4]者，非有非指（空指向）也。非有非指（空指向）者，物莫非指也。┃物莫非指〈者〉[5]，而指［非］非指（空指向）也。

客人发难说：“指（指向），是天下不存在的东西；物，是天下存在的东西。把天下存在的东西来视为天下不存在的东西，不可以。”他的意思，是拒绝承认指向、念指的存在，仅承认物的存在。果真不存在指向、念指，那物自然也就不可被指向、不可为念指了。但公孙龙认为不然。他先从两个方面反驳说：“果真天下不存在指（指向），那物就谈不上‘指（被指向）’，也谈不上‘无指（不被指向）’。谈不上的原因，是因为不存在指（指向），也不存在非指（空指向）了。［不可］说不存在指和非指的原因，是由于物无不由于被指向。”最后，公孙龙再次重申：“物无不由于指（被指向），而指（指向）不可是非指（空指向）。”

第2轮：

> ［客曰：曰］“天下无指”者，生于（由于）物之各有名，不为

---

[1] 谭戒甫：《公孙龙子形名发微》，中华书局1963年版，第19页。

[2] 庞朴说：“本篇也是设主、客二方辩论，不过原文无‘曰’字。现在仿照其他篇的体例，加上‘曰’字，以清眉目。傅山、陈澧也曾略分主、客二方。”（《公孙龙子研究》，中华书局1979年版，第21页注1）有理，从之。沈有鼎说：“《公孙龙子·指物论》是一篇对话。因为省去了许多‘曰’字，多数注释家竟然看不出它是对话。”（《〈指物论〉句解》，《光明日报》1963年1月18日，收入《沈有鼎文集》，人民出版社1992年版，第265页）。

[3] 据后文“非有非指”句式，补一“有”字更通。

[4] 据前后文补。

[5] 此“者”前后不应存在“者……也”关系，故删。

（由于）指也。不为指而谓之“指”，是〈兼〉[无][1]不为指。以有不为指〈之〉[为][2]无不为指，未可。〈且指者，天下之所兼。〉[3]

[龙曰：]〈天下无指者，物不可谓“无指”也。不可谓“无指”者，非有非指也。非有非指者，物莫非指，指非非指也。〉[4]〈指〉〈与〉[无]物非指也。|使（假设）天下无〈物〉指[5]，谁径谓“非指”？天下无物，谁径谓“指”？○天下〈有〉[无][6]指无物〈指〉[7]，谁〈径谓“非指”、〉径谓“无物非指”[8]？|且夫指固自为非指，奚待于物而乃与为指。

“无不为指”“有不为指”，比较拗口。谢希深说：“之，适也。有不为指，谓物也；无不为指，谓指也。以物适指，故未可也。”[9]金受申说：“有不为指，即非指；无不为指，即指。以非指为指，当然不可。”[10]其大概意思对，但不够精确。按照语法常识，“无不为指”“有不为指”两词皆当为动宾结构，“无”“有”为动词，“不为指”为宾词；合起来，反映的是“无不为指”和“有不为指”两种情况，这两种情况同于“物”“指”或“非指”“指”吗？有关联，但不同于。

“指与（结合）物非指也”中的“非”非常棘手。说“指结合了物乃为指”尚可，结合了物反而非指，这是无论如何也走不通的。所以对此句必须修正。笔者认为，至少有两个办法可选：一是删掉“非”而成“指与物，指也”，一个是

[1]“兼”（“兼”）、“無”形近易讹。俞樾说：“‘兼’乃‘无（無）’字之误。天下之物本不为指，而人谓之指，是无不为指矣。下文云：‘以有不为指，之无不为指，未可。’‘有不为指’即承此‘不为指’而言，‘无不为指’即承此‘无不为指’而言。谓以有不为指之物，变而之于无不为指，是不可也。‘无’与‘兼’相似而误。上文云‘指也者，天下之所无也’，下文云‘且指者，天下之所兼’，‘兼’亦‘无’字之误。”（《春在堂全书》第3册《俞楼杂纂·读公孙龙子》，凤凰出版社2010年版，第540页）

[2]金受申说：“疑‘之’为‘为’字之讹。草书‘之’、‘为’相近，‘之’或即‘为’之讹。”（《公孙龙子释》，商务印书馆1930年版，第28页）。

[3]此句话意思与后文不合，故属前文；与前文亦不甚合，疑其衍，故删。

[4]此段话意思很通顺，但与前文（校正后）完全重复，疑其衍，故删。

[5]若删“指”留“物”，则不通。因为若无物，则指（指向）恰成为非指（空指向），何谈“谁径谓”？

[6]易“有”作“无”，句意更通。

[7]“物”“指”若删其一，则必是“指”，否则就成了“无指无指”了。

[8]无物非指，即物莫非指。

[9]《公孙龙子》，《道藏》第27册，文物出版社、上海书店、天津古籍出版社1988年版，第171页。

[10]金受申：《公孙龙子释》，商务印书馆1930年版，第28页。

保留“非”（再删改“指与”为“无”）而成“无物非指”[1]。此处暂选后者。

两处“物指”，也殊为扞格。笔者认为，“物”“指”形近，难免讹错，不能排除此处由于校勘、窜入而衍“物”衍“指”的可能。因此，对“物指”一律删减成“物”或“指”。

“奚”，诸家多解为“何”。果真如此，如果整理成“指固自为非指，不待于物而乃与为指”，就自抵了——不待，又如何乃与（结合）？如果整理成“指固自为非指，不待于物而乃为指”，也不通——非指如何又乃为指了？如果整理成“指固自为指，不待于物而乃为指”，虽然自洽了，但又与前面“无物非指”的观点冲突了。吴毓江认为：“‘奚’为‘傒’之省文。《说文》曰：‘傒，待也。’傒待，复语。”[2]其说可采。不过，笔者认为，“待”字或为后人对“傒”的注解而窜入正文者。

解决了上述主要的和其他的疑难之后，我们再来看文意。客人通过进一步对自己所主张的“指（指向）是天下不存在的”观点进行证真来发难：我说“天下不存在指（指向）”，是因为各物之所以被称为“某物”，乃由于它们本来各有各名（例如牛有牛的本质和名称，马有马的本质和名称），不由于指（被指向）。不由于指（被指向），而称之为“指（被指向）”，则无不由于指（被指向）。把有不由于指（被指向）视为无不由于指（被指向），不可以。公孙龙予以了反驳。他首先再次明示总纲：没有物之为物而不由于指（被指向）的。然后从无指、无物都不行两方面解释说：假设天下不存在指，则谁还能谈得上‘非指（空指向）’？假设天下不存在物，则谁还能谈得上‘指（被指向）’？假设天下既不存在指又不存在物，谁还能谈得上‘没有物之为物而不由于指（被指向）的’？最后又做提升：况且指（指向）原来自己就是非指（空指向），直到与物结合才成为了指。不与物结合，就只能是非指（空指向），这句话稍微有点新意。它与“指非非指（指向不可是空指向）”并不冲突。

总之，客人的主张，首先是：存在物但不存在指。既然不可把存在的视为不存在的，当然也就不可把物视为指了。然后是：之所以认为不存在指，原因在于物之为物乃由于名而不由于指（这一条其实只能反驳“物莫非指”，并不能证真不存在指）。不由于指而认为由于指，就是“无不为指”。既然不可“以有不为指为无不为指”，所以也就不可认为由于指。客人的主张，肤浅直截，仅限经

[1]“与”“无”，繁体作“與”“無”，疑其形近而讹。且“无物非指”可与后文相呼应。

[2]吴毓江校释、吴兴宇标点：《公孙龙子校释》，上海古籍出版社2001年版，第22页。

验层面，但他的发难是有所展开的。相比之下，公孙龙的答难，使用的都是归谬法。但他的论证（无论是证真还是证假）都没有真正展开，实际上全是车轱辘话来回说而已。但是他所提出的“物莫非指（无物非指），指非非指”这个核心命题，如果笔者理解无误的话，其价值却是非同凡响！大概还是因为认识水平所限吧，所以公孙龙对此命题只能明确提出，而无力深入解释、证真。

（三）强调在认识中认识者的能动作用，认为属性可离。

就绝大多数事物而言，它们都有许多属性。例如白马是白的、无角的，青牛是青的、有角的。这些属性是事物所固有的，并不随认识者的变化而变化。这是常人的常识。但了解了白马论和指物论之后，就可知是存在事物和念指的差别的（更不必说存在事物与概念的差别）。对白马、青牛，我们不是仅可说“白马”“青牛”，我们也可把“白”“青”剥离，说“马”“牛”，而且白马不同于不等于马、青牛不同于不等于牛。这个“说”，其实就是对念指（以及概念、语词）的设定和使用；设定念指需要指（vt.），即取舍，被舍的属性即处于“离”的状态。理解念指，的确很困难。实在想不通，就想想面对“△”，为什么我们既可说“三角形”，也可说“三边形”，而三角形等于但不同于三边形，慢慢会有领悟。很可能受到白马论的启发，公孙龙接着提出了指物论和离坚白论。它们之间，的确有环环相扣的关系。可以说，指物论和离坚白论是白马论的重要理论基础。

实际上，在《白马论》中，公孙龙已经提到了“离坚白”的思想：“以有白马不可谓‘〈无〉[有]马’者，离白之谓也。不离者，有白马不可谓‘有马’也。”而更集中探讨这个问题的，是《坚白论》篇。

在这一篇中，公孙龙与客人发生了激烈交锋，其过程可被分为3大轮。

第1轮：

[客曰：曰]“坚、白、石三”，可乎？

[龙]曰：不可。

[客]曰：[曰]“二”，可乎？

[龙]曰：可。

[客]曰：何哉？

[龙]曰：无坚得白，其举也二（白、石）；无白得坚，其举也二（坚、石）。

［客］曰：得其所白，不可谓“无白”；得其所坚，不可谓“无坚”。而之（此）石也，之于然[1]也，非三也？

［龙］曰：视不得其所坚而得其所白，［得其所白］者，无坚也；［拊］不得其所白而得其所坚，得其［所］坚〈也〉［者］，无白也。[2]

对于坚硬而白色的石头，公孙龙认为不可说“坚、白、石三”，只可说“坚、石二”或“白、石二”。为什么呢？因为白依赖视觉，坚依赖触觉，视觉可得白不可得坚，触觉可得坚不可得白，皆不可兼得。不得坚即无坚，得白时无坚；不得白即无白，得坚时无白。

第2轮：

［客］曰：天下无白，不可以视石；天下无坚，不可以〈谓〉［拊］石。坚、白〈石〉不相外。［曰］‘藏三’[3]，可乎？

［龙］曰：有自藏也，非藏而藏也。

［客］曰：其白也，其坚也，而石必得以相〈盛〉[4]盈（充满），其自藏奈何？

［龙］曰：［或］得其白，［或］得其坚，见（xiàn，现）与不见（现），离。一一不相盈[5]，故离。离也者，藏也。

［客］曰：石之白，石之坚，［虽］见（现）与不见（现），二与三，[6]［然而］若广、修而相盈也，其（难道是）非举[7]乎？

［龙］曰：于石，一也；坚、白，二也，而在于石。故有知焉，有不知焉；有见焉［，有不见焉］。故知与不知相与离，见与不见相与

[1]“之于然”，义为本来如此。之，至。然，如此。

[2]俞樾说：“此当作‘视不得其所坚，而得其所白；得其所白者，无坚也。拊不得其所白，而得其所坚；得其所坚者，无白也。’文有脱误。”（《春在堂全书》第3册《俞楼杂纂·读公孙龙子》，凤凰出版社2010年版，第541页）。

[3]“藏三”，义为把第三者藏起来。

[4]俞樾说：“‘盛’，衍字也。谢注云（略），是其所据本无‘盛’字。”（《春在堂全书》第3册《俞楼杂纂·读公孙龙子》，凤凰出版社2010年版，第541页）。

[5]杜国庠说：“‘一一不相盈’，即指可见的‘白’之‘一’与不见的‘坚’之‘一’之不相盈而言，也可证。因之，不得据《墨经》‘一二不相盈’以相校改。”（《论〈公孙龙子〉——公孙龙的哲学和逻辑》，收入《先秦诸子的若干研究》，生活·读书·新知三联书店1955年版，第11页注1。又收入《杜国庠文集》，人民出版社1962年版，第91页注1）。

[6]“见与不见，二与三”，义为虽有现与不现的区别，说“二”与说“三”的区别。

[7]非举，即狂举。

藏。藏故，孰谓之“不离”？[1]

客人坚信坚、白、石三者是并存的，但又感觉公孙龙不可兼得的说法有道理。如何调和这个冲突呢？客人退了一步，提出了“藏”的概念，说：视觉可得白不可得坚，触觉可得坚不可得白，是否可说“看白、石时，第三者坚仍存在，但被藏了；抚坚、石时，第三者白仍存在，但被藏了”？不料，公孙龙接过了这个“藏”：对呀，就是藏了，只不过是自己藏的，不是被藏的。藏就是离，离就是藏。正因有的藏了，所以有的现身有的不现身，有的被知有的不被知。客人强调虽藏而仍有，公孙龙强调有藏即有离。

第3轮：

［客］曰：目不能坚，手不能白，不可谓“无坚”，不可谓“无白”。其（目、手）异任也，其无以代也。坚、白域（寓）于石，恶（哪）乎离？[2]

［龙］曰：物白焉，不定其所白；物坚焉，不定其所坚。不定者，兼。恶（哪）乎［定］〈甚〉［其］[3] 石也？

［客］曰：循（拊）[4] 石，非彼无石，非石无所取乎［坚、］[5] 白。［坚、白、］石不相离也，固乎然，其无已（止）[6]！

［龙］曰：［若］坚未与（结合）石为坚，而（则）物兼。［若］未与（结合）［物］[7] 为坚，而（则）坚必［自］坚。其不坚石、物而坚，天下未有若坚［者］，而（则）坚藏。

［若］白固（本来）不能自白，恶（哪）能白石、物乎？若白者必

[1] 疑此段有错简，故移之于此。

[2] 疑此段有错简，故移之于此。

[3] 栾星说：“《道藏》本及傅山、《绎史》、守山阁、《备要》诸本，皆作‘恶乎甚石也’，‘甚’字义涩，兹据《说郛》及崇文本改为‘其’。”（《公孙龙子长笺》，中州书画社1982年版，第42页）。

[4] 谭戒甫说：“‘循石’之循，当与上文‘拊不得其所白’之拊同义，古书每拊循二字连文，见《史记·晋世家》。”（《公孙龙子形名发微》，中华书局1963年版，第50页）。

[5]（清）傅山说：“（‘白’下）似脱一‘坚’字。”（《霜红龛集》卷35《读子四·公孙龙》，山西人民出版社1985年版，第944页）。

[6] 栾星说：“‘其无也’，《道藏》及诸本均作‘其无已’，语涩意远，惟《说郛》本‘已’作‘也’，兹据改。其，指石。也，读耶，发问词。”（《公孙龙子长笺》，中州书画社1982年版，第43页）。

[7] 栾星说：“未与物为坚，《道藏》及其他版本（如《说郛》本、《子汇》本、傅山本、《绎史》、崇文本等）多作‘未与为坚’，无‘物’字。按谢注，宋本似有此物字。守山阁本已校补（《备要》本同），兹从钱校。”（《公孙龙子长笺》，中州书画社1982年版，第46页）。

［自］白，则不白［石、］物而白焉。黄、黑与之然。

［若］石其无有，恶（哪）取坚白石乎？故［坚、白］离也。离也者，因（由于）是（此）。力（感觉）与知（理智）[1] 果（较证），不若（如）因（承认）是。

且犹白以目［见，目］以火见。而火不见，则火与目不见，而神见；神不见而见，离。

坚以手［知］，而手以捶［知］。是捶与手知而不知，而神［知］与不知。神乎，是之谓“离”焉。

离也者［遍及］天下，故独而正[2]。

客人始终坚持坚、白寓于石、盈（充满）于石；即使见不到，也不可说“无坚”；即使抚不到，也不可说“无白”。但他的确提不出新鲜的、有力的理由，既抓不住公孙龙的要领，也击不中他的要害。公孙龙则不然，在第3轮中，唇枪舌剑，狂轰滥炸。只是，这几段文字比前面的要更难理解一些，恐怕其中还有不少讹误。大概来说，公孙龙针对坚、白寓于石、盈（充满）于石的观点，说：坚、白是两种属性，并不专属（“定”）于石，怎可说“寓盈于石”呢？如果脱离了石，那就更谈不上坚、白寓盈了（例如白马不坚、坚金不白）。如果坚不结合石为坚，就会结合其他物为坚；如果不结合其他物为坚，就会独自为坚。它独立为坚时，我们就抚不到，那不正说明它藏了吗？同样地，白也能独自为白，如果不能，哪能使石或其他物为白？［白独自为白时，我们就看不到，那也是因为它藏了。］坚、白既然不专属于石，如果没有了石，那更没有坚白石了，坚、白就更相离了。何况白依靠目与光才能看到，坚依靠手与捶才能抚到，如果没了目与光、手与捶，那就只能神见神知了。只有神见神知的时候，那还不是离吗？可见离这种现象遍及天下，只有单独对待才能摆正对它的看法。

公孙龙离坚白的思想，并非没有价值。当我们说“马”的时候，并非说马作为事物没有颜色（天下哪有无色之马？），而是既然说的是“马”，没有提颜色，那这个“马”之所指的本质属性中就不包括颜色，颜色是被剥离了的。认识者面对事物，是可有所取舍来设定不同念指的。在古希腊，泰勒斯的学生，

[1] 胡曲园、陈进坤说：“力喻感觉，智即理智、抽象思维。果，惈也，惈之今字。《尔雅·释诂》：‘惈，胜也。’胜即争胜。这里作‘较量’解释。这句是说感觉与思维相比较。”（《公孙龙子论疏》，复旦大学出版社1987年版，第128页注15）。

[2] “独而正”，义为只有单独对待才能摆正。

米利都人阿那克西曼德（Anaximandros），不满时人用水、火、气这些特殊事物来作为万物的本原，甚至把所有属性剥离，而设定了一个名叫“απειρον”（apeiron）的念指。这个语词，有人音译为“阿派朗”，有人义译为“无规定者”。唯物主义的“物质”念指，也是把所有属性除存在外全部剥离而形成的。我们并非说阿派朗不再具有任何属性，也不是说物质不再具有除存在外的任何属性，而是说在本质属性中不具有，被剥离了。公孙龙的离坚白论（以及白马论、指物论）在思想史上的确有着极为重要的意义，在思维的敏锐性上是可与阿那克西曼德媲美的。

但是，公孙龙的认识并不彻底、通透，所以在与人辩论时，凭借伶牙俐齿，使人张口结舌有余，使人茅塞顿开不足。例如在《坚白论》中，他未能紧扣念指（及概念）的设定可以“离”这一点来申述离坚白论，而是死盯一个生活经验，即白依赖视觉，坚依赖触觉，视觉可得白不可得坚，触觉可得坚不可得白，皆不可兼得来展开。看不到坚、抚不到白，虽然不能证明有坚、有白，但也不能证明无坚、无白，他起初说“无坚”“无白”自然就很难让人心服口服。即使他随后改口说“藏”——“藏坚”“藏白”，那也不能说通。我们认识事物的属性，本来就是眼耳鼻舌身意多管齐下、互相叠加的，怎可仅仅孤立运用呢？这个生活经验虽然能让我们直观地体验“离”（不可兼得），但稍有头脑的人是难以接受的。至于后面他从坚、白不专属于石甚至可以摆脱所有物而独自为坚、为白上论证坚、白之离，就更离谱了。因为第一，坚、白的确可脱离石，但是不可脱离所有物，独自为坚、为白乃至自藏；第二、前面的讨论是限于石的范围内进行的，是石之坚、石之白与石为三为二的问题，不是一般的坚、一般的白与石为三为二的问题，他于此实际暗换了论题，已经属于诡辩了。最后提到的“神见神知”，又进入了认识层面。对石之坚、白的认识当然不同于石之坚、白，对石之坚、白的认识是离的并不等于石之坚、白是离的，论证前者还是跑题。更关键的是，上述论证虽然让我们感受到了石之坚、白的离，但石之坚、白的可以离与设定概念及念指时的可以离并无必然的联系，然而后者却恰恰是他想要说的。这不还是跑题吗？所以，公孙龙在此问题上虽然比常人的认识要略高一筹，但自身仍然非常肤浅和模糊。

（四）主张在认识中，应该正举（是举），而不狂举（非举）。

《周易·系辞上传》：“方以类聚，物以群分，吉凶生矣。”在认识和论辩中，人们很容易发现存在类的问题。

例如，在长期的音乐实践中，中国人很早就认识到了共振现象。目前所见最早的叙述是《庄子·徐无鬼》：

> 庄子曰："……（鲁遽）其弟子曰：'我得夫子之道矣！吾能冬爨鼎而夏造冰矣！'鲁遽曰：'是直以阳召阳，以阴召阴，非吾所谓道也。吾示子乎吾道。'于是乎为之调瑟，废（放置）一于堂，废（放置）一于室，鼓宫宫动，鼓角角动，音律同矣！夫或改调一弦，于五音无当也，鼓之，二十五弦皆动，未始异于声而音之君已！"

鼓一瑟的宫弦，则另一瑟的宫弦动；鼓一瑟的角弦，则另一瑟的角弦动——这是因为两瑟的宫弦、角弦的振动频率（音频）分别相同，所以发生了两弦的共振。而后调出来的那个使另一瑟的25根弦都动的弦，则是其泛音的振动频率与另一瑟的25根弦的基音或者相同，或者成简单整数比。对这个奇妙的声音现象，当时的人们并不能深入理解，但却引发联想，由此而提出了"类"的思想，同类"相召"（"以阳召阳，以阴召阴"）、"感应"的思想。声同或声比，固然可被视为同类，但由其产生的共振，其实与类无关。但古人的认识水平有限，所以就附会到了类上，甚至持续推演，把因果联系也牵扯了进来。声比则应→物类相召→天人感应，其中夹杂了许多牵强味道。《周易·文言传·乾卦》："子曰：'同声相应，同气相求。水流湿，火就燥，云从龙，风从虎。圣人作而万物睹，本乎天者亲上，本乎地者亲下，则各从其类也。"《吕氏春秋·有始览·应同》："类同相召，气同则合，声比则应。鼓宫而宫动，鼓角而角动。平地注水，水流湿。均薪施火，火就燥。……故以龙致雨，以形逐影，师之所处必生棘楚。"（西汉）韩婴《韩诗外传》卷1第16章："古者，天子左五钟，右五钟。将出，则撞黄钟，而右五钟皆应之。……入，则撞蕤宾，而左五钟皆应之，以治容貌。……此言音乐相和，物类相感，同声相应之义也。"（西汉）董仲舒《春秋繁露》卷13《同类相动》："今平地注水，去燥就湿；均薪施火，去湿就燥；百物去其所与异，而从其所与同。故气同则会，声比则应，其验皦然也。试调琴瑟而错之。鼓其宫，则他宫应之；鼓其商，而他商应之。五音比而自鸣，非有神，其数然也。美事召美类，恶事召恶类，类之相应而起也，如马鸣则马应之，牛鸣则牛应之。帝王之将兴也，其美祥亦先见；其将亡也，妖孽亦先见——物故以类相召也。故以龙致雨，以扇逐暑，军之所处以棘楚。……天有阴阳，人亦有阴阳。天地之阴气起，而人之阴气应之而起；人之阴气起，天地之阴气亦宜应之而起——其道一也。……故琴瑟报，弹其宫，他宫自鸣而应之，此物之以类动者也。”董仲舒对前人的继承，是很明显的。这是一种有关类的认识。

围绕类，还有其他问题。例如：如果把牛、马合为牛马，那么“牛马是牛”“牛马是马”“牛马不是牛”“牛马不是马”哪个命题对？《墨子》的《经下》第168条及《经说下》第168条[1] 对此做了探讨：

> “牛马之非牛”，与可之（肯定它）同，说在兼。
>
> 牛：“或不非牛或非牛而‘非牛也’可，则或非牛或牛而‘牛也’可。故曰：‘牛马非牛也’未可，‘牛马牛也’未可。”则或可或不可，而曰“‘牛马非牛也’未可，‘牛马牛也’未可”亦不可。且牛不二，马不二，而牛马二。则“牛不非牛，马不非马，而牛马非牛非马”，无难。

牛、马合为牛马之后，则牛、马与牛马就是子类与父类的关系，则牛属于牛马、马属于牛马；牛马含于牛、牛马含于马。日常语言中的“是”指同于或等于或属于，但不指含于或交于或非于或离于；“非”指不同于且不等于且不属于。所以如果模糊地表达，可说“牛是牛马”“马是牛马”“牛马非牛”“牛马非马”，但不可说“牛马是牛”“牛马是马”。《墨子》作者对此并非不知，但毕竟牛马含于牛、牛马含于马，所以他总觉得“牛马非牛”“牛马非马”也不对，所以才产生了上述类似诡辩的话。

还有一种。《墨子·经下》第107条：“异类不比。说在量。”《经说下》第107条：“木与夜孰长？智与粟孰多？爵（爵位）、亲（亲缘）、行（德行）、贾（物价）四者孰贵？麋与霍（鹤）孰高？蚈（蝉）与瑟孰悲？”我们可说“木长”，也可说“夜长”，那木和夜哪个更长？不能说。因为木和夜不属于同类事物，属于“异类”事物，不可把异类事物进行比较。《墨子》的《经下》及《经说下》提出的这个思想很重要，体现了作者头脑的敏锐。对“异类”事物确实不能随便比较，但也不是绝对不能比较。例如：在今天广泛存在的评分活动中，评比往往不仅限于某一个方面，而是针对多个不同的方面，先分后合。根据评分标准，甲A方面得分a_1，B方面得分b_1，C方面得分c_1，……乙A方面得分a_2，

[1] 条序据陈孟麟《墨辩逻辑学》（修订本），齐鲁书社1983年版。

B方面得分b_2，C方面得分c_2，……最后，$a_1+b_1+c_1+\cdots\cdots=$总分$n_1$，$a_2+b_2+c_2+\cdots\cdots=$总分$n_2$。那么，$a_1$和$b_1$谁大，或$n_1$和$n_2$谁大，可以比较吗？当然可以。如果某木在木中不是最长的，而某夜在夜中是最长的（即该夜是冬至之夜），那就可以说该木不如该夜长。人们通常不这么比较，恐怕是没必要这么比较，而非不能这么比较。司马迁说："人固有一死，死有重于泰山，或轻于鸿毛，用之所趋异也。"（《汉书》卷62《司马迁传》）死之轻重与泰山鸿毛之轻重的关系，不跟木长与夜长之长的关系一样吗？"异类不比"的说法，还是太过经验化了。

与"异类不比"相对，又有一种有关类的认识，就是同类可比。由同类可比形成的认识行为，就是类比，即在说明或论证（证真或证假）不被人熟悉的情况时借用被人熟悉的"同类"情况。这个比，基于比较，但不是比较，而是比喻。但什么情况算"同类"，什么情况算"异类"呢？人们的认识并不清晰。例如《墨子·公孟》说：

> 公孟子谓子墨子曰："实为善，人孰不知？……譬若美女，处而不出，人争求之；行而自炫，人莫之取也。今子遍从人而说之，何其劳也！"子墨子曰："今夫世乱，求美女者众，美女虽不出，人多求之；今求善者寡，不强说人，人莫之知也。"

公孟子用美女类比，批评墨子到处辛苦游说，意即墨子与美女于此属于同类。而墨子反驳他，就是提出自己与美女于此不属于同类，因而不可类比。又如《非攻下》说：

> 今逮夫好攻伐之君，又饰其说，以非子墨子曰："以攻伐之为不义，非利物与？昔者禹征有苗，汤伐桀，武王伐纣，此皆立为圣王，是何故也？"子墨子曰："子未察吾言之类，未明其故者也。彼非所谓'攻'，谓'诛'也。"

热衷攻伐之君用禹、汤、武王类比，来证真自己的攻伐并非不义，意即自己与禹、汤、武王于此属于同类。而墨子反驳他们，不但提出禹、汤、武王与他们于此不属于同类，因而不可类比，而且点明了"类"的问题。不过，需要注意到的是，墨子未必就是对的。你认为于此不属于同类，但我偏偏认为于此就属于同类呀。你的认为并不能天然驳倒我的认为。可比→属于同类→可比，或不可比→不属于同类→不可比，颇有循环论证的味道。这是上述类比和反驳类比两种做法的先天缺陷。正因如此，我们通常只承认类比的说明作用，而轻视类比的论证作用。

无论异类不比还是同类可比，都涉及判定属于同类还是属于异类的问题。按照浅人之见，A事物和B事物属于同类还是属于异类，应该是先天的，除非判定有误，其答案应该仅有1个。但事实并非如此。A事物和B事物在类别上的同异，既取决于其本身的情况，也取决于认识者的情况。从理论上讲，任一事物与其他一个或几个事物，或任一事物与自身的某一个或几个部分，相比较之下，都必定既有同又有异，既不可能全同，也不可能全异；被视为同类时仍有相异，被视为异类时仍有相同。以其某一个或几个同作为特有属性（含本质属性），它们就可算同类；以其某一个或几个异作为特有属性（含本质属性），它们就得算异类。《墨子·经说上》第87条："有以同，类同也。"第88条："不有同，不类也。"前一句，可以；后一句，不可以。由此可见，木与夜、墨子与美女、热衷攻伐之君与禹汤武王，未必不可属于异类，也未必不可属于同类。

再有一种思路，就3个或更多事物而言，它们必定：⑴有普遍的同，而且非止一个；⑵有非普遍的同，而且非止一个；⑶有非普遍的异，而且非止一个；⑷有普遍的异，而且非止一个。从中做不同选择，就可形成不同的分类。例如：对1、2、—5，如何分类？如果根据是否数，则为1个类：1、2、—5（都是数）；如果根据正负属性，则为两个类：1、2，—5；如果根据绝对值是否大于1，则为两个类：1，2、—5；如果根据奇偶性，则为两个类：1、—5，2；如果根据值的大小，则为3个类：1，2，—5。

还有一个所谓"正举""狂举"的问题。即：先把A事物和B事物设定为同类或异类，然后问：应该选择（举）哪个或哪些属性作为特有属性（含本质属性），以及为了考察方便，应该选择（举）哪个或哪些事物作为异同参照物？选择得好，就是正举；选择得不好，就是狂举。对此问题，《墨子》的《经下》第167条及《经说下》第167条也有探讨：

> 狂举不可以知异，说在有不可。
>
> 狂：牛与马虽异，以牛有齿、马有尾说"牛之非马也"，不可。是俱有，不偏有、偏无有。曰"牛与马不类"用牛有角、马无角，［可

也。］[1] 是类不同也。若举牛有角、马无角，以是为类之〈不〉同也，是狂举也。犹牛有齿、马有尾。

选择（举）俱有的属性（牛、马俱有齿、有尾）来设定异类，或选择（举）偏有偏无有的属性（牛偏有角、马偏无角）来设定同类，都是不可以的，都是狂举。这个看法是对的，不过不够全面、深入。

《公孙龙子》对“正举”“狂举”问题也做了探讨，但侧重点有所不同。这些探讨主要集中在《通变论》的后半部分。同《墨子 · 经说下》有一点相同，即都是通过对其他文本（可能源自他人所说，也可能源自公孙龙的虚拟）的批评来探讨的。这部分又分两个小部分。

第1小部分：

［龙］曰：“羊合牛非马”，“牛合羊非鸡”。

［客］曰：何哉?

［龙］曰：“羊与牛唯[2]异，羊有齿（上齿），牛无齿（上齿），而〈羊〉牛之非羊也、［羊］之非牛也。”未可。是［虽］不俱有而（但）或类［同］焉。

“羊有角，牛有角，牛之而羊也，羊之而牛也。”未可。是［虽］俱有而（但）类之不同也。

“羊、牛有角，马无角；马有尾（长毛尾），羊、牛无尾（长毛尾），故曰‘羊合牛非马也’。非马者，无马也。无马者，〈羊不二，牛不二，而羊牛二，〉是而羊、而牛、非马。”可也。若举而以是，犹类之不同，〈若左右，〉[3] 犹是举（正举）。

“牛、羊有毛，鸡有羽。牛、羊足五，鸡足三。（谓鸡足一，数足二，二而一故三；谓牛、羊足一，数足四，四而一故五。）[4] 故曰

[1] 依文意，此处加“可”更通，疑脱。

[2] 唯，或谓为“虽（雖）”之讹。

[3] “羊不二，牛不二，而羊牛二”和“若左右”文意相联，但都与所处语境不合，甚疑为夹注窜人。“羊不二，牛不二，而羊牛二”与《墨子 · 经说下》“牛不二，马不二，而牛马二”、《公孙龙子 · 通变论》“左不可谓‘二’，右不可谓‘二’，左与右可谓‘二’”文意全同。

[4] 疑此段话为夹注窜人，且其位置在“牛、羊足五，鸡足三”后更佳，故作为注文移此。“鸡足一，数足二，二而一故三”“牛、羊足一，数足四，四而一故五”，这是一个著名的诡辩。无论父类和子类的数目，还是父类和子类中元素的数目，都不可相加，而它错误地把父类和子类的数目进行了相加。

‘牛合羊非鸡’。非［鸡］，有以非鸡也。”与〈马〉［其］[1]以鸡，宁马。材、不材，其无以类，审矣！举是（此）〈谓〉乱名，是［谓］“狂举”。

为了讲明自己的观点，公孙龙首先以“羊合牛非马”“牛合羊非鸡”两个命题为例。根据文意，“羊合牛”“牛合羊”含义没什么区别，不过是修辞手法而已。“合”，即指某和某算同类。接着，公孙龙在下面对自己的观点进行了详细解说。第1组：用羊有上齿、牛无上齿来说明羊、牛不属于同类，不可以，因为虽然有这些异但仍属于同类；用羊有角、牛有角来说明羊、牛属于同类，不可以，因为虽然有这些同但仍属于异类。举这些属性，就属于狂举。第2组：用羊、牛有角，马无角；马有长毛尾，羊、牛无长毛尾来说明羊和牛算同类，和马算异类，可以，这属于正举。“而羊、而牛、非马”，而犹乃、是（《左传》宣公十五年：“余而所嫁妇人之父也”，《论衡·死伪》引作“余是所嫁妇人之父也”）。用牛、羊有毛无羽，鸡有羽无毛；牛、羊足五，鸡足三来说明牛和羊算同类，和鸡算异类，不可以，这属于狂举。为什么呢？公孙龙给出的理由是：马材、鸡不材，不可被归为同类，很明白啊！所以，与其举鸡为参照物，宁可举马为参照物。“材、不材”，即成材、不成材。“其无以类”，可有多解[例如“成材的马与不成材的鸡不可被归为同类”“鸡与羊牛不可被归为同类”“鸡不可（与羊牛）被归为同类”等]，但大致上肯定马而否定鸡是无疑的。谢希深说：“马以譬正，鸡以喻乱，故等马与鸡，宁取于马。以马有国用之材，而鸡不材，其为非类审矣。故人君举是不材，而与有材者并位，以乱名实，谓之狂举。”[2]基本正确。

第2小部分：

［客］曰：他辩。

［龙］曰：“青以白非黄”，“白以青非碧”。

［客］曰：何哉？

［龙］曰：“青、白不相与而相与，反［而］对也；不相邻而相邻，不害其方也。不害其方〈者〉，反而对［者］，各当其所，若左、

[1] 改成“其”，更通。“马（馬）”“其”形近易讹。

[2]《公孙龙子》，《道藏》第27册，文物出版社、上海书店、天津古籍出版社1988年版，第172页。

右不骊（附着）。故一于青不可，一于白不可，恶（哪）乎其有黄矣哉？”黄其正矣，是正举也。〈其〈有〉[犹]君臣之于国焉，故强寿（强大而长命）矣！〉[1]

“而且青骊（附着）乎白，而（则）白不胜也。白足〈之〉[以][2]胜矣而不胜，是木贼（伤害）金也。木贼金者碧。”碧则非正举矣。“青、白不相与而相与，不相胜则两明也。争而[两]明，其色碧也。”与其碧，宁黄。黄，其马也，其与类乎；碧，其鸡也，其与暴（混乱）乎！暴（混乱）则〈君臣争而两明也。两明者，〉昏〈不明〉[3]，非正举也。非正举者，名实无当。〈骊色（杂色）章焉，故曰“两明”也。两明而道丧，其无有以正焉。〉[4]

客人请求再举一例（“他辩”）。公孙龙就又举了“青以白非黄”“白以青非碧”两个命题为例。“青以白”“白以青”与上例之“羊合牛”“牛合羊”一样，并无特别深意。对“以”，可理解为把颜色进行掺和。接着，公孙龙在下面也予以了详细解说。对照上一小部分，此一小部分相当于仅有1组。这一组讨论的不是归类，而是青、白两色的掺和，但用到了类。如果把青、白两色进行掺和，两色谁也压不过谁（“不相胜”）[5]，形成杂色（“骊色”），那么说“这个色算黄色”还是说“这个色算碧色”？如果不把青、白两色进行掺和，那就形不成杂色，那么说“形不成黄色”还是“形不成碧色”？公孙龙认为与其说“碧色”，不如说“黄色”，因为黄色属于正色，仿佛前面说的马，而碧色不属于正色，仿佛前面说的鸡。当然，为什么说黄色属于正色、碧色不属于正色，从文中提到青、白，又提到木、金，提到青、白反对等等来看，极可能是源自五行配五方、五色的思想。

---

[1] 考虑到下文的“君臣”极可能是衍文，则此句亦有可能。

[2] 孙诒让说：“‘之’，当作‘以’。”（《札迻》卷6《公孙龙子谢希深注》，卷6页8，《续修四库全书》第1164册，上海古籍出版社2002年版，第67页）。

[3] 昏与不明重复，疑“不明”为夹注而窜入正文者。

[4] “君臣争而两明也。两明者”与“骊色（杂色）章焉，故曰‘两明’也。两明而道丧，其无有以正焉”两段，“两明”说的是青、白掺和，跟黄、碧并无关系，跟正举、狂举并无关系。也就是说它们与上下文的语境非常不协。但如果把它们连贯起来，意思又非常通顺。所以甚疑其为夹注而窜入正文者。

[5] 其所批评的文本，仅提到了“青骊乎白（把青掺到白上，白被青染，东木贼西金），而白不胜”一种。

水	北	黑
金土木	西中东	白黄青
火	南	赤

青、赤、白、黑、黄，属于五色，所以都属于正色，其余的都不属于。黄不但属于正色，而且居于青、白之间。如果讨论青、白掺和问题，是从把青、白作为正色的维度来说，而且运用了五行配五方、五色的思想的话，那自然应该举黄色，而非其他色（包括正色赤、黑），否则就是狂举，不伦不类（“暴”）。“其与类乎”“其与暴乎”，“与（與）”字较大可能是“举（舉）”字之形讹。[1]谢希深说：“夫青、白不相与之物也，今相与，杂而不相胜也。不相胜者，谓青染于白而白不全灭，是青不胜白之谓也。洁白之质而为青所染，是白不胜青之谓也。谓之青而白犹不灭，谓之白而为青所染（《道藏》本，此下有重文24个字，栾星以为当删，可从），两色并章，故曰‘两明’也者，〈白〉（栾星以为衍文当删，可从）‘争而明’也。青白争（原作“争白”，栾星以为当乙，可从）明，俗谓其色碧也。”[2]其说对正文多有发明，但不够透彻。

此部分中，包含有关政治的两段论述：“其犹君臣之于国焉，故强寿矣！”“君臣争而两明也。两明者，骊色章焉，故曰‘两明’也。两明而道丧，其无有以正焉。”笔者以窜入正文的夹注看待。谢希深注：“白，君道也；青，臣道也。青骊于白，谓权臣擅命，杂君道也。君道杂，则君不胜矣，故曰‘而白不胜也’。君之制臣，犹金之胜木，其来久矣。而白不胜，为青所骊，是木贼金，而臣掩君之谓也。青染于白，其色碧也。臣而掩君，其道乱也。君道之所以乱，由君不正举也。”“政之所以暴乱者，君臣争明也。君臣争明，则上下昏乱，政令不明，不能正其所举也。”“骊色之章，则君臣争明，内离外叛。正道衰者，名实不当也。名实之不当，则无以反正道之丧也。”[3]其解释基本对。但依据文意，一国之中君、臣的正，是指各当其所，不相杂乱，就像青、白各当其所，不相掺和一样；一国之中君、臣的不正，则与此相反。这和举黄举碧、正举狂举无关。

[1] 杜国庠说：“两个‘与’字，疑‘举’字之讹。”（《论〈公孙龙子〉——公孙龙的哲学和逻辑》，收入《先秦诸子的若干研究》，生活·读书·新知三联书店1955年版，第42页。又收入《杜国庠文集》，人民出版社1962年版，第116页）。

[2]《公孙龙子》，《道藏》第27册，文物出版社、上海书店、天津古籍出版社1988年版，第172—173页。

[3]《公孙龙子》，《道藏》第27册，文物出版社、上海书店、天津古籍出版社1988年版，第172—173页。

（五）主张名以副实。

名实关系，是先秦诸子研究的重点问题之一。

何谓“名”“实”？《说文解字》卷2上口部说：“名：自命也。从口从夕。夕者，冥也。冥不相见，故以口自名。”仅限于姓名的名，可能是其本义。但后来，“名”的含义大大扩展了。首先是指实词，可以用口说出；同时，它又指概念。这源自时人没有清晰辨识语词与概念的区别。语词与概念与事物等具有如下关系：事物←念指←概念←语词←字串。人们也没有清晰辨识念指与事物的区别，基本是把语词、概念混称为“名”，把念指、事物混称为“实”或“形”，或者干脆说在他们那里概念、念指其实是缺席的。“名”有时又特指由特定语词表达的社会角色、身分、职位，常与分被合称为“名分”。例如：君臣、父子、夫妇、师徒等。《尹文子·大道上》：“田骈曰：‘……游于诸侯之朝，皆志为卿、大夫，而不拟于诸侯者，名限之也。’”

关于名实关系，发生了许多弊病。

其中一种是，用名而实不精确。一个代表性案例就是《公孙龙子·迹府》中公孙龙所讲的尹文与齐湣王的故事：

> 齐（湣）王之谓尹文曰：“寡人甚好士，以（而）齐国无士，何也？”尹文曰：“愿闻大王之所谓‘士’者。”齐王无以应。尹文曰：“今有人于此，事君则忠，事亲则孝，交友则信，处乡则顺，有此四行，可谓士乎？”齐王曰：“善！此真吾所谓士也。”尹文曰：“王得此人，肯以为臣乎？”王曰：“所愿而不可得也。”是时齐王好勇。于是尹文曰：“使此人广庭大众之中，见（被）侵侮而终不敢斗，王将以为臣乎？”王曰：“钜士也？！见侮而不斗，辱也！辱则寡人不以为臣矣。”尹文曰：“唯见侮而不斗，未失其四行也。是人未失其四行，其所以为士也然。而王一以为臣，一不以为臣，则向之所谓‘士’者，乃非士乎？”齐王无以应。[1]

齐湣王自称甚好士，但何谓“士”，他的认识却非常模糊，所以稍一根问，他就张口结舌了。《吕氏春秋·先识览·正名》：“齐湣王是以知说（悦）士，而不知所谓‘士’也。故尹文问其故，而王无以应。”其实公孙龙在“白马非马”的

[1]《公孙龙子》，《道藏》第27册，文物出版社、上海书店、天津古籍出版社1988年版，第169页。

讨论中，对“是”（同于或等于或属于，三者有一即可）、“非”（不同于且不等于且不属于，三者缺一不可）的认识也不清楚，所以才很难说服对方。

还有，对同一事物，可有多个概念及念指（但反之不然）。概念与念指是完全一一对应的。对同一概念，可有多个语词；对同一个语词，可有多个概念。对同一语词，可有多个字串；对同一字串，可有多个语词。其中的多，既包括共时性的多，也包括历时性的多（即：有变化）。对这些复杂的对应关系，时人并非全没想到。例如《墨子·经下》第141条：“知狗而自谓不知犬，过也。说在重。”《经说上》第87条：“二名一实，重同也。”看到了一物多词。《墨子·经说下》第142条：“问者曰：‘子知西乎？’应之曰：‘“西”何谓也？’彼曰：‘西施。’则知之。若不问‘西’何谓，径应以‘弗知’，则过。”看到了一词多义、一词多物。《老子》第1章：“名可名，非常名。”看到了语词的不恒定性，即对一物，常有多词，且可有多词。《论语·为政》：“或谓孔子曰：‘子奚不为政？’子曰：‘《书》云：“孝乎惟孝，友于兄弟，施于有政。”是亦为政，奚其为为政？’”孔子实际上扩展了“为政”一词的含义，亦即他也不反对适度灵活修改词义。但问题在于，当时有些辩者，充分利用这些“漏洞”，随意暗换或暗改概念及念指，进行诡辩。《庄子·天下》提到了不少论题，例如：“轮不蹍地”[车轮蹍地，仅是车轮上的一个点（切点）蹍地，车轮上的一个点不是车轮，所以轮不蹍地]、“目不见”（目可见，需要借助火。无火，则目不可见。所以目不见）、“狗非犬”（“狗”是一个名，“犬”是一个名，此名非彼名，所以狗非犬）、“孤驹未尝有母”（孤则无母，有母则不孤，所以孤驹未尝有母）等。我们通常说“车轮蹍地”，就是指车轮上的一个点（切点）蹍地，而辩者暗改为整个圈蹍地，当然就轮不蹍地了。我们通常说“目可见”，实际是个省略的相对命题：在有光（包括火光）时，目可见。而辩者暗改为绝对命题，当然就目或许不可见了。狗和“狗”名、犬和“犬”名，这是不同概念及念指，“狗”名当然非“犬”名，而辩者暗换概念及念指，结果就变为“狗非犬”了。孤驹必定无母，但这个“无”，是从某个时刻开始无，并非从来无，并非未尝有。而辩者暗换为“未尝有”，就变为了“孤驹未尝有母”。我们必须承认，辩者的确独具慧眼，善于见人之所未见，如车轮仅切点蹍地、“目可见”是相对命题、狗与犬和“狗”名与“犬”名不同、我们通常说的“无”实际有多个含义，等等，非常富有启发作用，但是他们不是讲透道理，而是趁机暗换、暗改，耸人听闻，就是荒谬的诡辩了，大大削弱了他们的发现的价值。换、改并非不可，但它们有讲究、有规则，不可随意。

面对辩者的诡辩，多数人是理解不了他们的价值，而只看到他们的害处的，因而对之深恶痛绝。人们，特别是儒、法两家，往往是把名实之间复杂的对应关系简单理解为一一对应关系，而且静态理解，不承认它们常有变化而且可有变化。例如《墨子·经说下》第79条："若实也者，必以是名也。"《庄子·逍遥游》："名者，实之宾也。"《吕氏春秋·先识览·正名》："名正则治，名丧则乱。使名丧者，淫说也。说淫，则可不可而然不然，是不是而非不非。"《审分览·审分》："今有人于此，求牛则名'马'，求马则名'牛'，所求必不得矣。""王良之所以使马者，约审之以控其辔，而四马莫敢不尽力。有道之主，其所以使群臣者亦有辔。其辔何如？正名审分，是治之辔已。故按其实而审其名，以求其情；听其言而察其类，无使放悖。夫名多不当其实、而事多不当其用者，故人主不可以不审名分也。不审名分，是恶壅而愈塞也。"《尹文子》也运用寓言对辩者大加讽刺，《大道上》："齐有黄公者，好谦卑，有二女，皆国色。以其美也，常谦辞毁之，以为丑恶。丑恶之名远布，年过而一国无聘者。"两个女儿明明是美女，偏偏说她们"丑恶"，结果耽误了她们。《大道下》："庄里丈人，字长子曰'盗'，少子曰'殴'。盗出行，其父在后追呼之曰：'盗，盗。'吏闻，因缚之。其父呼'殴'喻吏，遽而声不转，但言：'殴，殴。'吏因殴之，几殪。康衢长者，字僮曰'善搏'，字犬曰'善噬'。宾客不过其门者三年。长者怪而问之，乃实对。于是改之，宾客往复。""盗""殴""善搏""善噬"都是有特定含义的名，非要用在不符合其义的实身上，结果招来了麻烦。荀子对此也做了专门讨论："析辞擅作名，以乱正名，使民疑惑，人多辨讼，则谓之大奸。其罪犹为符节度量之罪也。"他在对辩者做了一定吸收的基础上，提出了自己的操作原则："名无固宜，约之以命，约定俗成谓之宜，异于约则谓之不宜。名无固实，约之以命实，约定俗成，谓之实名。名有（无？）固善，径易而不拂，谓之善名。"（《荀子·正名》）一方面承认"名无固"，一方面极其强调约定、径易。对辩者的缺陷，他们主张的解决办法是以名谓实、名副其实。他们的看法，对纠正辩者的偏颇是有作用的。但矫枉过正，自身的偏颇也不可避免了。

还有一种弊病，可谓"名至而实不至"。这个"名"，尤其指名分之名。例如《论语·颜渊》：

齐景公问政于孔子，孔子对曰："君君，臣臣，父父，子子。"

朱熹说："是时景公失政，而大夫陈氏厚施于国；景公又多内嬖，而不立太子。其君臣父子之间，皆失其道，故夫子告之以此。"[1] 孔子的意思，就是有君臣父子之名者，当有君臣父子之实。如果为君者不像君，为臣者不像臣，为父者不像父，为子者不像子，则政乱。《论语·子路》：

子路曰："卫君待子而为政，子将奚先？"子曰："必也正名乎！"子路曰："有是哉，子之迂也！奚其正？"子曰："……名不正，则言不顺；言不顺，则事不成；事不成，则礼乐不兴；礼乐不兴，则刑罚不中；刑罚不中，则民无所措手足。故君子名之必可言也，言之必可行也。君子于其言，无所苟而已矣。"

朱熹引胡氏（安国）说："卫世子蒯聩耻其母南子之淫乱，欲杀之，不果而出奔。（其父卫）灵公欲立公子郢，郢辞。公卒，夫人（南子）立之，又辞。乃立蒯聩之子辄（卫出公），以拒蒯聩。夫蒯聩欲杀母，得罪于父，而辄据国以拒父：皆无父之人也，其不可有国也明矣。夫子为政，而以正名为先。"[2] 卫国用无父来反对无父，立名而无实，也是政乱，所以孔子主张首先要正名。到了战国时期，这种弊病也遭到了批判。《韩非子·诡使》："夫立名号，所以为尊也；今有贱名轻实（号？）者，世谓'高'。设爵位，所以为贱贵基也；而简上不求见者，谓之'贤'。……"《吕氏春秋·审分览·审分》："夫说以智通，而实以〈过〉[愚]悗；誉以高贤，而充以卑下；赞以洁白，而随以污〈德〉[漫]；任以公法，而处以贪枉；用以勇敢，而堙以罢怯。此五者，皆以牛为马、以马为牛，名不正也。故名不正，则人主忧劳勤苦，而官职烦乱悖逆矣。国之亡也，名之伤也，从此生矣。"这些情况，都属于名至而实不至。对它们，儒、法家的解决办法都是以名纠实，循名责实。

无论是以名谓实，还是以名纠实，时人皆称之为"正名"。总之结果是名实相副。《墨子·经说上》第81条："所以谓，名也。所谓，实也。名实耦，合也。"

[1] 朱熹：《四书章句集注·论语集注》，齐鲁书社1992年版，第121页。
[2] 朱熹：《四书章句集注·论语集注》，齐鲁书社1992年版，第128—129页。

对名实问题，公孙龙也有探讨，主要集中在《名实论》中。究其文意，乃是主张以名谓实、以名适实，反对乱名。

不过，在提出这个主张之前，公孙龙首先提出了正物思想：

> 天地与其所产焉，物也。物以物其所物而不过焉，实也；实以实其所实［而］[1]不旷（空）焉，位也。出其所位，非位（正）[2]；位其所位焉，正也。
>
> 以其所正，正其所不正；［不以其所不正，］[3]疑其所正。其正者，正其所实也。正其所实者，正其名也。

谭戒甫说："右第一节。分物、实、位、正四层，以为正名之基。""右第二节。归于正名。"[4]栾星说："本文的第一段，公孙龙为'物'、'实'、'位'、'正'做界说。""所谓'正其所实'，即'物其所物而不过'，'实其所实而不旷'，及'位其所位焉'。本文第一段，包括第一句在内，其实谈的都是实，本段最后才由正实谈到正名。文章的层次应作如是观，则论旨不难循迹而得。"[5]应该看到，这一部分有严重的形式主义的毛病。物→实→位→正，似乎层层递进，但仔细体味，此四者之间并非简单的递进关系。仿佛《老子》第25章"人法地，地法天，天法道，道法自然"一样，不过是运用了顶真这种修辞手法而已，并非层层递进。如果拘泥于形式，追问"人为何不可法天、法道、法自然"，那就误入歧途了。还有词性活用，如"物其所物""实其所实""位其所位"，都是如同"爱我所爱"一样的结构，且名词（n.）变动词（vt.），非常形式化。很明显，《名实论》是一篇文艺味儿很浓的文章。所以理解它时，必须能克服其可能具有的形式主义的毛病。但也应该看到，这一部分还是很有价值的。首先，它针对词义模糊的严重弊病，主动地解说词义，有类于《墨子·经上、下》。其次，它对"物"一词的解说（或曰"设定"），把天地也算进来，

[1] 王琯说："按'不旷焉'之上，证诸前文'而不过焉'，疑'不'上有'而'字。"（《公孙龙子悬解》，中华书局1992年版，第88页）从之。

[2] "非位"，疑为"非正"之讹。"位""正"形近，且"非正"可与下文"正"相对。

[3] 伍非百说："旧脱'以其所不正'五字，据马骕《绎史》补。按旧注：'以正正于不正，则不正者皆正。以不正乱于正，则众皆疑之。'是旧本正文原有此五字，而今本脱也。幸赖注文尚存，可供参考。但原文'以'字上，以脱一'不'字，今以意补。又明万历四年《公孙龙子》刊本有此五字，与马骕《绎史》同，亦脱'不'字。"（《中国古名家言·公孙龙子发微附公孙龙子考证》，四川大学出版社2009年版，第530页）从之。

[4] 谭戒甫：《公孙龙子形名发微》，中华书局1963年版，第59、60页。

[5] 栾星：《公孙龙子长笺》，中州书画社1982年版，第88、92页。

更加到位。《老子》第5章："天地不仁，以万物为刍狗。"（唐）李白《春夜宴从弟桃花园序》："夫天地者，万物之逆旅也；光阴者，百代之过客也。"在这些说法中，显然天地不属于万物。但《庄子·则阳》"天地者形之大者也"，《达生》"凡有貌象声色者皆物也"。《荀子·正名》："物也者，大共名也。"《列子·汤问》："天地亦物也。"则与《公孙龙子》此说相同，也更加合理。再次，在克服了形式主义毛病之后，我们就可以看出，这一部分的核心是"正"，但不是正名，不是针对胡乱用名，也不是针对名至而实不至。末句"正其所实者，正其名也"，不可被按照通常语法理解为正其所实就是正其名，只可被理解为在正其所实后就可正其名了。那被正的是什么呢？是物（n.）。如何正？物（vt.）之，实（vt.）之，位（vt.）之。概念及念指都有其内涵和外延。"物"（vt.）相当于定于内涵，否则为过；"位"（vt.）相当于限于外延，否则为出；"实"（vt.）即充实，相当于使具备内涵，否则为旷。它们都是正物（n.），只是各从不同角度述说而已。在笔者看来，第1段可改成：

> 天地与其所产焉，物也。物当物其所物而不过焉，实其所实而不旷焉，位其所位而不出焉。有此三者，正也。

这种对物（n.）的物（vt.）、实（vt.）、位（vt.）都与名无关，所以应该称之为"正物"而非"正名"。应该正物，这是很罕见的思想。第2段，不过是继续申发正物的思想：应该正，不应该不正。后面的"正其所实"，应该被理解为"正物"，不可局限于实。

正物之后，就可以正名了。公孙龙在谈了正物之后，接着谈正名说：

> 其名正，则唯（适）乎其彼此［之实］焉。谓彼而彼不唯（适）乎彼［之实］，则彼谓不行；谓此而〈行〉［此］[1] 不唯（适）乎此［之实］，则此谓不行。其以（由于）当［者］不当也。不当而［当］[2]，

[1] 钱基博说："'谓此而行不唯乎此，则此谓不行。'马骕《绎史》第一'行'字作'此'。依上文'谓彼而彼不唯乎彼，则彼谓不行'，此对文。第一'行'字，自当作'此'。"（转引自陈柱：《公孙龙子集解》，商务印书馆1937年版，第214页）陈柱按"'谓此而行不唯乎此'，《道藏》本如此。守山阁本、辛从益本、陈澧本'行'均作'此'，当从之。"（陈柱：《公孙龙子集解》，商务印书馆1937年版，第214页）从之。

[2] 钱基博说："'其以当不当也，不当而乱也。'马骕《绎史》'不当而'下有'当'字。依注文'天下皆以不当为当'云云，则正文自脱'当'字。"（转引自陈柱：《公孙龙子集解》，商务印书馆1937年版，第215页）从之。

乱也。

故彼彼（以彼名谓彼）当乎彼，则唯（适）乎彼［之实］，其谓行［于］彼；此此（以此名谓此）当乎此，则唯（适）乎此［之实］，其谓行［于］此。其以当［者］而当也。以当［者］而当，正也。

故彼〈故〉彼（以彼名谓彼）止于彼，此此（以此名谓此）止于此，可。彼此（以彼名谓此）而彼且此，此彼（以此名谓彼）而此且彼，不可。

夫名，实谓也。知此之非［此］也，〈知此之不在此也，〉〈明〉［则］[1] 不谓也；知彼之非彼也，〈知彼之不在彼也，〉[2] 则不谓也。

这部分，虽然较长，但意思很简单，反反复复，只是：如果名正，则名应谓（适）实。应以此名谓此实、以彼名谓彼实；不应以此名谓彼实、以彼名谓此实。因为运用了对偶这种修辞手法，显得形式很工整，可用表格表示为：

谓彼而彼不适乎彼之实	则彼谓不行	当者不当	乱
谓此而此不适乎此之实	则此谓不行		
彼彼当乎彼	则适乎彼之实，则其谓行于彼	当者而当	正
此此当乎此	则适乎此之实，则其谓行于此		
彼彼止于彼，此此止于此	可		
彼此而彼且此，此彼而此且彼	不可		
此非此（此不在此）	则不谓		
彼非彼（彼不在彼）	则不谓		

最后，公孙龙对审名慎谓大发感慨：

至矣哉，古之明王！审其名实，慎其所谓[3]。至矣哉，古之明王！

[1] 俞樾说：“‘知此之非也，知此之不在此也，明不谓也’，愚按：此当作‘知此之非此也，知此之不在此也，则不谓也’。下文云：‘知彼之非彼也，知彼之不在彼也，则不谓也。’两文相对，可据以订正。”（《春在堂全书》第3册《俞楼杂纂·读公孙龙子》，凤凰出版社2010年版，第542页）谭戒甫说：“‘知此之非此也’句，各本皆作‘知此之非也’；又第四句‘则不谓也’，各本皆作‘明不谓也’：兹据《子汇》本、守山阁本、《绎史》本增改。”（《公孙龙子形名发微》，中华书局1963年版，第62页）从之。

[2] 此两句与各自的前句文意完全重复，故疑为夹注而窜入正文者。

[3] 谭戒甫改为“所慎其谓”（《公孙龙子形名发微》，中华书局1963年版，第62页），不当，不从。

古之明王，非有确指。两次说“至矣哉，古之明王”，是间隔反复的修辞手法。金受申说：“此乃公孙龙自谓作论之由；而以正名实、辨同异为至慎绝大之事，非可以草草者，所以冠冕其词也。”[1]“审其名实，慎其所谓”，公孙龙对名谓再次要求审慎，其态度是非常鲜明的。

《吕氏春秋·审应览·应言》和《审应》所述公孙龙劝说燕昭王、赵惠文王“偃兵”，使用的方法，是指出他们“名至而实不至”，主张“不可以（用）虚名为也，必有其实”，是循名责实、以名纠实的做法，这个与其《名实论》中的名实论的侧重点是不同的。

（六）反对日常语言的模糊、混乱。

现实往往很复杂，而日常语言，自身又充满模糊、混乱，因而在反映现实时就更加复杂了。例如《墨子·小取》提道：

> 白马，马也；乘白马，“乘马”也。骊马，马也；乘骊马，“乘马”也。获，人也；爱获，“爱人”也。臧，人也；爱臧，“爱人”也。此乃是而然者也。
>
> 获之亲，人也；获事其亲，非“事人”也。其弟（妹妹），美人也；爱弟，非“爱美人”也。车，木也；乘车，非“乘木”也。船，木也；入船，非“入木”也。盗〈人〉，人也；多盗，非“多人”也；无盗，非“无人”也。……且夫读书，非［书也；好读书，］“好书”也。且斗鸡，非鸡也；好斗鸡，“好鸡”也。且（将要）入井，非入井也；止且入井，“止入井”也。且出门，非出门也；止且出门，“止出门”也。……此乃是而不然者也。
>
> 爱人，待周爱人而后为“爱人”。不爱人，不待周不爱人［而后为“不爱人”。］……乘马，不待周乘马然后为“乘马”也……逮至不乘马，待周不乘马而后［为］“不乘马”。此一周而一不周者也。
>
> 人之鬼，非人也；兄之鬼，兄也。祭人之鬼，非祭人也；祭兄之鬼，乃祭兄也。之（此）马之目盼则〈为〉［谓］“之马盼”；之（此）马之目大，而不谓“之马大”。之（此）牛之毛黄，则谓“之牛黄”；之（此）牛之毛众，而不谓“之牛众”。

[1] 金受申：《公孙龙子释》，商务印书馆1930年版，第56页。

在表达具有“是”（同于或等于或属于，包括类是和体是）、“非”（不同于且不等于且不属于，包括类非和体非）关系的概念及念指时，其转换方式有多种类型：（1）是而可说的。例如：香蕉是（属于）水果，可说吃香蕉为“吃水果”；女人是（属于）人，可说杀女人为“杀人”。上述可说乘白马、乘骊马为“乘马”[白马、骊马是（属于）马]，可说爱获、爱臧为“爱人”[获、臧是（属于）人]，可说马目眇为“马眇”[目眇是（同于）眇]，可说牛毛黄为“牛黄”[毛黄是（属于）黄]即为此类。（2）是而不可说的。例如：香蕉是（属于）物，不可说吃香蕉为“吃物”；女人是（属于）物，不可说杀女人为“杀物”。上述不可说乘车为“乘木”、入船为“入木”即为此类。（3）貌非实是而可说的。例如：读书非书，但可说好读书为“好书”；斗鸡非鸡，但可说好斗鸡为“好鸡”。人们说“好书”，特指好读书，而不指好著书、好卖书、好撕书、好烧书等。人们说“好鸡”，特指好斗鸡，而不指好养鸡、好看鸡、好卖鸡、好吃鸡等。这些都源自约定。（4）貌是实非而不可说的。例如：获之亲人是（属于）人，但不可说获事其亲为“获事人”；目大是（属于）大，但不可说此马目大为“此马大”；毛众是（属于）众，但不可说此牛毛众为“此牛众”。人们通常说的“事人”中的“人”，特指亲人之外的人，亲人是（属于）人但非这个人，所以不可说。人们通常说的“马大”中的“大”，特指马体大，目大是（属于）大但非这个大，所以不可说。人们通常说的“牛众”中的“众”，特指牛数众，毛众是（属于）众但非这个众，所以不可说。这些也源自约定。第3、4种的区别很简单，一个是貌非而实是，一个是貌是而实非。第1、2种的区别是：若不妨碍理解、不转移重点，则可说；若妨碍理解、转移重点，则不可说。

再者，有时候一词多义，也会影响表达的转换。例如：爱妹妹之爱与爱美女之爱，都是语词“爱”，但词义不同。所以获的妹妹是美女，但不可说获爱妹妹为“获爱美女”。人们通常说的“人”，也是一词多义，既可指活人，也可指活人＋死尸＋鬼魂。“人之鬼，非人也”“祭人之鬼，非祭人也”，其中的“人”特指活人。但“兄之鬼，兄也”“祭兄之鬼，乃祭兄也”中的“兄”，乃指兄之活人＋死尸＋鬼魂，所以可说“兄之鬼魂是（属于）兄”。如果我们说“兄，人也”，那此“人”也是指活人＋死尸＋鬼魂。

再者，上述盗人的例子比较特殊。首先，盗是（属于）人，但不可说无盗为“无人”，因为这是错误推导，公式无效。这与表达的转换无关。其次，人们通常说的“多人”（以及“厌恶人”“杀人”等）中的“人”，特指盗之外的人，不包括盗。盗是（属于）人但非这个人。这是貌是实非。同时，“多盗”中的“多”与“多人”中的“多”也是一词多义。有十个八个盗，可谓“多”；但有十个八个人，未必是“多”。所以不可说多盗为“多人”。

再者，且入井与入井，且出门与出门，虽然不同，但是连续动作，类似前因后果，所以止住前者，就会止住后者，所以虽然不同，但可说止住且入井为“止住入井”、止住且出门为“止住出门”。

再者，像“爱人”这种语词，特指爱所有人。等爱所有人才算爱人，仅爱某一人不算爱人（等……才算，仅……不算）。“杀人”这种语词，并不特指杀所有人。仅杀某一人也算杀人，不等杀所有人才算杀人（仅……也算，不等……才算）。作为否定，那么仅不爱某一人也算不爱人，不等不爱所有人才算不爱人（仅……也算，不等……才算）；等不杀所有人才算不杀人，仅不杀某一人不算不杀人（等……才算，仅……不算）。“乘马”同“杀人”。

《墨子·小取》的这些发现，非常宝贵，只是可惜，它无力解释，也无力解决。更可恨的是，有人会利用这些漏洞，来开展诡辩。《吕氏春秋·审应览·淫辞》：

> 言行相诡，不祥莫大焉。空〈雄〉[雒]之遇，秦、赵相与约，约曰：“自今以来，秦之所欲为，赵助之；赵之所欲为，秦助之。”居无几何，秦兴兵攻魏，赵欲救之。秦王不说，使人让赵王曰：“约曰：‘秦之所欲为，赵助之；赵之所欲为，秦助之。’今秦欲攻魏，而赵因欲救之，此非约也。”赵王以告平原君，平原君以告公孙龙，公孙龙曰：“亦可以发使而让秦王曰：‘赵欲救之，今秦王独不助赵，此非约也。’”

在这个故事中，首先是现实复杂。当秦、赵相约互助时，他们只考虑到了双方无冲突的时候，而没有考虑到有冲突的时候。如果无冲突，则履约毫无问题；但有冲突呢，谁助谁？一助一，则被助者违约；互不助，则双方都违约；互助，例如赵攻魏而秦救魏，岂不荒诞？在这故事中，倒不是公孙龙诡辩，而是秦、赵的约定本身存在冲突，公孙龙只不过识破了这个冲突，加以利用而已。这个约定如果加上条件，改成“自今以来，若无冲突，则秦之所欲为，赵助之；赵之所欲为，秦助之”，就不会“说不清”了。与此不同的是，《公孙龙子·通变论》的前半部分，讨论“二”和“变”，其中则饱含利用语言的模糊、混乱而进行的诡辩。

有一种推导，可被称为“计数推导”。即：设有n个事物，则每一个事物必定具有数的属性：1；n个事物总共必定具有数的属性：1+1+1+……=n。在此时，是每一个事物具有数的属性1，不是1具有每一个事物，不是每一个事物可谓“1”；是n个事物总共具有数的属性n，不是n具有n个事物，不是n个事物可谓“n”。

但是，这个略显复杂的道理未必尽人皆熟知，并且日常语言是模糊的、混乱的。所以才被诡辩者利用，出现了《公孙龙子·通变论》中这两段奇异质疑：

第1段：

［龙］曰：二有一乎？
［客］曰：二无一。
［龙］曰：二有右乎？
［客］曰：二无右。
［龙］曰：二有左乎？
［客］曰：二无左。
［龙］曰：二苟无左，又无右，二者左与右，奈何？[1]

第2段：

［龙］曰：右可谓“二”乎？
［客］曰：不可。
［龙］曰：左可谓“二”乎？
［客］曰：不可。
［龙］曰：左与右可谓“二”乎？
［客］曰：可。
［龙曰：左不可谓“二”，右不可谓“二”，左与右可谓“二”，奈何？］[2]

[1] 此句原在下文之中，据文意移此。
[2] 此句据文意拟补。

以上这两段引文，并非今本《公孙龙子》的原文，而是经过笔者根据文意做了调整和补充的。并且，问者与答者究竟是否与公孙龙有关；如果有关，谁是公孙龙——对此笔者也是不敢肯定的。笔者假定问者是公孙龙。

二中有左吗？确实没有。二中有右吗？确实没有。那为什么可说“二者左与右”呢？这里的要害，就是应该怎么理解“二者左与右”。人们通常说“二者左与右”，意思并非“二的本质是左与右”，也并非“二中有左与右”，因为二是数，左与右是两个相对方位，根本谈不上“本质是”或“其中有”；意思是“二等于左与右之数（2=1+1）”，“之数”被省略了。[所以，既可说“二者左与右（之数）”，也可说“二者上与下（之数）”“二者前与后（之数）”。左与右之数（2），实际是二的一个具体实例。更规范的说法，“二者左与右（之数）”应为“左与右之数者二”。]凡此皆与二中有无左、二中有无右无关。仅在“二者左与右”的意思是“二中有左与右”时，才可发问“二苟无左，又无右，奈何二者左与右”。但人们通常说“二者左与右”，肯定并非这个意思。所以问者的质疑，实际是个假问题（好比“为什么如果天是蓝的，那么狗是动物？”），打了一个马虎眼而已。

在第1段之始，有两句问答：“二有一乎？”“二无一。”“二中有左”“二中有右”，不可以说；但“二中有一”，却是可以说的。因为它们都是数，并且数2本来就等于数1+数1，数2是由数1构成的。二中有无一，与下面的二中有无左、二中有无右，是完全不同的。

二中无左（√），二中无右（√）&二中有左与右（×）。（关联但不融洽）

二中无左（√），二中无右（√）&二等于左与右之数2（√）。（不关联但融洽）

二中无左（√），二中无右（√）&二中无左与右（√）。（关联且融洽）

二不等于左之数1（√），二不等于右之数1（√）&二等于左与右之数2（√）。（关联且融洽）

左可谓“二”吗？确实不可。右可谓“二”吗？确实不可。那为什么左与右可谓“二”呢？左、右是相对方位，不但左不可谓“二”、右不可谓“二”，而且左之数也不可谓“二”、右之数也不可谓“二”。如果左、右相合，则左与右仍不可谓“二”，仅其数才可谓“二”。人们通常说“左与右可谓‘二’”，是指左与右之数可谓“二”，只不过是日常语言模糊、混乱，有省略而已。要害同前者一样，都是日常语言的模糊、混乱。问者仍是在利用人们的糊涂与日常语言的模糊、混乱，进行诡辩而已。

左不可谓“二”（√），右不可谓“二”（√）&左与右可谓“二”（×）。（关联但不融洽）

左不可谓“二”（√），右不可谓“二”（√）&左与右之数可谓“二”（√）。（不关联但融洽）

左不可谓“二”（√），右不可谓“二”（√）&左与右不可谓“二”（√）。（关联且融洽）

左之数不可谓“二”（√），右之数不可谓“二”（√）&左与右之数可谓“二”（√）。（关联且融洽）

在讨论“二”之后，还有一段讨论“变”的诡辩：

[龙]曰：谓变非不变，可乎？

[客]曰：可。

[龙]曰：右有与（结合），可谓“变”乎？

[客]曰：可。

[龙]曰：变〈隻〉[奚]（hé，通“何”）？

[客]曰：右。

[龙]曰：右苟变，安可谓“右”？苟不变，安可谓“变”？

在此，笔者仍然假定问者是公孙龙。

现实世界是很复杂的。例如变化。首先，变化可被分为量变和质变。量变，就是有变但本质不变；质变，就是有变且本质变。量变，不存在甲变乙而乙不是甲的问题；而质变，则存在甲变乙而乙不是甲的问题。就质变而言，甲变乙（主、动、客结构），变前必定为甲，变后必定为乙。这原本是极为简单的道理。但上述问者却利用日常语言的模糊、混乱和某些人的糊涂而进行了诡辩。

“右苟变，安可谓‘右’？”关键是应该如何理解这句话。

如果此“变”指质变的话，那么按照日常语言的习惯，“右变”，当然是指右变了，而非指变成了右，右是变前的甲，而非变后的乙；按照日常语言的习惯，人们说“右变，可谓‘右’”，当然是指右虽变了，但变前仍可谓“右”，而非指变成了右，变前可谓“右”，或右变了，变后可谓“右”。据此，有何“安”可问？只可惜，人们在“可谓‘右’”前省略了“变前”（这就给问者留下了可乘之隙）。猜测问者的意思，似为“右变了，变后怎可谓‘右’？”但人们所说并非这个意思。

如果此“变”指量变的话，那就更简单了：右变，无论变了、变成了，无论变前、变后，都必定可谓“右”，更加无“安”可问。

至于“苟不变，安可谓‘变’？”由上，“苟不变”这个条件已不成立，当然也就不必再讨论“安可谓‘变’”了。

可以说，上述诡辩的做法，与前面所讲公孙龙的思想，尤其是正名思想，是有冲突的。如此，如果它们确是公孙龙所说的话，那他为什么要这么说呢？也许，是他自己遇到现实及语言的复杂情况后，也无能为力，徒唤奈何，所以就提出问题，顺便表达一下反感态度吧。从他最后都是使用反问句来看，他大概也很困惑、焦虑。

第三节　公孙龙学术思想的价值

公孙龙是先秦时期燕赵大地上非常具有代表性的思想家之一，对他的学术思想进行深入剖析具有极大意义。在分门别类地分析之后，现在我们从整体上对他的学术思想予以概括总结。

一、公孙龙学术思想的贡献与不足

通过前面的分析，我们可以看到，公孙龙的学术思想，既具有巨大的学术贡献，又有明显的不足。

公孙龙学术思想的贡献，最主要体现在：

（一）比较清楚地想到了认识者通过指（vt.）形成念指的过程，提出了“物莫非指”的重要思想，同时也没忘记“指非非指”（指不离物，指不空指）。

“念指”是一个极其重要的概念（及念指），对它能有清醒的认识，将极大地帮助我们认识这个世界，避免许多逻辑错误。而这个宝贵思想的端倪，在公孙龙这里就可见到。是否他首创不得而知，但在现存史料中他这里是最早。

（二）指，不会都指，所以有被指的就有不被指的，亦即有取舍。那被舍的，就处于了“离”的状态。这一点也很重要。而公孙龙对此，也是大力宣扬，作为案例提出了“离坚白”论，尽管他不幸无意间使用了诡辩。可以说，“离坚白”论和“指物”论，是“白马非马”论的重要基石！对一匹白马，指马而不指白，它就是马；指马又指白，它就是白马。指白，白不离；不指白，白离。指和离的思想，都透射出他对认识者在认识中具有积极作用的清醒认识。

（三）白马非马，是一个特例，如同楚人非人。它的意思，是具有属于关系的子类和父类是不同于不等于的。这里的“非”是被公孙龙修改过含义的词（我们通常说“白马是马”）。公孙龙的“白马非马”论，使我们脱离“白马属于马”的思想束缚，想到了白马虽然属于、但不同于不等于马，对于我们明确区分子类和父类是具有重要指导意义的。

（四）无论在《白马论》中反对“天下之悖言乱辞”，还是在《通变论》中反对狂举，还是在《名实论》中主张名以谓实，都反映了公孙龙主张认识、辩论中都应该遵循规矩的思想。尽管公孙龙仍不免有诡辩，他这个主张对提醒人们高度重视认识、辩论中的规矩都具有重要意义。公孙龙的正物思想（物应该正，即物而不过、位而不出、实而不旷），也具有不低的价值。这种思想罕见于他人之处。

（五）在政治思想上，公孙龙远绍墨子，明确主张“非攻”（偃兵，放下武器）、“兼爱”，在当时君暴臣污、战乱频仍的时代背景下，有效克制、弥补主流派思想的弊病，是具有重要意义的。

公孙龙学术思想的不足，首先是其认识虽有重大突破，例如意识到了念指的存在，意识到了它是经由认识者“指”（vt.）（即设定）的结果，意识到了指的过程就是对事物的各种属性进行取舍（指即肯定，即取；肯定就意味着否定[1]，即舍，舍导致离）的过程，但是仍然肤浅，不够通透。具体来说，有：

首先，他的基本概念及念指（例如认识者、念指、本质、指、离等）仍是不清晰的，而且他的一些非基本但很重要的概念及念指（例如是、非）也不清晰。白马非马，根本上是因为经过设定而得的念指马、白马的本质（内涵）不同（相

[1] 黑格尔说：“规定性是肯定地建立起来的否定，这就是斯宾诺莎所说：Omnis determinatio est negatio［一切规定都是否定］。”（《逻辑学》上卷，商务印书馆1966年版，第105—106页）。

应地其外延也不等）[1]。前者中不包括属性白，后者中包括属性白。被包括是在本质属性中被包括，但是不被包括是在本质属性中不被包括，不是在非本质属性中也不被包括。但他绕来绕去，始终并未能点破此一关键点。而所谓“离”，就是指在本质属性中不被包括，指在设定时被从本质中剥离，并非真的没有了、不存在了。可是公孙龙却把它与感受时感官感受不到这种“离”、在某些场合不同属性不相结合这种“离”混为一谈，用后两者的存在证真前者的存在，跑了题。前已言及，“白马非马”论中的“是”“非”的词义实际上被公孙龙暗中修改了[2]，但他也没有醒悟和声明，严重阻碍了客人对命题的接受。在关于“白马非马”的辩论中，公孙龙虽然屡屡表现出机智与敏锐，但千百年来，谁知我心，良有因也。

其次，时有真正的诡辩发生。如果能够理解了笔者前面的解说，是可知“白马非马”论实非诡辩的（只是该说的话没说清、没说到而已）。“秦赵非约”那个故事，公孙龙也没有诡辩。但真正的诡辩在公孙龙这里仍是有的。例如《通变论》：

> 牛、羊足五，鸡足三。[谓鸡足一，数足二，二而（加）一故三；谓牛、羊足一，数足四，四而（加）一故五。]

这是什么道理呢？极有可能是：公孙龙从“白马非马”的原理出发，而得“鸡左足非鸡足”“鸡右足非鸡足”“牛、羊左前足非牛、羊足”“牛、羊右前足非牛、羊足”“牛、羊左后足非牛、羊足”“牛、羊右后足非牛、羊足”的命题，这倒未尝不可；然后，他把它们相加：二加一得三，鸡足三；四加一得五，牛、羊足五，这就是诡辩了，不可。因为什么？父类和子类不可相加！不可相加而相加，就是诡辩。又有《吕氏春秋·审应览·淫辞》：

> 孔穿、公孙龙相与论于平原君所，深而辩，至于〈藏三牙〉[臧三耳]，公孙龙言〈藏之三牙〉[臧之三耳]深辩。孔穿不应，少选，辞而出。明日，孔穿朝，平原君谓孔穿曰：“昔者公孙龙之言甚辩。”孔穿曰：“然。几能令〈藏三牙〉[臧三耳]矣。虽然难。愿得有问于

[1]楚人非人，也是这个道理。
[2]是：同于或等于或属于；非：不同于且不等于且不属于→是：同于或等于，非：不同于且不等于。

君：谓〈藏三牙〉[臧三耳]甚难而实非也，谓〈藏两牙〉[臧两耳]甚易而实是也。不知君将从易而是者乎，将从难而非者乎？”平原君不应。明日，谓公孙龙曰：“公无与孔穿辩。”

“臧”，是奴隶名。公孙龙说“臧三耳”，因为什么呢？材料中没有说明。按“鸡三足”“牛、羊五足”来推测，很可能是“臧左耳非臧耳，臧右耳非臧耳，臧左耳一，臧右耳一，臧耳一，一、一、一相加得三”——同样是父类加子类，是违规的诡辩。像“二苟无左，又无右，二者左与右”之类，也是纯粹的诡辩。

再次，仍存在用词模糊的弊病。像“指非非指”，果真如笔者的理解意即“指不空指”的话，那其用词的弊病就太严重了。辞以达意。如果遣词造句，不但不能高效传情达意，反而形成阻碍，那是万万不可的。

总之，公孙龙贡献巨大，也不足明显，但也符合当时人们特别是当时华夏民族的认识水平。我们既不可看不到其不足，又不可苛责古人。

二、公孙龙学术思想的影响

在同时代（战国时代），公孙龙及其学术思想的影响是非常大的。就现有材料看，公孙龙主要活动范围仍在燕赵。但其影响却远超燕赵范围。无论是毁是誉，人们（例如《庄子》《韩非子》《吕氏春秋》等书）都对之屡屡提及。

李泽厚认为：“如果说，血缘基础是中国传统思想在根基方面的本源，那么，实用理性便是中国传统思想在自身性格上所具有的特色。”[1]“中国传统实用理性过于重视现实的可能性，轻视逻辑的可能性，从而经常轻视和贬低‘无用’的抽象思维。”[2]事实胜于雄辩，更为中国人所信奉。在实用理性（Pragmatic Reason）的氛围中，公孙龙的“白不同于不等于马，白马不同于不等于马，但白马属于马”这类既让人难以理解，又远离政治人事的言论，显然是不受大多数人欢迎的。《庄子·天下》：“桓团、公孙龙辩者之徒，饰人之心，易人之意，能胜人之口，不能服人之心，辩者之囿也。”《韩非子·问辩》：“儒服、带剑者众，而耕战之士寡；‘坚白’、‘无厚’之词章，而宪令之法息。故曰：上不明，则辩生焉。”（东汉）王充《论衡·案书》：“公孙龙著坚白之论，析言剖辞，务折曲之言，无道理之较，无益于治。”（南朝梁）刘勰

[1] 李泽厚：《中国古代思想史论·试探中国的智慧》，人民出版社1985年版，第303页。

[2] 李泽厚：《实用理性与乐感文化》，生活·读书·新知三联书店2008年版，第12页。

《文心雕龙·诸子》："公孙之'白马'、'孤犊'，辞巧理拙，魏牟比之鸮鸟，非妄贬也。"（唐）法琳《破邪论》卷上："昔公孙龙著《坚白论》，罪三王，非五帝。至今读之，人犹切齿。"（宋）陈振孙《直斋书录解题》卷10《名家类》："《公孙龙子》三卷。赵人公孙龙，为白马非马、坚白之辩者也。其为说浅陋迂僻，不知何以惑当时之听。"甚至（宋）谢希深《注序》也说："今阅所著书，六篇多虚诞不可解。缪以肤识注释，私心尚在疑信间，未能怡然无异也。昔《庄子》云：'公孙龙能胜人之口，不能服人之心，辩者之囿也。'厥有旨哉！""理拙""浅陋迂僻""虚诞"的评价，对"臧三耳"这种真的诡辩或许符合，但对"白马非马"这种言论则不符合，实则是评论者自己没读通透；但说它们"无益于治"，倒是切中肯綮了。

自战国末期以降，公孙龙等人的影响的确极大衰微，但是并没有消亡，反而不绝如缕。首先，（西汉）司马谈就对包括公孙龙的名家予以了比较公正的评价：

（司马谈乃论六家之要指曰：……）名家使人俭而善失真；（《索隐》："案：名家流出于礼官。古者名位不同，礼亦异数，孔子'必也正名乎'。案：名家知礼亦异数，是俭也；受命不受辞，或失其真也。"）然其正名实，不可不察也。

司马迁解说：

名家苛察缴绕，（《集解》："服虔曰：'缴音近叫呼，谓烦也。'如淳曰：'缴绕犹缠绕，不通大体也。'"）使人不得反其意，专决于名而失人情，故曰"使人俭而善失真"。若夫控名责实，参伍不失，（《集解》："晋灼曰：'引名责实，参错交互，明知事情。'"）此不可不察也。"（《史记》卷130《太史公自序》）

到了魏晋南北朝时期，玄佛兴盛，公孙龙的学术思想因而有所复兴。《三国志》卷28《魏志·邓艾传》裴松之注引荀绰《冀州记》："（爰）翰子俞，字世都，清贞贵素，辩于论议，采公孙龙之辞以谈微理。少有能名，辟太尉府，稍历显位，至侍中中书令，迁为监。"《世说新语·文学》："谢安年少时，请阮光禄（裕）道《白马论》。为论以示谢。于时，谢不即解阮语，重相咨尽。阮乃叹曰：‘非但能言人不可得，正索解人亦不可得。’”（南朝梁）任昉《齐王俭集序》：“（王俭）宏览载籍，博游才义，若乃金版玉匮之书，海上名山之旨，沈郁淡雅之思，离坚合异之谈，莫不总制清衷，递为心极。”[1] 梁元帝《金楼子·兴王》：“梁高祖武皇帝，生而灵异。……登于晚年，探赜索隐，穷理尽性，究览故籍，神悟知机，读书不待温故，一阅皆能诵忆。所以驰骋古今，备该内外，辨解联环，论精坚白。”西晋时人鲁胜曾注《墨辩》，其叙曰：

名者所以别同异、明是非，道义之门，政化之准绳也。孔子曰：“必也正名，名不正则事不成。”墨子著书，作《辩经》以立名本，惠施、公孙龙祖述其学，以正别名显于世。……名必有形，察形莫如别色，故有坚白之辩。……（今注《墨辩》，）其或兴微继绝者，亦有乐乎此也！（《晋书》卷94《隐逸传·鲁胜》）

对包括公孙龙在内的名家给予了崇高评价。形成于魏晋时期的伪书《列子》，其《仲尼》篇虚构了一段公子牟与乐正子舆围绕公孙龙的辩论。其中有一段公子牟替公孙龙辩解说：“夫无意则心同。无指则皆至。尽物者常有。影不移者，说在改也。发引千钧，势至等也。白马非马，形名离也。孤犊未尝有母，［有母］非孤犊也。”可说非常精到！

（元）吴莱作《读〈公孙龙子〉》，虽然也对公孙龙颇有批评，但又说他“当平原君时，曾与孔子高论臧三耳，至其著坚白同异，欲推之天下国家，使君臣上下徇名责实，而后能治者，可谓详矣。……此予所以犹有取于公孙龙之说也。言治道者，可为永慨也哉！”（《渊颖吴先生集》卷6）（明）宋濂《诸子辩》说公孙龙：“伤明王之不兴，疾名器之乖实，以假指物而混是非。冀时君之有悟，而正名实焉。予尝取而读之，白马非马之喻、坚白同异之言，终不可解；后屡阅之，见其如捕龙蛇，奋迅腾骞，益不可措手。甚哉其辩也！然而名实愈不可正，何邪？言弗醇也。”（《宋学士集》卷27）清代的《四库全书总目提要》对《公孙龙子》的评价，基本也是这个基调。

时至近代，人们对公孙龙的学术思想更愿意予以肯定，相关研究也取得了丰

[1]《文选》卷46《序下·任彦升〈王文宪集序〉》，上海古籍出版社1986年版，第2073页。又见《艺文类聚》卷55《杂文部一·集序》。

硕成果。但可惜的是，由于前述的公孙龙自身缺陷明显、文本错讹过甚、人们逻辑学知识欠缺等原因，即使是肯定评价，人们对公孙龙的误解也是极深的，从而也影响了对其真正贡献的肯定，影响了其对当代发挥有益影响的力度。这些都是需要我们不断努力来改进的。

第六章　战国时期燕赵地域的纵横家及其学术思想

在先秦诸子各学派中，纵横家是比较特殊的一个学派。由于战国纵横家们以各种身份出现在战国七雄中，他们凭借自己的无碍辩才，在不同的国家提出不同主张，以游说诸侯，期冀实现自己的理想。在后世有些学者看来，纵横家们没有自己固定的学术主张，是否能够成为一派都值得怀疑。其实战国纵横家们的学术活动与学术主张，对后世中国学术思想与社会思想产生了重要影响，他们的学术主张，也有一定的宗旨。燕赵地域属于当时纵横家活动的重要区域，以苏秦为代表的燕赵纵横家，在燕赵学术思想史上留下了自己的印迹。

第一节　战国纵横家与燕赵学术

战国秦汉时期的纵横家，《汉书·艺文志》将其列为诸子十家之一。《艺文志》云："从横家者流，盖出于行人之官。遭变用权，受命而不受辞。"《艺文志》所列纵横家起源于行人之官是否历史的真实，近代以来的学者们对此持有各不相同的看法。胡适[1]、蒋伯潜[2]、冯友兰[3]、赵纪彬[4]等学者认为，战国存在纵横之术，并不存在与诸子并列的纵横家。诸家认为战国有纵横之术而无纵横之学，可能是对纵横家学术的不同理解造成的。《史记·张仪列传》说张仪"张

[1] 胡适：《诸子不出于王官论》云："纵横之术出于行人之官，不知行人自是行人，纵横自是纵横；一是官守，一为政术。二者岂相为渊源耶？"罗根泽编著：《古史辨》第四册，上海古籍出版社1982年版，第4页。

[2] 蒋伯潜：《诸子通考·绪论》："纵横，特战国时政客之策略，更与学术无关。"正中书局1975年版，第24页。"纵横非学术，纵横家非学者，《汉志》以'纵横家'为诸子十家之一，可谓不伦不类。"同上书，第248页。"纵横本策略，不足以言学术。"同上书，第520页。

[3] 冯友兰：《先秦诸子之起源》："纵横家只有人才，而无学说。"见《三松堂学术文集》，北京大学出版社1984年版，第372页。

[4] 赵纪彬云："'九流十家'之说的最大毛病，就是划分学派的标准问题。当然，我们不能要求古人按照阶级立场来划分学派，但总至少应该以中心思想的异同为标准。是否成为学派，应该看他有无中心思想，其中心思想是否有一贯的精神。根据这种标准来看，刘、班在《论六家要旨》以外，又添上纵横、农家、杂家、小说家等四派，实在等于画蛇添足。例如纵横家，究竟算什么学派？苏秦、张仪是纵横之士，但他们都没有一定主张，到这国是这种说法，到那国又是那种说法，看你需要什么，他就给什么。其学术思想如何？说不上来。所以战国只有纵横之士，并无纵横之学，不能和六家并列。"《略论先秦哲学思想的起源、派别和成就》，《困知录》，中华书局1963年版，第122—123页。

仪者，魏人也。始尝与苏秦俱事鬼谷先生，学术，苏秦自以不及张仪。”《论衡·答佞》：“苏秦、张仪（习）从横之（术于）鬼谷先生，掘地为坑，曰：‘下，说令我泣出，则耐分人君之地。’苏秦下，说鬼谷先生泣下沾襟。张仪不若。”[1] 由于这些记载的影响，纵横家之术多被人误解为《战国策》等书所记载的游说人之言辞技巧。其实纵横家之学，《史记·苏秦列传》曾提到周书《阴符》，应该是讲游说理论的，说苏秦“简练以揣摩”，经过深入思考才悟得其中道理。被后代学者归属于纵横家的《鬼谷子》一书，应该属于纵横家之学。考虑到现存文献中既有《战国策》这类纵横家的游说辞，也有《鬼谷子》一类属于纵横家游说理论的著作，《汉书·艺文志》著录纵横家著作百余种。此外，纵横家还有其代表性人物苏秦、张仪。与战国其他诸子学派相比，纵横家具有自己鲜明的特点。《艺文志》将纵横家列为诸子十家之一，还是有一定道理的。

战国时期的燕赵大地，是纵横家活跃的历史舞台。活跃于燕赵大地的战国纵横家，是中国纵横家的杰出代表。《战国策·秦策三》云：“天下之士，合从相聚于赵，而欲攻秦。”《史记·张仪列传》云：“三晋多权变之士，夫言纵横强秦者，大抵皆三晋之人也。”徐中舒先生曾指出：“所谓合从（纵）连横，原是以三晋为主，北连燕，南连楚为从（纵），东连齐或西连秦为横，合从（纵）既可以对秦，也可以对齐，连横既可以连秦，也可以连齐。”[2]《汉书·艺文志》所载《苏子》三十一篇，其著者为活跃于燕齐之间的苏氏兄弟及其门人；纵横家理论著作《鬼谷子》，其成书与思想都与苏秦有密切关系。燕赵纵横家的学术思想，在战国时期的燕赵学术思想史上占据有重要的一席之地。

第二节　战国燕赵纵横家相关史料价值问题

研究战国纵横家，最主要的史料有《战国策》《史记》、马王堆所出《战国纵横家书》、纵横家理论著作《鬼谷子》。此外，还有秦汉时期的其他文献中有关燕赵纵横家的零星记载。

《史记》所记载的以苏秦、张仪为代表的战国纵横家，有一个相对完整的故事框架，其主要内容是，苏秦、张仪同学于鬼谷子，苏秦合纵取得一定成就后，

[1] 黄晖：《论衡校释》，中华书局1990年版，第526页。
[2] 徐中舒：《论〈战国策〉的编写及有关苏秦诸问题》，《历史研究》1964年第1期。

暗中激怒张仪并资助其入秦，实行连横策略。苏秦时代略早于张仪，苏秦生活的时代大约在燕惠文王、齐宣王时期，在齐闵王时期被嫉妒者刺杀。《史记》记载的纵横家的故事框架，许多学者认为并不可信。

《战国策》所记载的苏秦事迹，自身存在冲突与矛盾，可以勾画出两个框架，一个非常清晰的框架与《史记》框架基本相同，另一个相对比较隐秘的框架是苏秦在燕昭王时为燕入齐做间谍，挑拨齐赵关系，发动五国攻秦，鼓动齐闵王乘机攻宋，导致秦、赵、燕等国联合攻齐，齐几亡国，后其事泄被杀。

1973年，长沙马王堆三号汉墓出土大批帛书，其中部分与纵横家相关的帛书，被整理者定名为《战国纵横家书》。该书由二十七篇组成，其中十篇见于《战国策》，八篇见于《史记》，除去重复篇章，共十一章见于以往的文献，十六章为古佚书。整理者根据内容将二十七篇分为三组，第一组十四章整理者认为应是最早流传的关于苏秦的书信和谈话。根据《战国纵横家书》的记载，苏秦主要活动在燕昭王时期，是由燕入齐的燕国间谍。《战国纵横家书》所构筑的苏秦年代框架，与《战国策》中的第二种框架基本相同。《战国纵横家书》的出土，可以说在某种程度上印证了徐中舒、唐兰等先生对苏秦事迹的研究结论。《战国纵横家书》中的十六章古佚书，被唐兰先生称为司马迁、刘向没有见过的珍贵史料。[1] 利用这批史料，可以纠正《史记》关于苏秦记载的错误。

《史记》与《战国纵横家书》所记载的苏秦事迹究竟哪一个更可信，现在学术界存在不同看法。唐兰[2]、杨宽[3]、马雍[4]、缪文远[5]、蔡运璋[6] 等先生，认为《战国纵横家书》中的前十四章，是研究苏秦的最原始资料。司马迁所作《苏秦列传》《张仪列传》，都是根据后世小说家言而作，不可信。诸祖庚[7]、赵生

[1] 唐兰：《司马迁没有见过的珍贵史料》，载马王堆汉墓帛书整理小组编《战国纵横家书》，文物出版社1976年版，第123页。

[2] 唐兰：《司马迁没有见过的珍贵史料》，载马王堆汉墓帛书整理小组编《战国纵横家书》，文物出版社1976年版，第124、128页。

[3] 杨宽：《马王堆帛书〈战国纵横家书〉的史料价值》，载马王堆汉墓帛书整理小组编《战国纵横家书》，文物出版社1976年版，第167页。

[4] 马雍：《〈战国纵横家书〉各篇年代和历史背景》，载马王堆汉墓帛书整理小组编《战国纵横家书》，文物出版社1976年版，第174—175页。

[5] 缪文远：《战国策考辨》，中华书局1984年版，第293—309页。

[6] 蔡运璋：《〈苏子〉及其相关问题——为纪念苏秦逝世2300周年而作》，《中华文化论坛》2016年第3期。

[7] 诸祖耿：《战国策集注汇考（增补本）》下，凤凰出版社2008年版；《关于马王堆汉墓帛书类似〈战国策〉部分的名称问题》，《南京师范大学学报》1978年第4期。诸先生对苏秦年代早于张仪的论证，受到学者的反驳，参见周鹏飞《苏秦张仪年辈问题考辨》，《人文杂志》1985年第6期。

群[1]、张烈[2]、杜勇[3] 等先生，认为《史记》记载的纵横家的事迹更可信，《战国纵横家书》只不过是当时流传的纵横家学习纵横之术的学习范本中的一种，或者是《战国策》佚文，还有可能是司马迁见而未采之史料，其史料价值无法与司马迁见过的纵横家史料价值相比。其记载的苏秦事迹晚于张仪的说法，并不可信。

以上学者的研究究竟哪一家的学说更可信？苏秦究竟主要活动在齐宣王还是燕昭王时期？《史记》与《战国纵横家书》的记载究竟哪个更可信？这一系列有关战国纵横家的重要问题，都还需要进一步研究。

首先，尽管各家对《史记》记载苏秦事迹评价分歧很大，但有一点却是大家都认同的，这便是司马迁所说“世言苏秦多异，异时事有类之者皆附之苏秦”。司马迁既有此断语，他撰写《史记》时应该是对不同的苏秦记载进行了整齐划一的编纂工作。从《史记》记载苏秦、张仪事迹来看，浑然一体，矛盾冲突的地方很少。司马迁究竟对有关苏秦的不同说法做了哪些整齐划一的工作，张烈先生指出：“司马迁经过周密审慎的调查思考，断定‘世言苏秦多异，异时事有类之者皆附之苏秦’，决意摒弃张仪连横之后有关附会于苏秦的史料，或者干脆将这些史料中的‘苏秦’字样改为苏代或他人。《国策》中有关苏秦的记载抵牾矛盾之处甚多，司马迁都作了慎重鉴别和统一处理。”张烈先生的说法，应该是符合历史事实的。司马迁采用的说法，据我们的判断，应该是当时材料比较丰富、在学术界属于比较主流的一种说法。《战国策》记载苏秦故事，大部分材料与《史记》记载相符，很有可能是司马迁与刘向同时采用了大致相同的材料来源，也有可能是《战国策》编纂时参考了《史记》的相关内容。但是问题的关键点是，司马迁所进行的慎重鉴定和整齐划一的处理，以及他所采信的有关史料，是否反映了苏秦历史的本来面目？这是解决这一问题的关键点。[4]

由于编纂与整理文献方式的不同，司马迁与刘向对有关苏秦的材料做了不同的处理。刘向在编辑《战国策》时，保留了部分有关苏秦的不同记载。车新亭先生指出：“《战国策》与《史记》体例不同，处理‘权变’故事的方法也不大相同。刘向在校补除重的工作外，没有更动‘权变’的内容。今天的《战国策》依

[1] 赵生群：《〈史记〉相关重要问题和新版〈史记〉修订情况》，《文史哲》2017年第4期；《〈战国纵横家书〉所载苏秦事迹不可信》，《浙江师范大学学报》2007年第1期。

[2] 张烈；《战国纵横家辨——兼与徐中舒诸先生商榷苏秦等问题》，《社会科学战线》1986年第3期。

[3] 杜勇：《苏秦年代问题再检视》，《西华师范大学学报》2017年第6期。

[4] 赵生群先生曾试图论证司马迁所依据材料的可靠性，见其所著《〈战国纵横家书〉所载‘苏秦事迹’不可信》，《浙江师范大学学报》2007年1期；《〈史记〉相关重要问题和新版〈史记〉修订情况》，《文史哲》2017年第4期。由于战国准确纪年材料的稀少，赵先生论证的《史记》记载苏秦事迹依据材料可信的证据显得不够充分。

然保持了各章独立为篇的面貌，《史记》中大量袭用‘权变’，甚至经常只字不改地把整章的‘权变’照搬过去。但司马迁把各种材料编排连缀在一起，到底哪些来源于‘权变’，哪些来源于别的出处?从《史记》本身找不到明确的答案。要回答这个问题，不得不借助于《战国策》。”[1]借助《战国策》的记载，可以部分恢复司马迁编纂《史记》以前有关苏秦记载的材料的原始状况。这为后人研究苏秦问题提供了契机。徐中舒、唐兰等先生，根据《战国策》苏秦记载的矛盾，参照其他先秦、秦汉文献，论证苏秦生活年代晚于张仪，可以说是纵横家研究方面的重大突破。

《战国纵横家书》的出土，为研究战国纵横家提供了珍贵的资料。尽管唐兰等先生所说司马迁没有见过这批材料可能有些武断[2]，不一定符合历史事实，但《战国纵横家书》的出土，为还原苏秦历史真相提供了更大的可能性。

判断《史记》《战国策》和《战国纵横家书》关于苏秦的记载哪个更可信，还需要进行更深入而系统的分析与研究。

司马迁撰写《苏秦列传》，故事看似非常完整，也没有多少矛盾之处。其实司马迁受矛盾材料的影响，在判断苏秦的历史影响力时是存在矛盾的。他说："苏秦兄弟三人，皆游说诸侯以显名，其术长于权变。而苏秦被反间以死，天下共笑之，讳学其术。然世言苏秦多异，异时事有类之者皆附之苏秦。"天下既然"共笑苏秦，讳学其术"，那么苏秦便不会有多少影响力，后人何以又"异时事皆归之苏秦"？"异时事皆归之苏秦"，应该是其影响力很大的一种反映。我们推测，司马迁根据其"异时事皆归之苏秦"的判断将原本记载为苏秦的燕昭王时期的材料进行了剔除后，文献中所留下的苏秦的事迹除了长篇游说辞之外，便所剩无几了。因此司马迁说"苏秦被反间以死，天下共笑之，讳学其术"。司马迁对其认为真的苏秦材料进行了编纂，"列其行事，次其时序"。《苏秦列传》中的苏秦事迹与行年，是经过司马迁加工的。这一点应该没有任何问题。

《战国纵横家书》的出土，首先为我们提供了一种非常重要的纵横家的文献样式，这就是单篇文献不署辞主。《战国策》中也存有这种文献样式，《史记》中则很少见。对于内容基本相同的文献而言，署有辞主的文献，从理论上应该晚于不署辞主者。有学者指出："帛书'无主辞'，《策》文、《史记》加了辞

[1] 车新亭：《〈战国纵横家书〉与苏秦史料辨正》，《北京师范大学学报》1990年第3期。

[2] 认为帛书记载苏秦事迹不可信的诸祖耿先生，认为司马迁没有见过帛书中不见于《史记》与《战国策》的十六篇。见《战国策集注汇考（增补本）》下，凤凰出版社2008年版，第1936页。

主，从文章形态的演进而言，帛书为原始。”[1] 这种论断应该是比较可信的。

关于无辞主帛书的辞主，杨宽等先生认为多是苏秦。赵生群先生提出反对意见，认为“帛书中无主名的资料多与苏秦无关”[2]，我们以为后一种说法的论证是有问题的。如其关于第一章至第三章的主名问题，认为“帛书第一至第三章，与《战国策·燕策二·苏代为奉阳君说燕于赵以伐齐》的内容有关，主人公当为‘苏代’”。第一章帛书中“封秦也，任秦也，比燕于赵。今秦与兑”，和第三章的“今齐王使宋窍谓臣曰：‘奉阳君使周纳告寡人曰：燕王请毋任苏秦以事”，明确提到当事人苏秦，应属于苏秦无疑。赵先生对此并无回应。帛书二十一章无主辞，《战国策·赵策》辞主为苏秦，《史记·赵世家》记载辞主为苏代，赵先生将辞主归于苏代，但没有指出《战国策》何以出现错误。帛书二十二章，《史记》记载辞主为苏代，赵先生从《史记》，帛书中有“今者秦立于门”，此应如何解释，赵先生并没有论证。我们认为，《战国纵横家书》的辞主，应如杨宽先生所说：“帛书《战国纵横家书》中十四章苏秦资料，起首皆未署名，惟其中有六章游说者自称秦或苏秦，其为苏秦所作无疑。”赵先生的论证，根本不足以推翻旧说。

关于帛书何以没有主名，诸祖耿先生进行了揣测：“认为这些材料，都是一派纵横家言，特别是主张合纵一派的话，是战国后期学习苏氏学者们流传下来的东西。他们学习的主要目的，是要掌握他们一套游说的本领，重点在于‘揣’情‘摩’势，而不在于考核事实。只要能够掌握到‘纵横长短之术’的一套本领，那就达到了目的，完成了学习的任务。至于哪是张三，哪是李四，这根本是次要的事，不必予以重视。”[3] 除了诸先生的推测，还有学者认为，不署主名，因为文献“这暗喻着它们最原始的出处是熟知苏秦行迹的某个知情者的一个收藏本，这个知情者应是苏秦本人或他的亲信。”[4] 因文献持有者或编纂者非常清楚主名是谁，而且文献之中也有一些主名记载，因此没有必要每篇署出主名，署出后反觉重复烦琐。还有学者认为，没有署主名的帛书，是因为它们抄自《苏子》，“原来《苏子》书既已标明是苏秦其人的言行录了”[5]。相较之下，后两

[1] 裴登峰：《〈战国纵横家书〉〈战国策〉文相关辞主问题考论》，《文献》2013年第6期。

[2] 赵生群：《〈战国纵横家书〉所载‘苏秦事迹’不可信》，《浙江师范大学学报》2007年第1期。

[3] 诸祖耿：《战国策集注汇考（增补本）》下，凤凰出版社2008年版，第1974页。

[4] 车新亭：《〈战国纵横家书〉与苏秦史料辨正》，《北京师范大学学报》1990年第3期。

[5] 叶玉华著，黄人二、鲁月媛整理：《论帛书“纵横家”佚文二十七篇的错简、辞例、编制》，《诸子学刊》第四辑，2010年。

种说法中的一种有可能更接近实际。诸先生说学习揣摩者不重事实，而帛书中的篇章列举了大量的史实，这与《史记》《战国策》中著名的苏秦八篇少记史实而多为夸浮之言的华丽文风形成对照。

判断帛书的史料价值，首先应该弄清楚帛书的材料性质。诸祖耿先生认为："本文从这份材料里的一些章节，特别是第二十四章，和其他有关材料的相互核对中，初步认识到这份材料，就是东汉末年服虔所说的'苏秦法百家书说'之一。它的来源，出于战国后期学习长短纵横术的游士的笔录，而为学习'苏秦纵横'的人们所传布。正因为它来源于游士们的各种笔录，所以和其他同时流传的各种同样的材料，存在着很大的差异，必须仔细核对，才能解决问题。"[1] 诸先生认为"苏秦法百家书说"，即为百家说苏秦法，也就是后代诸子所述苏秦法。我们认为"苏秦法百家书说"还有另外一个读法，这就是苏秦效法诸子百家书而作之说，如此读法，"苏秦法百家书说"便成了真正的苏秦作品。只是帛书是否能和"苏秦法百家书说"很好地联系起来，还需要研究。诸先生研究帛书性质，使用时代较晚的一篇与苏秦无关的二十四章与《韩非子》《战国策》等进行比较研究，这对研究帛书第三部分有效，但将结论用于与第三部分有着重大差别的关于苏秦事迹的第一部分，则完全不可信。

学者或认为，"帛书是与《国策》性质接近的材料之一，所记不一定为史实。用帛书、《策》文、《史记》互证，是将性质相同、来源渠道或不同的材料强为之类比。"[2] 将帛书材料与《战国策》的材料进行类比，方法失之简单。刘向在编纂《战国策》时，将其根据的《国策》《国事》等定性为"战国时游士辅所用之国，为之策谋"的产物。刘向的这个判断，并不十分准确。《战国策》中，除了战国策士的作品外，还有模拟与假托战国策士的作品，或供秦汉士人学习纵横之术者学习用的教材之类的范本文章。[3]《战国策》中使用的材料，各篇性质与价值是有所不同的。帛书的性质究竟与《战国策》中哪一类材料相近，还需要仔细甄别。

帛书第一部分与《战国策》的材料性质虽然相近，但区别也是很明显的。第一部分为清一色的书信，文风朴实，用词不华，没有刻意铺张文辞以取信或说动对方的表达方式。学者将其特点概括为"非故事性的情节发展，非故事性的事件

[1] 诸祖耿：《战国策集注汇考》（增补本）下，凤凰出版社2008年版，第1935页。

[2] 裴登峰：《〈战国纵横家书〉〈战国策〉文相关辞主问题考论》，《文献》2013年第6期。

[3]《战国策·齐策三·楚王死》章便是策士假托苏秦之名以为揣摩之文，为供后人学习纵横之术的学习范本，所记史实不可信。

和人物出现，极具体极隐秘曲折”，“前十四章没有华丽的辞藻，着意的编排，外观上不足以动摇人心，在后人模拟的游说辞面前，显得逊色。”[1] 从以上方面考虑，杨宽等先生所说的此部分（第十三章除外）为苏秦本人作品的说法应该还是可信的。这样，帛书该部分的材料价值，远胜于经过后人编辑加工的《战国策》。

判断帛书的价值，还涉及帛书的形成与版本问题。赵生群先生说：“刘向校理《战国策》，底本有《国策》《国事》《短长》《事语》《长书》《修书》诸名，这些材料是‘战国时游士辅所用之国，为之策谋’的底本，它们的定型，都在帛书《战国纵横家书》之前（帛书写定当在汉初）。从文献流传的角度看，《战国纵横家书》不过是此类材料中的一种而已。”[2] 将帛书的性质确定为与刘向编订《战国策》时所使用的材料《国策》《国事》属于同等性质，也许是可信的。但说《国策》《国事》等材料定型早于帛书，将帛书的写定时间定在汉初，则是存在问题的。因为《战国纵横家书》的抄写时间可以定在汉初，其形成时间的下限是其抄写时间，至于其上限，则无法判断。我们不能将其抄写时间作为其形成时间。帛书本《战国纵横家书》并非最早底本，根据学者研究，它是根据竹书本抄写而成。[3] 至于竹书本的形成时间，我们无法确定，但应该不会晚于《国策》《国事》等。由于帛书汉初便埋藏地下，没有经过后世学者的改动，从这个角度判断，其史料价值不会低于《战国策》《史记》等文献。

反对帛书十五章是苏秦作品的学者，还提出了一个问题，“若帛书二十七章中的十五章果真为苏秦的书信、谈话，那么苏秦分别自赵、齐、梁献书燕王，其书信应在燕，自赵献书齐王，其书信应在齐。不管在何国，这些书信应该在朝廷，属于国家最高机密，一般人不得而知，要将分散在燕、齐两个朝廷的苏秦书信收集到一起，难度太大。假如前284年乐毅攻破齐都临淄与苏秦反间有关，至前279年齐田单反攻燕，尽收齐之失地，历经多年战乱，即使有这样的书信，也难以完整保留下来。”[4] 其实这种说法并不足以作为反对帛书十五章为苏秦作品的理由。因为苏秦作为齐、燕高官，其书信或经过书童之类的从者抄写，或许从者保留有苏秦书信的初稿，还有可能是苏秦因其间谍身份，自己秘密保留一份书

[1] 车新亭：《〈战国纵横家书〉与苏秦史料辨正》，《北京师范大学学报》1990年第3期。

[2] 赵生群：《〈史记〉相关重要问题和新版〈史记〉修订情况》，《文史哲》2017年第4期。

[3] 叶玉华著，黄人二、鲁月媛整理：《论帛书“纵横家”佚文二十七篇的错简、辞例、编制》，《诸子学刊》第四辑，2010年。

[4] 裴登峰：《〈战国纵横家书〉〈战国策〉文相关辞主问题考论》，《文献》2013年第6期。

信，以便日后自证清白，解决类似于曾经发生过的燕昭王怀疑苏秦之事。苏秦书信在苏秦死后才泄露，其为间谍之事才为世人所知。能够向世人表明苏秦间谍身份的，可以说只有这些书信。这些材料为苏秦作品，应该是没有问题的。

帛书与《战国策》的材料价值既已明了，《史记》中托名苏秦所做的长篇游说辞，对研究苏秦有什么价值呢？因为是托名之拟作，有许多史实错误，尤其是时间错得厉害，因此该部分材料基本不能用来研究苏秦历史，尤其是涉及苏秦年代问题的历史。但这部分材料为后人托名苏秦所作，作者对苏秦的家事以及其纵横之术、纵横思想等都有一定的研究与了解，考虑到此部分文献形成时代也在战国末年汉朝初年，其用于研究苏秦和纵横家学术思想，也有重要的参考价值。

对于研究苏秦兄弟的史料，蔡运璋先生曾将其分为三类：原始资料，后人加工整理过的苏氏资料和苏氏后学拟作的苏氏资料。“所谓‘原始资料’，就是未经后人加工整理的苏氏兄弟的书信和游说辞。”蔡先生列举的这部分资料，包括帛书一至九章和二十章，以及《东周策》“谓薛公”章、《韩策二》“谓新城君”章。至于为何没有列入帛书十至十二章和十四章，我们无法得知。“后人加工整理的苏氏资料。这类资料是指在传抄或编集成册时，经过后人加工整理和修饰的苏氏兄弟本人的书信和游说辞。”蔡先生列举的此类资料，包括：

⑴帛书《战国纵横家书》二二“谓陈珍”章

⑵《东周策》“昭献在阳翟”章

⑶《西周策》“薛公以齐为韩魏攻楚”章

⑷《燕策三》“孟尝君将入秦”章

⑸《西周策》“雍氏之役”章

⑹《秦策二》“径山之事”章

⑺《齐策四》“苏秦之燕至齐”章

⑻《赵策四》“齐欲攻宋”章

⑼《魏策二》“五国伐秦无功而还”章

“苏秦后学拟作的苏氏资料。这类资料是指战国末年纵横家中的苏秦后学，为了给初学者提供练习游说的脚本，便拟托苏秦名义拟作的书信和游说辞。”例如：

⑴《秦策一》“苏秦始将连横说秦惠王”章

⑵《燕策一》“苏秦将为从北说燕文侯”章

⑶《赵策二》“苏秦从燕之赵始合从”章

(4)《楚策一》“苏秦为赵合从说楚威王”章

(5)《魏策一》“苏秦为赵合从说魏王”章

(6)《韩策一》“苏秦为楚合从说韩王”章

(7)《齐策一》“苏秦为赵合从说齐宣王”章

(8)《齐策五》“苏秦说齐闵王”章[1]

蔡先生的分类具有一定的启发意义。但如何处理与使用这三种材料，蔡先生却未做进一步的说明。我们以为，在研究苏秦及其纵横家历史真实方面，三种材料存在可信度的差异。在研究苏秦及纵横家学术思想方面，第一种材料最可凭信，第二种材料与第三种材料，可以对第一种材料起到补充与印证的作用。

《史记·张仪列传》《苏秦列传》记载，张仪、苏秦二人师从鬼谷子学习纵横之术，托名鬼谷子的纵横家理论著作《鬼谷子》，《汉书·艺文志》无载。《艺文志》载有《苏子》三十一篇，《史记正义》佚文称：“《七录》有《苏秦书》，乐一注，云：‘秦欲神秘其道，故假名鬼谷也。’”唐代马总《意林》说：“周时有豪士隐者居鬼谷，自号鬼谷先生，无乡里族姓名。此苏秦作书记之也，鬼之言远。”《隋书·经籍志》载《鬼谷子》三卷，乐一注。《旧唐书·经籍志》《新唐书·艺文志》均载《鬼谷子》苏秦撰，乐一注。王应麟《汉书艺文志考证》说：“《鬼谷子》三卷，乐壹注，云：‘苏秦欲神秘其道，故假名鬼谷也。’”《史记正义》：《战国策》云“乃发书，陈箧数十，得太公《阴符》之谋，伏而诵之，简练以为揣摩”。“《鬼谷子》有《阴符七术》及《揣》及《摩》二篇，乃苏秦书明矣。”[2] 李学勤先生也认为：“《七录》的《苏秦书》应该就是隋唐以来的《鬼谷子》。”[3]

《苏秦书》后代佚失，但从服虔等人的记载看，其内容与《鬼谷子》应有一定的联系。《汉书·杜周传赞》“业因势而抵陒”，服虔注：“抵音纸，陒音羲。谓罪败而复抨弹之，苏秦书有此法。”师古曰：“抵，击也。陒，毁也。言因事形势而击毁之也。陒音诡。一说陒读与戏同，音许宜反。戏亦险也，言击其危险之处，《鬼谷》有《抵戏》篇也。”[4] 余嘉锡先生《古书通例》说：“盖《鬼谷子》为苏秦手著，其《战国策》中合纵说六国之词，不在此书之中。向合而编之，为《苏子》三十二篇（或是秦、汉间为纵横说者所编），故《鬼谷子》

[1] 蔡运璋：《〈苏子〉及其相关问题——为纪念苏秦逝世2300周年而作》，《中华文化论坛》2016年第3期。

[2] 王应麟：《汉书艺文志考证·从横》，中华书局2011年版，第240页。

[3] 李学勤：《鬼谷子学术研讨会论文集》，书目文献出版社1996年版，“序”第2页。

[4] 班固：《汉书》，中华书局1962年版，第2684页。

不别著录也。”[1] 顾实也认为：“诸家皆以《鬼谷子》为即《苏秦书》，而服虔为汉经师大儒，其言尤可信也。……然《说苑》引《鬼谷子》曰：‘人之不善，而能矫之者难矣。’或本苏秦述其师说，故刘向《别录》原题《鬼谷子》，班《志》本《七略》，从其核实，未可知也。”[2] 早期的《鬼谷子》，有可能混在《苏秦书》中。

关于《鬼谷子》与苏秦的关系，俞棪在《鬼谷子真伪考》提出了一种颇具道理的推测。他说：“余尝疑此书，大体为苏秦纂述师说之作。计《鬼谷子》，凡二十三篇，合《苏子》说秦连横，说燕、赵、魏、楚、韩、齐合纵共七篇，又说齐、秦各一篇，凡九篇，合为三十二篇。适与《汉志·苏子》篇数相符。疑班《志》不录《鬼谷》，必在刘歆时已误合为《苏子》书矣。刘向博览天下群书，明明录引《鬼谷子》之言，何缘而中绝，谓非歆误合之而何？总之，《鬼谷子》为苏秦纂述师说之书，间有窜入己作之处，如《揣》《摩》两篇及《阴符》说解等是。至其游说之辞，则《苏子》之成文蒿草也。”[3]

苏秦与《鬼谷子》之间有密切关系，这一点是可以成为学术定论的。

第三节　战国燕赵纵横家史迹考略

战国纵横家是一个将其学术理论与社会实践结合最为密切的学术团体，从纵横家学者的合纵连横活动中，我们可以透视出纵横思想的大致面貌。纵横家史迹的扑朔迷离，使对其史迹的研究成为其学术思想研究的基础性工作。

一、苏秦兄弟事迹考略

苏秦，东周洛阳人。曾在齐国师事鬼谷子。苏秦的弟弟，《苏秦列传》记载有苏代、苏厉。《史记索隐》引谯周云：“秦兄弟五人，秦最少。兄代，代弟厉，及辟、鹄，并为游说之士。”关于苏秦的兄弟排行，《战国策·秦策一》说苏秦游说失败，“嫂不为炊”。《史记·苏秦列传》记载苏秦有“兄弟嫂妹妻妾”“昆弟妻嫂”，其嫂称苏秦“见季子位高金多”。苏秦在兄弟中的排行，应

[1] 余嘉锡：《古书通例》，中华书局2007年版，第226页。

[2] 顾实：《汉书艺文志讲疏》，东南大学丛书本，商务印书馆1929年版，第146—147页。

[3] 俞棪：《鬼谷子新注》，商务印书馆民国二十二年排印本。转引自蔡运璋：《〈苏子〉及其相关问题——为纪念苏秦逝世2300周年而作》，《中华文化论坛》2016年第3期。

非长兄。谯周言苏秦兄弟五人的说法或可信，只是苏秦恐怕也不是最少。《战国纵横家书》第十四章有“臣使苏厉告楚王曰”语，苏秦派遣苏厉帮助其游说，苏厉为苏秦弟弟的可能性更大。据唐兰先生研究，苏代当为苏秦之兄，其活动年代在苏秦之前。[1]

在《战国纵横家书》中，苏秦活动的最早年代是公元前312年。《战国纵横家书》二十二章《谓陈轸》章，记载“齐宋攻蟄（魏），垄（楚）回（围）翁（雍）是（氏），秦败屈匄”[2]之年，即公元前312年，苏秦立于陈轸之门，尊称陈轸为公，游说陈轸。苏秦当时应该是一年轻人，文献记载张仪公元前309年去世。苏秦年代晚于张仪，此条材料可为确证。[3]

苏秦的纵横活动，主要在燕昭王时期。《说苑·君道》载：“于是燕王常置郭隗上座南面。居三年，苏子闻之，从周归燕；邹衍闻之，从齐归燕；乐毅闻之，从赵归燕；屈景闻之，从楚归燕。四子毕至，果以弱燕并强齐。”《说苑·尊贤》载：“燕昭王得郭隗，而邹衍、乐毅以齐、赵至，苏子、屈景以周、楚至。于是举兵而攻齐，栖闵王于莒。燕校地计众，非与齐均也。然所以能信意至于此者，由得士也。”

苏秦入燕的时间，唐兰先生认为是在公元前308年。[4]苏秦的主要活动，是作为燕国使者出使到齐，委质于齐，同时任齐臣。苏秦在齐国为燕国从事间谍活动，最终导致齐国被赵、秦、魏、燕等国打败，几乎亡国，苏秦因间谍之事被齐王处死。《战国纵横家书》的出土，为这段历史提供了诸多传世文献没有记载的历史细节。

苏秦自燕入齐的时间，唐兰先生认为是在公元前306年，马雍先生认为是在公元前300年。[5]据《战国纵横家书》第四章《苏秦自齐献书于燕王》章记载，苏秦出使齐国，与燕昭王约定：“臣循用于齐，大者可以使齐毋谋燕，次可以恶齐勺（赵）之交，以便王之大事，是王之所与臣期也。”因为担心燕昭王听信谗

[1]唐兰：《司马迁没有见过的珍贵史料》，载马王堆汉墓帛书整理小组：《战国纵横家书》，文物出版社1976年版，第130页。

[2]裘锡圭：《长沙马王堆汉墓帛书集成》叁，中华书局2014年版，第98页。

[3]《史记·田敬仲完世家》有与此章内容大致相同的文字，辞主为苏代。帛书中的“今者秦立于门”，《史记》作“今者臣立于门”，或当为太史公误改秦为臣，或太史公所据原始材料为臣，太史公加辞主为苏代。

[4]唐兰：《司马迁没有见过的珍贵史料》，载马王堆汉墓帛书整理小组：《战国纵横家书》，文物出版社1976年版，第146页。

[5]唐兰：《司马迁没有见过的珍贵史料》，载马王堆汉墓帛书整理小组：《战国纵横家书》，文物出版社1976年版，第146页。马雍：《〈战国纵横家书〉各篇年代和历史背景》，载马王堆汉墓帛书整理小组：《战国纵横家书》，文物出版社1976年版，第178页。

言对其行动产生怀疑，便与燕昭王订立了类似誓约之类的约定。燕昭王向苏秦承诺“鱼（吾）必不听众口与造言，鱼（吾）信若迺（犹）齕也。大，可以得用于齐；次，可以得信；下，苟毋死。若无不为也。以奴（孥）自信，可；与言去燕之齐，可；甚者，与谋燕，可。期于成事而已。”[1] 为了完成间谍任务，燕昭王给予苏秦极大的处事权力，其最终目的是“期于成事”。苏秦与燕王订立以燕敌齐之计的时间，唐兰认为是在公元前294年，马雍认为是在公元前300年。

苏秦作为燕国使者在齐任职，取得了齐王的信任，齐国应该是听信了苏秦的游说之辞，从建立燕齐联盟的角度来任用苏秦的。苏秦与齐国大臣韩𫎇订立盟约：“子以齐大重秦，秦将以燕事齐。齐燕为一，乾（韩）、粱（梁）必从。勺（赵）悍则伐之，愿则挚而功（攻）宋。以为善。”[2] 苏秦在齐国，得到齐王与齐国权臣的双重信任。

公元前288年十月，秦国为了联合齐国等实现五国攻赵，派穰侯至齐，相约互称东、西帝。齐王听从苏秦的建议，决定联合赵国、魏国等，攻秦去帝。在诸侯攻秦时齐国乘机攻取宋国。苏秦的真实意图，在于利用齐国攻宋之机，将诸侯之兵引向齐国，最终实现与燕昭王商定的灭齐以复仇之计。齐王听信苏秦之策，齐、赵两国国君相会于阿。苏秦受齐王委派，先后到燕、赵、魏等联络合纵攻秦事宜。赵国权相李兑为了实现取封地于齐的目的，利用赵国的强大，积极参与联合攻秦之事。齐国之相孟尝君，也利用自己在诸侯中的影响，筹划五国攻秦。在巨大的压力下，秦于当年十二月去帝号，并返还给赵国、魏国几个曾经侵占的城邑。公元前287年，赵封苏秦为武安君，五国联合攻秦。因攻秦各国各怀目的，攻秦无果，齐国继续攻宋，赵、燕等国准备乘机攻齐。齐国从宋撤兵。为了实现自己攻宋的目的，齐与秦讲和，在取得秦的支持后，齐于公元前286年第三次攻宋，灭掉宋国。公元前285年，秦与赵、魏等国联合攻齐。齐王因听信苏秦所说燕国为齐国最忠实的盟友，在燕齐边境没有设防。乐毅带领燕军，从齐北部边境长驱直入，直捣齐国国都，齐王仓皇出逃，苏秦在齐国被杀。

在诸侯军队即将攻破齐军之时，苏秦意识到了自身所处的危险境地。为了保护自身安全，他曾写信游说秦将起贾和赵王，劝说他们不要联合攻齐。此事见于帛书第十七章、二十一章。可惜此时的秦国、赵国不可能再听从他的游说之词，放弃攻破齐国这一最好时机。齐国被攻破，苏秦身死。其“弃祸存身”的希望破

[1] 马王堆汉墓帛书整理小组：《战国纵横家书》，文物出版社1976年版，第9、11页。
[2] 马王堆汉墓帛书整理小组：《战国纵横家书》，文物出版社1976年版，第27—28页。

灭。燕人蔡泽评价苏秦之死说："苏秦、智伯之智，非不足以辟辱远死也，而所以死者，惑于贪利不止也。"[1]《淮南子·泰族训》评价苏秦曰："张仪苏秦，家无常居，身无定君，约纵横之事，为倾覆之谋，浊乱天下，挠滑诸侯，使百姓不遑启居，或纵或横，或合众弱，或辅富强，此异行而归于丑者也。"苏秦的纵横活动，受到了后人严厉的批评。

关于苏秦为间一事，《淮南子·说林训》说："苏秦以百诞成一诚。"《史记·邹阳列传》则说："苏秦不信于天下，而为燕之尾生。"银雀山汉墓竹简《孙子兵法·用间》篇有"燕之兴也，苏秦在齐。"[2] 苏秦在齐为燕间谍一事，在《战国纵横家书》出土后，可以被确定为历史定案。

苏秦兄弟中的纵横家，文献记载的有苏代和苏厉。在《战国策》《史记》中，苏代与苏秦事迹常常相互混淆。其中主要原因，应该是苏秦与苏代、苏厉游说事迹相近，他们都主要活动在燕齐之间，而且他们的游说活动还有相互呼应之时。《战国纵横家书》第十四章的"臣使苏厉告楚王曰"，就是这种情况的证明。由于事迹相近，后人记述时事迹归属出现了一些混乱。另外一个原因，是司马迁在编纂《史记》时，可能将他认为时代较晚的文献中的苏秦部分改成了苏代，这增加了文献中苏代与苏秦的混乱程度。学者指出："由于《史》《策》对苏秦行事系年有误，致使燕昭之世本为苏秦之史迹，而为苏代、苏厉所冒。而在《史》《策》中许多记为苏秦史迹者，又有不少属于后人伪托。"[3]《战国纵横家书》出土后，有些文献可以从苏代名下归还给苏秦。即便如此，二人文献仍有含混不清的。《战国纵横家书》中的第二十章，应为苏代作品。苏厉作品，在《战国策》《史记》中有部分保留。

二、燕赵其他纵横家考略

除了三苏之外，燕赵其他纵横家还有虞卿、乐毅、庞煖、蔡泽等。他们的纵横策略，对战国历史产生重要影响；他们的纵横作品，是战国燕赵纵横学术思想史的重要组成部分。

（一）虞卿。《史记·平原君虞卿列传》载："虞卿者，游说之士也。"虞卿纵横事迹主要在秦赵长平之战期间。秦赵长平之战，赵不胜，亡一都尉，赵

[1] 司马迁：《史记·范雎蔡泽列传》，中华书局2014年版，第2937页。
[2] 银雀山汉墓竹简整理小组：《孙子兵法》，文物出版社1976年版，第89页。
[3] 陈平：《燕史纪事编年会按》下，北京大学出版社1995年版，第7页。

王召楼昌与虞卿商议对策。虞卿坚决反对楼昌与秦媾和的主张，提出“发使出重宝以附楚魏，楚魏欲得王之重宝，必内吾使，赵使入楚魏，秦必疑天下之合纵，且必恐，如此则媾乃可为也”的合纵政策，可惜赵王没有听从他的主张。长平之战后，虞卿坚决反对赵郝等人割地予秦，主张连齐抗秦。他的策略得到赵王的同意，赵在外交上取得胜利。在与魏合纵问题上，虞卿说：“臣闻小国之与大国从事也，有利则大国受其福，有败则小国受其祸……，窃以为从便。”王曰：“善，乃合魏为纵。”虞卿不仅有着丰富的纵横理论，也有众多的合纵活动。他与楼昌、赵郝等人的争论，根本上说是合纵与连横之争。他们的争论，对赵国政局产生了重大影响。

虞卿的作品，《汉书 · 艺文志》载《虞氏春秋》十五篇，归入儒家类。《史记 · 十二诸侯年表序》云：“赵孝成王时，其相虞卿上采春秋，下观近势，亦著八篇，为《虞氏春秋》。”[1]《史记 · 虞卿列传》云：“著书上采春秋，下观近世，曰《节义》《称号》《揣摩》《政谋》，凡八篇，以刺讥国家得失，世传之曰《虞氏春秋》。”我们从《虞卿列传》所描述的《虞氏春秋》内容“上采《春秋》，下观近世，曰《节义》《称号》《揣摩》《政谋》”可以看出，其著作中除了儒家思想外，也有纵横家的思想。

虞卿归入纵横家还是儒家，都有其不太尽如人意之处。其实，先秦诸子的学术，往往有其相通之处，虞卿的学术思想，应该是融合了儒家与纵横家之说，它反映了战国中后期各学派之间学术的交流与影响。

（二）乐毅。乐毅作为战国时期著名的军事家，领导了诸侯攻齐的战争。在联合诸国攻齐时，身为军事家的乐毅充当了纵横家的角色。据《史记 · 乐毅列传》记载，当燕昭王问乐毅伐齐之事时，乐毅答曰：“齐，霸国之余业也，地大人众，未易独攻也。王必欲伐之，莫如与赵及楚、魏。”除了合纵伐齐的军事外交思想，乐毅还有其合纵伐齐之实践行动。“于是使乐毅约赵惠文王，别使连楚、魏。令赵啖说秦以伐齐之利。诸侯害齐闵王之骄暴，皆争合纵与燕伐齐。乐毅还报，燕昭王悉起兵，使乐毅为上将军，赵惠文王以相国印授乐毅。乐毅于是并护赵、楚、韩、魏、燕之兵以伐齐。”从纵横思想看联合诸侯伐齐之事，某种程度上乐毅所发挥的纵横作用比苏秦还要重要。

（三）庞煖。《汉书 · 艺文志》著录的燕赵纵横家著作，有《庞煖》二篇。班固自注“为燕将”。燕当为赵之误。据《史记 · 赵世家》，赵悼襄王三年，

[1] 司马迁：《史记 · 十二诸侯年表》，中华书局2014年版，第648页。

“庞煖将，攻燕，擒其将剧辛。四年，庞煖将赵、楚、魏、燕之锐师，攻秦蕞，不拔，移攻齐，取饶安”。据此，庞煖应为一军事家。《汉书·艺文志》在“兵权谋家”也列有《庞煖》三篇，《七略》列入“兵权谋家”的还有《伊尹》《太公》《管子》《孙卿子》《鹖冠子》《苏子》《蒯通》《陆贾》《淮南子》等，因为与其他著录重复，被班固在此删去，并以注的形式进行了说明。章学诚在《校雠通义》中称《七略》的这种重复著录现象为“互著”。[1] 兵权谋家与纵横家多部著作“互著”，说明了这二者之间在学术思想上存在密切关系。

（四）燕人蔡泽。《史记·蔡泽传》云：“其人辩士，明于三王之事，五霸之业，世俗之变。”“游学干诸侯小大甚众，不遇。”后入秦，游说范雎去秦相，秦任以相。蔡泽的游说辞，思路清晰，言辞生动，引人入境，被后世视为游士名作。数月后，因有谗人，害怕被诛杀，辞去相位，被封为成刚君。

第四节　燕赵纵横家的学术思想

战国时期燕赵纵横家的学术思想，具有极其强烈的时代特征和鲜明的地域特色，是战国时期整个纵横家学术思想的杰出代表，代表了战国时期纵横家学术思想发展的最高水平。

一、燕赵纵横家学术思想发生的时代背景

（一）战争、商业繁荣及相关价值观念的变化。战国时代是一个充满变革的时代，中国历史从春秋发展到战国，原本维护社会安定的礼仪秩序已经基本失去了其社会功效，战国社会陷入了无序的恶的时代。《史记·平津侯主父列传》云：“五伯者，常佐天子兴利除害，诛暴禁邪，匡正海内，以尊天子。五伯既没，贤圣莫续，天子孤弱，号令不行。诸侯恣行，强凌弱，众暴寡，田常篡齐，六卿分晋，并为战国，此民之始苦也。于是强国务攻，弱国备守，合从连横，驰车击毂，介胄生虮虱，民无所告愬。”合纵连横，既是战国社会动荡的产物，也是社会无序动荡的标志。在频繁的战争中，百姓备受其苦，告愬无门。

与战争频繁发生几乎同时，战国的商业活动也得到快速发展。各国都铸造了自己特有的货币，商品在各国之间无障碍流通，一些富商大贾开始出现。商业活

[1] 章学诚著、叶瑛校注：《文史通义校注·校雠通义》，中华书局1985年版，第966页。

动的逐利本性，开始影响人们的价值观念，投机观念开始浸透进政治领域。战国纵横家，许多人都以谋取富贵作为行动的目标，商业的繁荣为他们实现自己的理想提供了时代机遇。“如果没有财富商业的关系交流于七国之间，那么纵横家的国际政治买卖是难以想象的，故当时‘贩贱卖贵’的交换关系就反映为谋诈任权的策士思想。”[1] 商业投机的观念渗入政治领域后，传统的忠君观念开始产生变化，纵横家们朝秦暮楚，在各国之间获得了极大的流动性。“所谓朝秦暮楚，并不能从信义堕地来解释，而是商业投机的市民行为在周末政治上的观念证件而已。因此，策士活动颇与旧贵族无故富贵不同，而一如自由交易，合则结交，不合则去而之他。”[2] 商业的发展对战国社会的影响，从政治层面到观念层面，无所不在。战国纵横家常常被人们视为政治场上的市利商人。

（二）社会秩序的动荡与社会观念的变化。战国社会的动荡与无序，直接引发了社会道德的滑坡，冲击了传统的社会观念。传统的儒家之学术被社会看作无用的高谈阔论，诈伪并作，投机观念盛行，纵横家得到了社会的普遍尊崇。刘向《校战国策书录》说，战国之时，“道德大废，上下失序”“贪饕无耻，竞进无厌；国异政教，各自制断，上无天子，下无方伯，力政争强，胜者为右，兵革不休，诈伪并起。当此之时，虽有道德，不得施设，有谋之强，负阻而恃固，连与交质，重约结誓以守其国。故孟子、荀卿儒术之士弃捐于世，而游说权谋之徒见贵于俗。……战国之时，君德浅薄，为之谋策者，不得不因势而为资，据时而为故。其谋扶急持倾，为一切之权，虽不可以临国教，化兵革，亦救急之势也。皆高才秀士，度时君之所能行，出奇策异智，转危为安，运亡为存。亦可喜，皆可观。”[3] 纵横家，从其产生的时代背景来看，可以说是一个乱世的产物。

二、燕赵纵横家的学术特点

（一）实践性。纵横家的学术目标非常明确，通过自己学习掌握的纵横之术，游说诸侯，以实现自己的理想，谋求自己的权力与富贵。与战国诸子相比，纵横家学术的实践性是最为突出的。学者曾指出：“战国诸子蜂起的时候，各派都曾就天道、人性、社会政治等各个方面的问题著书立说，激烈辩论，但总的来说，大多属于坐而论道，唯有纵横家把他们的主张彻底地贯彻到实践当中，并且

[1] 侯外庐、赵纪彬、杜国庠：《中国思想通史》第一卷，人民出版社1957年版，第637页。

[2] 侯外庐、赵纪彬、杜国庠：《中国思想通史》第一卷，人民出版社1957年版，第638—639页。

[3] 诸祖耿：《战国策集注汇考》（增补本）下，凤凰出版社2008年版，第1796页。

取得了巨大的成功。”[1] 纵横家的学术的实践性，已经表现出了极大的功利主义色彩。中国学术研究中唯利是图之恶俗，是从纵横家开始发端的。

（二）综合性。纵横家的学术，表现出极强的综合性特征。这种综合性大致表现在以下两个方面：

1.综合运用各种知识完成自己学说体系的构建。战国燕赵纵横家都是博学多才的学者，他们所掌握的知识领域，涉及诸侯历史、各国地理、政治、军事、经济、外交等诸多领域。《史记·苏秦列传》所记载的苏秦的游说之词，虽为后人拟托，但可以看出纵横家们对各国历史、地理了如指掌，对各国政治洞察明晰。他们综合运用各种知识，来完成自己的游说任务。对各种知识的全面把握与综合运用，是纵横家最为突出的学术特点。中国历史上进入高端政治决策的知识分子，大都是如纵横家一样的综合型人才。在某一领域有独特造诣，或在思想领域有独到见解的所谓思想家，很难通过事功路线实现自己的政治理想。

2.综合百家思想，形成独具一格的纵横家思想。按照《汉书·艺文志》的记载，“从横家者流，盖出于行人之官。遭变用权，受命而不受辞。”行人之官因出使的需要，要了解百家知识，熟悉各家思想。由行人之官发展而来的纵横家的学术表现出融合百家的特征。

纵横家学术思想与儒家关系密切。纵横家从其诞生之日起，便与儒家有密不可分的关系。纵横家的始祖子贡，为孔子著名弟子，后列入儒家七十二贤人。《史记·仲尼弟子列传·子贡传》赞：“子贡一出，存鲁，乱齐，破吴，强晋而霸越。子贡一使，使势相破，十年之中，五国各有变。”赵国虞卿，上采春秋，撰成《虞氏春秋》，也属于具有儒家学术背景的纵横家人物。章太炎《诸子学略说》云：“儒家不兼纵横，则不能取富贵。……纵横之术，不用于国家，则用于私人，而持书求荐者又其末流。……韩愈以儒者得名，亦数数腾言当道，求为援手。乃知儒与纵横，相为表里，犹手足之相支，皮革之相附也。”[2]

纵横家主张的合纵连横，与兵家有密切关系。《汉书·艺文志》将《庞煖》列入“兵权谋家”的同时，也列入纵横家。《七略》兵权谋家有纵横家著作《苏子》《蒯通》，说明纵横家与兵权谋家关系密切。章学诚《校雠通义》云：“纵横者，词说之总名也。苏秦合六国为纵，张仪为秦散六国为横，同术而异用，所以为战国事也。既无战国，则无纵横矣。而其学具存，则以兵法权谋所参互，而

[1] 张岂之：《中国思想学说史·先秦卷》下，广西师范大学出版社2008年版，第831页。

[2] 章太炎：《诸子学略说》，广西师范大学出版社2020年版，第14—15页。

抵掌谈说所取资也。是以苏、张诸家，可互见于兵书，《七略》以苏秦、蒯通入兵书。而邹阳、严、徐诸家，又为后世辞命之祖也。”[1] 纵横家与兵家，可为孪生。

《文献通考·经籍考·纵横家》云：“战国游士相率而为纵横者，莫不有利焉，而不胜其害也；有得焉，而不胜其失也。卒至苏秦、商鞅、孙膑、吴起、李斯之徒，以亡其身；而诸侯及秦用之者，亦灭其国。”孙膑、吴起等军事家与苏秦一并列为纵横者，说明纵横家与军事家在马端临的眼中没有什么根本性区别。

行人之官出使，往往引《诗》以专对。诗、赋称为纵横家表达思想的重要路径。《文史通义·诗教下》云：“文之铺张扬厉者，皆赋之变体。”“赋家者流，纵横之派别而兼诸子之余风。”章太炎《国故论衡·辨诗》云：“纵横家者赋之本。古者诵诗三百，足以专对。七国之际，行人胥附；折冲于樽俎之间。其说恢张谲宇，紬绎无穷，解散赋体，易人心志。”纵横家者赋之本，可为确论。

此外，阴阳家的阴阳转换思想、道家的守虚思想，都被纵横家吸收入自己的学术思想体系。总之，纵横家学术思想兼容诸家，表现出融合性特征。

（三）创新性。纵横家是战国时代的新产物，其思想具有战国时代的创新性。在学术传统方面，纵横家一反中国春秋以前的学术以六经为根本的传统，将现实需要作为学术追求的根本点和出发点。学者在论述纵横家始祖子贡思想时曾指出：“上述子贡纵横思想表现的两个方面，实际上都已触及一个更为深刻的问题，就是纵横家对于西周以来诗、书、礼、乐传统的突破。纵横家正是通过突破旧的文化传统，在先秦百家争鸣中展现出独具特色的哲学突破进程，形成一个独立的思想与学术流派的。”[2]

纵横家的学术创新，反映在其对概念阐释的创新。“逃”这一带有羞耻色彩的词汇，就曾被苏秦阐述为一个与建功立业关系密切的词汇。

《战国策·燕策二·苏代为奉阳君说燕于赵以伐齐》云：“臣以为不若逃而去之。臣以韩、魏循自齐，而为之取秦，深结赵以劲之。如是则近于相攻。臣虽为之累燕，奉阳君告朱讙曰：‘苏子怒于燕王之不以吾故，弗予相，又不予卿也，殆无燕矣。’其疑至于此，故臣虽为之不累燕，又不欲王。伊尹再逃汤而之桀，再逃桀而之汤，果与鸣条之战，而以汤为天子。伍子胥逃楚而之吴，果与伯举之战，而报其父之仇。今臣逃而纷齐、赵，始可著于春秋。且举大事者，孰

[1] 章学诚著、叶瑛校注：《文史通义校注》下，中华书局1985年版，第1046页。

[2] 傅建平：《纵横家与中国文化》，文津出版社1995年版，第98页。

不逃？桓公之难，管仲逃于鲁；阳虎之难，孔子逃于卫；张仪逃于楚；白珪逃于秦；望诸相中山也使赵，赵劫之求地，望诸攻关而出逃；外孙之难，薛公释戴逃出于关，三晋称以为士。故举大事，逃不足以为辱矣。”[1]

对儒家的伦理观念孝、义、廉等，苏秦都曾进行过系统阐释。对传统学术观念的新阐释，彰显了纵横家学术思想的创新性。

三、燕赵纵横家的思想内涵

（一）藉权兴时观念。战国形势瞬息万变，军事战争、合纵连横，各种因素时刻都在影响着各国的兴亡安危。藉权兴时因此成为纵横家谋成事的重要观念。苏秦说齐闵王曰：“臣闻用兵而喜先天下者忧，约结而喜主怨者孤。夫后起者藉也，而远怨者时也。是以圣人从事，必藉于权而务兴于时。夫权藉者，万物之率也；而时势者，百事之长也。故无权籍，倍时势，而能事成者寡矣。”[2] 借助于权变，因时而兴，即道家“因”观念的发展。《战国策·赵策三》云：“夫胶漆至粘也，而不能合远；鸿毛至轻也，而不能自举；夫飘于清风，则横行四海。故事有简而功成者，因也。”“因”即“藉”，在苏秦等纵横家看来，因时藉权，即是成事之关键。

燕赵纵横家的“兴于时”观念，还包含着因时而作、顺应自然之意。《史记·蔡泽列传》：“四时之序，成功者去。”“语曰：‘日中则移，月满则亏。’物盛则衰，天之常数也；进退、盈缩、变化，圣人之常道也。”顺应天时而为，成功者去，与兴于时而作以成事，是燕赵纵横家因时观念的两个不同视角。他们都属于圣人从事应该遵循的因时原则。

（二）阴阳与辩证转换。阴阳观念，是燕赵纵横家思想体系中的重要观念。《史记·苏秦列传》：“愿君慎勿出于口。请别白黑，所以异阴阳而已矣。”《战国策·赵策二·苏秦从燕之赵始合从》：“请屏左右，白言所以异阴阳而已矣。”《史记索隐》说《史记》语与《战国策》“其说异此”。日本陇川氏说：“请别白黑所以异句，白黑犹言利害，阴阳暗斥纵横。”[3] 诸祖耿先生认为，陇川氏用“纵横”来解释“阴阳”，这是适当的。纵横家最重视的是

[1]《战国策·燕策二·苏代为奉阳君说燕于赵以伐齐》，上海古籍出版社1985年版，1089—1090页。此苏代本当为苏秦。

[2]《战国策·齐策五·苏秦说齐闵王》，上海古籍出版社1985年版，第427页。

[3] 司马迁撰、泷川资言考证：《史记会注考证. 苏秦列传》载，考证：“请别白黑所以异句。白黑，犹言利害。阴阳，暗斥纵横。”上海古籍出版社2016年版，第2898页。此与《战国策集注汇考（增补本）》所载日人姓氏译名不同，断句不同。

“时”“机”。所谓“短长”“捭阖”“纵横”“阴阳”“白黑”，都是对立的名词。这里含有“矛盾对立”“对立统一”的意义。利用矛盾、解决矛盾，取得胜利，这是纵横家共同的企图。苏秦得力的书，是《太公阴符》。所谓“阴符”，有暗合的意义。主观努力，符合于客观形势，这是暗合。也就是所谓“阴符”。这是无往而不胜的道理。[1]

阴阳的转换，矛盾的转化，成为纵横家的重要思想。《苏秦列传》记载苏秦说齐王，说到“转祸为福，因败为功。”《战国策·燕策一·燕文公时》也记载了这次的游说辞。苏秦云：“圣人之制事也，转祸而为福，因败而为功。故桓公负妇人而名益尊，韩献开罪而交愈固，此皆转祸而为福，因败而为功者也。王能听臣，莫如归燕之十城，卑辞以谢秦。秦知王以己之故归燕城也，秦必德王。燕无故而得十城，燕亦德王。是弃强仇而立厚交也。且夫燕、秦之俱事齐，则大王号令天下皆从。是王以虚辞附秦，而以十城取天下也。此霸王之业矣。所谓转祸为福，因败成功者也。”苏秦因这次游说，使齐王归还侵燕所得十城，可说是苏秦游说成功的典型案例。

《苏秦列传》还记载苏代遗燕昭王书，说道“因祸为福，转败为功”，苏代认为这是“智者举事”。苏代的矛盾转换思想，与苏秦完全相同。

（三）对死亡的深度思考。纵横家奔走于各国之间，游说诸侯，他们有朝为读书郎、暮登天子堂的成功荣耀，也有触怒君王而丧生的危险。尤其是身为燕国间谍以从事纵横活动的苏秦，时刻面临着死亡的威胁。苏秦等燕赵纵横家，对死亡的威胁有深切的体悟，对死亡的意义有深度的思考。

《战国策·燕策二·苏代为奉阳君说燕于赵以伐齐》载：“苏代（按：当为秦之误）为奉阳君说燕于赵以伐齐，奉阳君不听。乃入齐恶赵，令齐绝于赵。齐已绝于赵，因之燕，谓昭王曰：‘韩为谓臣曰：“人告奉阳君曰：使齐不信赵者，苏子也；今齐王召蜀子使不伐宋，苏子也；与齐王谋道取秦以谋赵者，苏子也；令齐守赵之质子以甲者，又苏子也。请告子以请齐，果以守赵之质子以甲，吾必守子以甲。”其言恶矣。虽然，王勿患也。臣故知入齐之有赵累也。出为之以成所欲，臣死而齐大恶于赵，臣犹生也。令齐、赵绝，可大纷已。特臣非张孟谈也，使臣也如张孟谈也，齐、赵必有为智伯者矣。’”[2] 从苏秦的言语看，他本人对从事间谍活动所面临的死亡的威胁有着比较清醒的认识，利用自己的生

[1] 诸祖耿：《战国策集注汇考（增补本）》上，凤凰出版社2008年版，“前言”第58页。

[2]《战国策·燕策二·苏代为奉阳君说燕于赵以伐齐》下，上海古籍出版社1985年版，第1085页。

命去完成令齐、赵绝的使命，虽死犹生。对于苏秦而言，死亡具有了生命超越的意义。

苏秦对死亡的深刻认识，帛书《苏秦使韩山献书燕王章》有比较系统的论述：

“使韩山献书燕王曰：臣使庆报之后，徐为之与臣言甚恶，死亦大物已，不快于心而死，臣甚难之。”[1]“尧、舜之贤而死，禹、汤之知而死，孟贲之勇而死，乌获之力而死，生之物固有不死者乎？在必然之物以成所欲，王何疑焉？”[2]万物固有一死，尧舜禹汤皆不能例外，以死成业，理固应当。傅建平先生对纵横家的生死观进行了深入研究之后指出：“纵横家则认为人固有一死，是‘必然之势’，并且死后‘无知’，因此不复把‘彼岸’世界当作人生关照的对象，而是依靠基于现实生活的体验，去探求和发现人生的终极意义。其认识的结果就是把‘进取’看成最高的善，同时把以有限的生命投入实际社会生活，进取有为，实现这种善的价值视为人生的终极意义。为着实现这种人生的价值，纵横家同样可以置生死于度外，超越物质的生命，呈现出一种洋溢着‘进取有为’的纵横精神。”[3]

（四）政治思想。纵横家们为了利用纵横之术实现自己的政治理想，提出了适应战国时代的政治主张与政治思想。“以‘策略至上’的思想为主导，纵横家突出宣扬外交的重要性，既不同于重耕战以富国强兵的法家，也不同于强调‘诸侯之宝三：土地、人民、政事’（《孟子·尽心下》）的儒家。”[4]纵横家的政治思想主要包括以下三个方面：

1.反对将战争作为解决社会问题的手段。《战国策·齐策五·苏秦说齐闵王》是一篇托名苏秦的论兵长文。在这篇文章中，作者论述了对战争的认识以及作战方法等。作者认为，战争行为对国家有害，尤其是穷兵黩武，必将会给国家带来灾害。作者赞同孙子“上兵伐谋”的主张，认为巧妙运用谋略，可以实现“拔城于尊俎之间”的目标。不要先机挑起战争，在战争发起之后，后发制人更容易把握主动，可以利用对方将士疲惫之机，发起反击。

纵横家对于统治阶级的兼并战争给人民带来巨大痛苦和灾难的揭露，在一定程度上表现出对人民的同情，是具有一定进步意义的。[5]

[1] 马王堆汉墓帛书整理小组：《战国纵横家书》，文物出版社1976年版，第3页。

[2] 缪文远：《战国策新校注·燕策二·奉阳君告朱讙与赵足章》下，巴蜀书社1987年版，第1074—1076页。缪文远先生认为《奉阳君告朱讙与赵足章》为苏秦被拘于赵时，上书燕王之文。其说可从。

[3] 傅建平：《纵横家与中国文化》，文津出版社1995年版，第151页。

[4] 熊宪光：《纵横家研究》，重庆出版社1998年版，第68页。

[5] 熊宪光：《纵横家研究》，重庆出版社1998年版，第67页。

2.重视谋略的思想。纵横家的思想智慧，在于重视谋略。有学者曾将纵横家的思想概括为重视谋略的政治思想和实用主义伦理思想[1]，可见重视谋略在纵横家思想中的重要地位。《战国策·燕策一·苏代谓燕昭王》章云："善为事者，先量其国之大小，而揆其兵之强弱，故功可成，而名可立也。不能为事者，不先量其国之大小，不揆其兵之强弱，故功不可成，而名不可立也。"功成与否，名是否可立，均取决于谋略。《战国策·齐策五·苏秦说齐闵王》章载："故曰卫鞅之始与秦王计也，谋约不下席，言于尊俎之间，谋成于堂上，而魏将以禽于齐矣；冲橹未施，而西河之外入于秦矣。此臣之所谓比之堂上，禽将户内，拔城于尊俎之间，折冲席上者也。"[2]重视谋略的思想，与纵横家的反对用军事解决社会问题思想相统一。

3.安民之本，在于择交。纵横家发源于行人之官，他们通过合纵与连横的外交努力实现自己的理想，因此外交思想成为纵横家思想体系中的重要组成部分。燕赵纵横家的外交思想，最有意义之处是通过外交手段达到安民的目的。《苏秦列传》载："窃为君计者，莫若安民无事，且无庸有事于民也。安民之本，在于择交，择交而得则民安，择交而不得则民终身不安。请言外患：齐秦为两敌而民不得安，倚秦攻齐而民不得安，倚齐攻秦而民不得安。故夫谋人之主，伐人之国，常苦出辞断绝人之交也。愿君慎勿出于口。"择交安民，体现了燕赵纵横家政治思想中的人文关怀。

4.对传统道德伦理的超越与事功思想。燕赵纵横家为了使自己的游说之辞发挥应有的功效，对传统的儒家伦理思想进行了系统而全面的剖析与评价。《战国策·燕策一·人有恶苏秦于燕王者》章载：

> 人有恶苏秦于燕王者，曰："武安君，天下不信人也。王以万乘下之，尊之于廷，示天下与小人群也。"
>
> 武安君从齐来，而燕王不馆也。谓燕王曰："臣东周之鄙人也，见足下身无咫尺之功，而足下迎臣于郊，显臣于廷。今臣为足下使，利得十城，功存危燕，足下不听臣者，人必有言臣不信，伤臣于王者。臣之不信，是足下之福也。使臣信如尾生，廉如伯夷，孝如曾参，三者天下之高行，而以事足下，不（鲍本无不字）可乎？"燕王曰："可。"

[1] 张岂之：《中国思想学说史·先秦卷》下，广西师范大学出版社2008年版，第831页。
[2] 刘向：《战国策》上，上海古籍出版社1985年版，第442页。

曰："有此，臣亦不事足下矣。"

苏秦曰："且夫孝如曾参，义不离亲一夕宿于外，足下安得使之之齐？廉如伯夷，不取素飡，汙武王之义而不臣焉，辞孤竹之君，饿而死于首阳之山。廉如此者，何肯步行数千里，而事弱燕之危主乎？信如尾生，期而不来，抱梁柱而死。信至如此，何肯杨燕、秦之威于齐而取大功乎哉？且夫信行者，所以自为也，非所以为人也。皆自覆之术，非进取之道也。且夫三王代兴，五霸迭盛，皆不自覆也。君以自覆为可乎？则齐不益于营丘，足下不踰楚境，不窥于边城之外。且臣有老母于周，离老母而事足下，去自覆之术，而谋进取之道，臣之趣固不与足下合者。足下皆自覆之君也，仆者进取之臣也，所谓以忠信得罪于君者也。"

燕王曰："夫忠信，又何罪之有也？"

对曰："足下不知也。臣邻家有远为吏者，其妻私人，其夫且归，其私之者忧之。其妻曰：'公勿忧也，吾已为药酒以待之矣。'后二日，夫至。妻使妾奉卮酒进之，妾知其（鲍本其下有为字）药酒也，进之则杀主父，言之则逐主母，乃阳僵弃酒。主父大怒而笞之。故妾一僵而弃酒，上以活主父，下以存主母也。忠至如此，然不免于笞，此以忠信得罪者也。臣之事，适不幸而有类妾之弃酒也。且臣之事足下，亢义益国，今乃得罪，臣恐天下后事足下者，莫敢自必也。且臣之说齐，曾不欺之也。使之说齐者，莫如臣之言也，虽尧、舜之智，不敢取也。"[1]

此章又见《战国纵横家书》第五章和《史记·苏秦列传》，系年为周赧王十五年（公元前300年）。

在这一章，苏秦对儒家的忠信、孝、义、廉等提出了系统的论述。"臣之不信，是足下之福也"，具有极其强烈的反传统思维意识。苏秦认为，如果他本人具有传统儒家伦理意义上的信、廉、孝，他便不会侍奉燕王。在纵横家看来，"廉不与身俱达，义不与生俱立"（《燕策一》苏代语）"且夫信行者，所以自为也，非所以为人也。皆自覆之术，非进取之道也。"苏秦还将儒家忠信的伦理观念引入现实生活以检验其有效性。他所列举的"妾一僵而弃酒，上以活主父，下以存主母也。忠至如此，然不免于笞，此以忠信得罪者也"的故事，来论证忠信得罪这样一个全新的命题，以此作为其不能无条件尊奉忠信伦理观念的理由。

[1] 刘向：《战国策》下，上海古籍出版社1985年版，第1046—1050页。

在纵横家看来，儒家的忠、智、孝等观念，其发挥作用都是有一定先决条件的，这个条件便是君主贤明。蔡泽曰：“主圣臣贤，天下之盛福也；君明臣直，国之福也；父慈子孝，夫信妻贞，家之福也。故比干忠而不能存殷，子胥智而不能完吴，申生孝而晋国乱。是皆有忠臣孝子，而国家灭乱者，何也？无明君贤父以听之，故天下以其君父为僇辱而怜其臣子。”（《史记·范雎蔡泽列传》）有关这一问题，学者指出：“因此纵横家并不是反对慈、孝、信、廉一类为社会约定俗成的伦理道德，而只是认为‘父慈子孝，夫信妇贞，家之福也’，一旦无限地扩充这些道德信条规范，像儒家所主张的那样，必然行不通。至于对于与政治生活密切相关的有些信条，如‘忠’‘义’等等，则应当讲求具体条件，而不能像儒家那样，认为‘忠’‘义’是普遍的高于一切的抽象道德原则。具体而言之，纵横家认为‘忠’之类德行，有具体的对象，因而不存在抽象的‘忠’而只有具体的‘忠’，如具体的对象发生变化，则‘忠’的价值与作用也会随之而发生改变。”[1]

苏秦对儒家学说体系，也有继承的一面。对于儒家的核心观念“仁”“义”等在国家大政中的作用，苏秦曾给予了充分的肯定。《战国策·齐策五·苏秦说齐闵王》章云：“祖仁者王，立义者伯，用兵穷者亡。”在国家统治层面，儒家伦理仍然占据着主导地位。

苏秦从事功进取的角度，将儒家具有意识形态意义的“自完之道”孝、义、廉抛开，以“进取”建立事功作为自己的伦理行事标准。这样的伦理价值观，在中国古代思想史上具有划时代的创新意义。学者指出：“成熟期的纵横家以他们纵横捭阖的活动，充分发挥个人的才能睿智与儒家展开思想交锋，在中国思想文化史上对儒家重要的伦理道德范畴忠孝等进行了批判性的评价，并进而从人生实践的意义扬弃了儒家政治化了的伦理道德学说，在中国思想文化史上第一次揭出儒家伦理道德思想是‘自完之道’，针锋相对地提出了纵横家的‘进取之道’与之相对，这就不仅对儒家施行了思想的批判，而且以纵横家行动的人生哲学完成对儒家以实现个人伦理道德完善为核心的人生哲学的实践的批判，从而达到了中国文化哲学突破的高度，对枢纽时代的中国文化作出了杰出的贡献。”[2]

对于纵横家的伦理观念，我们应该给予适当的评价。“尽管纵横家的道德行为准则，作为一种理论去认识是很不完善和不系统的，却有着许多合理的成分，

---

[1] 傅建平：《纵横家与中国文化》，文津出版社1995年版，第157页。

[2] 傅建平：《纵横家与中国文化》，文津出版社1995年版，第51—52页。

确实不能简单化地斥之为诡谲权谋的产物，而应该给予充分的认识和积极的评价。”[1]

（五）《鬼谷子》与燕赵纵横家思想。作为纵横家理论总结的《鬼谷子》，无论其是由苏秦编纂，还是由苏秦整理其师之说而成书，其与苏秦关系密切无可怀疑。从前文论述看，《鬼谷子》的思想与苏秦纵横思想存在一些渊源关系。《鬼谷子》的纵横思想，基本上可以看作是燕赵纵横家学术思想的代表。

《鬼谷子》所提出的游说理论的根本，就在于游说者要了解君主的内心，要了解国家之间的利害关系，了解游说国的国情，掌握事物对立统一规律和矛盾转化的规律。《鬼谷子》对游说理论与游说技巧的阐述，达到了战国时期游说理论与技巧研究的最高峰，对战国末年及其以后的游说实践有着指导作用。《鬼谷子》所阐发的纵横游说思想，主要包括以下几个方面：

1.纵横游说以符合宇宙之道阴阳变化为根本。《鬼谷子·捭阖》篇云：“粤若稽古，圣人之在天地间也，为众生之先，观阴阳之开阖以名命物，知存亡之门户，筹策万类之始终，达人心之理，见变化之朕焉，而守司其门户。故圣人之在天下也，自古至今，其道一也。”“变化无穷，各有所归。或阴或阳，或柔或刚，或开或闭，或弛或张。是故圣人一守司其门户，审察其所先后，广权量能，较其伎巧短长。”从哲学思想层面讲，纵横家的捭阖为天地之道，以变动阴阳，四时开闭，以化万物，捭阖思想与上古时期的阴阳变化思想密切相关，游说者应根据阴阳的变化而变化，从而达到无所不能说的境界。天地阴阳之道，即说人之法。“诸言法阳之类者，皆曰始；言善以始其事。诸言法阴之类者，皆曰终，言恶以终为谋。”（《鬼谷子·捭阖》）《鬼谷子》提出的谋于阴而成于阳，近似于老子的守柔弱思想。

2.捭阖是谋略、游说的根本法则。《鬼谷子·捭阖》篇阐明了捭阖原理，及其在游说中的应用。捭阖用于纵横游说，一是需要根据被游说者贤肖智愚等不同情况，依据有无、虚实的不同，运用不同的游说策略，或开或合，或明或暗，因机而动，变化无穷；二是根据对方的开口闭口，采用不同的应对策略，因机而发，因时而应，以游说对方。纵横家各种游说的方法，均以捭阖为基础。《鬼谷子·反应》篇所言为纵横术中的得人情之法。凡事有反有覆，运用捭阖所述的基本理论，反而求之，其应必出。要使用反应之法进行纵横游说，必先使用“象而比之”的游说方法，对方“开”，然后才能得到论说对象的真情。运用反应之

[1] 傅建平：《纵横家与中国文化》，文津出版社1995年版，第161页。

法，首先要充分运用正反之理，欲闻其声反默，欲张反敛，也就是从事物的对立面获取事物的真相；其次是要运用事物的相关性，“虽非其事，见微知类”。运用反应之法，最重要的是要从自知开始，只有自知之明，然后可以知人。己不先定，牧人不正。

3.游说需要言语技巧和谋略。纵横家使用的飞钳之术的理论，为“引钩钳之辞，飞而钳之”（《鬼谷子·飞钳》），意思是使用言语技巧夸奖对方，使其露出破绽，然后钳制他。使用飞钳之术，其言语要乍同乍异，方法也要机动灵活。飞钳之术使用于天下，必度权量能，天时、地利、人民货财之多少，诸侯之间的关系等，都要考虑在内；用之于个人，对人的智能、材力、气势等也都要综合考虑。运用得当，便可能反能复，不失期度。

4.重视揣摩与谋略。揣情是纵横家最为常用的重要方法。《史记·苏秦列传》云：“于是得周书《阴符》，伏而读之。期年以出揣摩。”《集解》：“《战国策》曰：乃发书，陈箧数十，得太公《阴符》之谋，伏而读之，简练以为揣摩。”揣情之法，“必以其甚喜之时，往而极其欲也”，这样有欲者便不能隐其情；“必以其甚惧之时，往而极其恶也”，这样有恶者便不能隐其情。揣情，贵在以外在表现揣知内心变化，以知揣隐。因人情险恶，揣情最难在于守司，因此要时刻谋虑。在揣情之后，还要注意文辞的修饰，然后可以为论。此外，纵横家还认为，治理国家必须以善于谋划国家大事，量权在谋划国家大事中是非常重要的。只有对国家政治、经济、文化、外交、民情等诸多方面有着充分的了解，才为量权。

纵横家用摩之术，也是在秘密状态下进行的。摩之用法，如操鱼钩而临深渊，然后投以鱼饵，必有所获。谋于阴而成于阳，兵胜不费，民服而不知，比之于神明。使用摩之术进行游说，还应遵循“说者必合于情”的原则，物类相应，情势如此。

《鬼谷子·谋》篇是纵横家关于谋略的专论。纵横家认为，谋略之道，“必得其所因，以求其情”。在“审得其情”的基础上，制定不同的谋略。“度材量能”与“揣情”，是谋略之司南。谋略的产生应因人而异，针对仁人、勇士、智者、愚者等不同的对象实行不同的谋略。从技术层面讲，谋略也要注重隐蔽性，“计谋之用，公不如私，私不如结”，“正不如奇”，因此纵横家游说君主应以奇言，游说人臣必以私言。用权要制人而不制于人。用“阴”谋之道，非独忠信仁义，贵在中正。理解了谋略的中正之道，就可以驾驭远近的诱惑。

5.纵横家有专门的游说之术。《鬼谷子·权》篇是纵横家关于游说之术的专论。游说，就是为了说服对方；要说服对方，所说内容必须对他有所帮助。游说者修饰文辞，必要借助他人或前人，借助时要有所损益，不能照抄。应对时应用简洁快速的语言作答。游说反对使用佞言、谀言、平言、戚言、静言。游说要口、耳、目三者调和相应，向有利于自己的方向而动。游说还要用其所长，避其所短。游说之病辞有五种：病、恐、忧、怒、喜。游说还要根据被游说者的智力、学识、地位、习俗、经济状况等采用不同的游说之辞，以实现自己游说的目的。游说者所应具备的基本素质，为“听贵聪，智贵明，辞贵奇。”

6.重视决断的作用。《鬼谷子·决》篇是纵横家关于决断的专论。纵横家认为，“决情定疑，万事之基”，国家的治乱，事情的成败，都与决断相关。如何做到善于决断，要用“善诱”的方法。圣人之所以决断成功，就在于根据不同的情况使用不同的决断方法，“有以阳德之者，有以阴贼之者，有以信诚之者，有以蔽匿之者，有以平素之者”。不同的决断方法参合使用，度之往事，验以来事，便会做出正确的决断。

《鬼谷子》论谋略，注重实用，充满技巧，讲究顺应时势和知权善变，在某种程度上可与《孙子兵法》的军事谋略相辅相成，互相补充。

第七章　邹衍与阴阳五行思想

在中国先秦学术思想史的研究上，邹衍一般被归为齐学代表人物。从邹衍学术生平看，邹衍曾是齐国稷下学宫的著名学者。从邹衍人生经历看，他曾长期在燕国生活，有关其学术活动的文献记载也多发生在燕国，他的学术作品许多也是在燕国完成的。他曾想利用自己的学术思想，帮助燕昭王实现称北帝的宏愿。邹衍的学术思想，在燕国曾产生重要影响，燕国神仙思想的产生，与邹衍有密切关系。邹衍思想成为燕文化的重要组成部分。燕文化与齐文化都具有海洋文化特色，在地域文化归属上，邹衍及其阴阳五行学说常被归属于燕齐文化。在当代学术界地域文化圈的划分上，齐文化常归于齐鲁文化，燕文化则归于燕赵文化。如此划分，邹衍的学术思想则既可以归属为齐鲁文化，也可以归属为燕赵文化。在燕赵学术思想史上，邹衍学术思想占有重要地位。

第一节　邹衍学术思想研究中的材料问题

研究邹衍学术思想，材料比较零散，可以采信的材料，学者之间有不同的认识。《史记·孟子荀卿列传》记载，邹衍曾著有“《终始》《大圣》之篇十余万言”和《主运》；《汉书·艺文志》记载与邹衍有关的著作有《邹子》《邹子终始》；《史记·封禅书》《集解》引如淳说邹衍著《五德终始》。现在这些著作均已失传，仅有少量佚文留存。

《史记·孟子荀卿列传》所列邹衍学说，是研究邹衍学术思想比较可靠的材料。学者根据《孟子荀卿列传》的记载，展开对邹衍思想的研究，以此为根据判断现存文献中哪些应该属于邹衍学说的遗存。

邹衍的阴阳五行学说，《史记·孟子荀卿列传》只有一个纲领性的描述。顾颉刚等学者认为，《吕氏春秋·应同》篇所言的五德相胜说，就是《史记·孟子荀卿列传》所记载的邹衍的五德转移学说。[1] 这一说法得到诸多学者的赞同，

[1] 顾颉刚：《中国上古史研究讲义》，中华书局2009年版，第35—40页。

有成为学界定论之势。

作为先秦阴阳五行学说的集大成者，邹衍学术思想中包含着五行相生的理论（详下文）。胡适、容肇祖、白奚、丁鼎等学者认为，《礼记·月令》属于五行相生体系，应属于邹衍的著作。《吕氏春秋》中的《十二纪》为邹衍所作。[1]

邹衍曾为齐国稷下学宫的著名学者，被学界认为属于稷下学的论文集《管子》中，保存有邹衍学派的思想。学者认为，"《管子》作为稷下学的论文汇集，与其他称引邹衍学说的文献相参照，其中的《四时》《五行》《幼官》以及《审合》《侈靡》等篇，确系出于邹衍学派手笔，特别是前三篇，可以说是典型的阴阳家作品。"[2]

《易传》中有许多关于阴阳五行思想的论述，因此，有的学者认为，"作为儒家著作的《易传》，也是成于邹衍学派之手。而且，《易传》从五个方面对邹衍思想进行了继承与发展。一、'天垂象，圣人则之'是对邹衍'治各有宜，而符应若兹'（土气胜乃'天垂象'，其事则土乃'圣人则之'）思想的模仿；二、邹子深观'阴阳消息'，而《易传》的思想尤重'阴阳消息盈虚'；三、邹子五德终始说，是一种循环的变化观；而《易传》的思想也是循环的变化观；四、邹衍所言的'当时则用，过则舍之，有易则易之。故守一而不变者，未睹治之至也'，与《革卦·彖传》所载的'天地革而四时成。汤武革命，顺乎天而应乎人。革之时大矣哉！'都体现了相类似的变革思想；五、邹衍所言的'治各有宜'，'当时则过，过则舍之'，强调'时'，尚未明确强调'中'。而《易传》中已经有了系统的'时中'主义。"[3]

邹衍的大九州学说，是一个充满魅力的假说。学者根据《史记·孟子荀卿列传》的描述，推测《淮南子·地形训》《吕氏春秋·有始览》《河图括地象》等都是邹衍大九州遗说，而详略不同。[4]《淮南子·地形训》为邹衍学说。得到较多学者的认同。[5]

《山海经》是先秦时期研究神话与历史地理的重要文献。学者或认为《山海经》的创作也与邹衍有关。常金仓先生认为:"《山海经》一书叙世间山川人

[1] 容肇祖：《月令的来源考》，《东京学报》第18期；白奚：《邹衍四时教令思想考索》，《文史哲》2001年第6期；丁鼎：《〈礼记·月令〉与齐学的关系——〈礼记·月令〉的作者与成篇时代再探讨》，《海岱学刊》2016年第2期。

[2] 赵玉瑾：《邹衍及其学说简论》，《齐鲁学刊》1985年第1期。

[3] 侯外庐、赵纪彬、杜国庠：《中国思想通史》第一卷，人民出版社1957年版，第651—656页。

[4] 常金仓：《邹衍"大九州说"考论》，《管子学刊》1997年1期。

[5] 刘宗迪：《失落的天书——〈山海经〉与古代华夏世界观》，商务印书馆2016年版，第612—613页；杨树达：《积微居小学述林》，中华书局1983年版，第244—245页。

物，珍奇物怪虽然没有以大九州为区划，但作者心中的世界图式却与邹衍的大九州毫无二致，它的《山经》五篇、《海内经》五篇所述地理区域与《禹贡》之九州四海相当，《海外经》四篇全在邹子海外八州之中。”“《淮南子》和《山海经》不仅都采用了邹子的大九州世界图式，而且在内容上彼此承袭，有时竟原文照录，两部文献都是方士所传的邹子遗说，其间不同者乃至〔抵〕牾者则是此说流传中的变型。”“《山海经》乃是邹衍由《禹贡》推出大九州说后流传于方士之中的遗说，《山海经》是方家的《禹贡》。”“邹子大九州说传于方士之手傅益而成《山海经》，此后又被《吕氏春秋》《淮南子》《河图括地象》作者撮要写入上述诸书，这些书虽非邹子原著，但距邹子大九州说原貌尚不甚远。”[1]

第二节　邹衍学术生平考论[2]

邹衍的生平与学术活动，文献缺乏详细的记载。《史记·孟子荀卿列传》云：

> 齐有三驺子。其前邹忌，以鼓琴干威王，因及国政，封为成侯而受相印，先孟子。其次驺衍，后孟子。驺衍睹有国者益淫侈不能尚德，若《大雅》整之于身、施及黎庶矣，乃深观阴阳消息而作怪迂之变，《终始》《大圣》之篇十余万言。其语闳大不经，……是以驺子重于齐。适梁，惠王郊迎，执宾主之礼。适赵，平原君侧行襒席；如燕，昭王拥彗先驱，请列弟子之座而受业，筑碣石宫，身亲往师之。作《主运》。其游诸侯见尊礼如此……
>
> 自驺衍与齐之稷下先生，如淳于髡、慎到、环渊、接子、田骈、驺奭之徒，各著书言治乱之事，以干世主，岂可胜道哉！[3]

[1] 常金仓：《邹衍“大九州说”考论》，《管子学刊》1997年第1期；陈平、刘宗迪等也主此说。参见陈平《燕昭王好神仙与邹衍的大九州说评议》，《中国典籍与文化》1995年第2期；刘宗迪：《失落的天书——〈山海经〉与古代华夏世界观》，商务印书馆2016年版，第610页。

[2] 魏建震：《邹衍生平考论》，载《西周金文与西周史研究暨第十届中国先秦史学会年会论文集》，三秦出版社2018年版，第573—577页；《邹衍学说与燕国神仙思想关系初探》，载《“四个全面”战略布局与马克思主义中国化——第27届全国社科系统哲学大会论文集》，河北人民出版社2016年版，第400—406页。

[3] 司马迁：《史记》，中华书局2014年版，第2848—2849页。

记载邹衍生平的文献，还有《史记·平原君列传》《魏世家》和《战国策·燕策一》等。《平原君列传》云："平原君以赵孝成王十五年卒，子孙代，后竟与赵俱亡。平原君厚待公孙龙。公孙龙善为坚白之辩，及邹衍过赵，言至道，乃绌公孙龙。"《战国策·燕策一》云："燕昭王收破燕后即位，卑身厚币以招贤者，……昭王为隗筑宫而师之，乐毅自魏往，邹衍自齐往，剧辛自赵往，士争凑燕。"[1]《史记·魏世家》也记载邹衍曾见魏惠王。

从《史记·孟子荀卿列传》所附《邹衍传》看，邹衍曾在齐稷下学宫为先生，他还曾到魏见梁惠王，到赵见平原君，到燕见燕昭王，燕昭王为之筑碣石宫，师事之。

关于以上文献记载的邹衍的生平，学者对《史记·平原君列传》关于邹衍的记载多不持异议，而对《史记·孟子荀卿列传》和《战国策》的记载，则存在较多分歧。尤其是《史记·孟子荀卿列传》关于邹衍适梁、梁惠王郊迎之事，大多数学者认为此记载并不可靠。主此说者以钱穆、顾颉刚和胡适三位大师最有影响，其中尤以钱穆先生论述最详。

钱穆先生对先秦诸子的事迹多有精辟考辨，他考证邹衍事迹时说："衍至赵，见平原君，在信陵破秦存赵之后，事见《平原君列传》，其时梁惠王死已七十二年，燕昭王亦死二十二年矣。张守节云'邹衍与公孙龙同时'是也。衍已不及见燕昭、齐宣，遑论齐威、梁惠乎。""剧辛以赵悼襄三年败死，时为燕王喜十三年。去燕昭王伐齐已四十二年。燕昭招贤，犹在其前。剧辛不在燕昭招贤时仕燕明矣。据《韩非》书，则邹衍乃与剧辛同僚。去信陵破秦十五年。其自齐赴赵，当齐王建时，在平原君晚节自赵往燕，则仕燕王喜，绝不与齐宣燕昭相涉。史公云云，盖误于燕齐方士之说耳。"[2] 与钱穆先生的说法有些不同，顾颉刚先生认为，"邹衍与燕昭王尚可并世，而与梁惠王则必不能相及。"[3] 先于顾颉刚提出邹衍与梁惠王不能相及的，为胡适先生。胡氏云："平原君死于西历前二五一年，梁惠王死于前三一九年（此据《纪年》，若据《史记》，则在前三三五年），梁惠王死时，平原君还没有生呢。《平原君列传》说邹衍过赵，在信陵君破秦存赵之后（前二五七年），那时梁惠王已死六十二年了（若依《史记》则那时惠王已死了七十八年），燕昭王已死二十二年了。《史记集解》引刘

[1] 刘向：《战国策》下，上海古籍出版社1985年版，第1066页。
[2] 钱穆：《先秦诸子系年》，河北教育出版社2002年版，第472—473页。
[3] 顾颉刚：《五德终始说下的政治和历史》，载《古史辨》第五册，上海古籍出版社1982年版，第413页。

向《别录》也有邹衍过赵见平原君及公孙龙一段，那一段似乎不是假造的。依此看来，邹衍大概与公孙龙同时。”[1] 胡适虽然没有明言邹衍与燕昭王不同时，但从其行文看，他可能也有这种倾向。

邹衍不与魏惠文王同时的说法，有成为学界定论之势。[2] 然而此事除了《史记·孟子荀卿列传》外，《史记·魏世家》对此事也有记载，惠王“三十五年，与齐宣王会平阿南。惠王数被于军旅，卑礼厚币以招贤者，邹衍、淳于髡、孟轲皆至梁。梁惠王曰：‘寡人不佞，兵三折于外，太子虏，上将死，国以空虚，以羞先君宗庙社稷，寡人甚丑之，叟不远千里，辱幸至弊邑之廷，将何以利吾国’”。《册府元龟》卷二百四十一载：“魏惠王数被于军旅，卑礼厚币以招贤者，邹衍、淳于髡、孟轲皆至。邹衍适魏，惠王郊迎，执宾主之礼。”魏惠王时期邹衍与孟子一起到魏国，孟子到魏的真实性没有人怀疑，邹衍到魏的真实性遭到学者怀疑，主要是人们觉得魏惠王去世的时间，与邹衍在赵的活动时间（信陵君破秦存赵之后）间隔太大，钱穆先生认为其间隔在七十二年以上，胡适先生认为依据《竹书纪年》的记载也有六十二年以上，根据《史记》惠王已经去世七十八年，邹衍到底有没有在魏惠王时期到过魏国呢？邹衍到魏国究竟是在什么时间呢？

《史记·魏世家》记载孟子与邹衍一起到魏，《孟子·梁惠王上》叙述魏惠王对孟子曰：“晋国，天下莫强焉，叟之所知也。及寡人之身，东败于齐，长子死焉；西丧地于秦七百里，南辱于楚，寡人耻之。愿比死者一洒之，如之何则可？”杨宽先生曾考订《孟子》所载魏惠王所述及的一段史实说：“这里所谓‘东败于齐，长子死焉’，就是指《史记·魏世家》所载魏惠王三十年太子申战死马陵之役；至于‘西丧地于秦七百里’，当是指魏献西河、上郡给秦的事；‘南辱于楚’，当是指楚柱国昭阳破魏于襄陵的事。”杨宽先生据此纠正《史记》所载魏惠王去世年代，提出惠王三十六年未去世，而是改后元元年之说[3]，《史记·秦本纪》记载魏献西河、上郡十五县于秦之事，发生在秦惠文君十年，即魏惠王后元七年；楚柱国昭阳破魏于襄陵的事，《竹书纪年》记在周显王四十五年，即魏惠王后元十一年。从梁惠王与孟子谈话所述史实看，邹衍、孟子等人入魏当在魏惠王后元十一年之后至惠王后元十六年去世之前，即公元前324

[1] 胡适：《中国哲学史大纲》卷上，东方出版社1999年版，第317—318页。

[2] 孙开泰：《邹衍与阴阳五行》，山东文艺出版社2004年版，第3页；王梦鸥：《邹衍遗说考》，台湾商务印书馆1966年版，第18—19页。

[3] 杨宽：《战国史》，上海人民出版社1983年版，第585页。

至前319年之间。也就是说，惠王去世距离信陵君破秦存赵的公元前257年，时间大约有62至67年，如果邹衍在20岁至30岁时游历到魏，其至赵时，最小年龄为82岁，最大年龄为97岁，邹衍是否能有此高寿，我们认为还是可能的。从文献记载看，邹衍有可能是一位长寿的学者。

《汉书》卷三十六载："上复兴神仙方术之事，而淮南有枕中《鸿宝苑祕书》，书言神仙使鬼物为金之术，及邹衍重道延命方，世人莫见，而更生父德武帝时治淮南狱，得其书。更生幼而读诵，以为奇，献之，言黄金可成。上令典尚方铸作事，费甚多，方不验。上乃下更生吏，吏劾更生铸伪黄金，系，当死……"除了《汉书》记载邹衍的"重道延命方"外，《抱朴子·内篇十九》诸"道经"中也有"邹生延命经"，由以上记载看来，邹衍应该是一位延命有方的学者[1]，果真如此，邹衍寿命在82—97岁之间也就不稀奇了。邹衍的一生是充满传奇色彩的一生，这可能也与他的长寿有关。如果没有邹衍长寿的事实为依据，其重道延命的秘方就不会传承下来，人们也不会相信其"重道延命方"了。

邹衍的重道延命方被发现后，司马迁等人对其是否是邹衍的著作持怀疑态度。刘向见到此书，认为是邹衍的著作。[2] 我们认为，刘向的说法是具有一定道理的。首先，从邹衍的学术归属看，此书有可能属于邹衍。邹衍阴阳五行学说中，具有浓厚的道家色彩[3]，秦汉时期追求成仙羽化之方士，有许多是继承邹衍的衣钵。如此看来，充满道家养生色彩的重道延命方，很可能就是邹衍的作品。其次，西汉初年，邹衍有许多著作还在世上流传，淮南王刘安著《淮南子》，其九州学说便是受邹衍学说的影响。在某种程度上可以说，淮南王是邹衍学说的继承与弘扬者。这样，淮南王将邹衍关于养生的重道延命方秘藏起来，也就十分有可能了。重道延命方为邹衍所作，则邹衍一定是一位长寿的学者，否则距离战国末期时代尚近的汉代人，便不会密藏他的讲究长寿的秘方了。

邹衍之所以能够长寿，这与他的学术修养有很大的关系。邹衍属于阴阳五行学派，此学派注重自然与人的和谐，精通阴阳五行之说的学者，其寿命之长不可以一般原则来推测。邹衍在燕国时，还有一段近似神话的传说。《论衡》卷十四载："燕有寒谷，不生五穀，邹衍吹律，寒谷可种，燕人种黍，其中号曰黍

[1] 孙开泰先生认为，《汉书》记载的驺衍"重道延命方"，"当然不是驺衍的发明，而是托名驺衍"（《邹衍与阴阳五行》，山东文艺出版社2004年版，第135页）。孙先生之说，不知所据。

[2] 王梦鸥：《邹衍遗说考》，台湾商务印书馆1966年版，第48页。

[3] 藏明：《论邹衍思想中的儒、道成分》，《西北大学学报》2011年第2期。

谷。”从这条记载可以看出，邹衍精通律历，他可能有通过律历协调自然的学识，从此可以看出，邹衍在阴阳五行方面的学术修为，非一般学者所能比拟，其寿命几近百岁，我们认为是完全可能的。

如果我们关于邹衍是一位长寿学者的推论不误，那么历史的真实便是邹衍与孟子都曾在梁惠王时期到过魏国。尽管初到魏时曾受到郊迎，但文献未见魏惠王与邹衍接触的其他记载，大概邹衍在魏没有受到重用，加之不久惠王去世，他在魏国停留的时间不会太长。

按照《史记·孟子荀卿列传》的记载，邹衍出行的第二个诸侯国是赵国（事实上邹衍是先到燕国，后到赵国，详下文）。其到赵国的情况，《史记·平原君列传》载：“平原君以赵孝成王十五年卒，子孙代，后竟与赵俱亡。平原君厚待公孙龙，公孙龙善为坚白之辩，及邹衍过赵，言至道，乃绌公孙龙。”《史记集解》引刘向《别录》云：“齐使邹衍过赵，平原君见公孙龙及其徒綦毋子之属，论‘白马非马’之辩，以问邹子。邹子曰：‘不可……。’”邹衍出使赵国当在信陵君破秦存赵（公元前257年）之后。

邹衍一生的活动，除了齐国之外，主要在燕国。邹衍何时来到燕国，还有讨论的必要。邹衍在昭王时期来到燕国的说法引起钱穆的怀疑，他认为邹衍与燕将剧辛同时，剧辛死于燕王喜十三年（公元前242年），此时距离燕昭王去世已经二十二年，剧辛邹衍均不可能在燕昭王招贤时（燕昭王即位或即位之前）到燕国。我们知道，燕昭王在位三十三年，如果剧辛在二十岁左右到燕国，则其去世之时约在七十岁左右，作为一位名将在七十左右率军作战，这也是很有可能的。作为一名长寿的学者，邹衍在燕昭王初年到燕，在五十五年后使赵，这没有什么可以怀疑的。我们从这五十五年的时间间隔中，得不出邹衍不见燕昭王的结论。除了《史记》之外，《新序》《韩诗外传》《大戴礼记》《说苑》等文献都记载有邹衍在燕昭王时期来到燕国，当今学者大多相信文献所载，认为邹衍在燕昭王招贤之时来到燕国，而不采用钱穆之说。

钱穆先生得出邹衍在燕王喜时至燕，还有一个原因，这就是他据《史记·孟子荀卿列传》记载的邹衍所到诸侯国的先后，认为邹衍到燕在到赵之后。我们以邹衍到赵在信陵君破秦存赵（公元前257年）为基点看，《淮南子》记载邹衍曾事燕惠王，惠王在位年代为公元前278年至公元前272年，这也远在邹衍至赵之前。由此看来，钱穆先生说言邹衍在燕王喜时期至燕，是不可靠的。《史记·孟子荀卿列传》记载邹衍使赵在到燕之前，应该是太史公为了叙事方便，先将邹衍使赵这一在邹衍一生中不占重要地位的事件一笔带过，集中笔墨叙述其在燕国的活动情况。《史记·孟子荀卿列传》所述邹衍到过的诸侯国，并不是按照时间先后叙述的。邹衍一生应当是先到燕国，后到赵国。[1]

邹衍在燕国的生活，《淮南子》记载在燕惠王时期，邹衍曾被冤枉。《后汉书·刘瑜传》“邹衍匹夫，杞氏匹妇，尚有城崩霜陨之异”，注引《淮南子》：“邹衍事燕惠王尽忠，左右谮之，王系之，仰天而哭，五月天为之下霜。”《艺文类聚》卷三引《淮南子》曰：“邹衍事燕惠王，尽忠，左右谮之王，系之，仰天而哭，夏五月，为之下霜。”我们目前还没有找到邹衍在燕国活动时间晚于燕惠王的比较明确的记载。钱穆先生根据《韩非子·饰邪》记载的“凿龟数筴兆曰大吉而以攻燕者赵也，凿龟数筴兆曰大吉而以攻赵者燕也；剧辛之事燕无功而社稷危，邹衍之事燕无功而国道绝，赵代先得意于燕后得意于齐，国乱饰高，自以为与秦提衡，非赵龟神而燕龟欺也”，认为剧辛、邹衍均活动在燕王喜年间。其实我们细读《韩非子》，就会发现，其原文意在说明剧辛、邹衍事燕国军败无功，赵国得意于燕齐，这些都与凿龟数筴兆没有关系。邹衍、剧辛事燕的时间，《韩非子》并无明言，如果据此推断剧辛之事发生在燕喜公十三年还可以勉强说得过去，据此推断邹衍在燕王喜时入事燕，就没有任何根据了。

邹衍事燕惠王尽忠被冤，很可能与燕惠王全面改变昭王政策有关。在燕昭王去世后，燕惠王一改昭王任用贤人的政策，“疑毅，使骑劫代将”（《史记·燕召公世家》），邹衍被冤事件，也应该是在这种背景下发生的。[2] 邹衍被冤的神奇传说，昭示了其修道功力的深厚，此事应当发生在邹衍晚年。

[1] 卫挺生先生曾言：“假如邹衍确曾为燕昭王师，则其下狱当在昭王薨后惠王初即位时。……既无罪，当即释放。其出狱而去燕返齐，正在田单败燕师而复齐七十余城时。齐燕既为方交战之敌国，适曾事燕二十余年而尽忠于燕之齐人，其不为齐国朝野之所欢迎，不待言矣。齐襄王或爱惜其才学，使之使赵而远祸。故其事亦当在赵惠文王二十年顷或稍后，此又与《别录》之所记全和。”其说见《邹衍子今考》，华冈出版部1974年版，第14页。卫氏有关邹衍使赵之过程，多有推测之辞，笔者不敢苟同。而其邹衍使赵在去燕之后的观点，则与拙见相合。

[2] 卫挺生先生也认为邹衍被冤在燕惠王初年，其说见《邹衍子今考》，华冈出版部1974年版，第14页。

第三节　邹衍学术思想的主要内容

关于邹衍学说的主要内容，刘向概括为三个方面，即五德说、天论和天地广大说。[1] 当今学者对此问题有不同的认知与概括。孙开泰认为邹衍的学说主要包括大九州说、五行相生说、五行相胜说及五德终始说。[2] 刘宗迪认为，邹衍的学说主要包括五德终始说与大九州说，“一为时间观和历史观，一为空间观和宇宙观，这是邹衍学说之两翼，两者密不可分，相辅相成。”[3] 金德建先生认为，邹衍的学说大约有三个方面：“一、论证上类推方法的无限止滥用；二、五德终始说的历史观；三、阴阳家所擅长的星象历法的专门学术。”[4]

邹衍属于战国阴阳家的代表人物。《史记 · 太史公自序》描述阴阳家学说：“尝窃观阴阳之术，大祥而重忌讳，使人拘而多畏；然其序四时之大顺，不可失也。……道家使人精神专一，动合无形，赡足万物。其为术也，因阴阳之大顺，采儒、墨之善，撮名、法之要，与时迁移，应物变化，立俗施事，无所不宜，指约而易操，事少而功多。……夫阴阳四时、八位、十二度、二十四节各有教令，顺之者昌，逆之者不死则亡。未必然也，故曰‘使人拘而多畏’。夫春生夏长，秋收冬藏，此天道之大经也，弗顺则无以为天下纲纪，故曰‘四时之大顺，不可失也’。……易著天地阴阳四时五行，故长于变。……律居阴而治阳，历居阳而治阴，律历更相治，间不容翲忽。”[5]《汉书 · 艺文志》云：“阴阳家者流，盖出于羲和之官，敬顺昊天，历象日月星辰，敬授民时，此其所长也。及拘者为之，则牵于禁忌，泥于小数，舍人事而任鬼神。……阴阳者，顺时而发，推刑德，随斗击，因五胜，假鬼神而为助者也。……五行者，五常之形气也。《书》云：‘初一曰五行，次二曰羞用五事’，言进用五事以顺五行也。貌、言、视、听、思心失，而五行之序乱，五星之变作，皆出于律历之数而分为一者也。其法亦起五德终始，推其极则无不至。而小数家因此以为吉凶，而行于世，寖以相乱。”[6]

---

[1] 马勇：《邹衍与阴阳五行学说》，《社会科学研究》1985年第6期。
[2] 孙开泰：《邹衍与阴阳五行》，山东文艺出版社2004年版，第60—94页。
[3] 刘宗迪：《失落的天书——〈山海经〉与古代华夏世界观》，商务印书馆2016年版，第612—613页。
[4] 金德建：《司马迁所见书考》，上海人民出版社1963年版，第265页。
[5] 司马迁：《史记》，中华书局2014年版，第3993—4012页。
[6] 班固：《汉书》，中华书局1962年版，第1728—1769页。

阴阳家与天文历法之学密不可分。学者指出："司马迁在《史记·历书》的序论中写的'盖黄帝考定星历，建立五行，起消息，正闰余'，仍然是象征性的。虽不是'历史性'的起源，但至少说它是'论理性'起源，是没有多大错误的。阴阳五行性的思考原型清晰地刻画在混沌——黄帝的神话中，在阴阳五行说的成立上，也有天文学家雕琢的迹象。"[1]

《史记·孟子荀卿列传》概括记载邹衍学术思想云：

> 驺衍睹有国者益淫侈不能尚德，若《大雅》整之于身、施及黎庶矣，乃深观阴阳消息而作怪迂之变，《终始》《大圣》之篇十余万言。其语闳大不经，必先验小物，推而大之，至于无垠。先序今以上至黄帝，学者所共术，大并世盛衰，因载其机祥度制，推而远之，至天地未生，窈冥不可考而原也。先列中国名山大川通谷禽兽水土所殖、物类所珍，因而推之，及海外人之所不能睹。称引天地剖判以来，五德转移，治各有宜，而符应若兹。以为儒者所谓中国者，于天下乃八十一分居其一分耳。中国名曰赤县神州。赤县神州内自有九州，禹之序九州是也，不得为州数。中国外如赤县神州者九，乃所谓九州也。于是有裨海环之，人民禽兽莫能相通者，如一区中者，乃为一州。如此者九，乃有大瀛海环其外，天地之际焉。其术皆此类也。然要其归，必止乎仁义节俭、君臣上下、六亲之施，始也滥耳。王公大人初见其术，惧然顾化，其后不能行之。[2]

结合太史公和班固对阴阳家的论述，以及《史记·孟子荀卿列传》对邹衍学说的概括描述，我们以为，邹衍学术思想体系主要包括三个方面的内容：（一）天文历法学；（二）阴阳五行生克与五德终始说；（三）大九州学说。三个方面的内容紧密相连，共同构成一个规模宏大的思想体系。

一、天文历法学

先秦时期的中国作为典型的农业社会，历法在社会生活中占据着重要地位。历代统治者都特别重视历法的修订，以正农时，满足农业生产的需要。天文历法

[1]［日］山田庆儿：《空间·分类·范畴》，载辛冠杰等：《日本学者论中国哲学史》，中华书局1986年版，第90页。
[2] 司马迁：《史记》，中华书局2014年版，第2848—2849页。

同时与天命联系在一起。《史记·历书》云："先王之正时也，履端于始，举正于中，归邪于终。履端于始，序则不愆；举正于中，民则不惑；归邪于终，事则不悖。"战国时期，由于战争的频繁，农业生产遭受很大破坏，统治者将注意力集中到战争上，不再关注历法问题。此时的邹衍，心怀"牛鼎"之意，继续深入研究历法。《史记·历书》云："其后战国并争，在于强国禽敌，救急解纷而已，岂遑念斯哉！是时独有邹衍，明于五德之传，而散消息之分，以显诸侯。"[1] 郭为先生指出："历书谓邹衍'散消息之分'。此语之意义，即是谓邹衍能将阴阳盛衰程度的差别，正确的分配于'四时之位'与'分至之节'之上，使之互相应合，亦即是邹衍能正确的'序四时之位，正分至之节。'此邹衍之科学的知识也。"[2]

《史记·三代世表》云："余读《牒记》，黄帝以来皆有年数，稽其历谱牒终始五德之传，古文咸不同，乖异。"金德建先生云："这里可见向来凡是能够明于历数，能够研究谱牒的学者，同时也必定还在那里究治邹衍的《终始五德之运》。邹衍的学说体系，乃是把终始五德作为中心，而再关联到历数、谱牒等等的学问。他的学术原是如此的广博，复杂多端。"[3] 邹衍学术思想体系的核心是五德终始说，而五德终始说，是以天文学历法学研究为根据的。《汉书·艺文志·数术序》曰："五行者，五常之形气也。《书》云'初一曰五行，次二曰羞用五事'，言进用五事以顺五行也。貌、言、视、听、思心失，而五行之序乱，五星之变作，皆出于律历之数而分为一者也。其法亦起五德终始，推其极则无不至。而小数家因此以为吉凶，而行于世，寖以相乱。"五德终始说的核心是阐述天命转移，而圣人通过对天文历法的研究可以知天命。《汉书·艺文志·历谱序》云："序四时之位，正分至之节，会日月五星之辰，以考寒暑杀生之实。故圣王必正历数，以定三统服色之制，又以探知五星日月之会。凶阨之患，吉隆之喜，其术皆出焉。此圣人知命之术也，非天下之至材，其孰与焉！"金德建先生指出："从《历书》的这些话里，我们还可以知道邹衍学说当中所推证说明的'五德之传'的种种道理，中间的确还有一部分是属于究治星象历法方面的事情。这种星象历法的专门学术，应当又是构成邹衍学说的一个重要部分。并且这是邹衍的学术所以能够在先秦诸子学说中卓然成立为阴阳家的一种重要的特

[1] 司马迁：《史记》，中华书局2014年版，第1504页。

[2] 郭为：《阴阳五行家思想之述评》，兴国出版社1979年版，第7页。

[3] 金德建：《司马迁所见书考》，上海人民出版社1963年版，第268页。

色。”[1]

邹衍重视天文历法研究，故有“谈天衍”之称。刘向《别录》云：“邹子所言五德终始，天地广大，尽言天事。”《汉书》颜师古注引应劭曰：“衍，齐人也。著书所言皆天事，故齐人曰‘谈天衍’。游诸侯，所言则以为迂阔远于事情，然终不屈。尝仕于齐，位至卿。”[2]《文心雕龙·诸子略》“邹子养政于天文”。刘宗迪先生云：“历法月令之学为邹子学说之根蒂。”[3]

战国时期，由于诸侯疲于应付战争，忽视了天文历法在生产生活中的作用。在天文历法研究上，为了适应战争的需要，带有神秘色彩的星象学开始发达起来。《史记·天官书》载：“田氏篡齐，三家分晋，并为战国。争于攻取，兵革更起，城邑数屠，因以饥馑疾疫焦苦，臣主共忧患，其察机祥候星气尤急。”至此，天文历法学发展出现了转向，与占星学密切结合。邹衍也受到这一学术转向的影响，其天文历法中也有一些星象学的成分。章启群先生指出：“我认为邹衍的做法是把上古的阴阳五行与占星学结合为一体，因为占星学与天文历算相关，在日月星辰的运行和某些天象如星转斗移、月食等预测方面能够符应若兹，从而化腐朽为神奇，使他的学说产生了巨大的效应。”[4]邹衍五德终始说有效性验证，应该是借助了星象学的理论与方法。章启群先生还对邹衍采用星象学构建自己学术体系的意义进行了深刻阐发，他说：“阴阳五行学说与占星学在思想理论上的合流，阴阳家与占星学家混合为一体，使得阴阳五行和占星学的发展相得益彰。占星学运用阴阳五行观念解释天象，因而获得一种哲学理论的品质；同时，由于运用天文的观察与计算，占星学对于天象的解释部分具有科学的性质，阴阳五行学说因此也成为可证明的理论，即‘符验若兹’。邹衍学说这种‘符验若兹’的效果，对于当时的思想界、学术界的知识分子以及各国诸侯来说，无疑振聋发聩，耳目一新。”[5]

邹衍阴阳五行学说，建立在历法观测的基础之上，后世学者多只见阴阳五行学说的神秘成分，而对其建立在历法研究的基础之上这一点，都忽略了。阴阳五行学说后世所蒙恶名，皆源于此。

邹衍在天文历法学领域所取得的成就，还有一个近似传说的记载。《论衡》

[1] 金德建：《司马迁所见书考》，上海人民出版社1963年版，第267页。
[2] 班固：《汉书·扬雄传下》注，中华书局1962年版，第3587页。
[3] 刘宗迪：《五行学说考源》，《哲学研究》2004年第4期。
[4] 章启群：《两汉经学观念与占星学思想——邹衍学说的思想史意义探幽》，《哲学研究》2009年第1期。
[5] 章启群：《两汉经学观念与占星学思想——邹衍学说的思想史意义探幽》，《哲学研究》2009年第1期。

卷十四载："燕有寒谷，不生五穀，邹衍吹律，寒谷可种，燕人种黍，其中号曰黍谷。"学者指出，"至于邹衍之'吹律'，显然是替他们定下种黍的季节。《史记·历书》言战国之时，独有邹衍明于历术，而'吹律'恰正是古代历术上所有的'候气'方法。"[1]"我们相信邹衍在燕，曾利用其候气知识，使不毛之地适应季节而变为'黍谷'，所以那急于富国强兵以报仇雪耻的燕王，会那样尊敬他，替他筑宫而师事之。"[2] 在中国天文历法学史上，邹衍做出了重要贡献，其学说应该进行更加深入的研究。

二、阴阳五行生克与五德终始说

邹衍将阴阳五行学说理论运用于阐释天命更替，便形成五德终始说。《史记·孟子荀卿列传》说："先序今以上至黄帝，学者所共术，大并世盛衰，因载其禨祥度制，推而远之，至天地未生，窈冥不可考而原也。先列中国名山大川通谷禽兽水土所殖、物类所珍，因而推之，及海外人之所不能睹。称引天地剖判以来，五德转移，治各有宜，而符应若兹。"五德终始说究竟包含哪些内容，《史记·孟子荀卿列传》并没有阐释清楚。

《文选》中现存两条邹衍五德终始说佚文，《文选·应吉甫〈晋武帝华林园集诗〉》李善注引刘歆《七略》曰"邹子有终始五德"。言土德从所不胜，木德继之，金德次之，火德次之，水德次之。[3]《文选》沈休文《齐故安陆昭王碑文》注引："邹子曰：'五德从所不胜，虞土，夏木，殷金，周火。'"[4] 大多数学者认为，《吕氏春秋·应同》篇记载了邹衍五德终始说。《应同》篇云：

> 凡帝王者之将兴也，天必先见祥乎下民。黄帝之时，天先见大螾大蝼，黄帝曰："土气胜。"土气胜，故其色尚黄，其事则土。及禹之时，天先见草木秋冬不杀，禹曰："木气胜。"木气胜，故其色尚青，其事则木。及汤之时，天先见金刃生于水，汤曰："金气胜。"金气胜，故其色尚白，其事则金。及文王之时，天先见火赤乌衔丹书集于周社，文王曰："火气胜。"火气胜，故其色尚赤，其事则火。代火者必将水，天且先见水气胜。水气胜，故其色尚黑，其事则水。水气至而不

[1] 王梦鸥：《邹衍遗说考》，台湾商务印书馆1966年版，第26页。
[2] 王梦鸥：《邹衍遗说考》，台湾商务印书馆1966年版，第27页。
[3] 萧统编、李善注：《文选》，上海古籍出版社1986年版，第553页。
[4] 萧统编、李善注：《文选》，上海古籍出版社1986年版，第2561页。

知，数备将徙于土。[1]

由于对文献的理解不同，学者间对邹衍五德终始说的解说也各不相同。胡适先生云："《史记》所说的机祥度制，现在虽不传了，但我们可以推想《吕氏春秋》所收的五德终始论代表邹衍的学说，而《吕氏春秋》所采取的'十二月令'也就代表邹衍的'机祥度制'的纲领。五德终始论是用五行转移的次第来解释古往今来的历史大变迁。'月令'是用五行的原则来安排一年之中的'四时之大顺'，来规定'四时、八位、十二度、二十四节，各有教令'（司马迁用语）。这种分月的教令便是'机祥度制'了。"[2]按照胡适的理解，邹衍学说既包含五行相胜的五德终始说，又包含了五行相生的"十二月令"即"机祥度制"，五德终始用来解释历史的变迁，《月令》用来安排"四时之大顺"。钱穆先生认为，《终始》与《主运》是不同书的名称，前者是依"五行相胜"的原理，后者是依"五行相生"的原理。[3]胡克森先生认为："'五德终始'说主要有三大思想内容构成：一是五行思想，即金、木、水、火、土五种物质的相生相胜规律论；二是阴阳灾变和符瑞应同的天人感应思想；三是开放的王权更迭思想。"[4]葛志毅先生曾对邹衍的学说有比较系统的论述，他说："'终始五德'即阴阳五德，阴阳五德即阴阳五行。关于终始即阴阳，其义保存于《鬼谷子·捭阖》中，其文曰：'捭之者，开也，言也，阳也；阖之者，闭也，默也，阴也。阴阳之和，终始之义。'"[5]"邹衍的最大学术贡献是其提出五德终始说，此显然是欲为社会历史的发展归纳出一套逻辑法则。此法则虽不过是循环论，但它毕竟代表了其时逻辑抽象的历史思维水平。其最大特点是要把人类社会及其历史说成是可以理解的，其发展有次第法则可寻，绝非凌乱无章。它在当时影响极大。""按《主运》应为《五运》之讹，《五运》即《终始五德之运》。""邹衍乃阴阳五行思想总其成者，如五行相生、五行相克思想皆与邹衍有关。只是他以相胜说解释社会历史，是即五德终始说；用相生说解释四时运行相代，是即阴阳五行月令体系。"[6]郭为先生认为：邹衍学说属于"机械的'天人相应'说"，"此

[1] 吕不韦著、陈奇猷校释：《吕氏春秋新校释》上册，上海古籍出版社2011年版，第682—683页。

[2] 胡适：《中国中古思想史长编》，上海古籍出版社2013年版，第12—13页。

[3] 转引自王梦鸥：《邹衍遗说考》，台湾商务印书馆1966年版，第54页。

[4] 胡克森：《从德政思想的兴衰看"五德终始"说的流变》，《历史研究》2015年第2期。

[5] 葛志毅：《谭史斋论稿续编》，黑龙江人民出版社2004年版，第329页。

[6] 葛志毅：《邹衍的社会历史观及其影响》，《齐鲁文化研究》第十三辑。

说以为天人相应，只是天道与人事机械的感应，并无神的因素在内。吕氏春秋持此说。其说实足以代表邹衍之主张。”[1]“依邹衍之说，五德是宇宙间五种不同性质之势力，依一定之次序，流行不息。某一德之来临，之逝去，可以决定朝代之兴亡。人间朝代之变换，即由于五德之互相推移。此即邹衍之历史哲学也。”“‘符应’者，谓五德中之某一德来临之时，自然界便出现与之相应之现象，以为此德来临之符号，故曰‘符应’。”[2]葛兆光先生认为，“而邹衍对诸多理论进行了归纳和总结，并把传统的阴阳五行思想挪用和推衍到了时间的纵向方面，用于时间（历时）和变化（终始），于是便有了所谓的‘五德终始说’。”[3]赵载光先生认为，“邹衍要做的就是把五行与四时配合这个时间距离再扩大许多倍，变为一个朝代。把五行理论原来就有的天人感应改造为受天命的符瑞。这就是他的‘深观阴阳消息’，再溶合于三代之治的历史传说，一个新的天道史观就诞生了。”[4]白奚先生认为，“《主运》的内容有两个方面，一是‘五行相次转用事’的布政教令，一是‘随方面为服’的方物服色。此即是邹衍的四时教令思想。”“《主运》之‘主’，表明该篇是为君主立说；‘运’的含义即‘五行相次转用事’之‘转’和‘随方面为服’之‘随’；‘主运’即是要求君主‘随’五行之‘转’，在四时教令和方物服色诸方面使‘人事’符合‘天道’。”[5]各家说法，同少异多，但都某种程度上具有合理性。综合各家合理说法，大致可以概括出邹衍学说的整体面貌。

邹衍的五德终始说，以其阴阳五行说为理论基础。阴阳五行学说，本身便是一个完备体系。《汉书·艺文志》说兵阴阳家云：“阴阳者，顺时而发，推刑德，随斗击，因五胜，假鬼神而为助者也。”颜师古注：“五胜，五行相胜也。”邹衍的阴阳五行说，包括阴阳消息变化、五行相生、五行相胜及五德终始等。邹衍“明于五德之传而散消息之分”，亦谓邹衍兼阴阳说及五行说而融贯之。[6]王梦鸥先生指出：“现在我们所得而知者，邹衍确有两条遗说在：一是讲四时改火的，是依五行相生的原理；一时讲四时更迭的，是依五行相胜的原理。”[7]四时改火说见于《周礼·夏官·司爟》“四时变国火”，郑司农说以

[1] 郭为：《阴阳五行家思想之述评》，兴国出版社1979年版，第24页。
[2] 郭为：《阴阳五行家思想之述评》，兴国出版社1979年版，第26页。
[3] 葛兆光：《中国思想史》第一卷，复旦大学出版社2001年版，第152页。
[4] 赵载光：《战国时代阴阳五行理论的发展和演变》，《四川师范学院学报》（哲学社会科学版）1991年第2期。
[5] 白奚：《邹衍四时教令思想考索》，《文史哲》2001年第6期。
[6] 葛志毅：《谭史斋论稿续编》，黑龙江人民出版社2004年版，第330页。
[7] 王梦鸥：《邹衍遗说考》，台湾商务印书馆1966年版，第54页。

《邹子》曰“春取柳榆之火，夏取枣杏之火，季夏取桑柘之火，秋取柞楢之火，冬取槐檀之火”。[1] 不同的季节使用不同的树木以取火，文献称之为改火。改火是一种非常古老的风俗。《论语·阳货》记载有“钻燧改火”说。《集解》马融曰：“一年之中，钻火各异木，故曰改火也。”葛志毅先生认为，“周官注所引《邹子》确为典型的阴阳五行学说，与《礼记·月令》是一个系统无疑。”[2] 邹衍学说既包含五行相胜说，也包含五行相生说，侯外庐等先生云：“然而邹衍同时似也注意于五行的相生，因为相胜是五行彼此间的一种关系，而相生是它们的另一种关系；重要从关系上着眼，发见其一，自然也就会发见其他。”[3] 五行相胜与五行相生，是一个完整的体系。前引葛志毅先生所言“终始”即阴阳，可为确论。五德终始，即是将阴阳学说、五行相胜、五行相生、自然界变化、天命转移融为一体的学说。由此可以推见，五德终始不仅与五行相胜有关，与阴阳变化、五行相生也当有密切关系。如此看来，《主运》应该就是表述君主德运转移，与《五德终始》为同一含义。至于钱穆所言其一为五行相生，一为五行相胜，也有可能。其“机祥度制”，不会仅指《月令》之相生说，也应包括《应同》篇的相胜说，凡显示天人相应的征兆，都属于“机祥度制”范畴。因此我们说，邹衍所构筑的阴阳五行学说体系，是一个规模宏大的复杂体系。

五德终始说，也可以说是邹衍的天命观。此天命观是在继承传统天命观的基础上发展而成的。关于天命思想，在有关传说时代的文献中即已出现。《论语·尧曰》所说“天之历数在尔躬”；“余小子履，敢用玄牡，敢昭告于皇皇后帝。有罪不敢赦。帝臣不蔽，简在帝心”，所述便是一种天命观。夏代商时期，天命便成为王朝所以建立的形上依据。《尚书·甘誓》：“有扈氏威侮五行，怠弃三正，天用剿绝其命”。《尚书·汤誓》：“有夏多罪，天命殛之。”至商代，天命开始与德联系在一起，饶宗颐先生根据古文字材料和《尚书·盘庚》篇，认为德的概念在商代应该已出现。[4] 西周时期，天命与德便开始形成对应关系。

德字之音形义，与天命之性紧密相关。在文献中，生、性、德常常连用。生：《说文》：“象草木生于土上。”性：《中庸》：“天命之谓性。”《孟子·告子上》：“生之谓性。”《国语·周语上》：“先王之于民也，懋正其

[1] 孙诒让：《周礼正义》第九册，中华书局1987年版，第2396页。
[2] 葛志毅：《谭史斋论稿续编》，黑龙江人民出版社2004年版，第335页。
[3] 侯外庐、赵纪彬、杜国庠：《中国思想通史》第一卷，人民出版社1957年版，第650页。
[4] 饶宗颐：《天神观与道德思想》，《甲骨文献集成》第30册，四川大学出版社2001年版，第379页。

德，而厚其性；阜其财求，而利其器用。”厚其性者，厚其生也。[1]《左传》文公七年：“正德、利用、厚生，谓之三事。”《左传》成公十六年：“民生厚而德正，用利而事节。”《左传》襄公二十八年：“夫民生厚而用利，于是乎正德以幅之。”《国语·周语上》：“先王之于民也，茂正其德而厚其性。”《淮南子·缪称训》：“德者，性之所扶也。”《礼记·乐记》：“德者，性之端也。”“异姓则异德，同姓则同德”。《白虎通·封禅》：“地以厚为德。”上引文献中许多德，均指性而言。《左传》成公十六年“民生厚而德正”疏：“德谓人之性行。”雁侠曾指出：“德当如古人所谓‘性’一样，是因姓而产生的性行。”[2]

有关德字的含义，《说文》：“德，升也，从彳，悳声。”徐铉注：“多则切。”张舜徽《说文解字约注》引钱坫曰：《公羊传》“登来”，读若得来，是登与得通。登有升义，既通于得，亦通于德也。又陟，升也。太卜：“三曰咸陟。”郑注：“陟之言得，读若王德狄人之德。”陟亦与德通。陟训为升，则德亦可训为升。古道德字只作悳，不与此同。张舜徽先生还曾指出：德悳并为登之入声，故登有升义，通于德、悳也。[3]“德字在古文献中常借为得[4]，悳得音同，故古人通用。悳字当云从心直声，古读直如特，故悳从直声，而都多则切也。不当以会意说解之。悳字从心，盖以无慊于中，内省不疚为本义，故《礼记·乐记》云：“德者得也。”《乡饮酒义》云：“德也者，得于身也。”[5]战国金文省彳，西周金文有省心者。如《辛鼎》省去心字，作[illegible]。甲骨文中有从彳从[illegible]之字，罗振玉、孙诒让、唐兰等人释为德字，借为文献中得失之得。林义光、叶玉森等人释为循，商承祚释[illegible]为直，并认为德从直得声。王襄认为，从彳从[illegible]之字为古省字，[illegible]即眚，从媘省从目。《说文》省字所从之中乃生之初文，这样，德字所从之[illegible]，应该是会意之一部分，也就是表示生之含义。德训为性，实为德之本义，其训为得，为同音假借。李玄伯在《中国古代史》中认为，德即是性。其说可从。

德，端母职部字，为入声。姓字为心母耕部。耕与支、锡为阴阳入对转。支、锡与之、职，顾炎武同归入第二部，江永将之与支同归入第二部，可见之、

[1] 傅斯年：《性命古训辨证》，《中国现代学术经典·傅斯年卷》，河北教育出版社1996年版，第49页。
[2] 雁侠：《中国早期姓氏制度研究》，天津古籍出版社1996年版，第77页。
[3] 张舜徽：《说文解字约注》卷四，中州古籍出版社1983年版，第24—25页。
[4] 参见周法高：《金文诂林》，香港中文大学1975年版，第986页。
[5] 张舜徽：《说文解字约注》卷二十，中州古籍出版社1983年版，第28页。

职、蒸与支、锡、耕读音较近，德、性相训或可以成为两部可以相通的用字的例证。王蕴智先生认为，《英藏》1777有徝字，“其音义通陟。《集韵·职韵》：‘涉，《说文》“登也”，或作徝’。‘徝’在卜辞中亦多用为动词……‘徝’乃德字初文，《说文》彳部……西周以后徝字孳乳为德，其作为名词性的道德、德行之义乃为后起。”[1]

德，其原始含义与生密切相关，它表达了古人对于生命存在的一种根本性的认识。有德才有命，古代文献中德与性、命合并叙述的例子，随处可见。李华在《九鼎与邹衍的五德终始说》一文中指出：“五德终始说是在九鼎思想的基础之上发展起来的，五德中的‘德’发端于九鼎思想中的‘在德不在鼎’。”[2]可谓得之。

德与天命相应，德的转移便是天命的转移。在与天对应的人间社会，德还衍生出道德的含义。邹衍创立其学说，历史背景便是“驺衍睹有国者益淫侈不能尚德，若大雅整之于身，施及黎庶矣”（《史记·孟子荀卿列传》）。邹衍的五德终始说，并不是机械的循环论，而是充满理性的学说。《应同》篇所言“水气至而不知”，即是没有与天命对应的应德之人。学者指出：“道德诉求的缺失并非‘五德终始’说创立者的初衷，邹衍创立这一理论时是考虑到正统建立的道德问题的。邹衍的‘五德终始’说恰是对‘皇天无亲，惟德是辅’这种开放王权转移理论的继承和发展，是传统‘德政’文化与阴阳方术文化相结合的产物。”“邹衍创立‘五德终始’说就是要对战国时期道德理性与历史理性相背离的社会现实进行引导，因此可以说该理论乃是自然理性、历史理性与道德理性的三重结合。”[3]

三、大九州学说

邹衍学说建立在天文历法研究的科学基础上，而其表达又充满着玄学色彩，“王公大人初见其术，惧然顾化，其后不能行之”（《史记·孟子荀卿列传》）。最让人们感觉到玄之又玄的，恐怕要属邹衍的大九州学说。然而当我们从整体上仔细审视邹衍学说时，方知其玄而又玄的大九州学说，其实就是为了圆满五德终始说的理论体系，将《禹贡》九州说加以推衍而成的。

[1] 王蕴智：《甲骨学110年的回顾与展望——王宇信教授师友国际学术研讨会论文集》，中国社会科学出版社2009年版，第59页。

[2] 李华：《九鼎与邹衍的五德终始说》，山东大学硕士论文，2003年，第25页。

[3] 胡克森：《从德政思想的兴衰看“五德终始”说的流变》，《历史研究》2015年第2期。

《盐铁论》记述邹衍大九州说提出的时代背景："大夫曰：邹子疾晚世之儒墨不知天地之弘、昭旷之道，将一曲而欲道九折，守一隅而欲知万方，犹无准平而欲知高下，无规矩而欲知方圆也，于是推大圣终始之运以喻王公列士。"大九州说，严格说来可以说是五德终始说的一个有机组成部分。

《史记·孟子荀卿列传》的记载，与大九州学说相关者，有以下两条文献：（一）"先列中国名山大川、通谷禽兽、水土所殖、物类所珍，因而推之及海外人之所不能睹，称引天地剖判以来，五德转移，治各有宜，而符应若兹。"（二）"以为儒者所谓中国者，于天下乃八十一分居其一分耳。中国名曰赤县神州，赤县神州内自有九州，禹之序九州是也，不得为州数。中国外如赤县神州者九，乃所谓九州也。于是有裨海环之，人民禽兽莫能相通者，如一区中者，乃为一州。如此者九，乃有大瀛海环其外天地之际焉。"

《盐铁论·论邹》记述邹衍的大九州学说："于是推大圣终始之运以喻王公列士，中国名山通谷以至海外，所谓中国者天下八十【一】分之一，名曰赤县神州，而分为九，川【谷阻】绝，陵陆不通，乃为一州，有八瀛海圜其外，此所谓八极而天下际焉。"[1]《论衡·谈天》记述邹衍大九州说："邹衍之书，言'天下有九州，《禹贡》之土所谓九州也。《禹贡》九州，所谓一州也。若《禹贡》以上者九焉。《禹贡》九州，方今天下九州也，在东南隅，名曰赤县神州。复更有八州。每一州者，四海环之，名曰裨海。九州之外，更有瀛海。'"[2] 郭为先生认为，王充"史记所谓'中国外，如赤县神州者九'，应是'如赤县神州者八'"。[3]

关于大九州说的出现，顾颉刚先生认为乃海外交通发达扩大了人们的眼界所致，冯友兰认为乃是由《禹贡》九州类推所得。[4] 考虑到邹衍学术研究的方法为推论法（详下节），冯先生的说法更加符合邹衍学术风格。

关于邹衍大九州学说的提出，常金仓先生指出："大九州说是在战国时还盛行的'天圆地方'观念下创制出来的。《文选·魏都赋》李善注引邹衍曰：'四限不静'，又曰：'限，犹隅也。'他相信大地方如棋盘，故有四角。"[5]

邹衍由《禹贡》九州推衍出大九州，与《禹贡》中所含九州代表天命的观

[1] 马非百：《盐铁论简注》，中华书局1984年版，第378—379页。
[2] 王充：《论衡》，《诸子集成》7，上海书店1986年版，第106页。
[3] 郭为：《阴阳五行家思想之述评》，兴国出版社1979年版，第30页。
[4] 常金仓：《邹衍"大九州说"考论》，《管子学刊》1997年第1期。
[5] 常金仓：《邹衍"大九州说"考论》，《管子学刊》1997年第1期。

念密切相关。《禹贡》云："东渐于海，西被于流沙，朔、南暨，教声讫于四海。"《秦公簋》："丕显朕皇祖受天命，鼏宅禹迹。"《叔尸钟》："尃受天命。""咸有九州，处禹之堵。"在上古人的观念中，拥有了九州，即受天命拥有了天下。

战国末年，曾经号称以德受有天命的周王朝，已经开始失去其统治天下的天命依据。伴随着天下开始出现统一之势，将来由什么人接替周天子掌管天下，开始成为人们关注的焦点。战国末年，秦、齐等国国力强盛，均有机会统一天下。而他们掌管天下的形上依据，则一直缺如。邹衍提出的五德终始说，天命的转移因五德的转移而发生，这与武力统一天下毫不相关。如此一来，以传统九州代表天下的观念便不能适应邹衍学说的需要。因此，邹衍将传统的《禹贡》九州说加以推衍，将《禹贡》之九州定义为天下之一州，将天下范围无限扩大，如此的九州绝非武力可以统一，拥有此大九州的天下之主只有有德运者才能胜任。学者指出："大九州学说应是天下观与天命观结合的产物。既有对传统天下观的突破，又为天命观提供地理空间上的支持。"[1]可谓得之。

大九州学说的提出，具有重要的学术思想史意义。白奚先生指出："相对于'中国即天下'的传统观念来说，邹衍的大九州说所描述的实际上是一个无限大的世界，诚如《盐铁论》所言，邹衍所要打破的，是'不知天地之弘''守一隅而欲知万方'的狭隘眼界和封闭观念，此乃大九州学说的精神实质和立意所在。"[2]

四、燕昭王欲称北帝与邹衍学说

邹衍的学术活动，文献记载多见于燕国的燕昭王时期。燕昭王招贤，邹衍赴燕，深得燕昭王厚爱，为之筑碣石宫，师事之。燕昭王何以如此厚遇只是学者身份的邹衍？这应与邹衍学说能够满足燕昭王欲称北帝的宏愿有关。

《战国策·燕策一》记载苏代谓燕昭王曰："秦为西帝，赵为中帝，燕为北帝，立为三帝而以令诸侯。韩、魏不听，则秦伐之。齐不听，则燕、赵伐之。天下孰敢不听？天下服听，因驱韩、魏以攻齐，曰，必反宋地，而归楚之淮北。夫反宋地，归楚之淮北，燕、赵之所同利也。并立三帝，燕、赵之所同愿也。"[3]

[1] 高建文：《邹衍"大九州"神话宇宙观生成考》，《民俗研究》2016年第6期。
[2] 白奚：《稷下学研究——中国古代的思想自由与百家争鸣》，生活·读书·新知三联书店1998年版，第271页。
[3] 刘向：《战国策》下，上海古籍出版社1985年版，第1068页。

《史记·苏秦列传》《战国纵横家书》均有与此大致相同的记载。将燕昭王对邹衍的器重和邹衍学说结合起来，燕称北帝可以说是燕昭王的宏愿，关于燕称北帝的文献记载正反映了当时的历史史实。

邹衍学说最重要的内容是五德终始，也就是阐述天命转移的理论。王梦鸥先生因此提出："然而我们既认司马迁的记事并非玩弄'笔法'，则其于邹衍遗说中独标《主运》之名，且载明是在燕国作的，便不能不认有特殊的含义。"[1]"邹衍流落国外，感激知遇之恩，不但像孟尝君在魏要帮助魏人伐齐一样而协助燕昭王伐齐的计划，并且还献出了他的拿手好戏，替燕昭王演一部大的终始，……以证明燕国水德之王，将要'受命而帝'了。"[2]从王梦鸥的推断可以知道，邹衍学说为燕昭王称北帝提供了理论依据。

我们从记载邹衍五德终始说的文献可以看出，邹衍的五德终始说是缺水的五德说，符应水德者将为天下统一后的天下之主。臧明先生指出："身处北方的燕国属于水德，可见邹衍提出的水德之说是为了与燕昭王的称'北帝'运动相契合。"[3]

我们不能因为燕国弱小就否认其有称北帝的宏愿。燕国是西周初年召公封国，其地处北部边陲，国力弱小，但文化底蕴非常深厚，历代燕王对西周传统的有德有天命说，深信不疑。燕易王十年（公元前323年），燕君与齐、赵、魏、中山等国一并开始互尊称王，史称"五国相王"。王即"天下所归往"，也是有天命的一种表述。燕王哙时期，为了使燕国走向强盛，燕王哙依据传统的禅让说，将王位禅让给子之。这一举动虽然没有达到燕王哙预期的目的，反而引起燕国内乱，齐国乘机攻燕，燕近灭国。但禅让事件所依据的理论，也是天命转移的理论。燕昭王在燕国危难之中即位，招贤纳士，除了复仇燕国外，称北帝也是其宏愿之一。因此，邹衍在此时来到燕国，受到燕昭王的无比尊宠。如果仅将燕昭王招贤看作是为了复仇齐国，则其尊宠邹衍之事便失去了存在的依据。助燕昭王实现称北帝的梦想，可以说是邹衍将其理论付诸实践的行动。

[1] 王梦鸥：《邹衍遗说考》，台湾商务印书馆1966年版，第54页。

[2] 王梦鸥：《邹衍遗说考》，台湾商务印书馆1966年版，第105页。

[3] 臧明：《五德终始说的形成与演变——从邹衍到董仲舒、刘向》，西北大学博士论文，2012年，第70页。

第四节　邹衍学术研究方法

邹衍属于阴阳五行学说的代表人物，其学术研究方法首先属于阴阳五行学说的研究方法。阴阳五行学说的研究方法，是将事物分类然后研究各类之关系。日本学者山田庆儿指出“将事物进行分类，使事物之间规定关系，制定认识框架的范畴，从而构成体系性的认识，就是一种科学性的思考。阴阳五行说便是这种科学性思考的产物，并将其原初性形态以最高度完成的形式表现出来。而且阴阳五行的思考在秦汉以后一直是中国在自然哲学上的思考的基础形态。不管阴阳五行说是否以其朴素的形态被纳入这种理论当中，但如果去掉阴阳五行说的思考，是不会有中国的传统科学的。”[1]“阴阳和五行是将事物进行分类的原理，同时又是事物与规定事物关系的思考的范畴，换言之，即认识的框架，而这种双重的性格将继续保持到最后。”[2] 郭为先生指出：“据汉书艺文志所述，数术共有六种：即天文、历谱、五行、蓍龟、杂占、形法。其中天文、历谱、五行、杂占四者，皆注重所谓‘天人相应’，邹衍即是将此种思想加以推衍，并将其理论化，对自然现象与人事之关系，作种种推测，以成为其一家之言。”[3]

阴阳五行说的研究方法超出经验的范畴，便会出现研究结论的错误。赵载光先生认为：“同气相感，同类相召是天人感应的理论基础，五行理论就是以同类同气为基础对万事万物进行归类的，这种分类超出经验事实的范围，就走向了谬误。”[4] 邹衍学说超经验范畴的推论，出现一些错误的结论，邹衍学说被后人视为与迷信近似，原因大概就在于此。

在将事物进行分类的基础上，邹衍重点使用了类推法。《史记·孟子荀卿列传》对此类推法有比较详细的描述：“其语闳大不经，必先验小物，推而大之，至于无垠。先序今以上至黄帝，学者所共术，大并世盛衰，因载其机祥度制，推而远之，至天地未生，窈冥不可考而原也；先列中国名山大川、通谷禽兽、水土所殖、物类所珍，因而推之，及海外人之所不能睹，称引天地剖判以来，五德转移，治各有宜，而符应若兹。以为儒者所谓中国者，于天下乃八十一分居其一分耳。中国名曰赤县神州。”

---

[1] [日] 山田庆儿：《空间·分类·范畴》，载辛冠杰等：《日本学者论中国哲学史》，中华书局1986年版，第90页。

[2] [日] 山田庆儿：《空间·分类·范畴》，载辛冠杰等：《日本学者论中国哲学史》，中华书局1986年版，第89页。

[3] 郭为：《阴阳五行家思想之述评》，兴国出版社1979年版，第3页。

[4] 赵载光：《战国时代阴阳五行理论的发展和演变》，《四川师范学院学报》（哲学社会科学版）1991年第2期。

从《史记·孟子荀卿列传》的记载可以知道，邹衍的认识论是从已知推未知，从地理上来说，由已知的九州地理推大九州，由近地推远地；从历史的发展顺序而言，则由过去推现在，由现在推未来；在对事物的认识上，由微推著。这种类推法有其一定的科学性，这是邹衍的学说具有很大影响力的根本所在。

对于邹衍学术方法，学者多给予了充分的肯定。王梦鸥先生认为："我们就在这极珍贵的史料上看邹衍学说的结构，大体是用'类推法'。他这类推法又显然向两方面行使：一面是对于空间的，一面是对于时间的。空间的是对'上下四方'的类推，时间的是对'往古来今'的类推。……然则，邹衍所要作此两面的类推，就是要用以构造他的宇宙观。"[1] 谢扶雅先生认为：邹衍自己所提出的方法是比较科学的——即所谓类推法。由已知推及未知，由直接经验的事物推及不能直接经验的事物，以至于我们想象力所能及的限界：这就是司马迁所说他的"必先验小物，推而大之，至于无垠"。[2]

金德建先生从探讨学术方法的角度，对《史记·平原君虞卿列传》及《集解》所记载的邹衍论辩进行了深入研究。《史记·平原君虞卿列传》载："邹衍过赵言至道，乃绌公孙龙。"《集解》引刘向《别录》曰："齐使邹衍过赵，平原君见公孙龙及其徒綦毋子之属，论'白马非马'之辩，以问邹子。邹子曰：'不可。彼天下之辩有五胜三至，而辞正为下。辩者，别殊类使不相害，序异端使不相乱，抒意通指，明其所谓，使人与知焉，不务相迷也。故胜者不失其所守，不胜者得其所求。若是，故辩可为也。及至烦文以相假，饰辞以相惇，巧譬以相移，引人声使不得及其意。如此，害大道。夫缴纷争言而竞后息，不能无害君子。'坐皆称善。"[3]

刘向《别录》记载了邹衍关于名家学说的评论，邹衍主张"辩有五胜三至，而辞正为下"，反对"烦文以相假，饰辞以相惇，巧譬以相移"的论辩之术。金德建先生认为：邹衍"所谓'三至'，即：一、'则别殊类，使不相害'；二、'序异端，使不相乱'；三、'抒意通指，明其所谓。'此系分别论究论理学（Logic）上推论过程之先后手续，乃言思维作用之三种形式。邹衍所说'别殊类'，谓概念（Concept）是也；所谓'序异端'，谓判断（Judgement）是也；所说'抒意通指，明其所谓'，谓推理作用（Reasoning）是也。"[4]"明于邹衍

[1] 王梦鸥：《邹衍遗说考》，台湾商务印书馆1966年版，第49页。

[2] 谢扶雅：《田骈和邹衍》，《古史辨》第五册，上海古籍出版社1982年版，第739—740页。

[3] 司马迁：《史记》，中华书局2014年版，第2880—2881页。

[4] 金德建：《司马迁所见书考》，上海人民出版社1963年版，第256—257页。

所说‘五胜三至’，纯粹系指论理学术上推论之事，此可断言构成邹衍一家思想面目，论理观念必占其极其重要部分。此实邹衍学说之重心所在，举凡其历史变迁之哲学，大九州等说，莫不为此种方法之实际运用耳。”[1]

第五节　邹衍学术思想与燕国神仙思想的发生

邹衍的学术思想，与后世兴起的神仙思想关系密切。《史记·封禅书》载：“自齐威、宣之时，驺子之徒论著终始五德之运，及秦帝而齐人奏之，故始皇采用之。而宋毋忌、正伯侨、充尚、羡门高最后皆燕人。为方仙道，形解销化，依于鬼神之事。驺衍以阴阳主运显于诸侯，而燕齐海上之方士传其术不能通，然则怪迂阿谀苟合之徒自此兴，不可胜数也。”[2] 燕齐之方士不能通邹衍之说，将其学说用于神仙思想的构造。

中国历史上希望借助神仙以求长生不老的最早的三位帝王是：齐威王、齐宣王、燕昭王，他们生活的时代均与邹衍生活的时代大致相同。中国古代神仙思想的产生，与邹衍所论终始五德也有着密切关系。邹衍一生主要在齐国与燕国生活，这两个国家也因此而最早产生了神仙思想。

邹衍在燕昭王时期入燕，或许也与燕昭王好神仙有关。[3] 邹衍入燕的时间，也就是燕国神仙思想的产生时间。到秦始皇时期，燕国神仙思想得到迅速发展，燕国出现很多位方仙道者。

邹衍显于战国诸侯，依靠的是“阴阳主运”学说。阴阳主运学说与神仙思想的产生到底是一种什么关系呢？二者是如何结合在一起的呢？目前似乎很少有学者对这些问题进行探讨。

在先秦学术流派中，邹衍属于阴阳家。《汉书·艺文志》云：“阴阳家者流，盖出于羲和之官，敬顺昊天，历象日月星辰，敬授民时，此其所长也。及拘者为之，则牵于禁忌，泥于小数，舍人事而任鬼神。”《史记·历书》：“太史公曰：神农以前尚矣。盖黄帝考定星历，建立五行，起消息。”《索隐》：“《系本》及《律历志》黄帝使羲和占日，常仪占月，……”《正义》：“皇侃

[1] 金德建：《司马迁所见书考》，上海人民出版社1963年版，第261页。
[2] 司马迁．《史记》，中华书局2014年版，第1646页。
[3] 陈平：《戏说燕昭王、邹衍与山海经》，《中国典籍与文化》1996年第4期。

云：‘乾者阳，生为息；坤者阴，死为消也。’”邹衍思想中与天象内容相联系者，是讲求天象中的机祥。《史记·孟子荀卿列传》云：“先序今以上至黄帝，学者所共术，大并世盛衰，因载其机祥度制，推而远之，至天地未生，窈冥不可考而原也。”机祥之中，包含着许多神秘思想。《史记·历书》曰：“幽、厉之后，周室微，陪臣执政，史不记时，君不告朔，故畴人子弟分散，或在诸夏，或在夷狄，是以其机祥废而不统。”《集解》：“如淳曰：‘《吕氏春秋》荆人鬼而越人机，今之巫祝祷祠淫祀之比也。’”邹衍以借天事机祥阐发其神秘思想而闻名，以此获“谈天”之称。《后汉书》卷八十八载：“虽邹衍谈天之辩，庄周蜗角之论，尚未足以概其万一。”注：“《史记》曰：‘谈天衍。’刘向《别录》曰：‘邹衍之所言《五德终始》，天地广大，其书言天事，故曰谈天。’”邹衍思想中有关天事机祥的内容，与先秦时期的神仙思想的产生密切相关。

邹衍思想中的阴阳思想，以变化为其重要特征，五德终始思想，也是讲求五德转移之变。邹衍政治思想中，也充满了变的因素。《汉书·严安传》：“严安者，临菑人也，以故丞相史上书，曰：‘臣闻邹子曰：政教文质者，所以云救也。当时则用，过则舍之，有易则易之，故守一而不变者，未睹治之至也。’”世界万事万物的不停变化，给人一种神秘的飘忽不定的感觉，这也是神仙思想产生的根源之一。《史记·孟子荀卿列传》描述邹衍思想的产生：“乃深观阴阳消息而作怪迂之变，《终始》《大圣》之篇十余万言，其语闳大不经，必先验小物，推而大之，至于无垠。”因阴阳变化而产生怪迂之变，可以说是道出了邹衍阴阳变化思想与神仙思想的根本结合点。邹衍著作使用语言的“闳大不经”，更使其思想充满了神秘色彩。

为了阐发五德终始思想，邹衍著有《主运》一书。《主运》一书将五德终始思想与朝代更替结合在一起，使历史上的朝代更替充满了神秘色彩。先秦时期的朝代更替，除了政治权力的更替外，新的统治者往往需要从思想上寻求自己执掌政权的合理性与合法性，他们往往利用各种方法来说明自己有天命，有德性，有主运。战国时期，诸侯纷争，成为天下的共主是许多君王追求的梦想。魏惠王二十六年（公元前344年）称王，召开逢泽大会，率诸侯朝见周天子；魏惠王后元元年（公元前335年），魏惠王和齐威王在徐州互尊为王；魏惠王后元十二年（公元前323年）的燕、赵、中山和魏、韩五国相王，周赧王二十七年（公元前288年）的秦、齐为帝，都是各国君王希望成为天下共主的尝试。在这种尝试中，具有天命、主运，是君王们掌控天下的思想与理论基础。在这种社会背景下，邹衍将五德终始与主运思想合为一体，引起各国君王的极大兴趣。邹衍在诸侯之中受到其他人无法比拟的礼遇，关键是其思想迎合了国君们最急切的需要。

邹衍讲究延寿，中国古代的神仙思想最为重要的内容之一便是讲求长生不老。战国时期喜好神仙的齐威王、齐宣王、燕昭王，派人到海中寻找仙山，其目的也在于此。邹衍讲求延寿，可能就是神仙思想中讲求长生不老思想的滥觞。

邹衍思想中充满神秘主义，最终成为战国神仙思想产生的理论基础，这与邹衍认识世界的方法论也有着密切关系。邹衍的认识论是从已知推未知的类推法，这种由已知推未知的方法，是科学的方法。然而，任何科学的认识世界的方法，其本身都是有局限性的，都不能将其科学有效性无限夸大。将科学方法当作放之四海而皆准的灵丹妙药来运用，必然走向神秘主义。邹衍将其认识世界方法中合理成分无限夸大，使其理论走向神秘主义，从而成为战国神仙思想产生的理论基础。

邹衍理论宏大，志向高远，“其言虽不轨，傥亦有牛鼎之意乎！”后代不通邹衍之术的方士，继承了邹衍的怪迂之变，并在此基础上增加了阿谀苟合的内容，媚世之俗大兴。《史记·封禅书》云：“及至秦始皇并天下，至海上，则方士言之不可胜数。”齐燕方士以神仙之术献媚始皇，终生四百多名诸生被坑之祸，良有以也，此正所谓画虎不成反类犬也。邹衍本非苟合之徒，未通其术者苟合于世，终使邹衍多蒙其冤，今人不可不辨。

邹衍在燕国的活动，被后人神化。《淮南子》记载的邹衍含冤，仰天而哭，天为之五月下霜。《论衡》卷十四记载邹衍吹律使燕寒谷生五谷。从邹衍在燕国的生活被神化看，燕国神仙思想的产生与发展，当与邹衍在燕国的长期生活以及其思想在燕国的广泛流播有关。

第六节　邹衍学说评述

邹衍利用自己丰富的知识所构筑的庞大的思想体系，在中国学术思想史上占据着重要地位。尹达称邹衍为“我国第一位历史哲学家。”[1] 牟宗三先生更盛赞其为中国的亚里士多德，他说：“邹衍者真中国之亚里士多德也，科学之祖

[1] 尹达：《中国史学发展史》，中州古籍出版社1985年版，第49页。

也。政治、天文、地理、动植，无不谈及，亦可见其想象力之丰富，故齐人有‘谈天衍’之颂，而其所谈亦正儒者所不谈也。”[1]邹衍被称为科学之祖，凸显了邹衍学说在中国学术思想史上的价值与意义。邹衍利用后世西方学术概念所称的科学的方法构建自己的学术思想体系，在战国诸子中并不多见。邹衍学术思想体系的价值，还有待于我们进行深入的研究。

邹衍学说作为战国时期颇具影响力的学说之一，它与诸子学说关系密切。刘泽华先生指出：“战国末年的诸子百家都参与了‘五德终始’的再创造，阴阳家也吸收了诸子之学。”[2]在与诸子学说的互动关系中，邹衍构建了自己庞大而系统的学术思想体系。臧明先生指出：“邹衍对儒家思孟学派的五行说、道家的自然观，以及墨家、法家的相关理论进行了借鉴与吸纳，使得五德终始说已经呼之欲出，尤其是燕昭王称‘北帝’的政治活动，直接促成了五德终始说的产生。”[3]

尽管邹衍学说兼采诸子，但从学术宗旨和学术方法来考察，其学说最接近于儒家，尤其是儒家中的思孟学派。邹衍是在继承与批判儒家学说的基础上建立自己学说体系的。《史记·孟子荀卿列传》云：“驺衍睹有国者益淫侈，不能尚德，若《大雅》整之于身、施及黎庶矣。”“然要其归必止乎仁义，节俭、君臣、上下、六亲之施始也滥耳。”《盐铁论·论儒》：“邹子之作变化之术，亦归于仁义。”侯外庐先生指出：“‘尚德’是儒家的思想，‘整之于身，施及黎庶’，宛然似修身齐家治国平天下的儒家路数。而‘要其归，必止于仁义节俭，君臣上下之施’，‘仁义’、‘君臣上下’固为儒家所常谈，而‘节俭’则带有道家的风味。”[4]《盐铁论》卷三曾说：“邹子以儒术干世主不用，即以变化始终之论，卒以显名。”由此也可见邹衍学术与儒家关系之密切。郭为认为《史记》所言邹衍“牛鼎之意”，也与儒家学术相关：“史记认为邹衍之说阴阳，或许亦有‘牛鼎之意’，盖为邹衍立说之动机，或许是欲藉阴阳之说，先取得诸侯之信奉，然后再藉此引之于修身治国之正道。”[5]萧公权认为，邹衍通过对儒家学说的批判进而构建了自身的学说，其言：“盖由邹子（邹衍）深感孔孟仁义之言，不足与富强之说争席。故创为天谈，退儒家之禹域为‘神州’，缩时君之

[1] 牟宗三：《阴阳家与科学》，载《牟宗三先生全集》25《牟宗三先生早期文集》上，联经出版事业有限公司2003年版，第356页。

[2] 刘泽华：《中国的王权主义》，上海人民出版社2000年，第135页。

[3] 臧明：《五德终始说的形成与演变——从邹衍到董仲舒、刘向·摘要》，西北大学博士论文，2012年，第1页。

[4] 侯外庐、赵纪彬、杜国庠：《中国思想通史》第一卷，人民出版社1957年版，第648页。

[5] 郭为：《阴阳五行家思想之述评》，兴国出版社1979年版，第18页。

世运为一德，使闻者知天下之小而无足欣，国祚之暂而不足恃，庶可反躬修德，尽洗七雄贪暴之恶。”[1] 从邹衍五德终始说、大九州说对儒家学说的继承看，邹衍学说应该定性是以儒家与阴阳家为基调而构建的学说。

关于邹衍构建学术体系的方法与儒家的关系，侯外庐先生指出：“他的方法是从经验开始，而转向扩充式的主观的类推逻辑，如‘必先验小物，推而大之，之于无垠’，‘先序今以上至黄帝，推而远之，至天地未生，窈冥不可考而原’，‘先列中国名山大川……因而推之，及海外，人所不能睹’，这些都是思孟学派的作风。更不消说，他的五行思想，是继承思孟的‘造说’；所谓‘五德推移，治各有宜，而符应若兹’所依据的‘天人合一’这一根本思想，更符合于思孟学派的精神。”[2]

金德建先生运用逻辑学方法，对邹衍学术方法中所存在的问题进行了比较深入的分析。他指出：“自今观之，凡邹衍所明之推理方法，大率不外演绎法（Deductive）与类推法（Analogy）二种。而其进一步运用，犹未能严格，多属臆想之辞，未凭事实，固无容讳言。遂致所得结果，如上举例，皆令人难能置信，几无一不陷入谬误。徒以身处稷下，风气所被，亦好尚议论，以善言谈著称；欲干世主，骇人听闻，而言乃不轨，失其所守。此乃墨家论理之学，流传及于邹衍，仍不免发生误用之弊；卒使先秦时代论理思想发展，方偶露端倪，法式犹未臻完备严密，已由此绝矣。适与公孙龙辈‘专决于名’，仅以微妙之言乱俗，诡辩以求争胜者，俱足为促使论理思想趋于衰亡之重要原因也。”[3]

邹衍学说对中国历史产生了重要影响。《史记·秦始皇本纪》载：“始皇推终始五德之传，以为周得火德，秦代周德，从所不胜。方今水德之始，改年始，朝贺皆自十月朔。衣服旄旌节旗皆上黑。数以六为纪，符、法冠皆六寸，而舆六尺，六尺为步，乘六马。更名河曰德水，以为水德之始。刚毅戾深，事皆决于法，刻削毋仁恩和义，然后合五德之数。”《史记·历书》云：“秦……亦颇推五胜，而自以为获水德之瑞，更名河曰‘德水’，而正以十月，色上黑。然历度闰余，未能睹其真也。”秦始皇依照邹衍的学说，以为自己得水德之瑞，以水德治国“刚毅戾深，事皆决于法，刻削毋仁恩和义”，最后导致秦短命而亡。《历书》说秦“历度闰余，未能睹其真也”，即是说秦并未得邹衍学说之真谛。邹衍所阐释的天命五德转移理论，在中国政治思想史上产生了重要影响。

[1] 萧公权：《中国政治思想史》，商务印书馆2017年版，第44—45页。
[2] 侯外庐、赵纪彬、杜国庠：《中国思想通史》第一卷，人民出版社1957年版，第649页。
[3] 金德建：《司马迁所见书考》，上海人民出版社1963年版，第263页。

第八章 荀子的学术思想

荀子是战国后期赵国著名思想家，是孔孟之后儒家著名代表人物。荀子一生，构建了以礼义为核心的儒学体系，对中国政治思想史产生了深远影响。在儒家经典传承上，荀子对儒学六经有着精深的研究，汉代的经学思想直接承继于荀子。荀子学术思想对中国学术思想的贡献与影响，彰显了先秦时期燕赵学术思想在中国学术思想史上的重要地位。

第一节 荀子行年及《荀子》其书

一、荀子行年

荀卿事迹，《史记·孟子荀卿列传》载："荀卿，赵人。年五十始来游学于齐。驺衍之术迂大而闳辩；奭也文具难施；淳于髡久与处，时有得善言。故齐人颂曰：'谈天衍，雕龙奭，炙毂过髡。'田骈之属皆已死齐襄王时，而荀卿最为老师。齐尚修列大夫之缺，而荀卿三为祭酒焉。齐人或谗荀卿，荀卿乃适楚，而春申君以为兰陵令。春申君死而荀卿废，因家兰陵。李斯尝为弟子，已而相秦。荀卿嫉浊世之政，亡国乱君相属，不遂大道而营于巫祝，信机祥，鄙儒小拘，如庄周等又猾稽乱俗，于是推儒、墨、道德之行事兴坏，序列著数万言而卒。因葬兰陵。"

关于荀子之姓，《史记·孟子荀卿列传》《韩非传》《春申君传》《李斯传》等均作荀，《荀子·儒效》《议兵》《尧问》《韩非子·难三》《战国策·楚策》《刘向序》《汉书·艺文志》《楚元王交传》《儒林传》《盐铁论·毁学》《风俗通义·穷通》等并作孙。《荀子·强国》篇有"荀卿子说齐相"，孙诒让曰："以全书文例校之，荀实当作孙。"关于荀子姓荀还是孙，唐人司马贞、颜师古、杨倞等都认为因避汉宣帝刘询之讳，才将荀字改为孙。清代学者已经指出，汉代不讳嫌名，唐人避讳说并不可信。[1] 顾炎武等学者认

[1] 王先谦：《荀子集解·考证下》，《诸子集成》2，上海书店1986年版，第31页。

为孙、荀为古音之转（《日知录》卷二十七）。[1] 廖名春认为本当为孙，《史记》作荀，是因为司马迁所生的韩城河津一带孙读如荀，司马迁很可能将远地的孙氏与近处的荀氏视为一家，误“孙”为“荀”。[2] 可备一说。

荀子的生卒年，传世文献缺乏明确的记载。现代有众多的学者对荀子行年问题进行研究与考证。诸家根据自己对文献理解，模拟出不同的荀子行年年谱。荀子行年中第一个重要的时间节点，是荀子游学齐国的时间问题。《史记·孟轲荀卿列传》记载“年五十始来游学于齐”。应劭《风俗通义·穷通》记载为十五。晁公武《郡斋读书志》等信从应劭之说。今人钱穆等认为《史记》年五十是年十五之讹误。[3]《史记》记载的年五十是否有误，清汪中《荀卿子通论》说：“颜之推《家训·勉学篇》‘荀子五十始来游学’，之推所见《史记》古本已如此，未可遽以为讹字也。”颜之推所见《史记》，即为年五十，说其误，缺乏根据。

关于荀子五十始游学于齐的时间，刘向《孙卿书录》说：“方齐宣王、威王之时，聚天下贤士于稷下，尊宠之，若邹衍、田骈、淳于髡之属甚众，号曰列大夫，皆世所称。咸作书刺世。是时荀卿有秀才，年五十始来游学，……至齐襄王时，荀卿最为老师。齐尚修列大夫之缺，而荀卿三为祭酒。”刘向的说法，是根据有错简的《史记·孟子荀卿列传》和时间记载不是特别清楚的《史记·儒林列传》“威、宣之际，孟子、荀卿之列，咸遵夫子之业而润色之，以学显于当世”综合而成的。胡适认为，《孟子荀卿列传》记载荀卿之事有错简，“荀卿来游学于齐”以下，忽然夹入邹衍、邹奭、淳于髡三个人的事实，以致刘向误会了，以为荀卿五十岁游齐，正在稷下诸先生正盛之时，不知这一段不相干的事实，乃是上文论“齐有三邹子”一节的错简。“齐襄王时”四个字，当连上读。[4] 经过胡适整理后，这段文字应读为“年五十始来游学于齐。田骈之属皆已死齐襄王时，而荀卿最为老师。齐尚修列大夫之缺，而荀卿三为祭酒焉。”这样，荀子始游齐的年龄是五十岁，其时间应该是汪中《荀卿子通论》中说的齐湣王时期。荀子在齐襄王时期稷下学宫的老师们纷纷去世后“最为老师”。

荀卿在始游学齐国之前，曾经到过燕国。《韩非子·难三》云：“燕王哙贤子之而非荀卿，故身死为僇。”燕王哙相信儒家的禅让学说，以为子之贤，禅让给子之，结果引起燕国内乱，齐国乘机入侵燕国，燕几近灭国。燕王哙贤子之

[1] 以上考证参见梁启雄：《荀子简释》，中华书局1983年版，第413—414页。

[2] 廖名春：《〈荀子〉新探》，中国人民大学出版社2014年版，第14页。

[3] 钱穆：《先秦诸子系年》，河北教育出版社2002年版，第368页。

[4] 胡适：《中国哲学史大纲》，见刘梦溪：《中国现代学术经典·胡适卷》，河北教育出版社1996年版，第208页。

而非荀卿，荀卿与子之对举，燕王哙非荀卿的原因，应该是与其反对禅让的主张有关。《荀子·正论》："世俗之为说者曰：尧舜擅让。是不然。天子者，势位至尊，无敌于天下，夫有谁与让矣？"梁涛认为，荀子的这些议论，"尽管没有点明时代背景，但显然是荀子早期的言论。"[1] 荀子至燕时，应该属于青年时期。

齐湣王末年，荀子曾离开齐国，到楚国。《盐铁论·论儒》："湣王奋二世之余烈，南举楚、淮，北并巨宋，苞十二国，西摧三晋，却强秦，五国宾从，邹鲁之君、泗上诸侯皆入臣。矜功不休，百姓不堪，诸儒谏不从，各分散，慎到、接子亡去，田骈入薛，而孙卿适楚。"齐襄王时，稷下学宫复兴，荀子再次来到齐国。

荀子晚年，曾到过赵国，议兵于赵孝成王前（《荀子·议兵》）。他曾在楚国任兰陵令，春申君公元前238年被杀后，荀子废兰陵令，后终老于兰陵。

荀卿生前最晚的一条史料，是《盐铁论·毁学》的记载："方李斯之相秦也，始皇任之，人臣无二，然而荀卿为之不食，睹其罹不测之祸也。"廖名春推测此年在公元前237年，大致可信。荀子在此后不久去世，时间大约在公元前236年。[2]

荀子的生卒年月虽然不易确定，但根据各种史料记载综合来看，荀子是一位高寿者，应该没有问题。廖名春、梁涛和林桂榛等先生推算的荀子寿数在百岁左右，比较可信。[3] 其实荀子的年寿，很有可能比百岁更长。关于古人年龄，现代学者大多认为古人寿数比现代人为短，其实这种说法并没有多少根据。《黄帝内经·上古天真论》："'余闻上古之人，春秋皆度百岁，而动作不衰；今时之人，年半百而动作皆衰者，时世异耶？人将失之也？'岐伯对曰：'上古之人，其知道也，法于阴阳，和于数术。饮食有节，起居有常，不妄作劳，故能形与神俱，而尽终其天年，度百岁乃去。'"[4] 从岐伯之语看，人养生得法，活百岁寿数没有什么问题。从《荀子·修身》篇的记载看，荀子在养生方面，注重道德修养，以礼为用，修身与修心相结合，治气与养心相结合，其养生方法充满了智慧，闪烁着理性之光。荀子是一位注重实践的学问家，将他的修身理论应用于其生活，其长寿应该说是没有任何问题的。在荀子行年研究上，以荀子寿数超过百

[1] 梁涛：《荀子行年新考》，《陕西师范大学学报》2000年第4期。
[2] 廖名春：《〈荀子新探〉》，中国人民大学出版社2014年版，第29页。
[3] 梁涛：《荀子行年新考》，《陕西师范大学学报》2000年4期；林桂榛：《荀子生卒年问题新证——以〈盐铁论〉两则记载为中心》，《邯郸学院学报》2014年第1期。
[4] 张志聪：《黄帝内经集注》，中医古籍出版社2015年，第1页。

岁而推断的不可能，都是没有多少根据的推测。

荀子的学术经历，对其学术思想影响最大的当属在齐国稷下学宫时期。稷下学宫学者们的思想，成为荀子学术思想的重要来源之一。惠吉星先生认为，荀子“一生的大部分时间，在当时的学术中心稷下求学讲学，与当时的著名学者宋钘、淳于髡、环渊、慎到、接子、田骈等有过直接交往，听过他们的讲学。对各家学说的广泛接触，特别是对齐法家、楚道家思想的了解，极大地开阔了荀子的思想视野，锻炼了他的理论思辨能力，为他构建博大精深的荀学体系奠定了坚实的基础。”[1] 荀子著书于兰陵，兰陵可以说是荀子学术思想形成地。兰陵人深受荀卿影响，后人命名多用“卿”字（刘向《孙卿书录》）。

二、《荀子》其书

思想深邃、学问广博的荀子，其著述在战国末年已经产生较大的影响。《史记·吕不韦列传》载：“太子政立为王，尊吕不韦为相国……是时，诸侯多辩士，如荀卿之徒著书布天下。吕不韦乃使其客人人著所闻，集论以为《八览》《六论》《十二纪》，……号曰《吕氏春秋》。”从《吕氏春秋》的成书情况看，荀卿的著作在秦始皇早年已经风行天下了。《史记·孟子荀卿列传》说荀子“于是推儒、墨、道德之行事兴坏，序列著数万言”。荀子著述，可以说是时代的产物。西汉时，刘向对当时所见大量荀子作品进行了编辑整理。刘向《孙卿书录》云：“所校雠中孙卿书凡三百二十二（一作三）篇。以相校，除复重二百九十篇，定著三十二（一作三）篇。”《隋书·经籍志》《旧唐书·经籍志》均载《孙卿子》十二卷，《新唐书·艺文志》载《荀卿子》十二卷，同时载杨倞注《荀子》二十卷。

唐代杨倞对荀子著作进行了重新编订，并在深入研究的基础上进行了详细注释。关于编订情况，杨倞《荀子序》载：“故分旧十二卷三十二篇为二十卷，又改《孙卿新书》为《荀卿子》，其篇第亦颇有移易。”杨倞的编订主要集中在三个方面，一是将旧十二卷改为二十卷，二是将《孙卿新书》改名为《荀卿子》，三是对一些篇章按照以类相从的原则进行了顺序调整。杨倞调整各篇顺序，至今最引人注意的是《性恶》篇。许多学者认为杨倞以前的《孙卿新书》《性恶》排序为二十六，与被后人疑为伪作的《大略》《宥坐》《子道》《法行》《哀公》《尧问》排在一起，杨倞重新编订时将其排在二十三篇，与被后人认为属于荀子

[1] 惠吉星：《荀子与中国文化》，贵州人民出版社1996年版，第35—36页。

真作品的《正名》《解蔽》等排为一组。这一顺序调整，被学者们作为《性恶》非荀子所作的证据之一。其实这里面有一个问题也许大家没有注意到，这就是《孙卿新书》的排序是否也是按各篇性质相近排在一起的，如果是的话，杨倞根据什么新的标准进行了哪些调整？根据梁启超列出的刘向本与杨倞本各篇排序对照表[1]，可以看出，杨倞仅仅调整了包括《性恶》《成相》（刘向排第八，杨倞排二十五）、《赋》（刘向排三十二，杨倞排二十六）在内的少数篇的篇序。杨倞注《大略》云："此篇盖弟子杂录荀卿之语，皆略举其要，不可以一事名篇，故总谓之《大略》也。"《宥坐》篇注云："此以下皆荀卿及弟子所引纪传杂事，故总推之于末。"[2]我们将这种情况与《荀子序》一并考虑，可能这种调整正是杨倞经过仔细研究后做出的，这种调整反而可以作为《性恶》为荀子所作的一个比较有力的证据。

有关《荀子》一书的价值和各篇的真伪、价值，学术界存在着一些不同的认识。早在1919年，胡适撰写《中国哲学史大纲》，认为《荀子》一书"大概今本乃系后人杂凑成的。其中许多篇，如《大略》《宥坐》《主道》《法行》等，都是东拉西扯拿来凑数的。还有许多篇的分段毫无道理。"[3]梁启超认为，《荀子》一书大部分为荀子自撰，但《儒效》《议兵》《强国》等篇，皆称"孙卿子"，大约是门人弟子记录而成，并且，《大略》以下六篇，皆为孙卿弟子所记荀子之语及杂录传记，此六篇可能是汉儒所杂录，非《荀子》之旧。[4]杨筠如撰写《关于荀子本书的考证》一文，重新论证了胡适提出的今本《荀子》一书为杂凑而成的观点。他说："我们既知道《荀子》书是混杂的东西，除了《成相》以下八篇，明知与荀子无关以外，其余各篇，都不免有鱼目混珠的现象。用一般的观察，大致以《正名》《解蔽》《富国》《天论》《性恶》《正论》《礼论》几篇，真的成分较多。"[5]郭湛波认为：像《大略》《宥坐》《子道》《法行》，都是伪作。像《天论》《非相》等也有部分伪作。[6]

对《荀子》各篇进行深入分组研究的，为张西堂先生，他在《〈荀子·劝学篇〉冤辞》一文中，将《荀子》三十二篇分为六组：第一组有《劝学》《修身》

[1] 梁启超：《荀卿及〈荀子〉》，罗根泽：《古史辨》第四册，上海古籍出版社1982年版，第110—111页。
[2] 王先谦：《荀子集解》，《诸子集成》2，上海书店1986年版，第321、341页。
[3] 胡适：《中国哲学史大纲》，刘梦溪：《中国现代学术经典·胡适卷》，河北教育出版社1996年版，第209页。
[4] 梁启超：《荀卿及〈荀子〉》，罗根泽：《古史辨》第四册，上海古籍出版社1982年版，第110—115页。
[5] 杨筠如：《关于荀子本书的考证》，罗根泽：《古史辨》第六册，上海古籍出版社1982年版，第145页。
[6] 郭湛波：《先秦辩学史》，上海书店1932年版，第252—253页。

《不苟》《非十二子》《王制》《富国》《王霸》《天论》《正论》《礼论》《乐论》《解蔽》《正名》《性恶》十四篇。这十四篇均可信为真荀子文，有的间有一段或由他篇错入；第二组有《荣辱》《非相》《君道》《臣道》四篇，这四篇有几段可信为真荀子文，但在这四篇之中却有几段很可疑为不是荀子所作的；第三组有《儒效》《议兵》《强国》三篇，这三篇非荀子文，应是荀卿弟子所撰述的；第四组有《仲尼》《致仕》《君子》三篇，这三篇非荀子文，其思想与文字都极可疑；第五组有《成相》《赋》共两篇，这两篇与儒家的孙卿子无关；第六组为《大略》以下六篇，这六篇宜认为汉儒所杂录之辞。[1]

张西堂先生的研究，对认识《荀子》一书及其各篇的价值做出重要贡献。然其说仍有可讨论之处。《成相》《赋》二篇与儒家《荀子》无关，属于枉断。《汉书·艺文志》载有《孙卿赋》十篇，很难说不是儒家荀子所作。《论语》四科，便有文学一科。现代学者所提出的二篇思想性与第一组作品相合，是有道理的。董治安等先生从《成相》所载内容、用词和《赋》篇的学术与政治观点几个方面，论证两篇为荀子所作。[2] 其说可从。《非相》篇，童书业、冯友兰等均认为属于荀子本人所作。[3]

《大略》篇收长短文字数十则，杨倞注认为大概是弟子杂录荀卿之语。弟子杂录老师的文字，在研究荀子思想时也具有比较重要的史料价值。《宥坐》以下五篇，杨倞注认为是“皆荀卿及弟子所引记、传杂事”。汪中认为；“《宥坐》《子道》《法行》《哀公》《尧问》五篇，杂记孔子及诸弟子言行，盖据其平日之闻于师友者，亦由渊源所渐，传习有素而然也。”[4] 虽然杨倞、汪中等都曾对这五篇文章进行了一定的肯定，但这五篇思想驳杂，内容无序，有些内容与荀子思想不相符，前人称它们为伪作，或是汉代作品，不一定为事实，但可以断言，与《荀子》其他各篇相比，这五篇文章在研究荀子学术思想时史料价值相对较低。

[1] 张西堂：《〈荀子·劝学篇〉冤辞》，罗根泽：《古史辨》六，上海古籍出版社1982年版，第149—150页。
[2] 董治安、郑杰文、魏代富：《荀子汇校汇注附考说》上，凤凰出版社2018年版，第10—11页。
[3] 董治安、郑杰文、魏代富：《荀子汇校汇注附考说》上，凤凰出版社2018年版，第9页注1。
[4] 王先谦：《荀子集解·考证下·汪中荀卿子通论》，《诸子集成》2，上海书店1986年版，第15页。

第二节 荀子学术思想的渊源

作为战国末年儒家学派的代表人物，其学术思想的渊源大致可以分为三个方面，一是孔子思想，二是孟子思想，三是春秋战国时期诸子的思想，特别是稷下学宫诸位学者的思想。

一、荀子对孔子、子弓学说的继承与发展

荀子的学术师承，文献没有确切的记载。荀子在自己的著作中最为推崇的前辈学人，是孔子和子弓，他曾四次提及二人。《荀子·非十二子》说："上则法舜、禹之志，下则法仲尼、子弓之义"，"是圣人之不得势者也，仲尼、子弓是也"。《荀子·儒效》说："非大儒莫能立，仲尼、子弓是也。"《荀子·非相》说："仲尼长，子弓短。"荀子称仲尼、子弓为圣人，是自己师法的对象。关于子弓，学界有两说：一说是荀子之师，即传《易》之馯臂子弓；一说是孔子弟子仲弓（即冉雍），当以后者近是。因为，仲弓亲得孔子之传，且孔子对仲弓的评价甚高，称其"可使南面"（《论语·雍也》），列入德行一科。荀子以子弓与孔子并列，可见其侧重于从治国平天下的角度去取舍宗师之旨。仲弓被称为子弓，"犹之季路亦称子路，且避免与仲尼之仲相重。"[1] 至于馯臂子弓，《史记·仲尼弟子列传》说子弓是孔子再传弟子，司马贞《索隐》和张守节《正义》都引东汉应劭说子弓系子夏门人。考虑到荀子在《荀子·非十二子》中曾对子夏氏之贱儒提出批评，这与荀子反复强调的尊师法思想不合。而且，馯臂子弓在《史记·仲尼弟子列传》中作"馯臂子弘"，《索隐》按："《儒林传》《荀卿子》及《汉书》皆云馯臂字子弓，今此独作'弘'，盖误耳。"[2] 其实，弘字并不误，古人名、字相应，此"弘"当通肱，或为肱之误字，此正与臂字相应。"《汉书》作子弓，音近而形益远，未可信。"[3] 因此，荀子师承馯臂子弓的可能性很小。

荀子学术思想尊崇仲尼、仲弓，师出孔门。刘向《序录》云："而赵亦有公孙龙，为坚白同异之辞，处子之言，魏有李悝，尽地力之教，楚有尸子、长卢

[1] 马积高：《荀学源流》，上海古籍出版社2000年版，第143页。

[2] 司马迁：《史记·仲尼弟子列传》，中华书局2014年版，第2686页。

[3] 马积高：《荀学源流》，上海古籍出版社2000年版，第143页。

子、芋子，皆著书，然非先王之法也，皆不循孔氏之术。惟孟轲、孙卿为能尊仲尼。”[1]《四库全书总目》也说：“平心而论，卿之学源出孔门，在诸子中最为近正。是其所长。”

荀子对孔子思想的继承，是全方位、多方面的，如为学思想、天论、仁学思想、人性论、为政思想、正名学说等（以上内容，详见下文），其继承与发展孔子思想最光辉处，便是继承与发展了孔子的礼学思想。

在《荀子·非十二子》中，荀卿对孔子与子弓给予了极高的评价。他说：“若夫总方略，齐言行，壹统类，而群天下之英杰而告之以大古，教之以至顺，奥窔之间、簟席之上，敛然圣王之文章具焉，佛然平世之俗起焉，六说者不能入也，十二子者不能亲也。无置锥之地而王公不能与之争名，在一大夫之位，则一君不能独畜，一国不能独容，成名况乎诸侯，莫不愿以为臣，是圣人之不得势者也，仲尼、子弓是也。”[2]“总方略，齐言行，壹统类”这一段文辞，描述的主要是礼的治世功能。

孔子学说以仁为本，其言礼，以仁为根本。“克己复礼为仁”“人而不仁，如礼何”。《论语·述而》：“子所雅言，诗、书、执礼，皆雅言也。”《论语·子罕》：“博我以文，约我以礼。”子弓继承孔子之学，也主要在于礼。

《论语·颜渊》：“仲弓问仁，子曰：‘出门如见大宾，使民如承大祭；己所不欲，勿施于人；在邦无怨，在家无怨。’仲弓曰：‘雍虽不敏，请事斯语矣。’”孔子教导仲弓的，是以礼的形式实现仁。“出门如见大宾，使民如承大祭；己所不欲，勿施于人；在邦无怨，在家无怨。”这些描述基本上都属于礼的内容，而其要实现的，却是内心之仁。仲弓承受此教导，守之终身，成为孔子礼思想的传承人。《论语·雍也》：“仲弓问子桑伯子，子曰：‘可也，简。’仲弓曰：‘居敬而行简，以临其民，不亦可乎？居简而行简，无乃太简乎？’子曰：‘雍之言然。’”仲弓回答子桑伯子关于行礼之简的问题，仲弓认为居敬行简，使民以礼是可以的，如果居简且行礼简，就失于太简，于礼不合。孔子对仲弓的回答表示认同。由此可见，仲弓是深得孔子礼学精髓的。

荀子继承了孔子、仲弓的礼学思想，并加以发展。傅斯年先生评论说：“荀子之论学，虽与孟子相违，然并非超脱于儒家之外，而实为孔子之正传。盖孟子别走新路，荀子又返其本源也。自孔子‘克己复礼’之说引申之到极端，必有以

[1] 王先谦：《荀子集解·考证下·汪中荀卿子通论》，《诸子集成》2，上海书店1986年版，第367页。
[2] 梁启雄：《荀子简释》，中华书局1983年版，第64页。

性伪分善恶之论。自‘非生而知之，好古敏以求之’之说发挥之，其义将如《劝学篇》之篇。颜渊曰，“夫子博我以文，约我以礼。”此固荀子言学之方也。（参见《劝学》、《修身》等篇）若夫‘非礼勿视，非礼勿听，非礼勿言，非礼勿动’，以及好仁不好学其蔽也愚，好知不好学其蔽也荡等语，皆是荀学之根本。”[1] 可以说，荀子是发展孔子礼学的第一功臣。

在为学方面，荀子继承了孔子的理性思想，反对神秘思想。《论语·阳货》：“天何言哉？四时行焉，百物生焉，天何言哉？”《论语·述而》：“子不语怪、力、乱、神。”孔子对天的自然主义的描述和不语“怪”与“神”，显示其思想具有理性色彩。荀子对这种理性思想加以继承和发展，建立了自然主义天论，并多次激烈批评迷信思想。理性主义，成为荀子思想的最大特色。

关于道，荀子对孔子思想也有继承。《史记·孔子世家》云；“孔子曰：‘赐，良农能稼而不能为穑，良工能巧而不能为顺，君子能修其道，纲而纪之，统而理之，而不能为容。’”[2]。《荀子·解蔽》云：“农精于田而不可以为田师，贾精于市而不可以为贾师，工精于器而不可以为器师。有人也，不能此三技而可使治三官，曰：精于道者也，精于物者也。”孔子与荀子关于道的观念，有很大的一致性。

二、荀子对孟子及其他儒家学者学说的批判与继承

荀子建构自己独特的儒家学术思想体系，对孔子、仲弓思想进行了继承与发展，而对思孟学派和其他儒家学者，进行了无情的批评。荀子在对其他儒家学者进行批判的同时，也继承了他们学术思想中的优秀成分。正是由于荀子对儒家学派内部的尖锐批评，才使他的学术思想在以往儒家学术思想的基础上，向前迈出了坚实的一步。太史公司马谈在《太史公自序》中对儒家做出“博而寡要，劳而少功，是以其事难尽从”的评述，其实在荀子理论提出后，儒家有了推行儒家政治的相关礼制凭借，太史公批评的状况已经开始发生改变。荀子理论将儒家政治推行到极致，以致谭嗣同称“中国两千年之学，皆荀学也”。《太史公自序》肯定儒家的“然其序君臣父子之礼，列夫妇长幼之别，不可易也”，这其中也应该是太史公看到荀子对儒家礼的大力提倡后而做出的评价。

荀子批评的儒家学者，有子思、孟子、子夏、子张、子游、有子等，他们都

[1] 傅斯年：《性命古训辩证》，《中国现代学术经典·傅斯年卷》，河北教育出版社1996年版，第146页。
[2] 司马迁：《史记·孔子世家》，中华书局2014年版，第2339页。

属于孔子知名弟子或知名再传弟子。通过对他们的批评，荀子使儒家摆脱了过于注重心性修养的内在理路，开始走向注重礼义修身治世的路径，使儒学的实践理性得到了进一步的弘扬。

荀子对孟子的批评，主要集中在两点：一是对思孟学派的五行之说进行批评，二是对孟子性善论的批评。对孟子性善论的批评，见下文“人性论”部分。

荀子对思孟五行学说的批评，是非常严厉的。《荀子·非十二子》云：“略法先王而不知其统，犹然而材剧志大，闻见杂博。案往旧造说，谓之五行，甚僻违而无类，幽隐而无说，闭约而无解。案饰其辞，而祇敬之，曰：此真先君子之言也。子思唱之，孟轲和之。世俗之沟犹瞀儒，嚾嚾然不知其所非也，遂受而传之，以为仲尼、子弓为兹厚于后世，是则子思、孟轲之罪也。”荀子何以激烈批评思孟学说，学术界存在很多争论。

荀子对思孟学术思想的批评，从“略法先王而不知其统”入手，到批评其新造五行学说，将其作为孔子、仲弓的学说的继承者为止，荀子的批评是一个整体。今人多注重对五行的解说，很少从整体上来解释荀子批评思孟学术思想的原因。

荀子批评思孟“略法先王而不知其统”，意思是说思孟大略继承先王而不知道先王的统类。思孟学派主张法先王，主要内容是效法先王的“禅让”与“仁政”。[1] 荀子认为思孟法先王法错了，因此说他们略法先王而不知其统，思孟根本不知道先王学说的根本精神。在荀子看来，先王留给后人的可法之统，就是礼义。荀子在《儒效》篇提出“法先王，统礼义”，“先王之道，仁之隆也，比中而行之。曷谓中？曰：礼义是也。”其统即法、类，即礼义。《荀子·非十二子》批评邓析“不法先王，不是礼义”。《荀子·非相》篇说：“凡言不合先王，不顺礼义，谓之奸言，虽辩，君子不听。法先王，顺礼义，党学者，然而不好言，不乐言，则必非诚士也。”有学者认为孟子主张法先王，荀子主张法后王，这种看法是有问题的。荀子也主张法先王，但其主张法先王与孟子所主张的法先王内涵不同，因此荀子说思孟“略法先王而不知其统”。

荀子批评思孟“犹然而材剧志大，闻见杂博”，与《史记·太史公自序》对儒家的批评相似。子思、孟子大才大志，学问广博，在荀子看来，他们的学术思想虽然立意高远，但知识零散，不成完美的系统。荀子曾批评为学“上不能好其人，下不能隆礼，安特将学杂识志顺诗书而已，则末世穷年，不免为陋儒而

[1] 谢耀亭：《论荀子对思孟学派的批判》，《孔子研究》2015年第3期。

已。”（《荀子·劝学》）批评俗儒“逢衣浅带，解果其冠，略法先王，而足乱世术；缪学杂举，不知法后王而一制度”，应当也都是针对思孟学派的批评。“缪学杂举”与“闻见杂博”意近，“不知法后王而一制度”，即“略法先王而不知其统”，在荀子看来，先王、后王其统为一，即礼义。所不同者就是先王所存礼义制度因时代久远而粗略，后王礼义制度比较详细，其礼义是一贯的。

荀子批评思孟“案往旧造说，谓之五行”，意思是思孟根据以往旧材料造出新的五行说。在思孟之前，儒家学说没有五行之说。儒家五行说可以说是思孟学派在以往儒家学说基础上的新造。这种新造的五行说，荀子认为“甚僻违而无类，幽隐而无说，闭约而无解”。

思孟五行说的内容，由于传世文献缺失，以往研究者不得其解。自马王堆帛书发现《五行》篇，特别是郭店楚简出土《五行》篇，人们才明白思孟的五行说的内容。庞朴先生最先考证出思孟五行就是仁、义、礼、智、圣，它源出于《孟子·尽心下》。孟子说：“仁之于父子也，义之于君臣也，礼之于宾主也，智之于贤者也，圣人之于天道也，命也，有性焉，君子不谓命也。”[1]郭店简《五行》篇云：“仁形于内谓之德之行，不形于内谓之行；义形于内谓之德之行，不形于内谓之行；礼形于内谓之德之行，不形于内谓之行；智形于内谓之德之行，不形于内谓之行；圣形于内谓之德之行，不形于内谓之德之行。”思孟五行，即：仁、义、礼、智、圣德之五行。

仁、义、礼、智、圣，孔子对这些观念也有论述，荀子何以批评思孟的五行“甚僻违而无类，幽隐而无说，闭约而无解”呢？

孔子学说的两个核心观念是仁和礼，仁属于内在心性，礼属于外在行为与制度规范，思孟不加区别地列为五行，荀子认为他们把不属于一类的概念放在一起，属于不知类。

孟子发展了孔子的心性学说，将仁义礼智等等归于心性，《孟子》云“仁义礼智根于心”，“羞恶之心，义也”，“恭敬之心，礼也”。这便是竹简所说的“形于内”。关于“形”字的含义，陈来先生解释说：“形于某，即朝向某的方向的一种形著动向。”[2]仁、义、礼、智、圣均行于内，这显然与孔子的学说不同。

[1]庞朴：《马王堆帛书解开了思孟五行说之谜——帛书〈老子〉甲本卷后古佚书之一的初步研究》，《文物》1977年第10期。

[2]陈来：《竹帛〈五行〉与简帛研究》，生活·读书·新知三联书店2009年版，第120页。

思孟五行说作为儒家发展史上新形成的一种学说，其理论构建可能存在着一些不成熟的地方，或是荀子看到的这个学说的文献存在一些问题。现存简帛中关于思孟五行说，可以看到这样的问题。

郭店简“圣形于内谓之德之行，不形于内谓之德之行”，关于圣的“不形于内”描述，不同于仁、义、礼、智不形于内的描述。马王堆帛书关于圣“不形于内”的描述，与其他四行相同。学者们根据文献的综合研究，认为郭店简圣“不形于内”不同于其他四行的说法是正确的。[1]这样的话，无形中仁、义、礼、智的分类就与圣的分类不相同，荀子批评其无类也应该包括这一方面的内容。

思孟德之性的路向是将五行都向内引发，或说向心引发，而明显具有外王特征的礼等概念向内引发，显得隐晦而幽深，不易理解，思孟学说本身也没有能够将这方面的问题阐述明白，因此荀子说思孟五行学说“幽隐而无说”。

春秋时期，以金木水火土为表述符号的五行说已经开始流行，子思在提出儒家五行说时，有可能借鉴了这一五行体系，将儒家五德之行与金木水火土五行融为一个整体。章太炎曾对荀子批评的思孟五行说进行过研究，他说：“五常之义旧矣，虽子思始倡之亦无损，荀卿何讥焉？寻子思作《中庸》，其发端曰：‘天命之谓性’，注曰：‘木神则仁，金神则义，火神则礼，水神则智，土神则信。’《孝经》说略同。（《王制》正义引）是子思之遗说也。沈约曰：‘《表记》取子思子’，今寻《表记》云：‘今父之亲子也，亲贤而下无能；母之亲子也，贤则亲之，无能则怜之。母亲而不尊，父尊而不亲。水之于民也，亲而不尊；火，尊而不亲。土之于民也，亲而不尊；天，尊而不亲。命之于民也，亲而不尊；鬼，尊而不亲。’此以水火土比父母于子，犹董生以五行比臣子事君父。古者《洪范》九畴，举五行傅人事，义未彰著，子思始善傅会，旁有燕齐怪迂之士，侈搪其说，以为神奇。耀世诬人，自子思始。宜哉，荀卿以为讥也。”[2]金木水火土五行说中的五行有相生相克的关系，这种关系属于一种环形结构，连环而无断，如环无解。

思孟五行学说的五行之间，也存在着一定的相生关系，郭店简：“圣知，礼乐之所生也。五行之所和也。”（28简）“见而知之，智也。知而安之，仁也。安而行之，义也。行而敬之，礼也。仁，义礼之所由生也，四行之所和也。和则同，同则善。”（30—31简）。五行之间，也存在着一定的相生关系。这种相生

[1] 陈来：《竹帛〈五行〉与简帛研究》，生活·读书·新知三联书店2009年版，第122页。
[2] 章太炎：《太炎文录初编·子思孟轲五行说》，上海人民出版社2014年版，第8—9页。

关系也有连环无解的意味。

思孟的五行之间的相生关系，形式上看似乎是连环的，而其内容上则存在一些不合理处，圣知为礼义所生，与仁为义礼所由生，两者合在一起的话，相生系统便会出现缺陷，荀子批评其无类，这应该也是一个方面。

在我们所见的郭店简《五行》篇中，有几处循环论证的语句：

> 仁之思也精，精则察，察则安，安则温，温则悦，悦则戚，戚则亲，亲则爱。爱则玉色，玉色则形，形则仁。
>
> 智之思也长，长则得，得则不忘，不忘则明，明则见贤人，见贤人则玉色，玉色则形，形则智。
>
> 圣之思也轻，轻则形，形则不忘，不忘则聪，聪则闻君子之道。闻君子之道则玉音，玉音则形，形则圣。

为了反对思孟的五行向内形的说法，荀子尝试提出自己五行向外形的思路。《荀子·君子》篇云：

> 故尚贤使能，等贵贱，分亲疏，序长幼，此先王之道也。故尚贤、使能，则主尊下安；贵贱有等，则令行而不流；亲疏有分，则施行而不悖；长幼有序，则事业捷成而有所休。故仁者，仁此者也；义者，分此者也；节者，死生此者也；忠者，惇慎此者也。兼此而能之，备矣。备而不矜，一自善也，谓之圣。不矜矣，夫故天下不与争能而致善用其功。有而不有也，夫故为天下贵矣。

节，指的是狭义的礼，荀子用忠替代了智，可能是因为智不易纳入他自己构筑的外向的五行系统的缘故。荀子的仁、义、节（礼）、忠、圣，都是围绕先王之道，也就是礼义而展开的。从这里，我们可以看出荀子批评思孟五行说的一个重要原因。[1]

总之，荀子批评思孟五行，最根本的还是在于他观念中的五行内容与思孟

[1] 梁涛先生认为，《乐论》“贵贱明，隆杀辨，和乐而不流，弟长而无遗，安燕而不乱，此五行者，足以正身安国也”中的五行，是荀子为了表示与思孟的区别而提出的自己的五行说。我们认为，这里的五行是指五种行为，并非是五种思想概念。参见梁涛《荀子对思孟五行说的批判》，《中国文化季刊》2001年春之卷。

五行内容根本不同。梁涛先生指出："荀子在《非十二子》指斥思孟五行，根本原因在于荀子重视礼，而《五行》、孟子突出、强调'形于内'的'德之行'或仁，属于儒家内部的派别之争。《五行》仁义礼智圣概念体系与'行于内'、'不形于内'主张间存在表述上的矛盾，这是荀子批判思孟五行的另一个重要原因。"[1]

荀子对子思、孟子和有子等儒家学者，还从行思路径方面进行了批评。《荀子·解蔽》云：

> 空石之中有人焉，其名曰觙，其为人也，善射以好思。耳目之欲接则败其思，蚊虻之声闻则挫其精，闲居静思则通。[2] 是以辟耳目之欲，而远蚊虻之声。思仁若是，可谓微乎？孟子恶败而出妻，可谓能自强矣，[未及思也]；有子恶卧而焠掌，可谓能自忍矣，未及好也。辟耳目之欲，可谓能自强矣。蚊虻之声闻则挫其精，可谓危矣，未可谓微也。夫微者，至人也。至人也，何强，何忍，何危？故浊明外景，清明内景。圣人纵其欲，兼其情，而制焉者理矣，夫何强，何忍，何危？故仁者之行道也，无为也；圣人之行道也，无强也。仁者之思也恭，圣人之思也乐。此治心之道也。[3]

觙，梁涛等先生认为是子思，其说可从。荀子这里列举了子思、孟子、有子三种修行方法，进行批评。子思善射而好思，射应该属于一种礼，通过思礼以达到仁。其思的过程要排除一切杂念，任何耳听到的小的声音、眼睛看见的微小事物都能使其思败。如此思仁，可以说是危。孟子害怕败礼，出其妻，可称为强。有子怕睡觉，而焠其掌，可称为能忍。在荀子看来，修行不必如此，保持一个清明的心，纵欲兼情，以无为而行，以好之乐之的态度来思，不需要强、忍、危。荀子对子思、孟子和有子修行方法的批评，一个是行的路径，一个是思的路径。通过对修行路径的认识，荀子将自己的理论置于看似更可行、更易行的位置。

荀子对儒家其他学者的批评，主要见于《荀子·非十二子》："弟佗其冠，神禫其辞，禹行而舜趋，是子张氏之贱儒也。正其衣冠，齐其颜色，嗛然而终日

[1] 梁涛：《荀子对思孟五行说的批判》摘要，《中国文化研究》2001年第2期。
[2] 此段文字有错简。"闲居静思则通"，原文在"思仁若是"之前，不通，因此我们做了如上调整。
[3] 楼宇烈：《荀子新注》，中华书局2018年版，第434—435页。

不言，是子夏氏之贱儒也。偷儒惮事，无廉耻而耆饮食，必曰君子固不用力，是子游氏之贱儒也。彼君子则不然。佚而不惰，劳而不優，宗原应变，曲得其宜，如是，然后圣人也。”荀子批评子张、子夏和子游，主要应该是从士容方面入手，其文献描述的士容的根据目前我们还不太清楚。荀子最后所说“佚而不惰，劳而不優，宗原应变，曲得其宜”，应该是分别纠正三个人行为所下的结论，他批评子张氏“弟佗其冠，神禫其辞，禹行而舜趋”，“弟佗其冠，神禫其辞”，目前尚不清楚其准确含义，大意应该是指衣冠不整、狼狈怠惰之貌；“禹行而舜趋”，是说走路像偏枯的禹和快步趋前的舜，也属于一种怠惰之行。因此荀子提出君子圣人应该是“佚而不堕”。批评子夏氏“正其衣冠，齐其颜色，嗛然而终日不言”。“嗛然”，久保爱训为“口有所衔”[1]，正襟危坐闭口不言，为驰慢之态，因此荀子提出君子圣人应该“劳而不優”。荀子批评子游氏“偷儒惮事，无廉耻而耆饮食，必曰君子固不用力”，子游错解前贤“君子固不用力”之意，将懒惰、无廉耻、耆饮食作为君子固不用力的托词。荀子针对子游氏，提出“宗原应变，曲得其宜”，意思是以君子圣人之原为宗，以原为宗而应变，变与不变全得其宜。荀子对三子的批评，大的范围全部可以归结为对三子错解礼的批评。

从《荀子》的文本可以看出，荀子批评了儒家除孔子、仲弓之外的多家，尤其是对思孟学派的批评，涉及诸多方面。从某种程度上甚至可以说，荀子是在全面批评思孟学派的基础上建立起自己的学术思想体系。思孟学术思想体系，从反的方面为荀子学术思想体系的建构提供了支撑。荀子建立自己的学术思想体系，论证方法也多是从反面入手，这就更突出了思孟学术思想对荀子学术思想的重要性。

作为孟子之后的儒家学者，荀子对孟子思想也有一些继承。唐君毅先生说：“荀子、孟子所同，则在孟子言养心，养浩然之气，荀子亦重治气养心之术。孟子言思诚之工夫，荀子亦言‘养心莫善于诚’。孟子言作圣之功，归于‘大而化之之谓圣，圣而不可知之之谓神’，荀子亦言‘神莫大于化道’，‘尽善浃洽之谓神’。”[2]

荀子继承发展孔子思想，他对孔子思想的理解比较透彻，而对子思、孟轲思想与孔子思想的差异性也比较敏感，因此从其学术主张看，他对儒家自身的批评反而比较深刻。尽管他的思想在我们看来也不能说就与孔子的思想完全吻合，但

[1] 王天海：《荀子校释》，上海古籍出版社2016年版，第234页。
[2] 唐君毅：《中国哲学原论·导论篇》，中国社会科学出版社2005年版，第74页。

他通过批评儒家各派实现自己学术思想的突破与超越，这在儒家学术思想发展史上是具有重要意义的。

三、荀子对儒家外诸子学说的批判与继承

战国末年，中国的学术思想界开始出现融合百家学说的思潮。黄老学说（包括慎到思想）、老庄后学（以《天下》篇为代表）、韩非学说等，无一不具有融合的特征。荀子的学术思想，也呈现出融合百家的特征。《史记·孟子荀卿列传》曾说荀子“推儒、墨、道德之行事兴坏，序列著数万言而卒”。荀子对诸子学说的批判，在《非十二子》《解蔽》《天论》《正名》《儒效》《不苟》《富国》《王霸》《正论》《乐论》《性恶》等篇都有涉及，所批评诸子，除《非十二子》篇所涉及的十二子外，还有老子、庄子、子张、子夏、子游等。春秋战国时期比较有影响的道家（含黄老）、儒家（孔子、仲弓除外）、墨家、名家、法家等，都在荀子的批评之列。荀子通过批评各家，扬弃了其思想中与儒家礼义之统不相合的内容，将其合理成分加以吸收，用来构建自己的儒学理论体系。

（一）荀子对诸子的学术批评

在荀子所批评的诸子之中，着墨最多的是墨子、宋钘和惠施等人。墨家与惠施所属的名家都是战国时期的显学，荀子对他们的批评，对构建自己的学术思想体系具有重要意义。

1.对墨子、宋钘的批评

墨家学派是从儒家学派分化出来的，因反对儒家的礼乐、厚葬等学说，形成一个带有一定宗教色彩的学派。《淮南子·要略》云：“墨子学儒者之业，受孔子之术，以为其礼烦扰而不悦，厚葬靡财而病民，久服丧生而害事，故背周道而用夏政。”墨家对儒家的批评，主要集中在四点：（1）不信天鬼；（2）厚葬久丧；（3）习为声乐；（4）笃信天命。（《墨子·公孟》篇）荀子以儒学正统而自居，对墨子及其学派进行了许多批评。《荀子》批评墨子的文字，达十七处之多。[1]

《荀子·非十二子》云：“不知壹天下建国家之权称，上功用，大俭约，而僈差等，曾不足以容辨异，县君臣。然而持之有故，其言之成理，足以欺惑愚众，是墨翟宋钘也。”荀子这里对墨子与宋钘的批评，主要根据的是自己的礼义与治国理论。墨子主张“兼爱”，“爱无差等”，《史记·太史公自序》说天

[1] 韦政通：《荀子与古代哲学》，台湾商务印书馆1997年版，第259页。

下效法墨子，“尊卑无别也”。关于宋钘，《庄子·天下》篇说他与尹文“见侮不辱，救民之斗；禁攻寝兵，救世之战”“以禁攻寝兵为外，以情欲寡浅为内”“作为华山之冠以自表”。在荀子看来，治理国家最有效的原则是礼义，礼义即“壹天下建国家之权称”，墨子与宋钘的理论崇尚功用，提倡节葬、非攻、节用、尚同等，这会使社会等级混乱，贵族与庶民、君子与小人、君臣之间没有区别，礼义主分的基本原则被破坏，因此他们的主张根本没有办法进行国家治理。因为墨子、宋钘的理论体系比较完整，因此荀子批评他们“然而持之有故，其言之成理，足以欺惑愚众”。

墨子主张“兼爱”，“爱无差等”。《庄子·天下》篇说宋钘“作为华山之冠以自表”。陆德明云：“华山上下均平，华冠象之，表己心均平也。”[1]这与墨子尚同观念相似。《庄子·天下》篇说宋钘“其为人也太多，其自为太少”，这与墨子学派的自苦以为天下相似。荀子批评宋钘“见侮不辱”等（详下文），也与墨子的非斗主张相似。荀子将墨子、宋钘一并批评，基本上将宋钘归入墨家支流。

《荀子·天论》篇批评墨子：“有见于齐，无见于畸；宋子有见于少，无见于多。……有齐而无畸，则政令不施；有少而无多，则群众不化。”有齐而无畸，与礼所规定的人的等级性相违背，因此无法行使政令。宋子主张“情欲寡浅”，则没有办法用礼乐教化群众，这都是荀子极力反对的。

《荀子·解蔽》篇云：“墨子蔽于用而不知文，宋子蔽于欲而不知得”，“文”即礼文，墨子尚用，不知礼文；宋钘寡欲，而不知礼养欲以得。荀子在《解蔽》篇对墨子、宋钘的批评，也是基于自己的礼义观念。

在荀子的观念中，墨学与儒学的根本区别，就是性恶与善之伪。《荀子·礼论》篇云：“故人一之于礼义，则两得之矣；一之于情性，则两丧之矣。故儒者将使人两得之者也，墨者将使人两丧之者也，是儒、墨之分也。”情性之恶为人性恶，墨子主之；而礼义为善之伪，儒家主之。儒、墨学术思想体系，基本上处于对立状态。

在《荀子·礼论》篇，荀子对墨子的节葬观念提出批评：“刻死而附生谓之墨，刻生而附死谓之惑，杀生而送死谓之贼。大象其生以送其死，使死生终始莫不称宜而好善，是礼义之法式也，儒者是矣。”儒家的丧葬观念，与墨子有很大的差异。墨子对儒家提出批评，荀子以礼义为标准，对墨子提出了反批评。

---

[1] 郭庆藩：《庄子集释》，《诸子集成》3，上海书店1986年版，第468—469页。

在《荀子·富国》篇，荀子对墨子的“节用”“非乐”等主张进行了系统的批评：“墨子之言昭昭然为天下忧不足。夫不足，非天下之公患也，特墨子之私忧过计也。今是土之生五谷也，人善治之，则亩数盆，一岁而再获之，然后瓜桃枣李一本数以盆鼓，然后荤菜百蔬以泽量，然后六畜禽兽一而专车，鼋鼍鱼鳖鳅鳣，以时别，一而成群，然后飞鸟凫雁若烟海，然后昆虫万物生其间，可以相食养者不可胜数也。夫天地之生万物也，固有余足以食人矣；麻葛、茧丝、鸟兽之羽毛齿革也，固有余足以食人矣。夫有余不足，非天下之公患也，特墨子之私忧过计也。……我以墨子之‘非乐’也，则使天下乱；墨子之‘节用’也，则使天下贫。非将堕之也，说不免焉。墨子大有天下，小有一国，将蹙然衣粗食恶，忧戚而非乐，若是则瘠，瘠则不足欲，不足欲则赏不行。墨子大有天下，小有一国，将少人徒，省官职，上功劳苦，与百姓均事业，齐功劳，若是则不威，不威则罚不行。赏不行，则贤者不可得而进也；罚不行，则不肖者不可得而退也。贤者不可得而进也，不肖者不可得而退也，则能不能不可得而官也。若是，则万物失宜，事变失应，上失天时，下失地利，中失人和，天下敖然若烧若焦。墨子虽为之衣褐带索，啜菽饮水，恶能足之乎！既以伐其本，竭其原，而焦天下矣。”[1]

在《荀子·乐论》篇，荀子对墨子的非乐主张进行了比较系统的批评：“故人不能不乐，乐则不能无形，形而不为道，则不能无乱。先王恶其乱也，故制《雅》《颂》之声以道之，使其声足以乐而不流，使其文足以辨而不諰，使其曲直、繁省、廉肉、节奏足以感动人之善心，使夫邪污之气无由得接焉。是先王立乐之方也，而墨子非之，奈何！故乐在宗庙之中，君臣上下同听之，则莫不和敬；闺门之内，父子兄弟同听之，则莫不和亲；乡里族长之中，长少同听之，则莫不和顺。故乐者，审一以定和者也，比物以饰节者也，合奏以成文者也，足以率一道，足以治万变。是先王立乐之术也，而墨子非之，奈何！故听其《雅》《颂》之声，而志意得广焉；执其干戚，习其俯仰屈伸，而容貌得庄焉；行其缀兆，要其节奏，而行列得正焉，进退得齐焉。故乐者，出所以征诛也，入所以揖让也。征诛揖让，其义一也。……故乐者，天下之大齐也，中和之纪也，人情之所必不免也。是先王立乐之术也，而墨子非之，奈何！且乐者，先王之所以饰喜也；军旅斧钺者，先王之所以饰怒也。先王喜怒皆得其齐焉。是故喜而天下和之，怒而暴乱畏之。先王之道，礼乐正其盛者也，而墨子非之。故曰：墨子之于道也，犹瞽之于白黑也，犹聋之于清浊也，犹欲之楚而北求之也。”

[1] 王先谦：《荀子集解》，《诸子集成》2，上海书店1986年版，第119—121页。

对墨子标榜的自苦以利天下，荀子在《王霸》篇进行了批评："人主者，以官人为能者也；匹夫者，以自能为能者也。……以是县天下，一四海，何故必自为之？为之者，役夫之道也，墨子之说也。"墨子主张的自苦以利天下，抹杀了人主与匹夫的区别，这也就抹杀了礼义存在的必要性与价值，荀子称其为"役夫之道"。

荀子对宋钘，除了前文所述与墨子一并批评外，还对宋钘进行了多次系统批评。宋钘又称"宋子"，《韩非子·显学》篇称其为"宋容""宋荣"。《显学》简单总结其学术："宋荣子之义，设不斗争，取不随仇，不羞囹圄，见侮不辱，世主以为宽而礼之。"《显学》篇还称有"宋容之宽""宋容之恕"。

荀子批评宋钘，主要集中在"见侮不辱，使人不斗"和"情欲寡浅"两个方面。

《荀子·正论》篇载："子宋子曰：'明见侮之不辱，使人不斗。人皆以见侮为辱，故斗也；知见侮之为不辱，则不斗矣。'应之曰：'然则以人之情为不恶侮乎？'曰：'恶而不辱也。'曰：'若是，则必不得所求焉。凡人之斗也，必以其恶之为说，非以其辱之为故也。今俳优、侏儒、狎徒詈侮而不斗者，是岂钜知见侮之为不辱哉？然而不斗者，不恶故也。今人或入其央渎，窃其猪彘，则援剑戟而逐之，不避死伤，是岂以丧猪为辱也哉？然而不惮斗者，恶之故也。虽以见侮为辱也，不恶则不斗；虽知见侮为不辱，恶之则必斗。然则斗与不斗邪，亡于辱之与不辱也，乃在于恶之与不恶也。夫今子宋子不能解人之恶侮，而务说人以勿辱也，岂不过甚矣哉！金舌弊口，犹将无益也。不知其无益则不知；知其无益也，直以欺人则不仁。不仁不知，辱莫大焉。将以为有益于人，则与无益于人也，则得大辱而退耳。说莫病是矣。'"

按照荀子的意思，"见侮不辱"与"使人不斗"之间没有必然关系，人是否斗与恶有关，而与是否辱没有关系。宋钘劝人被侮而不以为辱，以此来禁斗，是不能达到目的的。宋钘此说，属于不仁不智之说，对禁斗无益。

荀子批评宋钘"见侮不辱"，还以王制为标准，从荣辱的角度进行了批评。《荀子·正论》篇云："子宋子曰：'见侮不辱。'应之曰：'故凡议，必先立隆正然后可也。无隆正，则是非不分而辨讼不决。故所闻曰："天下之大隆，是非之封界，分职名象之所起，王制是也。"凡言议期命，是非以圣王为师，而圣王之分，荣辱是也。是有两端矣：有义荣者，有势荣者；有义辱者，有势辱者。……故君子可以有势辱，而不可以有义辱；小人可以有势荣，而不可以有义荣。有势辱无害为尧，有势荣无害为桀。义荣、势荣，唯君子然后兼有之；义辱、势辱，唯小人然后兼有之。是荣辱之分也。圣王以为法，士大夫以为道，官人以为守，百姓以为成俗，万世不能易也。今子宋子案不然，独诎容为己，虑一朝而改之，说必不行矣。’”荀子将荣辱分为义荣义辱和势荣势辱，并以此来划分小人与君子的荣与辱，将荣辱看作约定俗成、万世不变的固定内容，以此来反驳宋钘的“见侮不辱”，荀子对宋钘的这一批评，与宋钘的主张并不吻合。荀子有自说自话的嫌疑。

对宋钘主张的“情欲寡浅”，荀子也进行了批评。《荀子·正论》篇说：“子宋子曰：‘人之情，欲寡，而皆以己之情为欲多，是过也。’”荀子认为，宋钘的此一主张并不能行，他说：“以人之情为欲，此五綦者（目不欲綦色，耳不欲綦声，口不欲綦味，鼻不欲綦臭，形不欲綦佚）而不欲多，譬之是犹以人之情为欲富贵而不欲货也，好美而恶西施也。”“以人之情为欲多而不欲寡”，古人向来如此，先王据此以赏罚。“今子宋子以是之情为欲寡而不欲多也，然则先王以人之所不欲者赏而以人之所欲者罚邪？乱莫大焉。”

在荀子看来，欲为人之天性，在心之判断下，行动可以很好地节制欲望。治乱的关键在于心，而不在于欲望的多寡。寡欲或去欲，都不合于人之天性。关于去情欲问题，荀子批评的对象杜国庠先生认为是宋钘，其说可从。[1]

关于宋钘所主张的“情欲寡浅”，白奚先生评论说：“先秦诸子百家多主张节制情欲，把情欲控制在一个适当的范围内。宋钘与众不同，他从人性论的角度提出了‘情欲寡浅’的理论，认为人的本性乃是欲寡而不欲多。从这种理论出发，一切为贪欲所驱使的行为都必然被视为违反人的本性，因而只要恢复人的自然本性，就没有贪欲了。”[2]

在对墨子进行了比较全面的批评后，荀子借鉴了墨家“兼爱”的主张，并将兼的观念加以发挥利用，用以构建自己的学术思想体系。

“兼爱”是墨家学者非常重要的主张，兼的观念在墨学体系中也占据着重要地位。佐藤将之说：“‘兼’概念的功能似乎在于贯连墨家的各种不同主张来达成互相一贯的思想体系。”[3] 荀子继承了墨学兼爱思想，在《成相》篇，荀子将“泛利兼爱”称颂为尧之德。《庄子·天下》篇称“墨子泛爱兼利”，泛与兼

[1] 杜国庠：《荀子对诸子的批判》，《杜国庠文集》，人民出版社1962年版，第195页。

[2] 白奚：《稷下学研究——中国古代的思想自由与百家争鸣》，生活·读书·新知三联书店1998年版，第197页。

[3]［日］佐藤将之：《荀子礼治思想的渊源与战国诸子研究》，台大出版中心2013年版，第37页。

两辞义相近，可互换使用。在《富国》篇，荀子使用了《墨子·法仪》中的“兼而爱之”一词。

荀子在自己重要的认识论“解蔽”中，使用了“兼”的概念。《荀子·解蔽》云：“志也者，臧也，然而有所谓虚，不以所已臧害所将受谓之虚。心生而有知，知而有异，异也者，同时兼知之。同时兼知之，两也，然而有所谓一，不以夫一害此一谓之壹。”通过“同时兼知之”，从而达到壹的状态。通过兼，荀子解决了众异相蔽以乱其伦的问题，梁启雄曰：“《书·尧典》：伦，理也。伦又训辈、类、比、序、纪，这个‘伦理’是指由不同事物的个体‘相反相成’地组成的整体……”[1] 通过“兼”，荀子的心成为统类之心，唐君毅先生说：“荀子此处言之统类心，所以能统摄多类事物，而制割大理，为道之工宰；其关键正在荀子之心，一方为能依类以通达之心，一方又为至虚之心。以其心能虚，故能知一类事物之理，又兼知他类事物之理，而综摄之，心乃成能统诸类之心。”[2] 兼，在荀子学术思想体系中，具有了重要的意义。

通过对墨家的“兼”观念的有效改造，荀子实现了自己融通儒墨的思想。佐藤将之指出：“在《荀子》‘兼’字的用例中，我们可以发现荀子将墨家的主要价值概念如‘兼’‘爱’‘利’‘义’等价值（也与慎到的‘分’概念一起）统合于他自己的政治社会理论之中。荀子不但追求这些概念所提倡的价值，并且进一步阐述一个君主当如何实现此理想的方式。在此，荀子用‘礼’概念将原本没有推论关联性的主张提升为一套‘统治术’理论。于是，荀子将战国末年仍为‘显学’的墨家之内容消化为自己的政治社会理论，而在思想上完成了‘儒’‘墨’思想之统合。”[3]

荀子与墨子学术思想，还有一些相同之处。唐君毅先生指出：“墨子重心之知之接物，荀子亦重心之知之有所合。故谓‘知有所合谓之智’。墨子重辩类明类，求人之思想言论之‘以类行’；而荀子亦言‘心有征知’。彼谓征知为‘天官之当簿其类’，又谓‘心征之无说，人莫不然谓之不知’。（《正名》）‘说’即说出：‘定所知者为某类’之‘故’或理由，以成推论也。故墨子重辩，荀子亦然，而谓‘君子必辩’。”[4] 很显然，荀子学术思想受到了墨子学派的影响。

[1] 梁启雄：《荀子简释》，中华书局1983年版，第293页。

[2] 唐君毅：《中国哲学原论·导论篇》，中国社会科学出版社2005年版，第76页。

[3] [日]佐藤将之：《荀子礼治思想的渊源与战国诸子研究》，台大出版中心2013年版，第57—58页。

[4] 唐君毅：《中国哲学原论·导论篇》，中国社会科学出版社2005年版，第73—74页。

2.荀子对名学理论的批评

自春秋时期，孔子提出其正名主张，正名问题便开始成为学人讨论的重要命题。战国时期，墨子后学、惠施、公孙龙等，纷纷阐述自己的名学理论，为自己的学术思想体系构建提供更为深入的学理支撑。惠施与公孙龙，专以名学而知名，在当时的学术界产生了很大的影响。荀子为了构建自己的学术思想体系，对名家提出的理论进行了比较系统的批判。

在《荀子·非十二子》中，荀子批评惠施、邓析："不法先王，不是礼义，而好治怪说，玩琦辞，甚察而不惠，辩而无用，多事而寡功，不可以为治纲纪；然而其持之有故，其言之成理，足以欺惑愚众，是惠施、邓析也。"

荀子批评名家，多将惠施、邓析并提。惠施为早于荀子的名家学者，《庄子·天下》篇有专门批评惠施的大段文字。《汉书·艺文志》有《邓析子》二篇，列在名家。荀子对惠施、邓析的批评，也是以儒家的"不法先王""不是礼义"为评判标准，批评他们只知道玩弄对于治世没有什么用途的琦辞，没有治世之功，不能作为治理的纲纪。从儒家的角度来看，荀子对名家的批评还是比较准确的。但从学术思想评判的其他角度看，荀子对名家的批评，更多的属于学派之争，并没有从根本上驳倒名家。

因为名家擅长辩论，因此荀子批评名家多从名家的成名话题入手，以礼义为标尺，以常识性、功利性的论辩方式，对名家进行批评。《荀子·儒效》篇云："不恤是非然不然之情，以相荐樽，以相耻怍，君子不若惠施、邓析。"《荀子·不苟》篇云："君子行不贵苟难，说不贵苟察，名不贵苟传，唯其当之为贵。……山渊平，天地比，齐、秦袭，入乎耳，出乎口，钩有须，卵有毛，是说之难持者也，而惠施、邓析能之；然而君子不贵者，非礼义之中也。"

在《正名》篇，荀子利用正名理论，对其他诸子的一些名学理论进行了批评："'见侮不辱''圣人不爱己''杀盗非杀人也'，此惑于用名以乱名者也。验之所以为有名而观其孰行，则能禁之矣。'山渊平''情欲寡''刍豢不加甘，大钟不加乐'——此惑于用实以乱名者也。验之所缘无以同异而观其孰调，则能禁之矣。'非而谒，楹有牛，马非马也'，此惑于用名以乱实者也。验之名约，以其所受，悖其所辞，则能禁之矣。故明君知其分而不与辨也。""见侮不辱"属于宋钘的学说，前文已述。"圣人不爱己""杀盗非杀人"，"刍豢不加甘""大钟不加乐"，属于墨家的主张。"非而谒，楹有牛，马非马也"属于与惠施主张相近的名家学者的主张，荀子批评他们"惑于用名以乱实者"，与

《荀子·解蔽》篇称“惠子蔽于辞而不知实”，意思基本相同，只是表述方式不同而已。《荀子·解蔽》篇说“由辞谓之道，尽论矣”，意思是如果辩论之辞称为道，那么天下就全是辩论了。

荀子批评的名家，基本上属于逻辑名家。因为荀子本人主张的是政治名学，他并没有对逻辑名家的逻辑论证过程进行深入的批评，因此其批评名家所下断语的学术价值并不是太高。荀子对名家学者的批评，遭到当今学者的批评，谭宇权先生说：“但荀子为何要去批评另一位理智主义呢？此可见，他是一位偏见很深的人。也因此，荀子反变成一位帮助孟子来打击异己的人了。其结果，对中国后世知识的建立，便产生了负面的功能。”[1]

荀子在批评名家思想的同时，也受到了名家学术思想的影响。荀子所作《正名》篇，虽然属于政治名学范畴，但对先秦逻辑学的发展，也有一些贡献（详见本章《荀子的正名理论》一目）。

3.荀子对老庄学派的批评

以老子与庄子为代表的道家，以及战国时期衍生而成的黄老道家，在先秦学术思想史上有着重要影响。荀子在构筑自己的学术思想体系时，一方面对老子、庄子进行了批评，另一方面又吸收了他们学说中的某些主张。因此，荀子的学术思想，具有浓重的道家或黄老道家色彩。

荀子对老子学说的批评，说他“有诎而无信……有诎而无信，则贵贱不分。”荀子对老子的批评，并没有切中要害。老子学说贵诎，荀子看到这一点，而老子学说贵诎的目的，是为了达到信（读为伸）。这一点荀子并没有真正理解，因此荀子批评老子的说法，是因为没有真正理解老子而发，其偏颇就不言而喻了。研究者或信奉荀子之说，认为老子“有诎而无信”，就彻底受了荀子的误导。

荀子批评庄子说其“蔽于天而不知人……由天谓之道，尽因矣”（《荀子·解蔽》），意思是说庄子只知天，不知人。如果天谓道，那么天下也就只有因天行事了。司马迁说庄子是“散道德放论，要亦归之自然”（《史记·老庄申韩列传》）。初看司马迁的说法与荀子对庄子的批评很相似；其实，庄子何肯沾沾于天？《庄子·大宗师》篇说：“知天之所为，知人之所为者至矣。”又说：“庸讵知吾所谓天之非人乎？所谓人之非天乎？”前者是“因言遗言”，意谓假设有天人之分的话，则必要既知天之所为，又知人之所为。后者是破世俗天人之

[1] 谭宇权：《荀子学说评论》，文津出版社1994年版，第196页。

分，意谓本来是“一”，哪有天人的分别？所以你以为是天，也许是人；你以为是人，也许是天。说庄子“蔽于天而不知人”，便多少误解了庄子的意思。[1]

荀子从多个角度吸收道家思想的合理因素，来构建自己的学术思想体系。其认识论和功夫论中的“虚壹而静”，显然受了道家思想的影响。孙伟先生指出：“我们可以推想荀子在‘静’这一方面或许是受到了庄子的影响，或许至少他们有共通的地方，而这一共通的思想在客观上帮助荀子拓展了儒家哲学的心理学层面。”[2] 徐复观先生也说：“虚一而静的观念，从老庄来。他对老庄的批评，较对子思、孟子的批评为恰当，可见他是很了解道家，而且受了道家的影响。”[3] 荀子提出的圣人养心之道，也受到了道家的影响，《荀子·解蔽》篇云：“故仁者之行道也，无为也；圣人之行道也，无强也。仁者之思也恭，圣人之思也乐。此治心之道也。”无为、无强，应当是受老子思想的影响。

荀子的天论，具有自然主义色彩，显然也是受到了道家天论思想的影响。

荀子长期生活在稷下学宫，盛行于稷下学宫的黄老思想对荀子思想产生重要影响，以至于有学者认为荀子的学派归属应为黄老学派。荀子构建自己学术思想体系时吸收黄老思想，主要有以下几个方面：[4]

第一，天人观方面其思想之中所指的天大部分应为自然之天，是对黄老之学的自然主义天道观的借鉴吸收。

第二，对黄老气本源论思想的借鉴，提出了世间万物都由气所构成以及事物内部的阴阳二气互相运动产生万物的思想。

第三，对黄老“天地有恒常”思想的借鉴，提出了“天行有常”的哲学命题。

第四，人性思想方面借鉴吸收了黄老之学的自然人性论。认为人的本性不是孟子似的道德属性，而应该是与动物相同的自然属性。

第五，对情感和欲望持肯定态度，一方面受郭店楚简儒家思想的影响。另一方面则借鉴了黄老对情欲的肯定态度。

第六，解蔽思想方面借鉴了黄老之学的认识论思想以及黄老之学对形而上之道的理解。并对天官、天君、虚、壹、静等黄老之学的哲学术语进行了借鉴，在此基础上有所发展和创新。

[1] 罗根泽：《诸子考索》，人民出版社1958年版，第311页。
[2] 孙伟：《重塑儒家之道——荀子思想再考察》，人民出版社2010年版，第71页。
[3] 徐复观：《中国人性论史·先秦卷》，华东师范大学出版社2005年，第151页。
[4] 尚晓辉：《荀子与战国黄老之学研究》摘要，西北大学博士论文，2018年，第1页。

第七，礼学思想方面其“明分使群”的思想是对黄老之学“分”思想的借鉴。还借鉴了黄老之学的术治思想以及礼法并重思想，为的是弥补礼治思想自身的不足。

第八，名学思想方面，荀子名学思想的政治内涵及意义都以政治和伦理为最终归宿和目的。黄老的名学思想以形名的方式所阐述，与荀子的名学思想在政治内涵及政治意义方面完全相同，也是以伦理和政治为依归。二者相互影响和借鉴。

4.荀子对它嚣、魏牟的批评

在《荀子·非十二子》中，荀子首先批评的便是它嚣、魏牟。荀子批评说：“纵情性，安恣睢，禽兽行，不足以合文通治；然而其持之有故，其言之成理，足以欺惑愚众，是它嚣、魏牟也。”

它嚣事迹不详，魏牟是战国魏公子牟，《汉书·艺文志》列其为道家，从荀子批评其“纵情性，安恣睢”看，他应当属于主张纵欲派道家。荀子主张礼以养欲，纵欲主张显然不合荀子主张的礼义。关于“合文通治”的含义，刘文起认为“文”谓“礼文”，亦即礼义之谓，不合礼义，自不能通于治道已。[1]可从。荀子批评它嚣、魏牟，也是以儒家的礼义为标准。在荀子看来，人与禽兽的区别便是是否遵从礼义。它嚣、魏牟的纵欲主张，违背礼义，因此荀子骂他们为“禽兽行”。纵欲派道家，重视生命的自我存在，抛弃世俗社会对生命的评价标准，其主张自有其学术思想史上的意义。荀子的批评，基本上可以看作是学派之争的批评，其批评的内容，正是它嚣、魏牟思想中的闪光之处。刘剑先生指出：“荀学囿于自己所戴的理性主义的有色眼镜看不到这一学派对生命本真的追求。……因此如果换位思考我们就会发现，被荀子言语苛责的弊端恰恰也正是他们学说的独放异彩之处。”[2]

5.荀子对田仲、史鳍的批评

《荀子·非十二子》云：“忍情性，綦溪利跂，苟以分异人为高，不足以合大众，明大分，然而其持之有故，其言之成理，足以欺惑愚众，是陈仲、史鳍也。”

陈仲，《不苟》篇称为“田仲”，田与陈通。杨倞注：“陈仲，齐人，处于陵，不食兄禄，辞富贵，为人灌园，号曰于陵仲子。史鳍，卫大夫，字子鱼，卖

[1] 董治安、郑杰文、魏代富：《荀子汇校汇注附考说》上，凤凰出版社2018年版，第270页。

[2] 刘剑：《盲视与洞见——荀子〈非十二子〉今读》，《管子研究》2010年第2期。

直也。”[1] 陈仲被战国时期人尊为著名的廉士，《孟子·滕文公下》篇曾记载孟子批评匡章所说的“陈仲子岂不诚廉士哉”之说，认为陈仲并不能称廉。

“任情性”，属于道家修行中的节欲派主张。节欲的主张，与荀子的礼以养欲不同。“綦溪利跂”，意思是说“极其邪径而利其歧途也”[2]，“苟以分异人为高”，杨倞注：“苟求分异不同于人以为高。”[3] 荀子批评陈仲、史鰌二人，重点并不在于批评他们的学术主张，而是在于批评他们“任情性、綦溪利跂”等行为是为了“苟以分异人为高”，认为他们盗取了廉、直之名，“不足以合大众，明大分”，不符合礼义“分”与“合众”之指。在《荀子·不苟》篇，荀子骂田仲、史鰌二人为盗名之辈。荀子说：“人之所恶者，吾亦恶之。夫富贵者则类傲之，夫贫贱者则求柔之，是非仁人之情也，是奸人将以盗名于晻世者也，险莫大焉。故曰：盗名不如盗货。田仲、史鰌不如盗也。”这种批评与《荀子·非十二子》中的批评是一致的。

《战国策·齐策四》记赵威后问齐使：“于陵仲子尚存乎？其为人也，上不臣于王，下不治其家，中不索交于诸侯，此率民而出于无用者也，何为至今不杀乎？”赵威后认为陈仲子“率民而出于无用”，与荀子非陈仲意思相近，只是她比荀子骂其为盗名更厉害，直接主张杀掉这类“无用”之徒！

荀子对慎到、田骈的批评，见第四章。

（二）当今学者对荀子批评诸子的评说

荀子对诸子学术进行了广泛的批评。对荀子批评的认识，学者由于视角的不同，差异非常明显。有高度肯定者，有激烈批评者，也有折中评说者。

对荀子批评诸子评价较高的学者，以唐君毅先生为代表。他评论说：“然即为荀子所反对之他家之论，亦未尝不皆持之有故言之成理，即亦皆可有其承于先王礼义之道者。则此中欲辩其所持之故与所见之理之是非，便须更有一标准。此标准，即在所见之理之是否全而尽。‘凡人之患，偏伤之也。’（不苟篇）如所见之理，偏而不全，或有见于此而蔽于彼，则其理有所是而亦有所非，如‘慎子有见于后无见于先，老子有见于诎无见于信，墨子有见于齐无见于畸，宋子有见于少而无见于多。’（天论）以及‘墨子蔽于用而不知文，宋子蔽于欲而不知得，慎子蔽于法而不知贤，惠子蔽于辞而不知实，庄子蔽于天而不知人’（解

[1] 王先谦：《荀子集解》，《诸子集成》2，上海书店1986年版，第32页。

[2] 梁启雄：《荀子简释》，中华书局1983年版，第60页。

[3] 王先谦：《荀子集解》，《诸子集成》2，上海书店1986年版，第58页。

蔽篇）等是也。夫然，故荀子之辩是非，遂重在使人之去其蔽，以见其所不见，‘兼陈万物而中悬衡’，不自限于道之一隅，进以知全尽之道。此即合各方面而综合统贯之所成之道也。道备各种类之理谓之类，各种类之理之综合统贯谓之统。荀子最重一统类之道。而其评他家之是非，即以此统类之道为标准，以谓其对此道之全之所见之处，即其是处之所在，其对此道之全之蔽处，即其非之所在。人言之是非，皆由对照此道之全之标准而见。而此道之全，则为依于具客观性之人类之古今历史事实为根据，由反省之所发现，而与此事实同具有客观之意义者。……然庄子唯由此致虚守静，以见‘道通为一’之道，而荀子则由此以见包涵各类之理而统贯之之一道，则其不同也。”[1]

杜国庠先生对荀子批评诸子也给予了较高评价。他评论说：“诸子之学‘有见’之处，他都相对地予以接受，而有蔽之处，也都遭到他的反对。他在批评诸子时所作的分析虽然因其阶级立场而有时代的限制，甚至有曲解的缺点，但是在当时来说是精密的。因此，他的批判的总结具有划时代的意义。从这里，我们不但可以看出思想发展的痕迹，而且也可以知道学说继承的条贯。”[2] 李学勤、廖名春等先生，也都认为荀子《非十二子》和《解蔽》篇批评诸子比较准确，能够抓住诸子的弊病所在。

对荀子批评诸子给予较多批评的学者，以韦政通先生为代表。韦政通先生说：“由直往的智的活动升到超知的活动，这升起即代表一种智慧。庄子所说的‘知，止其所不知’是一种智慧，孔子的‘知及之，仁不能守之’，更是一种智慧。只有靠这种智慧才能使人觉察到自身以及他人的限制，而后能步步超升此限制。通观荀子之言，显然未能涌现出这种智慧。他所评论的十二子，实各表现一面之价值，而荀子一律用‘足以完成治道的礼义之统’为其衡断的标准，……执一的后果是使自己对各家的思想不能予以一客观而同情的理解，掘发各家本质上的意义，及其所代表的价值；……自家所言亦只表现主观的偏见，这便是执一造成的自限。荀子非十二子表现着这种自限是显然的。荀子论诸子只知‘这是你的错处，那是你的不足’，而不能知那些有错而不足的思想，它仍有其不错而自是之处。……只求知对方弊病的理解，便只是一直往的智的活动。凡是本于一直往的智的活动，只知其弊，而不知其不弊的评论，皆不足以促成文化的进步，反易陷于‘彼亦一是非，此亦一是非’的争论局面。……荀子说：‘凡人之患，蔽于

[1] 唐君毅：《中国哲学原论 · 导论篇》，中国社会科学出版社2005年版，第174—175页。

[2] 杜国庠：《荀子对诸子的批判》，《杜国庠文集》，人民出版社1962年版，第197页。

一偏。而暗于大理。'（解蔽篇）又说：'万物为道一偏，一物为万物一偏，愚者为一物一偏，而自以为知道，无知也。'（天论篇）这本是智慧之语，可是并未能溶化入自己的文化活动中，这些话我们正可拿来评论荀子自己。这可以证明荀子在解蔽篇所说的这蔽那蔽，只是由直往的泛智之照察而知，自身的文化活动仍不免限于自己所斥之蔽。自限于蔽，遂不能与各家相观而善，相悦而解，言辞间总不免流于忿激。荀子所以坠入自陷的境地，就其已表现者看，是因缺乏'能反的超智活动'；根源地讲，则由于他道德意识不够。"[1]

此外，韦政通先生还对《荀子·非十二子》中将两个学者放在一组进行批评提出了意见。他说："读荀子非十二子篇有一点应注意，即立一说必求合二子，这种一箭双雕的论法，是极有问题的。盖立一说，能合于甲者，断不能全合于乙，因此，此中荀子所论之不当，实是必然的。据古典籍所载，陈仲与史鱼，行谊显然不同，……"[2] 韦先生的这一批评，具有一定的合理性。

韦政通先生批评荀子道德意识不够，恐未必准确。荀子对诸子思想的吸收，是通过对诸子思想的批评来完成的。在《荀子》一书中，除了孔子与仲弓，荀子可以说没有肯定过任何一位学者，人们所见到的只有对诸子严厉的批评，甚至是讽刺和谩骂。实事求是地对荀子的学术批评思想做出评论，应该说是一个非常重要的学术命题。

四、荀子对诸子学术批评与《庄子·天下》篇之比较[3]

战国末年的诸子争鸣中，对诸子学术进行比较系统的批评者，除荀子之外，还有《庄子·天下》篇。[4] 韩非虽在《显学》中对儒墨二家进行了批评，但从批评的深度与广度看，都无法与《天下》篇和荀子相比。[5] 因此，将《天下》篇和荀子的学术批评进行比较，可以揭示战国末年儒道之间两种截然不同的学术批评路径，为中国学术批评史的研究提供一些借鉴。

[1] 韦政通：《荀子与古代哲学》，台湾商务印书馆1966年版，第281—283页。

[2] 韦政通：《荀子与古代哲学》，台湾商务印书馆1966年版，第256页。

[3] 该节内容请参见魏建震的《〈庄子·天下篇〉与〈荀子〉的学术批评之比较》一文，载李健胜：《西北早期区域史学术研讨会暨第十一届中国先秦史学会年会论文集》，三秦出版社2020年版，第431—437页。

[4] 关于《天下》篇的作者问题，学者们存有不同意见。王夫之、梁启超等著名学者认为是庄子本人所作，现代许多学者认为是庄子后学所作。笔者倾向于后一说法。因此我们文中讨论的仅是《天下》篇的学术批评，而非庄子的学术批评。

[5] 关于荀子对诸子的批评与《天下》篇的关系，何志华先生认为荀卿评论诸家学说多据庄周（何志华：《庄荀考论》，香港中文大学中国文化研究所刘殿爵中国古籍研究中心，2015年版，第66—72页）；严灵峰的《老庄研究·论庄子天下篇非庄周所自作》（台北中华书局1966年版）认为《天下》篇乃荀子晚年所作（转引自何志华著作第71页）。二说多有可商之处，不敢采信。

（一）学术批评标准的确立与学术批评思想之比较

战国时期学术争鸣的发生，其根源在于战国时期深刻的社会变革。各家从自己对社会变革的思考出发，根据自己对战国学术思想的整体认知，对其他学派的学术进行批评与讨论。《天下》篇与荀子可以说是战国时期学术批评的代表性著作。关于《天下》篇与荀子的学术批评的具体标准，安世民先生认为，《天下》篇批评诸子以道为标准，荀子批评诸子以礼为标准。这种“以道为绳”或“以礼为衡”的标准是庄、荀批评诸子的内在依据；二者的批评态度是其外在表现。究其实，二者的批评标准源于他们所追慕的理想人格。[1] 我们认为，从根本上来说，二者的学术批评，都是立足于道的角度，都是以道的整体性为标准。其根本的不同之处是二者对道的内涵的理解根本不同（详下文）。

《天下》篇与荀子之所以对诸子学术进行全面的批评，因为在他们看来，各家的学说都违背了道的整体性与统一性。荀子从认识论的角度，提出各家错误产生的原因，在于违背道的整体性与唯一性，各蔽于一曲而生。《解蔽》云：“凡人之患，蔽于一曲，而暗于大理。治则复经，两、疑则惑矣。天下无二道，圣人无两心。今诸侯异政，百家异说，则必或是或非，或治或乱。乱国之君，乱家之人，此其诚心莫不求正而以自为也，妬缪于道而人诱其所迨也。私其所积，唯恐闻其恶也。倚其所私以观异数，唯恐闻其美也。是以与治离走而是己不辍也。岂不蔽于一曲而失正求也哉！”在荀子看来，各家学说产生，与“天下无二道，圣人无二心”相违背。各家虽诚心求正，但蔽于一曲，因此产生错误的说法。《荀子·天论》篇云：“百王之无变，足以为道贯，理贯不乱。……故道之所善，中则可从，畸则不可为，匿则大惑。……治民者表道，表不明则乱。礼者表也；非礼，昏世也；昏世，大乱也。故道无不明，外内异表，隐显有常，民陷乃去。万物为道一偏，一物为万物一偏，愚者为一物一偏，而自以为知道，无知也。”愚者蔽于一偏，不以礼为表，自以为知道，因此产生错误的认知。《天下》篇与荀子的认识有相似之处，都认为后世学术出现偏差的原因，在于违背了道的整体性原则。《天下》篇认为，各家学说产生的原因，在于学者没有学道术，而是治方术。“天下之治方术者多矣，皆以其有为不可加矣。”诸子的出现，是因诸子各执一词的缘故：“天下大乱，贤圣不明，道德不一，天下多得一察焉以自好。譬如耳目鼻口，皆有所明，不能相通，犹百家众技也，皆有所长，时有所用。虽然，不该不遍，一曲之士也，判天地之美，析万物之理，察古人之全，寡能备于

[1] 安世民：《庄、荀批评诸子之标准考辨》，《天中学刊》2018年第4期。

天地之美，称神明之容，是故内圣外王之道，暗而不明，郁而不发。天下之人，各为其所欲焉以自为方。悲夫，百家往而不返，必不合矣。后世之学者，不幸不见天地之纯，古人之大体。道术将为天下裂。”诸子治方术，多得一察以自好，因此造成了内圣外王之道不明，道术为天下裂的混乱局面。

从整体视角对战国诸子的学术进行批评，是《天下》篇与荀子学术批评的共同之处。这一学术批评思想，是非常深刻的。整体性认知，是认识世界的最有效途径。雅思贝尔斯说：“我们如何看待历史，再也不是无关紧要的了。我们如何在整体中去认知，这一方式决定了我们自己生命的意义，从整体之中我们获得历史的基础和目标。”[1]从学术思想的整体上去批评诸子学说，奠定了《天下》篇与荀子学术批评的学术价值之理论基础。

尽管《天下》篇与荀子均以道的整体性为学术评判的标准，但二者用于学术评判的形上定义的道之内涵，却有着很大的不同。《天下》篇所言之道，又称内圣外王之道，是无所不在的天地之道。《天下》篇云：“古之所谓道术者，果恶乎在？曰：无乎不在。曰：神何由降？明何由出？圣有所生，王有所成，皆原于一。”原于一，即表达了道的整体性。荀子的道，主要是指儒家所称的圣王之道，治民之道，君子之道，此道以礼为其表。《荀子·儒效》云：“道者，非天之道，非地之道，人之所以道也，君子之所道也。”此道以圣王之制为标准，为天下之极，《荀子·解蔽》云：“故学也者，固学止之也。恶乎止之？曰：止诸至足。曷为至足？曰：圣也。[2]圣也者，尽伦者也；王也者，尽制者也。两尽者，足以为天下极矣。故学者以圣王为师，案以圣王之制为法，法其法以求其统类，以务象效其人。”荀子以其道为标准来评判各家学说，只有孔子的学说无蔽。《荀子·解蔽》云：“孔子仁知且不蔽，故学乱术足以为先王者也。一家得周道，举而用之，不蔽于成积也。故德与周公齐，名与三王并，此不蔽之福也。”

如果仅从语言表达来看，荀子学术批评使用的以圣王为道的评判标准，与《天下》篇的内圣外王之道很是相似。仔细研究文本，其实二者有着很大的差异。荀子至足之足的标准是圣王，提出学者以圣王为师，以圣王之制为法，“法其法以求其统类，以务象效其人”。圣王本人和圣王之法，成为学者学习和模仿的一个标准模式。《天下》篇所表述的“内圣外王”，是道的功能性特征，后世一曲之士所不见的“天地之纯，古人之大体”，才是道的根本。《天下》篇作为

[1] [德]雅思贝尔斯著、李雪涛译：《论历史的起源与目标》，华东师范大学出版社2018年版，第309页。
[2] 伯兄曰：也，当为“王”，字之误也。梁启雄：《荀子简释》，中华书局1983年版，304页。

学术评判标准的道，更具有形上性。

学术批评的目的，最能彰显学术批评的思想旨趣。《天下》篇学术批评的目的，是为了继承各家学说的优点，弘扬各家学说道之所在，纠正各家学术的偏颇之处，整合被分裂存在于诸子之中的道，使之重新形成整体的道。重新统合各家学术，结束“道术为天下裂”的局面，在学术建设上充分恢复道术的标准。《天下》篇对诸子学术的论述，首先肯定其学术成就，然后分析其不足与偏执之处。通过对诸子学说的吸收与整合，形成自己具有整体观念和道术特征的学术体系。

荀子学术批评的目的，更多的是消除诸子学说的影响，维护其心中儒家的治民之道和礼义之统，维护儒家学说的神圣不可侵犯性，根据自己所主张的儒家理论建立一套理想的社会政治制度。《荀子·非十二子》云：“今夫仁人也，将何务哉？上则法舜禹之制，下则法仲尼、子弓之义，以务息十二子之说。如是则天下之害除，仁人之事毕，圣王之迹著矣。”荀子将十二子之说视为天下之害，认为仁人之责任便是消灭十二子之说。其学术批评的目的，在于一统天下学术，同己者存，异己者灭。谭宇权先生云：“由《非十二子篇》可知，荀子评论其他各家的思辨方法，是希望建立一个以礼为中心的思想系统。反之，若不合此系统者，一概批评”。[1] 冢田虎认为：“《非十二子》之文势，类乎《庄子·天下》篇论十子者。而庄子之论，则文体可爱也，荀卿之非，则苛酷可恶也。方其才量，似颇有优劣矣。”[2] 仅从批评对象的异同，显然不能深刻理解《天下》篇与荀子学术批评间的根本不同。其学术批评的最终目的，才是判断其学术批评价值的重要标准。

荀子学术批评的目的与出发点，是为了利用儒家学术建立一套理想的社会政治制度，也就是大一统的儒家政治制度。在荀子看来，诸侯异政，天下大乱，诸子的学说是负有一定责任的。荀子的学术批评，具有很强的社会实用性。为了实现自己学术批评的目的，荀子还主张借助政权的力量介入学术批评领域，以强权遏制不同的言论。《荀子·正名》云：“明君临之以势，道之以道，申之以命，章之以论，禁之以刑。故民之化道也如神，辩说恶用矣哉？”唐君毅先生在《中国哲学原论·导论篇》中评价说，荀子“因以势以刑临人而禁人之言，正为下开

[1] 谭宇权：《荀子学说评论》，文津出版社1994年版，第186页。
[2] 王天海：《荀子校释》，上海古籍出版社2005年版，第200页。

李斯韩非之以政摄教之说，导致焚书坑儒之祸者”。[1]

（二）学术批评方法之比较

荀子从“天下无二道，圣人无二心”的基本判断出发，以儒家圣王思想和礼为标准，使用不加逻辑分析，直下断语式的批评方法，对诸子思想进行了全面的批评。在荀子看来，儒家之外的诸子的思想都是错误的。因为他们的说法违背了天下之道、圣人之心。荀子对孔子、仲弓之外的诸子，几乎没有一句肯定之辞。在《非十二子》中，荀子开篇便说：“假今之世，饰邪说，文奸言，以枭乱天下，矞宇嵬琐，使天下混然不知是非治乱之所在者有人矣。”[2] 十二子学说，在荀子眼中几乎没有任何价值可言。

在《非十二子》中，荀子对诸子的批评，基本上是直下断语式。在《天论》《不苟》等篇，荀子对诸子的批评也是如此。在《天论》篇，荀子阐说了诸子学说产生错误的根源在于诸子蔽于“万物为道一偏，一物为万物一偏，愚者为一物一偏，而自以为知道，无知也”。进而对慎到等几家学说进行了批评：“慎子有见于后无见于先。老子有见于诎，无见于信。墨子有见于齐，无见于畸形。宋子有见于少，无见于多。有后而无先，则群众无门。有诎而无信，则贵贱不分。有齐而无畸，则政令不施。有少而无多，则群众不化。”荀子讨论各家学说产生弊病的原因，可以说有一定的道理，但对各家的批评，则许多没有切中要害。

谭宇权先生评论荀子的批评方法时说：“他以个人思考所得，以自己的学说如礼，提升到最高处，以作为批评的‘根本法则’。”[3]

荀子除了直下断语式的批评外，其评论诸子理论的方法，还有以实践检验的方法。荀子在《正名》篇中对名家三种理论的评论，便使用了这一方法。在批评孟子性善论时，荀子曰：“凡论者贵有辨合，有符验。故坐而言之，起而可设，张而可施行。今孟子曰：人之性善，无辨合符验。坐而言之，起而不可设，张而不可施行。岂不过甚矣哉？故性善，则去圣王，息礼义矣。性恶，则与圣王，贵礼义矣。”用可行性对理论预设进行检验，是荀子批评诸子时颇有创造性和可行性的学术贡献。

关于《非十二子》与《天下》篇所批评诸子的分类，《非十二子》分为六

[1] 唐君毅：《中国哲学原论·导论篇》，中国社会科学出版社2005年版，第179页。

[2] 安世民《庄、荀批评诸子之标准考辨》认为，《非十二子》中的“其持之有故、言之成理”，这表明荀子在某种程度上对十二子是持肯定态度的。其实荀子批评诸子，认为其“其持之有故、言之成理”是具有欺骗性的，这并非是荀子对诸子的肯定，而是引起荀子严厉批评的原因。

[3] 谭宇权：《荀子学说评论》，文津出版社1994年版，第180页。

类：它嚣、魏牟，陈仲、史鰌，墨翟、宋钘，慎到、田骈，惠施、邓析，子思、孟子；《天下》篇也分为六类：墨翟、禽滑，宋钘、尹文，彭蒙、田骈、慎到，关尹、老聃，庄子，惠施、桓团、公孙龙。对批评对象的分类，荀子以圣王法制为标准，根据自己需要批评的内容和对诸子的理解与判断进行分类批判；《天下》篇对诸子的评论，主要是根据诸子的思想内容来分类。二者分类相同的，是慎到与田骈一类，分歧较大的是宋钘，荀子将其与墨翟归为一组，而《天下》篇则将其与尹文归为一组。从分类的合理性来说，《天下》篇比《非十二子》要高出些许。

通过对荀子与《天下》篇学术批评进行比较，我们可以看出，尽管两者都从道的整体性出发来评价战国诸子，但由于二者对道本身含义的理解差异较大，且二者在学术批评的目的和方法上都存在较大不同，因此二者对战国学术批评史的贡献便产生较大差异。

五、荀子的经学传承与经学思想

作为儒家学术思想的著名代表人物，荀子对儒家的经典有着比较系统的继承，他利用儒家经典的知识与思想，同时吸收春秋战国诸子思想，构建了自己颇具特色的学术思想体系。

（一）荀子与六经传承

《诗》《书》《礼》《乐》《易》《春秋》等儒家经典，在《荀子》一书中被荀子及其后学多次引用，以阐述荀子学说。被后世称为六经的儒家经典，荀子都有继承与弘扬。刘向说荀子“善为《诗》《礼》《易》《春秋》”[1]对荀子经学给予很高评价。汪中《荀卿子通论》评论说“荀卿之学出于孔氏，而尤有功于诸经”，“盖自七十子之徒既殁，汉诸儒未兴，中更战国暴秦之乱，六艺之传赖以不绝者，荀卿也。周公作之，孔子述之，荀卿子传之，其揆一也。”可谓中的之论。

1.荀子与《诗经》

在荀子著作中，曾提出杀《诗》《书》的说法，但荀子著作引用的儒学文献数量，《诗经》为最，全书引《诗》多达82次。

根据清人的研究，《诗经》中的毛诗、韩诗与鲁诗，其传承都与荀子有关。关于荀子的《毛诗》传承，清汪中《荀卿子通论》云：“《经典·叙录·毛诗》

[1] 王先谦：《荀子集解·考证下·汪中荀卿子通论》，《诸子集成》2，上海书店1986年版，第366页。

徐整云：'子夏授高行子，高行子授薛仓子，薛仓子授帛妙子，帛妙子授河间人大毛公。毛公为《诗故训传》于家，以授赵人小毛公。'一云：'子夏传曾申，申传魏人李克，克传鲁人孟仲子，孟仲子传根牟子，根牟子传赵人孙卿子，孙卿子传鲁人大毛公。由是言之，《毛诗》荀卿子之传也。'"[1]从学术思想方面来考察，《毛诗》和荀子学说的密切关系相当明确。《毛诗序》的论述几乎基于荀子的"教化"和"礼义"之学说。[2]

关于鲁诗，基本可以确定为荀子所传。《汉书·楚元王交传》："少时，尝与鲁穆生、白生、申公，同受《诗》于浮邱伯。伯者，孙卿门人也。"据《盐铁论·毁学》记载，包邱子与李斯俱事荀卿（包邱子即浮邱伯）"《汉书·儒林传》：申公，鲁人也。少与楚元王交，俱事齐人浮邱伯，受《诗》。又云，申公卒，以《诗》《春秋》授，而瑕邱江公尽能传之。由是言之，《鲁诗》，荀卿子之传也。"[3]

关于韩诗，目前仅存韩婴所作《韩诗外传》，日本学者佐藤将之指出："韩婴（约公元前200—前130年）的《韩诗》传统上也可能继承了荀子的学问。在《韩诗外传》中，可以找到多达五十二段与今本《荀子》相似的文段，并且它们不是零散的片段而是整个段落，可见，《韩诗》是基于荀子的思想来理解《诗经》。"[4]

《荀子》论诗，《劝学》说："《诗》者，中声之所止也。"《诗》原本有乐相配，可歌可咏，《论语·泰伯》："师挚之始，关雎之乱，洋洋乎盈耳哉！"始即乐之始，乱为乐之终。歌诗有乐相配。《论语·为政》："子曰：《诗》三百，一言以蔽之，思无邪。"无邪，即中之义。《论语·八佾》"《关雎》乐而不淫，哀而不伤"。《论语·子罕》："子曰：'吾自卫返鲁，然后乐正，雅、颂各得其所。'"《史记·孔子世家》云："古者《诗》三千余篇，及至孔子，去其重，取可施于礼义，上采契、后稷，中述殷周之盛，至幽、厉之缺，始于衽席。故曰：'《关雎》之乱以为《风》始，《鹿鸣》为《小雅》始，《文王》为《大雅》始，《清庙》为《颂》始。'三百五篇，孔子皆歌弦之，

[1] 王先谦：《荀子集解·考证下·汪中荀卿子通论》，《诸子集成》2，上海书店1986年版，第14页。
[2] 原文是："故变风发乎情，止乎礼义。发乎情，民之性也；止乎礼义，先王之泽也。"《毛诗序注》，林庆彰编：《诗经研究论集》卷1，台湾学生书局1987年，第495页（郭绍虞注附录），转引自[日]佐藤将之：《荀学与荀子思想研究：评析·前景·构想》，万卷楼2017年版，第86页注38。
[3] 王先谦：《荀子集解·考证下·汪中荀卿子通论》，《诸子集成》2，上海书店1986年版，第14页。
[4] [日]佐藤将之：《荀学与荀子思想研究：评析·前景·构想》，万卷楼2017年版，第86页。

以求合《韶》《武》《雅》《颂》之音。"[1] 王先谦云："下文《诗》《乐》分言，此不言乐以《诗》《乐》相兼也。《乐论》篇云：'乐则不能无形，形而不为道则不能无乱，先王恶其乱，故制雅、颂之声以道之，使其声足以乐而不流'，与此言《诗》'为中声所止'可互证。"[2]

荀子在《劝学》还说"《诗》《书》之博也"，杨倞注："博为广记土风鸟兽草木及政事也。"《论语·阳货》：子曰："小子何莫学夫《诗》？《诗》可以兴，可以观，可以群，可以怨。迩之事父，远之事君。多识于鸟兽草木之名。"《论语·子罕》："博我以文，约我以礼。"此文应该即指《诗》《书》。荀子在《儒效》篇云："《诗》言是，其志也。"关于《诗》言志，钱穆解释说："三百篇之作者，无论其为孝子忠臣，怨男愁女，其言皆出于至情流溢，直写衷曲，毫无伪托虚假，此即所谓《诗》言志，乃三百篇所同。"[3]

荀子对《诗》与天下之道的关系，有一个精彩而全面的论述。《荀子·儒效》篇云："故风之所以为不逐者，取是以节之也；《小雅》之所以为《小雅》者，取是而文之也；《大雅》之所以为《大雅》者，取是而光之也；《颂》之所以为至者，取是而通之也：天下之道毕是矣。"在荀子看来，天下之道都包含在《诗》中。

关于《诗》学，荀子提出"善为《诗》者不说"（《大略》）。他虽不"引事以明《诗》"，但擅长"引《诗》以证事"。己不为《诗》用，却以《诗》为己用，真可谓"善为《诗》者"。他继承了孔子的"兴观群怨"和"达政专对"的《诗》学传统，以及"不学《诗》，无以言"的主张，在辩说中大量引《诗》，对自己的观点"譬称以明之""欣、驩芬芗以送之"（《荀子·非相》），开了"著述引《诗》"的好例。"引《诗》以证事"成了《诗》学中的别具风采的一派。[4] 汉代《诗》学，基本继承了荀子这一《诗》学传统，这一特点在《韩诗外传》尤其明显。

2.荀子与《尚书》

荀子的《尚书》学传承，文献没有记载。在《荀子》一书中，引《书》次数位居诸经第二。荀子论《书》，《劝学》说"《书》者，政事之纪也"，"《礼》之敬文也，《乐》之中和也，《诗》《书》之博也，《春秋》之微也，

[1] 司马迁：《史记·孔子世家》，中华书局2014年版，第2345页。

[2] 王先谦：《荀子集解》，《诸子集成》2，上海书店1986年版，第7页。

[3] 钱穆：《论语新解》，生活·读书·新知三联书店2002年版，第24—25页。

[4] 刘太辛：《论荀子的学术批评》，《哲学研究》1992年第10期。

在天地之间者毕矣。”《儒效》篇云：“《书》言是，其事也。”《尚书》为记载政事之书，荀子学说以构建政治秩序为目的，因此荀子对《尚书》的功用特别重视。

3.荀子与礼、乐

仁与礼，构成孔子学术思想的两个基干。孟子主要继承与发展了孔子的仁学思想，而荀子则主要继承与发展了孔子的礼学思想。

在《论语》中，孔子对礼多有论述。在孔子看来，礼主要的功能还在于运用到修身与为政的实践中。《论语·宪问》：“上好礼，则民易使也。”《论语·卫灵公》：“子曰：‘君子义以为质，礼以行之，孙以出之，信以成之，君子哉！’”《论语·泰伯》：“兴于诗，立于礼，成于乐。”《论语·子罕》：“博我以文，约我以礼。”《论语·季氏》：“不学礼，无以立。”《荀子·儒效》篇说：“《礼》言是，其行也”，即是说礼对于道的实践性。在《劝学》中，荀子提出：“《礼》者，法之大分，类之纲纪也，故学至乎《礼》而止矣。夫是之谓道德之极。《礼》之敬文也。”礼，可以说是荀子学术思想中最为核心的观念。

荀子继承了孔子的礼学思想，并加以发展，以此构筑了自己的学术思想体系。汪中云：“荀卿所学，本长于礼，《儒林传》云，东海兰陵孟卿，善为《礼》《春秋》，授后苍、疏广。刘向叙云：兰陵多善为学。盖以荀卿也。长老至今称之……又二戴礼并传自孟卿，《大戴礼·曾子立事》篇，载《修身》《大略》二篇文。《小戴·乐记·三年问乡饮酒义篇》，载《礼论》《乐论》篇文，由是言之，曲台之礼，荀卿之支与余裔也。”[1]所谓“曲台之礼”，《汉书·儒林传》说：汉兴，鲁高堂生传《士礼》十七篇，孟卿事萧奋，以授后仓，后仓说礼数万言，号曰《后氏曲台礼》。

4.荀子与《春秋》

《春秋》是孔子所作一部重要儒家经典。荀子著述，与《春秋》关系密切。《十二诸侯年表》载：“荀卿、孟子、公孙固、韩非之徒，各往往捃摭《春秋》之文以著书，不可胜纪。”《春秋》三传的传承，都与荀子有关。关于《左传》，刘向《别录》（《左传正义》引）云：“左丘明授曾申，申授吴起，起授其子期，期授楚铎椒，椒作《钞撮》八卷，授虞卿，卿作《钞撮》九卷，授孙卿，卿授张苍。”汪中云：“《经典·叙录》云：左丘明作传，以授曾申，申传卫人吴起，起传其子期，期传楚人铎椒，椒传赵人虞卿，卿传同郡荀卿，名况。

[1] 王先谦：《荀子集解·考证下·汪中荀卿子通论》，《诸子集成》2，上海书店1986年版，第15页。

况传武威（据《史记·张丞相传》当作阳威）张苍，苍传洛阳贾谊。由是言之，《左氏春秋》，荀卿之传也。”

关于荀子传《左传》之事，马积高先生考证说：“汪氏所引陆德明《经典释文·叙录》本于刘向《别录》，刘向传《穀梁春秋》，而其言左氏之《传》如此，应有所据。……又《荀子·致士》末段云：‘赏不欲僭，刑不欲滥，赏僭则利及小人，刑滥则害及君子。若不幸而过，宁僭勿滥；与其害善，不若利淫。’与《左传》襄公二十六年所载蔡人声子对楚令尹子木语全同；且其所言春秋时事，亦大抵与《左传》合。他在《议兵》篇说：‘齐桓、晋文、楚庄、吴阖闾、越勾践是皆和齐之兵也’（《王霸》亦以此五人并举），以此言五人为五霸，即是据《左传》为说。”[1]

荀子与《穀梁传》传承的关系，“《儒林传》云，瑕邱江公受《穀梁春秋》及《诗》于鲁申公，传子至孙为博士。由是言之，《穀梁春秋》，荀卿子之传也。”[2] 关于《公羊春秋》，汪中曾指出：“《大略》篇《春秋》贤穆公善胥命，则为《公羊春秋》之学，楚元王交本学于浮邱伯，故刘向传《鲁诗》《穀梁春秋》，刘歆治《毛诗》《左氏春秋》，董仲舒治《公羊春秋》，故作书美荀卿，其学皆有所本。”[3] 荀子引用《公羊春秋》与《穀梁春秋》，引的是战国时期的传述，而不是汉代定本。董治安指出：“《荀子·大略》引《公羊传·桓公三年》又《文公十二年》两处，仅化用其意；而引《穀梁传·隐公八年》一条，恰恰文字又与今本小异，更表明《荀子》所引不是汉人写定本而是战国时的传述。”[4]

孔子作《春秋》，“约其文辞而指博”“《春秋》之义行，则天下乱臣贼子惧焉。”[5]《春秋》微言大义，“所谓大义者，诛讨乱贼以戒后世是也；所谓微言者，改立法制以致太平是也。”[6] 荀子评价《春秋》《劝学》和《儒效》篇都是“《春秋》之微”“《春秋》其微”。关于微之义，梁启雄曰：“《春秋》专用字句体例表达褒、贬、沮、劝，是用幽隐微妙之言暗示批判的端倪。”[7]

[1] 马积高：《荀学源流》，上海古籍出版社2000年版，第155页。
[2] 王先谦：《荀子集解·考证下·汪中荀卿子通论》，《诸子集成》2，上海书店1986年版，第15页。
[3] 王先谦：《荀子集解·考证下·汪中荀卿子通论》，《诸子集成》2，上海书店1986年版，第15页。
[4] 董治安、郑杰文、魏代富：《荀子汇校汇注附考说》上，凤凰出版社2018年版，第15页。
[5] 司马迁：《史记·孔子世家》，中华书局2014年版，第2352页。
[6] 皮锡瑞；《经学通论·春秋》，中华书局1954年版，第1页。
[7] 梁启雄：《荀子简释》，中华书局1983年版，第8页。

5.荀子与《易》

刘向《序录》说荀子善《易》。关于荀子的《易》学传承，或以为传自孔子再传弟子馯臂子弓，此说并不可信。关于《易》，荀子最著名的论断是《大略》篇所载“善为《易》者不占”。这一论断，可以说既是荀子《易》学思想的高度概括，又可以定性为荀子《易》学的鲜明特点。

关于《周易》一书的性质，朱子曾将其定性为卜筮之书。我们暂且不讨论朱子的定性是否确切，《易》自其产生之日，便与卜筮相关，这是确切无疑的。孔子对《周易》有着精深的研究。《论语·述而》：“加我数年，五十以学《易》，可以无大过矣。”《史记·孔子世家》：“孔子晚而喜《易》……读《易》，韦编三绝。”[1]孔子研究《周易》，在数术与义理之间，他更重视《易》之义理。马王堆帛书《要》篇载：“子曰：‘《易》，我后其祝卜矣。我观其德义耳也。幽赞而达乎数，明数而达乎德，有仁【守】者而义行之耳。……吾求其德而已，吾与史巫同途而殊归者也。’”[2]《论语·子路》：“子曰：‘南人有言曰：“人而无恒，不可以作巫医。”善夫！“不恒其德，或承之羞”，子曰：“不占而已矣！”’”“不恒其德，或承之羞”，为《恒》卦九三爻辞。孔子的意思是没有恒德，其有羞辱，不用占卜就可以知道其道理。荀子“善为《易》者不占”，即是继承与发展孔子这一思想。荀子思想充满了理性主义，对带有神秘色彩的占卜文化持绝对批评态度。因此，荀子继承了孔子研究《周易》重视义理的传统，并将其加以发挥，将孔子曾经研究过的与神秘文化相关的占卜内容完全摒弃，将其义理研究推向极致，提出了“善为《易》者不占”这一易学史上具有一定影响的论断。

在荀子看来，《周易》只是义理之书，其中所包含的义理，其他经书中也有包含，因此，他在提倡对儒家经典的学习，以及讨论儒家经典学术思想史的意义时，都没有提到《易》。在《荀子》一书，引《易》及《易传》的文字并不多。荀子引《易》主要有以下几处：

《荀子·非相》：“故君子之于言无厌。鄙夫反是，好其实不恤其文，是以终身不免埤污傭俗，故《易》曰：‘括囊，无咎无誉。’腐儒之谓也。”此处荀子所引，是《坤》卦卦辞。杨倞注：“腐儒，如朽腐之物，无所用也。引《易》

[1] 司马迁：《史记·孔子世家》，中华书局2014年版，第2346页。

[2] 转引自丁四新：《周易溯源与早期易学考论》，中国人民大学出版社2017年版，第108页。

以喻不谈说者。”[1] 此处荀子引用的《坤》卦卦辞，属于《易》之经文。而其引用方法，是引用经文以加强自己对腐儒的描述与论证，并没有更为深层次的义理内涵。

《荀子·大略》云：“《易》曰：‘复自道，何其咎？’《春秋》贤穆公，以为能变也。”“复自道，何其咎”为《小畜》卦的初九之辞。《象传》：“复自道，其义吉也。”《公羊传》说：“秦伯使遂来聘。遂者何？秦大夫也。秦无大夫，此何以书？贤穆公也。何贤乎穆公？以为能变也。”此处荀子用《易》证明《公羊春秋》记载的贤秦穆公，因为其能够知错而改。荀子引用《易》证明《公羊》义理，是荀子《易》之义理在他经也有包含的最有力的证明。

荀子《易》学研究，与《易传》相关的，是《荀子·大略》篇引《咸》卦：“《易》之《咸》，见夫妇。夫妇之道，不可不正也，君臣父子之本也。咸，感也，以高下下，以男下女，柔上而刚下。聘士之义，亲迎之道，重始也。”

根据学者研究，这一段《易》说，融汇了《易传》中的《象传》《说卦》《序卦》三篇之义而成一家之言。荀子在《易传》的基础上，对《咸》卦的微言大义进行了阐发。从卦象上看，《咸》卦艮下兑上，艮为山为男，兑为泽为女，山居泽下，男居女下，所以说以高下下，以男下女。女柔男刚，柔上而刚下。荀子以刚柔解卦，是受了《易传》的影响。[2]

荀子在《赋篇·云》，提到两个《易》卦名：“有物于此，卬卬兮天下之《咸》《蹇》也。”咸、蹇，过去学者未得其解，马积高先生认为是《易》之二卦名，荀子用此卦来形容云驻高山的壮观。[3]

刘向说荀子精通《易》，是指荀子精通《易》理。荀子精通《易》理，将《易》传中类的观念引入自己的学说，以此来构建自己的学说体系。《周易》理论的构架，是用比类的方法构筑了其阴阳学说体系，它用六十四卦的变化来类推世界万物的变化。如用乾坤象征天地、刚柔、男女、君臣、阴阳等等。《系辞传》说：“方以类聚，物以群分，吉凶生矣。”荀子的人能群能分，也是吸收了《周易》的观点。“引而申之，触类而长之”“其称名小，其取类也大”“杂而不越，于稽其类”。《同人·象传》：“君子以类族辨物。”《坤·象传》“西南得朋，乃以类行。”《乾卦·文言》：“同声相应，同气相求。水流湿，火就

[1] 王先谦：《荀子集解》，《诸子集成》2，上海书店1986年版，第53页。
[2] 廖名春：《〈荀子〉新探》，中国人民大学出版社2014年版，第247页。
[3] 马积高：《荀学源流》，上海古籍出版社2000年版，第162页。

燥。云从龙，风从虎。圣人作而万物睹。本乎天者亲上，本乎地者亲下，则各从其类也。”

荀子思想中，特别重视类的观念。《劝学》云：“物类之起，必有所始。荣辱之来，必象其德。肉腐出虫，鱼枯生蠹。怠慢忘身，祸灾乃作。强自取柱，柔自取束。邪秽在身，怨之所构。施薪若一，火就燥也；平地若一，水就湿也。草木畴生，禽兽群焉，物各从其类也。”

荀子将类的观念和由此衍生出来的类聚、类推等方法，提升到空前的理论高度，把是否能通“伦类”（《劝学》）和壹“统类”（《性恶》）当作学习、修养的最高目的和成为“圣人”“大儒”的标准。这显然是受到《易》学的启发。[1] 有关类的相关理论，在荀子学术思想史的架构中占据着重要地位（详下文）。

荀子对六经的传承，对汉代经学产生重要影响，汉代六经家法，大半系荀子所传。廖名春先生指出：“汉世儒家，不仅浮丘伯、申公、瑕丘江公、张苍一辈博士经生，大都出于荀子之传，就是诸子中出类拔萃之辈，自陆贾、贾谊以下，如扬雄、王符、荀悦之伦，也莫非荀子之传。而荀子对群经的理解和称引，也有不容忽视的价值。”[2]

（二）荀子经学研究的思想与方法

荀子的经学思想，大致可以概括为如下几个方面：

第一，在荀子看来，儒家的经典，共同包含了天地之间的大道。《劝学》云：“故《书》者，政事之纪也；《诗》者，中声之所止也；《礼》者，法之大分，类之纲纪也，故学至乎《礼》而止矣。夫是之谓道德之极。《礼》之敬文也，《乐》之中和也，《诗》《书》之博也，《春秋》之微也，在天地之间者毕矣。”《儒效》篇云：“圣人也者，道之管也。天下之道管是矣，百王之道一是矣。故《诗》《书》《礼》《乐》之归是矣。《诗》言是，其志也；《书》言是，其事也；《礼》言是，其行也；《乐》言是，其和也；《春秋》言是，其微也。故风之所以为不逐者，取是以节之也；《小雅》之所以为《小雅》者，取是而文之也；《大雅》之所以为《大雅》者，取是而光之也；《颂》之所以为至者，取是而通之也：天下之道毕是矣。”重视六经中包含的天地之道，是荀子经学思想的重要特色。

[1] 马积高：《荀学源流》，上海古籍出版社2000年版，第164页。
[2] 廖名春：《〈荀子〉新探》，中国人民大学出版社2014年版，第255页。

第二，儒家各种经典虽然共同包含了天地之间的大道，但各种经典都有一些客观方面的不足之处。《劝学》云："学莫便乎近其人。《礼》《乐》法而不说，《诗》《书》故而不切，《春秋》约而不速。方其人之习君子之说，则尊以遍矣，周于世矣。故曰学莫便乎近其人。"克服各种儒家经典不足的方法，是亲近尊师。

第三，在各种儒家经典中，荀子"隆礼义而杀《诗》《书》"。《劝学》云："不道礼宪，以《诗》《书》为之，譬之犹以指测河也，以戈舂黍也，以锥餐壶也，不可以得之矣。故隆礼，虽未明，法士也；不隆礼，虽察辩，散儒也。"荀子根据学者对待礼仪与《诗》《书》的态度、方法，对学者进行了分类。《儒效》篇云："故有俗人者，有俗儒者，有雅儒者，有大儒者。不学问，无正义，以富利为隆，是俗人者也。逢衣浅带，解果其冠，略法先王而足乱世术，缪学杂举，不知法后王而一制度，不知隆礼义而杀《诗》《书》；其衣冠行伪已同于世俗矣，然而不知恶者；其言议谈说已无以异于墨子矣，然而明不能别；呼先王以欺愚者而求衣食焉，得委积足以揜其口则扬扬如也；随其长子，事其便辟，举其上客，億然若终身之虏而不敢有他志：是俗儒者也。法后王，一制度，隆礼义而杀《诗》《书》，其言行已有大法矣，然而明不能齐，法教之所不及，闻见之所未至，则知不能类也。知之曰知之，不知曰不知，内不自以为诬，外不自以欺，以是尊贤畏法而不敢怠傲，是雅儒者也。""不知隆礼义而杀《诗》《书》"，被荀子贬低为俗儒；懂得这一点，荀子则称其为雅儒。

在诸经之中，荀子最重《礼》《乐》，因为在荀子看来，礼乐是圣王君子实现其外王理想的最根本的凭借。荀子的整个学术思想体系，可以说是围绕礼来构建的。重礼，是荀子学术思想的最大特色。其对儒家学说的最大贡献，也在于此。"法先王，统礼义，一制度，以浅持博，以古持今，以一持万，苟仁义之类也，虽在鸟兽之中，若别白黑，倚物怪变，所未尝闻也，卒然起一方，则举统类而应之，无所儗㤶，张法而度之，则晻然若合符节，是大儒者也。"（《儒效》）

第三节　荀子学术思想体系的构建

一、荀子为学思想

《劝学》为《荀子》书第一篇。《荀子》一书何以会以《劝学》开始，主要有两个方面的因素：一是彰显了《劝学》思想在荀子学术思想体系中的重要地位；二是如清人汪中所说，今本《荀子》“始于《劝学》，终于《尧问》，实仿《论语》”。

（一）荀子为学思想的渊源

荀子为学思想的渊源，主要有两个方面：一是对孔子为学思想的继承，二是为批评孟子为学思想而作。荀子通过继承孔子学说，批判孟子学说且返归孔子学说，并对孔子为学思想加以发展，形成了自己的为学思想，并将其提升为自己学术思想体系的重要组成部分。

1.对孔子为学思想的继承与弘扬

孔子为了构建自己的学术思想体系，非常重视为“学”。《论语》二十篇中，几乎每一篇都有论学的内容。《论语·学而》：“学而时习之，不亦说乎？”《论语·宪问》：“古之学者为己，今之学者为人。”《论语·为政》：“学而不思则罔，思而不学则殆。”《论语·雍也》：“有颜回者好学，不迁怒，不贰过。”《论语·学而》：“君子食无求饱，居无求安，敏于事而慎于言，就有道而正焉，可谓好学也已。”《论语·卫灵公》：“吾尝终日不食，终夜不寝，以思，无益，不如学也。”《论语·阳货》载孔子示子路：“好仁不好学，其蔽也愚；好知不好学，其蔽也荡；好信不好学，其蔽也贼；好直不好学，其蔽也绞；好勇不好学，其蔽也乱；好刚不好学，其蔽也狂。”《论语·学而》：“贤贤易色，事父母能竭其力，事君能致其身，与朋友交言而有信。虽曰未学，吾必谓之学矣。”等等，都是有关为学的经典性论述。孔子年十五有志于学，重视将学习的知识运用于实践，涵养道德，以修身为政，教育弟子。孔子之学，是将其仁学思想与礼学学术融为一体的媒介与桥梁。

荀子作为孔子思想的继承者，对孔子的为学思想也进行了继承，并加以发展。在学与思的关系上，荀子继承了孔子“吾尝终日不食，终夜不寝，以思，无益，不如学也”的学重于思的思想，提出了“吾尝终日而思矣，不如须臾之所学也”的学重于思的著名论断。他还继承了孔子“学而不思则罔，思而不学则殆”的学思结合思想，提出了“君子知夫不全不粹之不足以为美也，故诵数以贯之，思索以通之，为其人以处之，除其害者以持养之”（《劝学》）。孔子提出的“古之学者为己，今之学者为人”，被荀子直接继承，用于《劝学》中。孔子为学的内容，包括了各种道德修养之法和为政之策，特别是与心性之仁密切相关的礼义，荀子也做了比较全面的继承。

2.对孟子为学思想的批评

孟子作为孔子为学思想的继承者之一，他对孔子为学思想的继承，更多的是强调了道德和心性修养方面的内容。孔子特别强调的外在行为规范之礼，在孟子的为学思想中几乎不见了踪影。荀子针对孟子为学思想的缺失，着手恢复孔子关于学习的思想。孙伟先生指出：“荀子认为学习不应只包括人类的道德关系如‘忠’和‘信’，还应当包括‘礼’和‘法’，而这些正是战国后期社会所最需要的。”针对孟子关于“思”的观点只集中于如何发展心中的道德萌芽，而不是从政治秩序的角度思考如何使得所学到的东西应用于实践当中，孙伟先生认为，“荀子恢复了孔子关于‘思’的学说并将之发展到‘虑’的层次，这就要求一个人要同时考虑将所学东西诉诸实践后所产生的当前与长远影响。荀子力图通过使用这种新的思考方法来使得学习的东西能够被应用于实践，维护一种良好的社会秩序。”[1]

荀子为学理论中的“善假于物”的主张，应该是针对孟子的“万物皆备于我，反身而诚，乐莫大焉”的主张。[2] 按照孟子的“万物皆备于我”的理论，就会导向反身内省，反身内省不需要外假于物，只是向内而思。因此荀子提出“吾尝终日而思矣，不如须臾之所学也”的论断，作为君子善假于物的论证起点。

荀子论学，反对孟子，主张回归孔子。傅斯年先生指出：“荀子之论学，虽与孟子相违，然并非超脱于儒家之外，而实为孔子之正传，盖孟子别走新路，荀子又返其本源也。（参见本书下卷）自孔子‘克己复礼’之说引申之到极端，必有以性伪分善恶之论。自‘非生而知之，好古敏以求之’之说发挥之，其义将如《劝学》之篇。颜渊曰，‘夫子博我以文，约我以礼’，此固荀子言学之方也。（参见《劝学》《修身》等篇）若夫‘非礼勿视，非礼勿听，非礼勿言，非礼勿动’，

[1] 孙伟：《重塑儒家之道——荀子思想再考察》，人民出版社2010年版，第224页。
[2] 王博：《论〈劝学篇〉在〈荀子〉及儒家中的意义》，《哲学研究》2008年第5期。

以及好仁不好学其蔽也愚，好知不好学其蔽也荡等语，皆是荀学之根本。”[1]

《劝学》在荀子学术思想体系中占有重要地位。学者指出：“我们如果把它放在儒家思想内部‘判教’的角度上来考虑，《劝学篇》其实具有明显的针对性。具体来说，它针对的是思孟学派过分强调‘思’的倾向，以及与此相关的对于性与心等的不同理解。由此阅读的话，《劝学篇》在《荀子》以及儒家思想史中的意义就重要得多。”[2]

（二）为学与荀子学术思想体系的构建

为学思想，是荀子学术思想架构中非常重要的组成部分。他一方面把为学赋予了道德生命的意义，提出“学不可以已”，“学至乎没而后止也”（《劝学》），学与生命相始终；另一方面他又把性恶论、礼论、《解蔽》中的心论、修身论和为政理论等，通过为学很好地整合起来，使其学术思想体系显得宏达而不失严密。

荀子为学，强调的是法先王，师圣人。何淑静先生指出：“荀子之理论可说是其重智精神之表现，具体的途径即是学，即，通过全面和努力的学习古圣先贤之礼义建构和文化经籍而来，并非向空虚构的结果。荀子慨叹：‘不闻先王之遗言，不知学问之大也。’此可见荀子之重客观事实、重文化学统的取向。荀子自觉所论实为下学而上达之实践。《荀子》一书，开卷即是《劝学》。而荀子之客观精神并不只是随意提倡学习而已，更以专章进而详论为学之方法进程与为学之意义：‘学恶乎始，恶乎终？曰其数则始乎诵经，终乎读礼[3]。其义则始乎为士，终乎为圣人。’……换言之，荀子所谓‘学’乃是以师法为学，即以‘法先王，师圣人为学’。”[4]

在荀子学术思想体系中，礼义可以说是其核心内容。而礼义的产生，是因为人性恶（详礼论节）。关于荀子学说中为学、修礼与性恶的关系，《四库全书简明目录》云：“况亦孔氏之支流，其书大旨在劝学，而其学主于修礼，徒以恐人恃质而废学，故激为性恶之说。”[5] 为了解决人性恶的问题，为学便是一个很好的途径。“可学而能，可事而成之在人者，谓之伪”（《荀子·性恶》），通

[1] 傅斯年：《性命古训辩证》，《中国现代学术经典·傅斯年卷》，河北教育出版社1996年版，第146页。

[2] 王博：《论〈劝学篇〉在〈荀子〉及儒家中的意义》，《哲学研究》2008年第5期。

[3] 此礼不指诵读的“礼”，而是指“法之大分，类之纲纪”的礼。参见淑静：《荀子再探》，台湾学生书局2014年版，第65页注19。

[4] 李季全：《荀子再探·李序》，台湾学生书局2014年版，第6—7页。

[5] 王先谦：《荀子集解·考证上》，《诸子集成》2，上海书店1986年版，第6页。

过学之积，以及包含于为学之中的道德之积，成为圣人，“故学者，固学为圣人也”（《荀子 · 礼论》），这便构成了荀子为学的最终目的。圣人为解决人性恶的问题，生成礼义。另外，荀子为学主张尊师，“学莫便乎近其人”，师的功能是正礼，“礼者，所以正身也；师者，所以正礼也”（《荀子 · 修身》）。通过尊师，师正礼，学礼的目的得以实现。通过为学，荀子学术思想的基本框架建立起来了。

关于为学与荀子思想的架构，李泽厚先生曾有过精彩论述，他说：“荀子把‘学’与‘为’连结了起来，使‘劝学’与‘性伪’有了内在的联系。这个‘学’实质上已不限于修身，而是与整个人类生存的特征——善于利用外物、制造事物以达到自己的目的——有了联系……这不但把孔子‘工欲善其事，必先利其器’这一经验之谈提到极为重要的理论高度，而且它也成为荀子的整个理论的脊梁骨架，使荀子的‘礼论’‘性伪’‘劝学’和‘天人之分’由之而构成一个严整的体系。这个严整体系的逻辑基础正是这样：人类（社会）维持自己的生存发展必须组合在一起（‘群’）而与自然相奋斗（对付外在的自然），这就产生了‘礼’，‘礼’是为了‘分享’‘止争’，使群体能够存在和延续而建立起的规范秩序；这秩序正在于克制、改造、约束、节制人的自然欲求（改造内在的人性）；因此要维系这种社会秩序（外）和节制自然欲求（内），就必须‘学’，必须‘为’；可见‘为’‘学’对于人便有关系存在的根本意义。这样，‘学’‘为’在荀子这里也达到了本体高度。孟子的学是‘收放心’，回到超越的善的心性本体；荀子的‘学’则从‘木受绳则直’的外在规范，而可达到‘天见其明，地见其光’的宇宙本体。”[1]

（三）假与积：荀子为学思想的两个核心概念

假与积，是荀子为学思想中的两个核心概念。荀子的为学思想，是通过向外的学习、积累道德，从而成为圣人。向外的学习，首先要善假于物。《荀子 · 劝学》云：“吾尝终日而思矣，不如须臾之所学也；吾尝跂而望矣，不如登高之博见也。登高而招，臂非加长也，而见者远；顺风而呼，声非加疾也，而闻者彰。假舆马者，非利足也，而致千里；假舟楫者，非能水也，而绝江河。君子生非异也，善假于物也。”

学习的环境，也属于成就学习的重要因素。《荀子 · 劝学》云：“南方有鸟焉，名曰蒙鸠，以羽为巢而编之以发，系之苇苕，风至苕折，卵破子死。巢非不

[1] 李泽厚：《中国古代思想史论》，人民出版社1986年版，第113—114页。

完也，所系者然也。西方有木焉，名曰射干，茎长四寸，生于高山之上而临百仞之渊；木茎非能长也，所立者然也。蓬生麻中，不扶而直。兰槐之根是为芷。其渐之滫，君子不近，庶人不服，其质非不美也，所渐者然也。故君子居必择乡，游必就士，所以防邪僻而近中正也。”

荀子为学的目的，是为了养成圣人的品格。要养成圣人的品格，就要学习儒家经典、先王遗言，特别是学习礼义。《荀子·劝学》云：“学恶乎始？恶乎终？曰：其数则始乎诵经，终乎读礼；其义则始乎为士，终乎为圣人。真积力久则入，学至乎没而后止也。故学数有终，若其义则不可须臾舍也。为之，人也；舍之，禽兽也。”《荀子·儒效》篇云：“圣人也者，道之管也。天下之道管是矣，百王之道一是矣。故《诗》《书》《礼》《乐》之归是矣。”

从《劝学》和《儒效》篇可以看出，荀子认为儒家经典的学习和实践包括了天下之道、百王之道的所有内容，“不闻先王之遗言，不知学问之大也”（《荀子·劝学》）。所学之礼，是道德之极，法之大分，类之纲纪，因此，荀子提出为学始于诵经，止乎学礼。其内在的含义，则是始于为士，终乎为圣人。“我欲贱而贵，愚而智，贫而富，可乎？曰：其唯学乎。彼学者，行之，曰士也；敦慕焉，君子也；知之，圣人也。上为圣人，下为士君子，孰禁我哉！”（《荀子·儒效》）儒家经典，特别是礼义，应该说是学习所假的最为重要的内容。通过学习与修行儒家经典而成为圣人，是荀子为学的最终目标。

在荀子为学所学习的儒家经典中，没有《易》。《庄子·天下》篇说《易》以道阴阳，与《诗》《书》等一样为重要经典。荀子为学不列《易》，可能是因为荀子思想充满理性色彩，他反对神秘文化，反对占卜，而《易》发生之时便以占卜为主，因此他不强调学《易》的重要性。他主张“善《易》者不占”，《易》之义理，与其他经典义理相通，因此荀子所列学习经典，没有《易》。

在荀子看来，为学的过程是一个修行的过程，也是一个积累的过程，这种积累以知识的积累开始，终于道德的积累。“君子博学而日参省乎己”（《荀子·劝学》），通过学问的积累与不断的修行品德，达到“则知明而行无过矣”的境界。积累善行，是修行善心的重要路径。《荀子·劝学》云：“积土成山，风雨兴焉；积水成渊，蛟龙生焉；积善成德，而神明自得，圣心备焉。故不积跬步，无以致千里；不积小流，无以成江海。骐骥一跃，不能十步；驽马十驾，功在不舍。锲而舍之，朽木不折；锲而不舍，金石可镂。”积累，是为学成功的必由之路；圣人，也是人之所积善而成。

学问与品德的积累，需要持恒与专一。《荀子·劝学》云：“锲而舍之，朽木不折；锲而不舍，金石可镂。螾无爪牙之利，筋骨之强，上食埃土，下饮黄泉，用心一也。蟹六跪而二螯，非蛇蟮之穴无可寄托者，用心躁也。是故无冥冥之志者无昭昭之明；无惛惛之事者无赫赫之功。行衢道者不至，事两君者不容。目不能两视而明，耳不能两听而聪。螣蛇无足而飞，梧鼠五技而穷。《诗》曰：‘尸鸠在桑，其子七兮。淑人君子，其仪一兮。其仪一兮，心如结兮。’故君子结于一也。”《荀子·性恶》篇云：“今使涂之人伏术为学，专心一志，思索孰察，加日县久，积善而不息，则通于神明，参于天地矣。故圣人者，人之所积而致矣。”专一与积累，在荀子为学思想中不可或缺。

荀子认为，君子学与小人学的区别，便是是否将学问运用于身心修行，是否学以美身。“君子之学也，入乎耳，著乎心，布乎四体，形乎动静，端而言，蝡而动，一可以为法则。小人之学也，入乎耳，出乎口，口耳之间则四寸耳，曷足以美七尺之躯哉？古之学者为己，今之学者为人。君子之学也，以美其身；小人之学也，以为禽犊。”（《荀子·劝学》）将学问运用于身心修行，是对孔子“学而时习之”思想的继承与发展。荀子将为学作为一种修行过程，将积善作为修行成为圣人的路径，对宋明理学、特别是朱子之学有着深远的影响。

（四）尊师与隆礼

为学是一个修行过程，荀子认为，为学第一捷径为从师而学，也就是“学莫便乎近其人”，“学之经莫速乎好其人”（《荀子·劝学》）。之所以如此，是因为每一种经典文本的学习内容总存在一些天然的不足，“《礼》《乐》法而不说，《诗》《书》故而不切，《春秋》约而不速。方其人之习君子之说，则尊以遍矣，周于世矣。故曰学莫便乎近其人。”（《荀子·劝学》）只有随师学，才能有效避免单纯学习经典文本的各种弊端。

为学即是修身，“凡治气养心之术，莫径由礼，莫要得师，莫神一好。”（《荀子·修身》）为学路径，从师之后便是隆礼。“学之经莫速乎好其人，隆礼次之。”（《荀子·劝学》）不能从师，不能隆礼，只是学一些驳杂的知识，只是学习一些《诗》《书》上的文句，“则末世穷年，不免为陋儒而已”。（《荀子·劝学》）

荀子为学注重修行实践，《荀子·儒效》云：“不闻不若闻之，闻之不若见之，见之不若知之，知之不若行之，学至于行之而止矣。行之，明也。明之为圣人。圣人也者，本仁义，当是非，齐言行，不失豪厘，无它道焉，已乎行之矣。

故闻之而不见，虽博必谬；见之而不知，虽识必妄；知之而不行，虽敦必困。不闻不见，则虽当，非仁也。其道百举而百陷也。”[1]“君子之学如蜕，幡然迁之。故其行效，其立效，其坐效，其置颜色、出辞气效。无留善，无宿问。善学者尽其理，善行者究其难。”（《荀子·大略》）为学注重实践，凸显出荀子思想的理性色彩。

荀子认为，礼义具有非常鲜明的实践色彩，“礼者，类之纲纪，法之大分”（《荀子·劝学》），“学也者，礼法也”（《荀子·修身》），隆礼被荀子视为非常重要的为学路径。“将原先王，本仁义，则礼正其经纬蹊径也。若挈裘领，诎五指而顿之，顺者不可胜数也。不道礼宪，以《诗》《书》为之，譬之犹以指测河也，以戈舂黍也，以锥餐壶也，不可以得之矣。故隆礼，虽未明，法士也；不隆礼，虽察辩，散儒也。”（《荀子·劝学》）不以隆礼为学，最终只能成为一个不足称道的散儒。荀子经学思想中的“隆礼义而杀《诗》《书》”，也属于其注重为学实践的一种表述。

从人性恶的角度，荀子对尊师与隆礼进行了论证：“今人之性恶，必将待师法然后正，得礼义然后治。今人无师法，则偏险而不正；无礼义，同悖乱而不治。”《荀子·性恶》从师与隆礼，在荀子为学理论体系中占据着核心观念的位置。

（五）君子为学贵全

荀子为学，追求完美，追求全尽。“百发失一，不足谓善射；千里跬步不至，不足谓善御；伦类不通，仁义不一，不足谓善学。学也者，固学一之也。一出焉，一入焉，涂巷之人也。其善者少，不善者多，桀、纣、盗跖也；全之尽之，然后学者也。”（《荀子·劝学》）

荀子为学的最终目的，便是修证成为一个完美的、没有任何缺陷的圣人。“君子知夫不全不粹之不足以为美也，故诵数以贯之，思索以通之，为其人以处之，除其害者以持养之，使目非是无欲见也，使耳非是无欲闻也，使口非是无欲言也，使心非是无欲虑也。及至其致好之也，目好之五色，耳好之五声，口好之五味，心利之有天下。是故权利不能倾也，群众不能移也，天下不能荡也。生乎由是，死乎由是，夫是之谓德操。德操然后能定，能定然后能应，能定能应，夫是之谓成人。天见其明，地见其光，君子贵其全也。”（《荀子·劝学》）

[1] 王先谦：《荀子集解》，《诸子集成》2，上海书店1986年版，第90页。

二、天人新论

（一）战国以前天人关系简述

天人关系，是思想史上一个至关重要的命题。人类开始意识到自我，开始思考自己的命运时，天人关系便是他们思考的一个重要命题。对星空的神秘感，对自然灾害的无助，对命运无常的思考，往往都被归结为天人关系思考的范畴。远古时期的人们心目中的天，往往带有诸多神秘的色彩。我们将纯粹神话色彩的命题排除，中国最早关于天人关系的历史文献记载，是《尚书·尧典》中记载属于传说时代历史的“天命羲和，历象日月星辰”。经过学者们的研究，这则带有一定神话色彩的文献记载，属于古天文历法知识的范畴。中国古代天人关系，与天文历法知识紧密结合在一起。

有关夏代的文献开始出现天命的说法，《尚书·甘誓》记载甘之战，夏后启发表临战誓言：“有扈氏威侮五行，怠弃三正，天用剿绝其命，今予惟恭行天之罚。”[1] 夏后启奉天命讨伐有扈氏，夏后启既是有天命之人，也是天之代言人。夏末代帝王桀，自比于天上之日。生活在暴政中的夏民诅咒：“时日何丧，吾与汝偕亡。”（《尚书·汤誓》）商汤灭夏，也自称“有夏多罪，天命殛之”“予惟闻汝众言，夏氏有罪。予畏上帝，不敢不罚”（《尚书·汤誓》）。商代的至上神，传世文献记载有天和帝，甲骨文中只有帝，天没有至上神的含义。偏居于西北的小邦周灭掉享有天命的大邦殷，使思想家们开始对天命问题进行新的思考，德之概念被引进了天人关系的描述系统。有德才能有天命，无德便会丧失天命，天与人开始产生一定的分离，德成为天与人沟通的桥梁。

春秋时期，思想家们开始对天命问题进行进一步的思考。子产所说“天道远，人道迩”，将天道与人道相对而言，体现了重视人道的比较浓重的人文色彩。孔子之天命观，包含三个方面：一是天命自然观。《论语·阳货》云：“天何言哉？四时行焉，百物生焉，天何言哉？”四时行焉，百物生焉之天，属于自然之天。二是天命道德观。《史记·孔子世家》载：“天生德于予，桓魋其如予何”，此处的孔子，将天命与自己的德性联系在一起，具有一定的神秘思想。三是天为圣人模拟的法则。《论语·泰伯》：“唯天为大，唯尧则之。”圣人通过则天，实现天人合一。

孔子思想中的自然天命、圣人则天等，都被荀子所继承，并加以发展。荀子

[1] 孙星衍：《尚书今古文注疏》上，中华书局1986年版，第210—212页。

将孔子天命思想的部分内容和道家天命思想结合起来，形成了自己独具特色的新天人论。荀子的新天人论以天人之分发端，以天生人成为归宿。其中充满了理性主义色彩。

春秋战国时期的老庄思想，其天的概念自然主义色彩比较浓重。荀子思想中的天地人的思维模式，应当是继承自老子思想。在天人关系上，庄子主张自然之天地为万物的创始者，这一思想被荀子所继承。学者指出："庄子认为'天'与'地'是万物包括人的创始者。这样，荀子和庄子都认为'天'是产生万物包括人的'自然'。这种相似性提醒我们，荀子有可能在'自然天'这方面受到庄子的影响。荀子也许从庄子那里借用了'天'的学说来重塑儒家关于'天'的观念。"[1]

天人相分的观念在郭店楚简中被进一步强化。《郭店楚简·穷达以时》云："有天有人，天人有分。察天人之分，而知所行矣。有其人，无其世，虽贤弗行矣。苟有其世，何难之有哉？"

胡适指出："荀子在儒家中最为特殊，正因为他能用老子一般的'无意志的天'，来改正儒家、墨家的'赏善罚恶'有意志的天，同时却又能免去老子、庄子天道观念的安命守旧种种恶果。"[2] 可以说，春秋战国时期思想家们关于天人关系的丰富论说，成为荀子构建其天人新论的思想来源。

（二）天人之分

荀子为了构建新的天人关系思想体系，在以往天命自然、天人相分等思想的基础上，大力弘扬天的自然性，将天与人从自然的角度严格加以区分，提出了一整套有关天人关系的新的论述。

《荀子·天论》云："天行有常，不为尧存，不为桀亡。应之以治则吉，应之以乱则凶。强本而节用，则天不能贫；养备而动时，则天不能病；修道而不贰，则天不能祸。故水旱不能使之饥渴[3]，寒暑不能使之疾，袄怪不能使之凶。本荒而用侈，则天不能使之富；养略而动罕，则天不能使之全；倍道而妄行，则天不能使之吉。故水旱未至而饥，寒暑未薄而疾，袄怪未至而凶。受时与治世同，而殃祸与治世异，不可以怨天，其道然也。故明于天人之分，则可谓至人矣。"荀子认为，天的运行有其自己的规律，不会因为人的意志而改变。天也不

[1] 王伟：《重塑儒家之道——荀子思想再考察》，人民出版社2010年版，第99页。
[2] 胡适：《中国哲学史大纲》，刘梦溪主编：《中国现代学术经典·胡适卷》，河北教育出版社1996年版，第212页。
[3] 渴字或衍文，见王先谦《荀子集解》，《诸子集成》2，上海书店1986年版，第205页。

能从根本上改变人的行为的结果，人遵循人世的治世规则，天对其结果也无可奈何。从行为与结果的关系的角度，荀子将人与天彻底分开。他将明于天人之分的人，称为至人。需要指出的是，荀子的天人相分，并非天与人毫无关系，人对自然之天，有一种“应”的关系，“应之以治则吉，应之以乱则凶”。天人相分与人对天之应，是荀子构建天人关系的两个基本支点。

荀子认为，天人各有自己的运行与行事规律，彼此之间并不能互相干扰。《荀子·天论》云：“治乱天邪？曰：日月、星辰、瑞历，是禹、桀之所同也，禹以治，桀以乱，治乱非天也。时邪？曰：繁启蕃长于春夏，畜积收臧于秋冬，是又禹、桀之所同也，禹以治，桀以乱，治乱非时也。地邪？曰：得地则生，失地则死，是又禹、桀之所同也，禹以治，桀以乱，治乱非地也。《诗》曰：‘天作高山，大王荒之，彼作矣，文王康之。’此之谓也。”“天不为人之恶寒也辍冬，地不为人之恶辽远也辍广，君子不为小人之匈匈也辍行。天有常道矣，地有常数矣，君子有常体矣。君子道其常而小人计其功。”荀子认为，天地运行，与圣君、暴君的治乱没有关系。圣君所作的，是顺天行事。君子与天之常道、地之常数相应而有常体，君子之常体，即是礼义。

荀子所言天人之分，主要是强调天人之职之分。《荀子·不苟》篇云：“天不言而人推高焉，地不言而人推厚焉，四时不言而百姓期焉。”将荀子的天人之分理解成为天人是互不相干的两个事物，是曲解荀子原意，这样的理解根本没有办法理解荀子天人关系新论的理论结构。学者指出，“天人之分，一方面把人自天道、天志上区分开来，另方面把天自人道上区分开来，则天道、人道等超越意义均被消解。”[1] 天人在相参的背景下，各自具备了相对独立的意义，这是荀子天人相分的基本思想。

荀子论证的天人相分，实质上是一种天人合一。李泽厚先生指出：“如果只讲人为，便会陷入盲动而达不到所期望的目的和效果，所以必须强调遵循客观规律的必要性。因之，与表面现象相反，荀子虽然提出‘天人之分’，却又仍然有着‘天人合一’的思想”。[2]

荀子的天人之分，并非是说天人之间没有任何关系，只是强调天人行为各自的独立性，这种天人之分，为其所提出的天生人成思想打下了基础（详下文）。

[1] 杨长镇：《荀子类的存有论研究》，文津出版社1996年版，第13页。
[2] 李泽厚：《中国古代思想史论》，人民出版社1986年版，第117页。

（三）天职与人之天性

荀子天人之分的命题，其宗旨并非将人与天彻底分成毫不相关的两个部分。《荀子·性恶》篇云："善言天者必有征于人"，对于天的言说，需要人来征明。天与人在荀子的天人论中还是处在一个体系之中。荀子所言天人之分，是为了区分天职与人之天性。通过天职与人之天性的论述，荀子开始构建新的天人论。

《荀子·天论》云："不为而成，不求而得，夫是之谓天职。如是者，虽深，其人不加虑焉；虽大，不加能焉；虽精，不加察焉：夫是之谓不与天争职。"自然之天的天职，其属性也是自然的。人对天职，"不能加""不能察"，天职对人而言，仍然属于分。天职自然，天的运行自然，其生万物之功——天功也自然。《天论》云："列星随旋，日月递照，四时代御，阴阳大化，风雨博施，万物各得其和以生，各得其养以成，不见其事而见其功，夫是之谓神。皆知其所以成，莫知其无形，夫是之谓天【功】。"[1] 因天生万物"不见其事而见其功"，具有自然而神奇的功效，因此荀子提出"唯圣人为不求知天"。杨倞注说："既天道难测，圣人但修人事不务役虑于知天也。"[2] 杨倞注点出了荀子所言"唯圣人为不求知天"的精神所在。为下文荀子所说"其行曲治，其养曲适，其生不伤，夫是之谓知天"做了铺垫。

在论述了天职、天功之后，荀子开始通过对人的天性的论述建立天人之间新的关系。《荀子·天论》云："天职既立，天功既成，形具而神生，好恶、喜怒、哀乐臧焉，夫是之谓天情。耳目鼻口形能，各有接而不相能也，夫是之谓天官。心居中虚以治五官，夫是之谓天君。财非其类，以养其类，夫是之谓天养。顺其类者谓之福，逆其类者谓之祸，夫是之谓天政。"

天情是人不为而成、不求而得的天然情欲，天官是人的天生器官与外物相接而产生的天然感知，天君心则是感官感知后自然而产生的思虑功能。"财非其类，以养其类"的天养属于自然之养，天政则属于顺其类而行之政。在荀子的思想中，天地生万物，人属于天地所生的最有灵性的万物之一，因此人也具有天之自然属性：性。通过人与天同样的自然属性，荀子重新将天与人纳入一个既明确相分（职能）、又清晰相关（自然属性）的体系之内。"可以说，荀况否认人类和自然在价值方面的关联，但不能否认，在生物意义上的人的生成过程中，没有

[1] 杨倞注："或曰当为'夫是之谓天功'。"王念孙曰："或曰是也。人功有形而天功无形，故曰：莫知其无形，夫是之谓天功。"参见王先谦：《荀子集解》，《诸子集成》2，上海书店1986年版，第206页。

[2] 王先谦：《荀子集解》，《诸子集成》2，上海书店1986年版，第206页。

人为介入的余地，自然和人类有着连续性。因此，荀况也就坦率地承认这一点，把人生来便有的感觉器官称为‘天官’，把人生来便有的感情称为‘天情’，把统率人的各种机能生来便有的‘心’称为‘天君’，明确地表示了人与自然的连续性。”[1]

荀子建立新的人天关系，一方面是强调天人之分，另一方面则通过人的活动来完成。杨长镇先生指出：“荀子论人或人之活动，亦以‘天’称之（如天官、天君、天情、天养、天政），故基本上人对天之认识或重建，并非单向地、片面地由人所决定，（若此，则人成为天以外之超越者，而成为新的‘天’了）而是一定意义下由人与世界诸现象互动决定的。因此就在天之现象被人文之关注重建为带有人文色彩的现象之同时，人和天的关系也就被重建了。”[2]

（四）自然怪异与灾变的理性阐释

自然界的怪异现象，是天的神秘性产生的重要原因。荀子为了阐释自然之天的思想，对自然怪异和灾变进行了理性的阐释。他说：“星队、木鸣，国人皆恐。曰：是何也？曰：无何也，是天地之变，阴阳之化，物之罕至者也，怪之可也，而畏之非也。夫日月之有蚀，风雨之不时，怪星之党见，是无世而不常有之。上明而政平，则是虽并世起，无伤也；上闇而政险，则是虽无一至者，无益也。夫星之队，木之鸣，是天地之变，阴阳之化，物之罕至者也，怪之可也，而畏之非也。”（《荀子·天论》）荀子认为，自然界发生的木鸣星坠等怪异之事，只是自然界阴阳变化中较少出现的现象，它们也属于自然界变化的一种，感到怪异是可以的，不用害怕。怪异现象出现，如果“上明而政平”，就不会产生任何灾难性后果。“上闇而政险”，自然之天没有任何灾异发生，也会产生灾难。

荀子对自然怪异与灾变的理性阐释，是为了说明礼义对于人间社会治理的重要性。没有礼义之治，便会产生人妖。《荀子·天论》云：“物之已至者，人祆则可畏也。楛耕伤稼，耘耨失岁，政险失民，田薉稼恶，籴贵民饥，道路有死人，夫是之谓人祆。政令不明，举错不时，本事不理，夫是之谓人祆。礼义不修，内外无别，男女淫乱，则父子相疑，上下乖离，寇难并至，夫是之谓人祆。祆是生于乱，三者错，无安国。其说甚尔，其灾甚惨。勉力不时，则牛马相生，

[1]［日］小野泽精一、福永光司、山井涌编，李庆译：《气的思想——中国自然观与人的观念的发展》，上海人民出版社2014年版，第79页。

[2] 杨长镇：《荀子类的存有论研究》，文津出版社1996年版，20页。

六畜作祆[1]，可怪也，而不可畏也。传曰：‘万物之怪，书不说。无用之辩，不急之察，弃而不治。’若夫君臣之义，父子之亲，夫妇之别，则日切瑳而不舍也。”荀子的这一论证，就是“善言天者征之于人”。

对于人们日常举行的求雨祭祀之礼——雩以及卜筮等，荀子也进行了说明：“雩而雨，何也？曰：无何也，犹不雩而雨也。日月食而救之，天旱而雩，卜筮然后决大事，非以为得求也，以文之也。故君子以为文，而百姓以为神。以为文则吉，以为神则凶也。”（《荀子·天论》）荀子的这些论述，使天脱离了神秘主义色彩，这就为其思想体系的核心——礼义之统的建立打开了无限的空间。

对荀子反对神秘思想的自然观，也有学者持批判态度。周群振先生云：“荀子必以自然的物理现象，与神怪迷信相对，言之固似强而有力，明而有征，足以博得一般喜好理智自矜者的同感，但中间却抹杀了绝对化的天地精神之存在，以及人由一己之真切体认与精诚感应所生发的敬畏之情；甚者，且明白宣称‘大天而思之，孰与物畜而制之；从天而颂之，孰与制天命而用之’（天论篇），以示根本而澈底的反对，是即使整个宇宙完全失去其应有的超越普遍之理据，而成一平铺散漫，游离无归的盲目变换之场所矣。宇宙如此，人将奈何？原则上当然亦不过是自然的物理物势，在盲目以趋的混乱过程中，偶然地拖带出来的‘自然人’而已；然而到此为止，之所谓人，便再也看不出有何可以自足自持的主体性和价值意义，以至心性思想，必然不可避免地要走向同于告子的路途了。”[2]周先生从人的主体性方面来反对荀子的天命自然观，也是有一定道理的。

（五）天地人之能参

在荀子思想中，正是因为天人职能之明确相分，才使天地人重新建立了一种能参的新关系。《荀子·天论》云：“天有其时，地有其财（一说利），人有其治，夫是之谓能参。舍其所以参而愿其所参，则惑矣。”扬雄所说：“天无人不因，人无天不成”（《法言·重黎》），与荀子天地人参的思想接近，或是受了荀子天人思想的影响。

关于参字的含义，周群振先生认为：“荀子不至此义，他所谓的‘参’，只是人有其治的‘治’字之引申地说。”[3]梁启雄说：“参借为三。天有其时，谓寒来暑往，春生夏长秋敛冬藏。地有其财，谓地生动植矿等物质。人有其治，

---

[1] 中华书局1988年点校本《荀子集解》作“祆”，《诸子集成》影印本《荀子集解》作“袄”（第209—210页），查阅了其他版本多作“祆”，当以作“祆”是。

[2] 周群振：《荀子思想研究》，文津出版社1987年版，第29页。

[3] 周群振：《荀子思想研究》，文津出版社1987年版，第147页。

谓人类因天时地财的适宜性而善用之。这样，可见天地人各有其道。明白这个道理，人们就专致力于人道，不干天地，因此，人道自然隆盛，可与天地配合而为三。故曰：‘夫是之谓能参。’”[1] 从梁先生的论述中，我们仍然没有看出天地人如何配合，才为三。杨倞注云：“人能治天时地财而用之，则是参于天地。”[2] 人顺天时而行，利地力而用，完美地治理社会与人身，是谓天地参。在天人关系中，荀子一方面强调了天地的自然性，另一方面则强调了礼义对人的自然性的作为与化解。我们认为，荀子的天人新论，是建立以人的礼义之治为归宗的天人合一的新天人合一论。

人参于天地，是参照天地之规律，运用于人事，使用礼义治国治民。《荀子·天论》云：“在天者莫明于日月，在地者莫明于水火，在物者莫明于珠玉，在人者莫明于礼义。故日月不高，则光晖不赫；水火不积，则晖润不博；珠玉不睹乎外，则王公不以为宝；礼义不加于国家，则功名不白。故人之命在天，国之命在礼。君人者隆礼尊贤而王，重法爱民而霸，好利多诈而危，权谋、倾覆、幽险而尽亡矣。”

在荀子的天人新论中，君子具有治理天地的能力。《荀子·礼论》云：“天地合而万物生，阴阳接而变化起，性伪合而天下治。天能生物，不能辨物也；地能载人，不能治人也；宇中万物、生人之属，待圣人然后分也。”《荀子·王制》云：“天地者，生之始也；礼义者，治之始也；君子者，礼义之始也。为之，贯之，积重之，致好之者，君子之始也。故天地生君子，君子理天地。君子者，天地之参也，万物之总也，民之父母也。无君子则天地不理，礼义无统，上无君师，下无父子，夫是之谓至乱。君臣、父子、兄弟、夫妇，始则终，终则始，与天地同理，与万世同久，夫是之谓大本。”牟宗三先生指出：“荀子之天，非宗教的，非形上的，亦非艺术的，乃‘自然’的。以人为礼义法度（人道）治天，则能参。在荀子，性与天俱是被治的，亦俱有‘自然’义。”[3]

荀子在定义了天职、天功、天情、天官、天君、天养、天政等后，便展开了自己天人关系新论的关键论证。《荀子·天论》云：“暗其天君，乱其天官，弃其天养，逆其天政，背其天情，以丧天功，夫是之谓大凶。圣人清其天君，正其天官，备其天养，顺其天政，养其天情，以全其天功。如是，则知其所为，知其

[1] 梁启雄：《荀子简释》，中华书局1983年版，第222页。
[2] 王先谦：《荀子集解》，《诸子集成》2，上海书店1986年版，第206页。
[3] 吴兴文：《牟宗三文集·历史哲学》，吉林出版集团有限责任公司2009年版，第118页。

所不为矣，则天地官而万物役矣。其行曲治，其养曲适，其生不伤，夫是之谓知天。”《天论》，大多数学者认为属于研究荀子的可靠文献。荀子前面讲“君子不求知天”，这里又说“夫是之谓知天”，学者或认为这是荀子思想的内在矛盾处，或认为是荀子后学编辑荀子文献出现的矛盾。其实学者的以上看法是错会了荀子的原意。前文荀子言“君子不求知天”，是不求知自然之天的生成万物的内在原理，而此处的“夫是之谓知天”，是指人通过自己天生器官的自然活动，从而达到的官理天地万物、养天情、成天功的一种状态。杨倞注云：“其所自修行之政曲尽其治，其所养人之术曲尽其适，其生长万物无所伤害，是谓知天也。明于人事则知天物，其要则曲尽也。”[1] 政治完好、养人尽适、生长的万物无所害，君子通过明于人事，实现了知天的天功。荀子将本已两分的天与人又重新完好地结合在一起。荀子“对天之重建，不止是意义上或形式上的，亦是实质上对整个人文世界之证立。是在天人辩证共存、互动过程中，由人的实践给出万物之名或意义，亦实质地构造了具人文理序的世界。”[2]

《荀子·天论》云：“故大巧在所不为，大智在所不虑。所志于天者，已其见象之可以期者矣；所志于地者，已其见宜之可以息者矣；所志于四时者，已其见数之可以事者矣；所志于阴阳者，已其见和之可以治者矣。官人守天而自为守道也。”君子对自然之天，见其天象而期与人之天性相合。杨倞注：“志，记识也。圣人虽不务知天，犹有记忆以助治道，所以记忆于天者，其见垂象之文可以知其节侯者是也，谓若尧命羲和钦若昊天，历象日月星辰，敬授人时者也。”除其训志为记识显迂曲外，基本可从。志，当训为知。在天人关系中，荀子放弃追求自然天之神秘之道，从追求知天所生之人的天然之性，顺其自然地实现知天的天人一体状态。“人之‘知天’不是穷神知化之知，亦非格物穷理之知，而是在人作为现象所可能的一切活动范围内活动的‘知’——即以‘全其天功’为基本原则的‘知’。”[3]

荀子认为，人与天象之期合，也就是礼义之治与天地自然之对应。《荀子·天论》云：“在天者莫明于日月，在地者莫明于水火，在物者莫明于珠玉，在人者莫明于礼义……故人之命在天，国之命在礼。”

与天地人参、君子隆礼尊贤、重法爱民等表述相关，荀子还提出要“制天

[1] 王先谦：《荀子集解》，《诸子集成》2，上海书店1986年版，第207页。
[2] 杨长镇：《荀子类的存有论研究》，文津出版社1996年版，第22页。
[3] 杨长镇：《荀子类的存有论研究》，文津出版社1996年版，第18页。

命而用之”的主张。《荀子·天论》云：“大天而思之，孰与物畜而制（依王念孙说，当做裁）[1]之？从天而颂之，孰与制天命而用之？望时而待之，孰与应时而使之？因物而多之，孰与骋能而化之？思物而物之，孰与理物而勿失之也？愿于物之所以生，孰与有物之所以成？故错人而思天，则失万物之情。”荀子提出的“制天命而用之”，是天地人参的另外一种表述。以往多被学者作为荀子唯物主义天论和荀子主张人能胜天的证据。其实这是对荀子天人关系论的错解。荀子连用“大天而思之”“从天而颂之”等几个排比句，最终是要说明在天人关系上应注重人世的现实治理，而不应对自然之天产生玄思和空颂。其“制天命而用之”的“天命”，非是孟子等学者所使用的带有神秘色彩的天定命运，而是天之自然生命，荀子意思是说“称颂上天，不如将天命自然作为一种制度而使用它”，这样的训释才能使几个排比句思想连贯相通。“制天命而用之”，与人定胜天思想毫不相关，也没有控制天命的唯物主义含义。

荀子言天虽然偶然也可见其有些许传统意义上的天命感，如《荀子·修身》云：“老老而壮者归焉，不穷穷而通者积焉，行乎冥冥而施乎无报，而贤不肖一焉。人有此三行，虽有大过，天其不遂乎！”又如《荀子·不苟》：“君子，小人之反也。君子大心则敬天而道，小心则畏义而节。”但类似说法在很大程度上表明，在荀子作哲学的初步理性化的过程中，有些甚至还不一定是自觉的。但毫无疑问，就思想之总体而言，荀子之天乃为自然之天。[2]关于荀子以气来说明天，日本学者认为：“一方面说明天作为单纯物质性存在对人而言不具任何权威性，另一方面，从生物生成过程的角度，又表明自然和人类保持着连续性。”[3]

三、礼论

荀子的学术思想体系，究竟是以性恶论还是以礼论为核心来构建，学者间存在不同的认识。荀子的礼论以性恶论为基础而构建，可以说性恶论是荀子哲学思想的基础。荀子的整个学术思想体系，则是以礼论为基础而构建的。王先谦《荀子集解·序》云：“荀子论学论治，皆以礼为宗，反复推详，务明其指趣，为千古修道立教所莫能外。”[4]荀子学术思想体系中其他重要命题，如性恶、为

[1] 王先谦：《荀子集解》，《诸子集成》2，上海书店1986年版，第211页。

[2] 东方朔：《合理性之寻求——荀子思想研究论集》，上海人民出版社2017年版，第113—114页注41。

[3] 小野泽精一、福永光司、山井涌编著，李庆译：《气的思想》，上海人民出版社1990年版，第83页。转引自东方朔：《合理性之追求——荀子思想研究论集》，上海人民出版社2017年版，第113页注35。

[4] 王先谦：《荀子集解·序》，《诸子集成》2，上海书店1986年版，第1页。

学、修身、解蔽、议兵等，都与荀子的礼思想紧密相连。《荀子》一书几乎每篇都言礼，《荀子·礼论》是礼的专论，前半部分谈礼的起源等基本理论，后半部分专门谈丧礼。把握住荀子学术思想中的礼论，便等于把握住了荀子学术思想体系的核心。

（一）荀子礼学思想的构建

礼，可以说是中国传统社会思想体系中的核心观念，它起源于远古时期先民的巫术传统与风俗积累。西周以后，礼开始与罚相结合，具有了维护社会政治秩序的功能。孔子说："夏礼，吾能言之，杞不足征矣；殷礼，吾能言之，宋不足征也。文献不足故也，足则吾能征之矣。"（《论语·八佾》）对夏商之礼进行了阐说。"周监于二代，郁郁乎文哉，吾从周"（《论语·八佾》），表达了孔子对周礼的崇敬之情。在孔子学术思想体系中，生于外在社会的礼与生于内心的仁相互作用，通过礼的修行向内达到仁的境界，向外进行社会治理。《史记·仲尼弟子列传》云："子游曰：'昔者偃闻诸夫子曰，君子学道则爱人，小人学道则易使。'"《集解》引孔安国曰："道谓礼乐也。乐以和人，人和则易使。"孔子认为，仁者爱人，学礼乐之道向内便会进入仁者爱人之境。

《论语·颜渊》："仲弓问仁，子曰：'出门如见大宾，使民如承大祭；己所不欲，勿施于人，在邦无怨，在家无怨。'"孔子教导仲弓的，一方面是以礼的形式实现仁；另一方面是使民以礼，在邦无怨，即以礼为政。《论语·雍也》："仲弓问子桑伯子，子曰：'可也，简。'仲弓曰：'居敬而行简，以临其民，不亦可乎？居简而行简，无乃太简乎？'子曰：'雍之言然。'""居敬而行简，以临其民"，所表达的也是以礼为政。通过礼的学习与修行以达到治理社会的目的，是孔子礼学思想的重要内容之一。

孟子主要继承了孔子的仁学思想，荀子主要继承了孔子思想中礼以治世的内容[1]，并将其发扬光大，使其成为自己学术思想的核心观念。

荀子发展孔子的礼以治世思想，将礼外转提升为治理社会的标准与规则。牟宗三先生指出："荀子之文化生命、文化理想，则转而为'通体是礼义'。孔子与孟子俱由内转，而荀子则自外传。"[2] 荀子将礼义外转，使之成为治理社会的法则。牟宗三先生又云："礼宪是构造社会人群之法式，将散漫而无分义之

[1] 周群振先生指出："孔子之言礼，必主于仁——即礼以仁为主，所以说'克己复礼为仁'，'人而不仁，如礼何？'荀子则思不及此，颇有反过来以仁主于礼——即仁以礼为主的倾向。"参见周群振《荀子思想研究》，文津出版社1987年版，第88—89页。

[2] 吴兴文：《牟宗三文集·历史哲学》，吉林出版集团有限责任公司2009年版，第116页。

人群稳固而贞定之，使之结成一客观之存在。故礼宪者实是仁义之客观化。荀子特重此构成客体之礼宪，故曰外王之极致，亦比较有客观精神也。其重现实之组织，重礼义之统，重分重义，皆客观精神之表现也。”[1]荀子外转的礼义，充满了客观精神，这便是荀子礼义思想的价值所在。

根据佐藤将之的研究，《荀子》的“礼”概念大抵含有如下九种不同的功能：“（1）修身的主要方法；（2）让伦理行为符合美感的方法；（3）养身、养心、养欲的最佳方式；（4）最关键的社会资源分配准则；（5）唯一能够控制国君的规范；（6）媒介生死两界，形成统贯历史时间的规范；（7）国君选聘最高人格之臣下的依据；（8）让‘法’和‘政’得顺利运作之依据；以及（9）统贯整体宇宙人类之原理与秩序本身。从这九点不难看出，《荀子》的礼思想所涵盖的范围和意义，比先秦任何有关‘礼’的文献更为宽阔又深入。”[2]

荀子的礼学，超越了旧的传统，突出了礼的作用，丰富了礼的内涵，完成了礼义之统。他说：“善为礼者不相。”（《荀子·大略》）这是对儒生的以相礼为职业的旧传统的突破。[3]

荀子的学术思想，以礼为核心来构建。其为学思想，将礼作为学习的重要目标，提出“学止乎礼”；荀子论述礼的起源，以人性恶为基础；荀子的为政思想，以礼为治世途径和行政标准；其对诸子的批评，也以礼为判断是非的标准；其正名思想，归于礼论；其解蔽、非相等思想，莫不与礼密切相关。

荀子礼学最突出的特色，是将礼提升到了形而上的地位。龙宇纯特别注意“礼”与荀子的形上论之间的关系。他说：“宇宙万有及一切人事无不摄于一礼字之中，礼不仅为人类行为及政治之纲纪，且亦为宇宙天地之本体。后一观念似不为学者所察及。学者所注意的只是：荀子在老庄之后，受老庄学者之影响，把传统以来的‘主宰天’‘义理天’或‘人格天’看成‘自然天’，却忽视了主张‘隆礼’的荀子，放眼宇宙，早已悟出了‘天地以礼合，日月以礼明，四时以礼序，星辰以礼行，江河以礼流，万物以礼昌’的‘礼的宇宙观’。换句话说，‘礼’才是荀子哲学的本体，‘宇中一切不离礼’的观念才是荀子的基本观点。”[4]荀子的宇宙观，便是礼的宇宙观。

周群振先生指出：“就儒家学统观之，孔子通过对夏、商、周三代之历史意

[1]吴兴文：《牟宗三文集·名家与荀子》，吉林出版集团有限责任公司2009年版，第134页。

[2][日]佐藤将之：《荀学与荀子思想研究：评析·前景·构想》，万卷楼2017年版，第226页。

[3]杨太辛：《论荀子的学术批评》，《哲学研究》1992年第10期。

[4]龙宇纯：《荀子研究论集》，台湾学生书局1989年版，第70—71页。

义的反省，雅言礼之价值与效用。孟子就孔子所言者，进一步将价值转到人之心性上来，专就礼之根源处立论；荀子则在知性主体之辩解下，直契周公‘制礼’与孔子‘从周’之义，侧重礼之客观效用，并因强调礼制典宪之严整齐一、而形成‘礼之统类’的观念，由是展开一系列的精密而完备的学说。”[1]

（二）礼的起源

礼是如何起源的？荀子认为礼的起源与人本能即有的欲望有关。荀子说：“人生而有欲，欲而不得，则不能无求；求而无度量分界，则不能不争；争则乱，乱则穷。先王恶其乱也，故制礼义以分之，以养人之欲，给人之求，使欲必不穷乎物，物必不屈于欲，两者相持而长，是礼之所起也。”（《荀子·礼论》）人生而有欲，顺欲而为便会产生争斗，产生社会混乱，社会混乱人便穷蹙。先王为了避免这种混乱，于是制定了礼义，以礼义的形式规定人群之分别，养人之欲，使欲与物相持而长。人生而有欲，便是荀子人性论中的人性恶。

荀子还曾从人性的角度论证礼义的起源[2]。他说：“凡礼义者，是生于圣人之伪，非故生于人之性也。故陶人埏埴而为器，然则器生于工人之伪，非故生于人之性也。故工人斫木而成器，然则器生于工人之伪，非故生于人之性也。圣人积思虑、习伪故，以生礼义而起法度，然则礼义法度者，是生于圣人之伪，非故生于人之性也。若夫目好色，耳好声，口好味，心好利，骨体肤理好愉佚，是皆生于人之情性者也，感而自然，不待事而后生之者也。夫感而不能然，必且待事而后然者，谓之生于伪。是性、伪之所生，其不同之征也。”（《荀子·性恶》）圣人为了解决性恶的问题，“积思虑、习伪故”，从而生起礼义法度。可以说，在荀子学说中，圣人是礼义法度创造者。

荀子说：“故圣人化性而起伪，伪起而生礼义，礼义生而制法度。然则礼义法度者，是圣人之所生也。”（《荀子·性恶》）圣人制定礼义法度，通过分的途径，达到养人之欲的目的。“故礼者，养也。刍豢稻粱，五味调香，所以养口也；椒兰芬，所以养鼻也；雕琢、刻镂、黼黻、文章，所以养目也；钟鼓、管磬、琴瑟、竽笙，所以养耳也；疏房、檖貊、越席、床笫、几筵，所以养体也。故礼者，养也。”（《荀子·礼论》）荀子的思路是通过礼养人先天之情性恶，从而实现化性之目的，以达善之目标。

[1] 周群振：《荀子思想研究》，文津出版社1987年版，第5页。

[2] 荀子的人性论与礼论关系密切，《礼论篇》中曾提出：“性者，本始材朴也；伪者，文理隆盛也。无性则伪之无所加，无伪则性不能自美。性伪合，然后圣人之名一，天下之功于是就也。”学者或以为荀子的人性论是性朴论，而非性恶论。我们认为，此处的朴即性恶，荀子的人性论并不存在性朴与性恶的冲突。详见《人性论》节。

圣人之所以能化性起伪而生礼义，是因为圣人能将天地间万物进行分类区分。《荀子·王制》云："天能生物，不能辨物也；地能载人，不能治人也；宇中万物、生人之属，待圣人然后分也。"《荀子·非相》云："人道莫不有辨，辨莫大于分，分莫大于礼，礼莫大于圣王。"分，是圣人制礼义的第一步。

（三）礼的功用

荀子认为，礼的功能，一方面是养欲，一方面是通过分规定人群的等级，从而实现不同等级的人群在社会中的和谐相处。礼义之分，即将人群根据礼义来进行分群、分类，从而根据不同的人群不同的身份地位来分别养欲，这样就能解决所有人群欲望与财物不足的问题。荀子说："君子既得其养，又好其别。曷谓别？曰：贵贱有等，长幼有差，贫富轻重皆有称者也。故天子大路越席，所以养体也；侧载睪芷，所以养鼻也；前有错衡，所以养目也；和鸾之声，步中《武》《象》，趋中《韶》《护》，所以养耳也；龙旗九斿，所以养信也；寝兕、持虎、蛟韅、丝末、弥龙，所以养威也；故大路之马必信至教顺，然后乘之，所以养安也。孰知夫出死要节之所以养生也！孰知夫出费用之所以养财也！孰知夫恭敬辞让之所以养安也！孰知夫礼义文理之所以养情也！故人苟生之为见，若者必死；苟利之为见，若者必害；苟怠惰偷懦之为安，若者必危；苟情说之为乐，若者必灭。故人一之于礼义，则两得之矣；一之于情性，则两丧之矣。"（《荀子·礼论》）欲望与财物通过礼义而相持，情欲与安乐通过礼义而实现两得。丢弃礼义，一归于情欲，则情欲和安乐将两失。

荀子认为，礼的功用是事天地与尊先祖、隆君师。为此他提出礼有三本说。《荀子·礼论》云："礼有三本：天地者，生之本也；先祖者，类之本也；君师者，治之本也。无天地恶生？无先祖恶出？无君师恶治？三者偏亡焉，无安人。故礼上事天，下事地，尊先祖而隆君师，是礼之三本也。"

礼的功能之一，便是协调文理与情用的关系。《荀子·礼论》云："礼者，以财物为用，以贵贱为文，以多少为异，以隆杀为要。文理繁，情用省，是礼之隆也；文理省，情用繁，是礼之杀也；文理、情用相为内外表里，并行而集，是礼之中流也。"君子行事，以礼之中流为标准，"故君子上致其隆，下尽其杀，而中处其中。步骤、驰骋、厉骛不外是矣，是君子之坛宇、宫廷也。人有是，士君子也；外是，民也；于是其中焉，方皇周挟，曲得其次序，是圣人也。"《荀子·礼论》按礼之中流行事，尽其极，"方皇周挟，曲得其次序"，便是圣人。

在荀子看来，礼义最大的功能，便是社会治理功能。《不苟》云："推礼义之统，分是非之分，总天下之要，治海内之众，若使一人。”没有礼义，社会便会产生混乱与争斗，人群分离，从而变得孱弱，无法胜物。《王制》云：“故人生不能无群，群而无分则争，争则乱，乱则离，离则弱，弱则不能胜物；故宫室不可得而居也，不可少顷舍礼义之谓也。”礼义，是社会治理必不可少的社会规则。此外，与其他儒家思想家一样，荀子认为礼义具有教化的功能，《尧问》云：“礼义不行，教化不成。”教化，是国家治理与社会治理的重要途径。

国家治理，需要礼作为行政准则。“国无礼则不正。礼之所以正国也，譬之犹衡之于轻重也，犹绳墨之于曲直也，犹规矩之于方圆也，既错之而人莫之能诬也。”（《荀子·王霸》）礼在国家治理中，同样发挥着行政标准的作用。

关于荀子的以礼治国理论，李泽厚先生评论说：“荀子失去了氏族传统的民主、人道气息，却赢得了对阶级统治的现实论证，实际上是开启了后世以严格等级差别为统治秩序的专制国家的思想基础。所以谭嗣同要说：‘二千年来之学，荀学也。’”[1]荀子在中国政治思想史上的消极影响，是我们今天建设现代中国与民主法治中国需要深刻反思的内容。

（四）礼之理

礼义作为一种法则，其适用性广及天地万物，和宋儒所言天理含义相近。《荀子·礼论》云：“天地以合，日月以明，四时以序，星辰以行，江河以流，万物以昌，好恶以节，喜怒以当，以为下则顺，以为上则明，万物变而不乱，贰之则丧也。礼岂不至矣哉！”作为宇宙运行之规则，礼义同时还具有无上权威性，“立隆以为极，而天下莫之能损益也。本末相顺，终始相应，至文以有别，至察以有说。天下从之者治，不从者乱；从之者安，不从者危；从之者存，不从者亡。”（《荀子·礼论》）天下没有人能够损益礼义，从之则治、安、存，不从则乱、危、亡。礼义的功能，在天地人能参的框架下，适用于天下宇宙的每一个角落，大至无边自然界，小至人类社会以及个体的人，都要遵从礼义的法则。礼所包含的极深至理，是“小人不能测也”（《荀子·礼论》）。

荀子用深、大、高来描述礼之理。《荀子·礼论》云：“礼之理诚深矣，‘坚白’‘同异’之察入焉而溺；其理诚大矣，擅作典制辟陋之说入焉而丧；其理诚高矣，暴慢、恣睢、轻俗以为高之属入焉而队。”荀子对礼之理的几种描述，主要是针对诸子理论而设。礼理之深，针对名家而言；礼理之大，针对黄老学说代表人慎到、田骈等人；礼理之高，针对陈仲等隐士。荀子用礼作标准来评

[1] 李泽厚：《中国古代思想史论》，人民出版社1986年版，第112页。

论诸子理论。

（五）礼与法

礼，又被荀子称为道德之极。《荀子·劝学》云："《礼》者，法之大分，类之纲纪也，故学至乎《礼》而止矣。夫是之谓道德之极。"极，其意便是最高标准。作为道德行为规范的最高标准，礼同时具有与法律相似的统一规范社会行为的功能，并被作为社会行为与道德判断的标准。《荀子·礼论》云："故绳墨诚陈矣，则不可欺以曲直；衡诚县矣，则不可欺以轻重；规矩诚设矣，则不可欺以方圆；君子审于礼，则不可欺以诈伪。"从道德行为标准的角度说，礼是人道之极。《荀子·礼论》说："故绳者，直之至；衡者，平之至；规矩者，方圆之至；礼者，人道之极也。"礼成为人们的日常行为规范，"然而不法礼，不足礼，谓之无方之民；法礼，足礼，谓之有方之士。"（《荀子·礼论》）

礼为人道之极，生成礼之圣人是道之极。圣人之所以为圣人，反过来又是人积礼而成。《荀子·礼论》云："礼之中焉能思索，谓之能虑；礼之中焉能勿易，谓之能固。能虑能固，加好者焉，斯圣人矣。故天者，高之极也；地者，下之极也；无穷者，广之极也；圣人者，道之极也。故学者固学为圣人也，非特学为无方之民也。"

在圣人生礼和积礼为圣人之间，荀子似乎陷入了互为条件的循环论证。这应该是整个荀子礼论的阿喀琉斯之踵。

荀子礼义中所具有的行为道德标准的含义，使其礼义概念与礼法概念具有基本相同的意义。《荀子·劝学》云："礼者，法之大分，类之纲纪也。"《荀子·修身》云："学也者，礼法也。"《荀子·性恶》云："礼义生而制法度。"《荀子·王制》云："天地者，生之始也；礼义者，治之始也；君子者，礼义之始也。"礼义用于国家与社会治理，其发挥的作用便是法的作用。《荀子·君道》："君子者，法之原也。"这里的法，也是礼法的含义。

荀子学术思想中的法，是由礼引申而来，礼为法之体，法为礼之用。李宗桂先生认为："就其根本而言，荀子是纳法于儒，以礼统法，以法辅礼，法为礼用的。"[1] 李先生说荀子以礼统法，法为礼之用，抓住了荀子礼法思想的根本。傅斯年先生指出："荀氏以隆礼为立身施政之第一要义，彼所谓礼实包括法家所谓法，（《修身篇》：'礼者，法之大分，类之纪纲也。'如此界说礼字，在儒家全为新说）彼所取术亦综核名实，其道肃然，欲壹天下于一政权一思想

[1] 李宗桂：《荀子对中国文化的贡献》，陆建华：《荀子礼学研究》序一，安徽大学出版社2004年版，第4页。

也。”[1] 荀子的礼包含法，他的学生李斯、韩非等继承并大力发展了荀子礼义思想中所包含之法的思想，进行了法家理论的构建。后世学者因此有人将荀子学术思想体系纳入法家之中，显然是不符合事实的。

除了礼法的概念，荀子也开始单独使用法的概念，用于社会治理。《荀子·富国》云：“庶民百姓，以法术治之。”《荀子·王制》云：“有法者以法行，无法者以类举。”在礼、法之外，荀子大量使用了统类的概念。《荀子·解蔽》云：“法其法以求其统类”，《荀子·不苟》云：“推礼义之统，分是非之分”。《荀子·劝学》云：“礼者，法之大分，类之纲纪也”。杨倞注：“类，谓礼法所无，触类而长者，犹律条之比附。”[2] 关于统、类、法之含义及其关系，周群振先生指出：“大抵单言统者，多是形式地以表具体条贯的实事；单言类者，多是以表事物依存的理则；合实事与理则为一而并言‘统类’，遂成驾乎一切之上而有客观实存义之标的或具象物。”[3]“明白言之，即法为现实层面的‘物事’，而类则为玉成现实物事之超越层的‘理则’。”[4]“统类”概念，成为荀子的礼法思想过渡到法家思想的中介与桥梁。荀子所说的“无法者以类举”，为后世法家运用礼法的基本原则治理社会提供了理论的依据，打开了方便之门。

四、人性论

人性恶，可以说是荀子学术思想带有表征性的重要符号。荀子的学术思想体系以礼义为核心，而其礼义学说是建立在性恶论的哲学基础之上。应该说性恶与礼义之善，共同构成了荀子学术思想体系的基本框架。性恶是荀子学术思想体系的构建基点，而礼义是建立在性恶基础上的理论大厦。荀子学术思想的最终旨趣，或者说最终的归宿是礼义。没有性恶说，荀子的礼义说便无法存在。性恶说，在荀子的学术思想体系中占据着重要地位。

（一）荀子人性论研究学术史的回顾

1.古代中国学术思想史上对荀子性恶论的评价

在中国古代儒学思想史上，就对儒学发展的贡献而论，荀子可以说是与孟子齐肩的大思想家。许多学术著作也将荀、孟并称。但从清代以前学者对荀、孟

[1] 傅斯年：《性命古训辩证》，《中国现代学术经典·傅斯年卷》，河北教育出版社1996年版，第140页。
[2] 王先谦：《荀子集解》，《诸子集成》2，上海书店1986年版，第7页。
[3] 周群振：《荀子思想研究》，文津出版社1987年版，第99页。
[4] 周群振：《荀子思想研究》，文津出版社1987年版，第103页。

的研究和评论看，荀子则无法与孟子相提并论。究其原因，主要应该就是因为荀子倡性恶说。清代以前肯定荀子性恶论的学者，只有唐代杜牧一人。杜牧在《三子言性辩》中说："孟子言人性善，荀子言人性恶，扬子（扬雄）言人性善恶混。""荀言人之性恶，比于二子，荀得多矣。"[1] 汉代，学者便开始批评荀卿性恶论。王充引刘向批评性恶说："如此，天无气也。阴阳善恶不相当，则人之为善安从生？"[2] 刘向主阴阳说，善恶不均，则有违阴阳二气均衡学说，故刘向说人性恶则善无从生。刘向编定《孙卿新书》一书，《孙卿新书》中对礼义何由生的阐说，显然并没有得到刘向的认可。现代学者也有许多没有认同荀子的阐说，下文再论。王充从性有善恶和性三品说出发，对荀子性恶说提出较多批评。《论衡·本性》云：

> "孙（即荀）卿有反孟子，作性恶之篇，以为人性恶，其善者伪也。性恶者，以为人生皆得恶性也。伪者，长大之后勉使为善也。若孙卿之言，人幼小无有善也。稷为儿，以种树为戏，孔子能行，以俎豆为弄，石生而坚，兰生而香，禀善气长大就成，故种树之戏，为唐司马焉；俎豆之弄，为周圣师。禀兰石之性，故有坚香之验。夫孙卿之言，未为得实。……余固以孟轲言人性善者，中人以上者也；孙卿言人性恶者，中人以下者也；扬雄言人性善恶混者，中人也。"[3]

宋代，学者们继续对荀子的性恶说进行深刻批评。欧阳修说："昔荀卿子之说，以为人之性本恶，著书一篇以持其论。予始爱之，及见世人之归佛者，然后知荀卿之说谬焉。甚矣，人之性善也！"[4] 苏轼作《荀卿论》，对荀子非子思、孟子和人性恶提出批评。他说："子思、孟轲，世之所谓贤人君子也，荀卿独曰：乱天下者子思、孟轲也。天下之人如此其众也，仁人义士如此其多也，荀卿独曰：人性恶，桀纣性也，尧舜伪也。由此言之，意其为人，必也刚愎不逊，而自许太过。彼李斯者，又特甚者耳。"[5] 苏轼批评荀子性恶，并将李斯与荀子放在一起进行批评，显然认为荀子的人性论对李斯有着直接的影响。宋代对荀

[1] 杜牧：《樊川文集》，上海古籍出版社1978年版，第106、107页。
[2] 王充：《论衡·本性》，《诸子集成》7，上海书店1986年版，第29页。
[3] 王充：《论衡·本性》，《诸子集成》7，上海书店1986年版，第29—30页。
[4] 欧阳修：《欧阳修全集·居士集·本论下》，中华书局2001年版，第291页。
[5] 苏轼：《荀卿论》，载《苏东坡全集》卷四十三，文渊阁四库全书本。

子的性恶论批评影响最大的是理学家程颐，他反对韩愈说荀子“大醇而小疵”，并认为：“荀子极偏颇，只一句性恶，大本已失。”[1] 朱熹对荀子的批评，见于其对门人的教诲：“不须理会荀卿，且理会孟子性善。……荀、扬不惟说性不是，从头到底皆不是。”（《朱子语类》卷一百三十七）朱熹对荀子的学术，持一概否定的态度。宋代理学家胡瑗的学生徐积，作《荀子辩》，对荀子性恶论提出批评，不是说“荀子过矣”“荀子谬矣”，就是称“荀子过甚矣”。[2] 宋代理学家提出“存天理，灭人欲”，与荀子的“情为性之质，欲为情之应”“礼以养欲”等说法完全相对。

清代，学者开始对荀子性恶论做出比较中肯的评价。郝懿行《荀子补注与王引之伯申侍郎论孙卿书》云：“至于性恶性善，非有异趣。性虽善，不能废教。性即恶，必假人为。为与伪古字通。其云‘人之性恶，其善者伪也’，伪即为耳。孟荀之旨，本无不合。惟其持论，各执一偏。”《四库全书总目提要》云：“至其以性为恶，以善为伪，诚未免于理未融。然卿恐人恃性善之说，任自然而废学，因言性不可恃，当勉力于先王之教。”钱大昕曰：“愚谓孟言性善，欲人之尽性而乐于善；荀言性恶，欲人之化性而勉于善。立言虽殊，其教人以善则一也。宋儒言性，虽主孟氏，然必分义理与气质而二之，则已兼取孟、荀二义。至其教人以变化气质为先，实暗用荀子化性之说。”（以上所引文献，见王先谦《荀子集解·考证上》）。钱氏的宋儒变化气质实暗用荀子化性之说，切中宋儒要害。王先谦作《荀子集解·序》中说：“余谓性恶之说，非荀子本意也。其言曰：‘直木不待檃栝而直者，其性直也。枸木必待檃栝而烝矫然后直者，以其性不直也。今人性恶，必待圣王之治，礼义之化，然后皆出于治，合于善也。’夫使荀子而不知人性有善恶，则不知木性有枸直矣。然而其言如此，岂真不知性也。”[3] 王先谦想提高对荀子的评价，试图把性恶论说成非“荀子本意”，以此来消解人们对荀子的批评，其用心可谓良苦！

2.近代以来学者对荀子人性论的研究

近代以来，学界对荀子人性恶问题的研究，主要集中在以下几个方面：《性恶》篇是否为荀子所作，是否反映荀子的学术思想？荀子的人性论究竟应该怎样定义？是性恶说、性朴说，还是性善说、性善伪说、可善可恶说，或是性恶心善

[1] 程颢、程颐：《二程集·伊川先生语五》，中华书局1981年版，第262页。
[2] 徐积：《节孝集·杂文》，《景印文渊阁四库全书》第1101册，台湾商务印书馆1986年版，第930、931页。
[3] 王先谦；《荀子集解·序》，《诸子集成》2，上海书店1986年版，第1页。

说？荀子的人性论是否存在内在矛盾？等等。荀子人性论，仍然是荀子学术思想研究中最为热门话题之一。[1]

研究荀子人性论，首先就要研究《性恶》篇的真伪与价值。反对荀子主张性恶说的学者提出，《性恶》并非荀子亲作。[2]佐藤将之认为，《性恶》在刘向编辑的《孙卿新书》中，列为第二十六篇，与《宥坐》《子道》《法行》等性质相近，属于荀子后学作品，其反应的思想在荀子学说中不占重要位置。杨倞为《荀子》作注，将《性恶》调整为第二十三篇，"其结果则是给了读者一个《性恶》篇是荀子在其中探讨理论性或哲学性问题的重要篇章之一的印象。"[3]近代以来胡适、梁启超等学者都认为《性恶》是荀子所作真文献，具有重要价值，反映荀子思想。佐藤将之认为这是胡适等人受了杨倞的误导。

荀子主张性恶，其善者伪，与《劝学》《礼论》《天论》《乐论》等所阐述的人性论观点一致。其在荀子学术思想中的地位非常重要。胡适、梁启超等学者所断定的《性恶》为荀子亲作之说，是非常可信的。杨倞注荀子所作的《性恶》顺序调整，也是非常有道理的。

近年反对荀子性恶说的学者，许多人认为荀子为性朴论者。[4]主张性朴说最主要的文献依据是《荀子·礼论》所云："性者，本始材朴也；伪者，文理隆盛也。无性则伪之无所加，无伪则性不能自美。性伪合，然后成圣人之名，一天下之功于是就也。"性朴说不能解决礼乐的来源问题，不能作为理论基石支撑起荀子的整体学说。曾暐昭先生曾将《荀子》文献中的性朴解释为荀子关于性的定义的陈述与强调，性恶是荀子对性的评价与建构，因为性朴所以才陈述性恶[5]，这样就可以解决荀子性论中看似存在的性朴说与性恶说的矛盾。曾氏的解说，还有迂曲之处。《荀子·礼论》所说"性者，本始材朴"，意思是性是伪的本始材质。《荀子·性恶》："今人之性，生而离其朴，离其资，必失而丧之。"杨倞注云："朴，质也；资，材也。"没有性恶这一本始材质，伪的礼便没有落脚处，没有性恶的本始，圣人也失去了存在的依据。这里的朴并非朴素之朴，而是原始材质之朴。因此，就我们的看法，性朴即是指性恶。学者主张的性朴说，是

[1] 王泽春：《荀子人性论研究综述》，《邯郸学院学报》2017年第2期。
[2] 何志华：《庄荀考论》，香港中文大学中国文化研究所刘殿爵中国古籍研究中心2015年版，第180页。
[3] [日]佐藤将之：《参于天地之治——荀子礼治政治思想的起源与构造》，台大出版中心2016年版，第35页。
[4] 主张荀子性朴说的学者主要有刘念亲、儿玉六郎、周炽成、林桂臻等。参见周炽成：《再论儒家的性朴论——兼与日本学者和国内同行商榷》，《社会科学》2015年第8期；林桂臻：《揭开二千年之学术谜案》，《社会科学》2015年第8期。
[5] 曾暐昭：《"性朴"即是"性恶"——儒家视域下的荀子人性论之衡定与重构》，《邯郸学院学报》2019年第4期。

错解了荀子关于朴字的含义。

反对荀子性恶说另外较有影响的说法，是主张荀子也是性善的荀子。何淑静批评主张荀子性恶说的学者："几乎没有人注意到荀子也有他自己对'性善'的说法，因而他们都不是由荀子自己对'性善'的了解来立论的。"[1] 认为荀子属于一个性善论者。唐端正《荀子的善伪论所展示的知识问题》提出："我们与其说荀子是性恶论者，不如说他是善伪论者。"其所主张的善伪论，也是倾向于伪的一端。主张荀子性善说的学者，基本上属于新儒家，他们沿着孟子关于性善的定义来寻找荀子思想中善的内容。荀子与孟子关于性的解说，从根本上便是两个截然不同的系统。以孟子性善的思路来解说荀子，必然出现错误。

此外，胡适等主张荀子的性是可善可恶。这种说法是按照自己对性的善恶的理解，再从荀子相关文献中找出荀子性恶或性善的主张，并没有从荀子的学术思想体系来理解荀子的人性论。

近年，梁涛先生提出荀子的人性论属于性恶心善说，并发表了一系列论文，从历时性的角度探讨荀子的人性论。[2] 梁先生认为，伪"指心之思虑活动、心之作为。这既点出性恶，又指出善来自心之思虑活动，揭示了人生中以'性'为代表的向下堕失的力量、以心为代表的向上提升的力量，并通过善、恶的对立对人性做出考察，实际是提出了性恶心善说"。"荀子的'人性之恶'，可以理解为性有恶端可以为恶，荀子之所谓性并非没有恶。""《性恶》完成于荀子的晚年，其对人性的看法与之前已有所不同，其思想有一个发展的过程。学者对此不加辨析，将《礼论》《正名》人性主张与《性恶》等量齐观，甚至以前者否定后者，不可取。"[3] 我们以为，荀子的心是能思能虑，由其中可以得出善。但是，在荀子看来，礼义之善的产生，并非是心之思虑的结果，而是圣人所为。荀子的这种解释也许存在着不能真正解释善之来源问题，但这却是荀子思想的真实状况。

也有一些学者试图对荀子的性恶做出新的解释。佐藤将之认为："荀子所说的'性恶'其实并不是'性'本身的'本质恶'或'本源恶'，而是指放纵

[1] 何淑静：《荀子再探·自序》，台湾学生书局2014年版，第12页。

[2] 梁涛：《荀子人性论辩证——论荀子的性恶心善说》，《哲学研究》2015年第5期；《荀子人性论的历时性发展——论〈富国〉〈荣辱〉的情性—知性说》，《哲学研究》2016年第11期；《荀子人性论的历时性发展——论〈修身〉〈解蔽〉〈不苟〉的治心、养心说》，《哲学动态》2017年第1期；《荀子人性论的历时性发展——论〈王制〉〈非相〉的情性—义/辩说》，《中国哲学史》2017年第1期；《荀子人性论的中期发展——论性发〈礼论〉〈正名〉〈性恶〉的性—伪说》，《学术月刊》2017年第4期。

[3] 梁涛：《荀子人性论辩证——论荀子的性恶心善说》，《哲学研究》2015年第5期。

'性'所会产生的'乱'之'结果恶'。"[1] 何淑静先生指出："依荀子在该篇所作的论证来了解，'性恶'乃意指'顺性而无节制则流于恶'，既不指'性本身为恶'，也不指'顺性即为恶'，而是'顺性而无节制则将产生偏险暴乱'等'恶'之行为。至于'善伪'，则指'善乃出自人为的努力而为人为的努力（即以礼义来化导自然之情性）之结果'"。[2] 这种解释荀子性恶也是存在一定问题的，他没有办法描述"顺性而有节制"的状况。顺性而无节制为恶，顺性而有节制可以定义为善吗？逆性而为又定义成什么呢？从荀子自己的阐述，逆性才叫人伪。"顺性而无节制"本来就可以理解为性的本然状态，这本身便说明性便是恶的。节制性，便成人为。

（二）先秦时期人性论与荀子性恶说

人性论，在先秦思想史上是一个非常重要的命题。《论语·公冶长》："性与天，不可得而闻也。"《论语·阳货》："性相近，习相远。"孔子对于人性论，罕言且无善恶之说。春秋战国时期，许多学者围绕人性善恶问题进行探讨。《论衡·本性》篇云："周人世硕，以为人性有善有恶，举人之善性，养而致之则善长；性恶，养而致之则恶长。如此，则性各有阴阳，善恶在所养焉。故世子作《养书》一篇。宓子贱、漆雕开、公孙尼子之徒，亦论情性，与世子相出入，皆言性有善有恶。"与孟子论性的告子，主张"性者，生也"，属于传统的说法。孟子的性善说，是属于战国时期人性论方面的新说。《论衡·本性》云："孙卿有反孟子，作《性恶》篇，以为人性恶，其善者伪也。"荀子的性恶，是在回归传统的性为生的基础上，加以发展而形成的思想体系。

（三）荀子人性恶论说

1.荀子关于人性的定义

荀子关于人性的比较准确而详细的定义，见于《正名》。荀子说："生之所以然者谓之性。性之和所生，精合感应，不事而自然谓之性。"

"生之所以然者谓之性"，张岱年先生解释为"生之所以然"即"生之所已然"。[3] 也就是天生如此的意思。楼宇烈先生主撰《荀子新注》云："生来就是这样的叫做性。这里的'性'大致指人的耳、目等感官的功能，相当于《性恶》篇中讲的'今人之性，目可以见，耳可以听。夫可以见之明不离目，可以

[1]［日］佐藤将之：《荀学与荀子思想研究：评析·前景·构想》，万卷楼2017年版，第21页。

[2] 何淑静：《荀子再探》，台湾学生书局2014年版，第3页注7。

[3] 张岱年：《中国伦理思想研究》，上海人民出版1989年版，第96页。

听之聪不离耳，目明而耳聪，不可学明矣’的意思。”[1]“性之和所生，精合感应，不事而自然谓之性。”“性之和所生”，王先谦认为当作“生之和所生”，“此生字与上生之同，亦谓人生也。两谓之性相俪，生之所以然者谓之性，生之不事而自然者谓之性。文义甚明。”[2]现在许多学者不同意王先谦“性”当为“生”之说，楼宇烈先生主撰《荀子新注》云：“这句话的意思是：由本性的阴阳二气相合所产生的，人和外界事物相接触而产生的反应，不是经过后天努力或社会教化而自然就是这样，叫做性。这里的‘性’大致指人的感官的一些本能反应。”[3]王天海先生说：“言阴阳相和而生为人。‘性’字正承上‘性’字而来，不得谓之误。精合感应，谓人之精遇物而必有感应。不事而自然谓之性，言此感应不依人为而自然生灭，故谓之性。”[4]也有赞成王先谦说法者，如周群振先生所著《荀子思想研究》[5]。仔细分析“性”字是否改为“生”字两种不同的说法，其含义并没有根本的区别。相比之下，王先谦的说法更简明一些，而不改字的说法显得语气有些不是太顺。

荀子所定义的性，包含两种密切相关的含义：一是生之所以然，一是生和所生相合而自然生成者。这两种性，《正名》又称其为“天之就也”。此处的天为天然义。

荀子在《性恶》中，也对性进行了与《正名》大致相似的界定：“凡性者，天之就也，不可学，不可事。礼义者，圣人之所生也，人之所学而能，所事而成者也。不可学，不可事而在天者，谓之性；可学而能，可事而成之在人者，谓之伪；是性伪之分。”不可学、不可事，被荀子定义为性的重要特征。在荀子看来，不可学、不可事的性与“圣人所生之礼义，人之所学而能，所事而成的礼义”相对而成。可事而成的礼义为圣人之伪。荀子这里虽然没有明确性为恶，但与性相对而言的礼义为善，性显然为恶。性恶为礼义存在的第一基础。没有性恶，礼义、圣人便失去了存在的条件。

2.荀子关于人性恶的阐说

荀子的性恶论，具有形上的规定性，其论证形式比较复杂，或从正题入手，直接对相关议题进行阐述；或从反面入手，从论证礼义善的角度论证性恶。

[1] 楼宇烈：《荀子新注》，中华书局2018年版，第447页。
[2] 王先谦：《荀子集解》，《诸子集成》2，上海书店1986年版，第274页。
[3] 楼宇烈：《荀子新注》，中华书局2018年版，第447页。
[4] 王天海：《荀子校释》，上海古籍出版社2016年版，第885页。
[5] 周群振：《荀子思想研究》，文津出版社1987年版，第212页。

人性是天之就，不可学，不可事。人性如何为恶？荀子云：“人之性恶，其善者伪也。今人之性，生而有好利焉，顺是，故争夺生而辞让亡焉；生而有疾恶焉，顺是，故残贼生而忠信亡焉；生而有耳目之欲，有好声色焉，顺是，故淫乱生而礼义文理亡焉。然则从人之性，顺人之情，必出于争夺，合于犯分乱理而归于暴。”（《荀子·性恶》）人生下来便有好利、疾恶以及耳目情欲，顺是行事，必然产生争夺、残贼、淫乱等恶。荀子性恶说的这一论证，含有一定的形上假设的成分。

荀子对性恶的另一个论证，可以称之为倒推论证。他从礼义的产生倒推人性之恶。《荀子·性恶》云：“故枸木必将待隐栝、烝、矫然后直，钝金必将待砻、厉然后利。今人之性恶，必将待师法然后正，得礼义然后治。今人无师法则偏险而不正，无礼义则悖乱而不治。古者圣王以人之性恶，以为偏险而不正，悖乱而不治，是以为之起礼义，制法度，以矫饰人之情性而正之，以扰化人之情性而导之也。始皆出于治、合于道者也。……用此观之，人之性恶明矣，其善者，伪也。”唐君毅先生指出：“至于无善而‘欲善’之欲，则无论依孟子之言，与常识之论，皆不能不说是‘善’也。今荀子乃缘此人之欲善，以言性恶，正见其唯在‘人所欲之善’与‘其现实上之尚无此善’，二者互相对较对反之关系中，以所欲之善为标准，方反照出其尚未有善之现实生命状态之为恶；正如人唯因有贵者在其意念中，而为其所慕，乃自知其为贱者是也。”[1]

3.人性之伪

在荀子人性论中，与性恶相对而言的伪，在某种程度上可以说比性之恶具有更为重要的意义。

《荀子·性恶》云：“人之性恶，其善者伪也。”“凡所贵尧、禹、君子者，能化性，能起伪，伪起而生礼义。然则圣人之于礼义积伪也，亦犹陶埏而为之也。”关于伪字的文字训释，郝懿行：“伪，作为也。伪与为古字通。”王先谦：“荀书伪皆读为。”[2]“起”字的含义，《吕览·直谏》注：“起，兴也。”化性之化，梁启雄说：“这个‘化’字是‘变化’的化。”[3]周群振先生解释“化性起伪”说：“何为‘化性起伪’？简单言之，就是要以人为的力量来对治天生之性。”[4]

[1] 唐君毅：《中国哲学原论·原性篇》，中国社会科学出版社2005年版，第33—34页。
[2] 王先谦：《荀子集解》，《诸子集成》2，上海书店1986年版，第289页。
[3] 梁启雄：《荀子简释》，中华书局1983年版，第330页。
[4] 周群振：《荀子思想研究》，文津出版社1987年版，第59页。

关于“伪”字的含义，荀子进行了比较详细的阐说。《荀子·性恶》云：“夫感而不能然，必且待事而后然者，谓之伪。”意思是伪不像性一样是天生而成，而是待人为之后才产生。化伪，是由于性恶。性恶，“故必将有师法之化，礼义之道，然后出于辞让，合于文理，而归于治。用此观之，然则人之性恶明矣，其善者伪也。”（《荀子·性恶》）荀子关于伪的定义，与性的定义相呼应。《荀子·正名》云：“情然而心为之择，谓之虑；心虑而能为之动，谓之伪；虑积焉，能习焉，而后成谓之伪。”伪的定义也包含两层含义，一是“心虑而能为之动谓之伪”，一是“虑积焉，能习焉，而后成谓之伪”。“心虑而能为之动”之伪，与天之生之性相应，“虑积焉，能习焉，而后成谓之伪”之伪，则与“性（生）之所生，精和感应”之天然之性相应。圣人虑积而成礼义，礼义为众人之能习，经过虑积、能习之后而成之伪，就是礼义之善。

唐君毅先生指出：“吾今之意，以为荀子所以言性之恶，乃实唯由与人之伪相对较，或与人之虑积能习，勉于礼义之事相对较，而后反照出的。故离此性伪二者所结成之对较反照关系，而单言性，亦即无性恶之可见。”“此中性伪所结成之对较反照关系，实即在人之虑积能习所依之礼义文理之理想，与此理想所欲转化之现实间之一对较反照关系。唯人愈有理想，乃愈欲转化现实，愈见现实之情性之强，而若愈与理想成对较成对反；……故荀子之性恶论，不能离其道德文化上之理想主义而了解。今若只视荀子为自客观经验中见种种人性恶之事实，乃归纳出此性恶之结论，或先有见于天性之恶，然后提倡人伪以化性，皆一间未达之言，而尚未深契于荀子言性恶之旨者也。”[1]荀子性恶论的最终旨归，乃在于化性起伪以实现礼义之善。

4.性伪合——荀子人性论的归宿

荀子将人性恶，和因人性恶对待而生的人欲为善，两种合为一体；将人性恶与化而成之善伪，合为一体，是为性伪合。“性伪合，然后而圣人之名一，天下之功于是就也。”“性伪合而天下治。”（《荀子·礼论》）。性恶，人欲为善谓之伪，人欲为善与人性善，在荀子这里是有非常严格的区分的。孟子将人欲为善之端定义为人性善，这与荀子有根本不同。我们不能拿孟子的思维逻辑去套荀子的推理，而只能把孟子的逻辑作为理解荀子推理的背景。

从荀子的正名理论看，善与伪是一实而二名，伪由性化而来，外在缘由是圣人之参。在荀子看来，性恶与善伪之分，最终的意义在于性伪合，性与伪，可

[1] 唐君毅：《中国哲学原论·原性篇》，中国社会科学出版社2005年版，第32页。

以说是人性论这一事物的两个方面，也可以说是人性发展变化的两个阶段，起于恶而终于伪，化性起伪。《荀子·礼论》云："天地合而万物生，阴阳接而变化起，性伪合而天下治。"《荀子·礼论》云："性者，本始材朴也；伪者，文理隆盛也。无性则伪之无所加，无伪则性不能自美。性伪合，然后成圣人之名，一天下之功于是就也。"在性、伪关系上，荀子并不认为在天之性与在人之礼二分。《荀子·礼论》说"性伪合而天下治"，荀子先将性与伪区分开来，然后再将其合在一起。荀子性伪的理论结构，与人天结构基本相同，二者相对相分，而最终归于合一。性伪合而天下治，天人合而礼义生。性伪合可以说是荀子人性论的最终归宿。

5.性、情、欲与心

荀子性恶与善伪一体结构的人性论体系的构建，还借助了几个重要的概念，这便是情、欲与心。《荀子·正名》云："性者，天之就也；情者，性之质也；欲者，情之应也。以所欲为可得而求之，情之所必不免也；以为可而道之，知所必出也。故虽为守门，欲不可去，性之具也。"徐复观认为："事实上，性、情、欲，是一个东西的三个名称。而荀子性论的特色，正在于以欲为性。"[1]徐先生认为荀子文献中的性、情、欲使用之时区别不大，这可能是一个误解。荀子认为，性是天之就，是生来如此，不可改变的，是静态的，人不能对性有任何作为。而作为性之质的情，和与情相应的欲望，则可以或顺或逆，或节或养，人是可以对它们施以人为的。通过对情和欲的人为作用，结合心之思，化性才成为可能，与性恶相对应的"伪"善才能够得以实现。

情为性之质，荀子释情，也倾向于恶。《荀子·性恶》云："尧问于舜曰：'人情何如？'舜对曰：'人情甚不美，又何问焉？妻子具而孝衰于亲，嗜欲得而信衰于友，爵禄盈而忠衰于君。人之情乎！人之情乎！甚不美，又何问焉！'"徐复观先生可能是看到荀子讲情恶，才认为荀子在使用性与情时没有什么区别。

为了使自己的理论体系比较周全，荀子一反孟子的寡欲说，提出了养欲、节欲说。在荀子看来，欲有两个不同的趋向，一为为善，是人之伪；一为为恶，是性恶之本然。对欲的处理，成为荀子人性论的关键节点。荀子总结对欲处理的三种不同方式，顺、节与养。顺欲为恶，节欲为善，养欲以达性为伪合。《荀子·正名》云："虽为天子，欲不可尽。欲虽不可尽，可以近尽也；欲虽不可

[1] 徐复观：《中国人性论史·先秦卷》，九州出版社2014年版，第211—212页。

去，求可节也。所欲虽不可尽，求者犹近尽；欲虽不可去，所求不得，虑者欲节求也。……今人所欲无多，所恶无寡，岂为夫所欲之不可尽也，离得欲之道而取所恶也哉？……故欲养其欲而纵其情，欲养其性而危其形，欲养其乐而攻其心，欲养其名而乱其行。……心平愉，则色不及佣而可以养目，声不及佣而可以养耳，蔬食菜羹而可以养口，粗布之衣、粗紃之履而可以养体，屋室、芦庾、葭稾蓐、尚机筵而可以养形。”

荀子反对去欲和寡欲之说，《荀子·正名》云：“凡语治而待去欲者，无以道欲而困于有欲者也。凡语治而待寡欲者，无以节欲而困于多欲者也。有欲无欲，异类也，生死也，非治乱也。欲之多寡，异类也，情之数也，非治乱也。欲不待可得，而求者从所可。欲不待可得，所受乎天也；求者从所可，受乎心也。【天性有欲，心为之制节。】（此九字，今本缺。今据久保爱所据宋本及韩本增。[1]）……故治乱在于心之所可，亡于情之所欲。不求之其所在，而求之其所亡，虽曰我得之，失之矣。”

荀子认为，心在善伪的实现过程中发挥着重要的作用。何淑静先生指出：“‘性恶’之‘性’（自然情欲）是‘可化的’，而人也有‘可化之’的能力——来自‘心’。”[2]《荀子·正名》所云：“情然而心为之择，谓之虑；心虑而能为之动，谓之伪；虑积焉，能习焉，而后成谓之伪。”心具有虑的功能，通过与情的交感，心便做出选择，是为心之虑。通过心之虑的积，以及人实践活动，形成伪善。许多学者把心之虑、虑之积看作是荀子理论中善产生的根源，也恐有失允当。唐端正先生认为：“但荀子认为善出于心的计虑权衡，却不认为心本身是善的。因为善的礼义法度只是心的计虑权衡的结果，而心的计虑权衡的结果就是伪，因此礼义法度是伪的。”[3]唐说可从。

心的思虑、选择都是心的活动，心的活动本身并没有道德价值的含义。通过心虑、虑积而形成的礼义之善，来自心之知道的道，心不知道，仍然不能产生善。“故心不可以不知道。心不知道，则不可道而可非道。”（《荀子·解蔽》）在《荀子》中，曾明确提出圣人之积产生礼义。也可以说，只有合乎道之圣人之心的虑与积，才能实现善伪。荀子对心之虑与虑之积，做了明确的规定，不能把所有的心的活动都看成是善的，将荀子人性论定义为心善，恐怕也未必合

[1] 胡适：《中国哲学史大纲》，刘梦溪：《中国现代学术经典·胡适卷》，河北教育出版社1996年版，第220页。
[2] 何淑静：《荀子再探》，台湾学生书局2014年版，第120页。
[3] 唐端正：《荀学探微》，中国人民大学出版社2019年版，第63页。

乎荀子本意。

6.荀子对性恶而礼义之善何以产生问题的阐述

性为天之就，不可学、不可事，天之就的性恶，如何产生礼义之善？荀子对此作出了自己的阐述。《荀子·性恶》云："问者曰：'人之性恶，则礼义恶生？'应之曰：'凡礼义者，是生于圣人之伪，非故生于人之性也。故陶人埏埴而为器，然则器生于工人之伪，非故生于人之性也。故工人斫木而成器，然则器生于工人之伪，非故生于人之性也。圣人积思虑、习伪故，以生礼义而起法度，然则礼义法度者，是生于圣人之伪，非故生于人之性也。若夫目好色，耳好声，口好味，心好利，骨体肤理好愉佚，是皆生于人之情性者也，感而自然，不待事而后生之者也。夫感而不能然，必且待事而后然者，谓之生于伪。是性、伪之所生，其不同之征也。"荀子认为，礼义生于圣人之伪，并非生于人之性，人之性恶，无法产生礼义。圣人通过"积思虑、习伪故，以生礼义而起法度"。圣人，可以说是礼义法度产生的前提条件，没有圣人之伪，则不可能产生礼义。荀子认为，圣人与常人的区别不在于性，而在于伪。《性恶》云："故圣人化性而起伪，伪起而生礼义，礼义生而制法度。然则礼义法度者，是圣人之所生也。故圣人之所以同于众，其不异于众者，性也；所以异而过众者，伪也。夫好利而欲得者，此人之情性也。假之人有弟兄资财而分者，且顺情性，好利而欲得，若是，则兄弟相拂夺矣；且化礼义之文理，若是则让乎国人矣。故顺情性则弟兄争矣，化礼义则让乎国人矣。"荀子认为，人为善的欲望，恰恰是因为人性恶。《荀子·性恶》云："凡人之欲为善者，为性恶也。夫薄愿厚，恶愿美，狭愿广，贫愿富，贱愿贵，苟无之中者，必求于外。故富而不愿财，贵而不愿势，苟有之中者，必不及于外。用此观之，人之欲为善者，为性恶也。今人之性，固无礼义，故强学而求有之也；性不知礼义，故思虑而求知之也。然则生而已，则人无礼义，不知礼义。人无礼义则乱，不知礼义则悖。然则生而已，则悖乱在己。用此观之，人之性恶明矣，其善者伪也。"

荀子认为，性虽不可学，不可事，但是可化，通过化性，可以实现恶与善的转化。《荀子·儒效》云："性也者，吾所不能为也，然而可化也。积也者，非吾所有也，然而可为也。注错习俗，所以化性也；并一而不二，所以成积也。习俗移志，安久移质。并一而不二，则通于神明，参于天地矣。"

荀子性恶说体系中善的来源问题，始终是当代学者批评荀子的一个重要问题。劳思光说："但荀子徒以'伪'（'人为'之意）释'善'，而不能说明

‘性恶’之人何以能有‘人为之善’，亦不能说明师法何由立，礼义何由生，遂伏下荀子理论之致命因子。”[1] 张晚林说；“若欲由性恶论而求善，必然暗含着一条通向性善论的隐线，不然，善即不可能。由此证明了性恶论之不可通与性善论的唯一性。”[2]

从逻辑论证的角度来说，荀子的论证显然并没有说明善是如何产生的。因此后世研究荀子的学者，多次以善何以产生的问题来责难荀子。如果我们从荀子人性论的理论结构本身看，荀子给出的在人性恶前提下礼义何以产生的阐释，是可以自洽的。人为善的欲望是人性恶，人性中原本没有善，人们在现实生活中才要为善，无之中者，必求于外，这样的论证似乎很难找到逻辑的依据，如果用中国的阴阳思维方式中的阴阳互倚、阴阳互生等理论去理解，荀子的关于善何以产生的论证，是非常周全自洽的。

7.荀子对孟子人性说的批评

荀子的性恶论，是在批评孟子性善论的基础上建立起来的。荀子对孟子人性论的批评，主要有以下几个方面：

第一，孟子曰：“人之学者，其性善。”荀子从性的定义及性、伪之分别的角度对孟子的说法进行了批评。《荀子·性恶》曰：“是不然。是不及知人之性，而不察乎人之性、伪之分者也。凡性者，天之就也，不可学，不可事；礼义者，圣人之所生也，人之所学而能，所事而成者也。不可学、不可事而在人者谓之性，可学而能、可事而成之在人者谓之伪，是性、伪之分也。今人之性，目可以见，耳可以听。夫可以见之明不离目，可以听之聪不离耳，目明而耳聪，不可学明矣。”依据荀子“性不可学”，孟子所说“人之学者，其性善”显然是错误的。荀子认为，孟子的错误除了不明白什么是性外，还混淆了性、伪之分。善为伪，非是人之学者。

第二，对孟子性善恶之所生的批评。《荀子·性恶》载孟子曰：“今人之性善，将[3] 皆失丧其性故也。”孟子要阐释的，是性善，丧失善性故产生恶。荀子批评说：“若是，则过矣。今人之性，生而离其朴，离其资，必失而丧之。（杨倞注：‘朴，质也；资，材也。’）用此观之，然则人之性恶明矣。所谓性善者，不离其朴而美之，不离其资而利之也。使夫资朴之于美，心意之于善，若

[1] 劳思光：《新编中国哲学史》（一），生活·读书·新知三联书店2015年版，第247—248页。
[2] 张晚林：《为什么性善论是唯一的人性论》，《深圳大学学报》2019年第4期。
[3] 刘师培将“将”字改为恶，转引自何淑静：《荀子再探》，台湾学生书局2014年版，第8页注1。

夫可以见之明不离目，可以听之聪不离耳，故曰目明而耳聪也。今人之性，饥而欲饱，寒而欲暖，劳而欲休，此人之情性也。今人饥，见长而不敢先食者，将有所让也；劳而不敢求息者，将有所代也。夫子之让乎父、弟之让乎兄，子之代乎父、弟之代乎兄，此二行者，皆反于性而悖于情也。然而孝子之道，礼义之文理也。故顺情性则不辞让矣，辞让则悖于情性矣。用此观之，然则人之性恶明矣，其善者伪也。”[1] 荀子认为，人性自其人生下来时必会离其朴、离其资，因此说人性是恶的。如果要证明人性善，就要证明人性就像明不离目、耳不离聪一样是天生而不会改变的善，会改变丧失说明人性不是善。荀子与孟子对性的形上定义不同，因此才会出现如此的分歧，他们的争论在后人看来有自说自话之嫌。荀子认为“饥而欲饱，寒而欲暖，劳而欲休”是人的情性，礼义之善逆悖人的情性，属于伪。荀子这一反驳论证，几乎是将自己的人性论纲又复述了一遍。

第三，荀子从善、恶的定义来反驳孟子的“人之性善”。

《荀子·性恶》载孟子曰：“人之性善。”曰：“是不然。凡古今天下之所谓善者，正理平治也；所谓恶者，偏险悖乱也。是善恶之分也矣。今诚以人之性固正理平治邪？则有恶用圣王，恶用礼义矣哉？虽有圣王礼义，将曷加于正理平治也哉？”[2] 荀子将善定义为“正理平治”，将恶定义为“偏险悖乱”，这是从社会治理的角度所下的善恶定义。荀子认为，善为天然所生，如此圣王和礼义便会失去存在的价值。《荀子·性恶》云：“今不然，人之性恶。故古者圣人以人之性恶，以为偏险而不正，悖乱而不治，故为之立君上之势以临之，明礼义以化之，起法正以治之，重刑罚以禁之，使天下皆出于治，合于善也。是圣王之治，而礼义之化也。”因为人性恶，圣王才生出礼义，以治理混乱的社会，从而实现礼义之化。如果没有礼义，社会便会出现混乱不堪的局面。“用此观之，然则人之性恶明矣，其善者伪也。”

第四，从“辨有符验”的角度批评孟子的“人之性善”。《荀子·性恶》云：“凡论者，贵其有辨合，有符验，故坐而言之，起而可设，张而可施行。今孟子曰：‘人之性善。’无辨合符验，坐而言之，起而不可设，张而不可施行，岂不过甚矣哉！”荀子认为，人之性善便会去圣王，息礼义；“性恶则与圣王，贵礼义矣”，“立君上、明礼义，为性恶也。用此观之，然则人之性恶明矣，其善者伪也。”正因为人之性恶，必将待圣王之治、礼义之化，然后才能实现社会

[1] 王先谦：《荀子集解》，《诸子集成》2，上海书店1986年版，第290—291页。
[2] 王先谦：《荀子集解》，《诸子集成》2，上海书店1986年版，第293页。

治理。“用此观之，然则人之性恶明矣，其善者伪也。”

荀子批评孟子性善论时所引用的孟子的观点，基本不见于今本《孟子》。因《孟子》一书的可信度较高，因此徐复观认为荀子可能没有见过《孟子》一书，荀子的批评不符合孟子的人性论的原意。当今学者经过研究认为，荀子批评孟子学说，可能是根据《孟子外传》，其对孟子人性论的批评，基本上符合孟子学说的主张。我们认为，孟子与荀子的人性论，都具有形上规定性的意味，他们的人性论学说体系建设，都是建立在形上规定的基础上。由于他们对性的定义的形上规定的根本不同，因此产生论说上的对立。宋儒沿着孟子人性善的道路，贬低荀子的性恶说。而宋儒变化气质之性的说法，显然是受了荀子性恶说的影响。当今新儒家许多学者沿着所谓的孟子为儒家正宗之路，认为荀子的性恶说存在理论上的各种缺陷。他们对荀子性恶说的批评，是需要重新进行反思的。

8.荀子关于人性恶的其他补充论证

关于人性定义，有“礼义积伪者，是人之性也，故圣人能生之也”的说法。荀子认为并不是这样。他在《性恶》论证说：陶人埏埴而生瓦，然则瓦埴岂陶人之性也哉？工人斫木而生器，然则器木岂工人之性也哉？圣人之于礼义，就如陶埏而生之瓦，如此看来，礼义积伪者也就不是人之本性。凡人之性，尧、舜之与桀、跖，其性一也；君子之与小人，其性一也。如今将礼义积伪作为人之性，贵尧、禹、君子就会失去依据。人们贵尧、禹、君子的原因，就是因为他们能化性，能起伪，伪起而生礼义。圣人之于礼义积伪，亦犹陶埏而为之也。用此观之，然则礼义积伪者，非人之性。

圣人与小人性一，则又产生了圣人与涂之人何以产生差别的问题，也就是“涂之人可以为禹”的问题。荀子认为，禹之所以为禹，“以其为仁义法正也”。荀子的论证，显然已经陷入了循环论证的境地。就此，荀子解释说：“然则仁义法正有可知可能之理，然而涂之人也，皆有可以知仁义法正之质，皆有可以能仁义法正之具”，从这个角度来说，涂之人“然则其可以为禹明矣”。如果以仁义法正为固无可知可能之理，那么就是禹也不知仁义法正，不能仁义法正了。涂之人也就无可以知仁义法正之质，无可以能仁义法正之具了。然而现实情况是，涂之人内不可以知父子之义，外不可以知君臣之正。如果不是这样的话，涂之人皆内可以知父子之义，外可以知君臣之正，他们便具有了可以知之质，可以能之具，如此，涂之人本夫仁义法正之可知之理，可能之具，就可以为禹，这个道理很明了。假如涂之人伏术为学，专心一志，思索孰察，加日悬久，积善而不息，则通于神明，参于天地矣。“故圣人者，人之所积而致矣。”荀子认为，涂之人通过为学与积善，可以为禹。涂之人有了成圣的途径，为什么没有成为圣人呢？“圣可积而致，然而皆不可积，何也？”（《荀子·性恶》）这个问题也需要荀子加以解决。

荀子进一步论证说：“可以而不可使也。”杨倞注：“可以为而不可使为，以其性恶。”[1] 他用君子与小人作比喻，小人可以为君子而不肯为君子，君子可以为小人而不肯为小人。小人与君子本可以相为，然而不相为，就是因为“可以而不可使也”。他进一步论证涂之人可以为禹而不为禹的问题，“故涂之人可以为禹则然，涂之人能为禹，未必然也。”荀子认为，涂之人是可以为禹，但不能说涂之人能为禹。“虽不能为禹，无害可以为禹。”涂之人存在成为禹的理论可能性，但没有能成为禹的现实性。“足可以遍行天下，然而未尝有能遍行天下者也。夫工匠、农、贾，未尝不可以相为事也，然而未尝能相为事也。用此观之，然则可以为，未必能也；虽不能，无害可以为。然则能不能之与可不可，其不同远矣，其不可以相为明矣。”（《荀子·性恶》）涂之人可以为禹而不能为禹，是因为他们没有成为禹的内在潜能，这种潜能，便是为学和积善。至此，荀子的论证绕了一大圈，又回到了圣人与礼义的循环之中。

（四）关于荀子人性恶的评价问题

人性究竟是善是恶？荀子人性恶之说在探讨人性问题上的价值应如何定位？荀子人性恶与孟子人性善哪家说法更为究竟？荀子人性恶与封建专制的关系如何？对荀子人性恶的评价问题，至今仍是学界争论不休的问题。

人性的善恶问题，本身属于一个形而上的问题。古代先哲探讨这一问题，无疑需要借助各种预先的假设。各种人性说，都需要借助比喻才能阐释。至于各种比喻是否能真正反映人性善恶，实在是难以确定。

人性无法确定善恶，荀子与孟子的讨论便都存在一定不足之处。沿着宋明理学的思想思路，或者用逻辑的性恶善何以产生来推论，性善说显然较性恶说为究竟。如果沿着相反的逻辑推论，性善恶何以产生，也或得出相同的结论。孙伟先生指出：“既然‘天’在荀子眼中是没有道德属性的，而‘性’又是由‘天’赋予的，‘性’在荀子眼中就没有道德属性。另外，既然‘性’在荀子眼中主要包括了情感和欲望，而放纵这些情感和欲望的后果就是造成社会的无序和混乱，荀子认为人性在结果的意义上是恶的。由于孟子认为人性善，他就不能令人信服

[1] 王先谦：《荀子集解》，《诸子集成》2，上海书店1986年版，第296页。

地解释为什么人们在现实中依然举止败坏。在这个方面，荀子关于人性恶的观点要比孟子的人性善观点更有说服力。”[1]唐君毅先生也认为，“荀子之所认识者，实较孟子为深切。”[2]唐端正先生说性可以说无善无恶，荀子性恶有矫枉过正之处[3]，这只是学者以自己的人性论观点对荀子人性论作出的判断。

李泽厚先生曾对荀子与孟子人性论作出深度思考。他说：“也正因为从现实的群体规范秩序出发，荀子才有性恶论。孟子讲‘性善’，是指人先验地具有善的道德理性。荀子说‘性恶’，是说人必须自觉地用现实社会的秩序规范来努力改造自己，所以说‘其善者，伪也’……可见‘性善’‘性恶’之争，来源于对社会秩序规范的根源的不同理解：孟子归结于心理的先验，荀子归结于现实的历史；从而前者着重于主观意识的内省修养，后者着重客观现实的人为改造。”[4]

荀子性恶论，对中国古代传统政治产生了深远的影响。建立在性恶基础上，荀子提出了礼义、法正与重刑并用的治世思想。《荀子·性恶》云：“故古者圣人以人之性恶，以为偏险而不正，悖乱而不治，故为之立君上之势以临之，明礼义以化之，起法正以治之，重刑法以禁之，使天下皆出于治，合于善也。”荀子重刑以禁恶的思想，后来被法家韩非等继承，成为后世统治者使用重刑治民的依据。

荀子的性恶论，还为封建君主专制提供了必然性、合理性方面的论证。“荀子倡性恶而言师法，盘旋冲突，终坠入权威主义。”[5]“君权、道德、刑法，一句话，封建专制制度之所以是必然的、合理的，就是因为人性邪恶不止，社会生活不能建立在人的邪恶本性基础上。”[6]荀子的性恶论，对中国古代政治思想影响可谓深远。

五、乐论

乐作为六艺之一，有着非常重要的社会教化功能。荀子为了构建自己学术思想的完整体系，作《乐论》，以阐述自己的音乐教化理论，同时对墨子的非乐主张提出批评。

---

[1] 孙伟：《重塑儒家之道——荀子思想再考察》，人民出版社2010年版，第28页。
[2] 唐君毅：《中国哲学原论·原性篇》，中国社会科学出版社2005年版，第34页。
[3] 唐端正：《荀学探微》，中国人民大学出版社2019年版，第5页。
[4] 李泽厚：《中国古代思想史论》，人民出版社1986年版，第113页。
[5] 劳思光：《新编中国哲学史》（一），生活·读书·新知三联书店2015年版，第246页。
[6] 惠吉星：《荀子与中国文化》，贵州人民出版社1996年版，第125页。

（一）《乐论》与《礼记 · 乐记》

目前所见先秦秦汉关于论乐的专门文献，是《荀子 · 乐论》和《礼记 · 乐记》。因为两篇文献存在一些文本的相同之处，弄清两篇文献的关系便成为研究荀子乐论思想的首要问题。

关于《乐记》的成书，《汉书 · 艺文志》载："武帝时，河间献王好儒，与毛生等共采《周官》诸子言乐事者，以作《乐记》。"按照此说，《乐记》最终成书于汉代。《隋书 · 音乐志上》载梁朝沈约曰"《乐记》取《公孙尼子》"，张守节《史记正义》也说"《乐记》者，公孙尼子次撰也"。张守节的说法来源于皇侃，皇侃与沈约同时。公孙尼子为孔子再传弟子，时代早于荀卿。

廖名春先生通过分析《乐记》与《乐论》的文本，认为荀子《乐论》多引《乐记》，"其礼乐思想实即对《乐记》礼乐思想的继承与发展。"[1] 其实即使《乐记》早于《乐论》，《乐论》有些内容继承自《乐记》，但从《乐论》结构与《乐记》差异明显，而自身结构基本完整，其学术思想与荀子学术思想体系完全吻合来看，《乐论》也可以看作是荀子在音乐理论方面的创新性著作。

（二）先王立乐之方与术

与礼为圣王之伪一样，荀子认为乐是先王所立。先王立乐，与去恶为善相关。《荀子 · 乐论》云："夫乐者，乐也，人情之所必不免也，故人不能无乐。乐则必发于声音，形于动静，而人之道，声音、动静、性术之变尽是矣。故人不能不乐，乐则不能无形，形而不为道，则不能无乱。""夫民有好恶之情而无喜怒之应则乱。先王恶其乱也，故修其行，正其乐，而天下顺焉。"先王恶"形而不为道"之乱，故立《雅》《颂》之乐，"使其声足以乐而不流，使其文足以辨而不諰，使其曲直、繁省、廉肉、节奏足以感动人之善心，使夫邪污之气无由得接焉。是先王立乐之方也。"这便是先王的立乐之方。

除了立乐之方，先王还有两个立乐之术。《荀子 · 乐论》云："故乐在宗庙之中，君臣上下同听之，则莫不和敬；闺门之内，父子兄弟同听之，则莫不和亲；乡里族长之中，长少同听之，则莫不和顺。故乐者，审一以定和者也，比物以饰节者也，合奏以成文者也，足以率一道，足以治万变。是先王立乐之术也。"荀子所定义的此条立乐之术，"足以率一道，足以治万变。"为《乐记》所无。"率一道以治万变"的思想，与《荀子 · 儒效》"以一持万"思想相一致。

《荀子 · 乐论》云："故听其《雅》《颂》之声，而志意得广焉；执其干

[1] 廖名春：《〈荀子〉新探》，中国人民大学出版社2014年版，第254页。

戚，习其俯仰屈伸，而容貌得庄焉；行其缀兆，要其节奏，而行列得正焉，进退得齐焉。故乐者，出所以征诛也，入所以揖让也。征诛揖让，其义一也。出所以征诛，则莫不听从；入所以揖让，则莫不从服。故乐者，天下之大齐也，中和之纪也，人情之所必不免也。是先王立乐之术也。”荀子所述此条先王立乐之术，“天下之大齐”《乐记》作“天地之命”，荀子之天为自然之天，因此不用“天地之命”，而说是“天下之大齐”。此外，《乐论》中的“故乐者，出所以征诛也，入所以揖让也。征诛揖让，其义一也。”也是《乐记》所无，出入相对而论，归其义为一，也是荀子常用的论证方式。“是先王立乐之术”也是荀子的定义，《荀子·乐论》没有将此定义为“先王立乐之术”。

荀子所述先王立乐之术，对乐的和人群、整齐出征诛、入揖让之功能，进行了阐述。乐的教化功能，是从先王立乐之方与术中延伸出来的。

（三）乐的教化与治世功能

乐通过深入人心的教化，使民和乐而兵强城固。《荀子·乐论》云：“夫声乐之入人也深，其化人也速，故先王谨为之文。乐中平则民和而不流，乐肃庄则民齐而不乱。民和齐则兵劲城固，敌国不敢婴也。如是，则百姓莫不安其处，乐其乡，以至足其上矣。然后名声于是白，光辉于是大，四海之民莫不愿得以为师，是王者之始也。”

针对墨子所说“乐者，圣王之所非也，而儒者为之，过也”，荀子引君子之言进行批驳：“乐者，圣人之所乐也，而可以善民心，其感人深，其移风易俗，故先王导之以礼乐而民和睦。”乐善化民心，移风易俗，先王用礼乐和睦百姓。墨子所说乐为圣王所非，根本就是错误的。

乐之道志乐心、移风易俗的教化功能，最终使天下皆宁，美善相乐。《荀子·乐论》云：“君子以钟鼓道志，以琴瑟乐心，动以干戚，饰以羽旄，从以磬管。故其清明象天，其广大象地，其俯仰周旋有似于四时。故乐行而志清，礼修而行成，耳目聪明，血气和平，移风易俗，天下皆宁，美善相乐。故曰：乐者，乐也。君子乐得其道，小人乐得其欲。以道制欲，则乐而不乱；以欲忘道，则惑而不乐。故乐者，所以道乐也，金石丝竹，所以道德也。乐行而民乡方矣。故乐者，治人之盛者也。”

乐在发挥其教化功能时，与礼的教化功能相得益彰。《荀子·乐论》云：“且乐也者，和之不可变者也；礼也者，理之不可易者也。乐合同，礼别异。礼乐之统，管乎人心矣。穷本极变，乐之情也；著诚去伪，礼之经也。”礼使贵贱有别，长幼有序，而差别人群的和乐，则要通过乐来实现。通过礼乐的教化，取伪著诚，使人心发生根本变化。

荀子通过乡饮酒礼中的礼乐，知道王道之易易，在于教化为本，尊贤尚齿。荀子叙述了乡饮酒礼整个礼乐过程后说："贵贱明，隆杀辨，和乐而不流，弟长而无遗，安燕而不乱，——此五行者，足以正身安国矣。彼国安而天下安。故曰：吾观于乡而知王道之易易也。"（《荀子·乐论》）

六、道、心与解蔽

《解蔽》之蔽，杨倞注云："蔽者，言不能通明，滞于一隅，如有物雍蔽之也。"蔽的产生是由于人不能全面认识道，从而出现的认识错误。人要认识道，要通过心。通过心的虚一而静，实现大清明境界。

（一）蔽之产生

荀子认为，蔽的产生，是由于人们"蔽于一曲，暗于大理"（《荀子·解蔽》）。天下只有一个道，圣人对道不能有二心。荀子生活的现实世界是，诸侯异政，诸子异说，这其中必有是的，必有非的。各国政治也有治乱之别。国家的治理者们、各家学派，都诚心求取治国正道，但常背离于道，而被邪恶所引诱。偏爱自己掌握的知识，不喜欢别人说它的坏话。凭着自己的知识看不同的知识，不愿听到它的美。与治道远离而自己不停地肯定自己，都是蔽于一曲而失于求正的。蔽的产生，在于心不使知道，"心不使焉，则白黑在前而目不见，雷鼓在侧而耳不闻，况于使[1]者乎！"（《荀子·解蔽》）

荀子认为，人们认知中产生的蔽，是由于心对客观存在的事物对立属性的片面认知造成的。《荀子·解蔽》云："故为蔽：欲为蔽，恶为蔽，始为蔽，终为蔽，远为蔽，近为蔽，博为蔽，浅为蔽，古为蔽，今为蔽，凡万物异则莫不相为蔽，此心术之公患也。"蔽的存在，有人君之蔽，有人臣之蔽，还有宾孟之蔽，也就是诸子百家之蔽。在荀子看来，只有孔子"仁知且不蔽"。荀子对诸子百家之蔽的批评，参见上文《荀子对诸子学术批评与〈天下〉篇之比较》一节。

（二）圣人与道

荀子认为，道体常而尽变，一隅不足以举之，圣人欲求全尽粹美之道，必须解除心术之患，虚壹而静，用心知求道，以解除心术之患，蔽塞之祸。《荀子·解蔽》云："圣人知心术之患，见蔽塞之祸，故无欲无恶，无始无终，无近

[1] 俞樾认为"使"字为"蔽"字之误，可从。见王先谦：《荀子集解》，《诸子集成》2，上海书店1986年版，第258页。

无远，无博无浅，无古无今，兼陈万物而中县衡焉。是故众异不得相蔽以乱其伦也。何谓衡？曰：道。”

荀子认为，以心知道，为治之要。道即为标准，心不可以不知道。如果心不知道，心就会不认可道而认可非道。以其不认可道的心取人，“则必合于不道人，而不知合于道人。以其不可道之心，与不道人论道人”，是乱之本。（《荀子·解蔽》）因为只有心认知了道，才会肯定道。“可道，然后能守道以禁非道，以其可道之心取人，则合于道人而不合于不道之人矣。”（《荀子·解蔽》）以可道之心与道人论非道，为治之要。治之要在于心知道。

（三）虚壹而静

心如何知道？荀子提出了“虚壹而静”的办法。何谓“虚壹而静”？《荀子·解蔽》云：“人何以知道？曰：心。心何以知？曰：虚壹而静。心未尝不臧也，然而有所谓虚；心未尝不满（满当作两，两谓同时兼知）[1]也，然而有所谓一；心未尝不动也，然而有所谓静。人生而有知，知而有志。志也者，臧也，然而有所谓虚，不以所已臧害所将受谓之虚。心生而有知，知而有异，异也者，同时兼知之。同时兼知之，两也，然而有所谓一，不以夫一害此一谓之壹。心，卧则梦，偷则自行，使之则谋。故心未尝不动也，然而有所谓静，不以梦剧乱知谓之静。未得道而求道者，谓之虚壹而静。”

荀子将“虚壹而静”这种心知道的方法概括为“未得道而求道者”，意思是心由未知道通过虚一而静而达于知道。荀子认为，人生下来便有所以知之性，知性知物之理，便会留在心中，是谓志，志即是臧。“心未尝不臧也，然而有所谓虚”。虚即是指“不以所已臧害所将受谓之虚”，意思是不以心中已有的知识妨害即将接受的新知识，这种表述与后世佛家所说的破除所知障近同。心天生有知物理之功能，所知物理不同，谓之异。对于不同的物理心能兼知之，荀子称其为两，通过心对不同物理两的同时兼知，也称为两。两一相对，不以已知之夫一害未知之此一，称为壹。心认知物理的过程称为动，达到认知道的状态，不以梦境乱真知称为静。心通过虚、壹、静而达到对道的认知过程。在实践层面如何“虚壹而静”？荀子认为，“作之，则将须道者之虚则入，将事道者之壹则尽，尽将思道者静，则察。知道察，知道行，体道者也。虚壹而静，谓之大清明。”[2]

[1] 王先谦：《荀子集解》，《诸子集成》2，上海书店1986年版，第264页。

[2] 该段文字的整理各家分歧较大，此从董治安、郑杰文、魏代富整理：《荀子汇校汇注附考说》下，凤凰出版社2018年版，第1094页。

达到道的方法，待道虚而入，夫一与此一不相为害而达到壹，道尽；道尽后而思道之静，就会非常清明。知道之明，知道之行，是以体为道，虚壹而静被称为大清明。

实现了大清明，蔽便解除。解除道之蔽，人的认识与行为便会达到一个全新的境界，“万物莫形而不见，莫见而不论，莫论而失位。坐于室而见四海，处于今而论久远，疏观万物而知其情，参稽治乱而通其度，经纬天地而材官万物，制割大理，而宇宙裹矣。恢恢广广，孰知其极？睪睪广广，孰知其德？涫涫纷纷，孰知其形？明参日月，大满八极，夫是之谓大人。夫恶有蔽矣哉！”（《荀子·解蔽》）知道之人被荀子称为大人，大人也就是大清明之圣人君子，有制割大理的君子，天地宇宙裹矣。

（四）心之自择与心专壹于道

荀子认为，心在知道中发挥着重要作用。之所以如此，是因为在人体器官中心居于非常重要而特殊的地位，被称为“天君”。心的重要性在于：“心者，形之君也，而神明之主也，出令而无所受令。”（《荀子·解蔽》）心只出令而无所受令，心的活动便是一种自为，“自禁也，自使也，自夺也，自取也，自行也，自止也。故口可劫而使墨云，形可劫而使诎申，心不可劫而使易意，是之则受，非之则辞。故曰：心容其择也，无禁必自见，其物也杂博，其情之至也不贰。”心不可劫而使其改变，只根据自己的感受，“是之则受，非之则辞”，因此荀子说心容其有择，没有禁止的选择自见，所见之物必杂博，但心之见物之情却是精纯不贰的。就像《诗》所云：“采采卷耳，不盈倾筐。嗟我怀人，置彼周行。”倾筐易满，卷耳易得，但不可以贰周行。荀子就此引出心专壹于道之论题。

《荀子·解蔽》云：“故曰：心枝则无知，倾则不精，贰则疑惑。以赞稽之，万物可兼知也。”杨倞注：“枝，旁引如树枝也。稽，考也。以一而不贰之道助考之，则可兼知万物。若博杂则愈不知也。”[1] 人专心从事一事，不可三心二意，“身尽其故则美，类不可两也，故知者择一而壹焉。”（《荀子·解蔽》）杨倞注：“故，事也。尽不贰之事则身美矣。凡事类皆不可两故，知者精于一道而专一焉，故异端不可蔽也。”[2]

还有一点荀子特别进行了强调，这就是“精于道”与“精于物”的不同。《解蔽》云：“农精于田而不可以为田师，贾精于市而不可以为贾师，工精于

[1] 王先谦：《荀子集解》，《诸子集成》2，上海书店1986年版，第266页。
[2] 王先谦：《荀子集解》，《诸子集成》2，上海书店1986年版，第266页。

器而不可以为器师。有人也，不能此三技而可使治三官，曰：精于道者也，【非】[1] 精于物者也。精于物者以物物，精于道者兼物物。故君子壹于道而以赞稽物。壹于道则正，以赞稽物则察，以正志行察论，则万物官矣。”精于道可以理万事，精于物者各物其一物，因此君子壹于道而以赞稽物。君子心壹于道则正，考于物则明察，以正心行明论，则万物各当任而无差错。

荀子认为，心在知道择物过程中，会出现两心、枝心现象，因此需要养心于未萌状态，从而使心保持清明，专心于道。《解蔽》云：“昔者舜之治天下也，不以事诏而万物成。处一危之[2]，其荣满侧；养一之微，荣矣而未知。故《道经》曰：‘人心之危，道心之微。’危微之几，惟明君子而后能知之。”按照杨倞的注解，危谓不自安戒惧，侧为充满，微谓养其未萌不使异端乱之，处危之心有形，荣满易显；养心之微无形，虽荣而未知。荀子将人心比如盘水，放正错而勿动，则湛浊在下而清明在上，则足以见须眉而察理矣。微风吹过，湛浊动于下，清明乱于上，就不能得大形之正了。心也是如此。因此对心应导之以理，养之以清，则物没有不正，足以定是非，定嫌疑。如果心被小物牵引，则其正外易，其心内倾，就不足以决众理了。仓颉传书，后稷传稼，夔传乐，舜传义，倕作弓，浮游作矢，羿精于射，奚仲作车，乘杜作乘马，造父精于御，皆因壹之故。自古及今，未尝有两心而能精于道的。

对于荀子心之能一，唐君毅先生指出：“荀子此处之言心，一方为重心之虚静，而一方则重心之能一；而其能一，则见于其能‘不以夫一害此一’。其不以夫一害此一，一方使心能专精于一事，如为农、为工、为商；一方亦能使人专精于道，‘不能此三技，而可治三官。’故人心之一于道，即能赞稽物。此一于道，以赞稽物之心，即为一纯粹之统摄数一而贯之之心。唯以人心能虚能一，又能不以梦剧乱知而静，故人心能大清明以知道。”[3] 心之能一，才能知道，而为大清明之心。

人心之危，不是荀子所追求的境界，道心之微，才是理想的由心达道的路径。养微心者为至人。“至人也，何强，何忍，何危？故浊明外景，清明内景。圣人纵其欲，兼其情，而制焉者理矣，夫何强，何忍，何危？故仁者之行道也，无为也；圣人之行道也，无强也。仁者之思也恭，圣人之思也乐。此治心之道

[1] 非字据俞樾说补。王先谦：《荀子集解》，《诸子集成》2，上海书店1986年版，第266页。

[2] 杨倞注云：“一谓心一也。危之当为之危。”王先谦：《荀子集解》，《诸子集成》2，上海书店1986年版，第266页。

[3] 唐君毅：《中国哲学原论·导论篇》，中国社会科学出版社2005年版，第75页。

也。”（《荀子·解蔽》）

（五）人的认知问题

荀子认为，人具有认知之性，物有可以知之理。尽管如此，如果“以可以知人之性，求可以知物之理，而无所疑止之，则没世穷年不能遍也。”（《荀子·解蔽》）虽然可以通贯的物之理有亿万，“已不足以浃万物之变，与愚者若一。”（《荀子·解蔽》）为学的人，年纪老了，儿子大了，仍然没有明白物理不可穷尽这一愚人的问题，还不知放弃以人之知尽物理这种追求，就是妄人了。为学所止在何处？荀子认为：“止诸至足。曷为至足？曰：圣也。[1]圣也者，尽伦者也；王也者，尽制者也。两尽者，足以为天下极矣。故学者以圣王为师，案以圣王之制为法，法其法以求其统类，以务象效其人。”（《荀子·解蔽》）学者以圣人为师，以圣王之制为法，以圣王法为法而求其统类，努力仿效圣人的为人。向着这个目标努力的，是士；与此类似接近的，是君子；完全明白这个道理，是圣人。“故有知非以虑是，则谓之惧；有勇非以持是，则谓之贼；察孰非以分是，则谓之篡；多能非以修荡是，则谓之知；辩利非以言是，则谓之诎。”（《荀子·解蔽》）知是机诈，诎的意思是废话。

荀子认为，圣王之制与道一样，也是判断是非的标准。《荀子·解蔽》云：“传曰：‘天下有二：非察是，是察非。’谓合王制与不合王制也。”天下如果不以王制为标准，就没有办法分清是非曲直。“析辞而为察，言物而为辨，君子贱之；博闻强志，不合王制，君子贱之。”（《荀子·解蔽》）

七、国家与社会治理思想

荀子作为战国晚期的赵国思想家，其学术的旨趣并不在于学术本身。他和其他战国时期的思想家一样，学术的目的在于为构建一个自己理想的社会提供一种理论的支撑。刘向《孙卿书录》云：“观孙卿之书，其陈王道甚易行，疾世莫能用。”荀子的国家与社会治理思想，内容丰富，体系完备。对理想社会的构建，提供了一套完备而易行的方案。

（一）用国在得百姓。百姓，是国家组成的人口基础，也是国家治理的主要对象。荀子特别重视百姓在社会治理中的作用。他说：“用国者，得百姓之力者富，得百姓之死者强，得百姓之誉者荣。三得者具而天下归之，三得者亡而天下去之；天下归之之谓王，天下去之之谓亡。”（《荀子·王霸》）是否得百姓，

[1] 梁启超认为，“也”当为“王”字之误也。梁启雄：《荀子简释》，中华书局1983年版，第304页。

关系到国家的兴盛与存亡。

荀子认为，君为民之原，其行为对民有引导作用，君爱民民才能拥戴君。《荀子·君道》云：“君者，民之原也，原清则流清，原浊则流浊。故有社稷者而不能爱民，不能利民，而求民之亲爱己，不可得也。民不亲不爱，而求为己用，为己死，不可得也。民不为己用，不为己死，而求兵之劲，城之固，不可得也。”君不能爱民、利民，则民不为君所用。

鉴于百姓在国家治理中的重要作用，荀子提出作为国家的治理者，应该爱戴百姓。《荀子·王霸》云：“上莫不致爱其下，而制之以礼，上之于下，如保赤子。政令制度，所以接下之人，百姓有不理者如豪末，则虽孤独鳏寡，必不加焉。”上爱百姓，则百姓亲上欢如父母，可杀而不可使不顺。“君臣上下，贵贱长幼，至于庶人，莫不以是为隆正。”（《荀子·王霸》）统治者对百姓的有序统治，通过礼法的形式而得以完美实现。

为了很好地治理百姓，荀子提出了一整套行之有效的治民利民措施。《荀子·王霸》云：“故厚德音以先之，明礼义以道之，致忠信以爱之，赏贤使能以次之，爵服赏庆以申重之，时其事、轻其任以调齐之，潢然兼覆之，养长之，如保赤子。生民则致宽，使民则綦理，辩政令制度，所以接天下之人，百姓有非理者如豪末，则虽孤独鳏寡必不加焉。”由于君主治民“道德诚明，利泽诚厚”，百姓贵之如帝，亲之如父母，为之出死断亡而忠心不变。“故君人者，爱民而安，好士而荣，两者无一焉而亡。”（《荀子·君道》）君主是否爱民，关系国家存亡。

荀子认为，统治者如果不顾道义，诈民以求小利，必会导致民诈以待上，上下分崩离析，最后出现亡国之祸。《荀子·王霸》云：“挈国以呼功利，不务张其义，齐其信，唯利之求，内则不惮诈其民而求小利焉；外则不惮诈其与而求大利焉，内不修正其所以有，然常欲人之有。如是，则臣下百姓莫不以诈心待其上矣。上诈其下，下诈其上，则是上下析也。如是，则敌国轻之，与国疑之，权谋日行而国不免危削，綦之而亡，齐闵、薛公是也。”荀子认为，以小人统治百姓，是国家之大灾。《荀子·王霸》云：“伤国者何也？曰：以小人尚民而威，以非所取于民而巧，是伤国之大灾也。”

（二）治国以道。道在《荀子》一书中，有时指至上之道，有时指具体的道术，有时则指道路、方法等。道字最多的用法，是指君道。荀子所说治国以道，多指君道。《荀子·君道》云：“道者何也？曰：君道也。君者何也？曰：能群也。能群也者何也？曰：善生养人者也，善班治人者也，善显设人者也，善藩饰人者也。”君道便是能群之道。能群之道具体包括善生养人、善班治人、善显设人、善藩饰人四个方面，“善生养人者人亲之，善班治人者人安之，善显设人者人乐之，善藩饰人者人荣之。四统者具而天下归之，夫是之谓能群。”（《荀子·君道》）没有能群之道，国家便会走向灭亡。

荀子认为，治国之道即是一种公道、公义，其中包括隆礼至法、尚贤使能、纂论公察、赏克罚偷等内容。《荀子·君道》云：“至道大形，隆礼至法则国有常，尚贤使能则民知方，纂论公察则民不疑，赏克罚偷则民不怠，兼听齐明则天下归之。然后明分职，序事业，材技官能，莫不治理，则公道达而私门塞矣，公义明而私事息矣。如是，则德厚者进而佞说者止，贪利者退而廉节者起。”“如是，则臣下百吏至于庶人莫不修己而后敢安正，诚能而后敢受职，百姓易俗，小人变心，奸怪之属莫不反悫。夫是之谓政教之极。故天子不视而见，不听而聪，不虑而知，不动而功，块然独坐而天下从之如一体，如四胑之从心。夫是之谓大形。”[1] 至道大形，是以道治国的理想状态。

为了说明道在社会治理中的至上地位，荀子提出臣子“从道不从君”的理论。《荀子·臣道》：“故谏、争、辅、拂之人，社稷之臣也，国君之宝也，明君所尊厚也，而暗主惑君以为己贼也。故明君之所赏，暗君之所罚也；暗君之所赏，明君之所杀也。伊尹、箕子，可谓谏矣；比干、子胥，可谓争矣；平原君之于赵，可谓辅矣；信陵君之于魏，可谓拂矣。《传》曰：‘从道不从君。’此之谓也。”荀子认为，对于国家治理而言，良好的辅臣为国之至宝，但昏暗之主会以良辅为贼，因此辅臣从道不从君，这样就可以避免君主独裁给国家治理带来的弊端，保证国家在明君贤臣统治下取得良好的治理效果。

荀子认为，治国之道足以壹人，则百里之地可以取天下。“彼其人苟壹，则其土地且奚去我而适它？”（《荀子·王霸》）所谓壹人，就是将贤人、能人、好利之人等用不同的统治政策凝结为一个整体，“故百里之地，其等位爵服足以容天下之贤士矣，其官职事业足以容天下之能士矣，循其旧法，择其善者而明用之，足以顺服好利之人矣。贤士一焉，能士官焉，好利之人服焉，三者具而天下尽，无有是其外矣。”如此一来，百里之地足以竭势，致忠信，著仁义，足以竭人，两者合而得天下。

荀子认为，治国理民之道贵在义、信，不可用权谋。《王霸》云：“国者，

---

[1] 王先谦：《荀子集解》，《诸子集成》2，上海书店1986年版，第158页。

天下之制利用也；人主者，天下之利势也。得道以持之，则大安也，大荣也，积美之源也。不得道以持之，则大危也，大累也，有之不如无之，及其綦也，索为匹夫不可得也，齐湣、宋献是也。故人主，天下之利势也，然而不能自安也，安之者必将道也。”人主虽然处于天下最有势之位，但并不能自安，需要以道自安，此道便是义立而王，信立而霸。如果用权谋，则会国家灭亡，人主求为匹夫，也是不可能的。

此外，荀子还提出君主君人之道有三节。《荀子·王制》云：“故君人者欲安则莫若平政爱民矣，欲荣则莫若隆礼敬士矣，欲立功名则莫若尚贤使能矣，是君人者之大节也。三节者当，则其余莫不当矣；三节者不当，则其余虽曲当，犹将无益也。”荀子认为，平政爱民、隆礼重士、尚贤使能，是君主君人之大节，大节正，小节不正，也没有太大的关系。国君治国理民，以大节正为首要。

（三）反对君主独治。后世研究荀子思想的学者，有人认为荀子的理论为独裁专制提供了理论支撑。这其中应该是有些误解，荀子的治国理论强调圣王的重要，这为君权的确立提供了理论支撑。但荀子所设计的政治制度，是一个反对君主独裁的君主制。《荀子·王霸》云：“彼持国者必不可以独也，然则强固荣辱在于取相矣。身能相能，如是者王；身不能，知恐惧而求能者，如是者强；身不能，不知恐惧而求能者，安唯便僻左右亲比己者之用，如是者危削，綦之而亡。”荀子反对君主独裁，主张用相的设置来辅助君主完成社会与国家治理。

在荀子看来，人主都是想治理好国家的，而治理的结果出现较大的差异，与所任之相有很大的关系。“为人主者，莫不欲强而恶弱，欲安而恶危，欲荣而恶辱，是禹、桀之所同也。要此三欲，辟此三恶，果何道而便？曰：在慎取相，道莫径是矣。”（《荀子·君道》）要避免国家与社会治理中出现弱、危、辱的局面，最有效的途径便是慎取相。卿相辅佐，又被荀子称为“国具”。《荀子·君道》云：“人主不可以独也。卿相辅佐，人主之基、杖也，不可不早具也。故人主必将有卿相辅佐足任者，然后可；其德音足以填抚百姓、其知虑足以应待万变，然后可，夫是之谓国具。”君主体制下卿相在国家治理中，具有处理应急情况的功能，“故人主必将有便嬖左右足信者然后可，其知惠足使规物、其端诚足使定物然后可；夫是之谓国具。人主不能不有游观安燕之时，则不得不有疾病物故之变焉。如是国者，事物之至也如泉原，一物不应，乱之端也。”（《荀子·君道》）为了防止乱之端，君主需要设置卿相，以为国具。

荀子认为，如果没有左右卿相的辅佐，国君便成为暗独之君，国家有亡国之称。《荀子·君道》云："故人主无便嬖左右足信者谓之暗，无卿相辅佐足任使者谓之独，所使于四邻诸侯者非其人谓之孤，孤独而晻谓之危。国虽若存，古之人曰亡矣。"没有可靠可信的左右便嬖，没有足当重任的卿相，国家不亡，人亦谓之亡。

（四）礼法思想。荀子学术思想体系以礼法为中心，礼法思想是荀子社会治理理论中最为系统的思想。荀子以礼法治国理民思想，主要包括以下几个方面的内容：

1.社会伦理以礼而建。荀子认为，无论是君臣父子，还是兄弟夫妇，其伦理关系都以礼而建。《荀子·君道》云："请问为人君？曰：以礼分施，均遍而不偏。请问为人臣？曰：以礼侍君，忠顺而不懈。请问为人父？曰：宽惠而有礼。请问为人子？曰：敬爱而致文。请问为人兄？曰：慈爱而见友。请问为人弟？曰：敬诎而不苟。请问为人夫？曰：致功而不流，致临而有辨。请问为人妻？曰：夫有礼，则柔从听侍；夫无礼，则恐惧而自竦也。此道也，偏立而乱，俱立而治，其足以稽矣。"礼是各种社会角色实现自身的标准，按礼行事，便可以避免社会混乱，实现社会治理。要建立这种以礼为基础的社会，就要"审礼"，也就是详细地了解礼义，在此基础上敬礼行事，以礼处理各种关系和事物，这样便会"仁厚兼覆天下而不闵，明达用天地、理万变而不疑，血气和平，志意广大，行义塞于天地之间"（《荀子·君道》），以此达到仁智之极。

2.礼为正国之标准。荀子认为，礼是正国的标准，国无礼则不正。《荀子·王霸》云："国无礼则不正。礼之所以正国也，譬之犹衡之于轻重也，犹绳墨之于曲直也，犹规矩之于方圆也，既措之而人莫之能诬也。"

3.礼法是社会等级划分的标准。荀子认为，礼的功用便在于使社会有分，各社会等级的划分以礼为标准。《荀子·富国》云："礼者，贵贱有等，长幼有差，贫富轻重皆有称者也。故天子袾褋衣冕，诸侯玄褋衣冕，大夫裨冕，士皮弁服。德必称位，位必称禄，禄必称用。由士以上则必以礼乐节之，众庶百姓则必以法数制之。"士以上以礼治之，众庶百姓以法制之，荀子所言礼法治世，礼与法有着不同的治理对象。荀子"德必称位，位必称禄，禄必称用"的说法，可以在礼的温情下使等级生活合情合法，从而消弭下层百姓由于贫富差别所产生的反抗情绪。

4.富国与裕民。国家是否富足，是衡量一个国家经济实力的标准。百姓是否富足，是判断一个国家治理状况的标准。荀子在处理国家与百姓经济利益问题上，提出了下富则上富、下贫则上贫的重要主张。

荀子认为，造成国家贫穷的原因，主要在于为政者。《荀子·富国》云："上好功则国贫，上好利则国贫，士大夫众则国贫，工商众则国贫，无制数度量则国贫。下贫则上贫，下富则上富。"国家贫穷，百姓也会贫穷，只有百姓富足了，国家才会富足。明主使民以时，开源节流，便会使天下有余而不忧不足。《荀子·富国》云："故田野县鄙者，财之本也；垣窌仓廪者，财之末也。百姓时和、事业得叙者，货之源也；等赋府库者，货之流也。故明主必谨养其和，节其流，开其源，而时斟酌焉，潢然使天下必有余，而上不忧不足。"明主分清财富生产与财富储藏、财富生产与赋税收敛的本末关系，才能真正做到使民以时，开源节流，从而实现上下俱富、交无所藏的国之大计。

荀子认为，足国之道，在于节用裕民。《荀子·富国》云："足国之道，节用裕民而善臧其余。节用以礼，裕民以政。彼裕民，故多余。裕民则民富，民富则田肥以易，田肥以易则出实百倍。上以法取焉，而下以礼节用之，余若丘山，不时焚烧，无所臧之。夫君子奚患乎无余？故知节用裕民，则必有仁义圣良之名，而且有富厚丘山之积矣。此无它故焉，生于节用裕民也。"不知节用裕民，则民贫，民贫则土地贫瘠而污秽，土地贫瘠而污秽则粮食产量就会减半，如此一来，即使君主极力侵夺，也不会有好的收获。不知节用裕民，必然导致国弱民贫。

荀子认为，要实现百姓富足，就要实行良好的经济政策，以政裕民。《荀子·富国》云："量地而立国，计利而畜民，度人力而授事，使民必胜事，事必出利，利足以生民，皆使衣食百用出入相揜，必时臧余，谓之称数。故自天子通于庶人，事无大小多少，由是推之。故曰：朝无幸位，民无幸生。此之谓也。经（一作轻）田野之税，平关市之征，省商贾之数，罕兴力役，无夺农时，如是，则国富矣。夫是之谓以政裕民。"荀子在富国与裕民上的制度设计，对古代中国政治经济思想史产生了重要影响。

5.明分与使群。与荀子的以礼治世理论紧密相关，荀子特别强调国家与社会治理要明分使群。荀子认为，人不同于其他动物和无生物，人有生、有知，而且有义，因此人最为天下贵。"力不若牛，走不若马，而牛马为用，何也？曰：人能群，彼不能群也。人何以能群？曰：分。分何以能行？曰：义。故义以分则和，和则一，一则多力，多力则强，强则胜物，故宫室可得而居也。故序四时，裁万物，兼利天下，无它故焉，得之分义也。故人生不能无群，群而无分则争，争则乱，乱则离，离则弱，弱则不能胜物；故宫室不可得而居也，不可少顷舍礼义之谓也。”（《荀子·王制》）荀子认为，人之所以能群，在于能分；之所以能分，是因为人有义，义以分则和，因此能胜万物。人类社会不能无群，群而无分就会产生争斗，争斗就会人群离散，不能胜物。明分使群，是以礼治世的重要表现形式。

在《荀子·富国》，荀子也强调了明分使群的重要性。他说，人之生不能无群，有群而无分就会产生争斗，争斗则乱，乱则穷。无分，为人之大害；有分，为天下之本利。人君便是管分的枢要。离居不相待则穷，群而无分则争。人穷便会生患，争就会发生祸害。救患除祸，没有什么比明分使群更有效的方法了。明分除了可以使群外，在国家与社会治理上也具有特殊意义。首先，明分使主相、臣下、百姓各司其职。《荀子·王霸》云：“治国者，分已定，则主相、臣下、百吏各谨其所闻，不务听其所不闻；各谨其所见，不务视其所不见。所闻所见诚以齐矣。则虽幽闲隐辟，百姓莫敢不敬分安制以化其上，是治国之征也。”明分，是使官僚体制正常运行的重要措施。

其次，兼足天下之道在明分。《荀子·富国》云：“兼足天下之道在明分。掩地表亩，刺草殖谷，多粪肥田，是农夫众庶之事也。守时力民，进事长功，和齐百姓，使人不偷，是将率之事也。高者不旱，下者不水，寒暑和节而五谷以时孰，是天下之事也。若夫兼而覆之，兼而爱之，兼而制之，岁虽凶败水旱，使百姓无冻喂之患，则是圣君贤相之事也。”明分，可以说是国家与社会治理的根本原则。

6.法先王与法后王。许多学者认为，荀子的治国理民思想反对法先王，重视法后王。这种认识是存在问题的。在先王与后王之间，荀子主张既法先王，也法后王。在荀子看来，法先王与法后王所法内容侧重点不同，但荀子认为百王一法，法先王和法后王所法之根本精神是一致的。

先王，在《荀子·富国》中曾与圣人并称，“故先王圣人为之不然”。荀子主张法先王，因为在荀子看来，先王与圣王一样，是礼乐的创立者。荀子认为，礼义为先王制，“故先王案为之制礼义以分之，使有贵贱之等、长幼之序，知愚能不能之分，皆使人载其事，而各得其宜。然后使谷禄多少厚薄之称，是夫群居合一之道也。”（《荀子·荣辱》）“故人不能不乐，乐则不能无形，形而不为道，则不能无乱。先王恶其乱也，故制《雅》《颂》之声以道之。”“先王之道，礼乐正其盛者也，而墨子非之。”（《荀子·乐论》）在荀子看来，法先王，便是法礼义。《荀子·非相》云：“凡言不合先王，不顺礼义，谓之奸言，虽辩，君子不听。法先王，顺礼义，党学者，然而不好言，不乐言，则必非诚士也。”《荀子·儒效》：“法先王，统礼义，一制度，以浅持博，以古持今，以一持万，苟仁义之类也，虽在鸟兽之中，若别白黑。”在荀子看来，法先王与隆礼义，是儒者独有的特性。《荀子·儒效》云：“孙卿子曰：‘儒者法先王，隆礼义，谨乎臣子而致贵其上者也。人主用之，则势在本朝而宜；不用，则退编百姓而悫；必为顺下矣。’”荀子批评诸子，也常常以“不法先王，不是礼义”为评判标准。熊公哲先生曾对荀子法先王之礼有过精到的评说。他说：“荀子则不然，其所法于先王者礼，而其言礼也参于法，故其于先王也务于合。是故孟子者以己规先王者也，其为德也达。荀子者以先王衡己者也，其为道也固。”[1]

与法先王相比，荀子有一些表述看上去更注重法后王。《荀子·成相》云：“凡成相，辨法方，至治之极复后王。”荀子将法后王定义为“至治之极”，强调了法后王的重要性。《荀子·不苟》云：“百王之道，后王是也。君子审后王之道而论于百王之前，若端拜而议。”

荀子之所以强调法后王，是因为在荀子看来，后王的礼法条文更具体，可统一用为固定的制度，即《荀子·儒效》云“法后王而一制度”。时代久远的先王之礼，文久而息，节奏久而绝，所存荡然。无论从道德之求，还是礼法之从，都应以后王为标准。《荀子·非相》云：“五帝之外无传人，非无贤人也，久故也。五帝之中无传政，非无善政也，久故也。禹、汤有传政而不若周之察也，非无善政也，久故也。传者久则论略，近则论详，略则举大，详则举小。愚者闻其略而不知其详，闻其小而不知其大也，是以文久而灭，节族久而绝。”《荀子·儒效》云：“言道德之求，不二后王。道过三代谓之荡，法二后王谓之不雅。”《荀子·王制》云：“王者之制：道不过三代，法不二后王；道过三代谓之荡，法二后王谓之不雅。”《荀子·非相》云：“人道莫不有辨，辨莫大于分，分莫大于礼，礼莫大于圣王。圣王有百，吾孰法焉，故（王念孙曰：‘故’字衍）曰：‘文久而息，节族（奏）久而绝，守法数之有司，极礼而褫。故曰：欲观圣王之迹，则于其粲然者矣，后王是也。彼后王者，天下之君也。舍后王而道上古，譬之犹是舍己之君，而事人之君也。故曰：欲观千岁，则数今日；欲知亿万，则数一二；欲知上世，则审周道；欲知周道，则审其人所贵君子。故曰：以近知远，以一知万，以微知明，此之类也。’”[2] 从由近知远、由一知万、

[1] 熊公哲：《荀卿学案》，山东文艺出版社2018年版，第15页。
[2] 王先谦：《荀子集解》，《诸子集成》2，上海书店1986年版，第50—51页。

由微知明这一认识事物的普遍规律出发，荀子也强调法后王。

荀子认为先王与后王的不同，只是流传下来的礼法的具体条文详细程度的差异，而对于礼法的基本精神，先王与后王并没有区别。他们所传礼法，都可以一制度。在法先王和法后王这一问题上，最为关键的一点是，在荀子看来，“古今异情，其所（今本夺，据王先谦《荀子集解》补）以治乱者异道。”（《荀子 · 非相》）[1] 是妄人之言，古今之道为一，“百王之无变，足以为道贯，理贯不乱。”（《荀子 · 天论》）“故百王之法不同若，是所归者一也。”（《荀子 · 王霸》）百王，是荀子用来表述超越先王与后王、包括先王与后王在内的一个概念，百王之法虽然不同，但其旨趣则是完全相同的。

关于道出为一，《荀子 · 儒效》云：“此其道出乎一。曷谓一？曰：执神而固。曷谓神？曰：尽善挟治之谓神，万物莫足以倾之之谓固。神固之谓圣人。圣人也者，道之管也。天下之道管是矣，百王之道一是矣。”荀子法先王与法后王，所法的都是百王出于“一”之道，“是百王之所同而礼法之大分也。”（《荀子 · 王霸》）

荀子之所以将法先王与法后王分言之，是在法百王之道的整体思路下，分别强调法先王与法后王的不同视角。法先王，是为了强调礼义之道来源之久，礼义为圣王所积，时间越久所积愈厚，以此来彰显礼义内容的客观性与礼义来源的神圣性。法后王，是为了强调礼义之道的可证明性与可实行性。后王之礼义，具体而微，易于把握与实行。将法先王与法后王结合在一起，就可以明见荀子法王道之根本精神。

7.人治与法治。荀子虽然强调以礼法治世，但礼法与人在国家与社会治理中发挥的作用相比较，荀子更强调人的作用。这是荀子之所以被视为儒家巨匠，而非法家思想家的根本原因。

荀子认为，士之与人，道之与法，是国家的根本。《荀子 · 致士》云：“故土之与人也，道之与法也者，国家之本作也。君子也者，道法之摠要也，不可少顷旷也。得之则治，失之则乱；得之则安，失之则危；得之则存，失之则亡。故有良法而乱者有之矣，有君子而乱者，自古及今，未尝闻也。”良法与君子相较，荀子更强调君子治世的重要作用。

法治与人治相比，荀子提出“有治人，无治法”。荀子说：“羿之法非亡也，而羿不世中；禹之法犹存，而夏不世王。故法不能独立，类不能自行，得其

[1] 王先谦：《荀子集解》，《诸子集成》2，上海书店1986年版，第51页。

人则存，失其人则亡。”（《荀子·君道》）荀子认为，法为治之端，君子为法之原，“故有君子则法虽省，足以遍矣；无君子则法虽具，失先后之施，不能应事之变，足以乱矣。不知法之义而正法之数者，虽博，临事必乱。”（《荀子·君道》）君子对于治世的重要性，远远超过法。

君子治世的重要性之所以远远超过法，是因为法的定立和审议执行，都要由君子来完成。《荀子·王制》云：“故法而不议，则法之所不至者必废。职而不通，则职之所不及者必队。故法而议，职而通，无隐谋，无遗善，而百事无过，非君子莫能。故公平者，听之衡也；中和者，听之绳也。其有法者以法行，无法者以类举，听之尽也；偏党而无经，听之辟也；故有良法而乱者，有之矣，有君子而乱者，自古及今，未尝闻也。”荀子所说“其有法者以法行，无法者以类举”，体现君子在法之执行中的卓越智慧。君子，是社会公平的保证者，是治世之根基。因此，荀子在不同的篇章强调说：“故有良法而乱者，有之矣，有君子而乱者，自古及今，未尝闻也。”

八、荀子的正名理论

荀子《正名》篇，是《荀子》一书各篇之中学术性较强的一篇文章。荀子作《正名》篇的目的，是在继承发展孔子正名理论的基础上，提出自己的正名理论、正名原则、正名的方法路径等，以便为自己政治思想的实现提供学术思想上的支撑。

荀子生活的时代，是辩者大行其说的时代。名家学者提出各种名辩主张，在社会上产生很大的影响。《墨子·小取》篇描述辨者学说云：“夫辩者将以明是非之分，审治乱之纪，明同异之处，察名实之理，处利害，决嫌疑焉。摹略万物之然，论求群言之比，以名举实，以辞抒意，以说出故。以类取，以类予……”受名家影响，诸子各家为了增强自己学术的思辨性，提升自己学术主张的论说水平，纷纷吸收名辩思想。荀子为了发展儒家传统理论，同时更好地回应辩者与诸子学说，构建起自己的正名学说，作为自己学术思想的基础理论支撑。

（一）《荀子·正名》之旨归与正名学说之起点：后王之成名。冯友兰先生在《中国哲学史》中曾指出：“荀子承儒家之传统的精神。故其所为正名，除逻辑的意义外，尚有伦理的意义。故曰：‘上以明贵贱，下以辨同异’”[1]《荀子·正名》所论正名的旨趣，就是为圣王之治的实现提供一个处理名实关系的基

[1] 冯友兰：《中国哲学史》上，华东师范大学出版社2011年版，第177页。

本原则。荀子的名学，基本上可以说是一种政治名学，其中所借助的逻辑思维与逻辑推导，是为政治名学的论证服务的。

荀子认为，战国末年是一个没有圣王的时代，“今圣王没，名守慢，奇辞起，名实乱，是非之形不明，则虽守法之吏，诵数之儒，亦皆乱也。”（《荀子·正名》）由于名守慢而引发一系列社会问题，因此需要重新建立起制名理论。王者之制名，“名定而实辨，道行而志通，则慎率民而一焉”，制名有统一社会价值观念的作用，因此需要率民而一。不守王所制之名，“故析辞擅作名以乱正名，使民疑惑，人多辨讼，则谓之大奸，其罪犹为符节、度量之罪也。”（《荀子·正名》）守名约则百姓诚实易使，百姓易使则容易收到统治功效，“其民莫敢托为奇辞以乱正名，故壹于道法而谨于循令矣。如是，则其迹长矣。迹长功成，治之极也，是谨于守名约之功也。”（《荀子·正名》）。曹峰先生指出：“在荀子看来，正名的获取是权力的来源之一，‘名’可以作为一种外在的规范，同‘礼’、‘法’一起在政治上发挥作用。”[1]

后王之成名，是荀子论述正名学说的起点。关于“成名”，杨倞注：“后之王者有素定成就之名，谓旧名可法效者也。”[2] 周群振先生说：“明言之，即既经流通而为人所共许之定名。”[3] 荀子指出，后王之成名主要有四部分组成，刑名、爵名、文名、散名。刑名从商，爵名从周，文名从《礼》，散名，即万物之名。“散名之加于万物者，则从诸夏之成俗曲期，远方异俗之乡则因之而为通。”（《荀子·正名》）关于荀子所界定的四种成名，牟宗三先生指出：“前三类为历史文化的，亦属于典章制度的。……言从商从周从礼者，即一切典章制度之名，足以纲维人群而为言行之模型者，皆为历史文化之累积而演成，亦即皆在实践中而成定型也。一成为定名，即指一定实，是每一名即一形式也。……唯属于名学之名者，则大都不赅历史文化所演成之典章制度之名，而唯以荀子所说之‘散名’为主题，此属于‘自然之实事’也。无论‘散名之加于万物’，或‘散名之在人’，皆自然之实事也。故言名理当以此为主。”[4]

荀子认为，散名是根据诸夏习俗多方面共同约定而成，“边远地区不同风俗的地方，就根据这些习惯和共同约定的名称而相互交流思想。”[5] 荀子论述

[1] 曹峰：《中国古代“名”的政治思想研究》，上海古籍出版社2017年版，第134页。

[2] 王先谦：《荀子集解》，《诸子集成》2，上海书店1986年版，第274页。

[3] 周群振：《荀子思想研究》，文津出版社1987年版，第210页。

[4] 吴兴文：《牟宗三文集·名家与荀子》，吉林出版集团有限责任公司2009年版，第170—171页。

[5] 楼宇烈：《荀子新注》，中华书局2018年版，第447页。

与人有关的各种散名，《荀子·正名》云："散名之在人者：生之所以然者谓之性（梁启雄按：此性字指天赋的本质，生理学上的性）；性之和所生，精合感应（梁启雄按：精合指精神和事物相接。感应指事物感人而人接应它），不事而自然谓之性（梁启雄按：这性字指天赋的本能，心理学上的性）。性之好、恶、喜、怒、哀、乐，谓之情；情然而心为之择，谓之虑；心虑而能为之动，谓之伪（梁启雄按：这是动作的伪）。虑积焉，能习焉，而后成谓之伪（梁启雄按：这是成功的伪）[1]。正利而为谓之事，正义而为谓之行。所以知之在人者谓之知，知有所合谓之智。智（或以为智字衍[2]）所以能之在人者谓之能，能有所合谓之能。性伤谓之病，节遇谓之命。（杨倞注：节，时也。当时所遇谓之命。命者，如天所命然。[3]）是散名之在人者也，是后王之成名也。"

（二）王者制名之原则。荀子认为，王者兴起，制名时"必将有循于旧名，有作于新名。"王制名，必须明察三个原则："然则所为有名，与所缘以同异，与制名之枢要，不可不察也。"（《荀子·正名》）

1.所为有名。所为有名，意思是社会治理为了避免出现混乱，要"制名以指实"。《正名》云："异形离心交喻，异物名实玄纽，贵贱不明，同异不别，如是则志必有不喻之患，而事必有困废之祸。故知者为之分别，制名以指实，上以明贵贱，下以辨同异。贵贱明，同异别，如是则志无不喻之患，事无困废之祸，此所为有名也。""异形离心交喻，异物名实玄纽"，牟宗三先生疏云："'异形丽（附丽）于心而喻解错杂，互相出入'，'异物之名实玄（眩）惑连系交结（纽）而难晓。"[4] 牟先生将"离"训为"丽"，"玄"解为"眩"。唐君毅先生认为："'异形离心交喻，异物名实玄纽'。昔人释此二者恒疑有误字。吾意则对此二语：不改原文亦可讲通。形即状也。异形离心交喻，盖即言我与他人之心相离，而我与他人由一名之所喻者相交错，而可由异途，以达于异状也。异物名实玄纽，盖即言一名之可兼指异物，而又不必足表异物之异状，而吾以此名指此物此实者，人乃可以指他物他实；名之指实，乃玄混而如相纽结也。"[5] 为了解决名实出现问题而导致的社会治理混乱，荀子提出"制名以指实"。唐君

[1] 梁启雄：《荀子简释》，中华书局1983年版，第309—310页。
[2] 梁启雄：《荀子简释》，中华书局1983年版，第310页；王先谦：《荀子集解》，《诸子集成》2，上海书店1986年版，第274页。
[3] 王天海：《荀子校释》下，上海古籍出版社2005年版，第887页。
[4] 吴兴文：《牟宗三文集·名家与荀子》，吉林出版集团有限责任公司2009年版，第174—175页。
[5] 唐君毅：《中国哲学原论·导论篇》，中国社会科学出版社2005年版，第92页。

毅先生疏解云："而救病之道，则在使吾人所备有之名，足以别物之实之状之同异；同异别，则吾之意在此状者，人可不至以为他状；吾之意在指此实者，人不至以为指他实。物之实之状之同异既别，而其价值之高下贵贱，亦随之以明，同异别而贵贱明，志无不喻，事得以成，此即荀子之言所以为有名，亦即荀子之言吾人之所以为有名之目标也。"[1]"荀子言'所为有名'——即言人之所以有名之目标——乃在喻志而成事；言名之制立之原则，则在顺其所经验之事物之状之同异，而分别次第制立诸表同异之名。故荀子所言之名，乃用以直接表吾人意中之事物之同异之'状'，而非直接用以指事物之'实'者。此乃与墨辩之直接言'以名举实'（墨辩小取篇）之说，及公孙龙直接谓'正其所实者，正其名也'（公孙龙名实论）之说，初不相同者。如依荀子之说，以言名之指实，当时透过名之表吾人意中之'实之状'，而间接指'实'。"[2]荀子"制名以指实"，目的是"上以明贵贱，下以辨同异"，因此他的制名指实，旨在解决人们命名中异形同物的命名的混乱和异物同名的名实混乱，荀子重视的是人们约定俗成的名与实的区分辨别问题，而非名与实的相符问题。这一点与荀子的名学为政治名学相关。荀子的名学，并非真正逻辑学意义上的名学。

2.所缘以同异。荀子认为，正名需要通过天官耳目口鼻形体的感知，然后经过心的征知，用分类的方式以达到辨异同，共其约名以相交流思想。《荀子·正名》云："然则何缘而以同异？曰：缘天官。凡同类、同情者，其天官之意物也同，故比方之，疑似而通，是所以共其约名以相期也。形体、色、理以目异，声音清浊、调竽奇声以耳异，甘、苦、咸、淡、辛、酸、奇味以口异，香、臭、芬、郁、腥、臊、洒、酸、奇臭以鼻异，疾、养、沧、热、滑、铍、轻、重以形体异，说、故、喜、怒、哀、乐、爱、恶、欲以心异。心有征知，征知则缘耳而知声可也，缘目而知形可也，然而征知必将待天官之当簿其类然后可也。五官簿之而不知，心征之而无说，则人莫不然谓之不知，此所缘而以同异也。"只有五官的感知当簿其类，经过心的征知，人才能认知事物，辨其异同，约名以相交流思想。王念孙说："约名，犹言名约。上文云，是谨于守名约之功也。"[3]张祥龙先生评价荀子的通过分类和以名指类的正名学说云："荀子要通过分类和以名指类的方式，达到辨同异、定名实和志通道行的目的。这是我们这位稷下学宫

[1]唐君毅：《中国哲学原论·导论篇》，中国社会科学出版社2005年版，第92页。
[2]唐君毅：《中国哲学原论·导论篇》，中国社会科学出版社2005年版，第91页。
[3]王先谦：《荀子集解》，《诸子集成》2，上海书店1986年版，第277页。

的祭酒，受到战国后期名实之辨的风气影响，而提出的建立在分类基础上的正名论。虽然也是为儒家之礼服务的，但他的正名达到的只能是理智，与孔子的‘诗言’（君君、臣臣、父父、子子）式的正名论已有方法上的重大不同。这种正名只能达到礼制，而达不到孔、思心目中的礼乐。荀子是从思想方法上偏离了这个艺术化的境界。所以，虽然我们知道荀子传礼、传乐，《乐论》写得也不错。但是他没有将乐的精神吸收到礼里面。”[1]

3.制名之枢要。制名之枢要，是荀子制名理论的核心内容。荀子对单名、兼名、共名、大共名、大别名等一系列相关概念进行了界定。《荀子·正名》云：“然后随而命之：同则同之，异则异之；单足以喻则单，单不足以喻则兼，单与兼无所相避则共，虽共，不为害矣。知异实者之异名也，故使异实者莫不异名也，不可乱也，犹使异实者莫不同名也。[2] 故万物虽众，有时而欲遍举之，故谓之物，物也者，大共名也。推而共之，共则有（读为又，王念孙说）共，至于无共然后止。有时而欲偏举之，故谓之鸟兽。鸟兽也者，大别名也。推而别之，别则有（读为又，王念孙说[3]）别，至于无别然后止。名无固宜，约之以命。约定俗成谓之宜，异于约则谓之不宜。名无固实，约之以命实，约定俗成谓之实名。名有固善，径易而不拂，谓之善名。物有同状而异所者，有异状而同所者，可别也。状同而为异所者，虽可合，谓之二实。状变而实无别，而为异者，谓之化。有化而无别，谓之一实。此事之所以稽实定数也，此制名之枢要也。”关于制名，荀子认为没有固定的宜，约定俗成就是宜，不是约定俗成就不是宜。名也没有固定的实相应，约定俗成谓之实名。不违背直接而简易地约定的名叫做善名。物有形状相同而空间不同的，叫做二实；有形状不同而空间相同的，叫做化。化而无别，谓之一实。稽实定数，是制名的枢要。

善名，是荀子制名追求的目标。“径易而不拂，谓之善名”，唐君毅先生就此解说荀子正名旨趣说：“荀子曰‘径易而不拂，谓之善名’，如将此言配合其正名篇之前文以观，此所谓不拂，首当即为不拂于该段制名枢要或基本原则之意。然此基本原则，即顺所经验事物之状之同异，而次第制名，以达吾人所以为有名之目标。故不拂于制名之枢要，即不拂于吾人所缘之同异，亦不拂于吾人所以为有名之目标。名能不拂此三者，是为名之固善。……今吾人之用名，能去

[1] 张祥龙：《先秦儒家哲学九讲》，广西师范大学出版社2010年版，第291页。

[2] 此句中之异实当为同实。杨注引或说即作如此解，王念孙亦然其说。如存异实，其解稍曲，即欲说共名也。杨注如此。参见吴兴文：《牟宗三文集·名家与荀子》，吉林出版集团有限责任公司2009年版，第176页。

[3] 王先谦：《荀子集解》，《诸子集成》2，上海书店1986年版，第278页。

此三惑，则所用之名，皆径易而不拂，名定实辨，道行志通，‘名之定’乃成为‘诸个人之主观精神之求相喻相结，以成为一社会之客观精神’之不可少之资，所以使‘志无喻之患，事无困废之祸’者，是为名有固善之大用，亦荀子正名之论，其最后宗趣之所在。”[1]

（三）惑名问题。与制名之三原则相应，荀子对制名中存在的用名乱名、用实乱名和用名乱实三种错误进行了批评。《荀子·正名》云：“‘见侮不辱’，‘圣人不爱己’，‘杀盗非杀人也’，此惑于用名以乱名者也。验之所以为有名而观其孰行，则能禁之矣。‘山渊平’，‘情欲寡’，‘刍豢不加甘，大钟不加乐’，此惑于用实以乱名者也，验之所缘无（无字衍）以同异而观其孰调，则能禁之矣。‘非而谒，楹有牛，马非马也’，此惑于用名以乱实者也，则能禁之矣。凡邪说辟言之离正道而擅作者，无不类于三惑者矣。故明君知其分而不与辨也。”[2]

“‘见侮不辱’，‘圣人不爱己’，‘杀盗非杀人也’”，杨倞注：“言此三者，徒取其名，不究其实，是惑于用名以乱正名也。”用名以乱名，违背“为所以有名”原则，唐君毅称之谓“吾人可名之为‘使共名与别名相掩，而用其一名遂废他名以乱名’之理论。”[3]其解决办法是“之所以为有名而观其孰行”。用实以乱名，牟宗三先生认为，“荀子主要所斥者，固在治怪说、玩琦辞之名家，然于属于纯名理之诡辩者，与属于义理之思想之间，竟毫无分别，则亦有所未恰也。”[4]解决办法是“验之所缘以同异而观其孰调”。以名乱实，解决办法是“验之名约，以其所受，悖其所辞”。关于荀子所罗列的制名三惑所列举的诸子学说的具体含义，参见《荀子对诸子学术批评与〈庄子·天下〉篇之比较》一目。

（四）正名在于正心。荀子《正名》篇的文本可以分为两个部分，“上半部分讲‘制名’的原则，下半部分讲正名在于正心。两者是统一的有机的整体。”[5]以往学者研究荀子正名学说，多着意于上半部分，对后半部分往往忽略。荀子的名学为政治名学，从下部分看得更清楚。

1.辨说与心、道。荀子认为，圣王用道统治百姓，是不需要辨说的。没有圣

---

[1]唐君毅：《中国哲学原论·导论篇》，中国社会科学出版社2005年版，第105页。

[2]王先谦：《荀子集解》，《诸子集成》2，上海书店1986年版，第279—280页。

[3]唐君毅：《中国哲学原论·导论篇》，中国社会科学出版社2005年版，第95页。

[4]吴兴文：《牟宗三文集·名家与荀子》，吉林出版集团有限责任公司2009年版，第181—182页。

[5]曹峰：《中国古代“名”的政治思想研究》，上海古籍出版社2017年版，第131页。

王，天下大乱，奸言四起，君子无势统治百姓，也不能用刑禁恶，因此需要辨说。辨说的发生，来自命名问题。“实不喻然后命，命不喻然后期，期不喻然后说，说不喻然后辨。”（《正名》），意思是“对于实物不能明白，就给它起个名称，有了名称还不明白就互相交流一下看法，这样还不明白就加以说明，说明以后还不明白，就通过反复论证来辨明它。”[1]期、命、辨、说，被荀子定义为“用之大文也，而王业之始也”。听到名便知道实，是命名之用。累名而成名辞是名之华丽，名之用与名之华丽相得，谓之懂得名。名，就是为了区分实的不同；辞，同时用异之名表达一意，相当于逻辑中的命题或判断。辨说，就是人们使用同一个概念和事物来说明是非道理，相当于逻辑学中的推理。各种名辞概念，是辨说之用。辨说，是心对道认识的表达，心为道之工宰，道是治之经，“心合于道，说合于心，辞合于说，正名而期，质请而喻。辨异而不过，推类而不悖，听则合文，辨则尽故。以正道而辨奸，犹引绳以持曲直；故邪说不能乱，百家无所窜。……说行则天下正，说不正则白道而冥穷，是圣人之辨说也。”（《荀子·正名》）通过正名以辟百家之说，最终以正天下，是荀子所主辨说的最终目的。

关于君子之辨说，荀子提出君子“以仁心说，以学心听，以公心辨”（《正名》），其辨说标准是“不动乎众人之非誉，不治观者之耳目，不赂贵者之权势，不利便辞者之辞；故能处道而不贰，吐而不夺，利而不流，贵公正而贱鄙争”。君子辨说，“彼正其名，当其辞，以务白其志义者也。”“故名足以指实，辞足以见极，则舍矣。”“故知者之言也，虑之易知也，行之易安也，持之易立也；成则必得其所好而不遇其所恶焉。”君子的辨说，是辨说艺术的高级形态，是社会正义的准确表达。君子的言说，在社会治理中发挥着重要功效。

2.心之所可。有关人之名中，性与情、欲是有关人性的基本概念。性为天之就，不可学，情为性之质，欲为情之应，“以所欲为可得而求之，情之所必不免也；以为可而道之，知所必出也。”（《荀子·正名》）以为可，是心之所可。心是荀子为了解决情欲为恶所援的关键概念，是荀子化性起伪的人性论说中的关键环节。

关于欲，荀子反对去欲和寡欲的说法，他认为人的欲望是不可去的，有欲无欲，事关生死，而与治乱无关。欲的多寡，是情之数的表达，与治乱也无关。心是可以节制欲望的，欲多而没有行动，是心节制的结果。心对欲之所可，以是

[1] 楼宇烈：《荀子新注》，中华书局2018年版，第458页。

否中理为标准，“心之所可中理，则欲虽多，奚伤于治！欲不及而动过之，心之使也。心之所可失理，则欲虽寡，奚止于乱！故治乱在于心之所可，亡于情之所欲。”（《荀子·正名》）

心在人的认知过程中发挥着重要作用，心在什么状态下才能发挥最好的认知作用？荀子提出了“心平愉”的概念。“心平愉”，可以在不借助外部条件的情况下实现养五官，实现养体、养形、养乐、养名，“如是而加天下焉，其为天下多，其私乐少矣。夫是之谓重己役物。”（《荀子·正名》）重己役物可以为天下多，可以正天下。

第四节　荀子学术思想评论

作为战国时期燕赵伟大思想家的荀子，其学术思想对中国古代学术思想发展史曾产生重要影响。历代学者对其评价，却有很大的不同。在以社会主义核心价值观为统领，构建有中国特色的社会主义文化的当今新时代，应该如何对荀子学术思想进行评价？其学术思想的特征是什么？其学术思想在当今文化建设中的价值和意义究竟是什么？荀子学术思想与燕赵学术精神的关系怎样，都是需要我们当下深入思考的重要命题。

一、荀子学术思想的特征

荀子学术思想特征的归纳，是评价荀子学术思想的前提。荀子的学术思想特征，我们大致将其归纳为两个方面，一是理性主义与实践性，二是综合性与整体性。

（一）理性主义与实践性。荀子的学术思想，其终究旨趣，其最精彩、最有价值之处并不在于形上理论近乎玄冥般的深度思考，而是在于理论用于指导个人修养与社会秩序构建的理性实践。因此，荀子的学术思想充满理性主义光辉，其思想深刻的实践理性在劝学、修身、天论、性恶、正名、礼论、非十二子等名篇中得以特别彰显，其学术思想的最终旨趣指向了学术实践、道德实践、社会实践等各个领域。

荀子学术思想特征的形成，以燕赵文化为背景。燕赵文化的笃实求真、不尚虚华，不仅深深影响了荀子个人品格的形成，同时也深深影响了其学术人格的形成。牟宗三先生指出："通明于事，其谁能之？曰：君子、大儒、圣人，是也。此可通名为能笃行之人。故笃行之人，其生命必强毅而刚健，又能依乎礼义法度而以法行，以类举。此笃行之大君子既为师，又为法，故曰师法。荀子隆师法，人或以崇拜权威言之。实则彼乃重视客观之真实生命者也。"[1]"诚朴笃实之人，常用智而重理，喜秩序，爱稳定，厚重少文，刚强而义，而悱恻之感，超脱之悟，则不足。"[2]

荀子的学术思想论证，特别重视经验的价值。他的理论构建，以经验为论据。徐复观先生说："欲了解荀子的思想，须先了解其经验的性格。即是他一切的论据，皆立足于感官所能经验得到的范围之内。为感官的经验所不及的，便不寄与以信任。"[3] 依据经验的论据所构建的理论学说，必然充满理性主义的光辉。

荀子学术思想的核心，便是其礼论。其礼论的构建，目的是为构建儒家理想社会提供支撑。礼论构建目的，本身就是指向社会实践的。"荀子综合了原来个别探讨一个国家内部、一个身体或一群民间社会秩序的各种礼论，并将综合的结果转换成能治理天下的人类，同时也对每个个人都具备实践伦理意涵的礼治思想。"[4] 荀子的礼论思想体系的构建，关键之处是以类通，知统类，只有以类通，知统类，礼才能发挥其实践的功能，才能走向社会实践，在社会秩序构建中发挥其功能，实现一制度的目标。牟宗三先生认为："以类通，即以理通也。故总方略，齐言行，知统类，一制度，皆荀子所雅言。其所重视者为礼义之统，即全尽之道。而根本精神，则在其深能把握住理性主义之精髓也。此精髓即在其是逻辑的、建构的。故荀子一方重礼义之统，一方能作《正名》也。理智之心之基本表现即为逻辑，此是纯智的。逻辑之初步表现即在把握共理，由之而类族辨物，故荀子喜言统类也。"[5] 牟先生所认为的荀子的礼论把握住了理性主义的精神，是正确的，但认为荀子的理智之心的基本表现是逻辑，似乎高估了逻辑在荀子学术思想构建中的地位。荀子学术思想的理性应该主要属于实践理性，而非逻辑理性。逻辑在荀子思想构建中只是发挥了文道的作用，并不具有关键意义，因此荀子的逻辑思想并没有达到特别的深度，荀子的逻辑思想，是为其政治理论

[1] 吴兴文：《牟宗三文集·名家与荀子》，吉林出版集团有限责任公司2009年版，第142页。
[2] 吴兴文：《牟宗三文集·名家与荀子》，吉林出版集团有限责任公司2009年版，第132页。
[3] 徐复观：《中国人性论史·先秦篇》，九州出版社2014年版，第202页。
[4] [日]佐藤将之：《荀学与荀子思想研究：评析·前景·构想》，万卷楼2017年版，第145页。
[5]《牟宗三文集·历史哲学》，吉林出版集团有限公司2009年版，第117页。

服务的。荀子逻辑思想最终没有走向西方逻辑的路径，应该就是这个原因。

荀子的认识论也指向实践理性，目的是建立适应时代的道德和政治学说。荀子认识论的核心观念是“虚”“壹”“静”。孙伟先生指出：“实际上，荀子使用这三个术语的目的绝不仅仅是为了根据具体的境况作出合理的道德判读，更重要的是为了实现一种能够适应时代需要的道德和政治学说。”[1] 通过“虚”“壹”“静”的心理进程，荀子将百家学说纳入儒家思想系统，为构建儒家理想的社会秩序提供理论支撑。

战国晚期，随着黄老学说的兴起，道家学术的重心开始从形上思考向社会实践层面下移，黄老道德之术的出现便是这种变化的体现。荀子学术思想深受道家学术思想影响，以术为特征的实践理性在荀子思想中特别得到彰显。《史记·李斯列传》中，司马迁说李斯跟着荀子“学帝王之术”。学者指出：“《荀子》一书，特重择术，认为‘相形不如论心，论心不如择术。形不胜心，心不胜术’（《非相》）。故《修身篇》有所谓治气与养心之术，《不苟篇》有所谓欲恶取舍之权，《荣辱篇》有所谓常安之术与常危之术，《仲尼篇》有所谓持宠处位终身不厌之术与擅宠于万乘之国必无后患之术，《强国篇》有所谓力术与义术，《致士篇》有所谓衡听、显幽、重明、退奸、进良之术。凡此等等，包括了治人与修己，亦可见荀子天生人成思想之一斑。”[2] 正是荀子思想中的帝王之术，在“战国时就奠定了未来汉朝四百多年的政治、社会制度的基础。”[3]

（二）综合性与整体性。荀子生活在战国晚期，这一时代学术思想的发展，呈现出综合性特征。黄老思想和荀子思想，都毫无例外地呈现出综合性特征。因此有学者认为荀子应属于黄老学派。由于荀子的博学，对诸子思想进行了很好的融合与吸收，其思想性可以说达到了融合百家之学的巅峰。

日本学者町田三郎曾指出：“如同《吕氏春秋》和《管子》，《荀子》一书也呈现出‘综合’先秦思想的特质。”[4] 佐藤将之认为：“荀子在中国古代思想史上达成的思想综合可分成以下三个层次：（1）所谓‘五经’的综合；（2）‘伦理主张’（ethical argumentation）和‘分析论述’（analytical discourse）的综合；以及（3）伦理问题层次的理论与实践的综合。”[5]

[1] 孙伟：《重塑儒家之道——荀子思想再考察》，人民出版社2010年版，第72页。
[2] 唐端正：《荀子探微》，中国人民大学出版社2019年版，第22页。
[3]［日］佐藤将之：《荀学与荀子思想研究：评析·前景·构想》，万卷楼2017年版，第11页。
[4] 转引自［日］佐藤将之《参与天地之治——荀子礼治政治思想的起源与变迁》，台大出版中心2016年版，第231页。
[5]［日］佐藤将之：《荀学与荀子思想研究：评析·前景·构想》，万卷楼2017年版，第196页。

荀子在综合诸子学说的基础上，构建了自己具有整体性特征的学术思想体系。“《荀子》将前人的思想成分转换并建构成彼此不可或缺、且整体一致的思想体系。”[1]“如果要兼顾《荀子》思想是先秦思想的综合之说法，也找寻其独特的思想意义，我们需要更用心地找出使《荀子》的思想得以具有高度统合性的要素。在这样的视野中，我们便能够了解到，《荀子》一书的思想多样性反而会构成相当一贯的整体。”[2]可以说，荀子学术思想的整体性，是以其学术思想的综合性为基础而构建的。正如李泽厚先生所指出：“如果说，孟子在中国思想史上最先树立了伟大的个体人格观念；那么，荀子便在中国思想史上最先树立了伟大的人类族类的整体气概。”[3]

过去在研究荀子文本时，有学者认为荀子文本为杂凑而成。从《荀子》各篇内容看，思想基本一致，各篇之间互相呼应，互相发明，文本表现的荀子学术思想体系完备，呈现了荀子思想的整体性。

荀子学术思想体系的核心范畴道，其特征便是整体性。荀子的为学追求，是追求“不全不粹不足以为美”的整体性的道。《劝学》云：“学也者，固学一之也……全之尽之，然后学者也。”《解蔽》云：“天下无二道，圣人无两心。”道的唯一性也即是其整体性。

在荀子的认识论中，由众异而求同，最终也是认识道的整体性。荀子天论，先论天人之分，天地人相参，则终归于整体的一。荀子人性论，主性恶、善伪二分，而性伪合则天下治，性伪合才是荀子人性论的整体。荀子的思想历程，整体上讲就是一个由分达合的完美历程。荀子思维结构，与《周易》的一阴一阳之谓道近似，阴阳在相对相持中上合为道，荀子思想在二分中达于合，实现其整体性。

二、荀子学术思想价值与意义

（一）对中国古代思想与政治的影响。荀子作为一名伟大的思想家，其学术思想对中国古代学术思想和政治都产生重要影响。梁启超云：“二千年政治，既皆出于荀子矣，而所谓学术者，不外汉学、宋学两大派，而其实皆出于荀子，然则二千年来，只能谓之荀学世界，不能谓之孔学世界也。”[4]宋儒朱熹反对荀子的性恶说，而其学说却深得荀子思想精髓。蔡元培说，朱子“远以荀卿为本，

---

[1][日]佐藤将之：《荀学与荀子思想研究：评析·前景·构想》，万卷楼2017年版，第59页。

[2][日]佐藤将之：《荀学与荀子思想研究：评析·前景·构想》，万卷楼2017年版，第57页。

[3]李泽厚：《中国古代思想史论》，人民出版社1986年版，第115页。

[4]梁启超：《论支那宗教改革》，《饮冰室合集·文集》之二，中华书局2015年版，第57页。

而用语则多取孟子”。[1] 李泽厚说荀子在中国思想史上最先树立了伟大的人类族类的整体气概[2]，对荀子在中国思想史上地位进行了正面定位。

荀子将诸子百家思想很好地融入儒家学术思想系统中，实现了中国儒学的第一次自我更新。李宗桂先生对此评价说：“荀子对中国文化的贡献，还表现为开启了儒学自我更新的范式。”[3]

对于荀子对中国古代学术思想的贡献以及荀子的学术地位，孔繁先生做了概括总结，他说：“荀子是先秦继孟子而起之儒学最后一位大师，他创立了博大的儒家思想体系。又因对先秦诸子思想均有批判吸收，他不仅是先秦儒学发展史之重要环节，也是先秦思想史具有承先启后意义的思想家。”[4]

荀子以礼义为核心的学术思想体系，和其礼法并用的治国理念，对中国几千年政治产生了深远影响。甚至同属于儒家文化圈的东亚世界，它们的国家制度、政治、社会以及伦理等方面都渊源于荀子的思想。[5] 荀子思想，影响了东亚世界。

（二）在当代中国文化精神构建中的意义。当代中国文化精神的构建，应该以社会主义核心价值观为统领，在坚持中国文化本位，弘扬优秀中国传统文化的基础上，吸收世界其他民族的优秀成分，将其融入新时代的中华文化之中，为当代中国文化精神的构建增添充满活力的新元素。

在中国传统的儒家文化中，荀子的礼义之学与孟子心学相比，处于比较被忽视的地位。而荀子思想中的理性主义、客观主义等，也没有在文化构建中发挥应有的作用。在中西文化不断交流的今天，发掘荀子学术思想的价值便具有了特殊的意义。牟宗三先生说：“然在今日而言中国文化之展开，则荀子之思路正不可不予以疏导而融摄之。此亦即疏通中西文化之命脉而期有一大融摄中之一例也。”[6]

（三）荀子思想与燕赵学术精神的传承。先秦时期是燕赵学术思想大放异彩的时期，慎到、公孙龙与荀子三个伟大思想家，共同奠定了燕赵学术精神的基本特色。尤其是荀子，以其诚朴笃实的学术精神构筑了宏大的学术思想体系，成为

[1] 蔡元培：《中国伦理学史》，东方出版社2012年版，第120页。

[2] 李泽厚：《中国古代思想史论》，人民出版社1986年版，第115页。

[3] 李宗桂：《荀子对中国文化的贡献》，陆建华：《荀子礼学研究》序一，安徽大学出版社2004年版，第7页。

[4] 孔繁：《荀子评传》内容简介，南京大学出版社1997年版。

[5] [日]佐藤将之：《荀学与荀子思想研究：评析·前景·构想》，万卷楼2017年版，第165页。

[6] 吴兴文：《牟宗三文集·名家与荀子》，吉林出版集团有限责任公司2009年版，第129页。

燕赵精神奠基之人。燕赵学术精神中的崇尚天人关系的整体研究、注重学术思想的整体性构建，充满理性色彩，注重理论实践、注重学术思想的社会应用，兼容并蓄构建新的理论体系，注重传统坚守、在复兴传统中实现创新，注重经学等学术精神的形成，都与荀子学说密切相关。[1] 荀子思想，对燕赵学术精神的构建与传承产生了重要影响。

（四）荀子学术思想体系的不圆满处。荀子学术思想体系博大精深，但其构建也存在一些自身的问题，也有不够圆满处。我们认为荀子学术思想体系的构建主要存在以下几个问题：

1.荀子的学术思想，是继承孔子、批评孟子基础上建立起来的。他继承孔子学术思想，主要是继承与发展了孔子的礼学思想，对于孔子学术思想体系中的更为核心的仁的观念，荀子并没有多少发展。孔子思想中的仁与礼，是相互支撑的。荀子偏重对礼思想的继承，所构建的体系便显得灵性不足，整个学术思想体系出现一些偏颇。韦政通批评荀子遗漏了孔孟儒学中最重要的一点建树：道德主体的彰显，价值意义的自觉。[2]

2.荀子的心学说存在缺陷。张祥龙先生指出，荀子的“心通过逻辑的方式以分类明辨结构来贯通两与壹，达不到荀子所期待的虚壹心境，因为最大的类与共名还是观念之物，它不会使心达到《老子・十六章》讲的‘致虚极，守静笃。万物并作，吾以观复’的真壹境界。……这就造成了我们读荀子时的复杂感受，他确有不凡的思想闪光，渊博的学识，广阔的视野，精准曲奥的文字，但是深究下去，往往发现，最后是干硬的类分岩层，而无法深入到生存和哲理中枢那样一个发生的源泉。心伪说是他最出色、最有灵气的思想，但是即便在这个地方，也被类分的思路部分硬化了和架构化了，也就是说，他的从两到一的桥梁是靠逻辑的分类达到的。”[3] 荀子在认识论上吸收了道家的思想，虚、壹、静思想，将其融入自己的学术思想体系构建。但单就虚、壹、静思想本身来说，荀子思想所达到的高度，并比不上道家。荀子的认识论是具有逻辑特色、充满理想色彩的，但在认识事物本质上，并没有超越道家的体悟所达之境。

3.荀子学术思想的建立以经验为依据，其礼以传统为根本。其命名原则为“名无固宜，约之以命，约定俗成谓之宜。”（《荀子・正名》）荀子的思想，

[1] 魏建震：《先秦两汉燕赵学术精神与北学学术传统》，《中国社会科学报》2020年8月25日（5）。
[2] 韦政通：《荀子与古代哲学》，台湾商务印书馆1966年版，第219页。
[3] 张祥龙：《先秦儒家哲学九讲》，广西师范大学出版社2010年版，第292页。

都是从日常的经验中升华出来的。如此，其思想便具有了因循民俗的特点。其在《乐论》中举乡饮酒礼，作为礼与乐合成的典范，这最能显示荀子学术思想因循民俗的特点。荀子的因民俗，是继承道家因的思想和慎到“礼从俗，政从上”（《慎子逸文》）思想而来。荀子因民俗，以礼规范人们的生活，容易滑入乡愿恶俗。谭嗣同批评荀子思想，将秦政与乡愿放在一起，原因就在于此。

第九章　战国时期燕赵地域的兵家与兵学

《左传》成公十三年载刘子云：“国之大事，在祀与戎”，此戎并非指战争，而是指与战争密切相关的军礼。战争是政治的极端形式，先秦时期的战争是与国家政治、文化思想等密切相关的政治极端表现形式，由战争孕育出了先秦时期的兵家与兵学。燕赵作为战国时期的四战之地，频繁的战争使燕赵地域产生了廉颇、赵奢、乐毅、李牧等一批杰出的军事家，战国时期著名的国王如赵武灵王、赵惠文王等，也都熟悉兵事。出自燕赵的著名学者荀子、纵横家虞卿等，也都根据自己的学说需要，阐发相关军事思想以证成自己的学术体系。战国时期燕赵地域的兵家与兵学，彰显出自己的地域文化特色。

第一节　赵奢的军事理论与用兵思想

尽管目前传世文献没有留下战国时期赵国名将赵奢的军事理论著作，但从有关文献记载来求索，仍可看出赵奢在当时是有军事著作问世的。《史记·廉颇蔺相如列传》记载，蔺相如进言赵王：“王以名使括，若胶柱而鼓瑟耳。括徒能读其父书传，不知合变也。”《列传》还载赵括的母亲曾评论赵括“自少时学兵法，言兵事，以天下莫能敌，尝与其父奢言兵事，奢不能难，然不谓善。”赵奢当时著有兵书，赵括所学兵法，自然包括赵奢所著之著作。《战国策·赵策三·赵惠文王三十年》章：“相都平君田单问赵奢曰：‘吾非不说将军之兵法也，所不服者，独将军之用众。’”从田单的言辞看，赵奢当时当有兵法书传世，可惜《汉书·艺文志》未记载赵奢兵法，可能到东汉时期赵奢兵法已经失传。

赵奢的相关军事理论，目前所见内容最丰富的为其“用众”理论。《战国策·赵策三》记载赵奢与田单讨论“用众”之法：赵奢主张作战要以充足的军力作保证，田单认为，“用众者，使民不得耕作，粮食輓赁不可给也。此坐而自破之道也……单闻之，帝王之兵，所用者不过三万，而天下服矣。今将军必负十万、二十万之众乃用之，此单之所不服也。”赵奢根据战国形势，提出古今形势不同，“用众”作战乃是七国争雄新形势下的必然选择，以三万之众应强国之兵，必然一败涂地。古时天下分为万国，城池规模小，大不过三百丈，国家人数少，大不过三百家。因此用三万之众可以攻无不取。古代的万国如今并为七国，每国都有数十万之兵，战争旷日持久，长达数年。齐国曾用二十万之众攻楚，五年才结束战争。赵用二十万军队攻中山，五年才攻克。如今到处是千丈之城，万家之邑，用三万之众围千丈之城，连一个城墙角也围不住。野战也不够用。赵奢的论说，使田单深感折服，他“喟然大息曰：‘单不至也’”。

赵奢另外一个重要的军事思想，是两军狭路相逢勇者胜。赵惠文王二十九年（公元前270年），秦进攻赵国阏与（今山西和顺）。在是否救援阏与问题上，赵国内部意见不一，廉颇、乐乘等人认为阏与道远险狭，难以相救。赵奢则认为，阏与道远险狭，好比两鼠在穴中相斗，勇者将获胜。赵王派赵奢率军救阏与。赵国发兵后，赵奢首先使用了疑兵之计，在秦军进攻武安、武安形势危机的情况下，赵军坚壁逗留二十余日，给秦军造成赵不救武安的假象。与此同时，赵奢又使用了反间计[1]，利用敌人的间谍回去报告虚假情况，进一步给秦军造成错觉。然后赵军利用秦军的错觉，出其不意急行军两日一夜，在秦军之前赶到阏与，令骑兵在阏与五十里外构筑军事堡垒，占据有利地形。这样赵军便在军势上占得先机。秦军匆忙赶到，已由主军变为客军，由优势变为劣势。赵奢在下属的建议下占据了北山这一军事制高点，最终大破秦军。

在阏与之战中，赵奢首先使用虚者实之、实者虚之的策略，用假象迷惑敌人，然后使用反间计，进一步迷惑敌军。然后出其不意，抢得战势先机，占据有利地形，最终取胜。在战争指挥艺术史上，阏与之战可谓经典战例。

第二节　李牧的用兵思想

赵国名将李牧的用兵思想，属于孙武所说“兵者，诡道也”。其用兵思想主要体现在破匈奴之战。李牧受赵王之命居雁门、代，防备匈奴。他根据边疆的特殊情况，根据需要设置官吏，收取市租送入幕府，作为士兵消耗的费用。他又根

[1] 反间计最原始的含义是利用敌人的间谍达到自己的目的。后世将反间计改为利用间谍策反敌军。我们这里使用的是反间计的原始含义。

据匈奴军队来去迅速，不善攻坚战的特点，每日杀牛犒赏士兵，有针对性地练习骑射，谨烽火，多派间谍，并命令士兵："匈奴即入盗，急入收保，有敢捕虏者斩。"（《史记·廉颇蔺相如列传》附《李牧传》）李牧的策略，使匈奴军队认为赵军胆怯，赵国边将也认为李牧胆怯，赵王也认为李牧胆怯。李牧伪装出来的胆怯，似乎成为一种当时的真实，以至于引起赵王的恼怒，罢免了李牧的官职。这样，匈奴军队便被彻底蒙蔽了。李牧的这一策略还有另外一种功效，这就是士兵日受犒赏而无寸功以报主，皆愿一战。匈奴的屡次入侵也激起了赵国士兵对匈奴军队的仇恨，赵国士兵士气高涨，军势大振。

赵王免去李牧职务后，赵国边境屡遭挫折，迫不得已恢复李牧官职，李牧以执行原有政策为条件，这样便为其日后大破匈奴提供了良好的保证。在具体的战斗过程中，李牧一方面精心挑选战车1300乘，骑13000匹，百金之士5万人，彀者10万人，做好充分战斗准备；一方面又巧妙使用了诱敌之术，他"大纵畜牧，人民遍野，匈奴小入，详北不胜，以数千人委之。"（《史记·廉颇蔺相如列传》附《李牧传》）一向认为李牧胆怯的匈奴单于大上其当，率大军入侵。李牧摆出奇异兵阵，用左右两翼攻击匈奴，匈奴十余万人被打得大败。其后十余年，匈奴不敢再近赵边，赵国边患彻底解除。

在对匈奴的战争中，李牧成功使用了疑军之计、诱军之计，能而示之不能，引诱匈奴大规模出兵，这样便有效限制了匈奴军机动灵活的战术特点，用两翼包夹战术击败敌军。在赵国军队内部，李牧也用欲扬先抑的方法有效地激励其士兵的气势，在与匈奴开战之前已经获得兵势先机。对匈奴一战，充分显示了李牧用兵之诡道。

第三节　荀子的军事思想

作为政治家与思想家的荀子，其军事思想属于其国家治理思想的一个组成部分。他的军事思想并非是从军事战略与军事技术方面着眼，而是从国家治理与军事的关系方面来论述。因此，荀子的军事思想体现出重礼、重王道、尚仁义、爱民等特点。

一、礼重于兵、治军以礼的军事思想。荀子认为，与军事上的坚甲利兵、高城深池相较，礼义才是王公得天下、治理国家的根本。军队的治理，应遵循其道，即依礼来进行。《荀子·议兵》云："隆礼贵义者其国治，简礼贱义者其国乱。""礼者，治辨之极也，强国之本也，威行之道也，功名之总也。王公由之，所以得天下也；不由，所以陨社稷也。故坚甲利兵不足以为胜，高城深池不足以为固，严令繁刑不足以为威，由其道则行，不由其道则废。"楚国有坚甲利兵和剽悍的军队，有坚固的城防，但多次被打败，就是因为治军不以其道。

荀子还提出，为人君者不以礼义对待百姓，"大寇则至，使之持危城则必畔，遇敌处战则必北，劳苦繁辱则必奔，霍焉离耳，下反制其上。"（《荀子·议兵》）君不待民以礼义，则民根本没有办法为君主参战。只有君主按礼义治理天下，政治清明，军队才会强盛。

二、论王者之兵。在治军思想上，荀子特别提倡王者之兵，反对以强取人，以诈取胜。《荀子·王制》云："王夺之人，霸夺之与，强夺之地。夺之人者臣诸侯，夺之与者友诸侯，夺之地者敌诸侯。臣诸侯者王，友诸侯者霸，敌诸侯者危。用强者，人之城守，人之出战，而我以力胜之也，则伤人之民必甚矣。伤人之民甚，则人之民恶我必甚矣；人之民恶我甚，则日欲与我斗。人之城守，人之出战，而我以力胜之，则伤吾民必甚矣；伤吾民甚，则吾民之恶我必甚矣；吾民之恶我甚，则日不欲为我斗。"王者之兵，以仁义与威治天下，"彼王者不然，仁眇天下，义眇天下，威眇天下。仁眇天下，故天下莫不亲也；义眇天下，故天下莫不贵也；威眇天下，故天下莫敢敌也。以不敌之威，辅服人之道，故不战而胜，不攻而得，甲兵不劳而天下服。是知王道者也。知此三具者，欲王而王，欲霸而霸，欲强而强矣。"王者之兵，无敌于天下。

荀子反对用权谋倾覆之人，主张使用贤良知圣之士。"权谋倾覆之人退，则贤良知圣之士案自进矣"，如此便可实现"则兵劲城固，敌国案自诎矣"；"暴国之君案自不能用其兵矣。"暴国"其民之亲我也欢若父母，好我芳如芝兰，反顾其上则若灼黥，若仇雠。彼人之情性也，虽桀、跖，岂有肯为其所恶贼其所好者哉！"争取到民心支持，"孰能有与是斗者与？安以其国为是者王。"（《荀子·王制》）

荀子认为，仁人治国，可以阻止敌国的进攻。"凡攻人者，非以为名，则案以为利也；不然则忿之也。"仁人用国，则为名、为利和因忿而兴兵的敌国都不会再兴兵，国家"安于盘石，寿于旗翼"（《荀子·富国》）。

从王政的角度出发，荀子特别重视国家治理对军队强弱的决定作用。《富国》篇云："观国之强弱贫富有征验：上不隆礼则兵弱，上不爱民则兵弱，已诺不信则兵弱，庆赏不渐则兵弱，将率不能则兵弱。”国家治理，是军队建设的关键所在。

三、用兵以仁义为本。在用兵思想上，荀子主张以仁义为本，兵为禁暴除害，非为用以争夺。《议兵》篇云：“彼仁者爱人，爱人，故恶人之害之也；义者循理，循理，故恶人之乱之也。彼兵者，所以禁暴除害也，非争夺也。故仁人之兵，所存者神，所过者化，若时雨之降，莫不说喜。是以尧伐驩兜，舜伐有苗，禹伐共工，汤伐有夏，文王伐崇，武王伐纣，此四帝两王，皆以仁义之兵行于天下也。故近者亲其善，远方慕其德，兵不血刃，远迩来服，德盛于此，施及四极。”针对李斯所谓“秦四世有胜，兵强海内，威行诸侯，非以仁义为之也，以便从事而已”，荀子指出：“女所谓便者，不便之便也；吾所谓仁义者，大便之便也。彼仁义者，所以修政者也，政修则民亲其上，乐其君，而轻为之死。故曰：‘凡在于军，将率末事也。’秦四世有胜，諰諰然常恐天下之一合而轧己也，此所谓末世之兵，未有本统也。”（《议兵》）汤放桀，武王诛纣，都是仁义之兵。仁义之兵，为治兵之本。

军队战争本以争利为目的，而荀子却把战争与仁义结合起来，他认为军队的职能是禁暴除害，并非争夺。军队是为了维护正义，除去恶人。他强调了战争正义的一面，提倡仁者之兵行天下，兵不血刃，远近来服，认为这才是用兵的最高境界。

四、荀子论兵要。对于治军、为将等具体军事理论，荀子也有其独到的见解。《荀子·议兵》篇记载荀子与楚将临武君在赵孝成王面前讨论兵要之事，显示了荀子深厚的军事理论素养。在这次讨论中，临武君提出兵要在于“上得天时，下得地利，观敌之变动，后之发，先之至，此用兵之要术也”。得天时地利，相敌机而动，这是战国时期非常重要的一种军事理论。而荀子从政治的高度来审视兵要，提出“凡用兵攻战之本在乎一民……，士民不亲附则汤武不能以必胜也。故善附民者是乃善用兵者也，故兵要在乎善附民而已。”临武君认为，“兵之所贵者势力也，所行者变诈也。善用兵者，感忽悠暗，莫知其所从出。孙吴用之无敌于天下，岂必待附民哉？”荀子认为，自己的兵要理论，属于仁人之兵，是王者用兵的志向。临武君重视的是权谋势力，用兵攻夺变诈，是诸侯的用兵之法。仁人之兵不可诈。可诈者都是因怠慢所致。百将一心，三军同力。下事上，臣事君，好像子事父，弟事兄。上下之间不可用诈。仁人用十里之国，百里之国都会相应，用千里之国，天下听其号令。“故仁人之兵聚则成卒，散则成列，延则若莫邪之长刃，婴之者断；兑则若莫邪之利锋，当之者溃；圜居而方止，则若盘石然，触之者角摧，案角鹿埵、陇种、东笼而退耳。”暴国之君，谁会相应呢？

关于王者之兵如何运用指挥，荀子认为，王者之兵在于贤王拥有绝对兵权，将帅为末事。用隆礼之法治理国家，国家强大；尚功贱节，政令不信，不爱士，不爱民，刑罚侮行，轻易用兵，国家必然微弱。齐人崇尚技击之术，无论战争胜负，得敌一首赏缁金。遭遇弱小敌军，此法可用；遭遇强大敌人，则军队离散，此谓亡国之兵，是最弱的军队；魏国的武卒，按照一定的标准选拔，入选者利其田宅，数年后入选者老弱，而优待政策无法取消，只能另选新人，国家不堪重负，这属于危国之兵；秦人民生险狭之地，官府使民酷烈，用威势劫迫使民出战，隐蔽于险要之处，战胜后有赏，不胜则用军刑，天下之民若要从君主处得到好处，只有力战。这是最强盛的军队，秦国因此取得很多胜利。因此可以说，齐之技击不可以遇魏的武卒，魏的武卒不可以遇秦的锐士，秦的锐士不可以遇齐桓公、晋文公的节制，桓公、文公的节制不可敌汤武的仁义。遇上之后必然惨败。因此，以诈遇诈尚有巧拙之分，以诈遇礼义教化的军队，则好像锥刀坠入泰山一般。齐之田单、楚国庄跻、秦国卫鞅、燕国缪虮，都是世俗所谓善用兵的人，其实他们都属于随机决胜负的盗兵。齐桓公、晋文公、楚庄王属于和齐之兵，但也只能成就霸业而不能成王。

关于为将方面，荀子认为，智莫大于弃疑，行莫大乎无过，事莫大乎无悔。为将有六术、五权、三至、五圹。六术为“制号政令，欲严以威；庆赏刑罚，欲必以信；处舍收藏，欲周以固；徙举进退，欲安以重；欲疾以速；窥敌观变，欲潜以深，欲伍以参；遇敌决战，必道吾所明，无道吾所疑。”五权为“无急胜而忘败，无威内而轻外，无见其利而不顾其害，凡虑事欲孰，而用财欲泰。”三至谓“不受命于主有三：可杀而不可使处不完，可杀而不可使击不胜，可杀而不可使欺百姓”。五圹为“敬谋无圹，敬事无圹，敬吏无圹，敬众无圹，敬敌无圹”。“慎行此六术、五权、三至，而处之以恭敬无圹，夫是之谓天下之将，则通于神明矣。”（《荀子·议兵》）

关于王者军制，荀子认为，“将死鼓，御死辔，百吏死职，士大夫死行列，闻鼓声而进，闻金声而退，顺命为上，有功次之，令不进而进，犹令不退而退也，其罪惟均。不杀老弱，不猎禾稼，服者不禽，格者不舍，奔命者不获。”（《荀子·议兵》）

荀子的军事思想，是儒家军事思想理论体系的重要组成部分。他的以王政治军、以礼率兵、以仁义治兵等思想，对后世的中国军事思想史产生了一定的影响。

第四节　其他思想家的兵学思想

在连年战争中孕育成长的燕赵政治家和思想家们，都对军事理论有着精到的研究。

一、赵武灵王的军事思想。赵武灵王不仅是赵国历史上一位有着丰功伟绩的杰出君王，也是一位杰出的军事家。赵武灵王的军事思想，主要有两个方面，一是在战略上进攻弱敌，以获取最大的功业。《战国策·赵策二·赵武灵王平昼闲居章》载赵武灵王曰："敌弱者用力少而功多，可以无尽百姓之劳，而享往古之勋。"根据这一用兵思想，赵武灵王施行胡服骑射改革，"遂胡服，招骑射"（《史记·赵世家》），胡服骑射以教百姓，建立骑兵，拓疆胡地，同时把用兵的方向指向中山。赵国兼并中山，使赵国成为山东最强国；二是贤人制兵而不制于兵。兵不当于用，任何军队都要做出改变。因赵"重兵循甲，不可以逾险"[1]，赵武灵王作出了散原阳之兵以为骑邑的重大决策。赵武灵王的军事思想，是他进行胡服骑射军事改革的思想武器。

二、燕赵纵横家的军事外交思想。燕赵的军事外交思想，与纵横家思想结合在一起。合纵与连横，是战国外交史上的主旋律。地处四战之地的赵国，在合纵活动中发挥着重要作用。"天下之士，合从相聚于赵"（《战国策》卷五《秦策三·天下之士合从相聚于赵》），战国时期的著名纵横家苏秦，为了实现其连众国以攻齐的目的，事燕昭王，终身从事游说活动。活动于燕赵地域的纵横家，有一些其本身也是军事家。《汉书·艺文志》中著录有纵横家《庞煖》二篇，本注：为燕将。钱穆先生已指出，燕当为赵字之误。[2]战国时赵国著名纵横家人物李兑，在赵惠文王二十年任主帅，联合齐、魏、燕、韩军队进攻秦国，迫使秦废弃帝号。

在军事与外交上采用合纵还是连横政策，直接关系到赵国的盛衰。《战国

[1] 刘向：《战国策·赵策二·王破原阳章》，上海古籍出版社1985年版，第673—674页。
[2] 钱穆：《先秦诸子系年》，河北教育出版社2002年版，第514页。

策·赵策一》：谓赵王曰："三晋合而秦弱，三晋离而秦强，此天下之所明也。秦之有燕而伐赵，有赵而伐燕。有梁而伐赵，有赵而伐梁；有楚而伐韩，有韩而伐楚。此天下之所明见也。然山东不能易其略，兵弱也。弱而不能相一，是何秦之知，山东之愚也。"

善于将纵横之术用于军事外交的军事家还有乐毅。《战国策·赵策三》载："齐破燕，赵欲存之。乐毅谓赵王曰：'今无约而攻齐，齐必仇赵，不如请以河东易燕地于齐。赵有河北，齐有河东，燕赵必不争矣。是二国亲也。以河东之地强齐，以燕以赵辅之，天下憎之，必皆事王以伐齐，是因天下以破齐也。'王曰：'善'。乃以河东易齐。楚魏憎之，令淖滑、惠施之赵，请伐齐而存燕。"齐破燕后，因乐毅的合纵计谋，燕得以存。

燕昭王即位，拜乐毅为亚卿，准备向齐国复仇。乐毅曰："夫齐，霸国之余教也，而骤胜之遗事也，闲于甲兵，习于战攻，王若欲攻之，则必举天下而图之。举天下而图之，莫径于结赵矣；且又淮北、宋地，楚、魏之所同愿也，赵若许约，楚、魏、宋尽力，四国攻之，齐可大破也。"（《战国策·赵策二》）在征得燕王的同意后，乐毅亲自持符节，出使赵国，燕与赵结盟。乐毅"合五国之兵而攻齐，下七十余城，尽郡县之以属燕"，齐王逃跑，仅以身免。乐毅联合诸侯以攻齐的军事外交思想，完美地付诸了战争实践。

三、燕赵军事防御思想。燕赵地域的军事防御思想体系比较完备。早在战国初年，赵献侯就非常注重军事防御体系的建设，他发布命令，广筑城墙，以备诸侯来犯。赵武灵王时期，为了防御北方匈奴的入侵，大规模修筑了北方长城。中山为了抵御强国的入侵，修筑了中山长城。燕国也曾修筑有用于军事防御的燕南长城。燕赵的军事防御体系建设，在燕赵诸国的对外战争中发挥了重要作用。

四、公孙龙的偃兵思想。在战国军事思想方面，公孙龙的偃兵思想，可以说是继承墨子而来的一种思想。偃兵思想虽与传统的研究军事的思想有很大差别，但也反映了赵国思想家对战争的思考与理解。此说可以作为军事思想的一种异说。

第十章　先秦时期燕赵地域的语言、文学与史学

语言与文字，既是学术与思想最基本的表达媒介，同时也是学术思想产生的基础。景鸿鑫先生曾指出："文化资讯靠语言沟通传递，靠文字记录积累，文字决定思维的模式，即资讯处理的方式，而思想则是资讯积累之后的成果。故文化资讯的积累及其成果在基本上由语言、文字、思维、思想所决定。因此，'语言—文字—思维—思想'可以视为人类文明的基因型。"[1] 对先秦时期燕赵地域语言与文字的研究，可以为其学术思想的研究奠定一个坚实的基础。

第一节　语言与文字

战国时期，由于诸侯力政，各国语言文字产生了地域性差别。《说文解字·序》云："其后诸侯力政，不统于王，恶礼乐之害己，而皆去其典籍。分为七国，田畴异亩，车涂（途）异轨，律令异法，衣冠异制，言语异声，文字异形。"由于受诸侯分裂割据以及各地风俗文化不同的影响，战国出现了言语异声、文字异形的状况。与此相关，战国秦汉时期各地方言开始出现。方言又称乡言，是在一定区域使用的颇具特色的语言。一个地区的方言，可以说是这个区域重要的文化符号。西汉扬雄所作《方言》一书，记载的与燕赵有关的方言主要有以下内容：

> 虔："儇，慧也。……自关而东，赵魏之间谓之黠，或谓之鬼。"
>
> 娥："嬴，好也。……赵魏燕代之间曰姝。……好，其通语也。"
>
> "台、胎、陶、鞠，养也。晋、卫、燕、魏曰台。"
>
> "悽、怃、矜、悼、怜，哀也。齐鲁之间曰矜，陈楚之间曰悼，赵魏燕代之间曰悽……"
>
> 谩台、胁阋，惧也。燕代之间曰谩台。……

[1] 景鸿鑫：《景注公孙龙与名家》，成大出版社2015年版，第73—74页。

眉、梨、耋、鲐，老也。……燕代之北鄙曰梨。

允、訦、恂、展、谅、穆，信也。燕代东齐曰訦。

坟，地大也。青幽之间，凡土而高且大者谓之坟。……

朦、厖，丰也。……赵魏之郊，燕之北鄙，凡大人谓之丰人。燕记曰：丰人杼首……燕赵之间，言围大谓之丰。

只：“燕代朝鲜冽水之间曰盱。”

小：“本细枝谓之杪，……燕之北鄙、朝鲜冽水之间曰杪……”

猛：“韩魏之间曰梗。”

鋠，又斲也。晋赵之间谓之鋠鋠。

镌，椓也。晋赵之间谓之镌。

叶输，毳也。……燕之北郊，朝鲜冽水之间曰叶输。

速、逞、摇扇，疾也。……燕之外鄙，朝鲜冽水之间曰摇扇。……

凡人兽乳而双产，……自关而东，赵卫之间，谓之孪生。

燕齐之间，养马者谓之娠，官婢女厮谓之娠。

臧、甬、侮、获，奴婢贱称也，……齐之北鄙、燕之北郊，凡男而聓婢谓之臧，女而妇奴谓之活；亡奴谓之臧，亡婢谓之获，皆异方骂奴婢之丑称也。

蔿、讹、譁、涅，化也。燕朝鲜冽水之间曰涅，或曰譁，鸡伏卵而未孚，始化之时谓之涅。

斟协，汁也。北燕朝鲜冽水之间曰斟，自关而东曰协，关西曰汁。

芜菁：赵魏之郊谓之大芥，其小者谓之辛芥，或谓之幽芥，其紫花者谓之芦菔。

葰、芡，鸡头也。北燕谓之葰。

茦，凡草木刺人，北燕朝鲜之间谓之茦，或谓之壮。

凡饮药敷药而毒，……北燕朝鲜之间谓之痨。

班、彻，列也。北燕曰班，东齐曰彻。

衣有褒者，赵魏之间谓之袏衣，无褒者谓之裎衣。

络头，……自河以北，赵魏之间曰幧头，或谓之帑，或谓之幢，其遍者谓之鬒带，或谓之髟带。覆结谓之帻巾，或谓之承露，或谓之覆髟，皆赵魏之间通语也。

鍑，北燕朝鲜冽水之间，或谓之鍈，或谓之鉼。

豆，海岱东齐北燕之间，或谓之盎。

柸：“自关而东，赵魏之间，曰槭，或曰盏，或曰盌，其大者谓之閜。”

甖：“自关而东，赵魏之郊谓之瓮，或谓之甖。”

罃，燕之东北，朝鲜洌水之间谓之瓺。

枥：“梁宋齐魏北燕之间或谓之樎。”

饮马橐：“燕齐之间谓之帪。”

臿：“燕之东北，朝鲜洌水之间谓之斛。”

橛，燕之东北、朝鲜洌水之间谓之椵。

床，其杠，北燕朝鲜之间谓之树，其上板，卫之北郊，赵魏之间谓之牒。

榻前几，赵魏之间谓之椸。

车，赵魏之间谓之轫辘车。

耸、朕，晋赵曰朕。

惭，赵魏之间谓之聉。

胥、由，辅也，……燕之北鄙曰由。

緍，绵，施也。秦曰緍，赵曰绵。

抾摸，去也。齐赵之总语也。抾摸，犹言持去也。

抠揄，旋也。秦晋凡物树稼早成熟谓之旋，燕齐之间谓之抠揄。

杜，蹻，涩也。赵曰杜，山之东西或曰蹻。

佻、抗，县也。赵魏之间曰佻。自山之东西曰抗。燕赵之交，县物于台之上曰佻。

发、税，舍车也。东齐海岱之间谓之发，宋赵陈魏之间谓之税。

谯，讙，让也。燕曰让。

侔莫，强也。燕之外郊，凡劳而相勉，若言努力者，谓之侔莫。

傑㑊，骂也。燕之北郊曰傑㑊。

展，惇，信也。东齐海岱之间曰展，燕曰惇。

斯，掬，离也。齐陈曰斯。燕之外郊，朝鲜洌水之间曰掬。

蝎、噬，逮也。东齐曰蝎，北燕曰噬。逮，通语也。

膊，晒，晞，暴也。燕之外郊，朝鲜洌水之间，凡暴肉发人之私，披牛羊之五脏，谓之膊。暴五谷之类，秦晋之间谓之晒，东齐海岱北燕之间谓之晞。

熟："自河以北，赵魏之间，火熟曰烂，气熟曰熺，久熟曰酋，谷熟曰酷。"

魏盈，怒也。燕之外郊，朝鲜洌水之间，凡言呵斥，谓之魏盈。

踞躄，隑企，立也。东齐海岱北燕之郊，跪谓之踞躄，委痿谓之隑企。

希、铄，燕齐摩铝谓之希。

平均，赋也。燕之北鄙、东齐北郊，凡相赋敛，谓之平均。

钊、超，远也。燕之北郊曰钊，东齐曰超。

儋，燕之外郊，越之垂瓯，吴之外鄙，谓之膂。

树植，立也。燕之外郊，朝鲜洌水之间，凡言置立者谓之树植。

貔："北燕朝鲜之间谓之貊，关西谓之狸。"

鸡，北燕朝鲜洌水之间，谓伏鸡曰抱。爵子及鸡雏皆谓之鷇。其卵伏而未孚，始化谓之涅。

猪，北燕朝鲜之间谓之豭。

尸鸠，燕之东北、朝鲜洌水之间，谓之鶝鵄，……燕之东北，朝鲜洌水之间谓之鵖。

守宫，北燕谓之祝蜓。

剑削，自河而北，燕赵之间谓之室。

輨、轪、炼鏅，赵魏之间曰炼鏅。

车釭，齐燕海岱之间谓之锅。或谓之锟。

蠭，燕赵之间谓之蠓螉，其小者谓之蠮螉，或谓之蚴蜕，其大而蜜者谓之壶蠭。

蚍蜉，燕谓之蛾蛘。其场谓之坻，或谓之蛭。

蚰蜒，赵魏之间谓之蚨虷。燕谓之蚰蜺。

蜘蛛，自关而东，赵魏之间谓之蜘蛛，或谓之蠾蝓。蠾蝓者，侏儒语之转也。北燕朝鲜洌水之间谓之蝳蜍。

马蚿，北燕谓之蛆蟝。其大者谓之马蚰。

箄、篓、簞、筥，簏也。赵代之间谓之筥。

篪，赵魏之郊，谓之去篪。

从以上的方言材料可以看出，《方言》一书中与燕赵方言相关的方言区域的表述有“赵魏之间”“赵魏燕代之间”“晋、卫、燕、魏”“燕代之间”“燕代之北鄙”“燕代东齐”“青幽之间”“燕代朝鲜冽水之间”等。众多的小的方言区的存在，说明燕赵文化圈不同地域之间的方言存在差异。这些差异一方面是由于不同地域的文化与民俗差异而形成的，另外一个形成原因是燕赵语言受周边语言影响的结果。如受齐文化、北方少数民族等文化的影响而形成的独特的方言区。

燕赵地域考古发现的先秦时期的文字，最早的是属于商代中晚期之间的藁城台西遗址发现的陶文符号。在遗址出土的79片有文字与刻划符号的陶片上，共有81字。这些陶文依其性质，可分为两类，一类为数字，另一类是工匠或器主的族氏名或私人名，这类陶文有臣、止、巳、己、丰、乙、刀、中、矢、戈、肉、贯雀等。[1] 商代晚期族氏铭文，在燕赵地域也多有发现。大量商代甲骨文在河南安阳小屯遗址被发现，文字开始完整地表达学术与思想的发展状况。

西周时期，燕赵文字以载体划分，主要有甲骨文、金文等。西周甲骨文在北京市昌平区白浮村周初燕国墓、河北邢台南小汪遗址等都有出土。在白浮墓葬M2人骨左上方，“发现数十片残碎卜骨，既有腹甲，也有背甲。契刻文字两小片，有‘贞’‘不止’刻辞。”另一墓葬M3发现有文字卜甲两版，“一片刻‘其祀’二字”，另一片上刻“其尚。上下韦驭”。[2] 河北邢台南小汪遗址出土的为一牛肩胛卜骨，正面存两组卜辞，一组约十字，“其事：皇，陟四白牝。召卜曰：巳”，一组仅存“其”字。[3] 西周青铜铭文，在琉璃河西周遗址、河北元氏县西张村西周遗址均有长篇铭文出土。西周甲骨与长篇铭文的出土，说明西周早期燕赵地域的文化发展水平，与西周中心区几无差别。

春秋战国时期，按照文字铸造或书写风格划分，燕赵地域主要有燕系文字、赵系文字和中山文字三种。燕系文字主要是燕国币文和兵器刻文，赵系文字主要有赵币文字、赵国兵器刻文、陶文、印文等，中山文字则有中山三器刻文、中山侯钺铸文、墨书文字等。中山三器长篇刻文和中山墨书文字，对研究中山国的学术与思想具有重要意义。

---

[1] 唐云明：《唐云明考古学论文集》，河北教育出版社1990年版，第186页。

[2] 北京市文管处：《北京地区的又一重要考古收获》，《考古》1976年第4期。

[3] 河北省文物研究所等：《邢台南小汪周代遗址西周遗存的发掘》，《文物春秋》1992年增刊；王宇信：《邢台南小汪西周甲骨出土的意义》，《史学月刊》1999年第1期。

第二节 春秋战国时期的燕赵文学

春秋战国时期，由于燕赵地域发生了剧烈的社会变革，政治与社会交互激荡、经济与文化快速发展，具有燕赵地域特色的文学创作也取得了丰硕的成果，文学作品创作水平实现了前所未有的飞跃，其所表达的文学思想也达到前所未有的高度。春秋战国时期的燕赵文学成就，主要表现在诗歌和散文的创作上。其文学思想，主要表达了燕赵之士重义轻利的思想境界和慷慨悲歌的不屈精神。

我国最早的诗歌总集《诗经》中所保存的春秋时期的燕赵诗歌，主要有《邶风》。邶为西周初年封国。西周灭商，将商王畿之地一分为三：邶、鄘、卫，设立三监分别治理。邶国封给商王子武庚。邶国的封疆，在今河北南部、河南北部一带，北至今河北邢台南部一带。[1] 武王去世后，武庚等三监叛乱，周公平定叛乱，王子录父北奔，邶国随之迁徙到今易县一带。邶国初始封地后并入卫国境内。郑玄云："邶、鄘、卫者，殷纣畿内地名，属古冀州。自纣城而北曰邶，南曰鄘，东曰卫。卫在汲郡朝歌县，时康叔正封于卫。其末子孙稍并兼彼二国，混其地而名之。作者各有所伤，从其本国而异之，故有邶、鄘、卫之诗。"邶地保存的民歌经过搜集整理所编的《诗经·邶风》，共十九篇七十一章。

《邶风》诗篇，内容大致可以分为政治诗、爱情诗、婚姻诗与生活情感诗等几类。政治诗的作者以春秋战国时期的政事为依托，表达了自己的政事思想。政治诗歌《北门》，表达了诗人对政务繁多的厌恶，"王事适我，政事一埤益我。"对政敌无礼责难的愤怒，"我入自外，室人交徧谪我"。诗人愤懑地以"天实为之，谓之何哉"，表达对自己政治处境的无奈之情。《新台》篇，诗人对卫宣公纳太子之妻、并做新台以邀欢之事进行了无情讽刺。"新台有泚，河水弥弥。燕婉之求，蘧篨不鲜。新台有洒，河水浼浼。燕婉之求，蘧篨不殄。鱼网之设，鸿则离之。燕婉之求，得此戚施。"蘧篨、戚施，均比喻丑恶，卫宣公的燕婉之求，丑恶无比。通过该诗，诗人对卫国国君腐朽生活进行了深刻批判。

爱国之情，是燕赵诗人所要表达的一种深刻情怀。《泉水》篇，表达了卫国之女出嫁他国的思乡之情。"毖彼泉水，亦流于淇。有怀于卫，靡日不思。娈彼诸姬，聊与之谋。出宿于泲，饮饯于祢。女子有行，远父母兄弟。问我诸姑，遂及伯姊。"诗文以泉水流入淇水起兴，表达对自己祖国卫国的怀念。

[1] 魏建震：《邶国考》，《河北学刊》1992年第4期。

对爱情的表达，自古以来便是文学作品的重要主题，《谷风》篇，为追求爱情失败的弃妇之吟。“宴尔新婚，不我屑以。”“既生既育，比予于毒。”“宴尔新婚，以我御穷”，新婚妇女对舍弃自己的丈夫的怨恨之情，通过几个排比句，不断深入读者内心。

《邶风》中对爱情进行赞美的诗篇，以《静女》为代表：“静女其姝，俟我于城隅；爱而不见，搔首踟蹰。静女其娈，贻我彤管；彤管有炜，说怿女美。自牧归荑，洵美且异。匪女之为美，美人之贻。”静女即淑女，美貌淑女与男子约会于城隅，男子未见到淑女之时，搔首踟蹰。见到淑女，淑女赠男子表达爱情的彤管，男子心中喜悦，爱人及物，对彤管也倍加爱惜。该诗所表达的爱情纯真热烈，男女主人公行为可爱活泼，情感细腻真诚。该诗所蕴含的真挚情感，足以使其成为爱情诗的经典作品，永久流传。

对传统孝道思想进行描述的诗篇《凯风》，以南风吹棘心起兴，“棘心夭夭，母氏劬劳”。以母亲养育七个儿子的辛劳，教育儿子应尽孝道。“全诗余音袅然，缠绵无尽，其魅力足以浸染天地之心，流载广袤千古。”“‘凯风’后来也演变成了象征慈母抚爱的常用典故。”[1]

春秋战国时期，诸子为了阐述与宣传自己的政治主张，一方面增强了他们思想中的思辨色彩，另一方面也在语言表达方面开始创新表达形式，这一时期的文学因此得到较快发展。燕赵诸子如荀子、公孙龙、虞卿等，他们的文学作品都是以思想性见长的非常优秀的文学作品。特别是荀子，其深邃的思想使其文学成就在中国文学思想史上占有着重要地位。

荀子非常重视文学在人生修养中的作用，《荀子·大略》云：“人之于文学也，犹玉至于琢磨也。子赣、子路故鄙人也，被文学，服礼义，为天下列士。”荀子重视文学在人生修养中的作用，是对孔子文学思想的继承与发展。

荀子的文学成就，主要表现在政论性散文创作和韵文创作两个方面。

《荀子》一书三十二篇，其中六篇为荀门弟子所著，其余二十六篇或为荀子亲著，或为弟子编辑荀子文本而成。二十六篇中，除了《赋》《成相》两篇为韵文外，其余均为政论性散文。以韵文形式创作的《成相》篇，也十分突出地表达了荀子的思想。荀子充分运用散文这一文学形式，表达自己的政治主张。在《王制》《王霸》篇，他对理想社会蓝图进行了精彩描绘；在《劝学》《修身》篇，对人应通过学习以修身的道理进行了论述。在其他篇章，荀子常常以政论散文的

[1] 王长华：《河北文学通史》第一卷，科学出版社2009年版，第25页。

形式来表达自己的政治主张。荀子的散文具有严密的组织结构，每篇文章都主题鲜明，条理清晰，各部分之间逻辑关系严密。论证上往往层层推进，环环相扣，具有很强的说服力和感染力。荀子在叙述方面还善于运用比喻的方法，仅《劝学》即使用比喻五十多个，全书所用比喻多达200多处。[1] 大量比喻的运用不仅使文字形象生动，具有感染力，也增强了所论述问题的可靠性。此外，荀子还多次使用了排比、夸张等修辞手法，以增强文章的气势和气魄，同时文句也显得工整而雅丽。在词汇使用上，荀子使用了许多重叠形容词，如广广然、莫莫然、恢恢然、填填然等，使其描述生动形象，气势不凡，有力地增强了语句的表达效果。荀子采用多种文学手法，给后人留下了许多脍炙人口的传世佳句，如“青，取之于蓝而胜于蓝；冰，水为之而寒于水”，“积土成山，风雨兴焉；积水成渊，蛟龙兴焉”；“吾尝终日而思矣，不如须臾之所学也；吾尝跂而望矣，不如登高之博见也”，“不积跬步，无以至千里；不积小流，无以成江河”。这些文学色彩极其浓重的名言警句，至今仍给人以无限的启迪。

荀子所创作的散文，每篇都有一个准确的标题，每篇散文均围绕标题为主题展开论说，逻辑周密，中心思想突出。标题的完备，是散文固定形成的标志。[2]

荀子的纯文学作品，《汉书·艺文志》于赋家类著录有《孙卿赋》十篇。《隋书·经籍志》在集部别集类著录楚兰陵令《荀况集》一卷。附注曰：残缺，梁二卷。刘向整理《孙卿新书》，有《赋》一篇，列于第三十二。杨倞作注时将该篇调整为第二十六。今人廖名春先生认为荀卿所作之《孙卿赋》均收录在《孙卿新书》中。其中今本《赋》由七篇组成：《礼》《知》《云》《蚕》《箴》《佹诗》《遗春申君赋》，《佹诗》和《遗春申君赋》被合为一篇。今本《成相》包含有荀子的三篇成相（成相本为一种文学体裁，《汉书·艺文志》著录有《成相杂辞》十一篇）作品[3]，这三篇也被刘向称为赋。

荀子在赋这一文体的形成史上占有重要地位。《汉书·艺文志》云：“春秋之后，周道寖坏，聘问歌咏不行于列国，学诗之士逸在布衣，而贤人失志之赋作矣。大儒孙卿及楚臣屈原离谗忧国，皆作赋以风，咸有恻隐古诗之义。”据班固所言，荀卿与屈原一起可以称为赋体的创始人。

荀子在文学方面的贡献，最重要的是他创作的成相作品集《成相》篇。荀子

[1] 王长华：《河北文学通史》第一卷，科学出版社2009年版，第35页。
[2] 夏子正、孙继民：《河北通史》第一册，河北人民出版社2000年版，第313页。
[3] 廖名春：《〈荀子〉新探》，中国人民大学出版社2014年版，第38—39页。

利用当时民间喜闻乐见的曲调表现形式成相来宣传他的政治理论。“相”是一种用皮革制作、里面包着糠的小鼓，用手拍击，歌唱时用来调节节奏。[1]《成相》篇包括三篇作品，第一篇从“请成相，世之殃”起，到“宗其贤良，辨其殃孽”为止，共二十三章。从当世之乱说起，前半首指出致乱的原因，后半首提出治理的办法。第二首从“请成相，道圣王”起，到“托于成相以喻意”为止，也是二十二章，通过讲历史故事来发表自己的政见。前半首叙述古代圣王故事，说明上世所以盛的原因，后半首叙述周幽王、周厉王故事，说明季世所以衰的原因。第三首从“请成相，言治方”起，到“后世法之成律贯”为止，只十二章。主要讲统治的方法。因每首开场的第一句歌词是“请成相”，就是请准备打鼓而歌唱的意思。因为这种民间曲调，都用“请成相”开唱，“成相”就成为曲调的名词。《汉书·艺文志》有《成相杂辞》十一篇列“杂赋”中，也应该是采用“成相”这种曲调创作的辞。“成相”的曲调，六句组成一章，第一、二句三个字，第三句七个字有韵，第四、五句四个字，多无韵，末句三个字必有韵。可以说，这是我国最古的鼓词儿，是后世大鼓书的开端。[2]第一首有“春申缀（掇），基毕输”的话，应该写在公元前238年春申君被杀，荀况“知道不行，发愤著书”的时候。他所以采用这种民间曲调体裁，就是想借民间文学形式来广泛传播他的政治主张。这在文学史上是一种创举。

荀子的赋，是我国文学史上第一篇以“赋”名篇的文学创作。它是从楚国民歌的基础上产生的，同时又是对《诗经》“体物写志”的“赋”的创作方法的重大发展。据《汉书·艺文志》载，荀子的赋有十篇，然《荀子·赋》中仅有《礼》《知》《云》《蚕》《箴》《佹诗》《遗春申君赋》七篇。杨倞注云：“荀卿所赋甚多，今存者唯此言也。”前五首通过对事物的具体描写，表达他的政治见解。后两首是针对“天下不治”的情景，抒发他的郁郁不平之感。由于荀子所作赋表现形式灵活，语言含蓄，因此具有很好的艺术效果。它的这种“体物写志”的创作方法和问答体的形式，给予后代汉赋不小的影响。

[1] 朱熹认为“相者，助也，举重劝力之歌”（《楚辞集注·楚辞后语》卷一《成相》，岳麓书社2013年版，第173页）。清代俞樾根据《礼记·曲礼篇》郑注“相，谓送杵声”，也认为“盖古人于劳役之事必有讴歌，以相劝勉”，“其了曲谓之相”（《诸子平议》卷十五）。近人朱师辙认为“相如鼓，可以手拍之”，“奏乐之时，先击相，是相犹今之鼓板，每大鼓书开唱之始，则先击鼓，并拍板”，并列举下列资料作证：《礼记·乐记》：“治乱以相。”郑注：“相即拊也，亦以节乐。拊者以纬为表，装之以糠，糠一名相，因以名焉。今齐人或谓糠为相。”《释名·释乐器》：“搏，拊也。以韦盛糠，形如鼓，以手拊拍也。”应劭《风俗通义》：“相，拊也。所有辅相于乐。奏乐之时，先击相。”这个说法，见《朱师辙（少滨）答著者论〈成相篇〉很像“凤阳花鼓词”书》，收入杜国庠《先秦诸子的若干研究》，生活·读书·新知三联书店1955年版，第87—88页。

[2] 杨宽：《战国史》，上海人民出版社2008年版，第615页；沈长云等：《赵国史稿》，中华书局2000年版，第488页。

战国时期高水平的燕赵散文创作，乐毅所作《报燕王书》也可以说是其代表性作品之一。乐毅本为魏国名将乐羊之后，有贤能，善于治兵，赵国举以为将。武灵王沙丘之乱，他离开赵国到魏国。燕国因子之之乱被齐国打败，几乎亡国。燕昭王招纳贤人以求复仇，乐毅为魏国使者到燕，被燕昭王委以重任，命为亚卿。乐毅向燕昭王献策，联合赵国、楚国、魏国，共同进攻齐国。“于是使乐毅约赵惠文王，别使连楚、魏，令赵啖秦以伐齐之利。诸侯害齐湣王之骄暴，皆争合从，与燕伐齐。乐毅还报，燕昭王悉起兵，使乐毅为上将军，赵惠文王以相国印授乐毅。乐毅于是并护赵、楚、韩、魏、燕之兵以伐齐。破之济西。诸侯兵罢归，而燕军乐毅独追，至于临菑。齐湣王之败济西，亡走，保于莒。乐毅独留徇齐，齐皆城守。乐毅攻入临菑，尽取齐宝财物祭器输之燕。燕昭王大说，亲至济上劳军，行赏飨士。封乐毅于昌国。”（《史记 · 乐毅列传》）

就在燕军大胜齐军、齐国濒临亡国之际，燕昭王去世，其子燕惠王继位。燕惠王为太子时就不喜欢乐毅，他继位后，中齐国反间之计，派人替换乐毅为将。齐田单乘机率军打败燕国。乐毅逃出燕国，投降赵国，被封为昌国君。燕惠王害怕乐毅率赵军进攻燕国，于是写信责备乐毅，说先王对乐毅有知遇之恩，乐毅逃出燕国，何以报此大恩。乐毅回信，是为乐毅《报燕王书》。

在这封书信中，乐毅首先婉转地表达了自己逃离燕国的原因，“恐伤先王之明，有害足下之义”。针对燕惠王对自己的责备，乐毅据理陈说:“臣闻贤圣之君不以禄私亲，其功多者赏之，其能当者处之。故察能而授官者，成功之君也；论行而结交者，立名之士也。臣窃观先王之举也，见有高世主之心。故假节于魏，以身得察于燕。先王过举，厕之宾客之中，立之群臣之上，不谋父兄，以为亚卿。臣窃不自知，自以为奉令承教，可幸无罪，故受令而不辞。

“先王命之曰：‘我有积怨深怒于齐，不量轻弱，而欲以齐为事。’臣曰：‘夫齐，霸国之余业而最胜之遗事也。练于兵甲，习于战攻。王若欲伐之，必与天下图之。与天下图之，莫若结于赵。且又淮北、宋地，楚、魏之所欲也。赵若许而约四国攻之。齐可大破也。’先王以为然，具符节南使臣于赵。顾反命，起兵击齐。以天之道，先王之灵，河北之地随先王而举之济上。济上之军受命击齐，大败齐人。轻卒锐兵，长驱至国。齐王遁而走莒，仅以身免。珠玉财宝车甲珍器尽收入于燕。齐器设于宁台，大吕陈于元英，故鼎反乎磨室，蓟丘之植植于汶篁。自五伯已来，功未有及先王者也。先王以为慊于志，故裂地而封之，使得比小国诸侯。臣窃不自知，自以为奉命承教，可幸无罪，是以受命不辞。

“臣闻贤圣之君，功立而不废，故著于《春秋》；早知之士，名成而不毁，故称于后世。若先王之报怨雪耻，夷万乘之强国，收八百岁之蓄积，及至弃群臣之日，余教未衰，执政任事之臣，修法令，慎庶孽，施及乎萌隶，皆可以教后世。

“臣闻之：善作者不必善成，善始者不必善终。昔伍子胥说听于阖闾，而吴王远迹至郢；夫差弗是也，赐之鸱夷而浮之江。吴王不寤先论之可以立功，故沉子胥而不悔；子胥不早见主之不同量，是以至于入江而不化。

“夫免身立功，以明先王之迹，臣之上计也。离毁辱之诽谤，堕先王之名，臣之所大恐也。临不测之罪，以幸为利，义之所不敢出也。忠臣去国，不洁其名。臣虽不佞，数奉教于君子矣。恐侍御者之亲左右之说，不察疏远之行，故敢献书以闻，唯君王之留意焉。”

乐毅的书信，多次使用排比句，以增强表达的效果；多次使用成语，以增强论理的效果。该篇书信用词婉转，文采飞扬，才情并茂。情之所至，感人极深。“始齐之蒯通及主父偃读乐毅之报燕王书，未尝不废书而泣也。”（《史记·乐毅列传》）乐毅作为一名军事家，用优美的语言表达他的政治、军事、外交、伦理等思想。《报燕王书》成为千古传诵的散文佳作，良有以也。

燕赵之地慷慨悲歌的民风，使战国时期的燕赵文学创作也充满了悲伤苍凉之气。《淮南子·泰族训》载：“故韶、夏之乐也，声浸乎金石，润乎草木。今取怨思之声，施之于弦管，闻其音者，不淫则悲，淫则乱男女之辩，悲则感怨思之气，岂所谓乐哉！赵王迁流于房陵，思故乡，作为山水之讴，闻者莫不殒涕。荆轲西刺秦王，高渐离、宋意为击筑，而歌于易水之上，闻者莫不瞋目裂眦，发植穿冠。因以此声为乐而入宗庙，岂古之所谓乐哉！”赵王迁所作《山水之讴》，充满了亡国之深恨与思乡之深情，情之所至，闻者莫不为之悲伤涕零。《汉书·艺文志》称“于是有代赵之讴、秦楚之风，皆感于哀乐，缘事而发，亦可以观风俗，知薄厚云”。发生在燕国土地上的荆轲刺秦王的感人故事，表现了燕国大地士人集团在国家行将灭亡，壮士即将殒身之际，所表现出的爱国情怀。《史记·刺客列传》描述燕国众士人为荆轲壮行的情景：“太子及宾客知其事者，皆白衣冠以送之。至易水之上，既祖，取道，高渐离击筑，荆轲和而歌，为变徵之声。士皆垂泪涕泣。又前而歌曰：‘风萧萧兮易水寒，壮士一去兮不复还！’复为羽声慷慨，士皆瞋目，发尽上指冠。于是荆轲就车而去，终已不顾。”荆轲的一曲“风萧萧兮易水寒，壮士一去兮不复还”，在众士垂泪悲泣、瞋目与发尽上指冠的悲情气氛中歌出，在变徵之声和羽声慷慨的曲调变换中歌出，通过萧萧北风和冰寒的易水而起兴，烘托出壮士悲愤前行的壮志雄心。当代学者称：《易水吟》“将对侠义的推崇以及对生命的留恋表达得淋漓尽致”。[1] 该作品一方面将燕赵士人重义轻利、舍生忘死的侠义思想完美而生动表达出来；另一方面酣畅淋漓地表达了燕赵士人的慷慨悲情，深深体现了燕赵文化精神。《易水吟》可谓中国文学史上的千古绝唱。

中山国的文学，成就最突出者为中山三器的三篇长铭文。三篇铭文属于政论散文。铭文文字流畅，叙事生动。文中大量运用排比句式，如中山方壶铭：“辞礼敬则贤人至，陟爱深则贤人亲，作敛中则庶民附。”[2] 并使用了一些语气词、感叹词“於乎”“哉”“夫”等等，使行文多变，更接近于口语。文中“与其溺于人旃，宁溺于渊”，使用了当时流行的俗语，增强了文章的说服力和感染力。

此外，有关中山的文献中还有许多传说体裁的作品，如《战国策·中山策》记载了中山君以一杯羹亡国，以一壶餐得士二人的故事。《说苑·辨物》记载赵简子与翟荼的对话中，谈到中山之地“雨谷三日”“雨血三日”“马生牛，牛生马”等奇异怪象。这些作品既表达了作者的政治思想，具有一定的说理能力和思想深度，同时文笔生动，具有很强的渲染力，对后世的文学创作产生了一定的影响。

第三节　春秋战国时期的燕赵史学

战国时期，各国均有记载本国历史的史籍材料，赵国、燕国等也不例外。司马迁作《史记·燕召公世家》，有“（孝王）三年卒，子今王喜立”的记载，说明司马迁作《史记》，曾采用燕国未亡前史官记载的史料。可惜这些史料记载，在秦并六国后逐渐亡佚了。《墨子·明鬼》在记述燕简公杀其臣庄子仪一事时说：“著在燕之春秋。”蒙文通根据《隋书·李德林传》《史通·六家》篇均载墨子说“吾见百国《春秋》”，得出：“《春秋》之名确为当时各国史著的一般名称，各国各有自己的《春秋》。”“这说明，燕国史学是存在的。”[3] 可惜的是，燕国《春秋》后不传于世。《世本》一书，从《史记·赵世家》《集解》引

[1] 王长华：《河北文学通史》第一卷，科学出版社2009年版，第42页。

[2] 河北省文物研究所：《礐墓——战国中山国国王之墓》上，文物出版社1996年版，第379页。

[3] 蒙文通：《古学甄微》，巴蜀书社1987年版，第3页。转引自靳宝：《燕国学术文化成就及原因分析》，《北京文博论丛》2016年第2期。

“《世本》云孝成王丹生悼襄王偃，偃生今王迁”看，是战国赵国史官根据当时的文献记载编纂而成的史学著作[1]，该著作在春秋战国燕赵史学史中占有重要地位。

《世本》一书在南宋时期已经亡佚，它的内容根据学者的研究与辑佚，包括《帝系篇》《本纪》《世家》《传》《氏姓篇》《居篇》《作篇》《谥法》。其所记史实的时段，《史记集解序》《索隐》载刘向：“《世本》古史官明于古史者之所记也，录黄帝以来帝王诸侯及卿大夫系谥名号，凡十五篇。”班彪、班固父子的认识与刘向不同，《后汉书·班彪传》载：“又有记录黄帝以来至春秋时帝王、公侯卿大夫号，曰《世本》。”《汉书·司马迁传赞》：“又有《世本》录黄帝至春秋帝王公侯卿大夫祖世所出。”《汉书·艺文志》“《世本》五十篇”，自注云：“古史官记黄帝以来迄春秋时诸侯大夫。”班彪父子均认为，《世本》记事下限在春秋时期。唐刘知几《史通·外篇·古今正史》云：“楚、汉之际，有好事者，录自古帝王、公侯、卿大夫之世，终乎秦末，号曰《世本》。”从现存各家辑本所载内容看，《世本》一书所记史实时段，起自黄帝，至秦末止。虽然《世本》一书有后人增入的内容，但从其作者为战国末年赵人看，《世本》记事的时段起止应该是比较可信的。《世本》的成书年代，陈梦家先生在《世本考略》中，认为约在秦始皇十三年至十九年（公元前234—前228年）间。因《世本》为赵国史官所作，其所述史实多与赵魏史籍相同。

《世本》一书的内容，《帝系篇》记载自黄帝以来至五帝及夏商周帝王之传纪，《本纪》记载鲁、齐、晋、秦、楚、宋、卫、陈、蔡、曹等诸侯的侯位承袭，《传》记载齐国、鲁国、晋国等诸国卿大夫的世系，《氏姓篇》记载自黄帝以来的姓氏来源与分化情况，《居篇》记述帝王诸侯的都城变迁，《作篇》记述自黄帝以来的各项发明的产生情况，《谥法》记述部分帝王诸侯卿大夫的谥号。

《世本》成书后，不久便产生重要影响，《尚书序正义》曰“《大戴礼·帝系》出于《世本》”，司马迁作《史记》，曾采摭《世本》的记载，《史记·三代世表》，便是司马迁根据《世本》与《大戴礼记·帝系篇》编纂而成，《史记》中的《本纪》《世家》，很多材料来源于《世本》。《史记》纪传体的体例，在很大程度上也是继承《世本》的体例并加以改造创新而来。两汉以来，班固、刘向、王充、郑玄、赵岐等著名学者，对《世本》一书多有称引，杜预作《左传注》《氏族谱》，韦昭注《国语》，徐广作《史记音义》，谯周作《古史

[1] 陈梦家：《西周年代考 六国纪年》所载《世本考略》，中华书局2005年版，第194—195页。

考》，也曾引用《世本》，只是他们当中引用的内容有些与现存《世本》辑本不同，其中原因有待研究。刘向、宋衷、宋均等都曾给《世本》作注。《史记》司马贞《索隐》、张守节《正义》、罗泌《路史·国名纪》、郑樵《通志·氏族略》、王应麟《姓氏急就篇注》、顾野王《玉篇》等也都曾大量引用过《世本》。《世本》在中国史学上的影响，非常巨大。见于《世本》的许多古史记载，被后世考古发掘和出土文献证明是正确可靠的，如燕桓侯徙临易、晋献侯名苏等。[1]

[1] 李学勤：《〈史记·晋世家〉与新出金文》，《学术集林》卷四，上海远东出版社1993年版，第166页。

第十一章　先秦时期燕赵地域的科学技术与思想

先秦时期燕赵地域的科学技术与思想，应该涉及中国传统科技的诸多领域，目前文献资料所见者，仅有扁鹊医学与少量的天文学材料。

第一节　扁鹊的医学成就

扁鹊，春秋末年勃海郡鄚（今河北任丘市鄚州镇）人，春秋末年著名医学家。据《史记·扁鹊仓公列传》记载，扁鹊姓秦，名越人，又名少齐。《正义》引《黄帝八十一难序》云："秦越人与轩辕时扁鹊相类，仍号之为扁鹊。又家于卢国，因命之曰卢医也。"根据后人研究，其生活的年代大约在公元前406年至公元前310年之间。《史记·扁鹊仓公列传》云：秦越人"为医或在齐，或在赵。在赵者名扁鹊。"由此我们可以断定：扁鹊之名当初得之于赵地，或初行之于赵地。[1]扁鹊的一生充满传奇色彩。他通过自己的医疗活动和医学著述，建立了中国中医理论的基本体系，为中国传统中医学的发展作出了卓越的贡献。

一、扁鹊生平考略

扁鹊名称的来历，最早可以上溯到传说中的黄帝时代，黄帝时代的名医被称为扁鹊。《史记·扁鹊仓公列传》记载秦越人被称为扁鹊，取其为神医之义。《扁鹊仓公列传》记载的扁鹊，其名字、里籍、学医和行医过程，有许多受到后人质疑。对扁鹊生平进行考证，是研究扁鹊历史的第一步必须要做的工作。

为了便于考证，我们先将《扁鹊仓公列传》和其他文献所载扁鹊事迹，做一简要叙述。扁鹊"少时为人舍长，舍客长桑君过，扁鹊独奇之，常谨遇之。长桑君亦知扁鹊非常人也。出入十余年，乃呼扁鹊私坐，间与语曰：'我有禁方，年老，欲传与公，公毋泄。'扁鹊曰：'敬诺。'乃出其怀中药予扁鹊：'饮是以上池之水，三十日当知物矣。'乃悉取其禁方书，尽与扁鹊。忽然不见，殆非

[1]李伯聪：《关于扁鹊、扁鹊学派和中医史研究的几个问题》，《医学与哲学》1994年第3期。

人也。扁鹊以其言饮药三十日，视见垣一方人。以此视病，尽见五藏症结，特以诊脉为名耳。为医或在齐，或在赵。在赵者名扁鹊。”（《史记·扁鹊仓公列传》）

春秋末年，晋国国内大夫势力强大而国君宗族势力弱小，身为大夫的赵简子独揽朝政。赵简子生了病，五天不省人事。晋国大夫们非常害怕，召来扁鹊进行诊治。诊治完毕，扁鹊说道：“血脉治也，而何怪！昔秦穆公尝如此，七日而寤。……今主君之病与之同，不出三日必间，间必有言也。”赵简子不久病愈，赐扁鹊田四万亩（《史记·扁鹊仓公列传》）。

扁鹊路过虢国，虢太子得暴病刚刚死去。扁鹊来到虢宫门下，向喜欢医学的太子属官中庶子询问了太子得病的情形和死亡时的症状、死亡时间，他马上断定太子得的是一种“尸厥”之症，便对中庶子说：“言臣齐勃海秦越人也，家在于郑……闻太子不幸而死，臣能生之。”中庶子不信，扁鹊说：“子以吾言为不诚，试入诊太子，当闻其耳鸣而鼻张，循其两股以至于阴，当尚温也。”中庶子听了扁鹊之言，赶快进宫通报了虢君。虢君听了通报，大吃一惊，急忙出门会见扁鹊。谈到太子暴死之事，唉声叹气，悲不能禁。扁鹊说：“若太子病，所谓‘尸厥’者也。夫以阳入阴中，动胃繵缘，中经维络，别下于三焦、膀胱，是以阳脉下遂，阴脉上争，会气闭而不通，阴上而阳内行，下内鼓而不起，上外绝而不为使，上有绝阳之络，下有破阴之纽，破阴绝阳，色废脉乱，故形静如死状。太子未死也。”

扁鹊让弟子准备好针，取太阳、少阳、阳明和百会、胸会、听会、气会、臑会进行针灸，不一会儿，太子便苏醒了。扁鹊又让弟子子豹采用使温暖之气入五分的熨法，加上已减八成的齐和之药，轮番熨太子的左右腋下。不久太子便坐了起来。为了协调阴阳，扁鹊又让太子服了二十天的汤药，太子的病体便痊愈了（《史记·扁鹊仓公列传》）。

扁鹊为虢太子治病的事很快传开，天下人都认为扁鹊能够使死人复生。扁鹊说：“越人非能生死人也，此自当生者，越人能使之起耳。”（《史记·扁鹊仓公列传》）

扁鹊行医不仅善于切脉，还特别擅长望诊，即通过观察病人的气色而诊断病人的病情。据《史记·扁鹊仓公列传》记载：扁鹊经过齐国，齐桓侯（《韩非子·喻老》作蔡桓侯）热情地款待他。扁鹊一见齐侯，马上判断出齐侯已染上疾病，他对齐侯说：“君有疾在腠理，不治将深。”这时候的桓侯对自己的病尚毫无感觉，他以为扁鹊是出于好利，故意将他这个没有病的人说成有病，然后替他治疗，自贪其功，他自信地对扁鹊说："寡人无疾。"五天之后，扁鹊又见到齐桓侯，并判断出他的病已经到了血脉，不治将更加严重。齐侯仍然认为自己没有病，谢绝治疗，并表现出一脸不高兴的样子。又过了五天，扁鹊又见到齐侯，并对他说："君有疾在肠胃，不治将深。"桓侯还是没有听信扁鹊的话，而且表现出更大的不高兴。又过了五天，扁鹊见到齐桓公，转身跑开了。齐桓公派人询问其中的缘故，扁鹊说："疾之居腠理也，汤熨之所及也；在血脉，针石之所及也；其在肠胃，酒醪之所及也；其在骨髓，虽司命无奈之何。今在骨髓，臣是以无请也。"五天之后，桓侯病情发作，派人寻找扁鹊，扁鹊早已逃走，不久，齐桓侯病重而死。

扁鹊行医来到秦国，秦武王请他治病，扁鹊准备给他治疗。秦武王左右的人说："君之病在耳之前，目之下，除之未必已也，将使耳不聪，目不明。"武王将左右人所说告诉了扁鹊，扁鹊气愤地将治病用的针石扔在地上，说："君与知之者谋之，而与不知者败之，使此知秦国之政也，则君一举而亡国也。"[1]

山东出土有扁鹊针灸行医图，图中扁鹊持一棒状物，为患者试治，正是扁鹊用针石治病之图。

扁鹊到秦行医，引起秦太医李醯的嫉妒，李醯派人刺杀了他。[2]

《史记·扁鹊仓公列传》记载扁鹊与赵简子同时，其距秦武王已有一百五十年左右的时间，因此学者或以为《战国策·秦策二》所记载的以上故事乃是一篇寓言，《史记·扁鹊仓公列传》说扁鹊曾人秦，策士或因此而将故事托之武王。[3]

扁鹊行医的故事，有许多传奇色彩。文献记载上出现一些时间和人物上的错误，是人们神化扁鹊医术的一种方式，若完全将它们当作信史看待，必然会怀疑其中的许多故事。至于日本医师滕惟寅所说："扁鹊，上古之神医也。周秦间凡称良医，皆谓之扁鹊：犹释氏呼良医为耆婆也。其人，非一人也。司马迁泛摭古书称扁鹊者，而为之传，其中载医验三条，文体各异，可以证焉。其受术于长桑君，治虢太子病，及著《难经》者，秦越人之扁鹊也；其诊赵简子者，见齐桓侯者，《国策》所谓骂秦武王者，《鹖冠子》所谓对魏文侯者，又为李醯所杀者，

[1] 何建章：《战国策注释·秦策二·医扁鹊见秦武王章》，中华书局1990年版，第127—128页。
[2] 司马迁：《史记·扁鹊仓公列传》，中华书局2014年版，第3379页。
[3] 缪文远：《战国策新校注》，巴蜀书社1987年版，第132页。

皆别一扁鹊也。”[1] 这种说法虽然可以解决文献记载中有关扁鹊记载在时间上的矛盾，但将《史记·扁鹊仓公列传》的记载分裂开来，并将诸多的传说故事当成信史来对待，也是不恰当的。况且将扁鹊的事迹完全割裂，与春秋战国年间之扁鹊在中国中医史上的地位不相符合。

扁鹊去世后，各地人们纷纷建庙树碑，修建了衣冠冢，对这位传奇式医生进行祭奠。根据各地文献记载，建有扁鹊墓、扁鹊庙的地方有：河北任丘、内丘、南宫市，河南郑州城内、汤阴、镇平，山东长清县境卢县故城、朝城县，陕西临潼等地。扁鹊去世了，他的传奇式的故事永远在人民心中流传。

二、扁鹊的主要学术著作

扁鹊的著作，《史记·扁鹊仓公列传》载："使意尽去其故方，更悉以禁方予之。传黄帝、扁鹊之《脉书》《五色诊病》，知人生死，决嫌疑，定可治及《药论》，甚精，受之三年。”仓公时，已有扁鹊著作传世。《汉书·艺文志》记载的扁鹊著作有《扁鹊内经》九卷、《扁鹊外经》十二卷、《泰始黄帝扁鹊俞附方》二十三卷。[2] 这些著作代表了中国医学在战国时期的最高水平，对中国医学的发展作出了重要贡献。可惜《扁鹊内经》九卷、《扁鹊外经》十二卷现在已经散佚无存。《泰始黄帝扁鹊俞附方》中只有扁鹊方中的《子仪书》析出单行[3]，即后世所称《黄帝本草经》。《隋书·经籍志》记载有《扁鹊陷冰丸方》一卷，《扁鹊肘后方》三卷，《扁鹊偃侧针灸图》三卷。《南史·张邵传》《新唐书·艺文志》《旧唐书·经籍志》《宋史·艺文志》《通志·艺文略》等记载有一些托名扁鹊所作的著作，这些著作，除了《宋史·艺文志》所记载的《扁鹊注〈黄帝八十一难经〉》外，其他也都已经散佚。

《难经》不见于《汉书·艺文志》，《隋书·经籍志》转引梁阮孝绪之《七录》，称《黄帝八十一难二卷》不著撰者。《旧唐书·经籍志》始称“秦越人撰”。对于《难经》的成书时代与作者，学者多有争论。孟庆云先生从“古代经典著述通例、书籍流传情况和书的内容三方面综合评判”，认为《难经》属于扁鹊著作。“从古代著述通例而论，古代对待流传而后成书的著作，肇发人和执笔者比较，更尊重肇发人，以其溯本崇源署名于肇发人。”《史记·扁鹊仓公列

[1] 转引自陈梦赉：《中国历代名医传》，科学普及出版社1987年版，第5页。

[2] 应劭认为此扁鹊为黄帝时医。余嘉锡认为属于战国扁鹊。见余嘉锡：《四库提要辨证》，中华书局1980年版，第688页。

[3] 余嘉锡：《四库提要辨证》，中华书局1980年版，第688页。

传》中没有《难经》，说明《难经》在秦越人在世时还没有成书。应该是扁鹊的弟子将老师的成果箸于竹帛。《史记·扁鹊仓公列传》记载阳庆将“黄帝、扁鹊之脉书”传给仓公，说明此时已有《扁鹊脉书》了。余嘉锡认为，《扁鹊内经》《扁鹊外经》即《难经》，即“黄帝扁鹊之脉书”。[1] 魏晋时人王叔和的《脉经》中有四段直接引用扁鹊的话，应当属于“扁鹊之脉书”。李伯聪认为“黄帝扁鹊之脉书”是扁鹊学派的著作，不是黄帝学派的著作。[2]

关于《难经》的成书，许多学者将《难经》认定为《黄帝内经》的解经之作。《难经集注》杨玄操序曰：“按黄帝有《内经》二帙，帙各九卷，而其义幽赜，殆难穷览。越人乃采摘英华，抄撮精要，二部经内凡八十一章，勒成卷轴，伸演其道，探微索隐，传示后昆，名为八十一难。以其理趣深远，非卒易了故也。”[3] 其实，《难经》与《黄帝内经》在探讨人体理路上存在重大分歧，《内经》崇尚黄老学派，讲“道”，研究人体从《易经》之“象”而持藏象论，《难经》不讲“道”而重器，主要依实质器官论说脏腑而非藏象。当代学者李伯聪《扁鹊和扁鹊学派研究》一书，通过《内经》与《难经》概念体系的比较、两书学术见解相互冲突之处、《难经》所引《经言》不见于《内经》者颇多、《难经》所言“圣人”并非指黄帝、岐伯，以及《难经》所引的“经言”可以为各学派所共同遵等五个方面，论证《脉经》并非如部分学者所言，是阐释《内经》之作。《脉经》是扁鹊学派之作，成书于东汉。[4] 按照古代学术，最重传授系统，谁是最初传授者，谁就是作书的人这样的通例，“《难经》及《扁鹊内经》《扁鹊外经》《扁鹊针灸经》的撰述人，足可署名为秦越人”。[5]

《难经》很早就受到医家的重视，张仲景《伤寒卒病论集》云：“勤求古训，博采众方，撰用《素问》《九卷》《八十一难》《阴阳大论》《胎胪要录》并《平脉辨证》，为《伤寒杂病论》十六卷。”[6]《八十一难经》，为《伤寒杂病论》理论来源之一。唐代杨玄操称此书为“医经之精髓，救疾之枢机”。任应秋对《难经》的医学理论价值有比较精妙的论述，他说：“凡独取寸口、关分

[1] 余嘉锡：《四库提要辨证》，中华书局1980年版，第641—642页。
[2] 李伯聪：《扁鹊和扁鹊学派研究》，陕西科学技术出版社1990年版，第184、186页。
[3] 明王九思等：《难经集注·杨玄操序》，中国医药科技出版社2018年版，第1页。
[4] 孟庆云：《中医诊断学鼻祖扁鹊医学思想研究》，载《燕赵思想家研究·先秦两汉卷》，河北人民出版社2014年版，第7—10页；李伯聪：《扁鹊学派研究》，陕西科学技术出版社1990年版，第210—213页、215页。
[5] 孟庆云：《中医诊断学鼻祖扁鹊医学思想研究》，载《燕赵思想家研究·先秦两汉卷》，河北人民出版社2014年版，第10页。
[6] 张仲景：《伤寒论》，人民卫生出版社2005年版，第7页。

寸尺、阴阳关格、五脏应脉诸象、脉来轻重、阴阳盛衰、脉随四时阴阳消长而迭运、原气为脉之根、迟数判脏腑寒热、一脉十变、候五十动、脉绝分内外、色脉声形相参、察脏损至、四时脉常变顺逆、内外证外变、切脉知生死、三部分四经、男女脉逆顺、阴阳更乘、形脉病相应诸理，皆有精深的简述，其中尤以别寸尺、辨轻重、论原气诸端，均为《灵枢》《素问》所不言，而又最关切要。”“原气即动气，根于肾命，别行于三焦，为生气之原，故名原气。这一原气的提出，为后世言真阴真阳之所据。”《难经》独取寸口，“几千年来，竟成为定法，行之有验。在医学领域中实为莫大之贡献。”[1]

当今的考古发现，为研究扁鹊学派的著作提供了新的契机。2012年7月至2013年8月，成都文物考古研究所在成都市金牛区天回镇发掘一处西汉时期墓地，出土920支竹简。其中有大量古医书。除一种有疑似题名简的“逆顺五色脉臧验精神”外，其余都没有书名。学者根据简的形制和堆叠状况，将出土竹简医书编定为五种（不含法律文书《尺简》）。根据传世文献记载，结合出土医书体例，考证其学术源流，将五种医书分别定名为《脉书·上经》（简称《上经》）、《脉书·下经》（简称《下经》）、《治六十病和齐汤法》（简称《和齐汤法》）、《刺数》《逆顺五色脉臧验精神》（简称《五色》）。[2] 医书中多次出现“敝昔”二字，学者们经考证认为，此二字为“扁鹊”的通假字。这批古医书，属于扁鹊或其学派的作品。[3]

从天回医简的内容看，《脉书》《上经》与《下经》的内容是一脉相承的，《上经》言人与天气相通，以“五色脉诊”为核心，“五色脉诊”正是扁鹊医学最突出的标志；《下经》言病之变化转归，则以“经脉”为纲进行疾病分类。天回医简《脉书·上下经》的发现，揭示出完整的“脉书”是以经脉为核心，论述生命、疾病、诊法、治则及其相互关系的医经类文献。[4]

三、扁鹊在疾病治疗方面的成就

扁鹊一生行医，“或在齐，或在赵”，足迹遍及今河北、河南、陕西等地。他以自己高超的医术，使许多濒临死亡的人起死回生。扁鹊行医过程中所积累的

[1] 任应秋：《如何学习中医经典著作》，甘肃人民出版社1981年版，第11、16、17页。转引自李伯聪：《扁鹊和扁鹊学派研究》，陕西科学技术出版社1990年版，第283页。

[2] 柳长华等：《四川成都天回汉墓医简的命名与学术源流考》，《文物》2017年第12期。

[3] 吕茂东、冯姗姗等：《医祖扁鹊其人其事新考》，《管子学刊》2019年第1期；柳长华等：《四川成都天回汉墓医简的命名与学术源流考》，《文物》2017年第12期。

[4] 柳长华等：《四川成都天回汉墓医简的命名与学术源流考》，《文物》2017年第12期。

重要经验，对中国医学作出了重大贡献。其中最为重要的贡献，便是初步建立医学体系。此体系包括：医学分科专门化；诊断方法上使用“四诊法”；治疗上采用综合治疗法。

医学分科专门化。扁鹊在行医实践中，根据各地人民的实际需要，创立了小儿科、五官科、妇科。扁鹊行医到邯郸，邯郸风俗重视妇女，且有许多名妓娼优，扁鹊便专门研究妇科疾病，使自己成为一名“带下医”（妇科医生），创立妇科。他来到洛阳时，针对周人爱老人，而老人多五官科疾病，便为“耳目痹医”，创立五官科。行医至秦，扁鹊看到秦人偏爱小孩儿，便为“小儿医”，创立小儿科。医学分科专门化，为医学体系的创立奠定了基础。

独特的诊断方法。在诊断方法上，扁鹊创立了切脉、望色、闻声、问病四诊法。扁鹊诊断齐桓侯病情的一步步发展，便是用的望色法。至于脉诊法，《盐铁论·轻重》说:“扁鹊抚息而知疾病所由生。”扁鹊诊断赵简子之病，也是用的脉诊法。《史记·扁鹊仓公列传》评价:“至今天下言脉者，由扁鹊也。”给虢太子治病，扁鹊把四诊法结合起来，又用阴阳、气血、静脉的理论解说症状产生的原理，使诊法上升到理论的层次，建立了诊断学。[1]《难经·六十一难》云：“望而知之谓之神，闻而知之谓之圣，问而知之谓之工，切而知之谓之巧。”扁鹊的四诊赋医生以“神、圣、工、巧”。[2]四诊法创立后，成为中医诊断的基本方法，沿用至今。学者指出：“扁鹊的诊断方法，不仅是切脉、望色、听声、写形，还把阴阳学说融会于诊断学中，能‘望病之阳，论得其阴；闻病之阴，论得其阳。’可以做到‘言病之所在’。”[3]

四诊法中的脉诊法的确立，在中医学史上意义重大。日本山田庆儿曾指出“脉的发现，或说脉这种思想的出现，对中国医学形成的历史来说，可谓是划时代的事件。”[4]李伯聪亦指出：“扁鹊在学术上的最大贡献是脉学的创立。”[5]

综合治疗法。在治疗上，扁鹊研究并熟练地掌握了当时已经得到普及与发展的砭石、针灸、按摩、汤液、熨贴、手术、吹耳、导引等方法。在具体治疗时，

[1]孟庆云：《中医诊断学鼻祖扁鹊医学思想研究》，载《燕赵思想家研究·先秦两汉卷》，河北人民出版社2014年版，第11—12页。

[2]孟庆云：《中医诊断学鼻祖扁鹊医学思想研究》，载《燕赵思想家研究·先秦两汉卷》，河北人民出版社2014年版，第12页。

[3]孟庆云：《中医诊断学鼻祖扁鹊医学思想研究》，载《燕赵思想家研究·先秦两汉卷》，河北人民出版社2014年版，第11页。

[4][日]山田庆儿：《针灸的起源》，《中国古代医学的形成》，东大图书公司2003年版。转引自柳长华等：《四川成都天回汉墓医简的命名与学术源流考》，《文物》2017年第12期。

[5]李伯聪：《扁鹊和扁鹊学派研究》，陕西科学技术出版社1990年版，第97页。

往往采用多种方法兼用的综合治疗法。扁鹊在虢国治疗太子所得“尸厥”症时，先后使用了针灸、熨贴、汤液等多种疗法，使准备下葬的太子起死回生。综合疗法的使用，收到极佳效果，“天下尽以扁鹊为能生死人”。在扁鹊给齐桓公诊病时，扁鹊根据病在腠理、在血脉、在肠胃渐次而重的发展情况提出使用汤熨、针石、酒醪的不同治疗方法，辨证施治。这种疾病发展与治疗理论在《黄帝内经》中也有记载。《素问·阴阳应象大论》云：“故邪风之至，疾如风雨，故善治者治皮毛，其次治肌肤，其次治筋脉，其次治六腑，其次治五脏。治五脏者，半生半死也。”辨证施治是扁鹊所采用的科学治疗方法，在中国中医治疗史上影响深远。

《史记·太史公自序》言：“扁鹊言医，为方者宗，守数精明。后世循序，弗能易也，而仓公可谓近之矣。作《扁鹊仓公列传》第四十五。”长桑君授扁鹊以禁方，扁鹊成为中国医学史上第一个被具体记述的“为方”者。扁鹊具体行医中在用方方面还有重要创新。他医治虢太子时，用“八减之齐”，“即长人剂量的八成，这是因为太子身体虚弱，不耐重剂的缘故。后世医家非常重视这一处方药量的因人之异的思想，称赞医家也每以‘扁鹊之方’为誉。”[1]

《史记·扁鹊仓公列传》记载扁鹊提出病之“六不治：骄恣不论于理，一不治也；轻身重财，二不治也；衣食不能适，三不治也；阴阳并，藏气不定，四不治也；形羸不能服药，五不治也；信巫不信医，六不治也。”扁鹊将“信巫不信医”为病之六不治之一。使医学在巫与医的斗争中，显示出生气勃勃的活力和进取精神。

扁鹊的医德，也为后人树立了典范。他为人谦虚诚实，不居功自夸。在他治好虢太子病后，人称扁鹊能“生死人”。扁鹊解释说：“越人非能生死人也，此自当生者，越人能使之起耳。”（《史记·扁鹊仓公列传》）

四、扁鹊学派及其影响

扁鹊对中国医学的一个重大贡献，便是培养了一大批在医学上颇有成就的弟子，创立了中医史上的第一个医学学派——扁鹊学派[2]。扁鹊的弟子，文献可以考见的主要有子阳、子豹、子容、子明、阳仪、子越、子游、子仪等。《说苑·辨物》所载扁鹊为赵太子治病，与《韩诗外传》《史记·扁鹊仓公列传》所

[1] 孟庆云：《中医诊断学鼻祖扁鹊医学思想研究》，载《燕赵思想家研究·先秦两汉卷》，河北人民出版社2014年版，第13页。

[2] 李伯聪：《扁鹊和扁鹊学派研究》，陕西科学技术出版社1990年版，第96—102页。

载扁鹊为虢太子治疗“尸厥”，内容大致相同。余嘉锡认为“扁鹊时，虢灭已久，《说苑》作赵太子为得其实。”[1]《史记·扁鹊仓公列传》说“子阳厉针砥石”“子豹为五分之熨，以八减之齐和煮之”，《说苑·辨物》记载扁鹊令“子容捣药”“阳仪反神”，《韩诗外传》卷十作“扁鹊过虢侯，世子暴病而死。扁鹊入，砥针砺石，子明灸阳，子游按摩，子仪反神”。晋荀勖《中经新簿》记载有《子义本草经》一卷。贾公彦注疏《周礼·天官》：“五药，草、木、虫、石、谷也。其治合之剂，则存乎神农、子仪之术。”据当代学者余嘉锡、李伯聪先生考订，此子仪即扁鹊弟子。余嘉锡先生还认为，《神农本草经》即《子仪本草经》。“神农传其学，子仪著其书也。”[2]

学者指出：“扁鹊和他的弟子们，以其名著《扁鹊内经》《扁鹊外经》《扁鹊俞附方》《扁鹊针灸经》《子仪本草经》的《难经》等，成为汉以前最知名的学派，也是领衔的带头学派。”[3] 此学派的后世学者，除了扁鹊和他的弟子之外，李伯聪先生考证还有仓公及其弟子，涪翁、程高、郭玉，华佗及其弟子等。[4]

《内经》学派和扁鹊学派是我国先秦秦汉史时期两大医学学派。与《内经》学派不同，“扁鹊一派则在理论上没有《易》学化，不讲臧象，而讲脏腑和实体形器，切脉独取寸口，论疾病在人体的传变，是从腠理到肌肤，到胃肠，最后到骨髓。”[5] 扁鹊学派以其独特的理论和诊疗方法，对中国医学史产生了重要影响。四川天回医简的出土，给后人提供了西汉时期扁鹊学派医学理论的建构状况，证明了扁鹊学派的真实存在。

第二节　春秋战国时期的天文学成就

战国时期，天文学与古代政治变革、农业生产，以及百姓日常生活等紧密

[1] 余嘉锡：《四库提要辨证》，中华书局1980年版，第687页。
[2] 余嘉锡：《四库提要辨证》，中华书局1980年版，第686—688页。
[3] 孟庆云：《中医诊断学鼻祖扁鹊医学思想研究》，载《燕赵思想家研究·先秦两汉卷》，河北人民出版社2014年版，第18页。
[4] 李伯聪：《扁鹊和扁鹊学派研究》，陕西科学技术出版社1990年版，第250—270页。
[5] 孟庆云：《中医诊断学鼻祖扁鹊医学思想研究》，载《燕赵思想家研究·先秦两汉卷》，河北人民出版社2014年版，第19页。

联系在一起。《史记·天官书》称："田氏篡齐，三家分晋，并为战国。争于攻取，兵革更起，城邑数屠，因以饥馑疾疫焦苦，臣主共忧患，其察禨祥候星气尤急。近世十二诸侯七国相王，言纵横者继踵，而皋、唐、甘、石因时务论其书传，故其占验凌杂米盐。"文中所举皋，即赵国著名天文学家尹皋。《史记·天官书》载："昔之传天数者……在齐，甘公；楚，唐昧；赵，尹皋；魏，石申。"战国时期邹衍阴阳五行学说在燕国产生极大影响，客观上也促进了燕赵地区天文学的发展。

赵国天文学家石申著有《天文星占》八卷（《史记·天官书》《正义》引《七录》），他和甘德一起在战国中期精密地记录了120颗恒星的赤道坐标（入宿度和去极度）。他们所测定的恒星记录，是世界上最古的恒星表。其中石申测定恒星138座，计810颗恒星（郑樵《通志·天文略》）。晋武帝时太史令陈卓曾综合甘德、石申、巫咸三家所命名的恒星，并同存异，合画成一张全天文图，总共有283组，1460颗星（《晋书·天文志》）这里特别需要说明的是，收录在《汉魏丛书》的今本《甘石星占》是后人伪造，唐《开元占经》卷六十五至卷七十保存有甘德、石申的言论，从此可以看出二人的天文学成就。其说详见日本上田穰著《石氏星经研究》和能田忠亮著《甘石星经考》（《东方学报》京都第一册）。

后　记

本人虽多年关注燕赵文化研究，但以往的研究多从历史与文化的角度展开，较少涉足学术思想史领域。受命负责启动多卷本《燕赵学术思想史》的具体工作，心中总是忐忑不安。幸得各级领导和各位同仁的大力支持，项目进展目前总算基本顺利。原本对历史研究中的具体事实研究有兴趣的我，跨入以抽象思维为主的学术思想史研究领域，总有力不从心之感。以本人为主撰写的《燕赵学术思想史·先秦卷》，在学术与思想的发掘上总感不能得心应手，不能深入浅出地表达自己的思想，只好在较充分吸收前贤成果的基础上，写一些自己的一孔之见，希望对此一领域的研究有所创新与突破。项目开展之初，由于逻辑学知识的缺乏，公孙龙研究部分的撰写颇感艰难，令人头疼。笔者早年曾接触过公孙龙研究，写过一篇短的公孙龙传记，已故哲学所老所长王永祥先生因看到我的文章，曾邀请我撰写《燕赵思想家研究》中的公孙龙研究。因当时忙于博士论文的写作，未能如王先生所愿。且本人现在更加深刻地认识到，要将公孙龙研究深入下去，没有逻辑学的知识背景，是不可能的。幸得河北师大温玉春学兄助力，由其承担《名家代表人物公孙龙的学术思想》一章的写作，整部书稿才得以基本按计划完成。特对温兄的支持表示衷心感谢！书稿承蒙审读专家秦进才先生、葛志毅先生、武占江先生提出诸多修改意见，特表衷心感谢！特别是秦进才先生，纠正了初稿中诸多错误，特表感谢！书稿的错误与不足之处，还请读者批评！

魏建震

2020年12月